世界传世藏书

【图文珍藏版】

二战通史

马博⊙主编

第五册

綫裝書局

十二、密谋行动

（一）斯特拉特福德行动

通过占领瑞典的矿区来提前掣肘德军对斯堪的纳维亚半岛的入侵过于不切实际，几乎没有任何成功的希望。

1940 年 2 月 5 日，在巴黎，英法两国的高级战争会议决定实施“斯特拉特福德行动”。在那时，德国在斯堪的纳维亚半岛的意图已经变得越发明显。此项行动的计划是在瑞典中部驻扎 10 万战备齐全的士兵，以迎击纳粹的入侵军队。丘吉尔是多项行动的幕后支持者，包括这一次行动。很多行动因为过于不切实际，已经让盟军多次败北。

1. 丘吉尔的战争游戏

回头来看，虽然丘吉尔的计划最终成功了，但在那个盟国信心深陷谷底的时期，他的乐观其实也仅仅依赖于自己的信仰。在 1914 年至 1915 年，当一些将军认为某项作战计划将会重蹈覆辙的时候，丘吉尔依旧坚定地以海军第一指挥官的身份命令执行。然而，由于加利波利战役的失利，丘吉尔在这一职位上的任期迅速走向了终结。

丘吉尔

对于海军力量，丘吉尔后来坚称：“对于 1915 年和 1940 年来说，关键的问题是海军是否有足够的力量来缩短战争的时间。”

他接着评论了自己以前一些大胆的观点：“如果我必须展望斯堪的纳维亚半岛或巴尔干山脉的战争，我还是会坚持以前的观点。它们离我们更近，更适合使用海军力量（或许在波罗的海，还需要联合空军力量）。德军必须穿越大西洋才能抵达斯堪的纳维亚半岛，而斯堪的纳维亚半岛对于盟军来说极其重要。”

2. 一次斯堪的纳维亚半岛的附属事件？

即使英国和处于困境的法国拿得出人力和后勤支援——这还是一个大问题——我们也还是很难看到如此费力的行动究竟能带来什么实质性效果。在接下来的几年中，丘吉尔依照自己强烈的直觉，提出了一种间接的方法——1942 年，他建议盟军通过欧洲最薄弱的地带靠近德国，而不是通过法国直接进攻。他的策略是先牵着敌人的鼻子绕圈，而不是速战速决。

最终，因为一些出乎意料的事件，丘吉尔不得不放弃“斯特拉特福德行动”。然而，斯堪的纳维亚半岛的重要性并未减弱。虽然它只是作为纳粹的一个资源产地，但对于盟军来说那也是一个重要的战利品。所以，在盟军的计划中，斯堪的纳维亚半岛始终占据重要地位。

（二）威尔弗雷德行动/R4 计划

一个试图通过入侵挪威以切断纳粹在瑞典中部的铁矿资源供应的计划，因为突发事件而“流产”。

自俾斯麦（德意志帝国第一任首相）时代以来，“鲜血和铁”就一直是德国对外政策的主要组成部分。希特勒说：“德国的年轻人应该像克虏伯（德国军火制造商）一样强硬。”金属对于一个争取速战速决的国家的重要性远远超出其象征意义——如果缺乏钢铁的供应，纳粹的战争机器将面临“贫血”困境。德国自己生产的钢铁量完全无法满足纳粹的需求。在 20 世纪 40 年代初期，法国的铁矿区洛林地区似乎接近沦陷。德国已经开始从瑞典的基律纳地区和其他出产铁矿的区域运输铁，其中一部分跨越波罗的海，往东面和南面输送，但是大部分还是经由挪威港口纳尔维克。

盟军同样也在关注瑞典的铁矿。1939 年 11 月爆发的战争对于盟军来说似乎很合时宜，芬兰的困境似乎是一个穿越挪威和瑞典的完美借口——表面上是为了给芬兰人提供援助，实际上是为了进入瑞典占领关键铁矿区和供应线。但是挪威和瑞典看穿了这个假慈悲的把戏，拒绝让军队通过他们的国土。

1. 暗涛汹涌

温斯顿 · 丘吉尔想出了一个替代方案，叫作“威尔弗雷德行动”，这个名字的意义与挪威的港口有关。这项行动的设想是希望激起德国的反应，以此来为盟军入侵挪威找到合理的借口。行动的秘密代号是“R4”。设想的计划是，英法两军尽快进入瑞典北部。计划在 3 月末顺利推进，眼下正等待着德军的入侵行动。

然而，讽刺的是，在 1940 年 4 月 9 日，德军发起了“威塞尔行动”（也称“威瑟堡行动”)，由于当时广为传播的说法——盟军在计划入侵挪威——这项行动获得了正当的理由。在希特勒的命令和尼古拉斯·冯·法尔肯霍斯特将军的带领下，入侵军进入挪威，穿过丹麦。虽然瑞典未被占领，但实际上已被包围了。

当然，“R4 计划”被放弃了。但是，由于已经有无数人力、物力被运输到当前的位置，盟军至少能帮助挪威抵抗入侵。一开始事情相对顺利，但是不久之后，英法联军就被迫在数周内撤离，前往援助法国。

2.“阿尔特马克号”事件

交战双方起初都对挪威人的中立态度起了疑心。惯于质疑的温斯顿·丘吉尔在 1940 年 2 月被激怒了。当时，挪威的巡逻艇在象征性地检查后就让一艘德国海军供应船“阿尔特马克号”进入挪威水域，并声称该船只是普通商用船。这一说法显然与该船上拘留有英国战俘的事实不符。2 月 16 日，英国皇家海军舰艇“哥萨克号”拦截了“阿尔特马克号”并要求其释放战俘，无视挪威对英军的抗议。这一事件提升了英军的士气，但同时，也坚定了希特勒入侵挪威，实施“威塞尔行动”的决心。

（三）W 计划

英国官员们认为，如果德国正在制订入侵爱尔兰的计划，那英国也得制订自己的入侵计划。或许爱尔兰政府会出乎意料地同意英国的入侵计划。

很多英国人认为爱尔兰的自由邦为德国提供了便利和支持。爱尔兰首相内维尔·张伯伦提出了让爱尔兰士兵加入盟军以换取爱尔兰的统一的建议，但这一提议被爱尔兰的国会下议院否决了。

反英情绪在某些爱尔兰人群中显著上升。当 1945 年希特勒去世时，爱尔兰共和国首任总理埃蒙·德·瓦莱拉进入德国驻爱尔兰共和国首都都柏林的大使馆里，在慰唁书上签下了自己的名字，这一行为让他声名狼藉。同时，爱尔兰的一些死硬派坚信“敌人的敌人就是我们的朋友”。丘吉尔觉得爱尔兰国会下议院在冲突爆发时依旧支持爱尔兰保持中立态度的决定几乎是对自己的冒犯，他对其暗示同盟国和轴心国并无二致的不结盟态度非常鄙视。

1. 港口与先发制人

从一个更实在的视角来看，协议港口的争议确实是个不容忽视的问题。英国和爱尔兰在 1922 年签订协议，在爱尔兰组建自由邦，允许英国舰艇继续合法地停泊在大西洋岸边。当来自美国和其他国家的供应变得异常重要时，英国是否还需要入侵爱尔兰的自由邦以使用那些港口？

然后，在1940年的夏天，逐渐增多的拦截情报显示，德国正在考虑攻击爱尔兰，这项计划为“格林行动”。盟军是不是应该先发制人？英国是否应该确保德国占领、控制爱尔兰？

2. 共同基础

英国人选择与爱尔兰的政治家和情报官员进行对话。由于政治及战略原因，对话内容一直被保密。他们同时与不同党派进行对话：德·瓦莱拉的共和党是坚定的反英派（至少表面如此），而他的反对党爱尔兰统一党要顺从得多。英国人开始接触统一党的领导者理查德·穆尔卡希，探讨建立一个统一指挥爱尔兰岛的英国—爱尔兰司令部。英国人的希望是，只要穆尔卡希赞同这个提议，德·瓦莱拉就会觉得自己没有另外的选择，只能同意。

3. 密码“南瓜”

德·瓦莱拉虽然多少有些不情愿，但他还是同意了。他的外事书记员约瑟夫·沃尔什和自由邦的军事情报特工利亚姆·阿彻上校前往伦敦。在5月24日，他们会见了英国情报机构和军事部门的高级官员。在贝尔法斯特和都柏林的进一步会议中，陆军准将杜德利·克拉克（英国突击队的创建者）和来自自由邦的陆军司令官休伯特·哈迪生爵士及其高级参谋官员讨论了关于战略方面的事项。

陆军首席参谋长丹尼尔·麦金农明确声明，德·瓦莱拉只允许英国军队在德军入侵的前夜进入自由邦，但是爱尔兰会做好准备，随时给杜德利·克拉克提供信息，让其能做出应对计划。英国人随后还与负责自由邦防御工作的部长法兰克·艾顿进行了会谈。

爱尔兰同意了代号为“W计划”的方案，允许（且仅允许）在爱尔兰遭到德国进攻并向英国请求援助的情况下实行该项计划。如果上述状况发生，英国在都柏林的代表约翰·麦菲将会联系位于贝尔法斯特的休伯特·哈迪生爵士，用“南瓜”这个词作为哈迪生带领其部队南下的暗号。然而，德国入侵的“格林行动”破灭了，于是，这个暗号也永远未被发出。

（四）凯瑟琳计划

“凯瑟琳计划”是一个由爱尔兰共和军中的爱国者制造出来的入侵爱尔兰的计划。但是德国人断定“凯瑟琳计划”永远不会成功。

史书坚称二战始于1939年9月1日德国对波兰的入侵，但是有些资料表明它可能发生于更早的时间。毕竟，在8个月前的1月1日，爱尔兰共和军就正式对英国宣战了。

1. 残酷的喜剧

一个玩笑？并非如此。在此之前，爱尔兰为争取独立已和英国激战许久(1919—1921年)。而接下来的战争双方变成了自由邦主义者和那些要求英国停止统治爱尔兰所有国土的不折不扣的共和国主义者。这就是爱尔兰共和军仍然存在的原因，即便他们已经获得了独立。对于爱尔兰共和军来说，阿尔斯特地区的境况表明：解放事业仍未完成，只要再进行最后一击，爱尔兰将会成为一个统一的国家。在德国人看来，北爱尔兰是英国人兵力最薄弱的省份，并且这个地方还是一个潜在的平台，能让自己在未来从此地发起空袭，甚至直接入侵。

2. 从天而降的间谍

德国反间谍情报机构的特工赫尔曼·格尔特兹在1940年夏天降落于爱尔兰，并在出生于德国的史蒂芬·赫尔德的帮助下很快与爱尔兰共和军取得了接触。史蒂芬·赫尔德并非爱尔兰共和军的支持者，实际上，他支持自己的出生地德国。格尔特兹在与爱尔兰的共和主义者接触后很快醒悟过来。史蒂芬·海耶斯并无多大能耐，而爱尔兰共和军人员组织非常糟糕，并且战备落后。当警察上门突击搜捕赫尔德，并在其家中找到秘密文件时，格尔特兹无望地妥协了。格尔特兹开始逃亡，但在1941年11月被捉。在1945年，当听说自己将被送回德国时，他喝下氰化物自杀了，因为他害怕自己会落入苏联人手中。

3. 燃起希望

德国人自己也考虑过入侵爱尔兰。“凯瑟琳计划”的特别之处在于该计划源于爱尔兰共和军。到1940年，该计划已经过了精细地设计准备。这项计划是由贝尔法斯特的一个名为利安·盖诺的志愿者想出来的，他的另一个身份是爱尔兰北部地区阿尔斯特的工会独立议会文职人员。爱尔兰共和军首领史蒂芬·海耶斯赞同这个计划。该计划将使得德国的降落成为必然，无论是爱尔兰西北部的德里还是位于东部海岸的卡林福德湖。在边界两侧的地区必会同步出现爱尔兰共和军的联合起义。

4. 鲸鱼还是海鹰

德国特工赫穆特·克里斯曼于战前就已经在爱尔兰待了好几年时间。在战事爆发前他就被匆匆带走。他与很多高层的共和主义者建立了稳定的关系，其中不仅包括极右派人物，比如作家弗兰西斯·斯图尔特，还包括意识形态偏左的《共和国报》编辑以及爱尔兰共和军领袖弗兰克·瑞恩。

按计划，克里斯曼将携带4万英镑及一台无线电收发机（以便他与祖国联系），乘坐一架水上飞机，安静地降落在克洛斯科曼（爱尔兰一个郡）。他与瑞恩的新关系是整个计划中最基础的部分。

在克里斯曼的指引下，爱尔兰共和军将在北部地区制造“蓄意破坏”活动。与

此同时，克里斯曼和瑞恩将在德·瓦莱拉政府的支持下从中干预。但因为计划非常模糊，并且卡纳里斯上将不支持该项计划，所以它不得不被搁浅。1941 年，该计划更名为“海鹰行动”并得以恢复，但是进展依旧举步维艰。德国反间谍机构的指挥官在该计划开始之前就将其彻底否决放弃了。

从逻辑上来说，爱尔兰共和军不大可能会凭借军事力量控制阿尔斯特，甚至德国的远征军也不大可能从实质上占领这个省份，并不是像这个计划所假定的那样：德国的降落很可能会促使英国采取侵犯自由邦中立状态的仓促行动，使得整个爱尔兰联合起来为阿尔斯特而抗战。

5. 海军的愚蠢

就现状来看，这还有点说得通的地方。从德国的角度来说，让德国人绝望的是盖诺和海耶斯在操作这项计划的实用性上的彻底失败。毕竟，假定的行动需要依靠大量的人员及战备走海路——被英国皇家海军严守的水域——输送到一个相对较远的地区。

（五）圣诞槲行动

希特勒似乎并不尊重瑞士的中立态度。不过瑞士并没有任何改变的意向，甚至不惜为此一战。

“法国的战争已经结束了，”丘吉尔在 1940 年 6 月 18 日对英国的下议院如此说道，“我预计英国的战争即将开始。”他是不是忘了一些东西？瑞士的战争？实际上，一些人认为这是很有可能发生的事情。在丘吉尔发表演讲后的一周内，希特勒下令草拟关于入侵瑞士的计划——陆军的高级将领正在努力策划。

这个德国的独裁者非常痛恨瑞士。他把他们看作是志趣相投的人，并期待他们回应他提出的联合计划，就像奥地利在 1938 年那样。但是，很多瑞士人都具有法国和意大利背景，甚至那些讲德语的人都强烈地认同自己所具有的独立瑞士人的身份。

1. 中立还是不中立？

瑞士这个中立国家对于德国纳粹来说具有更重要的价值吗？据称，瑞士银行是纳粹的黄金洗钱地。一些历史学家声称，瑞士的中立态度是不真实的，它是德国的同盟者——若说这不是他们自己的选择，那也可以从在法国沦陷之后敌对国就包围了瑞士这一事实得出结论；而另外一些人，则把瑞士推举为爱国爱己的英勇典范。希特勒放过瑞士是因为他觉得这样对自己更加有利还是不敢发动攻击？关于这一点，直到现在都存有一些激烈的争论。

2. 并非那么和平

红十字会及很多其他人道主义组织的历史渊源或许很容易被人误解。瑞士的中立态度与和平主义并无瓜葛。瑞士过去好几个世纪都在为欧洲提供特别的雇佣兵。在 1939 年，中立是一个值得誓死守卫的高贵传统，正如现在一样。一旦接到召唤，所有人都应该履行其职责，在战争爆发的三天内，有 40 万瑞士人被动员了起来。

瑞士将军亨利·吉桑并不认为德国人会立刻进攻，同时也不认为德国人会放过他的祖国——他希望将敌人的入侵变得无比艰难。他并未试图让自己的同胞在前线做誓死抵抗的英雄，而是制定出了撤退和躲藏的方案，其中包括躲在阿尔卑斯山一个加固避难地里的计划。他们将会在很长一段时间内以此为基地，并发动游击战，让占领者在资源和生活上吃个大亏，而自己也会遭受很大的损失——绝大部分的国土、城市和主要的乡镇都会遭到遗弃，成为德国人的占领地。

3. 高山强攻

德国人的最初设想是派 21 个师从新近占领的法国中部（那里有 200 万的闲置军力）攻入瑞士。一个步兵军团从侏罗山脉佯攻，引诱瑞士陆军出来，在此之后，德国人于西面出动，拦截瑞士陆军的后方，而意大利陆军将自南面入侵。这项计划的规模在后来被压缩了，到了 1940 年 10 月，它被更名为“圣诞树行动”。再到最后，它只是被放在一个箱子里，落满了灰尘——时至今日，无人知道为何如此。

（六）铁锤行动

一个占领特隆赫姆的计划——为了反攻挪威的入侵者而建设的一座桥头堡，在面对压倒性的德军武装力量时，不得不被放弃。

尽管从事实上讲，盟军已经失去了挪威，但是他们希望保留一个可以带来奇迹的海军行动。“阿尔特马克号”事件已是比较罕见的好消息。抛开实用性暂不考虑，当权者自然会打算发动一起海上突击。

特隆赫姆是明显的目标。深远而隐蔽的特隆赫姆峡湾远伸至内陆，几乎延展到了细长国土的一半。直到现在，德国军队的主要注意力是放在南部的——因为那些部署在纳尔维克附近北部地区的德军遭到了顽强抵抗。一次在海军进攻的掩护下的英法联军登陆就能够让盟军把这些位于北部与南部的德军部队孤立起来，更不用说那些被德军视为占领目标的矿区了。

1. 海上突袭

自特隆赫姆于 4 月 9 日被占领的那一刻起，退役海军上将、议员罗杰·凯斯爵士就一再向丘吉尔强调重夺这座城市的重要性——他甚至愿意利用海军可能凑齐的任何老船指挥一次突袭。特隆赫姆峡湾沿岸的火力能够让来自海上的部队失去战斗力。丘吉尔——他总是考虑采用不大可能的大胆行动——似乎对凯斯的计划挺感兴趣。

2. 有待考量

然而，随着日子一天天过去，这一行动的海军组成仍然含糊不清，这一点在阿德里安·卡顿·德·维阿特将军的通信中显露无遗。

占领特隆赫姆被认为是必不可少的。其提出的计划如下：

计划于 4 月 17 日让 600 名海军陆战队队员在翁达尔斯内斯（不是奥勒松）登陆，如果可能的话，增补宜早不宜迟。建议你利用来自纳姆索斯的部队和来自翁达尔斯内斯的部队与挪威军队协力对特隆赫姆制造威胁，同时结合对特隆赫姆发起?直接攻击行动，这将有利于减少你的压力。

那个“?”值得注意，尽管事实上这非常接近于我们对“铁锤行动”的描述。卡顿·德·维阿特的登陆行动被认为是主要海上项目的附带项目，当他们最终决定进行自己的“镰刀行动”时，“铁锤行动”被悄然遗忘。

3. 继续前进

公平地说，他在快速发展的不稳定局势中已经流露出明显的优柔寡断。至少在最初，英国海军陆战队和法国山地部队的登陆进行得相当顺利，然而“铁锤行动”在 4 月 19 日又重新回到了战事内阁的讨论议程之中。备忘录显示，这个经过修订的行动包含了一次强化的对地攻击，同时皇家海军船队会攻击沿岸的火力点，伪装成全力攻击，但事实上只是加强长期封锁。在这次事件中，“铁锤行动”又被搁置，而“镰刀行动”陷入困境，盟军部队选择撤退并将注意力转向法国。

（七）格林行动

1940 年，爱尔兰成了双方战略谋划者的焦点：它被用作进攻英国的基地的可能性实在是太大了。

1940 年的整个夏天，爱尔兰自由邦都是英国怀疑的对象。在这个被冠以新生国家之名的自由邦决定不参与“紧急会议”之时，这种背叛感瞬间上升。这一举动引发了全民的多疑情绪。

1. 爱尔兰的机会?

在一战中做出“英国的麻烦便是爱尔兰的机会”评价的共和党人并没有失去这次战争所带来的潜在机会，这是事实。因为北部仍有 6 个郡需要摆脱英联邦的控制，爱尔兰共和军中确实有人向柏林寻求帮助——但是他们究竟得到了多少帮助我们也不得而知。然而，德国一直对爱尔兰虎视眈眈，要是能作为一个突袭英国的基地，或者两栖远征军能够驻扎在此，随时推进英国本土，那就太好了。说句公道话，德军若是驻扎在爱尔兰岛，他们便能牵制住英国位于阿尔斯特的军队，使他们无法前去支援丰岛。

2. 真相还是假象？

据说，西奥多·冯·博克陆军元帅在1940年8月（“海狮行动”提上议程的几个星期之后）就已经制订了这个计划。人们常认为“格林行动”其实是虚构的，是一次专门用于分散英国对“海狮行动”注意力的假象，永远都不会付诸行动。

3. 现实和现实主义

但似乎第4军团和第7军团的指挥官莱昂拉德·考皮茨奇中将确实收到了一个任务，制定一个入侵爱尔兰的计划。

如果准备不够周详，那便毫无意义。情报人员深入探究了所有细节，从经济学期刊到旅游手册，提供了有关200多个镇和乡村的详细资料。侦察机遍探郊野，拍下了各个港口和登陆点的照片。德军5万人从法国的洛里昂、圣纳泽尔和南特等港口出发。前往爱尔兰的邓加文和沃特福德之间登陆。移动炮兵部队和工兵分队作为先遣队最先抵达，并迅速占领了一个军事地位无足轻重的邦国。

那次评估无可非议，但是“格林行动”仍然面临着一个严峻的挑战，正如海军元帅雷德尔在接受采访时所说，德军的海军资源并不宽裕：因为所有能用的船舶都被“海狮行动”征用，所以再没有船只可以用于护送数万人的军队穿过开阔的海域，或者护送他们绕过英国柯尼斯海岸。即便入侵得以成功，也还是需要大量的军需物资和通信工具，除非德军想坐以待毙。这样一来，只要“海狮行动”没有付诸行动，那“格林行动”也就无法继续实施。

（八）榴霰弹行动

占领佛得角群岛的计划万分凶险。幸运的是，该计划并不一定要实施。

西班牙和葡萄牙都没有参加二战的战斗，可这并不意味着他们在二战中不起任何作用。轴心国和同盟国两方都在争取他们的支持——其后隐含的最重要的原因就是，两方都不希望他们支持对手。

如此说来，美国的“彩虹5号计划”并没有拐弯抹角。该计划想要双管齐下，在进攻亚速尔群岛的同时占领佛得角群岛——尽管两处群岛的战略意义并不相同。亚速尔群岛能充当攻打美国时在大西洋地区的补给站，而佛得角群岛——位于塞内加尔沿岸，在佛得角群岛570千米以外——对占领非洲西部领土以及控制其近海航线来说更具意义。

1. 控制海岸

经过苏伊士运河要面临诸多危险，那么佛得角周围的航道就变得至关重要。谁占领了佛得角群岛，谁就能够控制航道。危险一目了然，那就是若盟军推迟一步，德军就会迎头而上；况且已经有迹象表明德军正在这样做。情报显示德国潜艇正在潜入佛得角周围海域，并将其作为军队集合的庇护所。

2. 海岛统治者

希特勒又在唱着同样的颂歌。他的第 18 号元首指令（1940 年 11 月 12 日）声明“占领直布罗陀海峡，关闭海峡通道”。

“我们……要防止英国在伊比利亚半岛和伊比利亚群岛取得任何立足之地……大西洋群岛（尤其是加那利群岛和佛得角群岛），自针对直布罗陀海峡的一系列行动后，将会呈现出新一轮的海上优势，不管是对英国还是对我们自己……”

尽管他要求采取特别行动“限制参与这些计划的人数”，可是希特勒对于大西洋群岛的固定执念成了参谋们的谈资，他们开玩笑地把元首比作“海岛统治者”。

盟军先一步占领佛得角群岛是否有用呢？这也正是美国人和丘吉尔所考虑的问题。是西班牙选择加入轴心国，还是德国入侵西班牙夺取直布罗陀海峡？现在看来更有可能是后者。占领该岛不仅可行，而且非常重要。考虑到这些偶然事件有可能发生，“榴霰弹行动”将由驻扎在塞拉利昂的军队开展。

然而，丘吉尔的军事顾问还是建议他小心行事。

3. 如履薄冰

他们警告说，该行动并非首选。事情的发展并不像领导者想象中那样。假如入侵行动将葡萄牙和西班牙的独裁者推向轴心国阵营，那么德军就会利用加那利群岛。结果，随着时间的推移，西班牙未被卷入战事冲突，而德国在苏联被困，时机就这样溜走。1941 年年初，参加“榴霰弹行动”的军队奉命撤回。

（九）蓖麻毒素雨

1941 年末，英国想出了一个宏大的计划，那就是用几百万根毒针将死神种在德国。

“恐怕我们不明白您的要求”。1941 年除夕夜，一封来自缝纫机公司的信中写道，“按照您的说法，好像针是用作其他用途，而不是作为缝衣工具。”

可以这样说。尽管对其目的含糊其词，但英国化学防御研究部的要求的确是一笔大数目。简单来讲，就是该部门正在进行一项计划，将上百万根针浸在蓖麻毒素中，沾上毒，然后用飞机投进位于欧洲的德军军队中。

投射如此大规模的缝纫针，它们一定像极了天边的积雨云。那些针一旦落到身上就会至少穿透两层衣服，毒素就会渗进皮肤深处。计划者们对于这点相当确定，因为他们曾做过实验，让那些不幸的绵羊和山羊穿上军装，然后向它们投射毒针。结果当然令人满意。他们不仅让针雨漫天飞，还将针包在炸弹上——一次放 3000 根。当炸弹爆炸时，毒针就会以惊人的速度和力量四处飞散。

1. 生化危机

战争进行到了这个阶段，德国攻打英国的威胁已经减退（尽管没有完全消除）。英国政府和波登当的策划员们正在想办法在盟军进攻之前削弱敌军的力量——因为纳粹这个战争机器仍然十分强大。细菌战并不公平，可战争同样不公平——英国早已发现了这一点。生物毒素带来的各种可能不容忽视。

可行性非常高！仅仅让这些毒针刺一下都会造成灭顶的灾难；若受害者不能在 30 秒内拔出毒针，那么他就会不可避免地痛苦死去。腹泻、呕吐和突发疾病都是中了蓖麻毒素之后的症状。如此深切的痛苦不仅会杀死受害者，也能让军队医疗系统陷入瘫痪，同时还会降低未被击中的军人的士气。

2. 目标是人员，不是房屋

这类武器的另一种更有争议的优势在于——像之后的"种子炸弹"一样——它不用毁坏建筑就可以杀人。如此一来，盟军就有可能重创德国位于西欧的军队，同时也不必将主力从他们所占领的城市中撤退出来。

但这种优势也是该武器的明显劣势：只要在室内就可防止遭受毒"雨"的袭击。德国军人只要躲在坦克里、车里，或是躲在墙后，都可免遭侵袭——如果幸运一点的话，就算戴一顶头盔也能够起到保护作用。因此，毒针投射计划被放弃了。英军认为将它们用作武器太"不划算"，于是计划被搁置了。

（十）空气里的炭疽

英军决定部署此种生化武器以对抗德国，然而，他们弄巧成拙了。不是因为它没有发挥作用，而是因为它的作用超出了预期。

格林亚德是一座漂亮的岛屿，位于苏格兰的西部海岸，如赫布里底群岛上的任何地方一样美丽。然而，直到现在，它都还保留着一个可怕的名字——"伤寒玛丽"。

1942 年，就是在这个地方，英国政府开始了它的炭疽热细菌实验。牛津大学的 R. L. 沃伦教授制造了一种令人心生畏惧的炭疽，并以他的名字将其命名为"沃伦

14578”。借助小型爆炸装置，绵羊接触到了孢子。整个过程被拍摄了下来，这些绵羊不出几天就死了。

1. 就一方面而言……

在这一成功的鼓舞之下，盟军准备了一个名为“素食行动”（带有可怕的反讽之意）的计划。炭疽孢子会被装入 500 万个亚麻籽块中，随后轰炸机将把它们投掷到德国牧场中。牛群在被居民屠宰之前会吃掉它们，而炭疽热病毒很快就能在德国内陆大规模地爆发。

症状由口腔开始，喉咙生出溃疡；随着细菌吞噬消化道组织，在感觉到腹部疼痛之前，很快就会产生呕吐和发烧症状；再然后，患者的腹泻物和呕吐物将变得鲜血淋淋。在 4 天或者 5 天之内，患者将会死亡。

在此期间，德国剩余的牛群将会大部分死于瘟疫，这又会让那些从炭疽热中活下来的人陷入粮食危机。

2. 无尽的死亡

与此同时，一个盟军秘密实验室正在为另一个行动生产大量的炭疽病毒。这次大规模攻击将减掉牛群感染这一步：孢子会通过炸弹被直接散播到德国城市。位于加拿大魁北克市圣劳伦斯河外的格罗斯埃尔中心的技术人员相信他们一周能够生产 300 磅（135 千克）孢子，其足以装备 1500 枚炸弹。据希望最终能有 500 万枚炸弹。轰炸密度尤其依赖于孢子的制作数量——很显然，盟军的策划者们实在是太兴奋了，以至于在战争结束之后，这些研究仍然持续了一段时间。

3. 过度杀伤

在一系列事故之后，格罗斯埃尔中心被关闭，但此前，它的技术人员已经制造出 700 亿份剂量的炭疽——足以将全世界人口杀死 30 次。但另一方面，这成了一个问题。人们怎么可能容忍炭疽的存在？这不仅仅是因为它易传播或是能被轻易制造，而且是因为它具有令人叹为观止的延续性。格林亚德在整个 20 世纪对于全人类而言都是不安全的——实验终止后，接踵而至的是一项长达几十年的、系统的净化程序。

1944 年，一个在波顿唐发起的提议将炭疽热（表中的“N”）与一种更传统的毒气——光气（表中的“CG”）进行性能对比。炭疽热的表现让人觉得异常毛骨悚然。其中一项还写道：关于“使用炭疽后的土地的再利用性”的问题，官方给出的回答很简单：

它非常彻底地摧毁了德国人的抵抗能力。然而，让他们的国家不再适宜后代居住又能够带来什么好处呢？

（十一）大锤行动

在战争中，太多或太快都将导致局面以可怕的速度失控，计划于 1942 年实施的野心勃勃的诺曼底登陆很快就搁浅了。

现在回想起来，第二次世界大战的战线似乎是被明确划分的，然而自战争开始以来，情势以令人眩目的速度发生着改变。苏联在开始的时候是纳粹德国的盟友（它却又因这个身份而感到不安）。美国没有参与此次战争。另一方面，法国似乎是最坚定和最强大的同盟国——当德国入侵法国的时候，德国将军们似乎做好了最坏的打算。

1. 所有改变

几个月的时间，战局发生了巨大的改变——法国瞬间沦陷了。不论是巴黎还是伦敦，它们之所以沦陷得这么快似乎都是由于情报不及时引起的。随后，在 1941 年 6 月 22 日，希特勒对他眼中摇摇欲坠的苏联采取了“敲山震虎”的作战方针。“巴巴罗萨行动”开始。德军采取了史上最大的战力部署（450 万人）对苏联发动进攻。苏联如今得为自己的生存而战。

可以说，对于英国而言，一切开始有所好转。几乎无法与之成为朋友的苏联现在与之成了盟友；当然，他们现在得完成一些特别吃力的工作。东方战线上的伤亡人数让人望而生畏，因为希特勒的军队热衷于发起种族战争，他们在那儿尝试清除草原上的斯拉夫人。说实话，苏联损失严重，但是，从西方盟国的角度来看，它吸收了轴心国施加的大量压力。

这并不是说德国人控制了一切。他们的统计数据也并不令人满意。虽然远不及苏联损失惨重，但他们的伤亡人数确实比正常标准严峻得多。尽管他们不像苏联那样遭受过多次致命损失，但仍有 10 万人死亡、70 多万人受伤。无论如何，这些人必须被带走并得到照顾。在 1941 年至 1942 年的冬天，至少有 1.4 万名轴心国士兵因为冻伤而被截肢。他们进一步拖累了深陷敌方领土的军队。真实情况是：在 1941 年 10 月，进攻军队距离莫斯科仅仅 150 千米，但它的前进因为“无路时期”而一拖再拖，滂沱的秋雨不停歇地下着。

2. 再获先机

1942 年年初，美国也站到了英国那边。英国在新的一年里有了更充足的信心面对一切。即便如此，英国仍然对敦刻尔克的血腥经历心有余悸。因此，英国对“大锤行动”持怀疑态度并不让人感到意外——显而易见，这一行动可能带来的灾难不亚于英国远征军在法国的失败。

另一方面，采用“立即行动”的战略与德军应战对于美国的实战主义军事家而言是有吸引力的。尽管英国参谋人员嘲笑他们的天真，但是在战争的这个阶段，他们有很好的理由入境法国，甚至发动一次大型的袭击。

这也许是最重要的一点，斯大林叫嚣着开辟“第二条战线”，而难以否认的是，苏联军队有权得到支持。接下来是更巧妙的算计：如果红军的抵抗土崩瓦解怎么办？又或者如果苏联运气好得不可思议，获得了胜利怎么办？无论哪种结果，对于西方盟国而言都是有意义的，他们可以采取任何方式夺回主动权。

3. 一个正面的先例

要说英国没有立即摒除“大锤行动”这个想法的原因，可能是由于他们最近在圣纳泽尔获得了成功。这个海军基地位于卢瓦尔河北岸，卢瓦尔河在此汇入比斯开湾，它对于干船坞设备和 U 型潜水艇来说至关重要。三艘驱逐舰搭配一个小型舰队。其中有一艘驱逐舰名为“HMS 堪培拉塔温”，它卸除重件以减少负荷并满载炸药，这样它（在一次大潮的帮助下）就能清除河口的沙洲。它的船头还覆盖了装甲。当时的想法是，它可以被当作攻城槌穿透重坞门，从而为装载了约 700 支突击部队的汽艇和巡逻艇开辟道路。

攻击队在接近目标的时候被发现了，但它有着令人惊喜的速度优势。结合突击队的技术和勇气，英国人迅速抓住控制权并在关键设备周围安置好了爆炸物。在士兵放弃船舶引爆炸弹之前，“堪培拉塔温号”驱逐舰驶入了干船坞。这次突袭取得了非凡的成功——直到战争结束，干船坞仍然无法使用。然而，没人料到入侵者会逗留下来，在港口建立永久的工事——尽管这样，还是有很多人牺牲在了这里。

4. 百感交集

美国战略家认为，在某些主要港口实施打砸抢虐式突袭能够鼓舞士气，同时能够向斯大林和他在东方的部队发送正确的信号。如果入侵的军队能更长时间地立足于此的话，那好处会更多。随后，瑟堡或布雷斯特可能成为向欧洲大陆发动持续进攻的桥头堡，并一步步夺回被德国控制的土地。

然而英国并未感到如此激动。英国远征军的命运仍让他们记忆犹新，他们怀疑“大锤行动”实际上无法瓦解这一核心，反而会陷入德国军队的毁灭性反击。到了 1942 年 6 月，他们的不安心理占了上风。由于缺少登陆艇，他们说服美国人放弃了这一想法。在几个月之后，斯大林开辟了他的第二条战线，但是它远在非洲南部。

（十二）亚美利加轰炸机

如果该计划得以实施，它会直接将战火烧到美国，但资源——还有希特勒的耐心——会迅速消耗殆尽。

1938 年 6 月——在战争爆发一年多以前，也是在美国加入战争的三年之前——赫尔曼·戈林大肆宣扬着洲际轰炸机的必要性。这位纳粹德国航空部（空军部）长官是一名技术论统治者，对细节设计和发展充满了热情，正因如此，他为这样一个计划着迷就没有什么好奇怪的了。从外交角度来看，令人意想不到的是，他竟然将自己的想法公布于众：美国正面临着威胁，虽然这威胁还不明确，但其存在是毋庸置疑的。

在“珍珠港”事件之前，美国不愿参与对峙行动一直是被辩论得最多的话题，许多历史学家批评美国保持骑墙态度。但容易让人遗忘的是，纳粹党明白美国并非保持中立，它显然是站在德国的敌人那一边。当美国在 1940 年 9 月同意为皇家海军提供 50 艘驱逐舰时，英国也许对附加条件（主要是海岛基地的领土特许权）颇有微词，但在德国人看来，50 艘船就是 50 艘船。

1. 大西洋竞技场

当然，在签署了“驱逐舰换基地”协议不久之后，戈林终于让远程轰炸机项目正式启动。他直接将其命名为“亚美利加”轰炸机；德国的五大航空制造商应帝国元帅的要求绘制能够往返于德国和美国的飞机——往返距离大约为 1.1 万千米。无论如何，从表面上来看，德国已经成功开辟了大西洋战争。它的 U 型潜水艇肆虐于船队之间，不过大洋是障碍，当英国正遭受着那种狠狠的攻击时，美国的居民仍然安全地坐在家里。

“亚美利加”轰炸机将是一头巨大的野兽——这是无法避免的。除了装载供长途飞行的燃料之外，它还必须携带有效载荷为 6.5 吨或者以上的重型炸弹，这样才能让长途旅行有意义。纽约被认定为目标，但如果像希特勒一开始所希望的那样，葡萄牙独裁者安东尼奥·德奥利维拉·萨拉查同意把亚速尔群岛变成德国的基地，那么这种飞机就能够令突袭更加深入内陆。

2. 航空攻击

当容克、亨克尔、梅塞施密特、福克——沃尔夫和霍腾大致完成“亚美利加”的设计图时，戈林的下属们正忙于制订其部署计划。为了得到元首的批准，他们准备了冗长的文件证明他们的假设是清晰明了的。该项目旨在利用空军军事力量消除确定的美国目标，这些目标大多与航空业有一定关联，还有飞机和发动机制造厂(包括设在康涅狄格州的普惠发动机公司和设在新泽西州的莱特航空公司的飞机发动机厂)，那里有铝材加工机、仪器制造商以及光学方面的专家。需要考虑的因素不仅有远程轰炸袭击造成的破坏——对工业、军事和整体士气造成的破坏，同时还有不断增强的防空措施带来的高昂成本，这些防空措施是为了应对美国可能采取的不得已的回击。

3. 一个技术挑战

这个项目相当考验工程技术方面的创新能力，而不同的公司对此的反应都不同。大多数机型，比如梅塞施密特的“Me-264”式轰炸机、容克的“Ju-390”式轰炸机或亨克尔的“He-277”式轰炸机，相较于传统飞机它们的体型更大。但决不能以貌取机：机身必须符合严格要求，且发动机需要做大量调整，只有这样它们才能够在恶劣的条件下进行长途飞行。必须进行仔细计算并做出适当的调整，平衡速度、功率和燃油效率——这样做不仅仅是出于对经济成本的考虑，也是因为只有这样飞机才能够在完成任务后重返家园。关键是最大限度提高容量与升力，但其复杂性让项目的实现变得扑朔迷离。福克-沃尔夫最后完成了两种可能的设计：装有4个机翼引擎的“Fw-300”和大一号且装有6个机翼引擎的“福克—沃尔夫-Ta-400”。

4. 扩大规模

横向思维是有明确范围的。特立独行的霍腾兄弟——赖马尔和沃尔特，制作了一种山形“全翼”飞机，这种飞机由早期的喷气发动机提供动力，看上去像是现在的隐形轰炸机。当然，它的独特设计能够让它顺利通过雷达区，这不仅因为它有着特殊的形状，还因为它的基础结构是木质的，制造时还使用了一种碳元素含量很高的特质胶水。

这对兄弟都是特立独行之人，不过戈林对他们的设计所做出的热烈反应还是让他们很是欣慰，但他们惊愕于要与容克的工程师一起工作。为了增加机身稳定性，他们坚持添加尾状物和鳍状物——霍腾兄弟俩随即意识到他们得付出相应的代价。

5. 背驮式飞机

其中一项建议是建造复合型材料飞机。大致来说，一架飞机能够骑搭在另一架飞机上，一架“亨克尔 He-177”远程轰炸机可以搭载着一架较小的“多尼尔Do-217”轰炸机横跨大西洋。一旦达到它的限制范围，“He-177”会与“Do-217”分离并原路返回。随后，在迫降于海面之前——这时已经离出发地非常远了，Do-217会继续朝着目标飞行。随后，等待着的U型救援艇会带走它驾驶员。

6. 没有时间，没有燃料

所有这些想法与元首的干扰和他那有限的关注度发生了冲突；虽然希特勒坚持参与其中，但他不断被更有魅力的项目引开注意力。此外，由于敌方行动正不断进行，世俗眼中的实用性考量干扰了这个项目——尤其是其为了进行长途照明而在燃油方面的过分需求。

（十三）围捕行动

美国人想把战事转移给德国人的热切程度，从他们的“围捕行动”中就可见一斑。此项行动是另一个指向诺曼底的提议。

“过度消耗，过度纵欲，还不行动。”当美国步兵、空军和海军出现在英国盟友中间时，那些持怀疑论的公众对他们做出了如上评价。他们多半还说过“自视过高”。与疲于战乱的不列颠盟友相比，这些一头扎进欧洲战场的美国人展现出了极为显著的自信。从他们的满腔热忱（而非持久坚持）当中，这种乐观主义展露无遗。带着如此的心态，他们主张对法国北部来一次大范围的进攻。

关于征战方案的探讨和阐述贯穿了1942年的整个春夏，那时“大锤行动”尚处于讨论之中。不列颠人发现居于劣势的大局已定，于是美国人起草了一份应急措施，当中同样提到了一场大规模的登陆，以及法兰西北部桥头堡的建立。美国佬为何对此情有独钟呢？

1. 一不做二不休

事实上，这么做的重点在于让自己看似忙于某事。他们此刻相当明白，斯大林对开辟第二战场的强烈要求完全就是在给自己添乱。“总统明确指示，合众国参谋长需在1942年于欧洲战场上发起某种形式的地面作战，”德怀特·D·艾森豪威尔在事后回忆说。难道真的有这种让官方人员“看似很忙”的无力策略吗？当然，这就是怀疑论者对罗斯福所发起的行动的看法——想尽一切办法敷衍苏维埃。

实际上，在1942年至1943年间，盟军具体在做什么真的无关紧要，只要他们的确是在做事就好。无论他们都干了些什么，能缓解苏联身上的压力就是意义所在。不管总统的态度有多么含糊，司令们还是很快地缩小了可供选择的策略范围。

2. 实践策略

根据艾森豪威尔的说法，各司令员受总统之命，要想出针对1942年下半年的作战计划，结果就出来了三个选择：

第一个是经由好望角为中东的英军派遣增援，以击垮隆美尔和他的军队，并通过占领的黎波里塔尼亚（利比亚西北部），夺得地中海中部的完整控制权。

第二个是准备两栖部队以占领非洲西北，继而东上呈虎钳之势，捉拿隆美尔，最终完全打开地中海局面以备合众国日后所需。

第三个便是以一股相对较小的力量在法兰西北部海岸执行一次局部行动，把目标锁定在占领一个能用来抵挡德国佬的片区，并在之后以此作为桥头堡，为大规模入境这个终极目标做好准备。

3. 百感交集

毫无疑问，英国相当谨慎；然而，在1942年的情况下，这种谨慎是可以理解的。不列颠之战可能已经获得了胜利，但许多社区因为数周和数月的空袭而受到重创。此外，尽管人们欢欣鼓舞，但是没有人真正相信“为数不多”的战斗机部队能在孤立无援的情况下继续赢得胜利。就像希特勒最终认为从另一个方向发动全面进攻更好一样，他们也没有采纳全面进攻法国的想法，二者的原因是相同的：考虑到可能存在的阻力，物流方面显得不大理想。因此他们保留了“大锤行动”。当它被驳回，它的美式继任者“围捕行动”应运而生。在概念上它与“大锤行动”相似，关键的区别在于它根据英国的注意事项做出了调整，并计划在12个月之后执行，即1943年上半年（也许是5月）。

他们的想法是，应该通过温斯顿·丘吉尔所说的欧洲“软肋”袭击轴心国；并且它会首次因北非和中东地区的高成本战斗而实力大减。当然，英国领导人有自己的方法——“体操运动员行动”（后来更名为“火炬行动”）在11月进行。可以说，丘吉尔的计划成功了：在北非进行了一场激烈的战役之后，战火通过西西里传递到了意大利内陆，经由那里往北进入了德国本土的中心。

4. 真正的勇敢

英国首相提出，盟军不应直接发动全面攻击，而应当在德国的脖子上安置一根“套环”或“绞索”，只有这样才能够在后来的几个月中逐步将它收紧。在前途未卜的日子里，他期待着获得大西洋战争的胜利，（仍不确定，充其量是一个遥远的美好希望）控制地中海地区的空中力量和海上力量，（才刚刚开始）随后缓慢而坚定地关闭战线，最终赢得这场战争的胜利。

5. 稳扎稳打

丘吉尔有一个优点——他采用了有条不紊、稳扎稳打的作战方式。他的皇家参谋部长官阿兰·布鲁克将军更能坦然面对这给他带来的不安。丘吉尔担心一切为时过早，担心不能成功重返欧洲大陆，他告诉他的传记作者阿瑟·布莱恩特爵士：

“我心中很清楚开放西部前线的时机还未到来，它不会在1943年出现。我认为我们必须坚持我原来的战争指挥政策……要开始征服北非并重新打开地中海地区。为了避开好望角路线，我们得恢复百万吨级的海运，然后除掉意大利，进入土耳其，给欧洲南部带去威胁，随后解放法国。”

值得注意的是，尽管他提到了法国的解放，但其位于长长的清单尾部。英国人不急于将军队调度到海峡对岸。

6. 先例，可能性

当然，人人都爱马后炮，据说这还帮了丘吉尔一把；但在20世纪40年代，与他同时代的人会辩称这种后知之明有截然不同的意义。在 1914—1915 年，作为第一海军大臣，丘吉尔策划了损失惨重的达达尼尔战役。英国人从侧翼对德国发起进攻，而轴心国横扫他们的土耳其盟友，并最终以加利波利大屠杀作为结束。丘吉尔对迂回战术的运用（或者说是他的“军事天才”）完全没有任何正面先例。

于是乎，美国人抱有怀疑态度。他们更倾向于直截了当的方式。他们的目标是柏林或巴斯特，并且越早出发越好。考虑到西部的诺曼底登陆最终获得的胜利，我们或许可以认为，是事实证明了此种方法的正确性。如果在一年之前（或更早以前）发动此次进攻，结果会是什么样子呢？

针对这个问题，一个可能的答案是灾难性的失败。诺曼底登陆是有史以来最大规模的海上入侵——他们只是勉强取得成功。在 1943 年，德国有 6 个步兵师和 1 个装甲师做好准备迎接他们，还有更多的兵力在等待着他们。换言之，成功并不仅仅是与登陆部队有关的问题，事实证明，这个过程是多么困难和血腥；进攻者随后就意识到自己不得不寻找突破的方法，他们甚至还没来得及思考如何在对德战役中取得进展。1943 年，尽管获得了不列颠之战的胜利，但就某种程度而言，西方盟国还没有获得制空权，而这却是 1944 年的进攻者们所依赖的东西。

但是，这样的讨论只是纸上谈兵。正如艾森豪威尔回忆的那样，一切很快变得清晰起来，直接的方法绝对不可能。想要在这个战争阶段发动全面进攻，任谁都没有丝毫办法可以扭转英国对前景所持有的深刻的悲观态度：

“在此刻，似乎没有其他行动可行。讨论是冗长而详尽的。在那时，全美考虑的一个主要因素是严重怀疑英国打算与敌方达成跨海峡共识并极有可能在心理上永远拒绝考虑在欧洲西北部启动大型入境行动的可行性。”

7. 疑虑

当然，“永远”一词言过其实。最终，此次“大型入侵行动”得到了启动。到那个时候，一切发生反转（显然是不可逆的），形势开始有利于同盟国。而对美国来说，谁出钱，谁做主。

然而，有证据表明，英国人直到后期仍然不愿入伙。迟至 1943 年 10 月，在与总参谋部进行会议期间，阿兰·布鲁克收到了丘吉尔的来信，要求他“改变战略，以海峡作为代价，回到地中海地区”。他也相当清楚，自己把为最高统帅所做的准备工作视为给美国的一点小贿赂，以弥补其因“软肋”战略而分心，引发“火烧巴尔干”，并亲眼目睹整个战争“在 1943 年结束”的后果。

随后，我们得出结论：两个相互矛盾的策略均引起了质疑——当它们最终得以开展，每个策略显然都得到了事实的辩白。这样的分歧——或者说是每个策略背后颇具说服力的思维方式——让战争的胜利变得异常困难。

（十四）火花行动

如果当真点燃了这朵特别的火花，世事又将如何不同？一些德国军官曾认认真真地密谋刺杀元首。

亨宁·冯·特雷斯科曾说，只需一朵小小的火花，便会引发反对世界“头号敌人”希特勒的爆炸性事件。在军队的带领下，德国人民会站起身来反抗他。事后回想起来，这是一幅奇怪的场景，我们很难搞懂为什么还需要某种形式的火花，毕竟人类历史上最雄伟的一场大火已经漫天盖地了。不过，我们还是能很容易理解少将的意思。

身为东方战线上中央集团军的参谋长，他完全能够体会希特勒给他的国家所带来的危机是多么巨大，他还游说士兵和官员采取某种行动来对抗暴君。

1. 无望之始

特雷斯科开始请求东方战线上的重要指挥官阿瑟·汉斯·冯·克卢格将军和菲尔德·冯·博克元帅的支持。前者在晋升过程中已经明显暴露了自己的投机主义；后者贵族般的傲慢让他对“暴发户”希特勒和他的纳粹主义充满了鄙视。然而，真勇士不轻易冒险，就上文提到的这两位而言，无论战争发展到什么程度，他们都不愿意表明立场。（克卢格显然对克劳斯·申克·格拉夫·冯·施陶芬贝格在1944年7月进行的炸弹阴谋更感兴趣——但又是因为懦弱，辜负了他自己和众人。）

尽管路途坎坷，特雷斯科还是在路德维希·贝克上将方面进行得较为顺利——这是另一名传统的普鲁士军国主义者，长期以来，他都对希特勒颇有微词（但又非常老练）。特雷斯科的副官比安·冯·施拉布伦多夫中尉和情报联络官鲁道夫·克里斯托夫·冯·格斯多夫也招募了一组人，他们迅速打起了刺杀希特勒的算盘。

2. 一败涂地

命运背叛了背叛者。1943年3月13日，高海拔地区的冷空气似乎让安放在希特勒专机上的定时炸弹停止了。爆炸物被秘密地安放在两个君度酒瓶中，在后来被发现时仍然完好无损。一周之后，背叛者计划在俄罗斯战俘游街示众时，在一家柏林博物馆里炸死希特勒。冯·格斯多夫自愿将爆炸物安装在身上，把自己搞得就像现在的自杀式炸弹。在希特勒前来参观战俘游街之时，他就会引爆它们。在该事件中，希特勒安排的常规安全预防措施扰乱了他们的计划，分配给该活动的时间被缩减，希特勒露面的时间两分钟都不到。冯·格斯多夫没能遇见他，不仅如此，他还面临了一个棘手的问题：如何脱去这件致命的衣服。

9个月之后，谋反者计划在新款冬季制服展览会上安放一个爆炸装置，但在计划实施的前一个晚上，盟军的空袭炸毁了他们所乘坐的火车。

（十五）（本可能存在的）超级鼠式坦克

巨型坦克将在战场上绘出一幅可怕的状景——只要德国能把它带到那里……

盟军情报机构并没有夸大其词："八号"坦克是"一种了不起的武器"。当然，凭借200吨（英国标准196吨，美国标准220吨）的重量，它也成了有史以来建成的最重坦克。据推测，它由此得绰号为：老鼠。

这是一种很难抵挡的诱惑，每当希特勒自认可以稳住脚步，来次一赌定江山的时候，他便会下定决心支持这种毫无实用性的计划。面对这种在茫茫草原上排成一线行进的超级坦克，苏联人一定会惊慌失措。但直到1942年下半年，它甚至连开发项目都还没有启动。等到该项目正式进行的时候，德军已经转移到了斯大林格勒，纳粹国防军已不再需要这种打砸抢虐式的攻击，他们已经被迫转为了防御模式。

这并不是说"鼠式"坦克不具备防御功能：它的正面外壳约有200毫米厚，能够抵挡盟军的火箭炮、炸药筒或炸弹的爆炸。但拥有一个如此巨大、明确的轮廓，让它成了一个极易受到连续攻击的目标。此外，它特别容易受到手榴弹甚至燃烧弹的伤害——它们可能掉入相对较大的通风口。

你肯定会问及与操作实用性有关的问题——无论是在攻击还是防御情况下——这样的武器势必会压断其试图通过的每一座桥梁。（从理论上来看，这并不重要：一个精密的通气管系统让"鼠式"坦克能够涉过深度为13.75米的河流，当然，在实测环节，它只成功涉过一半的深度）它也不可能由火车运输，除非铁路系统彻底加固——不仅是桥梁，还有涵洞和道岔组。

试想一下，一堆"鼠式"坦克的正面推进绝对是令人恐惧的，但考虑到它的最高时速仅为13千米——这还是在平地上才能达到的速度，你将有足够的时间思考应对之策。最初的想法是它能以两倍的速度前进，但设计师无法设计出一种发动机，强大到足以驱动这样一个巨大的金属块。

当然，它的发动机能够让这个庞然大物往前挪动已经称得上是一个小小的奇迹了：费迪南德·保时捷设计的电气传动装置是关键。它使用一台柴油内燃机推动一台发动机，发动机产生的力量带动了坦克的前进。

一提到"鼠式"坦克，很容易让人回忆起法兰西的皮埃尔·博思凯将军于1854年在巴拉克拉瓦看见"轻骑兵的冲锋"时发表的评论："它壮美，但这不是战争——这是疯狂。""鼠式"坦克绝对壮美，但是考虑到它不是一辆坦克（不符合

这个名词的任一功能性含义)，它更是疯狂的。

(十六) 齐柏林行动

纳粹刺杀斯大林的计划安排得极为精细，若不是被对方偶然发现并迅速防备，他们的计划甚至可能已经成功。

1944 年秋，德军为了刺杀斯大林，精心准备了一场阴谋，他们安排一名苏联战犯作为暗杀者。彼得·希罗，是一位土生土长的乌克兰切尔尼希夫人，他出生于富农家庭——那些独立的农民在 20 世纪 30 年代成了斯大林的特殊敌人——因为盗用公款卷入了一场纠纷，于是有人猜想这便是他对自己祖国怀恨在心的原因。

1. 斗篷和匕首

德方非常信任希罗，任由他借着伪造的身份在苏联逍遥自在。可以想象，他在这具有讽刺意味的身份的掩护下过得无比惬意。他的档案中显示，他是“间谍之死”（共产主义反情报机构）中的塔夫林上校，此外他还是苏联的英雄，即便放到现在来说也是一样。和他一起的还有他的妻子——名副其实的妻子，尽管他俩素昧平生，可他们却为了加强关系而匆匆结婚。

“梅继尔·塔夫林”的衣服袖子被有意加宽，他的前臂上武装着榴弹发射装置；他还佩着手枪，枪里装配有毒的子弹。他随身带着一套看似正式的文件，上面盖着橡皮图章，塔夫林夫妇还得到了 40 万卢布。他们于莫斯科城外着陆，要坐上特意准备的摩托车进城。接下来，他们就要一路前往克里姆林宫去刺杀斯大林。

塔夫林夫妇于 9 月 5 日夜晚从拉脱维亚的一个机场起飞，他们乘坐的是归属于德国第 200 轰炸机大队（KG）的“阿拉多 232B”运输机，它是德国空军的特殊行动飞机。尽管还不能确定到底是哪里出了问题，但苏联情报局已经注意到了事情的不对劲——他们收到里加裁缝送来的密报，他承认自己曾缝制过一件宽袖的外套。

2. 苏维埃的 SNAFU

苏方一直守在那里，尽管他们安置好了炮弹朝着飞机开火，但他们组织混乱，毫无头绪。最终打中了一炮，迫使“阿拉多号”降落在它原定降落点的西部。飞行员将飞机安全降落，可在降落过程中机翼不小心撞上了一棵树，导致一台引擎燃烧了起来，引起了附近苏军的注意。（一些人被逮捕，可尽管如此，仍有一些人成功逃回了德军队伍。）

3. 无心之言

与此同时，“梅继尔”和夫人却按计划骑上了他们的摩托车，飞速赶往莫斯科。一切似乎进展得很顺利，直到“梅继尔”不小心说到他们整夜都在骑车，这引起了

警卫的怀疑：如果那是真的，那么他们一定会被几小时前的暴风雨淋湿。两人很快就被抓捕，刺杀行动挫败了。“齐柏林行动”甚至还没开始就已经结束。

（十七）跨越洲际的 V2

等纳粹洲际导弹发射准备就绪后，曾使伦敦遭受重创的“V2”也会对纽约和华盛顿造成同样的创伤。

在 1944 年和 1945 年的恐怖岁月里，伦敦都笼罩在一种强悍武器的阴影之下。“V1”在这段时期一路威风，“V2”也完成了高空抛射（高达 193 千米）。从 1944 年 9 月 9 日起，一共发射了约 3000 枚炸弹；巴黎、布鲁塞尔和安特卫普也成了它们的目标。

“V2”并不像“小机车 V1”，对于地面上的人们来说，它发射时没有任何征兆，一点声音都没有，因为它的速度达到了声速的四倍。另一方面，假如它是以每小时 4000 公里的速度到达地面，那么，当它的弹头爆炸之时，它的整个弹身几乎都被埋在地下。设计师们目前尚未找到方法使它在目标地上空爆炸。即便这样，它还是导致了成千上万人的死亡。

1. 跨洲发射性能

若能使用“V2”向美国开炮，那不知有多么可怕。当然，这就要求它的射程比如今投入使用的“A4”版更远。设计师们就在大型助推火箭顶上发射“V2”的可能性作了假设：如此一来，这种“A10”版大炮的射程要远远超出 4000 千米。可是，从当时的科技来看，这仍是天方夜谭。在这一阶段，最实际的方法就是从美国东海岸的某处用潜艇发射导弹。

一切困难都是能够解决的。可是，该方案并没有得到重视——后来这点却成了后见之明。早在 1942 年就有了在潜水艇的甲板上发射火箭的成功案例：火箭在水面或是往下 12 米的位置点燃。可由于其实用性并没有体现出来——或者说，至少这项技术的作用在潜水艇这种限制条件颇多的地方还不能得到体现，试验并未深入进行下去。直到一年后，他们才重新开始“V2”的研发。火箭本体的研发复杂得让人心烦意乱，它还会像一个无底洞一样耗光可用的资金；剩下的就只有一些简单的东西，如发射技术之类的。

2. 没有发射的导弹

此外，该项所谓的试验行动还面临着严重的技术问题。一艘长 14 米，直径 1.65 米的火箭不可能被放进潜水艇里。因此，只能将火箭放进防水密闭外壳内，由潜水艇拖着向前行进，而且为了安全起见，火箭里还不能配置燃料；它只能一次性安装发射器、水和液态氧，这些材料混合在一起才能提供发射火箭所需要的爆炸推力。

最后，“V2”的时间已经来不及了。尽管纳粹用移动发射器代替被盟军摧毁的固定据点，但随着德国在战争最后一个月里基础设施的崩塌，该方案的后备支撑已难以维系。

十三、逸闻趣事

（一）受嘲弄的法国元帅

第二次世界大战爆发前，法军元帅艾伦赛曾经宣称：德国的将军们必将遇到困难，因为他们之中没有哪一个人在第一次世界大战时达到过上尉以上的军衔。一旦大战爆发，第一次世界大战的战胜国法国仍将战无不胜。

艾伦赛单以军衔来衡量战争指导能力的高下，显然是形而上学的。军衔固然在一定的程度上反映一个指挥官的资历和战争的指挥能力，但有些时候二者并不能画等号。正是在第一次世界大战时不过是一个小班长的希特勒和他的将领们，仅用了一个半月的时间，就将法国打得措手不及。战争的历史证明，较少战争经验的后起之辈，往往更容易接受新的战争法则，而第二次世界大战期间许多法军将领刚好在这方面处于下风，有可能画地为牢，盲目恪守一战的经验，依赖单纯的阵地防御，用5年的苦心经营，并且耗费巨资，在阿尔卑斯山—色当一线构筑了“固若金汤”的“马其诺防线”，进行专守防御。德国法西斯把空军、坦克和机械化部队的机动性、快速性紧密结合，实行大规模的迂回战，从法军毫无戒备的阿登山区突破，向法国境内长驱直入，马其诺防线完全成了一个没用的摆设。

1940年6月14日，德国攻占巴黎。仅仅几个星期，法国便被德国法西斯占领。现实无情地嘲弄了艾伦赛所引以为荣的辉煌肩章！堂堂元帅艾伦赛羞得无地自容，但这一切都已于事无补了。

（二）核弹与明星

很多历史事件都是受个人的极大影响，在第二次世界大战期间，美国大名鼎鼎的影星格丽达·嘉宝利用她特殊的身份和地位，使德国希特勒企图在战争中使用原子弹的阴谋落空，进而对战况产生了重大影响。

早在 1939 年，希特勒就下令研制原子弹，并用威胁和恐吓等手段到处搜罗能制造出巨大杀伤力武器的科学家，著名的丹麦原子科学家内伊尔斯·博赫尔成为他们首先瞄准的对象。北欧反法西斯地下组织获悉此情报后，立即转告嘉宝让其见机行事。

不久，在一次演员与观众的见面会上，嘉宝向博赫尔教授指出法西斯的本来面目，希望他“能够以人类的和平和正义为己任，绝不向灭绝人性的纳粹泄露原子弹的任何秘密”，并表示已经帮助他制定了具体的出逃方案，逃离希特勒的魔掌。当年冬天，博赫尔在嘉宝的精心安排下，乘坐英国皇家空军的一架“蚊式”战斗机，从哥本哈根逃到了英国，从而摆脱了法西斯的搜寻。

后来，这位著名的原子科学家在制造原子弹方面发挥了举足轻重的作用。由于博赫尔的出逃，使二战期间的人们幸免了一场灭顶之灾。

（三）英国将军曾密谋劫持希特勒

有谁想过在二战中备受德国欺凌的英国曾经密谋劫持希特勒？不久前，美国学者在伦敦档案局查阅资料时发现，英国皇家空军曾计划劫持希特勒。

第二次世界大战开始后，越来越多的人反对战争。刺杀战争罪魁祸首希特勒的计划也一再被很多机构和人员制定出来。其中，英国情报部门最先决定解决希特勒。根据英国皇家空军情报部门掌握的情况，希特勒外出常乘坐“神鹰-4”引擎飞机。皇家空军道格拉斯上将和哈里斯少将进行了一番秘密策划，决定利用内线，等到希特勒座机在莱姆奔机场着陆时对其进行袭击，整个计划是：在劫持希特勒到达该机场时，由一名“可靠”的司机和两名通信兵驾驶一辆“福特 V8”旅行车和两辆摩托车去接收“猎物”，然后，由其他人将希特勒迅速转移。计划显得十分完善，所以从 1941 年 3 月起该机场就进入一级戒备状态。

但令英国皇家空军失望的是，在以后的两三个月内，希特勒的座机一直没有出现。至于为什么没有出现，至今仍是一个未解之谜。

（四）让苏军吃苦头的“香肠战”

在《冬季战争》一书中，有这样一段记述：苏军在荒野上长途行军，又饿又累，当他们缴获了芬军的野战厨房，竟然发现炉子上正煮着热腾腾的香肠汤时，便忘记了打仗与危险，只顾吃了起来。许多人嘴里含着香肠，还没有来得及下咽，就

被击毙了。芬兰人引以为豪，戏称这种奇怪的作战方式为“香肠战”。苏军士兵为什么会在“香肠战”中倒下呢？

芬兰的温度常常低于零下40℃，在这种寒冷的天气下，就连坦克和卡车都要每隔一两个小时发动一次才能使用。而在这种条件下，硬面包和水是不能补充体力的，部队要想生存和保持战斗力，必须要有营养丰富的食物。严寒虽然可以帮助伤员止血，但也可以把伤员活活冻死。这样的条件对于日常的生活都是个挑战，更别说作战了。相比之下，芬军因在本土作战，可以就地取食：着装注重保暖，外着伪装服；住的是地下掩蔽部和温暖的帐篷，伤员也得到了较好的安排。

芬兰人擅长滑雪。当苏军精锐兵团的大批坦克成几千米的纵队，爬行在厚厚的积雪中时，上百支芬兰游击分队却携带轻武器滑雪打击苏军。他们打击的主要目标不是公路上的重装备，而是那些保证苏军生存的野炊厨房，载运补给品的卡车和用来构筑栖身之所的器材等，重点破坏苏军的野战生存能力，从而使其饥不得食，伤不得医，寝不得安。

为了达到其预定的战争目的，苏军集中了强大的突击兵团，准备速战速决。但在芬兰军民的顽强抗击下，苏军每前进一步都付出了沉重的代价。随着军队的深入、气温的下降，苏军没预料到的严寒的地狱出现了，于是就出现了前面提到的场面。所以，战争不光靠武器和金钱，更要考虑天时、地利、人和。

（五）战争中的糊涂账

1941年，黄沙飞舞，寒风肆虐，大地一片迷蒙。利比亚沙漠上却坦克隆隆，枪声四起，硝烟弥漫，英国第8军军长蒙哥马利与德国“沙漠之狐”隆美尔的非洲军，正在展开一场规模宏大的坦克大战。由于战场态势犬牙交错，瞬息万变，英军与德军相互盘旋追逐，战线极不稳定，情况游移不定，造成了敌中有我、我中有敌的复杂局面，因而发生了多起浑水摸鱼的“国际玩笑”。

英军某补给站的保管员，一觉醒来，还没从梦中完全清醒过来，他迷糊着双眼刚想向正在加油的战友们致以敬礼，定睛一看，竟使他大吃一惊，面前的情景真能把人吓晕过去。他万万没料到这些忙着加油的装甲车全是德军的。他安安神，悄然返回帐篷，抓起电话机发出紧急求救信号，召唤自己的部队赶到，出其不意地将这股德军干掉了。

另外一个故事发生在一个深夜，一名正在交通岗值勤的英国宪兵，忙着指挥一队队车辆南来北往。突然之间，他发现自己指挥的是滚滚开进的德军装甲车，看阵势，德军并没发现他是英国宪兵，这个英国宪兵不露声色，悄无声息地上演了一出无间道，继续坦然地履行职守，德军装甲车队也乖乖听从指挥。其中有几十辆德军坦克在他的指挥下，转弯向完全错误的方向开去，成了英军的美食。

还有一个英军前线救护所，无意中陷入敌掌，敌人强迫他们救护德军伤兵。半夜里，一位迷路的英国炮兵军官，稀里糊涂地闯进救护所打听情况。当时正在敌人的监视下做手术的军医，巧妙地向这位炮兵军官低声耳语，“这里危险，赶快离开”。炮兵军官不明情况地撒腿就跑，安全地脱离了虎口。

（六）丘吉尔的“完美战略”

二战中的丘吉尔一边推行他的非洲计划，一边顽固拒绝按预定时间在法国北部开辟第二战场，同时，为了达到一定的政治目的，他又坚定发展了他自己的“巴尔干”和“地中海”的战略主张。

据戴高乐所说，在地中海，“英国既想捍卫在埃及和所有阿拉伯国家，如在塞浦路斯、马耳他、直布罗陀已夺占的阵地，又打算在利比亚、叙利亚、希腊、南斯拉夫夺占新的阵地。正因为如此，英国才极力把英美联合进攻的矛头指向该战场的翼侧”。

丘吉尔并不是从军事的层面去考虑问题的，而是更多地基于政治的考虑，他坚决主张开辟第二战场的“巴尔干战略”就是如此。他力图挡住苏军通向巴尔干的道路，制止当地的民主运动，巩固英战略国在地中海的阵地，保住它对远东的控制。

罗斯福对自己的儿子埃利奥特说过：“首相一有机会就提出经过巴尔干实施进攻的主张，这使所有与会者都十分清楚他的意图何在，他是想在中欧打进一个楔子，以便阻止红军进入奥地利、罗马尼亚，如有可能，还要阻止苏军进入匈牙利。”

事实上，丘吉尔本人也并不掩饰，他打算在巴尔干打进一个“把欧洲和苏俄隔开的盟军楔子”。美国记者拉尔夫·英格索尔曾形象地说：“巴尔干就像一块磁铁，无论罗盘怎样抖动，英国战略的指针始终指向它。”

提出“巴尔干战略”还因为：英国想利用在次要方向作战的时机来积蓄力量，以便在战争的最后阶段向德国进攻。

为了实施他的“巴尔干战略”，丘吉尔和支持他的华盛顿的政治家们，提出了一项建立巴尔干—多瑙河联邦，即巴尔干和多瑙河沿岸诸国反苏集团的计划。该联邦应以保加利亚科堡王朝为首。其成员有：保加利亚、南斯拉夫、土耳其、希腊、阿尔巴尼亚。联邦对外应是一个独立的国家实体，而实际上则受英国领导。1942 年 1 月，希腊和南斯拉夫流亡政府签订的政治联盟条约便是建立该联邦的一个步骤。当时在伦敦还签署了关于建立另一个反苏集团，即中欧联盟的波—捷协议。

丘吉尔一直想在苏联周围建立一个新的“防疫线”，这种想法也是伦敦政治家们的共有观念。但事态的发展使这个想法一直无法实现，但是他们并不罢手，一个个这样的计划依然次第出现。

（七）“孤军奋战”的坦克兵团

1942 年 11 月 19 日，斯大林格勒会战吹响了其第二阶段的号角，苏军英勇作战，战无不胜，强大的攻势撼天动地，在德意军的防御体系上撕开了一个口子。意大利第 8 集团军和德军多尔麦辛集团军的野战工事像一座座垃圾堆，幸存的官兵龟缩在防炮洞里祈祷上帝保佑自己完完整整地回到父母妻子身边。

苏军各坦克军和机械化军，利用炮兵火力效果，协同步兵迅速突破了德意军的战术纵深。守敌招架不住了，开始全线溃退，苏军西南方面军由攻坚战转入势如破竹的追击战。

在追击过程中，苏军坦克第 24、第 25 两军进展最为顺利，特别是坦克第 24 军一马当先，奋勇追击意军，从意军的后方插入，并且在行进中一举攻占了塔清斯卡亚城和火车站。这支浪漫军旅以惊人的速度飞驰而来，就连德军指挥部待命的飞机都没来得及转场，就被无情地俘获了。坦克兵们用钢铁征服了敌人，在胜利面前，谁也关不住激动的闸门，兴奋的洪流淹没了应有的警惕，就在他们围绕着缴获的 350 架飞机谈笑风生、手舞足蹈、欢呼雀跃之时，谁也没有想到危险正在袭来。

其实，敌人的侦察兵也不是等闲之辈，他们发现对自己威胁最大的苏军坦克第 24 军是“孤军奋战”，远离主力，孤军深入，便速将配置在塔清斯卡亚地域的预备队机动过来，团团合围了坦克第 24 军。德军全方位的冲击波使苏军意识到自己犯了一个令人哭笑不得的“小错误”，事已至此，无论如何也要单枪匹马地打下去了。于是，一场装甲对装甲的拼杀战激烈地展开了，这是铁与铁的较量。部队打得十分顽强壮烈，许多场景催人泪下，经过五昼夜浴血奋战，苏军终于在生与死的夹缝中突出了德军的合围。

（八）鸟粪影响战局

有人会说：“鸟粪影响战局，这也扯太远了吧？”但是，这世界就是这么奇妙，所谓世界之大无奇不有，在第二次世界大战期间，鸟粪就曾一举成为稀缺物品，变身为重要战略物资，结结实实地当了一回明星，也在一定程度影响了战局。

那卢岛地处太平洋，是一个很不起眼的小岛，它既不是海上重要通道，又不是军事基地，它既无丰富的矿产资源，也没有优越的地理环境，可以说丝毫没有军事价值。所以这里既听不到枪炮声和飞机的嘶鸣，又看不到军舰的频驰，因此，门可罗雀的名声非它莫属了。美日军所进行的太平洋战争，在其他海域打得翻江倒海，大洋中的鸟类家族为了逃难，纷至那卢岛栖身，这里成了鸟类“难民”收容所。特别是岛上的老“居民”，谁也说不清有多少代，它们在这里生儿育女，吃喝拉撒，积累了层次很厚的鸟粪，成为鸟粪著名产地之一。

日本人发现了岛上的鸟粪。这对肥料资源缺乏的日本来说，如获至宝，便决定把岛上的鸟粪作为战时农业肥料的主要来源，夜以继日地运往日本。一开始岛上的鸟类对不速之客的到来感到不安，但看出他们竟然只是收集自己的粪便，也就不再担心，化惊为喜了。不久，美国著名的粮食专家罗伯特·斯特劳斯根据获得的情报，分析了日本此举的意义。

为了切断日本的部分农肥供应，影响其农业生产，斯特劳斯献出金点子，他建议破坏那卢岛上的鸟粪资源。后来美国空军认真研究了斯特劳斯的建议，认为这个建议富有远见，战略眼光独到，并且决定予以采纳。1942 年，美空军对那卢岛实施了破坏性轰炸。美国这一招没白用，果然使日本翌年的粮食生产大大下降，造成给养供应发生恐慌，削弱了日本的军事潜力。而鸟粪可以影响一场战局，这真是前无古人，后无来者。

（九）英雄信鸽

二战中，有过一只英雄信鸽，它的故事广为流传。1943 年 11 月 18 日，英国第 56 皇家步兵旅为了迅速突破德军的防线，请求盟军空军火力予以支援。正当盟军飞机要起飞时，英国的一只雅号“格久”的信鸽送来一份万分火急的信件：“德军防线已被第 56 皇家步兵旅攻占，请求撤销轰炸。”从信中获悉，“格久”在 10 分钟内飞行了 30 多千米。由于“格久”拯救了 1000 多人的宝贵生命，英国伦敦市长特授予它掺金勋章——这是战争史上授予信鸽的最大荣誉，而它为英国人民所做出的贡献也将永远被铭记。

（十）坦克挂“刀”，无人能敌

诺曼底登陆作战中，在盟军主要攻击方向上的田野里，纵横交错着许多灌木树篱，这些树篱与地埂形成了天然屏障，即使是美国的现代化装备也无法克服这些障碍，因此给盟军的突破行动带来了极大的困难。步兵和坦克只好缓慢前进，致使战斗历时1个月零20天尚未达到预期的目的。在这个艰苦的时刻，有位士兵提出了一条既简单又十分巧妙的建议：在坦克前面安上两把坚硬的钢刀，凭借坦克的强大推动力，可切断树篱，铲平地埂。有“大兵将军”之称的集团军司令官布莱德雷纳谏如流，当即采纳了他的建议。就这样，依靠这种极为简单的装置，美军顺利地克服了障碍物，一举突破德军防线，迅速向南推进，进而获得了整个战役的胜利。所以说，有时一个好的建意就能左右战争的局势。

（十一）英国自摆乌龙

战争中，误伤难免发生，在二战中最严重的误伤发生在60多年前一个星期天的中午，当时英国一队战斗轰炸机采取突袭行动，在不到15分钟的时间里把两艘扫雷舰击沉于法国近海，舰上海军官兵117人遇难。其实，这些战斗轰炸机是自摆乌龙。铸成这种大错的根源是通讯出了毛病，从而导致英国海军遭受了第二次世界大战中最惨重的误伤损失。

根据英国《每日电讯报》在对公共档案局公布的、迄今一直保密的大量文件做了分析之后，公布了这场灾难的详细情况。1944年8月27日早晨，设在诺曼底的盟军地面雷达操作员发现在离德国占领的法国海岸仅几千米的海面上有一支小舰队。这些舰只实际上是英国军舰，它们正在排除德国布设的水雷。可是由于电讯信号出了错，这些扫雷舰未能把它们的位置通报给法国地区的海军总部。最终，这样的错误导致117名士兵葬身海洋。

其实从1944年8月中旬起，有两支英国扫雷舰队在法国昂蒂费角近海地区进行扫雷作业。克利克中校率领的第1扫雷舰队在进行了12天作业后，于8月25日离开该海域前往他处，而属于英国诺曼底远征军管辖并承担着法国北部沿海扫雷任务的第2扫雷舰队，也于8月26日离开昂蒂费角前往另一个海域。

同时，有关舰队离开这个海域前往别处扫雷的计划已向上级报告。不幸的是，这天晚上，代理舰队指挥官维纳布尔斯决定临时改变计划，返回昂蒂费角原扫雷海域。改变计划的决定也已通过电报及时报告给了海军总部。可不幸的是，千不该，万不该，由于信号发生错误，地区海军总部没有收到此项报告。当盟军地面雷达站发现它们时，它们距海岸仅仅几千米。操作员认为离海岸这么近，肯定是德国舰只。于是雷达站与英国地区海军总部参谋人员联络，后者也同意这种看法，因为他们一直以为英国的扫雷舰队已于8月25日和26日先后离开了这片海域。于是这个“敌情”被报告给地区司令部司令官。

他们经过确认仍然认为这里没有盟军的军舰，于是这位海军少将下令派出侦察机侦察，并命令准备实施空袭。可是被派出的波兰飞行员报告说，这支舰队看上去像友军舰队时，司令部又试图与扫雷舰队指挥官联系，但是又一次因为线路故障而未能成功。这一切似乎是上天注定，在这种情况下，地区司令部下令实施空袭。战斗轰炸机 263 中队和 266 中队分别于 13 时 05 分和 06 分起飞。率机队执行任务的是王牌飞行员鲍德温，他飞临作战地区上空后立即产生了怀疑，他 4 次对空袭命令提出质疑，但毫无结果。当年的中队长拉特回忆说："他们要我们进攻。鲍德温认为从队形上看，这些舰只不是德国的。在空袭过程中，船员们认出是英国的飞机，并发射了识别用的信号弹，可是为时已晚，火箭准确命中，击沉了"轻骑兵"号、"布里托马特"号并炸毁了"斯特恩"号三艘扫雷舰。后来官方采取了严格的保密规定，幸存者们被告知不得谈论这个事件，并且决定，这个档案只能在 100 年后才能示人，只是由于政府加快了开放政策的步伐，这些文件才得以提前解密。而因为这个灾难，3 名海军军官受到军事法庭审判，2 名当庭无罪释放，另 1 名军官则受到了行政惩处。这也说明了在战场中，通讯和协调的重要性。

（十二）日军的"性病武器"

日本在侵略战争中的残忍妇孺皆知，本文将要揭露的是日军在二战中最机密的档案，也是自古以来人类战争史上最丑恶的秘密。在二战中日军为达目的无所不用其极，他们在与美国人的太平洋之战中，不仅动用了飞机、战舰、坦克、大炮等武器，还使用了世上最无耻的武器——"性病武器"又称"性病战术"。

"性病战术"由日本医学博士金马提出并发明。1942 年年初，正值太平洋战争酝酿之际，富有远见的金马博士预测到，日军不敌美军，美国人早晚会夺回太平洋各岛。细心的金马博士还发现，由于气候的原因，太平洋岛上的土著民们多衣不蔽体，女人们更有裸露上体、大腿者，她们热情奔放、性感妖娆；由于文明程度不高，土著民们对于男女关系的态度也表现得很随便。金马博士还料到美军士兵登陆各岛后会因身处异地、远离妻儿而倍感无聊、苦闷，这时如果遇到岛上美丽火辣的土著女人，一定会欲火焚身、放浪形骸，于是金马博士心生一计，向日军参谋部献计献策：在日本占领的、美军必然攻之的岛屿上散布梅毒，让岛上的土著女人染上性病，而美兵一旦与她们发生关系便会染上性病，这样可以极大地削弱美军的战斗力，保存日军实力。

但是，当时的日军气焰很高，他们不仅轻视美军的实力，甚至还扬言要进攻美国本土，所以日军参谋部根本没有把金马博士的提议当回事，认为金马多虑了，仅仅勉励了他一番便打发了。不过，金马并没因此灰心，他继续在实验室里研究"性病战术”，等待机会。很快，太平洋战争爆发了，日军的节节败退让日军当局想起了金马博士的提议。

1943年12月5日，日本参谋部邀请金马博士详细介绍有关“性病武器”的制造方法和实施方案，打算在日军撤离太平洋诸岛时，对岛上年轻土著女孩实施“性病注射”。

这一举动严重违反了人性道德，令人发指。

1944年6月，太平洋战争进入白热化阶段。6月12日，即美军进攻马来西亚群岛的第二天，金马博士在日军当局的催促下率领由医生、护士和技术人员组成的“性病武器”小组，乘坐海军潜艇前往关岛实施秘密计划。因为实施“性病武器”需要培养相关病菌，耗时颇多，加之这是日军在太平洋战争后期才着手的方案，未能及时推广实施，所以没能挽回日军的战败局面。但是，日军在太平洋战争中犯下的泯灭人性的罪行难逃后人指责。

（十三）美军的“红球特别快车”

自古兵法中就有“兵马未动，粮草先行”的说法，可见在战争中后勤的保障对战争胜败影响之重大。在二战中，美国就曾建立了一支高效的运输队伍。1944年8月25日，美军为保障“诺曼底登陆”计划中盟国军队对德军的进攻，组织了一个名叫“红球特别快车”的运输部队，用以保障战争物资。这次行动共遣送物资41万多吨，日运量最高达12340吨。运输队最初有118个汽车连，约5400辆汽车，运输高峰段增至132个汽车连，约6000辆汽车。

为避免发生交通堵塞，延误运输计划，“红球”行动占用的道路严禁其他部队和民用车辆使用，并规定：车队一律单向行驶，掉队车辆只能紧跟其后，不得超车插入，待返回时方可归队；发生故障需要检修的车辆必须停靠路旁进行维修，让出行驶路面，所运货物由备用汽车代运；车队如若需要休息，车辆务必停在休息点，以确保道路畅通。每个运输队由数十个汽车连组成，车与车之间的距离保持在50米左右，时速达40千米。实行司机轮流驾驶、人歇车不停的方式昼夜奔驰，一天可疾驰20个小时。斯大林及苏联军方曾一致肯定：“红球”行动在供应方面取得的成就，应作为最伟大的人类行为载入二战史。事实上，“红球特别快车”行动作为战争史上的成功案例也为此后的军事专家们津津乐道。

（十四）胶姆糖的军事应用

胶姆糖，又称香口胶、口香糖，是由胶基、糖、香精等制成，其中胶基占胶姆糖的20%~30%。众所周知，口香糖用于咀嚼并清洁口腔，殊不知胶姆糖还能用于军事领域。

事实上，在二战期间，胶姆糖曾一度成为美军军用食品。因为美国政府认为，胶姆糖除了具有糖果的各种特征外，还有其他特殊作用。例如，在监视敌方时咀嚼胶姆糖，可以防止打瞌睡；飞行员在飞行中咀嚼胶姆糖，可以防止耳鸣；甚至在军舰被击沉、必须靠橡皮舟、漂流海上、几天吃不上东西的情况下，胶姆糖也可以用来维持生命。1944 年，由于二战的紧张局势，胶姆糖在美国全部被用作军用品，以至于在市场上完全没有了踪影。如此微小的糖果竟能在军事领域发挥如此大的作用，实在令人称奇。

（十五）战争期间家信中的暗语

第二次世界大战期间，美国军队有这样的明文规定，凡是被派往海外的官兵不得将所在部队地址和行军位置泄露出去。但是为了不让家里人担心，美军中许多人别出心裁，创造出形形色色、林林总总的暗语。例如，有人写信问妻子某张唱片的背面是什么歌曲，妻子收到信后，查看唱片发现背面的歌曲是《四月的巴黎》，于是便知道丈夫去了法国。有人写家书时故意在收信人的名字中间多写一个字母 G，在第二封信上多写一个字母 U，第三封信多写一个字母 A，第四封信多写一个字母 M，等家人把这 4 封信都收齐了，将 4 个字母凑一块：“GUAM”，便知道他正在关岛服役。更有意思的是，有人和家人约定，各自拿同一版本的世界地图，写信时把信纸与地图重合在一起，对应地图上自己所在的地方，在信纸上扎上针眼，等家人收到信后，拿出同样版本的地图一比照，便从针眼中得知对方的位置。身处异乡的美国兵们就是用这种方式传达对家人的思念，令人不胜嘘唏。

（十六）战役代号的故事

出于保密原因，美军早在二战中就已经开始使用军事行动代号了。当时，美陆军部作战计划处的参谋们选出 1 万个通用名词和形容词，组成了一个行动代号表，供命名时挑选。其中最具特色的就是将诺曼底登陆定名为“霸王行动”，以此充分

展现美军开辟第二战场的重大意义。

其他各国也都有自己的战役代号，比如“关特演”是指第二次世界大战时日本进攻苏联的战役计划代号，意思是“关东军特别演习”。1941 年 7 月由日本参谋本部和关东军司令部共同制定了这个计划，目的是配合法西斯德国的进攻而在远东地区开辟对苏的“第二战场”。具体内容是以中国东北为基地，以航空兵突然袭击的方法，消灭在远东的苏联空军并夺取其制空权，同时地面部队分两路向苏联进攻。

1943 年 1 月 10 日—2 月 2 日，在苏联卫国战争中，苏联顿河方面军将歼灭斯大林格勒附近被围德军的战役命名为“指环”。在这个计划中规定首先消灭合围圈内西部之敌，然后歼灭合围圈内南部之敌，最后再由西向东从中间实施横向突击，将经过西、南两个方向进攻后的残余敌军分割成南北两部分，再集中兵力予以各个歼灭。此次战役由于准备周密，指导正确，最终得以如期实现。

在二战后期，意大利迫于压力，退出战争，法西斯德国为了解除意大利军队的武器威胁，将“康斯坦丁”设为占领意大利本土及意大利在巴尔干所占领土而进行的战役代号。1943 年 9 月 8 日，英美联合统帅部决定与意大利巴多利奥政府签订停战协定，于是德国开始实施这个计划。纳粹德国派出大批军队进驻意大利，并控制了意大利的大陆部分和意大利所占领的巴尔干地区的领土，并迫使占领区内的意大利陆军以及空军解除武装。但德军未能挟持意大利的海军主力，于是意大利海军主力舰队在驶离基地港口、逃离德军控制后，直接向驻守在马耳他岛和亚历山大港的英美联军投降。意大利海军的这一突然行动，使德军的计划没能完全得逞。

（十七）“冬眠”的飞机

听说过动物冬眠的你，听说过“冬眠”的飞机吗？一架由美国生产的洛克希德 P-38 闪电式歼击机在格陵兰 86 米深的冰原下整整沉睡了 50 年。当被工程队耗时 12 年、花费 200 万美元“捞”出时，飞机的主要部分仍完好无损，武器、弹药也未锈蚀，经过整修可望重上蓝天。

这架在格陵兰冰原冬眠了半个世纪的飞机究竟有着怎样的故事呢？

1942 年，在代号为“包列罗舞”的行动中，美国空军准备分批向英国转移几个战斗机中队。由保罗·蒂贝茨领导的第一支飞行队顺利到达英国，但第二支飞行队却永远没有到达目的地。1942 年 7 月 15 日凌晨，由 2 架号称“空中堡垒”的 B-17 飞机和 6 架 P-38 飞机从格陵兰的一个秘密基地起飞，飞往雷克雅未克。

飞行了 3 个小时后，他们发现难以继续前进，只好折返。在途经格陵兰冰原上空时气候十分恶劣，飞机燃油也即将耗尽。傍晚时分，麦克马那斯中尉找到了一块较为平坦的地方，他关闭了发动机，放下起落架，准备迫降于此。飞机接触地面摇摇晃晃滑行了 200 米后，忽然，前轮卡在了一个地缝里，就地打了一个滚仰面朝天地躺在那里不动了。

一股浓烟从发动机中冒了出来，麦克马那斯中尉很快从舱中爬出来，他开始在冰上奔跑，疯狂地向同伴们挥手。随后，另外 7 架飞机相继平稳地降落地面。史密斯上尉在航空日记里记下了整个飞行情况。他当时取下头盔，走出座舱，并随手将飞机的钥匙丢在了座舱中。50 年后，麦克马那斯对这个细节仍记忆犹新。他回忆说："当时我们大家都笑了，还有人问他，难道不怕有人来偷这架飞机吗？"

他们一行 25 个人在两架 B-17 的机舱里待了 9 天，直到一支救援队赶来，飞行员们被迫抛下那些不曾有过损伤的飞机，随救护人员到达 40 千米之外的海岸，在那里登上了 1 艘迎接他们的大船。

1980 年，亚特兰大飞机俱乐部的常客、飞机销售商帕特里克·泰勒偶然遇到那支传奇式飞行中队中的一名飞行员。

老飞行员对往事的叙述立即吸引了他。因为一个顾客多年来一直在搜寻 P-38 闪电式飞机。这种飞机有一个很大的优点：飞行员在开火之前可以从瞄准器中看到他们对手的脸部。这种飞机共生产了 9923 架，现存的只有 28 架，而真正能飞的现在只剩下 5 架了。当那些飞行员又一次看到他们曾经的飞机，那种心情真是难以言喻。

（十八）铁木辛哥险丢官位

1941 年 7 月 16 日，德军大举压境，斯摩棱斯克大部分地区被德军占领。苏联红军第 16 和第 21 集团军在城市的北部也被德军所包围，但是他们没有投降，继续和其对抗了 10 天之久，从而阻止了德军攻占莫斯科的企图。在斯摩棱斯克会战过程中，无论战士还是平民都表现出了无与伦比的英勇顽强精神。他们誓死保卫家园每一所房屋，每一条街道，每一个居民点。敌人在斯摩棱斯克地区的进攻被制止了，由于这一胜利，苏军赢得了准备战略预备队和在莫斯科方向采取防御措施所需的时间。

作为苏军西方面军司令员的铁木辛哥元帅，在战争最初几个月的艰难日子里，顽强地坚持着，坚定地领导着部队，动员一切可以动员的力量防御并抗击敌人进攻。希特勒的军事指挥机关和军队本身，对苏军士兵的英勇无畏和集体英雄主义都感到震惊。德军在斯摩棱斯克会战中，损失官兵 25 万人。但是，在德军的强大攻势下，斯摩棱斯克还是沦陷了。

斯大林知道斯摩棱斯克沦陷后怒不可遏。他把怒气都发泄在前方指挥官身上。7月底，他命令铁木辛哥立即回莫斯科见他。当这位前线司令员走进他的办公室的时候，几乎全部政治局委员都坐在那里。斯大林一言不发，站在屋子中央，烟斗在手中逐渐熄灭，看上去十分不高兴。

“是这样的”，斯大林说，“政治局讨论了铁木辛哥担任西方面军司令员的工作，决定解除他的职务。有人提议由朱可夫担任这一职务。你们有什么意见？”

铁木辛哥没有说话，这时朱可夫说话了：“斯大林同志，我认为更换主帅会影响战争的进程，主帅在不了解情况的前提下对其提出过高要求是不合适的，铁木辛哥元帅指挥西方面军还不到4个星期。在斯摩棱斯克会战过程中他熟悉了部队，了解了他们的能力。他做了处在他的位置所能做的一切，使敌人被阻止在斯摩棱斯克地区将近一个月。我想，任何人也无法做更多的事。部队信任铁木辛哥，而这是主要的一条。我认为，现在解除他的西方面军指挥官的职务是不正确的。”

铁木辛哥

这时加里宁插话道：“我同意朱可夫的观点。”

这时，斯大林抽了口烟，看了看其他政治局委员，说道：“也许你是正确的。”

就这样，铁木辛哥又回到了战场。

（十九）朱可夫拿斯大林便笺上前线

苏德战争爆发后，德军一度疯狂进攻，势不可当，其摩托化部队快速向莫斯科穿插，快如闪电，无所顾忌，正如其代号“台风”一样。突如其来的打击使苏军统帅部和战场失去了联系，电话线被潜入的敌军破坏，莫斯科的防御一片混乱，于是，斯大林在万般焦急之下又想起了朱可夫。

在整个二战期间，朱可夫参与组织了所有重大的战役，并且在关键时刻对战局能起到力挽狂澜的作用，这也是斯大林信任他的原因。

于是朱可夫在刚刚解围了列宁格勒之后又被调回了莫斯科。

斯大林见到他后便连连发问。“敌人在哪里？我们的集团军在哪里？为什么没

有报告？朱可夫同志，情况糟透了，我们没法下决心，我们不知道该怎样部署，在哪里进攻。现在，请您到西方面军司令部去一趟，了解情况，随时给我打电话，我等着您的消息。”

这样，朱可夫顶着疲惫，义无反顾地向前线出发了，他先找到西方面军的司令部，紧急给斯大林通电话，报告情况，然后又通过线索寻找预备队。他在偶然遇见的几个通信兵的带领下在山里找到了正在整顿那些无组织退却的人员的预备队。几经周折，他又找到了预备队的司令布琼尼，在布琼尼那里他得知了更坏的消息，第24、第32集团军已经被敌人切断，朱可夫及时报告给了斯大林。接下来，朱可夫继续前行，终于在红军占领区和敌占区之间找到了红军装备最精良的预备坦克旅。

现在一切情况都清楚了，朱可夫返回莫斯科。听完情况汇报后，斯大林撕下一张便笺，写下了一行字，任命朱可夫为保卫莫斯科几个方面军的总指挥，命令他立即到西方面军司令部去。

揣着斯大林的这一张便笺，朱可夫走马上任了。他果断采取措施改变混乱的局面，把司令部转移到最前线的阿拉比诺；他命令助手们去指挥每一个集团军，把它们屯扎在最合适的地点；他组织撤下来的部队，把预备队大批开赴前线；他亲临前线建筑数百千米坚固的防御线，加大防御纵深；他派大批政治干部到士兵中去进行宣传，提高士气，加强胜利的信心，连民兵也组织起来了。

没过多久，莫斯科就又变得坚不可摧。

（二十）朱可夫直言建议被罢官

1941年6月，苏德战争爆发，德国法西斯军队大举进犯。而刚开始由于斯大林的判断失误，导致苏联应对德国入侵的准备不充分，使红军在战争一开始就陷于被动。新任总参谋长朱可夫在经过冷静分析后，于1941年7月29日来到最高统帅部求见斯大林。

见到朱可夫走进来，斯大林向他点了点头，并用烟斗示意他坐下，然后缓慢地说：“报告你的想法吧，朱可夫同志。”

朱可夫一边应和，一边把带来的地图摊在桌子上，详细地报告了从西北方向到西南方向的局势，指明了敌军的位置及其部署，分析了敌人可能进攻莫斯科。最后，他向斯大林建议，为了避免损失，应该有足够的兵力保卫首都，尽快地将西南方面军整个右翼部队撤到第聂伯河东岸，以便形成拳头，伺机打击敌人。“基辅怎么办？”斯大林凝视着朱可夫。

朱可夫知道，基辅是乌克兰的首府，具有重要的战略地位。放弃基辅会强烈地伤害所有的苏联人，包括斯大林的感情。但指挥作战，不能感情用事。于是，他明确地回答说："我们不得不放弃基辅。"

斯大林被朱可夫的建议激怒了："这样轻易地把基辅让出来，亏你想得出来！"

朱可夫是个直爽而有个性的人，他不愿奉承斯大林，便顶嘴说："如果你认为我这个参谋长只会胡说八道，还要我过来干什么？你干脆把我的参谋长职务免了吧。"

"如果你觉得可以的话，你可以离开这儿。"斯大林冷冷地回答。

"我是一个军人，必须执行最高统帅部的任何决定。但我和总参谋部坚信，我们对形势的看法是正确的。"

朱可夫说完，收起地图，愤愤地离开了斯大林的办公室。

第二天，朱可夫便被免去总参谋长的职务，调任预备队方面军司令员。但是，他在前线进一步了解了敌情后，更加坚定了放弃基辅的主张。为了祖国的利益，他不顾斯大林的反对和训斥，之后又三次向斯大林提出建议。

朱可夫在最后一次向斯大林建议说："无论多么痛心，基辅必须放弃，我们别无他路。否则，我们的步兵集团就会被合围并歼灭。"

但斯大林最终没有采纳朱可夫的建议。9 月 11 日，他向部队发出命令："要不惜一切代价守住基辅。"

但后来的事实证明，朱可夫的意见是正确的。基辅战役结束以后，基辅失守，红军遭受了惨重损失，近百万苏联红军被围歼，仅被俘人员就达 65 万多人，很多指挥员战死沙场。布琼尼、铁木辛哥和赫鲁晓夫在基辅陷落前及时乘飞机离开该城，才免于成为德军的俘虏。虽然历史无法改变，但朱可夫宁可丢官也不放弃原则的勇气值得我们钦佩。

（二十一）斯大林固守莫斯科不撤离

1941 年，莫斯科被德军死死围住，危在旦夕。10 月 15 日，贝利亚、巴林科夫和卡冈诺维奇建议斯大林疏散到古比雪夫市，并且为他备好了专门列车，列车就停在城门外的车站上。此外，在莫斯科郊外的机场上还停放着准备好的 4 架飞机。其中有一架斯大林的专机，由空军师长格拉切夫上校驾驶。

但斯大林不打算离开莫斯科。这一天，远方别墅的警卫长索洛沃夫已经在向专用车厢里搬运东西。

斯大林看到他忙个不停，便问了一句："这是在搬运什么？"

索洛沃夫回答说："斯大林同志，我们在准备向古比雪夫市疏散。"

斯大林平静、坚定地说："我们不进行任何疏散，全部留在这里，直到胜利。"

当夜，斯大林又把自己的工作人员基里林、斯塔罗斯京、图科夫、赫鲁斯塔列夫和司机克里夫琴科夫召集在一起布置任务。他再次重申："我不到莫斯科以外的任何地方去。你们都留下来同我在一起。"正是这种从上到下统一的抗战精神使他们取得了最后的胜利。

（二十二）斯大林无视"小报告"

苏联卫国战争期间，列夫·梅赫利斯曾任方面军军事委员会委员，官当得很大，但心眼却很小。有一次，他在向斯大林报告了前线形势后，顺便提起风流倜傥的罗科索夫斯基将军"有生活作风问题"。斯大林听了没做任何反应。

梅赫利斯不甘心，执意要打击这位春风得意的将军，临走时又向斯大林问道："我们到底拿罗科索夫斯基同志怎么办？他搞女人搞得也太得意了！"

斯大林不喜欢纠缠干部的枝节问题，更不爱听小报告。他反问梅赫利斯："怎么办？你只能眼馋呗。"

（二十三）罗斯福总统佯装糊涂打胜仗

日本偷袭珍珠港半年后，美国情报部门破译了日本的密码电报，截获了日本海军大将山本五十六将进攻中途岛的作战计划。美国海军上将尼米兹暗中调兵遣将，准备将计就计，痛歼日本海军舰队。谁知正在这节骨眼上，美国芝加哥一家报纸竟然把这一重大机密作为独家新闻播了出来，一时间引起美国军政首脑和情报机关的震惊。罗斯福灵机一动，对此表现出漠然的态度，佯装糊涂，使这家报纸没有引起日本间谍和侨民的注意。1942 年 6 月，美国海军以劣势兵力，巧妙地与日本舰队周旋，一举击沉日军 4 艘航空母舰和 1 艘巡洋舰，击落舰载飞机 300 余架，创造了著名的以少胜多的海战战例，为美国不久后在太平洋的反攻奠定了基础。罗斯福的智慧也为后人传为美谈。

（二十四）戴高乐"逃跑"记

飞机还在飞行，穿过浓云密布的夜空，飞机上，戴高乐正在似睡非睡地躺着。几天来，他穿梭于伦敦与法国之间，同英国首相交涉、商谈作战计划，争取援助及撤退北非等各项事宜，疲劳极了。这短短的旅途正好可以让他好好休息一下，但诸多思索使他片刻也安稳不下来。

1940年6月16日晚9时30分，飞机降落在波尔多机场。戴高乐快步走下飞机，只见他的两位助手奥比尔坦和亨伯尔上校迎了上来。他们焦急万分地告诉戴高乐："总理辞职了。贝当元帅受权组织新政府。情况很不好。"

戴高乐虽然对政府已不再抱任何幻想，但他仍希望联盟方案能使总理压倒投降派。因此，雷诺辞职的消息对他来说是个沉重的打击。不过，事前他已经想到了这些，提前做了两手准备。就在当天上午，他在伦敦时就超越了职权范围，电令预定驶向波尔多的法国货轮"巴士德"号改变航向驶往英国港口。该船装有从美国运来的1000门75毫米大炮，几千挺机枪和大量弹药，他的决定使这批物资没有落入德军之手，而是重新装备了撤回的英国远征军。

此刻他听说雷诺辞职，马上下定决心，天一亮就启程返回伦敦，他事前已同丘吉尔商定，假如事态的发展需要回来，这架英国飞机仍归他使用。

戴高乐先去看望那位辞职了的总理。他发现，雷诺在卸掉千斤重担之后似乎轻松了不少，他没有提到要移师北非，而是想着总统会亲自请他再次出山。他听到戴高乐决定去英国，就帮了这位年轻将军最后一次忙：从秘密款项中支付了10万法郎交给身无分文的戴高乐。

当天深夜，戴高乐来到英国驻法大使坎贝尔下榻的蒙特雷饭店，告诉他自己准备去伦敦继续组织战斗的意图。在场的英国将军斯皮尔斯表示愿意陪同他前往。

"我唯一担心的是，即将担任贝当政府国防部部长的魏刚会在我起身前逮捕我。"戴高乐不无忧虑地对斯皮尔斯说道。"我先设法在夜间隐蔽起来，等早上7点再同你在饭店见面，然后我们一起乘使馆汽车去机场。对外就说我为你送行。"

斯皮尔斯随即打电话将这件事告诉了丘吉尔。他们两个都明白，戴高乐在法国已经无能为力。他是一个最年轻的准将级军官，他在法国并没有什么名气，政治上也没有势力，魏刚很容易把他压下去。如果逃到英国那就大大不同了。所以，丘吉尔欣然允诺斯皮尔斯将戴高乐接走。

第二天清晨7时30分，戴高乐与斯皮尔斯在饭店见面。副官库塞尔中尉将戴高乐的一大堆行李塞进使馆汽车，三人乘车前往机场。为掩人耳目，戴高乐让汽车先开往一个临时陆军司令部。他在那里停留了相当长的时间，同几名军官和官员分别定好当天晚些时候的几次约会。斯皮尔斯焦急地在外面来回踱步，他生怕军方会逮捕戴高乐。过了很长时间，戴高乐才走出陆军司令部。斯皮尔斯这才松了一口气。

汽车飞快地驶向机场，顺利通过入口处的警卫。真是越急越出乱，斯皮尔斯万万没有想到，他们很难在那么多架飞机当中找到自己的那一架。经过一番寻找，他们终于发现了那架小型英国飞机。驾驶员正要找一个起飞所用的空地。这时他们商定，戴高乐装作是来给斯皮尔斯送行，到飞机开始滑动的最后一刻，斯皮尔斯再把戴高乐拉上飞机。斯皮尔斯打量着戴高乐高大的身躯，而自己的个头还不及他的肩头，不禁倒吸一口凉气："看来又是一件麻烦事。"

就在他们准备登机时，英国驾驶员突然声称："将军，您的行李太多太重，需要用绳子捆起来，否则无法载运。""飞机上难道就找不出一根绳子？"戴高乐颇为不快。驾驶员两手一摊，耸了耸肩膀。副官库塞尔只得扭头去飞机库找绳子。

等了很长时间，他们紧张的心脏几乎要跳出来了。戴高乐下意识地朝机场入口处看了一眼，他确信，某个官员就要出现在机场，来逮捕这位逃走的将军。

不过，雷诺办公室的两名陆军军官当时确实来找过戴高乐，恰遇正在找绳子的库塞尔。库塞尔解释，"将军已带着使命去伦敦了"。两个军官似乎感到很满意，随即离去了。

行李装好后，螺旋桨开始转动了。斯皮尔斯登上飞机，飞机遂开始滑动起来。他伸出双手，似乎要同戴高乐握手，以做最后的道别。只见戴高乐向前猛跨一步，抓住他的双手。斯皮尔斯使出浑身的力气，把戴高乐拉上飞机。身后的库塞尔中尉动作敏捷，纵身一跃，也跳上飞机，机舱门随之"砰"的一声关上。在机场的司机和警察看得目瞪口呆。

飞机起飞了。飞机忽高忽低地飞过布列塔尼海岸，可以看到许多遭到重创的船只正在下沉。飞机飞快地穿过陆地，穿过海洋，戴高乐心里想了很多很多，想到国家，也想到自己。

戴高乐很清楚，此行无异于破釜沉舟，已经没有退路了。今后不是胜利就是失败，但无论如何，法国不会放弃对侵略的抵抗。这是一个国家的尊严和价值。他闭上眼睛，没有再想下去，他只知道无论遇到什么情况，他都会坚持下去。

(二十五) 丘吉尔妙用"苦肉计"

1939 年 8 月，希特勒搞到一台"埃尼格码"密码机。这种密码机能随意组合字母，无限度地加密，并能将密码一天一换。希特勒相信无人能破译它。但是英国组织了 1 万多人专门从事破译，经过几个月的努力，终于破译出了第一份"埃尼格码"电报。从此，英军便能及时得到德国的战争情报，从而制定合理的应对方案。

英军屡次在空中挫败希特勒后，希特勒的军官们开始考虑密码机泄密的问题，并决定做一次空袭试验。1940 年 11 月 12 日晚，丘吉尔从对方电报获悉，48 小时后，德军将空袭英国城市考文垂，代号为"月光奏鸣曲"。丘吉尔面临一个艰难的选择，如果提前对城市布置精密的防守，则必然让德军知道，“埃尼格码”已被破译；如果不采取措施，这个城市将遭到毁灭性的打击。权衡再三以后，丘吉尔决定采取“苦肉计”，对考文垂不采取任何措施。两天后，“月光奏鸣曲”如期进行，轰炸持续了10小时，考文垂变成一片火海，5万户住房被炸毁，近600人丧生。为了保住密码被破译的秘密，消除德国人的疑虑，英国人付出了巨大的代价。

后来，英国人把这个“秘密武器”用在事关战争全局的最紧要的时间和地点，当然也发挥了重要作用。阿拉曼之战英军的指挥官蒙哥马利，他的对手是希特勒的猛将隆美尔，战役发生后，隆美尔与希特勒之间的每一份电报都被英方破译，甚至有的电文还没有送到受文者手里，蒙哥马利就提前掌握了对方的一切情况，处处得以主动。在13天之内，德军损失6万人和500多辆坦克。这对后来的战争局势产生了巨大的影响。

（二十六）丘吉尔织毛衣调节精神

第二次世界大战中期，德军曾不断地对伦敦市进行狂轰滥炸。可是，在空袭的时候，丘吉尔首相有时居然在屋里织起毛衣来，神情淡定，泰然自若。后来消息不胫而走，一传十，十传百，传为美谈。

在战争最艰苦的那几年，丘吉尔一天只能睡三四个小时的觉，常常处于神经高度紧张的状态。据说，为了松弛紧张的神经，他想出了个在战斗间隙织毛衣的办法，用以分散自己的注意力。与紧张的战争筹划相比，织毛衣可以说是一种很好的并且独特的休息方式，是一种行之有效的“放松术”。

（二十七）“三戒”成就蒙哥马利

英国的著名将领蒙哥马利有三戒为众人所知，即戒烟、戒酒和戒奢。他从桑赫斯特军校毕业后，被分到印度军团服役。看到很多军官在军事上不求进取，玩乐享受，由于花天酒地而未老先衰，深感一个人要想有所成就，成就事业，必须除掉身上的不良习惯。他决心戒烟、戒酒，并且注意不享受奢侈。有一次，丘吉尔首相到蒙哥马利指挥的师参观军事演习，结束后与他共进午餐。当丘吉尔兴致勃勃地问他想喝点什么时，蒙哥马利却平静地回答：“水。”第二次世界大战期间，尽管军务繁多，他始终没有因为身体原因中断工作，这应该是“三戒”的功劳。

(二十八)“猛将军”怒发冲冠丢官职

1943年7月10日凌晨是盟军第二次大规模联合行动开始的时刻，这一刻，3000艘舰船迎着汹涌的波涛，蜂群般驶向地中海北部的西西里岛。

蒙哥马利指挥着来自马耳他的第8集团军从叙拉古强行登陆，沿着海岸向西北方向进发。巴顿指挥着他的第7集团军从摩洛哥和比塞大同时出发开往杰拉登岛。

巴顿一贯不服蒙哥马利，虽然他口头答应从侧翼掩护蒙哥马利，但他心中已有别的想法。天遂人愿，没过几日，蒙哥马利的第8集团军就被两个凶狠的德国师挡住了去路，陷于阵地战状态。而巴顿的部队却一往无前地荡涤着意大利军队，进军神速。

代号为“爱斯基摩人”的战场总指挥亚历山大曾多次命令巴顿停止前进，支援蒙哥马利，却都被巴顿拒绝。艾森豪威尔也认为第8集团军自身实力强大，无须增援。就这样，巴顿反客为主，7月20日拿下巴勒莫，继而折头向北，朝墨西拿推进。

7月25日，墨索里尼被部下囚禁，希特勒也紧急命令西西里德军迅速撤离，英第8集团军这才迈开大步直指墨西拿。因为巴顿起步在先，所以这场竞赛胜负早见明了，蒙哥马利没能先于巴顿到达墨西拿。

两天后，在墨西拿市中心广场，巴顿举行了激动人心的大阅兵庆典。根据之前的安排，阅兵之后巴顿要去视察距离最近的第15野战医院，慰问和鼓励伤病员们。

在第15野战医院里，巴顿在院长的陪同下逐个巡视病房，看望为夺取胜利而负伤的士兵们。他看着那些头部、胸部、腿部受伤的士兵，心中异常难受，鼻子有些酸酸的。因为他知道，这些孩子们很多都成了残疾人，他们为这场战争付出了终身的代价。

突然他看到了一个身上没有绷带的士兵，从他的外表看，此人脸色红润，身体结实。巴顿感到纳闷，上前亲切地问道：“小伙子，你哪里受伤了?”这个士兵顿时身体缩成一团，浑身颤抖，吓得说不出话来。旁边的护士说道：“他得了战争恐惧症。”“什么?”一股无名怒火攻上巴顿的心头，他看了看旁边，是一位四肢被炸掉的中士，这使他更加恼火，对那个士兵喝道：“你躺到这些流血负伤的英雄们中间，不感到羞耻吗?”那个士兵被吓得脸色苍白，颤声说道：“我感到很恐怖，我再也受不了了，我要回国。”巴顿气得脸色铁青，怒吼道：“十足的胆小鬼，真没想到我手下还有你这样的孬种。”众人都惊得面面相觑，不敢吱声。

“我命令你马上离开这里，回到原部队去。”巴顿指着那个士兵的鼻子道。那个士兵没有答话，却也没有动。这可把巴顿气坏了，他挥起铁掌照着士兵的左脸就是一耳光，接着一反手扯住他的衣领把他拎下床来，又朝屁股狠狠地踢了一脚。院长赶快过来劝解道："将军息怒，我马上把他送回军营。"旁边的小护士吓得眼睛红红的，差点流下泪来。

巴顿愤怒地走出这间病房，继续巡视，仍然怒气冲冲，这回他专门注意是否还有装病脱逃之人。在不远处的一间病房里，他又发现了一个"倒霉鬼"。

这是一个个子不高的夏威夷人，巴顿看他身上也没有外伤，就上前问道："你怎么啦？"矮个子抽噎道："我害怕。"巴顿怒睁两眼大叫道："你说什么？""我害怕，我再也受不了炮轰了。""你他妈的不过是个胆小鬼，你这个狗娘养的。"接着，他又用力扇了这个新兵一个耳光。"不许再叫嚷了。我不想让这些负了伤的勇士看着你这个杂种在这里哭喊。"

此时的巴顿完全失控了，他不顾自己的身份，冲这个下等兵的头部就是一拳，旁边的护士吓得惊叫一声，马上被人带走了。院长又想上前说话，巴顿指着他道："你们是怎么搞的，这种装病的杂种也收，记住，把所有这种家伙都给我轰出去。"

这时一大群护士和伤员从病房出来聚在外面，弄不清谁在叫喊。巴顿又转向这个夏威夷士兵。虽然他挨了一拳，但他还是尽力地站好。巴顿吼道："回到前线去，你有可能战死，但你必须回去，如果你不回去，我就命令执法队把你枪毙。"说着，他顺手掏出那把枪柄上嵌着珍珠的左轮手枪，晃了晃道："我本该亲自打死你，你这个该死的胆小鬼。"

巴顿没想到会在医院里发生这种令他厌恶的事，出医院时，副官小声道："将军，假如有记者把这事给捅出去，恐怕对你不利。"巴顿毫不在乎地道："有什么不利？我不枪毙他们就够仁慈的了，怎么，难道我打他们两下还能引来杀头之祸？"副官看着仍满面怒容的巴顿，欲言又止。艾森豪威尔知道巴顿怒打士兵的消息后很是紧张，他告诉知情者要向新闻界守口如瓶，并让巴顿悄悄地向两位被打士兵道了歉，希望事情就这样过去。可谁知道，一个叫德鲁·皮尔逊的专栏作家不知从何处获悉了此事的详情，撩开了这件丑闻的面纱，接着，其他报纸相继跟进。纽约《太阳报》不仅大篇幅报道了此事还刊登了巴顿的照片。

马歇尔也打来电报询问此事，艾森豪威尔一时不知所措，一时间美国国内指责巴顿的声浪一阵高过一阵。艾森豪威尔无奈地接通了巴顿的司令部。"乔治，"艾森豪威尔道，"我非常遗憾地告诉你，这件事已到了不可挽回的地步。"巴顿道："真对不起，我当时太蠢了。""乔治，把第 7 集团军交给布莱德雷吧，回摩洛哥休养一段时间。"艾森豪威尔故作轻松道。巴顿一听顿时眼冒金星，就因这事解职，真是无法理解。他怒吼道："难道就因为我打了胆小鬼一耳光，就受到这么严重的惩罚?”“乔治,”艾森豪威尔严肃道,“你怎么到现在还执迷不悟！这是马歇尔的意思。”

巴顿似乎明白了什么，但他太爱在战场上厮杀了，他不知道被解职后将干什么，于是哽咽地乞求道：“艾森豪威尔，别让我离开军队，别让我离开战场好吗?”艾森豪威尔没想到这件事会将巴顿搞到这么凄惨的地步，安慰道：“乔治，为了平息国内舆论，只好先让你暂时离开战场一段时间。不过我向你保证，只要我艾森豪威尔在位，我就会让你重新回到部队。”

从此以后，巴顿离开了地中海战场，不过，半年之后艾森豪威尔信守诺言，将他召到英国，让他担任第3集团军长官，屈就于他过去的部属布莱德雷。然而，巴顿不计较这些，经过一番拼杀，终于赢得了“猛将军”的美称。

(二十九) 萨维切娃日记

早在纳粹大屠杀受害者安妮·弗兰克开始写日记之前，12岁的列宁格勒女孩塔尼亚·萨维切娃就已经开始写日记了。这两个几乎同龄的女孩在日记中记录了同一个内容：纳粹法西斯的暴行。她们都没有看到胜利的到来：塔尼亚死于1944年7月，安妮死于1945年3月。

《安妮日记》在战后被公布，全世界知道了它的作者。塔尼亚·萨维切娃的日记没有出版，它只有7页，记录了她家人在列宁格勒被包围期间陆续死亡的事实。这份短短的记录后来成为纽伦堡审判中控诉法西斯罪行的证据。

塔尼亚·萨维切娃的日记目前被陈列在圣彼得堡历史博物馆中。在60多万名在列宁格勒被围困的900天中死去的人们的安息之地皮斯卡廖夫墓地纪念堂和莫斯科俯首山上，也有它的复印本。

女孩用稚嫩的手，倾尽所有的力量去书写，她饱受痛苦的灵魂已无力表达自己的感情。塔尼亚只是简单记下了当时发生的事实：德国人给她的家乡所造成的种种悲剧，字句中饱含着血泪。

1941年12月28日。热妮娅死了。现在是夜里12点半。1941。

1月25日早上3点，祖母死了。1942。

3月13日早上7：30，妈妈死了。1942。

3月17日早上5点，莱卡死了。1942。

4月13日下午2点，瓦西安叔叔死了。1942。

5月10日下午4点，利奥恰叔叔死了。1942。

所有的人都死了，只剩下一个塔尼亚。

塔尼亚是一名面包师和一名布衣店裁缝的女儿，这是一个很小的家庭。所有人都爱她。塔尼亚长着一双灰色的大眼睛，金色的头发，穿着条纹外套。她有一副天使般甜美的嗓音，她想成为歌唱家。萨维切娃一家都有音乐天赋，母亲玛利亚·伊格纳季耶芙娜甚至组织过一个家庭合唱团：两位哥哥莱卡和米沙弹吉他，曼陀林和班卓琴，塔尼亚唱歌，其他人合唱。塔尼亚的父亲去世得早，母亲努力抚养 5 个孩子，她把生活安排得井井有条。精美的刺绣装点着这个小家，塔尼亚也总是被打扮得花枝招展。

萨维切娃一家原来打算去城外不远的一个村子度过 1941 年的夏天，后来只有哥哥米沙一人去了那里。由于 6 月 22 日战争爆发，全家人决定留在列宁格勒，尽可能地帮助前线。母亲为战士缝制军服，哥哥莱卡由于近视没有参军，就在船厂里做工，姐姐热妮娅帮忙做地雷，尼娜被调去修筑防御工事。塔尼亚也不闲着，她和其他孩子一起帮助大人挖战壕。但是德军的包围圈越来越小了，希特勒的计划是要饿死列宁格勒的人，让这个城市从地球上消失。

一天，尼娜出去后再也没有回来。白天德军曾经进行猛烈的轰炸，全家人在焦急等待她的归来。当所有的希望都落空后，妈妈把尼娜的一些笔记本交给塔尼亚留做纪念，塔尼亚就在上面写下了她的日记。

热妮娅因过度虚弱死在工厂里。她夜以继日地干活，最后脆弱的身体支撑不住了。不久，祖母因为心肌梗塞去世。亲人们一个接一个地死去，塔尼亚在她的本子上写下了这些遭遇。女孩最后写下了一个悲惨的结尾：“所有的人都死了，只剩下一个塔尼亚。”

一群负责搜索列宁格勒幸存人员的护士后来发现了她，因为缺乏食物，她已经毫无知觉，奄奄一息。她和其他 140 名快饿死的孩子被送到戈尔基救治，许多孩子在人们的照料下活了过来，但塔尼亚没有。医生为她治疗了两年，但死神还是夺去了这位守卫在列宁格勒的女孩的生命。1944 年 7 月 1 日，塔尼亚·萨维切娃离开了世界。

她被葬在人民公墓。在她墓碑的不远处，有一个纪念碑，上面刻有塔尼亚的形象和她的日记本的浮雕。在离圣彼得堡不远的纪念碑灰色的石头上，也刻有塔尼亚日记中的词句。

塔尼亚并不知道，萨维切娃一家还有人活着。姐姐尼娜在获救后被送到后方。1945 年，她回到了家乡，在一片废墟中找到了塔尼亚的日记本；哥哥米沙在前线受了伤，后来也康复了。塔尼亚·萨维切娃是 1 月 25 日出生的，萨维切娃家族幸存者及其后辈总是选择在这一天聚会。

（三十）传奇乐队

1. 千里送乐谱

运输机越过低空的阴霾。

领航员汇报说："指挥官同志，我们已经飞过前线了。"

瓦西里·利特维诺夫长舒了一口气："一切正常。机场已近在咫尺。气象员真是好样的。在这种鬼天气，德国鬼子只会龟缩在家，更甭提驾机出航了。"

"可我们却出航了……"领航员嘟囔道。

"这是两回事。我们的任务相当重要。"

在古比雪夫军用机场上，利特维诺夫的上级交给他 4 大本黑色册子，千叮万嘱，让他务必将其送抵处于德国法西斯包围中的列宁格勒。

飞机顺利着陆。一群人从暮霭中围上来，热情地与利特维诺夫握手致谢。但利特维诺夫心中的谜团并未解开：这 4 本册子到底是什么东西，为了它们，竟然需要选择如此恶劣的气候条件，飞越数千里疆土。

利特维诺夫后来才知道，他带给列宁格勒人的是一件无价之宝，这便是肖斯塔科维奇《第七交响曲》的乐谱。作曲家从战争初期便投入了这部音乐巨著的创作。在德国军队包围列宁格勒后，肖斯塔科维奇在接受电台采访时说："我已经完成了新交响乐作品的第二部分。如果它受到欢迎，我将继续创作第三、第四部分。只有那时，才可以将这部作品冠以《第七交响曲》之名。之所以告诉大家，是希望此刻坐在收音机前聆听我讲话的列宁格勒人树立这样的信念：我们的城市一切正常，我们大家都在站自己的那班岗……"

"站岗"并不是比喻。在德军狂轰滥炸这座涅瓦河名城时，肖斯塔科维奇拿起武器，在音乐学院的楼顶上巡逻。在他的曲谱草稿上，经常会出现两个字母"BT"，这是"防空警报"一词的缩写。

政府为了保护这位天才音乐家，要求他离开列宁格勒。在后方，他完成了《第七交响曲》，并将其献给了不屈的列宁格勒和它英勇的市民。在列宁格勒电台交响乐团及其指挥卡尔·埃利阿斯贝格翘首期待这首曲子的过程中，乐队人数不断减少，炮火、枪击和饥饿吞噬着乐手的生命。然而，城中的音乐并没有消失，动听的旋律依旧从音乐厅和收音机里传出。在希特勒炮兵的作战地图上，音乐厅和广播电台被标注为必须摧毁的目标。法西斯的宣传战车一直在为这座消亡的城市敲丧钟，而象征希望的贝多芬和柴可夫斯基的交响曲却通过列宁格勒的电台，传遍了世界。

2. 艰难募乐手

但电台乐队的乐声越来越弱，27 名乐手牺牲在战场上，剩下的人也大都营养不良。指挥埃利阿斯贝格本人骨瘦如柴，躺在被改为医院的阿斯托利亚旅馆的病榻上等待死亡。

但音乐缪斯并没有吻别列宁格勒。1942 年春，那些熬过漫长隆冬的列宁格勒人拖着孱弱的身体，纷纷聚集到扩音器下。电台正在播放由萨莫苏德执棒，大剧院交响乐团在古比雪夫演奏的《第七交响曲》，列宁格勒的乐手们心潮澎湃，他们决定要在家乡演出这首曲子。于是，他们给肖斯塔科维奇发电报，请他将乐谱寄来。

4 册乐谱已被放在埃利阿斯贝格的桌上。指挥家抚摸着乐谱，非常激动，但他马上又锁紧了眉头：演奏这首乐曲需要 80 名乐手，到哪里才能找到？

他向市政府求助。电台向全城发出通知，要求所有活着的乐手前往登记，但总共只有 28 人。只有一个人是自己走到乐队的，其余人都是被搀扶着赶来的。长笛手是被雪橇送过来的，因为他连站起来的力气都没有了。望着自己的部下，埃利阿斯贝格满心酸楚。还需要 52 人，怎么办？尽管作战人员奇缺，但前方指挥部还是从军队中调出了从戎的乐手。调令中写道："为演奏《第七交响曲》，特派你出差，必须接受电台领导指挥。"

机枪手从奥拉宁鲍姆的哨所赶来，他原是名长号手；托斯诺战役的伤员从医院里溜出来，因为他擅长演奏中音乐器；防空团送来了圆号手，单簧管演奏者直接从前线赶到乐团。乐团的乐手一天天增加。两名小提琴手和一名图书管理员日夜为乐队抄乐谱。

为寻找乐手，指挥埃利阿斯贝格颤巍巍地走遍了每个医院。当他找到打击乐手艾达罗夫时，后者已经生命垂危。

"他还活着！"埃利阿斯贝格看到艾达罗夫的手指还在动，欣喜若狂。艾达罗夫是个孤儿。战争爆发时，他是军区模范乐团的乐手，他一直演奏到最后一刻，直到鼓槌从他虚弱无力的手中滑落……

埃利阿斯贝格凑近他的耳朵，大声说："小伙子，早点康复啊。为了这首乐曲，你必须活下来！"

这或许是世界音乐史上绝无仅有的排练。80 名极其虚弱的乐手相互注视，泪盈于睫，他们终于熬过了这个漫长的冬季。管乐手的嘴唇在哆嗦，乐音在打颤；弦乐手的和弦不对，而鼓手的鼓点落错了地方；就连指挥家本人的手臂也是勉强在挥舞。但他们毕竟战胜了自我！音乐令他们心灵相通。第一次排练只持续了 15 分钟，因为大家实在太虚弱了，但一个信念已经深植每个乐手的心中：演出一定会成功！当时，城市补给困难，每人每天只能分得一丁点儿口粮，供应给乐手们的却是食堂做的热腾腾的饭菜。政府知道，此次演出的意义非同寻常。

3. 演出惊世界

埃利阿斯贝格回忆道："1942 年 8 月 9 日，这是个盛大的节日，音乐厅里灯火辉煌，座无虚席，听众都是市里知识界的精英：作家、画家、学者，还有许多军人，不少是从前线直接赶过来的。乐手的穿着千奇百怪：有穿西服的，有穿军装的。所有人都在屏息等待久违的开场铃声……"

指挥家登上了舞台。他是如此的消瘦，身上的燕尾服显得格外肥大，但他的眼神充满了力量。他手中的指挥棒在颤抖，不知道是因为虚弱还是因为激动。

钢琴伴奏阿尔金回忆道："当时，我们并未意识到自己所参与的是如此重大的历史事件。我们只是被肖斯塔科维奇的音乐所吸引。这是我们的音乐，是列宁格勒的音乐，它只能在我们的城市孕育，只能从肖斯塔科维奇的笔下流出。为了这部曲子，作曲家倾注了毕生的体验和爱国热情。在演出中，我们尽量表达了与音乐重逢的喜悦，对生活的爱，战胜死亡与苦难的自豪。或许，其他乐团演出这一曲目更出色，但谁都无法与我们相比，因为这是我们的乐曲，是我们的经历，它浸透了鲜血……"

鼓手艾达罗夫敲出了他一生中最响亮的乐章。暴风骤雨般的鼓点表现了他对法西斯的刻骨仇恨。在进入《侵略》一章后，他感觉自己正举着机枪向敌人开火。偶一抬头，他从指挥的眼中读到了赞许，于是更加卖力……

这场空前绝后的演出总共持续了 80 分钟。第 14 炮兵团的战士在演出前重挫了敌军火力。那天的列宁格勒，夜色如水般静谧。

（三十一）女英雄卓娅

在第二次世界大战的腥风血雨中，苏联涌现出了许许多多英雄，他们的名字像璀璨的星星一样在天空闪烁，卓娅就是其中一颗。

战前，卓娅是一个中学尚未毕业的学生。战争开始，她和同伴们一起到工厂做军帽、手套、背囊。当敌人逼近莫斯科时，她走在大街上，突然看见墙上贴着一幅招贴画，画上那位战士仿佛在问她："你用什么帮助前方？"卓娅再也不能留在后方了，她决定到前线去，到敌人的后方去！她妈妈担心 18 岁的女孩不谙人世，难以适应残酷的环境，可她安慰并说服了妈妈，加入了一支游击队。

有一次，卓娅所在的小组潜入德国人占领的森林，他们白天睡在雪地上烤火取暖，晚上就出去执行任务。队员们仅带了 5 天的干粮，可他们却分用了两个星期。返回根据地时，卓娅又主动请缨，偷偷藏入彼得里斜沃村。她放火烧了德国人抢占的一家农户的马厩。过了一天，她又发现村子的另一个马厩里，拴着 200 多匹德军

战马。她悄悄钻进马厩，从背囊里取出瓶子，把汽油洒在目的物上。当她猫腰划火柴时，一个德国卫兵从后面抓住了她。卓娅猛地拔出手枪，可是，还没有等她扣动扳机，枪就被德国鬼子打落在地。她被捕了。

德寇第197师第332步兵团团长留得列尔中校亲自审讯卓娅。

“你是谁？”中校问。

“我不告诉你。”

“是你放火烧了马厩吗？”

“是我。”

“你为什么要烧马厩？”

“我要消灭你们！”

此后，不管德国人怎样拷问，卓娅的回答都是：“没有！”“不知道！”“不告诉你！”

4个德寇壮汉解下皮带抽打卓娅，打了200下，可卓娅不哼一声，仍然回答：“不知道！”曾被苏军俘虏的德国士兵卡尔·鲍尔连当时在场，他在供词里写道：“你们人民的女英雄始终是坚毅的。她不懂什么是背叛。……她冻得全身发青，伤口流血，可她什么也没说。”

后来，德寇要把卓娅带到瓦西里·库里克的农舍里。路上，卫兵押着她，剥去了她的衣裳，让她赤着脚在雪地上行走。当她被带进库里克家的时候，她的额头上有一大块紫黑色的伤痕，她的胳膊上、腿上也全是伤痕。她喘着粗气，头发蓬乱，受刑时为了忍受痛苦而被咬破的嘴唇也肿起来了。

卓娅在凳子上坐下后要求喝水。当瓦西里·库里克走近水桶时，一个卫兵抢先一步拿起桌上的煤油灯，放在卓娅的嘴边，想给她灌煤油。在库里克的哀求下，卫兵才允许卓娅喝水。她贪婪地喝了两杯。

屋里的一群德国兵包围了姑娘，肆意取笑她，疯狂地用拳头打她，还用燃烧的火柴烧她的下巴。这些畜生取笑够了就去睡觉。此时，看守她的卫兵又命令她走出室外，用刺刀逼着她在雪地上来来回回地行走，直到他自己也被冻得挺不住了，才把她押回屋里。就这样，从晚上10点到次日凌晨2点，这个卫兵每隔一小时就押着卓娅到外面冻15~20分钟。遍体鳞伤、极度虚弱的卓娅只穿了一件衬衫，她赤着脚艰难地在冰冷的雪地上走着，挣扎着。换岗了，新来的卫兵准许卓娅躺在凳子上。她一动不动地躺到第二天早上。她双脚已经被冻坏，疼得她撕心裂肺，可是她没有呻吟。

清晨，德国兵开始装置绞刑架。库里克的妻子开始和卓娅谈话：

“是你前天烧了马厩吗？”

“是我。德寇被烧死了吗?”

“没有。”

“真可惜。焚烧了什么呀?”

“他们的马被烧死了。听说，兵器也被烧毁了……”

上午10时来了一群军官，其中一个问卓娅：“告诉我，你是谁?”

卓娅没有回答。

“告诉我：斯大林在什么地方?”

“斯大林在自己的岗位上。”

德国兵拿来卓娅的衣物：短袄、裤子、袜子。背囊里放着火柴和盐。她的帽子、皮上衣、毛绒上衣和皮靴被士兵们抢去了。手套落在军官厨房的红发厨子手里。他们给卓娅穿上衣裳，房主人帮卓娅往发黑的腿上套上袜子。卓娅的胸前被挂上她的汽油瓶和写着“纵火犯”的木牌。士兵把她押到立着绞刑架的广场上。

刑场上，十几个骑兵手提大刀。100多个步兵和几个军官把她团团围住。当地居民被赶到广场上观看行刑。卓娅站在绞刑架下叠放着的两只木箱上。绞索套上了她的脖子。一个军官拿着照相机朝着绞刑架对光。警卫司令向刽子手打了一个手势，示意他再等一会儿。卓娅利用这个机会，向在场的同胞大声喊道：

“唉，同志们！你们为什么满脸愁容呀?你们要鼓足勇气，打击法西斯，烧死他们，毒死他们！”

旁边的德国人挥动着手，不知所措：打她还是堵上她的嘴?卓娅挡开了德国兵的手，继续说道：

“我不怕死，同志们！为自己的人民而死，这是幸福啊！”

摄影师从远处和近处对着绞刑架拍照。当他走向卓娅的侧面时，刽子手等不及了，急躁地望着警卫司令，于是，警卫司令对摄影师喊了一声：

“快！快！”

这时，卓娅转过身来，对警卫司令和德国兵们大声喊道：

“你们现在绞死我，可是我不是一个人。我们有两亿人，你们不能把我们全都绞死。有人会替我报仇的。士兵们！趁着还不晚，快投降吧！胜利迟早是我们的！”

刽子手扯紧了绳索，绳索勒紧了卓娅的喉咙。卓娅用双手挣松绳套，用尽全力喊道：

“永别了，同志们！奋斗吧，不要怕。斯大林和我们在一起！斯大林一定会来！……”

刽子手用他钉着铁掌的皮靴把卓娅脚下的木箱踢到了雪地上。人群闪开了。有人惊绝地吼叫了一声，马上又沉寂了。整个森林仿佛布满了血腥的空气。这位莫斯科女英雄就这样被法西斯杀害了。时间是 1941 年 11 月。

女英雄的遗骸被运回了莫斯科，安葬在诺伏捷维奇公墓。在英雄坟前那黑色的大理石纪念碑上，镌刻着女英雄生前的座右铭，那便是尼古拉·奥斯特洛夫斯基的名言："人生最宝贵的是生命。这生命，人只能得到一次。人的一生应当这样度过：当他回首往事时，不致因自己虚度年华而痛苦，悔恨；也不致因碌碌无为而后悔。临死的时候能够说：我的整个生命和精力，都已经献给世界上最壮丽的事业——为人类的解放而斗争。"

（三十二）黄金的故事

在莫斯科附近被击溃的希特勒军队残部，继续向西后撤。今天，当我们走进作战部的时候，我们看到了 3 个方面军展开进攻的全图……只是现在，在进攻的过程中，才弄清了游击队活动的真正规模。大部分领土控制在游击队的手里。例如，昆亚村及整个昆亚区，早在红军到来前 15 天就被游击队员解放了。当红军的先头部队走进村的时候，房顶上早就挂起了红旗。区委、区执委已开始工作。邮局、电报所、电话局都已开始营业。电影院里已开始上映老影片了。

到特维尔的这些游击区去走一走，到这些勇敢的森林中的战士们那里待一待，这该多有意思啊，说不定那里还有熟人呢……可是，我们方面军的各部队正在继续进军，需要报道新闻，而且编辑部也不准我离开这个方面军。于是不得不满足于用第三手材料写消息。尼古拉耶夫少校同特维尔的地下组织和游击队保持联系。我从他那里听到了一些有趣的新闻。他讲了一个令人悲痛的消息：留下来做地下工作的年轻的游击队员伊丽莎白·伊万诺夫娜·蔡金娜在平诺村牺牲了。

我认识丽莎，甚至在侵略军占领这个林区几天前还见过她。她在那里做团的工作。后来她就被留下担任该区地下团委书记。她把青年组织起来，成立了游击队，但她自己在那个区里是尽人皆知的人物，而且从性格上讲又过于直率，不适宜做地下工作和保密工作。因此大家不想把她留下，但她执意要求，她工作积极，她把游击队的战斗同鼓动工作结合在一起。十月革命节前，她也不化装，由这个村子走到那个村子，举行庆祝十月革命 24 周年纪念会。她一共召开了十四五次那样的座谈会。她不休息，也不防备。在一个村子过夜的时候，当地的一个警察告发了她。她被德国的随军宪兵抓住了，遭到了拷打。丽莎牺牲了，但没有供出一个人。枪毙前，让她站在一个板棚旁。当刽子手走到她面前蒙她眼睛的时候，她向那个人的脸上啐了一口唾沫，然后就唱起了《国际歌》……

丽莎·蔡金娜！她依然站在我的身旁，就像我最后一次见到她时那个样子。敌机在轰炸平诺村，使这个村子的学校着了火。她领着一批共青团员灭火。她满脸汗水，情绪激昂，湿漉漉的短发散落到额头上。她用力地、不止一次地甩着头。在我的记忆中，她的个子不高，但很结实。她长着四方大脸，但脸上的线条有点儿粗糙，跟男人的差不多。

她的尸体被敌人扔到广场上，以杀一儆百。但是，游击队把她抬走了，并按照军队仪式举行了葬礼。

“应该为这样的人建立纪念碑。”尼古拉耶夫少校说。从这位在战场上饱经风霜、老于世故的人的声音里，可以感到他的心情是多么激动不安。

“怎样才能到平诺村呢？需要多少时间？”

“坐汽车去比较难，那里的雪太多……”

“坐飞机行吗？”

“你今天没看温度表吗？……将近零下40℃。飞行员当然可以起飞，不过那只是在极其紧迫的战斗情况下。飞行队长未必会为了一个记者而冒险损失一架飞机。”

我的老朋友发现，我听了他讲述的这一消息后感到十分悲伤，他就安慰我说：

“好了，不要难过，现在我给你讲另一件事，那是你们这帮记者从未听过的。”

他确实给我讲述了一个惊人的故事。

昨天，营部滑雪卫队在行军途中，在林吕峡谷的一个斜坡上，碰到3个游击队队员：一个年轻的铁路工人，一个十八九岁的姑娘，从职业上讲是个打字员；另一个小青年是工厂学校的学生。他们已失去知觉，几乎被大雪埋住。警卫员若不是听到一阵枪声的话，也就不会发现他们。滑雪队员们以为是敌人设下的埋伏，便小心翼翼地向峡谷滑去，结果发现了3个冻得半死的游击队队员。姑娘身旁有一支德国造的手枪。原来，她是向狼群射击的，在附近的雪地上有许多狼的脚印。当这个姑娘恢复了知觉后，她问的第一句话是：附近有国家银行的分行吗？

原来是这么一回事：她和两个同伴是从国境线附近来的，他们带着里加银行银库里的全部金银财宝，通过德国人的大后方走了好几个月。那个姑娘叫玛丽娅·梅德维杰娃。实际上，那笔财宝是她带出来的。起初她是和一个老出纳员一起走的（正是他接收了这笔财产），后来老出纳员在途中死了。这之后有一个集体农庄的女庄员帮助她，最后就是这两个年轻的铁路游击队队员帮助她了。

这些财宝是怎样送到已经疏散到后方的银行去的，尼古拉耶夫少校还不知道。但是，事实毕竟是事实。这是一桩多么令人惊异的事件啊！……我若能了解其详情细节该有多好啊！叶甫诺维奇倒好办，他当场就为苏联新闻局写了一条简短的消息，而我光写消息是不够的。这件事怎么能够不给以报道呢！我们只要想一想，他们背着属于国家的财宝，每一分钟都有生命危险。一个人牺牲了，另一个人补上来。而最重要的是，他们到达了目的地，把那些财宝交给了合法的政权机构。

自古以来，在世界文坛上不知有多少作家写到黄金的致命威力！弟兄相残，父子相杀；青年女子向老朽出卖青春，温文尔雅的青年堕落成下流坯子和杀人犯；朋友间相互出卖。凶杀、背叛、出卖良心、血、血……而这几个普普通通的人得到了一次想象不到的发大财的机会，要知道，他们处在法西斯匪徒当家做主的地方，那里的苏维埃政权已经瘫痪……在那个世界里，金钱是衡量一切的标尺，什么良心啊，什么名誉啊，什么情操啊，都以金钱为尺码……

可是，处在那个世界的几个苏维埃人却奔向东方，以便把属于国家的财富、属于人民的财富交还给国家，交还给人民。尼古拉耶夫少校说得对，大概，任何一个记者都没有报道过这样的事件……

我未能走到游击队员交送黄金的地方。不过，即使我去了，我也见不到他们了，因为他们3个人全部被飞机送往后方医院去了。3个人全都活着，只不过被冻得受了重伤，据说，伤势正在好转。我只是读到了他们写在笔记本上的一封信。这个笔记本是在他们失去知觉之前的最后一分钟钉在树干上的。他们已经走不动了，但他们知道，红军越来越近了。这封信就是他们写给红军的。

这封信在送往莫斯科之前，我，叶甫诺维奇和维索科·奥斯特洛夫斯基先看了它，其内容如下：

捡到这个笔记本的同志！我们，3个苏维埃人，向你致意……当你捡到这个笔记本的时候，我们可能已离开人世……同志，我们请求你把藏在我们背后树根底下的装着属于国家的财宝的口袋拿走，把它送往附近的党组织……我们已尽力做了我们所能做的一切，但未能完成任务。因为我们生了病，体力不支。请代我们向英勇的红军、向列宁主义共青团和布尔什维克党致以最后的一次敬礼。

（三十三）诺曼底登陆地图传奇

作为盟军开辟第二战场的“秘密武器”，诺曼底登陆地图改变了历史进程，而地图上的每一条线、每一个点都蕴藏着一段传奇，凝聚着无数人的心血乃至生命。

1.“大西洋壁垒”暗藏玄机

1941年12月，第二次世界大战进入残酷的相持阶段。由于担心英美盟军登陆西欧，希特勒下令从挪威到西班牙沿海岸构筑一道由坚固支撑点和野战工事构成的、设有地雷场和水中障碍配系的永久性抗登陆防线，称为“大西洋壁垒”。其中，法国北部海岸因与英伦三岛隔海相望，成为德军重点设防地带。

尽管此时战局尚未明朗，但盟军方面已着手为反攻欧陆做准备。当时，对于登陆区的地理情况，盟军能找到的只有一份绘制于拿破仑时代的比例为 80000：1 的陈旧地图。为此，1942 年夏，丘吉尔下令展开名为“班森行动”的绝密地图绘制计划。

因预定的登陆海滩被封锁，法国抵抗组织和盟国特工很难进行实地勘察，空中侦察成为最重要的情报来源。但德国密布的防空火力，对盟军的侦察机构成致命威胁。更何况，再多的空中侦察也无法拍到保险柜里的机要文件，“大西洋壁垒”到底暗藏哪些玄机？如何才能攻破这道被戈培尔宣传为“不可逾越的防御工事”？

2. 油漆匠在行动

1942 年 5 月，驻扎于法国戛纳的“托德机构”（纳粹德国组建的准军事化工程部队）指挥部要雇人为办公室更换壁纸。法国人勒内·杜榭，一位老练、机智的反法西斯战士以油漆匠的公开身份，拿到了装修合同，并被获准进入“托德机构”指挥部工作。当杜榭向德方负责人展示壁纸样品时，一名军官送来了一卷刚晒印好的图纸。虽然隔了一段距离，杜榭还是根据上面勾勒的海岸线轮廓，认出这就是盟军梦寐以求的诺曼底岸防工事设计图！恰在此时，德方负责人去隔壁办公室向手下布置防务，杜榭迅速将地图卷起来，塞到挂在墙上的一面大镜子后头。德国人回来后并未发现破绽，只是吩咐他下周一正式开工。

待杜榭再次踏入这间办公室时，却意外得知那位负责人已被调离。杜榭知道此事定与地图被盗有关，他不敢耽搁，立即把地图夹在壁纸里混出敌营。几经辗转，1942 年 6 月 21 日，这份珍贵的“礼物”被送抵伦敦盟军最高统帅部。起初，盟军方面估计，德军丢失布防图，必然采取补救措施，乃至全盘更改防御体系。孰料，德国人那边也是欺上瞒下，居然隐藏不报，仍按原图施工。经反复侦察、核实，杜榭所获地图的可靠性最终得到验证。

战后，一位英国情报官员回忆说：“这张图绝对是无价之宝——上面不仅标有每座炮台和步兵掩体的确切地点，还包括雷区、滩头与水下障碍物的具体分布情况。”

3. 疯狂的“赌徒”与长翅膀的“间谍”

从 1942 年夏天开始，诺曼底登陆地图绘制工作渐入高潮，越来越多的人参与到这项伟大的工程中来。

最开始是盟军空军的飞行员们。为捕捉到足够清晰的目标影像，他们驾驶侦察机以低飞状态，穿越法国北部的敌战区，在同一区域内往返多次。因为只有航线重叠，才能让所有照片形成连贯完整的全景图。为使机体更轻盈，飞机不配备武器，甚至连必要的防护装甲也没有。曾亲历这场特殊战斗的彼得·法伊笑言：“我们把自己叫作‘赌徒’，因为每次出航都是在与死神掷骰子。”

1944年登陆战发起前夕，“赌徒”们又奉命拍摄诺曼底海岸正面空照图，以便为己方登陆部队提供直观的平视图。出于躲避敌方雷达和获得最佳拍摄效果的双重考虑，盟军飞行员必须在距海面仅10米的高度穿越英吉利海峡，再以580公里的时速从德军阵地上方超低空掠过，这意味着他们将直接冲向敌人的防空炮口！许多飞行员因此有去无回。

求“图”若渴的盟军还通过英国广播公司向民众发出呼吁，希望他们捐献带有法国海岸画面的私人相片或风景明信片，特别是那些战前拍摄的沙滩度假照。结果，当局一下就收到了上千万张相片。

接下来，轮到画家们露一手了。不少后来声名显赫的艺术家都参加了“画图”行动——他们根据照片，把诺曼底沿岸的教堂、别墅等建筑物，一一精心描绘在地图下方，并加上水彩颜色，以方便识别。

与此同时，当得知盟军迫切需要掌握并核实德国人在诺曼底地区的确切部署情况时（这项任务显然是空中侦察所力不能及的），法国国内特别是诺曼底一带的抵抗组织立即高速运转起来。他们借助当时的8.5万名法国工人参与修建“大西洋壁垒”的便利条件，将登陆区域划分成若干1平方英里（约2.6平方公里）的小块，无论妇孺老幼，每人负责一个区块的侦察测绘。这些普通老百姓虽无多少测绘经验，却不乏智慧。没有专业工具，他们就骑着自行车，通过计算踏板次数来估算距离，有人甚至练出了目测障碍物间距的绝活。

搞到情报后，如何尽快传递出去又成为一大难题。为提高通信效率，盟军启用了“动物部队”——数百只军用信鸽被装在带有小降落伞的笼子里空投到法国。德国人很快就发现了这些长翅膀的“间谍”，下令对所有养鸽人格杀勿论，甚至专门训练出一批猎鹰捕杀鸽子。尽管历尽艰险，这些小精灵还是为盟军陆续带回了数千条重要情报。

到1944年5月，盟军已完成整套进攻地图的绘制工作。这幅图如此翔实、精确，以至盟军可以按照添加在上面的格子配属支援火力。艾森豪威尔将军特令将该图印刷4万份下发部队。作为盟军的核心机密，地图被打上粗体黑字“BIGOT”，一个代表着比“绝密”等级还要高的秘密标识，甚至连当时的英王乔治六世都无权观看……

（三十四）三巨头遇险

1.“猎熊”行动

第二次世界大战期间，希特勒没有派人暗杀斯大林，斯大林也明确指示特工人员“别碰希特勒”。奇怪的是，同苏联签有中立协定的日本，却多次向斯大林伸出罪恶之手。1938 年，日本特务策划了一起代号为“猎熊”的暗杀行动。

斯大林患有风湿病，每年都要到海滨治疗。1925 年，一家温泉疗养中心在苏联疗养胜地索契附近的新马采斯塔落成，其中一半为政府专用区。专用区常年关闭，只有它的主人到来之后，门上的封条才被揭掉。后来，中央别墅区管理局开始在一个半山坡上建立一座大型的石头城堡，警卫人员每天都密切注视着石匠们的一举一动，对所有地下管线都进行认真检查。负责监督的是苏联内务人民委员部上校格奥尔基·柳什科夫。这项特殊任务使他有机会得到升迁，因此，他干得非常卖力，甚至亲自到地下查看管线。

在斯大林入住这片“绿色丛林”的前两天，卫队长弗拉希克将军前来验收工程。当他走进这座绿树掩映的城堡时，看到巨大的喷泉冲向蓝天。

“你们怎么啦？都是傻瓜吗？”将军冲着柳什科夫大叫道，“主人不能忍受哗啦哗啦的水声，赶快给我重做！”

喷泉在一夜之间被拆除了，取而代之的是一个人字形的花坛。此后，柳什科夫被派往远东任职。他怀恨在心，很快与日本间谍接触，并于 1938 年偷渡到日本。

当时，日本和苏联在远东越来越多地区发生冲突。1938 年 7 月 29 日，日本军国主义分子侵入苏联，占领了海参崴附近哈桑湖地区的两个重要制高点。苏军予以猛烈回击，日本人只好在几天后撤退。8 月 11 日，日本外交官提议举行谈判，但恼怒的日本将军们却决定用暗杀斯大林来予以报复，偷渡到日本的柳什科夫此时正好被派上用场。他很乐意为新主子效劳，并建议不在莫斯科，而在索契实施恐怖活动，在新马采斯塔的温泉疗养中心下手。

柳什科夫对这里的每一条地下通道和管线都了如指掌。行动小组计划在夜间通过一条管道进入温泉疗养中心的疗养室，趁斯大林淋浴时将其击毙，再趁混乱之机原路返回。

日本人很快招募了一批杀手，柳什科夫亲自对他们进行培训。根据他提供的图纸，行动小组还在一个秘密地区建造了一座温泉疗养中心的模型。后来，当情报人员得知斯大林即将前往索契休假时，行动队员立即出发了。对他们的承诺是行动成功之后，每个人将得到一幢别墅和 10 万美元。

但是，由于有日本谍报人员事先向苏联通报了情况，这些人刚刚通过土耳其进入苏联国境就被苏军发现。大部分杀手在交战中丧生，而身负重伤的柳什科夫却带着 3 名队员逃了出来。“猎熊”行动宣告失败。

我国电视剧《悬崖》的某些情节，就是根据这一真实事件设计的。

2. 罗斯福冒险观看鱼雷

1943年11月12日，美国新建的弗莱彻级驱逐舰“威廉·波特尔”号驶离诺福克军港，计划与美国战列舰“衣阿华”号等会合后，共同护送罗斯福总统去北非参加国际会议。当时在“威廉·波特尔”号上服役的官兵大部分是初次上阵。

1月14日，护航舰队到达百慕大群岛以东海域。当天下午，舰队进行战斗演习。演习刚开始时，“威廉·波特尔”号没有参加，而是停泊在距离“衣阿华”号较远的海域。“威廉·波特尔”号舰长华尔特通过望远镜发现，罗斯福等一大批高官也在“衣阿华”号的甲板上观看演习，便想在总统面前露一手，下令全体舰员进入战斗演习状态。

“威廉·波特尔”号的鱼雷舱也得到命令进入演习状态，立刻模拟发射鱼雷攻击“敌舰”。按照美国海军的规定，模拟发射鱼雷与实战发射鱼雷有很大的区别：演习时，鱼雷手必须取掉弹射鱼雷的火帽，这样鱼雷就不会真正弹出鱼雷管。这天，在“威廉·波特尔”号上当值的鱼雷手道森按照规矩，将鱼雷发射管对准了附近最明显的演习目标——“衣阿华”号战列舰。

“威廉·波特尔”号的一号、二号鱼雷管进行了模拟发射。最后，随着“三号鱼雷管，发射”命令的下达，“嗖”的一声，居然有一枚实弹鱼雷从鱼雷管里发射出去，直朝“衣阿华”号高速冲去。发觉大事不妙的“威廉·波特尔”号水兵们乱作一团，形势万分危急。

依照当时两舰的距离，鱼雷撞上“衣阿华”号还要几分钟时间。从震惊中回过神来的华尔特舰长匆忙下令：信号手立刻向“衣阿华”号打出灯光，发出警告。不料信号手实在紧张，连续向“衣阿华”号发出错误的信号：“海里有鱼雷，但已朝‘衣阿华’号相反的方向离去，我们正在全速倒船。”

“衣阿华”号战列舰

迫不得已，华尔特舰长只得违规打破舰队自启航以来一直保持的无线电静默，命令报务员直接用明语通知“衣阿华”号：“狮子（‘衣阿华’号的呼号）！狮子！赶快右转避让！”不过，这不需要“威廉·波特尔”号的提醒——“衣阿华”号已经知道鱼雷正在靠近，因为该舰的观察哨已发现海面上有一道白浪正疾速袭来。

“衣阿华”号上立刻警声大作：“战斗警报！发现鱼雷！注意，这不是演习！”与此同时，“衣阿华”号庞大的舰体向右侧急转，战列舰上的大炮也开始向逐渐靠近的鱼雷发射炮弹。由于事发突然，毫无防备的罗斯福等高官仍坐在甲板上。据目击者回忆，当时罗斯福非但不慌张，反而要求到舰尾去。他说："那里可以让我更清楚地看到来袭的鱼雷。"

幸运的是，"衣阿华"号右转及时，鱼雷从舰尾擦过，最后在距离"衣阿华"号 2000 米处爆炸。

随后，美军登舰拘捕了"威廉·波特尔"号全体舰员。"威廉·波特尔"号的护航使命被中止，就近停泊在百慕大海军基地。这是美国海军史上第一次出现全体舰员被捕的情况。

3. 丘吉尔逃过一死

1943 年，第二次世界大战形势发生了根本性的转变，但希特勒并不甘心，竟要情报局局长卡纳里斯劫持并刺杀英国首相丘吉尔。卡纳里斯硬着头皮接受了任务。

一日，卡纳里斯得到情报说，丘吉尔将于 11 月 6 日到英国康斯坦布尔村附近视察一个皇家空军基地，当晚下榻于退休海军司令韦劳德爵士的农庄里。这个村庄坐落在偏僻的海岸地带，是理想的空投点。于是，卡纳里斯派遣一支精悍的德国伞兵小分队，冒充英国空军伞兵，去那里执行劫持丘吉尔的任务。

小分队由 14 人组成，队长是诡计多端的施坦因纳中校。小分队于 11 月 5 日晚登上飞机，空降成功，天亮前按计划来到村里的教堂。施坦因纳下令把所有的村民关进教堂，幸好教堂有一条秘密通道通向村外，神父的妹妹便钻进秘密通道，跑向英国别动队驻地。英国别动队得到情报后，凯恩少校上路迎接丘吉尔，向他报告村里发生的事情，请他直接来到驻地，队长则带领部队去收拾德国伞兵。

教堂里发生了激烈的战斗。德国伞兵只剩下 8 人，施坦因纳将 7 人留下阻击英军，自己则只身执行行刺任务。他伏击了一辆摩托车，换上英军的服装直奔英军驻地。他进入兵营，潜入后院，看到楼上有亮光——丘吉尔正背窗站在阳台栏杆前抽他的雪茄烟。施坦因纳轻微的脚步声惊动了丘吉尔，首相一转身，发现面前站着一个持枪对着自己的德国军官。丘吉尔在此紧急关头，平静地问道："你是德国伞兵中校施坦因纳吧？"施坦因纳被首相的气魄所震慑，迟疑了一下说："丘吉尔先生，我对此感到遗憾，但我必须尽到自己的责任。"他又一次举起了枪。

就在这千钧一发之际，英军凯恩少校越窗而入，他的卡宾枪抢先射出子弹，施坦因纳应声倒下……

（三十五）丘吉尔曾想进攻苏联

1945 年春天，苏联的崛起使英美大为恼火，认为"苏联是自由世界的致命威胁"。3 月底，英美代表同德国代表举行了秘密谈判，德军在西线的许多地段实际上已停止了积极的抵抗。不仅如此，丘吉尔还指示蒙哥马利同希特勒军界头目签订“停战协定”，并暗示有可能掉转枪口对付苏联。

战争末期，美国政策的反苏倾向也日益明显。罗斯福去世后，原副总统哈里·杜鲁门刚一掌权就大声宣布：“俄国人很快就会停止不前，届时美国将担负起领导世界沿着应走的道路前进的责任。”他还说，他将一劳永逸地“结束（罗斯福）单方面退让的政策，坚决采取对苏强硬的立场”。美国一个名叫阿诺德的将军说得更加露骨：“我们当前的敌人是俄国……美国应在全世界建立自己的基地，以便从这些基地攻击苏联的任何目标。”

当时，丘吉尔和杜鲁门都认为，资本主义国家与苏联之间的矛盾，不能像战争年代那样通过谈判来解决，而只能依靠武力。丘吉尔说，“西方世界只要一收缩自己的战争机器，就不能指望圆满地解决问题，而且防止第三次世界大战的前景将更加黯淡”。

1945 年 4 月，丘吉尔下达命令：做好同苏联交战的准备，并在 7 月 1 日发动对苏战争。5 月 22 日，军方上交了代号为“不可思议”的闪电战计划，其主旨是“迫使俄罗斯遵从美国和大英帝国的意志”。根据这项计划，英美将集结 47 个师向苏军发起进攻，而由英美提供装备的德国军队，也将有 10~12 个师参与行动。

2008 年 7 月 1 日，俄罗斯战略文化基金会在其网站上揭秘：

计划制定者周密地考虑了各种作战方案。他们先否决了用局部战争达到目标的可能性，认定必须发动全面战争：占领苏联战略要地，掐断其物资供应，同时对苏军予以致命打击，使苏联无力再战。

但他们也注意到，战争将面临诸多棘手难题。首先是地缘因素。苏联国土过于广袤，苏军退守的空间太大，盟军不得不深入苏联腹地，战线简直长得没有边际。其次，苏联在中欧部署的兵力约为盟军的 3 倍。最后，苏军的实力也不容小觑。虽然苏军在第二次世界大战中伤亡惨重，出现一些厌战情绪，但他仍不失为一支训练有素、纪律严明、指挥得力的队伍，其装备水平也在战争中不断提高，不比西方军队逊色。

此外，计划制定者还假设推演了双方的攻守战术，盟军也没有必胜的把握。最终结论是，要摧毁苏联必须发动全面战争，但不可能速战速决，应当做好打耗资巨大的持久战的准备，战争的结果也很难预料。

5 月 18 日，苏联驻英国武官伊万·斯卡利亚罗夫通过某特工得到这份计划，马上报告给了斯大林。5~6 月，某特工向苏联传递了更多该计划的细节，朱可夫根据这些细节，立即调整了苏军在德国的部署，命令部队加强防御，密切关注西方盟军的调动。

6 月 8 日，丘吉尔收到英军总参谋长布鲁克等高级将领联名签署的意见书。意见书指出：一旦开战，盟军没有能力快速取胜，并将卷入敌强我弱的持久战，而且如果美国人的参战热情减退，局面就更加糟糕。

拿到这份文件后，丘吉尔失望至极。当然，就连拥有核武器的美国总统杜鲁门也对苏联感到畏惧。丘吉尔最后取消了“不可思议”计划，并说该计划“仅仅是在高度假想情况下的先发制人行动”。

1954 年 11 月 23 日，丘吉尔在伍德福德对选民发表演说时公开承认：“早在战争结束之前，以及在数十万德军投降的时候，我就致电蒙哥马利勋爵，命令他仔细收集德军武器并妥为保存，以便在苏联继续进攻时，把它迅速发给我们不得不与之合作的德国士兵。”

蒙哥马利元帅证实：“我确实收到了丘吉尔的这份电报，并像士兵一样服从他的命令。”

然而，事情到此并未结束。解密档案显示：1947 年，时任英国军情六处负责人的斯图尔特·孟席斯又制订了一份反苏计划，打算炸毁苏联军用列车、向莫斯科邮寄含有爆炸物的包裹、散发假钞票和假食品券、纵火、在大街上张贴反共宣传画，并诋毁、恐吓甚至绑架、刺杀苏联党政要员。不过，伦敦后来放弃了这项计划。从 20 世纪 50 年代中期起，英国转而派遣特工试图暗杀苏联要员。

（三十六）国军子弹误伤林彪

平型关大捷后，林彪奉八路军总部之命率第 115 师第 343 旅由五台山南下，于 11 月 4 日在广阳设伏，歼灭日军 1000 余人。1938 年年初，林彪率师部和第 343 旅由晋东北南下，至吕梁地区开辟抗日根据地。聂荣臻则带领师独立团、骑兵营等约 3000 人，在晋察冀开展敌后斗争。

3 月 1 日，林彪穿着缴获来的日本军大衣，骑着东洋战马，带着师直属队 10 来人，途经国军阎锡山第 19 军防区内的山西隰县前往武城途中，忽然听到了枪炮声。林彪立即命令侦察科长说：“你带一个骑兵班到前面看看。”侦察科科长很快就回来向林彪报告：前方没有发现敌情。林彪又骑着马继续前进。

走着走着，后面突然传来一阵枪声，刹那间，一颗子弹钻进了林彪的右胸。当时，林彪和他身边的人都骑着在平型关战斗中缴获来的良马，林彪还把一件日本军官的呢子大衣搭在马上。就这样，阎锡山的官兵把林彪一行看成是日本官兵，给了他们一排子弹。说来也巧，林彪的随行人员安然无恙，只有林彪被打中了。

林彪迅速下马，说：“这怎么得了哇！”侦察科长等人见林彪负了伤，大吃一惊，立刻下马，把林彪扶到一条沟里。林彪略一思索，命令道：“赶快到后面找卫生科长，把箱子里的白药拿出来。”林彪所说的“白药”是指云南白药，这是当时的好药。卫生科长得知林彪负了伤，立即赶来治疗。

晋绥军官兵得知误伤了林彪，数名旅长、团长急急忙忙赶来道歉，再三说明他们的士兵事先确实不知道是林彪。晋绥军还把他们自己住的房子让给林彪等人住。第115师政治部主任罗荣桓，立即将林彪受伤的情况电告八路军总部和中央军委。毛泽东马上回电，指示把林彪送回延安治疗，并命令第343旅旅长陈光代理林彪师长职务。

这一次枪伤看起来并不重，进行简单包扎以后，一直到黄河边，林彪都是自己走的。但可能伤着了脊髓神经，给他留下了终生未愈的植物神经紊乱症。他原来就有神经衰弱症，在指挥平型关战役时，头上就戴着金属制的健脑器。这次枪伤后，他逐渐染上了怕风、怕光、头痛、失眠、一紧张就出汗等毛病。由于伤痛，医生给他开了一些吗啡和杜冷丁之类的药品，久而久之，他服药成瘾。

林彪回到延安后，八路军的著名医生都来给他会诊，采用各种措施精心治疗，但林彪的身体依然很差。

毛泽东、朱德、张闻天等中央领导人多次到医院看望林彪，延安各机关、学校的负责人也纷纷去医院慰问他。过了一段时间，林彪的伤有了一些好转。他在抗大小住了一段时间，5月22日还在抗大第三期全校干部会议上做了一次报告。

可是，延安的医疗条件毕竟有限，无法根治林彪的伤病，中央决定送他到苏联治疗。对于党中央和毛泽东的这一决定，林彪感到高兴。苏联共产党中央委员会对林彪这位闻名中外的抗日将领很是热情，特地把他安排到莫斯科最好的一家医院，并精心挑选了两名医生为他治疗。出院后，林彪又在苏联休养了数年。这期间，德国法西斯突然向苏联发动全面进攻。林彪在多年的戎马生涯中培养了对战争的敏感，他仔细研究了苏德战场的局势，提出了苏军战胜德国法西斯的战略战术构想。

美国作家罗斯·特里尔在《林彪全传》一书中描述道：

斯大林看了林彪的建议，心潮起伏。他含着烟斗，喷着烟雾。他万万没有想到，中共党内还有这样杰出的一位军事天才。此人提出的军事设想，不仅切实可行，而且见解独到，按照这个建议去做，定能出奇制胜。像这样卓越的军事才华，在苏军高级将领中也太罕见。

斯大林决定，在百忙之中挤出时间会见林彪。

一辆豪华的小轿车把林彪接到了莫斯科郊外一所戒备森严的别墅里。

斯大林在这里接见了林彪。

这位白发苍苍的老人——盖世闻名的政治家、军事家、第三国际的领袖，站起身迎上去，紧紧握住林彪的手。

“你今年多大年龄啦？”斯大林上下打量着林彪。

"我今年34岁。"

"你是年轻人。未来的世界，总是属于你们年轻人的。不像我这样，一天一天地走进坟墓。"斯大林诙谐地笑着说。

"你的建议，我很欣赏，我们今天随便谈谈。"寒暄几句，斯大林便进入主题。"有什么看法，哪怕是批评意见，都尽管随便谈吧。"

斯大林的态度平易近人，和蔼可亲。

林彪将早已成竹在胸的看法，都不慌不忙地讲了出来，斯大林听得非常认真，几乎没有插一句话，不住地吸着烟。翻译如实地把林彪的话翻译给斯大林，斯大林不住地点头。

斯大林说："你们中国红军白手起家，没有巧妙灵活的战略战术是不行的。尤其是你指挥的平型关战役，更是指挥得出色。你们的武器那么差，人那么少，在强敌面前不怯阵，以智取胜是难得的。"

接着，斯大林拍拍林彪的肩膀，亲切地说："林彪同志，你愿不愿意留在苏军中参加反对德国法西斯的战斗?"

林彪未置可否，只是微笑着，礼节性地说了几句谦虚的话。

后来，在延安和莫斯科，都谣传斯大林已经向中共中央正式提出，要用三个师的精锐部队，换林彪去指挥苏联红军同希特勒的军队作战。

1942年，林彪电告毛泽东，他决定回国。

2月中旬，林彪乘八路军驻西安办事处的汽车回到延安。……毛泽东让林彪担任抗日军政大学的校长。

抗大的学员们都说："林彪校长确实是我们八路军高级将领中的一位杰出人才。他并没有魁梧高大、八面威风的大将风貌，而是像拿破仑一样，个头不高，像韩信一样，身体消瘦。但他却是运筹帷幄之中，决胜千里之外的帅才人物。"

一次，一位学员直接问他："林校长，据说斯大林同志正式提出，要用3个师换你去打希特勒，是真的吗?"

林彪笑而不答。

（三十七）聂荣臻与日本小姑娘

1940年，八路军开展百团大战时，由杨成武指挥的中央纵队于8月底攻取了井陉煤矿。1营某班的战士在肃清残敌时，听到废墟里传来孩子的啼哭声，其中还夹杂着日语"爸爸""妈妈"的呼唤声。战士们走过去一看，果然发现了两个日本小姑娘：大的五六岁，身上的衣服又脏又破，小的只有1岁，右肩胛受了伤。正好这

时走过来的连长在弄清情况后，马上对班长说："先把她们救出来。我们对俘虏还要优待，何况是两个不懂事的小姑娘呢。"

两个小姑娘被送到杨成武的指挥所。杨成武对连长说："你做得对。"他一边让医生给小姑娘包扎，一边把情况向聂荣臻做了汇报。聂荣臻听了很高兴，连声说："很好！很好！13团做了一件很有意义的好事。你们要把孩子照顾好，等她们吃饱后，马上派人送到我这里来。"

聂荣臻

当战士们把这两个小女孩送到聂荣臻的指挥所时，已近傍晚。聂荣臻抱起那个襁褓中的小女孩，轻轻吻了吻她胖胖的脸颊，又看了看几处包扎着的伤口。小女孩似乎忘记了伤痛，安详地睡着了。聂荣臻望着小女孩，叹息了一声，然后对身边的警卫员说："快去看看，这附近村子里有没有哺乳的妇女，请她们帮个忙，给孩子喂口奶。"

聂荣臻蹲下身，抚摸着那个稍大的孩子的头发，亲切地问道："小姑娘，你爸爸呢？"

送他们来的那个战士说，她们的父亲是井陉火车站的日本副站长，战斗时负了重伤，我们全力抢救，还是死了。她们的母亲也在炮火中死亡了。

聂荣臻听了，连忙抓起一个梨，放到小女孩手上。小女孩翻了聂荣臻一眼，怎么也不肯吃。聂荣臻又用水把梨冲洗了一下，小女孩又看了一眼这位身穿灰布军衣的伯伯，连忙把梨塞进嘴里，连吃了几口，显得不那么拘束了。

聂荣臻让炊事员煮了一小盆稀饭，凉了凉，把小女孩拉到自己怀里，用小勺一点一点地喂她。吃了两口，孩子似乎不认生了，自己拿过勺子，身子紧挨着聂荣臻，一口接一口地吃起来，乐得聂荣臻和旁边的战士们都笑出了声。

"你叫什么名字？"聂荣臻和善地问。

小女孩"嗯嗯"了几声。当旁人再次问她叫什么名字时，小女孩只会说一句话："妈妈死了。"在日语中，"兴子"的发音和"死了"的发音相近。翻译就说："这女孩叫'兴子'。"

两个日本女孩儿在聂荣臻的指挥所里待了好几天，聂荣臻每天都要抽时间逗她们玩。那个五六岁的小女孩整天跟着聂荣臻，经常用小手去拽他的马裤腿，聂荣臻走到哪里，她就跟到哪里。

过了一段时间，聂荣臻经过反复考虑，决定把这两个小女孩送到日本去。战斗间隙，他让警卫员去找一名可靠的老乡，自己又精心挑选了一副柳条筐挑子。挑子虽然简陋，但翻山越岭不会颠簸。

真要把兴子送走，大家都有些舍不得。这天，聂荣臻抱起兴子，在她红嫩的脸蛋上亲了一口，恋恋不舍地把她扶进柳条筐里，又抓了10多个梨，放在筐子四周，让她在路上吃。

聂荣臻刚直起身，小兴子突然拉住他的裤腿，“哇”的一声哭了起来。

聂荣臻犹豫了一会儿，对挑挑子的老乡说：“你等等，我去写封信，你带上。”他回到指挥室，写了一封致日本官兵的信。

日本军官长士兵诸君：

日阀横暴，侵我中华，战争延绵于兹四年矣。

中日两国人民死伤残废者不知凡几，辗转流离者，又不知凡几。此种惨痛事件，其责任应完全由日阀负之。

此次我军进击正太线，收复东王舍，带来日本弱女二人。其母不幸死于炮火中，其父于矿井着火时受重伤，经我救治无效，不幸殒命。余此伶仃孤苦之幼女，一女仅五六龄，一女尚在襁褓中，彷徨无依，情殊可悯。经我收容抚育后，兹特着人送还，请转交其亲属扶养，幸勿使彼辈无辜孤女沦落异域，葬身沟壑而后已。

中日两国人民本无仇怨，不图日阀专政，逞其凶毒，内则横征暴敛，外则制造战争，致使日本人民起居不安，生活困难，背井离乡，触冒烽火，寡人之妻，孤人之子，独人父母，对于中国和平居民，则更肆行烧杀淫斥，惨无人道，死伤流亡，痛剧创深。此实中日两大民族空前之浩劫，目阀之万恶罪行也。

但中国人民决不以日本士兵及人民为仇敌，所以坚持抗战，誓死抗日者，迫于日阀侵略而自卫耳。而侵略中国亦非日本士兵及人民之志愿，亦不过为日阀胁从耳。为今之计，中日两国之士兵及人民应携起手来，立即反对与消灭此种罪恶战争，打倒日本军阀财阀，以争取两大民族真正的解放自由与幸福，否则中国人民固将更增艰苦，而君辈前途将亦不堪设想矣。

我八路军本国际主义之精神，至仁至义，有始有终，必当为中华民族之自下而上与人类之永久和平而奋斗到底，必当与野蛮横暴之日阀血战到底。深望君等幡然觉醒，与中国士兵人民齐心合力，共谋解放，则日本幸甚，中国亦幸甚。

专此即颂安好

聂荣臻

八月二十二日

聂荣臻把信交给挑挑子的老乡，又特意交代路上如何照顾两个小女孩，到石家庄后遇到日本军队如何应答。

这个老乡出色地完成了任务，把两个日本女孩儿送到了石家庄。令人意外的是，那个受伤的小女孩交给日本军队以后，却死在石家庄的一家医院里了。

聂荣臻写的那封信被日本官兵相互传看，许多人还给晋察冀抗日根据地的聂荣臻司令员回了信。

1980年，《人民日报》发表姚远方的文章：《日本小姑娘，你在哪里?》

海峡对岸，日本《读卖新闻》在头版标出大标题：《兴子姊妹，你们在哪里?阔别四十年后，聂将军在呼唤你们》。

兴子其实叫美穗子。经过中国和日本两国记者的认真查找，终于在日本九州官崎县的一家小杂货铺里找到了美穗子。美穗子已经是3个孩子的母亲了。

消息传开，日本国北起北海道，南到九州，各地人民纷纷给聂荣臻元帅来信来电报，那些曾经参加侵华战争，曾经参加当年正太路作战的日本旧军人回忆起这件事的来龙去脉，感慨万分，称颂聂荣臻是“活菩萨”。

美穗子一家前来中国拜谢聂荣臻元帅时，北海道的渔民一定要美穗子带几盒干贝给聂荣臻元帅，日本旧军人的一个组织也要给“活菩萨”送去自己精心挑选的礼物。

1980年7月10日，美穗子一家第一次来到北京。聂荣臻元帅在人民大会堂新疆厅接见美穗子全家时，美穗子握着聂荣臻元帅的手，泪流满面，激动地哭出声来。1986年5月，美穗子随日本都城市友好访华团来到中国，5日下午，聂荣臻元帅在家中会见了美穗子夫妇。1989年5月5日下午，美穗子再次随日本都城市日中友好协会访华团一行来到聂帅家中，受到聂荣臻元帅的亲切会见。

1999年11月18日，为纪念聂荣臻元帅100周年诞辰，元帅的故乡四川省江津市与美穗子的故乡日本都城市结为友好城市。美穗子随日本都城市的官员来到中国，在江津市参加签字仪式时，美穗子激动地说：“虽然聂荣臻元帅救起我时，我还很小，但我全靠聂帅才活了下来。今天在聂帅的故乡我受到如此高的礼遇，非常激动。我深深感谢江津人民的深情厚谊。正是江津培育了聂荣臻元帅如此优秀的人才，才有我的再生。愿中日两国人民世世代代友好下去。”

(三十八) 地道战·地雷战

抗日战争中，广大民兵配合八路军、新四军的战斗，创造了麻雀战、破击战、地道战、地雷战等整套战法，使敌人攻无目标，战无对阵，伤亡惨重，疲惫不堪。

1. 地道战

1942年日军进行“大扫荡”后，斗争环境异常残酷。为了便于我军民坚持平原对敌斗争，党中央根据近年来开展道沟地道战的经验，在广大平原地区进一步开展了地道战。初期，村民主要在一些党员或“堡垒户”的住宅院内，挖掘能容纳一两个人的小地洞，用以隐蔽斗争骨干，打击敌人。渐渐地，由于积累的经验越来越多，地道战便进入了一个新的发展阶段。在冀中平原和冀南一些地方，逐渐形成了房连房、街连街、村连村的地道网，形成了内外联防，互相配合打击敌人的阵地。

1942年6月11日，新华社播发了一篇题为《神出鬼没敌寇震恐，冀中我用地道战术》的报道：

在冀中平原的一个村上，驻扎着一部分县游击队（不满百人）。一天早晨，被敌人包围了，敌人二三百并附有车子队。游击队协同村里的游击小组，伏在村边的防卫沟里，和敌人展开了激烈的战斗，枪声像爆豆子般，响成了一片，烟火迷漫，罩住了整个村庄。战斗就这样继续着。出人意料的是，这个普通的村庄，竟比钢筋水泥的堡垒还要坚固，敌人用那么猛烈的炮火，都无可奈何，天晚了，敌人已伤亡几十个，还是不能接近村庄，第二天敌人增援，亦无效果。战到天黑，只是增加了几十死亡的敌尸。第三天敌人发狠，集中几个据点的兵力，用更猛烈的炮火，拼命地向村庄压缩，又战了半天，到太阳西下的时候，才占据了那几间低低的土房。意外的事情又来了，村子上一个人也没有，牲口杂物猫狗什么都没有。街上只有秃光光的土墙，屋里也只有秃光光的土墙……敌人迷惘了，搜索了好久，什么都没有找到，敌人不得不惊恐的退走了。走出去不远，突然村里又响起来了，稠密的枪声，打屁股后又打来了。敌人到村里，依然又是空空的街和空空的墙……这样反复了二三次，最后敌人才发觉了这个秘密。原来家家都有地下道，敌人不敢进出，站在洞口，用枪向里射击，枪弹都打在土墙上，敌人逼着伪军去搜剿，一下去地雷炸了。敌用火烧，烟火往外冒，用水淹，水往外流。因老百姓早就防备了这一着。敌人守着洞口转圈子，天渐渐黑下去，就在这个时候，我们的游击队，我们的老百姓，早在地道的另一端退走了，老百姓到附近的村庄去休息，游击队又找好了隐蔽地，黄昏时分，敌人退走，我们又打了一次满意的埋伏。

原来，地道战开始后，敌人曾费尽心机，采用寻找洞口和放火、放水、放毒等办法进行破坏。但是，党领导群众不断改进地道，使其更加完善。为使敌人不易发现洞口，除对群众进行必要的保密教育外，还把洞口巧妙地隐蔽起来，用墙壁、锅台、水井、土炕做掩护；为使敌人不敢进入洞内，在洞口修筑陷阱、埋设地雷、插上尖刀，或者在洞内挖掘纵横交错的“棋盘路”；为了防止敌人用水、火、毒破坏地道，还在洞内设有卡口、翻板和防毒、防水门，或者将地道挖得忽高忽低、忽粗

忽细，并且设有直通村外的突围口。这样，地道便成了进可攻、防可守、退可走的地下堡垒。

地道战的广泛开展，对平原地区进行的越来越严酷的反“扫荡”斗争，起了重要作用。

1943 年 3 月，驻灵寿的日伪军 200 多人包围了正定县高平村。拂晓，敌人开始进攻，群众已进入地道，民兵游击组、爆炸组利用地道工事监视敌人。当敌人进入地雷阵时，先后两次拉响 4 枚地雷，炸死 20 多个鬼子，敌人吓得在街上乱跑，又接连响了 9 枚地雷，加上手榴弹和冷枪，打得敌人到处乱窜，防不胜防。至中午，敌人伤亡 40 多人，狼狈逃回据点。

1945 年 4 月 1 日，敌人约一个团的兵力向清苑县冉庄进攻，冉庄群众依靠地道击毙敌人 17 名。4 月 3 日又打退了敌人 3 个团的进犯，击毙团长以下 40 人。

20 世纪 60 年代以正定高平村为原型拍摄的影片《地道战》，是中国战争电影的经典之一。“文革”期间，这部电影曾被指定为人民战争的教学片。1966—1970 年，全国只放映 3 部电影：《地道战》《南征北战》《地雷战》。《地道战》的插曲至今仍被人们广为传唱：

地道战，嘿，地道战，
埋伏下神兵千百万，
嘿，埋伏下神兵千百万，
千里大平原，展开了游击战，
村与村、户与户，地道连成片，
侵略者他敢来，
打得他魂飞胆也颤，
侵略者他敢来，
打得他人仰马也翻，
全民皆兵，全民参战，
把侵略者彻底消灭完。……

2. 地雷战

新华社 1943 年 10 月 22 日在一篇题为《晋察冀边区地雷战使敌丧胆》的报道中说：

在晋察冀边区，连小孩子们都到处唱着“李勇要成千百万”，可是，敌人一听见地雷就头痛，地雷是他们的死对头。在地雷的面前，他们的丑态可多了，不敢走正路，大家早就知道了。那么他走哪里呢？走麦苗地、走河沟、走山半垧、走山尖。在完县敌人甚至打穿墙，从墙洞里钻，但是不管什么地方都是地雷，遇地皆雷，真是使敌人走投无路。于是敌人乃用石碾或大车离开他们的队伍二三丈远，在前边走，或让驮骡羊只前边试路，但是仍然不行，偏偏那些东西走过去不炸，等敌人一踏上去就炸，这可真使敌人没法。在敌人经过的地方，敌人也用过到处画上圆圈儿或放上纸条或用铁丝圈起，那都是敌人认为有地雷的地方。当我们的地雷把“拉火”改为“踏火”的时候，敌人就马上到处挖翻地雷，并且用重赏来收买，但是我们的地雷马上就变了，只要动一动就炸，谁都要命谁敢来挖呢？敌人还会有什么办法呢？敌人曾经对着“可疑”的地方用机关枪扫射，企图扫射到危险的东西，但是在扫射时不声不响，等敌人一走上地雷，马上就开花了。最后还是到处出现了圈圈儿、纸条、铁丝圈等。但是“可疑”的地方太多了，一个敌指挥官见了一个沙土堆，就吹了半天，吹不出名堂来，后边的敌人们却都笑了，指挥官恼羞成怒，大骂一顿，并且说：“你们谁胆大谁来前走。”可是谁也不敢前走。有一两个老百姓给敌人追上，有个老百姓的裤带脱了，在他俯身拾裤腰带的时候，追赶上的敌人以为他在拉地雷，马上掉转屁股跑了。再一次敌人追赶一个民夫，那个民夫喊了两声“地雷”，就把敌人吓跑了。前次敌人在灵邱“扫荡”时，一连四次都没有敢进下关村子。敌人把大地雷叫大阎王，小地雷叫小阎王，敌人要“扫荡”边区，总是躲着道路走，但是敌人不能离地而行，到处是地雷，到处不平安，终归还是走到大道上来。起先硬是叫民夫走前头，但是民夫知道前边是死路，死也不走。又叫伪军走前头，伪军照样死也不走。敌人只好轮班走，今天你走头里，明天他走头里，碰运气，谁碰着地雷，谁活该。可是地雷并不讲运气，而且他并不躺在“可疑”的石头、土堆下面，而有脚步迹、马蹄迹、甚至汽车路上有汽车轮迹的地方，以及沙滩、水边、山坡、墙边，不论什么地方、什么时候，只要敌人一走上去，它就要开花，要和敌人一起躺在晋察冀边区的土地上。

对于这则报道中提到的李勇，记者仓夷当年在《反“扫荡”中的李勇》这篇通讯中写道：

反“扫荡”斗争越激烈，关于李勇的传说也就越多。被敌人抓去逃散的民夫，更把李勇和他的游击小组描画成天将神兵。据民夫们说：他们亲眼看见大队的日本兵挨炸了，山头上就出现了李勇在喊话：“炸得好不好？”日本队伍里的翻译官吓得蹑手蹑脚地连忙答道：“好！”山头上的李勇又喊道：“好，再来一个。”喊声未完，就有一个地雷从翻译官的脚下滚起，把他炸死了。还有，传说敌人在五丈湾驻扎时，李勇扮成民夫，混进敌人的厨房里，把大锅的大米饭拿走了，还说“这些大米是我们边区的，不能让鬼子吃”。敌人曾宣布牺牲一百个“皇军”的代价活捉李勇，但是怎能捉得住他呢？据说相距一个小山头，敌人追一节，李勇就退一节埋下雷，敌人追上就炸了，连追三个山头，都被地雷炸得没办法。

地雷多种多样，一般为压发地雷，还有效率更高的拉发地雷。使用拉发地雷的模式大致是这样的：夜间，民兵监视并发现日军从宿营地出发后，就派出两三个跑得快的人，预先赶到日军进发路线的前方等待。他们在路上埋设地雷并盖上伪装网，布置拉火索。为了达到“一击必杀”的目的，他们借助遮蔽物在不过10米远的地方隐蔽。他们会在日军踏上地雷的一瞬间，拉发地雷并伴随着爆炸一跃而起，如狡兔般脱离。由于他们熟悉地形，要抓住他们非常不易。原日军独混第5旅第12独立警备队卫生曹长桑岛节郎，在战后所写《华北战纪》中，举了1943年5月31日这一天的遭遇：

连续参加讨伐已经两个月了，这次作战渐近尾声。5月31日夜里3点，部队再次从大辛店向西南方向出发。我因为过于疲惫，在行军中居然睡着了，而且在昏昏沉沉的状态中走了大约一个小时。突然，“轰”的一声巨响把我从梦中唤醒，惊异中抬头看去，正看到眼前一根10米高的巨大火柱腾空而起。与此同时，感到我身边有人倒地并发出叫声。但是，黑暗中我无法看清他们。三木卫生军曹急忙从军医背囊中取出手电，光线下可以看到约10名官兵倒在地上痛苦挣扎。经过确认，总计9人为地雷所伤。在伸手不见五指的黑暗中，依靠仅有的一支手电的微光进行抢救之困难简直无法想象。同枪弹伤和枪伤不同，地雷不规则的破片造成的伤口异常复杂，处置起来可不是简单的事情。

赵疃是胶东的一个普通的村庄，它因抗战时期的地雷战而成了世界军事史上一个神秘的地方。脍炙人口的影片《地雷战》，其故事原型就是从这里找来的。《地雷战》中的赵虎，表现的就是赵疃的老民兵赵守福。

赵疃坐落在盆子山北麓蜿蜒崎岖的山沟地里，位置有点像葫芦嘴。当年驻扎在行村据点里的鬼子要想扫荡葫芦肚里的野口、介里等村，但必须打通赵疃这个“嘴嘴”，可赵疃的地雷给他们带来了一场又一场噩梦。

1942年秋，胶东军区把赵疃的赵守福等5人编成一个小组，派到小纪去学习使用地雷。他们只用一天时间就学会了埋雷、挂雷，然后每人领了8颗地雷回了村，开始了战斗。

当时，赵疃村东有一座信号山。行村的鬼子一出据点，信号山的消息树就会倒下，爆破组的人便马上埋雷。有一次，赵守福正同一个民兵埋雷，猛然间听到了皮靴声。一抬头，发现20多米处站着一个鬼子。鬼子也毫无准备，见了他们也是一愣。他俩趁机跳下沟沿跑了。等鬼子醒过神来，他们已跑得很远很远。鬼子怕踩了地雷，不敢再追。

精明的赵疃民兵在抗战的日子里，创造了10多种地雷和30多种埋雷方法，对日伪军展开了地雷战，从铁雷、石雷、拉雷发展到飞行雷、马尾雷、防潮雷、慢性自燃雷等，从单一的沿路埋雷，发展到村内的“地雷宴”。

在多种地雷中，赵疃民兵下得最多的是绊雷。下绊雷虽说不用太多技术，可下得太低或太高都不能引爆——最佳位置是离地面10厘米，这样很容易挂在鬼子的脚尖上。

有资料证实：仅在1943年5月10日到6月17日的一个多月里，赵疃的民兵就用地雷炸死、炸伤日伪军72名和敌人军马多匹。

这一年，在地雷战开展得轰轰烈烈的晋察冀北岳区，还流传着一首擂鼓词：

地雷是个大铁瓜——咚咚咚
漫山遍野埋上它——咚咚咚
大吼一声震天地——咚咚咚
鬼子脑袋开了花——咚咚咚

（三十九）雁翎队

——鱼儿，游开吧，我们的船要去作战了。

雁呵，飞去吧，我们的枪要去射杀敌人了。——

唱着这样的歌，冀中白洋淀的渔人和猎户，在敌人的小汽船扰乱了湖面的平静，把每年3000万元的勒索，和无止境的奸淫烧杀加在他们头上的时候，他们饱含着辛酸的眼泪，放下了渔网和雁袋，划着渔船掮着猎枪，一个个投进密密丛丛的芦苇，开始聚集起来了。

一个月，两个月……

无数的渔船和猎枪，在打雁人殷金芬的奔走号召下，在“为着咱们的白洋淀，也为着咱们的大雁和鱼虾……”的誓言声里，组织起来了。打雁人拿出了他们美丽的雁翎，把它作为一个共同行动的标志，插在每一个船头上，从此，“雁翎队”这个光辉的名字诞生了。在这纵横百余里的广阔的湖面上，随着这个名字出现的，是无数只插着雁翎，载着武装，使敌人惊慌失措的“硬排子”和一个个用白毛巾裹头的战士。

他们在白洋淀的每一个港汊间，为敌人撒下了缜密的埋伏网，猎枪从每一片芦苇的背后瞄准了敌人的汽艇、包运船和粮队。白洋淀湛蓝的湖水，被枪声翻搅起来了，一望无际的荷莲和紫菱遭受了空前的蹂躏：傍晚再听不到饲鸭人嘎哑的吆唤，清晨再听不到那优美的采菱歌。

秋天，数十里深深的芦苇在呼啸着，漫天飞舞着苍白的芦花，偶尔一条银色的鱼带着泼剌剌的水声，欢愉地从莲叶间跃出水面的时候，一群群潜伏的水鸟和野鸭，便带着低沉的鸣叫，来回地从湖面掠过……这是白洋淀上美丽的季节，也是水上英雄们活跃的好时候。

他们依仗着惊人的水性和射击，依仗着芦苇和水藻的保护，三三两两驾着行驶如飞的硬排子，到处分散活动，袭击敌人。一旦发生紧急情况，一声呼啸，几发信号枪，周围所有的雁翎船，便立即从四面八方同时出动。有时为着某种必要，他们也曾在夜雾和晚风飘拂着的湖面上，将成百的雁翎船集中起来，趁着月色，悄悄地掩护着我们的水上运输物，安然行进。有时他们也会在一个橘色的黎明，突然包围了敌人的水上据点，给以猛烈的袭击。

冬天，白洋淀广阔的湖面为明净的冰块凝固，我们又将看见无数只插着雁翎的冰橇，像一支支飞箭，在湖上穿过。

1939 年初秋，为了截击敌人一个运输汽艇，他们以十几只硬排，二三十个勇敢的队员，潜入了赵北口至葛利口的中间地带。那里是一条长十里，宽半里至一里的水路要道，两旁长满了密密的芦苇和蒲草，他们巧妙地隐藏了船只，脱去了衣裤，全部跃进水里去，在芦苇的边缘，派出了一个侦察哨。为着不使目标暴露，放哨者在水藻的伪装下，仅仅把两只眼睛露出水面，让湖水不断地从他的鼻孔下静静地流过。

不久，一只巨大的拖船，用绳索拖拉着那喑哑了的运输艇进来了。突然在芦苇的边缘，一声凄厉的口哨，惊起了几只潜伏的水鸟，接着两旁芦苇的深处，激荡着一片水声和呐喊，两排长筒的“排炮”和雪亮的马刀，便威严地排列在押船敌兵们的面前了。

这样，他们安然地割断了两船之间的绳索，捆绑了所有敌兵，用自己插着雁翎的船只，满满地装载了白糖、香烟、罐头和大米；最使他们欢喜的却是缴获了三支三八式，和一挺昭和十一年制造的轻机枪。

他们锻炼了自己的勇气，继续着这样的战斗……

不久，敌人高叫着“平靖湖面”，向雁翎队复仇，砍倒了芦苇，刈割了蒲草，用大批的汽船和木船巡逻湖面。同时在每一只船上，高高地竖起了梯凳，设立了瞭望哨，依仗着他们优越的火力，使二百米以外的大小船只不能靠近一步。这时，我们的雁翎队，便不得不转变他们的战斗方式，采取更分散的行动，实行村庄伏击。就在散布于白洋淀广阔湖岸，像无数岛屿似的村庄边缘，雁翎队的队员们，化装成包着头巾的洗衣妇，或是悠闲的垂钓者，在相隔不远的距离内，默默地工作着。一遇到了单独的敌船，或其他可乘的时机，呼啸一声，很快地从岸边隐藏地里，拔出自己的枪支和马刀，一面用猛烈的火力向敌人射击，一面泅水前进；直到完全消灭敌人的抵抗为止。有时候，他们也用衔着空心苇秆透换空气的方法，带着武器，做数小时以上的水底埋伏，以待机颠翻敌船。虽然他们的血，也常和敌人的血一同染红着白洋淀的湖水，但这样自发的群众自卫战争，更激发了他们对敌人的憎恨，使他们对敌斗争更加坚决。

1940 年间，随着冀中平原斗争的日益残酷，在八路军的直接帮助下，模范的农村共产党员殷金芬同志，把这些勇敢的雁翎队队员们集中起来了。经过许多次船上座谈会，和八路军的一些教育和训练，雁翎队开始变成了一支有组织的队伍，选出了自己的队长和政治指导员，在殷金芬同志的率领下，有计划地行动起来。这中间，他们曾发动了湖上的乡亲们，用下沉大树的办法，封锁了白洋淀中的每一条水道，又配合着我八路军水上部队，用无数的船舶搭成了一条条纵横交错的浮桥，这样不仅使我们的首脑机关得到屏障，而且在一旦发生敌情时，更可使我们的部队通过这些浮桥，迅速地增援……

在洪水第二次淹没了冀中，波浪泛滥的白洋淀上，我们光荣的雁翎队的弟兄，从年轻的采菱者，到白发苍苍的打雁人，又全部投入了险恶的战斗。他们曾发挥了高度的智慧，创造了大批能漂浮于水面的“葫芦水雷”，把它们普遍的埋伏在每一条航路的水藻下，神不知鬼不觉但确爆炸了无数只往来于天津保定间横行无忌的敌船。

这样，在保卫白洋淀的战斗中，雁翎队已成为一支不可忽视的力量。白洋淀周围的群众，在整个夏季和秋季，除去每日回家做饭外，已长期的生活在船上，配合着雁翎船和八路军的水上部队，向敌人战斗。

四五年来，我们勇敢的雁翎队兄弟，就是这样灵活的与敌人战斗着，而且一直坚持到今天；因此在这个长长的时间内，白洋淀始终是冀中最坚强的堡垒之一，它同着千万只神出鬼没的雁翎船，给敌人以致命的打击。

……

让我们遥向着雁翎队的兄弟们致敬吧，如今又是芦苇丛密的时候了。

1943 年 8 月 7 日

（四十）杨靖宇的最后日子

1936—1937 年，中国共产党领导下的东北抗日游击队声势浩大，屡建奇功。在东北一半以上的地方，除了城市和交通要道外，都有抗日联军的身影。1937 年年初，抗日联军经过整编，组成以杨靖宇为总指挥的第 1 路军。“七七事变”后，又组成周保中指挥的第 2 路军和李兆麟指挥的第 3 路军。这 3 路游击部队在广大地区英勇战斗，不屈不挠，同年就发动较大规模战斗 33 次，毙伤日军 1300 余人，俘敌

120余人，有力地配合了全国抗战。

1939年秋季以后，敌人为了巩固后方，曾派出大量日伪军对抗日联军进行“大扫荡”“大讨伐”。杨靖宇在缺衣少粮、艰难困苦的条件下，仍然指挥部队分散游击，打击敌人。

1940年年初，正是吉林省长白山区最冷的季节，气温下降到零下40℃，杨靖宇和战士们出没在林海雪原，与日寇重兵周旋。他对敌斗争经验丰富，在遭到优势敌人围攻时，总有一些迷惑措施来摆脱日伪军。1月底，为了摆脱日伪军的追击，警卫旅主力北上桦甸，杨靖宇率领一支小分队在濛江、辉南之间的山区转战50多天，连续作战30多次。

战斗环境越来越险恶了。森崎实所著《东边道》一书记述当时的情景时，有这样一段话：“在这样急追中的杨司令，至今年1月止，仍拥有200名左右的直系匪。讨伐队急追，飞机讨伐，毫不间断，因此粮食补充渐趋困难，严寒袭人。”

就在日伪军万般无奈的时候，警卫旅第1团参谋丁守龙参加1月21日濛江县马家东南方一场战斗时，负伤被俘了。丁守龙是警卫旅中掌握杨靖宇行踪的重要人物，在敌人的诱惑下，他叛变投敌，供出了杨靖宇以及抗日联军的行动机密。

日伪军得到丁守龙的口供后，如获至宝，立即调集部队，一次又一次地进行拉网式的大搜捕。杨靖宇率领指战员左冲右打，巧妙应战，但是，由于日伪军布置了多道封锁线，始终无法摆脱敌人，部队遭到很大的伤亡。

最困难的时候，又出现了一个叛徒。2月1日，杨靖宇率领的10多人在濛江县西部一处高地与日伪军遭遇，战斗中，警卫队机关枪队队长张秀凤携带现金、手枪和一些文件，向“讨伐”队投降了。张秀凤从15岁起就跟随杨靖宇，是杨靖宇把他抚养成人的。这样一来，日伪军基本掌握了杨靖宇率领的部队的活动地域。

2月15日，杨靖宇身边只有6名战士了。这天晚上，杨靖宇命令警卫员黄生发等4名负伤的战士迅速转移，他带着另外2名战士继续前进。

2月18日，2名战士去寻找食物时，在大东沟屯附近遇到了日伪军的特别搜索队，他们被日伪军包围后，在激烈的枪战中壮烈牺牲。日伪军在搜查他们的尸体时，发现他们带有杨靖宇的印签和手枪、表、口琴等物品，据此，日伪军判断杨靖宇可能就在附近，命令部队进行更仔细更严密的搜索。

杨靖宇当时患了感冒，他只身一人，忍着饥饿和疲惫，继续与日伪军周旋。日伪军一时找不到杨靖宇的居住处，但他们判断，杨靖宇断粮多日，一定会出来寻找粮食的。这时候，日伪军采取了一种十分毒辣的手段，他们让“讨伐”队的特务装扮成老百姓，带上干粮，到附近山林中去打柴，诱惑杨靖宇，再集中兵力围攻。

一天过去了，这些进山的特务一无所获，接连数天，特务们走遍了各山林，都失望了。2月23日，杨靖宇只身与日伪军周旋已经5昼夜了。这天下午3时，杨靖宇在濛江县保安村三道线崴子看见几个打柴人，上前说："我饿得慌，请你们拿些吃的东西给我，还要衣服，我给你们钱。"

这几个打柴人一打量面前的人，就猜想这个长脸大眼、穿着朝鲜草鞋的人就是杨靖宇，就是他们日夜要追捕的人。可是，当杨靖宇真的站在他们面前时，他们又不敢动手了。他们答应着，转身走了。

杨靖宇察觉到对方的神色不对，拔腿就走。但是，已经来不及了，只一会儿工夫，数百名日伪军层层包围过来。

杨靖宇手拿双枪，在密林里巧妙应战，打死了不少日伪军。

这场战斗一直持续了20多分钟，日伪军人多势众，却终始无法接近杨靖宇。

在日本侵略者留下的战场实录中，有这样一段记载："讨伐队已经向他（杨靖宇）逼近到100米、50米，完全包围了他。讨伐队劝他投降。可是，他连答应的神色都没有，依然不停地用手枪向讨伐队射击。交战20分钟，有一弹命中他的左腕，'啪嗒'一声，他的手枪落在地上。但是，他继续用右手的手枪应战。因此，讨伐队认为生擒困难，遂猛烈向他开火。"

战斗结束了，杨靖宇这位民族英雄为自己的祖国流尽了最后一滴血，年仅35岁。日军发现，他身边除了与军事相关的东西之外，还有一把口琴。残暴的日军竟然割下了他的头颅，剖开了他的腹部，希望解开杨靖宇在密林中维持生命之谜。这时候，日军发现，杨靖宇的肠里胃里，仅是树皮和棉絮，没有一粒粮食。看到这情景，那些平日杀人如麻的日军刽子手惊叹不已。

杨靖宇牺牲后，抗日联军第1路军在副总司令魏拯民的领导下，继续转战在长白山区。

1945年4月，当中国人民迎来抗日战争胜利的曙光时，毛泽东在中国共产党第七次全国代表大会的政治报告中指出："东三省的抗日义勇军和抗日联军，从事英勇的游击战争。这个英勇的游击战争，曾经发展到很大的规模，中间经过许多困难挫折，始终没有被敌人消灭。"

为了纪念杨靖宇这位抗日联军的杰出代表、伟大的抗日民族英雄，1946年，濛江县改名为靖宇县。郭沫若还题写了《咏杨靖宇将军》一诗：

头颅可断腹可剖，烈忾难消志不磨，

碧血青蒿两千古，于今赤旆满山河。

1954年，吉林通化市浑江东岸的山岗上，人们聚集在一起开始修建靖宇陵园，这座陵园于1957年竣工。靖宇陵园南北长200米，东西宽100米，园内松柏苍翠，景色庄严。灵堂中央，是杨靖宇烈士的半身塑像，上面悬着朱德所书横匾：人民英雄杨靖宇同志永垂不朽。

（四十一）战火中的爱情

在国际援华医疗队里有不少风华正茂的年轻人，他们把最美好的青春年华献给了中国人民的抗日解放事业，也留下了许多动人的爱情故事。

援华队里有一对波兰籍夫妇，他们的波兰名字叫卡梅涅茨基夫妇，中文名字叫甘理安（男）、甘曼妮（女），另一对是罗马尼亚的克兰兹多尔夫妇，中文名叫柯让道（男）、柯芝兰（女）。

甘理安夫妇为了追求正义，反对法西斯暴行，离开他们自己的祖国远赴西班牙战场，一起出生入死浴血奋战，一起度过了集中营的日日夜夜，又远涉重洋来到中国救死扶伤。甘理安是571医务队队长，属驻湖北均县第5大队，而甘曼妮任驻贵阳图云关总部技师，后来他们一起待在贵阳，但不久甘理安又去了云南。1937年4月，柯让道和杨固等受罗马尼亚共产党的派遣参加了西班牙国际纵队，1939年又应召参加了援华医疗队。1941年，柯让道动员妻子柯芝兰也来中国服务。他们先后在广西、湖南、云南等地的野战医院工作，既培训医务人员，又抢救伤员并给当地居民治病。1944年3月，昆明流行回归热，柯芝兰医生在云南031医疗队工作，参加防疫工作，不幸染病身亡，和她心爱的丈夫永别了。柯让道大夫强忍着丧妻的悲痛，继续留在中国。抗战胜利后，他转入善后救济总署，1946年与总署河南分署红十字医院护士赵婧璞结婚。他经常通过妻子和其他关系与解放区救济总会取得联系，克服种种困难，千方百计把一些医药物资转送到解放区。他在中国一直工作到1948年，他的这段历史受到罗马尼亚共产党的高度评价。

来自德国的卡尔·考泰勒，中文名叫顾泰尔。他大学毕业后在汉堡任实习医生，因遭法西斯的迫害流亡国外。1937年参加了国际纵队并与来自乌克兰的女医生罗莎·聚斯曼相爱结合，来华时正值罗莎分娩。1941年，罗莎携孩子乘船来华寻夫，不料，轮船遭德机轰炸，她侥幸获救，后留在英国，直到抗战胜利后，顾泰尔才与离别7年的妻子在柏林团聚。1985年顾泰尔夫妇来华访问，看到他们曾经为之战斗的中国取得如此巨大的成就，感到十分高兴。

援华医疗队还有一位保加利亚医生名叫扬·卡内蒂，中文名叫甘扬道。1935年毕业于索非亚大学医学院，1937年参加西班牙国际纵队，1939年来华后担任红十字救护总队卫生、勤务指导，他坚决要求去前线做实际工作，后改任第3中队队长，斗在贵州、湖南、云南等地战斗。在华期间，他多次去重庆，并3次见到周恩来。在贵州图云关，他遇见了中国姑娘张荪芬。张荪芬曾是燕京大学护理系的学生，怀着“国家兴亡，匹夫有责”的信念，独自从北京出发，绕道香港、越南来到贵阳，参加了红十字总队，担任第 8 中队视导员，与波兰医生戎格曼、罗马尼亚医生柯让道一起工作。1940 年调总部医务科工作时，她结识了甘扬道。姑娘娇小柔美，能歌善舞，会说一口流利的英语，十分引人注目。一天，张荪芬正领着一群人唱歌，忽然，发觉歌声中夹杂着极不和谐的声音。她立即去纠正他的发音，此人便是高大英俊的甘扬道医生。张荪芬温和地对甘扬道说：“我还是先教你学中文吧！中文说对了，歌也就唱好了。”甘扬道正求之不得。此后，他经常向这位美丽的张姑娘请教中文，一起唱歌，一起聊天，互相帮助，互吐心声，终于在 1942 年结为夫妻。次年，大儿子出生，取名“保中”。1945 年抗战胜利后，甘扬道夫妇回到保加利亚，第二年他们的二儿子出生，取名“保华”。这两个名字寄托了他们的爱情，也寄托着他们对中国的深厚友情和眷恋。

为了表彰甘扬道在世界反法西斯斗争中的卓越贡献，保加利亚政府授予他“共和国勋章”。甘扬道继续行医，张荪芬在索非亚大学从事汉语教学工作。1983 年和 1989 年甘扬道两次来华，并受到王炳南、黄华同志等的接见。他重访了当年工作和战斗过的地方，还特意去了延安。到延安后，他高兴地说：“我终于来到了延安，我 40 多年前的愿望实现了。”中国红十字会授予甘扬道荣誉会员称号。2004 年 6 月 15 日，这位医疗队中最长寿的医生在索菲亚辞世，享年 94 岁。

现在，贵阳市森林公园里竖立着一座汉白玉的国际援华医疗队纪念碑，碑的正面用中英文写道：

为支援中国抗战，英国伦敦医疗援华会组成医疗队，于 1939 年来到贵阳，为中国人民抗击日本侵略者做出贡献。兹刻碑以志不忘。

碑文上方有一个球形浮雕，象征着“国际”，浮雕的上方是红色大理石雕成的国际红十字会徽，碑的左右铭刻着中英文对照的国际医疗队医务工作者的名单。如今这些国际友人已逝，但他们的功绩却永远铭刻在中国人民的心里。他们的精神永远闪耀着红十字的光辉。

（四十二）抗战中的宋庆龄

埃德加·斯诺在宋庆龄的帮助下，从西安到了陕北，成为第一个到红区采访的西方记者，驰名中外的《西行漫记》最终得以面世；

白求恩、柯棣华等国际主义医务战士组织的医疗队，通过宋庆龄的介绍，最后到达解放区工作；

新西兰国际友人凯瑟琳·霍尔经宋庆龄联系，在中国河北等地开展救死扶伤工作……

抗日战争时期，宋庆龄的名字像是一面旗帜，感召着学生、士兵、工人、农民、知识分子、爱国将领、海外华侨、外国友人，他们有的贡献财力，有的献出青春甚至生命，以各种形式投入到伟大的中国人民抗日战争的滚滚洪流中。

除此之外，宋庆龄也亲力亲为地参加抗战。在整个抗日战争期间，她的身影频频出现在前线的部队中，看望伤员；出现在国际外交的舞台上，争取支持；出现在大后方的群众当中，筹募抗战物资款项……

在日本军国主义的铁蹄践踏中国大地，祖国处于生死存亡关头的时候，宋庆龄以民族大义为重，高举孙中山民族主义的旗帜，坚决支持中国共产党提出的关于建立抗日民族统一战线的英明决策，为实现全民抗战而努力奔波操劳。

“九一八”事变后，当日本帝国主义侵占了沈阳、长春等20多座城市并向锦州推进时，宋庆龄当即发表宣言，揭露国民党的不抵抗主义和逐步走向反动的本质。

与此同时，宋庆龄以自己的辛勤工作表达了对抗战的支持。1932年，她在上海参加第19路军伤员的救助。同时，她致力于中国民权保障同盟的工作，极力反对国民党迫害人民，即使在自己亲密的同事遭到暗杀，自身的安全受到威胁的情况下，仍然坚持斗争。

宋庆龄

1936年“西安事变”发生后，宋庆龄力主和平解决。为了民族和革命的利益，她一改大革命失败后对国民党中央的抵制态度，参加了国民党五届三中全会。她与何香凝、冯玉祥、李烈钧等国民党中央委员，响应中国共产党关于团结合作一致抗日的建议，联名向大会提案，要求“国共再度合作，联合抵抗日本”。宋庆龄还在会上演说强调：“内战必须不再发生。和平统一必须实现。我们必须赶快建立反抗外来侵略的中国国防。”对以汪精卫为首的亲日派，宋庆龄义正词严地斥责道：“直到今天，政府仍有个别人士不了解救国必先结束内战的道理……这是多么荒谬！我们要先打断一只手臂之后再去抗日吗？”经过宋庆龄等人的积极努力，终于迫使国民党三中全会接受了建立抗日民族统一战线的政策。

著名的美国记者斯特朗曾这样描写宋庆龄："她温文尔雅，但性格坚强……她深深了解各种社会摩擦，尽量把一切可能团结的因素团结在一起。""由于她品格上的魅力，她甚至于从对手那里争得了协助……"

抗日民族统一战线正式建立后，宋庆龄难掩激动心情，连续发表《国共统一运动感言》《关于国共合作的声明》，表达积极拥护抗日民族统一战线的立场。

宋庆龄的好朋友、著名国际记者爱泼斯坦在他的文章里回忆道，在八年抗战中，宋庆龄致力于两项工作，即维护和加强民族统一战线和平等地对待各种抗日力量。

1938 年，宋庆龄发起组织了保卫中国同盟，借此来"鼓励全世界所有爱好和平民主的人士进一步努力以医药、救济物资供应中国"。为了这个目标，她领导"保盟"大力开展宣传工作，向全世界宣传抗日，介绍共产党领导下的八路军、新四军英勇抗战的事迹；坚持不懈地支持中国共产党领导的抗日斗争。

她崇高的国际威望赢得了各国人士的景仰，同情中国抗日战争的外国人士和海外侨胞纷纷捐资捐物，当时人们希望在捐款的收条上得到她的亲笔签名，她曾为此磨破了手指。她还想尽办法冲破敌人的层层封锁，把募集来的大量款项、药品、医疗器械、通信设备、罐头食品等物资，源源不断地送到解放区。

爱泼斯坦说，她欢呼国共合作的成就，但当蒋介石政权企图破坏这种合作时，她便敲起警钟。

1937 年 7 月 5 日，她亲率 12 人从上海到苏州监狱探视"七君子"，并要求同服"爱国罪"。1938 年 7 月，正值日军由长江南北进攻武汉之际，宋庆龄发表了《抗战的一周年》一文，针对当时国内一些怯于对外、勇于对内的政治家大唱失败主义，她非常愤慨地指出："明知今日全国将士，全国同胞，个个抱有'宁为玉碎，毋为瓦全'之抗战决心，此项阴谋妥协之幻想，无从实现。"她号召实现抗战的全盘政治动员，"要斩断敌寇侵略的另一只魔手——政治诱和的阴谋。"1941 年 1 月，她与何香凝等联名通电，斥责当局破坏团结抗战，制造"皖南事变"。

抗战期间，宋庆龄非常重视妇女工作。1938 年的"三八"节，她在香港发表《向世界妇女申诉》的论文，控诉日本法西斯以奴隶看待妇女的罪行，号召世界妇女援助中国。在宋庆龄、邓颖超等的努力推动下，全国妇女指导委员会发展非常迅速，促进了我国各阶层各党派妇女友好合作，在武汉抗战中起了它应起的作用。

1941 年，由斯诺、路易·艾黎等国际友人在中国组织工业合作社支持抗日战争的运动，也得到宋庆龄有力的支持，她欣然出任共合国际委员会名誉主席。在她的号召和影响下，华侨也在国外各地组织救国救民的团体，他们有钱出钱，有力出

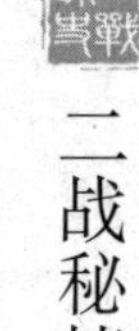

力，以大量财力、物力支援祖国抗日战争。

大量的工作，辛勤的劳动，体现着一代伟人爱国爱民、无私奉献的崇高人格；伟人的执着追求真理、勇于坚持真理，也成为影响一切爱国进步人士的认知、情感、态度和行为的精神力量。在抗日战争中，宋庆龄身上体现出的这种力量有力地鼓舞着人们不畏强暴，争取最后的胜利。

（四十三）国际主义战士白求恩

在加拿大首都渥太华西南400多公里处，有一个万余人口的美丽小镇，名叫格雷文赫斯特。1890年，诺尔曼·白求恩出生在约翰街和休逊街交叉处的235号住宅。这座维多利亚风格的白色楼房始建于1880年，是长老会牧师的居所。白求恩跟着他做牧师的父亲在这里生活了3年。

1916年，白求恩毕业于多伦多大学医学院，获学士学位。1935年被选为美国胸外科学会会员、理事。他的胸外科医术在加拿大、英国和美国医学界享有盛名。加拿大学者对他的评价是：富有进取心，自视清高，充满激情，才华横溢。他常对人说："我要为人类做一些事情，一些了不起的事情。"

在英国行医时，白求恩与漂亮的苏格兰姑娘弗朗西斯相爱、结婚。婚后第三年，在底特律就职的白求恩患上了肺病，被迫住进了纽约特鲁多疗养院。出院后，白求恩把家搬到蒙特利尔，组织了一个医疗小组，专门为穷人治病。

1936年，白求恩辗转来到西班牙前线，在那里建立了世界上第一个流动输血站。次年，他加入了加拿大共产党。嗣后，他在给妻子的信中，透露了他要到中国的计划：

当我动身去温哥华以前在蒙特利尔看到你的时候，我尽力想解释为什么我要到中国去。我不知道我成功没有……我去过西班牙这个事实并不给我，也不能给任何其他人现在静坐旁观的特权。西班牙是我心上的一个伤痕。这痛苦永远会留在我心里，使我记忆我见过的事物。

我拒绝生活在一个制造屠杀和腐败的世界里而不起来反抗。我拒绝以默认和忽视职责的方式来容忍那些贪得无厌的人们向其他的人们发动战争……西班牙和中国都是同一场战争中的一部分。我现在到中国去是因为我觉得那是最迫切需要我的地方，那是我能够最有用的地方。

1938年3月，他果真受加拿大共产党和美国共产党的派遣，率领一个由加拿大人和美国人组成的医疗队来到延安。

白求恩组织了一个战地流动医疗队，出入火线，救死扶伤。为了减少伤员的痛

白求恩

苦和残废，他把手术台设在离火线最近的地方。他提议开办了卫生材料厂，解决了药品不足的问题。他创办了一所卫生学校，培养了大批医务干部。他编写了多种战地医疗教材，并且亲自讲课。他还拒绝了很多特殊照顾。他的牺牲精神和工作热忱，堪称模范。

白求恩以年近50之躯，多次为伤员输血。有一次，他连续为115名伤员做了手术，持续时间长达69个小时。

1939年10月下旬，白求恩在河北省涞源县摩天岭战斗中抢救伤员时，左手中指被手术刀割破。他不顾伤痛，发着高烧，坚持留在前线指导战地救护工作。他说："你们不要拿我当古董，要拿我当一挺机关枪使用。"然而，他终因伤势恶化，转为败血症，医治无效，于11月12日凌晨在河北省唐县黄石口村逝世。临终前他讲的最后一句话是："努力吧！向着伟大的路，开辟前面的事业！"

12月1日，延安各界举行追悼大会，毛泽东题了挽词，并于21日写了《纪念白求恩》一文，高度赞扬了白求恩伟大的国际主义和共产主义精神。毛泽东写道：

我和白求恩同志只见过一面。后来他给我来过许多信。可是因为忙，仅回过他一封信，还不知他收到没有。对于他的死，我是很悲痛的。现在大家纪念他，可见他的精神感人之深。我们大家要学习他毫无自私自利之心的精神。从这点出发，就可以变为大有利于人民的人。一个人能力有大小，但只要有这点精神，就是一个高尚的人，一个纯粹的人，一个有道德的人，一个脱离了低级趣味的人，一个有益于人民的人。

1972年，加拿大政府授予白求恩"加拿大历史名人"的称号，并于次年把白求恩出生的木质结构楼房从长老会手中买下来，经过3年多的修缮和重新布置，于1976年正式作为白求恩纪念馆对外开放。

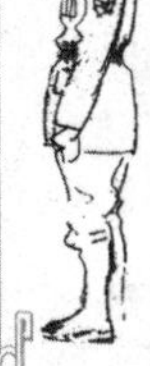

（四十四）丘吉尔的秘密指挥部

在英国政府所在地白厅的地下，有一个由伸向四面八方的隧道组成的迷宫。一间间鸽子笼式的钢筋水泥房间寂静无声，墙纸有些泛黄。看来，时间的流逝并未对这里的一切产生多大的影响。墙上挂的地图上插着彩色的大头针，马灯在等着人们去点燃，室内的一切看上去就像是学校的玩具。

这是内阁作战室博物馆，是温斯顿·丘吉尔爵士及其战时内阁在第二次世界大战期间的秘密指挥部。

一走进这座地下指挥部便可以听到另一个时代的鬼魂般的声音；身穿浅蓝色伞兵跳伞服的丘吉尔正以微妙、夸张的语调背诵作家基普林作品的声音；一位身穿苏格兰短裙的卫兵演奏的风笛声；银器和玻璃器皿碰撞时发出的叮当声；远处高射炮连射的砰砰声。

谁能想到在地下有这样一个作战指挥部呢？这个指挥部位于大乔治街政府办公大楼地下 10 英尺处，是在 1938 年投入使用的。发誓要保守秘密的工人在夜间工作，把离亨利八世的酒窖只有几步远的古代地道加固，改建成地下掩蔽部。

当时，丘吉尔下到这个充满灰尘的地下掩蔽部宣布："这就是我将指挥作战的地方。"

在这些房间里，他深夜召集过 100 多次内阁会议，利用世界上的第一条热线给美国总统富兰克林·罗斯福打电话，通过英国广播公司向全国发表广播讲话，也曾在铺着绿床单的床上和衣小憩。

这个占地 6 英亩的地下指挥部于战后封闭。1981 年，帝国战争博物馆清扫了 20 间最重要的房间对外开放。

一进入这个博物馆，就是按照 1940 年秋季的样子重新布置的内阁会议室。铺着台布的会议桌四周摆着 25 把椅子，每个座位的前面都放着一份已经褪色的蓝皮记事簿，上面放着铅笔。

丘吉尔的木椅摆在老地方——长桌靠近门口那一端的中央，旁边放有一个盛沙的小桶，供他放雪茄烟头用。

门上有一红一绿两个灯泡，供发出或解除空袭警报之用。

一个过道的尽头藏有一间隔音的小屋，通往白宫罗斯福的热线电话就装在里面。据说丘吉尔当时从一个公厕偷了一把能显示"有人""无人"的门锁装在这间小屋的门上。博物馆馆长以赞赏的口吻说，这"半是玩笑，半是碰巧有这么一个门锁，但是它却为这间最为机密的房间提供了令人满意的掩护"。

转过角便到了丘吉尔的卧室兼办公室。屋里挂着厚厚的帷幕以掩盖墙上挂的英国防御工事图。地上铺着地毯，写字台上一个能保持一定湿度的雪茄烟盒里放着"罗密欧与朱丽叶"牌雪茄，还有大量的法国香槟酒。

丘吉尔觉得地下隧道有些幽深恐怖，喜欢到地面上或是在经过改装的唐宁街地铁车站里睡觉。

每年前来这个地下博物馆参观的有 24 万人，其中大部分人最喜欢的是地图室。战时，所有的情报都汇集到这个神经中枢，陆军、海军和空军军官日夜不停地在那里值班。

(四十五) 签字时麦克阿瑟用了五支钢笔

1945 年 8 月 15 日，日本面对内外交困的形势，天皇召开了御前紧急会议，为了保存实力，会议决定无条件投降。

而日本政府正式签署投降书的准备工作，是由麦克阿瑟上将的司令部负责进行的。据说，他在签署投降书仪式上用了五支钢笔。

8 月 19 日，日本代表到达马尼拉，听取了有关签署投降书的必要指示，并收到同盟国拟定的投降书的全文。

8 月 26 日，麦克阿瑟上将通知日本帝国大本营，美国舰队已开始向东京湾进发。

8 月 28 日，美军先头部队在东京附近的机场降落。

8 月 30 日，麦克阿瑟上将到达东京，控制了东京的广播电台，建立了自己的新闻局。

1945 年 9 月 2 日，日本向盟国投降，在日本东京湾的美国海军最大的战舰“密苏里号”上，举行了隆重的受降仪式。

签字用的桌子是从军官食堂搬来的长方形餐桌，上面铺着绿色呢子台布。

桌子靠里的一面是同盟国受降代表站立的地方，靠外的一面留给日本代表。

桌子前左方是身着白色制服的 50 位美国海军将领，前右方是身着黄色制服的 50 位美国陆军将领。

8 时 30 分，乐声大起，一位军官宣布，同盟国代表团到。

他们是乘驱逐舰从横滨动身来的。稍许，麦克阿瑟和尼米兹上将到达。

8 时 55 分，一艘驱逐舰把由 11 人组成的日本代表团送上“密苏里号”。

为首的是日本外相重光葵。这是一个老牌军国主义分子，侵略朝鲜和中国的罪犯。由于 1932 年在上海虹口庆祝胜利时，被朝鲜义士投掷的一枚炸弹炸断了一条腿。因此，他走起路来一瘸一拐，登上扶梯时异常艰难。

第二个日本代表是陆军参谋总长梅津美治郎，代表日本大本营签署投降书。

日本 11 个代表排成三行，站在签字桌向外的一边，与联合国代表团隔桌对立。

盟军的签字代表是赫赫有名的美国五星上将、盟军最高统帅麦克阿瑟。

上午 9 时，签字仪式开始。麦克阿瑟从舱内出来，神情严肃地走到扩音器前发表了简短的演说。随后，他命令日本方面的代表重光葵、梅津美治郎在投降书上签字。这两个平时耀武扬威、杀气腾腾的军国主义分子，这一天却神情沮丧，狼狈不堪。

重光葵缓慢地走到桌边，把大礼帽放到桌上，坐入椅中，脱下手套，然后从衣袋里取出一支自来水笔，在两份投降书上分别签了字。

日本陆军参谋总长梅津美治郎站着欠身签了字。

之后，麦克阿瑟邀请温赖特将军和白西华将军陪同他签字，麦克阿瑟请二人陪同是有原因的。这两位将军都是刚从日本集中营里出来的，骨瘦如柴。温赖特将军是麦克阿瑟的副手，他曾在菲律宾向日本投降。而白西华将军是一名曾在新加坡向日本投降的英将。

这次麦克阿瑟邀请两人一同参加受降仪式，就是想让这两位死里逃生的战友享受一下胜利的喜悦，也让他们在全世界人民面前昂起头来。

麦克阿瑟走到签字桌边代表盟军签字。有意思的是，他在签字时用了 5 支笔：第 1 支写了 Doug（道格），然后把笔送给温赖特；用第 2 支笔写了 las（拉斯），然后把笔送给了英国白西华将军；以此来抚慰这两位受尽日本人折磨、蒙受奇耻大辱的盟国将领。

他用第 3 支笔写完 MacArthur（麦克阿瑟），将笔交给美国国家档案馆。

接着他又用 2 支笔签署了他的官衔。

第 4 支笔交给西点军校，这是他的母校。西点军校系美国的著名军校，培养了许多高级将领，被称为“将帅的摇篮”。麦克阿瑟当年以全班第一名的成绩在该校毕业，然后由少尉一路晋升到五星上将，并成为二战中的盟军统帅，西点军校的师生为该校出了一位世界闻名的名将感到自豪。麦克阿瑟将签字笔送给母校，自然有其特殊意义。

第 5 支笔是他从自己衣兜里掏出来的红色小笔，用后送给他的妻子。

至于麦克阿瑟送一支钢笔给太太琼妮·费尔克洛思，那是感谢她这么多年来的辛劳及对他真挚的爱。因为，自他从军以来，东奔西走，南征北战，在枪林弹雨、炮火纷飞的战场出生入死，费尔克洛思除承担了所有家务外，还为他的安全受够了惊吓，操碎了心。

然后，盟国代表分别代表自己的国家在降书上签字，表示接受日本代表的投降：美国代表尼米兹海军上将、中国代表徐永昌将军、英国代表布鲁斯弗雷泽海军上将、苏联代表杰列维扬科中将、澳大利亚代表托马斯布莱梅将军、加拿大代表穆尔·戈斯格罗夫上校、法国代表雅克勒克莱尔将军、荷兰代表赫尔弗里希海军中将、新西兰代表艾西特空军中将。

签字完毕后，麦克阿瑟说："让我们祈祷，和平已在世界上恢复，祈求上帝永远保佑它。仪式到此结束。"这意味着反法西斯的第二次世界大战也到此结束。

麦克阿瑟用 5 支钢笔与战败国日本签投降书。这段二战中的佳话至今仍在全世界广为流传。

第三章　二战名将

一、左右逢源的盟军统帅——艾森豪威尔

德怀特·戴维·艾森豪威尔（1890—1969 年），陆军五星上将，二战期间任欧洲战区总司令。他出生于 1890 年，是美国历史上最为传奇的人物之一，是二战中首屈一指的优秀将领。他拥有最贫穷的出身，最迅速的晋升，统率了美国规模最大的战争，同时他也是唯一一位做了总统的五星上将。

一生之中，艾森豪威尔经历了西西里岛战役，诺曼底登陆等炮火洗礼，他的战功并不是体现在天才的指挥和战术的把控上，而是表现为强大的协调能力与组织能力。他坚韧温和的尊重态度使得他身后聚集起一群愿意为他效力的人才，蒙哥马利与巴顿等众多闪耀的群星，都曾为他所用。

（一）“将星班”里走出的才俊

1890 年 10 月 14 日，艾森豪威尔出生于美国得克萨斯州的丹尼森。从小他家境贫寒，有 6 个兄弟，都没接受过高等教育，这样的家庭环境决定了他成长的艰难。在当时的美国，选择军人职业，是贫寒子弟出人头地的一条重要途径，因为在当时读军校是免费的。正是由于这个原因，艾森豪威尔选择了军人这一职业。

1911 年，艾森豪威尔考取美国海军学院。可是好事多磨，他因超龄而未被录取，后经该州参议员推荐，他考入美国西点军校。西点军校这一届毕业生将星闪耀，168 名毕业生中有 56 人晋升为将军，因此被称为“将星云集之班”。艾森豪威尔 1915 年从西点军校毕业并获得少尉军衔。

由于战争，许多同学都去法国参战，他却被留在国内从事训练工作，赴得克萨斯州圣安东尼奥任职。1916 年晋升为少校。他创办了美国陆军的第一所战车训练营。巴拿马地区司令康纳少将，看中了这位年轻人的军事才华，便邀请他到巴拿马

服役。在巴拿马服役的三年中，他受到了康纳的特殊栽培，军事知识和技能大为长进。后来，康纳又保送他进入陆军指挥参谋学院受训。艾森豪威尔学习认真，训练刻苦，于1926年以全校第一名的成绩毕业。随后又经康纳介绍赴法国进行战场考察。1927年到1928年，艾森豪威尔在陆军军事学院深造。1929年，艾森豪威尔赴陆军部助理部长办公室任职。

艾森豪威尔于1933年，任陆军参谋长麦克阿瑟的助理，1935年到1940年担任菲律宾军事顾问麦克阿瑟的高级助理。1936年，艾森豪威尔晋升为中校。

1939年9月，德军入侵波兰，二战爆发，他不顾麦克阿瑟等人的劝阻和挽留，坚决要求回国。年底回国后，艾森豪威尔任美国西部军区司令部的后勤计划官。他于1940年2月调到驻加利福尼亚的第15步兵团任职，11月升任第3师参谋长。1941年3月，他升任第9军参谋长。1941年6月，他出任第3集团军参谋长，晋升为准将。在集团军参谋长任内，艾森豪威尔成功地组织实施了大规模军事演习，受到陆军参谋长乔治·卡特利特·马歇尔的重视。

（二）升得最快的五星上将

美军在历史上一共授予过10位五星上将。艾森豪威尔不仅名列其中，而且是晋升最快的一位，他从上校晋升到五星上将仅仅用了4年的时间。相比之下，潘兴从准将到五星上将用了13年；马歇尔从上校到五星上将用了20年；麦克阿瑟从上校到五星上将用了16年；布拉德莱从上校到五星上将用了9年；阿诺德从准将到五星上将用了12年；欧内斯特·金从上校到五星上将用了19年；切斯特·尼米兹从上校到五星上将用了18年；威廉·哈尔西从上校到五星上将用了16年；威廉·莱希从上校到五星上将用了27年的时间。

在艾森豪威尔的军事生涯中，最为辉煌的时期是从1942年6月他出任欧洲战区美军司令开始的。此后，他先后担任了北非远征军总司令、地中海战区盟军总司令和盟国欧洲远征军最高司令，为世界反法西斯战争的最后胜利做出了重要贡献。众所周知，像巴顿、麦克阿瑟这样著名的美军将领都是当过师长、亲身经历过无数大小恶战才逐渐成为一名军事统帅的。然而与他们不同的是，艾森豪威尔是从美国陆军参谋部作战处处长这样一个岗位，一下子成为军事统帅的，而且成为一名非常优秀的统帅。艾森豪威尔担任军事统帅时，许多部下的资历都超过了他。下面是艾森豪威尔遇到马歇尔之后的升迁之路：

1941年12月，珍珠港事件发生之后，艾森豪威尔调任陆军参谋部作战计划部副部长。1942年2月，他升任作战计划部部长。也就在2月，马歇尔将作战计划部改组为美国陆军的最高指挥机构——作战部，并于3月任命艾森豪威尔为作战部部长。此后不久，艾森豪威尔即晋升为少将。

自1942年3月起，艾森豪威尔奉马歇尔之命拟制欧洲盟军联合作战计划。艾森豪威尔认为，美军应以欧洲与大西洋战场为主要战略方向，先将美军的主要兵力、兵器向英国集中，再横渡海峡突向欧陆。5月，他奉命赴伦敦考察军事形势和未来驻欧美军的编制问题。6月，他在呈交考察报告《给欧洲战区司令的指令》后被任命为欧洲战区美军司令，重返伦敦。7月，艾森豪威尔晋升为中将。

1942年7月，鉴于北非盟军及远东美军接连受挫和丘吉尔的极力支持，美英决定发动北非战役。8月，艾森豪威尔被任命为实施北非登陆的盟军最高司令。

艾森豪威尔

1942年11月8日，艾森豪威尔率领美英联军10万人分三路在法属北非殖民地登陆。在强大的空军掩护之下，美英联军分别占领了阿尔及尔、奥兰和摩洛哥的卡萨布兰卡，并接着向西挺进，对退入突尼斯的德意联军形成东西夹击之势。1943年1月，美国总统罗斯福来到北非，检阅了登陆美军，并于14日至23日与英国首相丘吉尔举行了卡萨布兰卡会议。2月，艾森豪威尔获得了当时的最高军衔——上将军衔。

1944年6月，他指挥盟军实施了历史上规模最大的诺曼底登陆战役，随后又将德军驱逐出法、比、荷边境，并直捣德国腹地。同年12月，艾森豪威尔晋升为陆军五星上将。

（三）出色的协调能力

由艾森豪威尔担任欧洲盟军的最高指挥官，这是许多人没有想到，也想不通，而且不服气的，可罗斯福和马歇尔能够坚定地选他作为盟军统帅，看中的就是他出色的协调能力。

艾森豪威尔曾经做过马歇尔的助手，时任美军参谋长的马歇尔对这位助手很是了解。1941年夏天，艾森豪威尔担任第3集团军参谋长期间制订了一个大规模的演习计划。这次演习最突出的特点是后勤协调得好，后勤保障及时有力。这个问题在当时是一个大难题。马歇尔看了之后认为，后勤保障牵涉面极广，能协调得如此好，得益于事先计划的周密。这是艾森豪威尔第一次上马歇尔的黑色笔记本所得到的评语，这也让马歇尔开始关注这位参谋长，再加上艾森豪威尔后来在世界大战战略上的看法跟马歇尔不谋而合，这些也就成为艾森豪威尔在众多将军中脱颖而出的关键。

为了解决美军官兵与英国民众间的隔阂，艾森豪威尔采取了一系列措施来加强美国军人与英国军民的沟通。他安排美国军人参观受到德军轰炸破坏最严重的伦敦街区，让美国军人亲身体验英国民众在极其困难条件下的生活。美军第442步兵团上尉乔治·许埃特在给妻子贝蒂·鲁的信里写道："亲爱的，你简直太棒了，为我生了一个儿子。从今天起，我有了儿子，成了国王。可是，我喜悦的心情让今天下午参观伦敦被德国人轰炸的街区搞坏了。一个女人没有你那么幸运，她在生产时，遭到德国人的轰炸，不是医生用手术刀取出她的孩子，而是德国人用炸弹的弹片划开了她的肚皮，胎儿和这个母亲都死了。这幅惨景一生难忘。每一个人都会哭泣。为了我们的儿子，我应该在这里战斗，用我的刀划开德国人的肚皮。替我吻吻我们的儿子。"

艾森豪威尔推出的沟通举措还有许多。比如，他在军中的《星条旗报》开辟"人民对人民"的专栏，经常发表英国人好客和勇敢的评论文章；他时常鼓励美国高级将领到英国民众间发表讲话，告知他们前线的战况，增强英国民众的必胜信心；他欢迎英国人邀请美军官兵到自己的家里做客等等。

当美军军官与英国军官发生矛盾时，艾森豪威尔注意不去伤害英国人的民族感情。

在北非作战期间，一名美军军官与一名英国军官发生了对骂，两个人把状告到了艾森豪威尔那里。艾森豪威尔先与两个人说了几句话，然后让英国军官出去。他关上门，对美军军官严厉地斥责道："你叫谁狗杂种都没有关系，但是我绝不允许你叫美国狗杂种或英国狗杂种。可是你却这样叫了。为此，我准备把你送回国，乘坐一艘慢船回国，并且没有人护送你。"艾森豪威尔还把这件事情的处理结果通报全军，以示警告。

艾森豪威尔的那句"叫谁狗杂种都没有关系，但绝不准说某人是美国狗杂种或者是英国狗杂种"的话，也很快成为美盟军队中流行的幽默语言。

作为盟军的最高指挥官，艾森豪威尔要处理盟军间的战略、战术和供给问题，他能够客观地从不同的角度看待、处理各国的利益，他不仅仅站在美国的利益上，还为盟军的重要国家——英国考虑。在英国期间，美国人和英国人矛盾不断，艾森豪威尔虽然竭力做好协调工作，但摩擦还是不断发生。由于他公正地平衡英美两国的利益，以至于几位美国军官不满他为别国考虑的做法而抱怨说："艾森豪威尔是英国人最好的司令官。"

作为盟军的最高指挥官，艾森豪威尔需要在不断地平衡中调解各方的矛盾，当他注意到这些指责时，他又改正了一个老习惯，不再携带轻便手杖，以免他的批评者们可能据此说他过于英国化。

艾森豪威尔在战争中还充分发挥了他的公共关系能力，他要花很多时间去参加盟国远征军最高统帅部会议，接待外交官，参加每周至少两次的与丘吉尔的公务午餐，还要经常性地出去检查新武器，巡视战斗部队。他不仅穿梭于盟军的领导人之间，他还考虑到士兵间的关系，他觉得他工作中最重要的一部分就是视察部队，鼓舞士气。人们一致认为"他能带来士气这一巨大红利"。他给自己定了一个几乎不可能的实现目标：争取与部队每一个将要参加进攻的分队讲话。有一次他作了太多的演讲，以至于嗓子都哑了。他发言经常都不用草稿，并且常常是在"艾森豪威尔万岁"的欢呼声中结束的。

艾森豪威尔还有谦让美德，这一点他比英国绅士更为得体。有一天，蒙哥马利作演习讲解时，艾森豪威尔克服不了自己的烟瘾，很自然地点起一支烟。蒙哥马利便突然停止讲评，厉声发问："谁在抽烟？"艾森豪威尔平静地回答："我。"蒙哥马利板着脸，命令道："我不允许有人在我的办公室里抽烟！"艾森豪威尔选择了忍让，他默默地把烟掐灭……蒙哥马利如此不给面子，但是艾森豪威尔当时不露声色，只是在事后称蒙哥马利将军"狗娘养的"。他还是一个非常宽容的将军。

一次，在外地参观，他们迷失了路线，当他的助手向路边的群众问："我车上坐着克拉克将军和艾森豪威尔将军，你们能告诉我这条路该如何走吗？"却没有人愿意给他们指路。克拉克将军气愤地骂："真没礼貌，该死的英国佬！我们是来帮助你们的！"艾森豪威尔却宽容地认为："他们的保密观念很强，这很好。不要责备他们！"

正是由于出色的协调能力，艾森豪威尔让盟军的战斗力得到了保证，来自不同国家的将士能够齐心协力，战胜法西斯，取得最后的胜利。

(四) 突尼斯战役

1943年3月17日—5月13日，在第二次世界大战的北非战争中，英美法三国军队发动了突尼斯战役。战役的目的是粉碎德意"非洲"集团军群，攻占突尼斯领土，从而把德军全部赶出北非。

防守突尼斯的“非洲”集团军群，辖德坦克第5集团军和意第1集团军，共17个师（德7、意10）和2个旅。其各兵团在以前的战斗中，兵员和技术装备都损失惨重。由于英美空军完全掌握了制空权，并且英美海军完全控制了地中海，德意军队在补给和补充人员方面困难重重。该集团军群仅得到少量飞机的支援。意大利海军16艘驱逐舰和21艘潜水艇，以及德国22艘潜水艇前来支援。德意军队占据“马雷特”筑垒线既设阵地，固守非洲的最后一个登陆场。

英国亚历山大上将指挥的第18集团军群，下辖英第1、第8集团军和美第2军，共18个师（英12、美4和法2）和2个旅，盟国空军作战飞机3241架和盟国地中海海军（战列舰3艘、巡洋舰8艘、驱逐舰40艘、扫雷舰23艘、14个小型战斗舰艇区舰队）。盟国远征军总司令美国艾森豪威尔上将任战役总指挥。与德军对比盟军居优势：步兵多1倍、火炮多2倍、坦克多3倍。仅德国潜艇对盟军稍有威胁。突尼斯战役的目的是：英第8集团军在滨海方向上沿马雷特—加贝斯公路实施主要突击，并协同美第2军，歼灭意第1集团军的基本兵力；尔后全部盟军向突尼斯市发起进攻。美第2军向米克纳西和加贝斯湾方向实施辅助突击，插向意第1集团军后方并断其退路。德国和意大利军队在斯大林格勒城下被歼、苏军在几乎整个苏德战场展开冬季攻势所形成的军事政治总形势，以及盟国在兵力上所占的巨大优势，为迅速歼灭突尼斯之敌和结束整个北非战局创造了极为有利的条件。然而，美英统治集团并未对此做出足够的努力。苏联政府提醒他们对北非军事行动结束日期的屡次更改应加以注意。北非军事行动的拖延导致德军预备队继续毫无阻碍地从西方向苏德战场调遣。

德意非洲集团军群企图依托朗斯托普峰和609高地等突尼斯沿海的复杂地形，阻止盟军进攻。盟军第18集团军群决心以右翼第8集团军向泰克鲁那和昂菲达维尔实施佯攻，左翼美第2军向比塞大和马特尔方向实施助攻，中路英第1集团军向首府突尼斯实施主攻。战役发起前，盟军海、空军已完全封锁突尼斯与意大利之间的海空运输线。

4月19—20日，英第8集团军发起进攻。22日，英第1集团军和美第2军开始进攻，遭顽强抵抗，未能占领朗斯托普峰和609高地，仅美第2军左翼第9师有所进展。23—26日，英军经反复争夺占领朗斯托普峰；美第2军屡攻609高地不克。30日，盟军以两个师加强英第1集团军。同日，美军攻占609高地，第9师进抵海岸，威胁德意军侧后。5月6日，盟军经炮火准备后再次发起攻击。德意军退至邦角（今提卜角），企图从海路撤出北非。7日，美第9师占领比塞大；英第1集团军占领首府突尼斯，其左翼于8日占领普罗维尔，与美军会合；其右翼于11日占领整个邦角半岛。德意军因盟国海、空军严密封锁，未能撤往意大利。5月13日，

阿尼姆率德意军余部投降。此役，盟军全歼北非残敌，北非战局至此结束。

经过突尼斯战役，德意非洲集团军群被歼。该集团军群在突尼斯损失 30 多万人，被俘约 24 万人，其中包括德军 12.5 万人。盟国攻占了地中海的整个北非沿岸，从而保障了地中海交通线的安全，并为进攻西西里岛和亚平宁半岛创造了有利条件。英美军队在突尼斯获得了实施大规模进攻战役，突破敌预有准备防御的经验，使用空军重兵支援陆军的进攻，引起了人们的注意。

（五）诺曼底登陆战

随着苏德战场上苏军逐步开始由守转攻，盟军也开始筹划开辟欧洲第二战场，以协同苏军对纳粹德国作战。在离英国最近的法国西岸登陆，无疑是盟军的最佳选择，然而德军对盟军的意图也是了然于心，在法国西海岸布置了严密的防御工事，并驻守了大量的军队。于是盟军的登陆便成了强攻大西洋沿岸堡垒的一次作战。这是艾森豪威尔就任盟军欧洲战区司令以来最为重要的一次战役，登陆的成功与否直接关系着欧洲战场战局的走向。

盟军西欧开辟第二战场的议题由来已久。1941 年德国入侵苏联后，苏联红军在广袤的欧洲大陆上和德军拼力血战，牵制了大部分德军，从山林到原野，从寒冬到酷暑，苏联红军一直独立支撑着凶悍的德军的进攻。斯大林看出这样下去红军的结果即使不是全军覆没也会元气大伤，既然苏联并不是德国的唯一目标，英美也是法西斯试图侵袭的对象，唇亡齿寒的道理他们不会不懂，所以斯大林对丘吉尔提出要求英国参战，在欧洲开辟西线战场，联合苏联对抗德军的铁蹄。

但是因为当时英国的盟友——美国还没有表示出参战的意愿，英国估算了一下以自己目前的本事也弄不起多大的风浪，要组织这么大规模的登陆作战恐怕力不从心，所以一时也不知如何回答，偏偏苏联不停地催促，于是英国只好先答应下来，派出一些部队做了试探性的登陆，但效果不是很理想。

随着战事的发展，苏联已经消耗了相当大的力量。如果不尽快开辟第二战场分散德军的进攻力量，苏联就会有被德军击垮的危险，这样一来英美将成为最大的受害者，于是在 1943 年 5 月，英美首脑在华盛顿召开会议，商讨在西欧开辟反法西斯第二战场的事宜。经过全方位的评估和对各方利益的协调，1943 年 5 月，初步制定了登陆欧洲大陆的作战构想。

作战构想制定后，英美开始对登陆计划的具体方案展开探讨，第一是选择登陆地点的问题。因为此次作战要从英国发起，所以，首先要把登陆地点定在英国战机起飞后能作战的半径范围内；第二，要把航渡的距离缩到最短，这样才能避免在水中遭受打击的危险；第三，附近必须要有大港口，这样士兵到了就不会堵在滩头无法分散。

于是两军对着地图画来画去，从荷兰到法国这么一条长长的海岸线上只有三个地点勉强符合要求：康坦丁半岛、加莱以及诺曼底。但是三处又各有利弊，康坦丁半岛地形过于狭窄，真打起来连手脚都施展不开，首先被否决；再看加莱，离英国够近，而且靠德国也不远，如果英美两国实力雄厚，有能力在这里取得成功登陆的话，那么这里是再好不过的地点，可惜的是当时盟国对德军的实力远没有达到压倒性优势的地步，德军随时可以赶来支援，盟军的胜算不大；于是剩下了诺曼底，远虽远了些，但这里没有驻守多少德军，而且开阔平坦，30 个师一字铺开都没有问题，还有一个优势是这边离法国的最大港口近。虽然这个时候法国还没有被卷入战局，但是反对德军的态度还是比较坚定的，所以权衡再三，盟军还是选择了诺曼底。

为了取得这次战役的胜利，盟军作了充分的准备，美国从本土源源不断地运来大批物资，英国几乎成了一个大军营，来自 11 个支持国家的部队驻扎得密密麻麻，每个港口都挤满舰船，在短时间内集结了近 300 万人的大部队。其中包括 36 个陆军师和 5300 艘海军军舰，步兵、装甲兵、空降兵占了一大半，机场也安置了万余架战机。战役正式开始前，盟军先进行了一轮战略轰炸，重点由德国工业区转向交通线。随着登陆日越来越近，轰炸机降临到海滩上空，准备破坏德军的防御工事。但是毕竟经验不足，诺曼底对盟军而言还是个陌生的地方，所以这些飞机都被带错了地方，没有达到预期的效果。

1943 年 8 月，盟军首脑在魁北克会面，召开了战前动员会议，制订了一项“霸王”计划。

同年 11 月，盟军又确定了发动“霸王”计划的时间，整项行动将会在 1944 年 5 月启动。

1943 年年末，艾森豪威尔出任盟军欧洲战区总司令，负责此次登陆战役。艾森豪威尔抵达伦敦之后，细细研究了整个计划，发现里面还是有不少问题，首先突击正面定得太窄，使得最初的攻击冲击力不够，必须拓宽，让突击部队的作用发挥到最大。于是登陆正面就被扩充到了 80 公里，突击先锋由最初安排的 3 个师增加到了 5 个师，同时，登陆滩头也从 3 个变成了 5 个，骑兵空降兵也增加到了 3 个师。因为艾森豪威尔如此考虑确实有他的道理，最高司令部三军司令一致表示支持。

冬去春来，转瞬到了 1944 年 2 月，“霸王”计划由构想变成了具体的计划大纲，作战计划也经过了反复修改，英美联合参谋委员会多次定夺后终于批准，要求增加登陆舰艇的规模。但是此时的登陆舰艇还没有达到理想的数量，为了确保万无一失，登录日期被推迟到6月。

虽然登陆日期大致已经确定推迟，但是具体的日期和时刻还有待讨论。这个过程相当让人头疼，所谓人多嘴杂不无道理，各军兵种都有自己的诉求，陆军忧心忡忡，担心部队暴露在海滩上的时间过长而遭受毁灭性的打击，所以要求在高潮时登陆，而海军也有自己的顾虑，为了减少登陆艇被德军设置的障碍物破坏，他们坚持在比较保险的低潮时期登陆。空军的条件虽然简单，但是相当刁钻，别的不求，一定要有月光，不然的话空军无法有效识别地面目标，到时候起不了任何作用。

三个要求各有冲突，最后盟军首脑还是采取了较为折中的方案，既不选高潮时期，也不选低潮时期，而是选择中间时段。这时还有一个现实问题，作战计划中有5个登陆滩头，可这5个滩头的潮汐节奏并不一致，于是具体问题具体解决，干脆安排了5个登陆时刻，而正式登陆日期必须是满月的一天，空军将在凌晨1点借着月光降落，最合适的就是6月5日。

这一次登陆战背负着横渡英吉利海峡，直奔法国北部创造一个登陆场的准备，这就是欧洲第二战场的起点，如果成功就能够和苏联对德国进行两线牵制，进而获得胜利。

计划在登陆诺曼底成功以后，12小时以内就扩开一个长宽都达到100公里的登陆战场，2支美国伞兵师从右翼降落，如一把利刃斩断德军来自瑟堡的增援。一支英国伞兵师则遥遥相对在左翼着陆，抢先把康恩运河的渡河点拿到手上，在左右都布下力量以后，8个先锋加强营从中间5个滩头停靠，完成扩展战场的目标。随着人员不断增派，队伍右侧连同伞兵攻占瑟堡，左翼则往康恩河边上发展，接着就是冈城、贝叶、伊基尼、卡郎坦，最终攻占布列塔尼，刺向塞纳河，拿下巴黎。

为了使得登陆战役阻力更小，在1943年年末，盟军最高司令部足智多谋的副参谋长摩根中将提出了一份草案，内容是制定一系列欺骗保密措施，用来迷惑德军的判断。这份草案的代号叫作“杰伊”。这份计划牵扯极大，保密性又极高，操作难度异常艰巨。英国军事情报局、特别行动局、反情报局和双十字委员会等安全部门和美国中情局前身战略情报局，联邦调查局和三军情报部都涉入其中。

摩根中将把英国伦敦监督处作为核心部分，协调盟军各大机关组织每一项行动。这个欺骗中心的口号是狡猾、机智、精致。灵活机警的英国陆军中校约翰·比万担任处长，以小小职衔做大戏，甚至首相有时都必须听从他的安排。

这场构思巧妙、复杂精密的大规模战略欺骗最终得以通过，在1944年1月代号改为“卫士”。这个部分的目的是通过各种手段分散德军，使诺曼底守军数量降低，其次是在战役发生时也要麻痹德军统帅部的思想，让他们误以为这只是一场佯攻，德军必须囤积力量准备后面真正的战斗。

后一个目的是真正的关键，必须虚实结合、真假参半，使德军的严密推理最后得出盟军想要的结果。

艾森豪威尔饶有兴趣地听完，没有说话，而是写下了“我喜欢这个主意”。

分散德军的目的相对比较简单，比万首先安排在南欧进行“齐柏林”计划。当时苏军已经打到了罗马尼亚和匈牙利附近，这两个小国对德军都没了信心，派出了密使向英美求情，希望苏联能放他们一马。英国的态度虽然和善，广播和报纸却好像不小心一样透露出这个消息，德国的情报机关何其敏感，得知自己被背叛的德军怒不可遏，当即出兵攻打匈牙利。

可是东线战场的德军正被不屈不挠的苏联人拖着分不开身，只好在法国抽调 3 个装甲师和 1 个步兵师前往南欧。就这样，法国内部少了四个师的精锐德军。

比万在北欧则布置了“北方坚韧”计划。在 1944 年年初比万已经跟苏联通好气，取得了苏联情报机关的配合，制造了一系列进攻瑞典挪威的迹象。在苏格兰的爱丁堡，英国设立了一个子虚乌有的第 4 集团军群司令部，和苏军同样假扮的司令部进行无线电联系。这时候了不起的德军情报机关又一次侦听到了他们的通讯，还悄无声息地判断出盟军这个莫须有的司令部位置，派了飞机过来一顿轰炸。同时德国情报机关还侦察到，苏格兰的盟军部队正在进行着有趣的准备，发送什么发动机保养手册、滑雪板等等，还开始进行滑雪训练，这明显就是为了在严寒的北欧作战而进行的准备。德军立刻往挪威瑞典派兵，13 个师被下令一步不许离开这两个国家，严格待命。

这时苏联也觉得这项战略欺骗很有意思，开始积极活动，他们不发动新攻击，只是时不时调动一下队伍，德军看这阵势怎么也搞不清楚苏联人究竟想做什么，只能把主力按在根据地不敢轻举妄动。

到诺曼底登陆之前，“卫士”计划的第一个目的算是达到了，但是最关键的第二点——让德军认为诺曼底登陆只是一场佯攻——却颇为艰巨。因为任何人看到诺曼底登陆的规模就明白这绝对是货真价实的主攻，光是 8 个师的先锋部队就足以证明这场战争的严重性。所以比万做好了即使不能瞒过德军，也要拖延德军判断的准备。

首先欺骗中心在英格兰虚构出美国第 1 集团军群，300 多名报务员煞有介事地每日互相联系，假司令部里面更是无线电收发频繁。但是这个花招的复杂在于，真正的登陆部队也发送部分命令到这个虚拟的司令部，使得德军全部侦听并一一分析。

德军统计了这些情报之后，认为盟军确实要登陆，英格兰东南部的大批军事活动也证实了他们的判断。德军航空还拍下了照片。然而德军哪知道那些大炮坦克，不过是好莱坞道具师的杰作而已。

再看这个大规模集团军的统帅，果不其然是美国著名的巴顿将军，英格兰的报纸和广播都在欢欣鼓舞地报道着这位伟大将军的到来，时刻汇报他的行踪，而真正的登陆战役总司令蒙哥马利则远在普利茅斯，正钻研着具体的作战方案。

根据所有信息，德军判断盟军在英格兰组成了一个至少 40 个师的军群，登陆主攻方向是加莱。

欺骗中心唯恐这些准备还不够，还嘱咐空军进行大量电子干扰，德军的无线电侦听基地也被摧毁，使得德军更加认为消息是真的。此时德军的雷达站也遭受了大规模空袭，但盟军故意留下少数雷达，让德军好不容易获取到空军正携带炸弹飞往加莱的假象。

这些计划的顺利推进必须要提防的就是德国间谍组织。但是魔高一尺道高一丈，英国反间谍机关更是好手，“双十字委员会”的特殊任务是将抓获的德国间谍策反，成为双面间谍。这种无间道战术异常细致小心，最终能被信任的只剩四个德国间谍。其中一名叫作“加宝”的西班牙人战绩辉煌，在英国情报机关的配合下，他以德国间谍的身份将大量真假参半的消息送入德国，成为深受德国情报机关倚重的王牌间谍。获取这一信任之后，他就大量报告关于第 1 集团军的情报，而就在诺曼底即将登陆之前半小时，他又通报了真正的消息，德军尽管知道了诺曼底登陆的消息，但是已经来不及做出反应。“加宝”的叙述显得更加诚恳可靠，在诺曼底战役进行到后期，德国情报机关收到“加宝”密报说“第一集团军群”正在多福尔准备真正的登陆，一下子将德军推人云里雾里，失去了正确判断。

除此以外，比万还采用了更多残忍异常、绝密坚决的计划，牺牲了许多忠勇的特工，把整套方案实施得滴水不漏，目前看起来是做得十分详尽，关键就看德军的反应了。

事实上德军西线的总司令龙德施泰特元帅，从头到尾都没有把这弥天大谎放在眼里，他只相信自己的直觉，诺曼底登陆一定是盟军蓄谋已久的主攻。所以他向希特勒要来 17 个师的兵力加固诺曼底岛。

当盟军发现驻波兰和加莱的德国集团军居然都开始移往诺曼底时，顿时一片慌乱，他们虽然强作镇定，但还是隐隐不安，难道之前作的种种努力全都白费了吗？

这时一具漂浮的美军尸体被德国人发现，身上带了几份关于诺曼底作战的文件，这对盟军来说是意想不到的走漏风声，却意外地让德国人转变了心意。因为德军早在西西里登陆战就领教过“肉馅计划”的厉害，这一次不过也都是故技重施而已。所以德军情报处处长罗恩纳和约德尔上将极力劝阻希特勒在诺曼底布防的动作，反复强调这次只是牵制性的佯攻，于是希特勒动摇了，最后命令原有守军撤回，所有西欧部队支援加莱。这样大的反转总算是给盟军吃了一颗定心丸。

德军在大西洋沿岸建设有坚固的防御工事，被称为“大西洋堡垒”。沿着大西洋堡垒，德军部署了众多火炮与炮兵，在法国西部的沿海有4门280毫米、3门381毫米、3门305毫米、3门406毫米的岸炮，因为德军被迷惑，以为盟军将在挪威抢先争夺炮台，所以投入了大量的资本在挪威沿海，一口气修筑了350座各口径炮台。同时德军在紧锣密鼓展开的还有海峡群岛设防工程，同样投入无数人力、物力修建炮台。但是这一切都是在盟军情报机关的诱使下部署的，实际上就战略意义而言已经毫无价值。

负责空降着陆作战的空降师任务是在诺曼底战役中从两翼插入，阻止德国援军，配合登陆部队进攻。因为登陆部队上岸以后，要拓展出足够的场地才能进行正常的部署，所以头两天顶多只有8个师在战斗，装甲师随后才会加入进来，所以如果德军趁盟军拓展战场的时机发动进攻，那么后果将不堪设想。所以登陆作战的最终胜利首先要看空降兵能不能抵挡住前两天的压力。

最先行动的是英国第1空降师。6月5日零时16分，一群伞兵搭乘飞机来到登陆地区的左翼部位，他们将在混乱的气流中摸准着陆点，一旦踏上土地就全力奔去夺取佩嘉索斯周围的桥梁，堵住德军前来支援的装甲部队。

这些英勇的伞兵出色地完成了任务，他们训练有素地迅速集结，占领目的地以后一直牢牢控制。

而安排在右翼落地的美军第82和第101空降师因为相对缺乏经验，而且右侧地形也十分复杂，这时德军也发现了这群来自夜空中危险的“蒲公英”而纷纷开炮阻截。队伍一下分散得七零八落。相当数量的伞兵因为不幸降落到浅海区以及德军挖出的低洼水塘中，被沉重的装备拖曳直至淹死。所以经过了一天时间，第101师集合的人数仅有3000。

因祸得福的是，因为伞兵被打散之后分布的区域更广了，整个诺曼底都有同盟国士兵的身影，德军顿时一片慌乱，分不清此刻敌人究竟有多少兵力。这些落单的伞兵异常英勇顽强，他们在对自已极为不利的情况下拼力死战，给德军造成了极大程度的伤害。

此时因为伞兵的神勇，德军指挥官认为这批空降师一定来者众多，为了专门针对伞兵，他特地调动军力离开前线进行围剿，这相当于伞兵成功牵制住了德军力量。登陆部队交给他们的嘱托变相完成了。

盟军空降的过程中，可以看出经验不足，行动生涩等多种问题，但是士兵的英勇顽强和随机应变弥补了这些缺憾，也证明了艾森豪威尔指挥的正确。空降师在第一时间内夺取了最为关键的交通枢纽，占领了桥梁，封锁了海滩，甚至炸毁了德国的炮兵基地，搞得德国大军一片混乱，这种成果无疑是非常出色的。

6月5日夜间盟军开始了火力准备，首批重轰炸机共1000架冲到德军战略地点上空，对着通讯中心，指挥部和炮兵阵投下数千吨炸弹。

这一波狂轰滥炸还没完，更加密集的第二批中型轰炸机约1600架又在德军防御战场同样投以大量炸弹，随后第三批战斗机开始压低盘旋，以精确扫射来压制德军火力。近百艘艇炮舰队也加入火力准备，在陆地喷射出长达40分钟的烈焰，迅猛的阵势把德军打得一时来不及还手，登陆舰队上岸基本有了较为安全的环境。

6月6日的凌晨2时30分，浩浩荡荡的登陆舰队载运着荷枪实弹的士兵靠近海岸，沿着运输船上垂放下的绳网，盟军战士开始陆续转移到登陆舰艇上，劈风斩浪地往岸上冲去。

最早的一批是犹他海滩登陆分队，时间为6时30分整。

这块海滩宽约5公里，覆盖着低矮不平的沙丘。盟军士兵在三个小时内就跨越了滩头，一口气冲到沿海公路，进行了成功地占领。还没到中午，他们便遇见了五个小时赶到的空降部队，会合之后这支登陆部队不但完成了目标，更是连夜推进4英里，两万多名战士只有197人伤亡，算是登陆部队里面最为幸运的一支。

在最东边宝剑海滩登陆的部队一边登陆，一边击退德军赶来的轻装步兵，他们也顺利在中午时分找到了伞兵部队。但是在往西移的过程中，德军第21师坦克部队杀气腾腾地赶到，这支德军部队已经知道大事不好，尽自己一切努力顽强抵抗，盟军在牺牲近600人以后，炮火直到黄昏才打出结局，德军装甲部队未战死的匆匆退往后线做下一步的反击准备。

而因为这一拖延，宝剑海滩的盟军无法跟朱诺海滩的加拿大部队会师，早已登陆的这支加拿大队伍也遇到了不小的威胁。德军轻装步兵在他们登陆之前已经隐藏在沙丘后面的村落中，这也意味着盟军必须一路穿越沙丘，迎着德军的枪林弹雨前进。因此这支部队刚踏上海滩便遭遇了密集打击，甚至还在海边的盟军登陆艇都有1/3在德军水雷中损坏。加拿大登陆队在沙丘处伤亡了一半人力之后，直到中午才攻占沿岸城镇，艰难地挺进内陆，和黄金海滩盟军会合。

而黄金海滩处于整条登陆战线的中央，因为潮汐的缘故，时间比最早的海滩晚了近一个小时。德军事先布下的水雷障碍物再一次发挥作用，登陆艇和盟军损失惨重，而临近的小城里维拉还安置着德军的4门重炮，对着密密麻麻上岸的盟军一顿猛轰，幸亏盟军皇家海军军舰也回击了强劲的炮火，4门重炮最终不敌，盟军才得以顺利上岸。这一海滩夺走了400名盟军战士的生命。

其他海滩虽然各有损失但并不影响整体实力，奥马哈海滩此时却血流成河。这片全长6公里多的海滩，两岸基本上都是高高的悬崖峭壁，是典型的易守难攻地形。之前盟军获得情报，在这里只有一个团的德国守军，战斗力较差，没有装甲车辆，所以登陆美军并没有多加准备。但是事实是隆美尔在 3 月份的时候就调来德军骁勇善战的 352 师，这支英武之师的主力团就在奥马哈。

情报的延误加上恶劣的天气状况，使得美军首先因为风浪牺牲了部分登陆舰和士兵，接着又遭遇水陆坦克被掀入水中无法使用的噩运，整支美军上岸之后因为晕船而昏头涨脑，失去方向。此时德军炮火大开，一片炮弹横扫，长达两个小时内美军都无法做出反应，被动挨打使得这个部分的登陆战役几乎失败。这时美国海军因为长时间联系不到登陆部队，意识到他们可能已经遭遇不测，于是不顾危险派了 17 艘驱逐舰逼近海滩，发现情况混乱之后，立刻用火力为登陆部队进行支援。美军这才转危为安，士气大振，这时第二梯队也提前登陆，补充了牺牲人数，德军防御在空军和海军战舰的射击之下，完全被摧毁。这场激烈的战役直到天黑才宣告成功。

德军此时方寸大乱，在登陆日当天，只有第 21 装甲师可以组织反击，但是因为师长不在，于是参谋长只能派出 24 辆坦克截击盟军，这点可怜的反击很快就被瓦解，当这支装甲师的师长赶回组织攻击时，因为盟军还未完全会师，第 21 师攻打目标正是盟军薄弱的空隙处，可因为此时的德国人知道这场战役对手数量实力完全不是一个等级，早就已经失去信心，就连盟军的运输机都给他们带来极大的恐慌，很快就放弃了反击，开始撤退。

6 月 6 日，整整 24 个小时，在诺曼底进行的战役漫长得让人精疲力竭，艾森豪威尔在诺曼底登陆后说："毫无疑问，诺曼底战场是战争领域所曾出现过的最大的屠宰场之一，那儿一带的通道、公路和田野上，到处塞满了毁弃的武器装备以及人和牲畜的尸体，甚至要通过这个地区也极为困难。我所见到的那幅景象，只有但丁能够加以描述。一口气走上几百码，而脚步全是踩在死人和腐烂的尸体上。"历史上最长的一天终于过去了，盟军登陆取得了全面的胜利。

在盟军登陆后，在七天里共登陆士兵 32.6 万名，物资 10.4 万吨，并继续向欧洲大陆运送更多的人员、物资、装备和补给，盟军成功地建立滩头堡，并在 8 月 25 日解放巴黎，宣告结束诺曼底战役。

出身贫寒的艾森豪威尔没有像其他兄弟那样甘于命运，碌碌一生。步入军旅的他可谓是"贵人相助"——潘兴、麦克阿瑟、康纳少将以及马歇尔对他的提携和帮助使他快速地充实着自己的能力和资历，在他担任盟军司令之前的岁月中，他多次前往高等军事院校学习，这些经历使他的战争理论基础得到了极大的提高和充实，为后来的成功打下了坚实的基础。

战争对于军人来说是机遇，这个巨大的机遇被艾森豪威尔把握住了，面对马歇尔的赏识和提拔，艾森豪威尔很好地胜任了自己的工作，他明白自己的长处和短处，在军事上放手让自己手下的猛将冲杀，而自己要做的只是协调好他们的关系而已，而这一点对于他所担任的职务来说已经足够了。

将领有将才和帅才之分，艾森豪威尔是典型的帅才，他生来就是为大场面而生的。艾森豪威尔在具体战役指挥上可能稍逊于巴顿、蒙哥马利，但在协调各方面关系上的才能却是无人可比的。他以坚定、镇静而又平等待人的态度赢得了广泛的信赖和支持。在他的指挥下，利益交错的盟军才能够求同存异，互相合作，形成强大的战斗力，这也正是马歇尔看重他的真正原因。

二、老兵不死的战场传奇——麦克阿瑟

道格拉斯-麦克阿瑟（1880—1964年），美国著名军事家，美国陆军五星上将，第二次世界大战时期历任美国远东军司令、西南太平洋战区盟军司令。战后出任驻日盟军最高司令和侵略朝鲜的“联合国军”总司令等职。

在二战中麦克阿瑟带领盟军在太平洋战场上与日军作战，虽然经历了战争初期的重大失败，但是永不服输的麦克阿瑟最终收复了他失去的领地，将日寇赶回了本土，取得了战争的胜利。

（一）从“彩虹师”到西点军校

麦克阿瑟于1880年1月26日出生在美国阿肯色州小石城的军人家庭。其父小阿瑟·麦克阿瑟是美国将军，他可谓是启发麦克阿瑟成为军人的人。麦克阿瑟晚年曾说：“我最早的记忆就是军号声！而这一切，都是我的父亲给我的。我的父亲不仅给予我生命，而且给予我一生的职业道路。”

1899年，麦克阿瑟考入西点军校。在校期间他既刻苦攻读学业，又注重体育锻炼。4年之后，他以98.43分的成绩毕业，创下该军校25年来的分数纪录，被破格晋升为少尉，后赴菲律宾任美军第3工兵营少尉。

1905年，麦克阿瑟追随其父从事情报工作。1906年，他成为美国陆军工兵学校学员，兼任西奥多·罗斯福总统的军事副官。1908年，调任工兵营连长，因训练有方而晋升为营部副官，稍后成了骑兵学校教官。1911年晋升为上尉，次年调入陆军参谋部任职。1915年他晋升为少校。1916年，调任陆军部长贝克的副官，负责与新闻界的联络事务。

1917年，美国参加第一次世界大战后，从各州国民警卫队抽调人员组成了第

42 步兵师。麦克阿瑟出任第 42 步兵师参谋长，晋升为上校，赴法国参加世界大战。他声称该师人员来自美国各地，犹如跨越长空的彩虹，故该师亦称“彩虹师”。1918 年，因作战勇敢和指挥有方，他数次获得勋章并升任第 84 旅准将旅长。同年 11 月，在大战结束之后，他担任彩虹师代师长。但是战争时期，他与远征军总司令部人员结有怨恨。

1919 年 6 月，39 岁的麦克阿瑟被任命为西点军校校长，成为该校自创校以来最年轻的校长。他时刻把“责任——荣誉——国家”作为治校的座右铭。学校体育馆的上方，挂着一块匾，上面镌刻着他的一句话：今天，在友好场地上撒播下的种子，明天，在战场上将收获胜利的果实！

1925 年，麦克阿瑟晋升为少将，先后在亚特兰大和巴尔的摩任军长。

1930 年 8 月，麦克阿瑟收到陆军部长来电，得知胡佛总统决定让他出任陆军参谋长。麦克阿瑟考虑到当时处于世界经济危机之际，和平主义思潮高涨，军费开支必将缩减，唯恐出力不讨好，遂有推辞之意。其母则力劝他接受该职，声称“如果你表现出怯懦，你父亲在九泉之下也会为此感到羞耻”。

1930 年 11 月，麦克阿瑟接受上将临时军衔，宣誓就任美国陆军参谋长。他在任内用机械化装备代替马匹，提高了部队的机动能力和速度，制订了战争总动员计划；为诸兵种建立统一的采购制度以减少浪费；建立航空队司令部以提高地空部队的协调效率；反对国会因经济原因而欲裁减陆军机构的企图；反对削减军官队伍，声称“一支陆军可以缺乏口粮，可以衣着简陋，甚至可以装备破旧，但如缺少训练有素及指挥有方的军官，则在战时注定会被歼灭。胜利与失败的不同，全在于有无干练而有效率的军官队伍”；他每年均成功地阻止削减陆军员额的议案，并为陆军的战备辩护。1933 年罗斯福出任总统之后，麦克阿瑟继续担任陆军参谋长。

1935 年，麦克阿瑟的陆军参谋长任期届满，以少将军衔调任菲律宾政府总统奎松的军事顾问。1937 年年底，麦克阿瑟从美国陆军退役，开始组建菲律宾陆军。

（二）从马尼拉到汉城

1941 年 7 月，五角大楼下令将菲律宾陆军与驻菲美军合并，将麦克阿瑟转服现役，晋升为中将，任美国远东军司令部司令，下辖温赖特指挥的第 1 军和帕克指挥的第 2 军。12 月 8 日，日军继偷袭珍珠港之后，对菲律宾发动进攻。由于麦克阿瑟判断错误和处置失当，驻菲律宾的美军轰炸机和战斗机大部分被毁，空中防御能力丧失殆尽，再加上美菲军兵力有限，装备低劣而缺乏训练，无法抵挡日军的进攻，麦克阿瑟几乎要拿父亲留下的手枪自杀，与菲律宾人民共存亡。但是，罗斯福在

1942年2月8日以国家的名义，再次命令麦克阿瑟及其家属撤离菲律宾。

2月22日至23日，罗斯福和马歇尔连续给麦克阿瑟发电，让其撤离，并允诺让麦克阿瑟到澳大利亚指挥盟军反攻。3月11日晚，麦克阿瑟无奈撤离。于是所有部队从马尼拉撤往巴丹半岛固守，宣布马尼拉为不设防城市。

1941年12月24日，麦克阿瑟晋升为上将。1942年1月，日军进占马尼拉。日军随后多次进攻巴丹半岛，但未能成功。当日本广播电台嘲笑美国太平洋舰队的时候，麦克阿瑟要求陆军部派遣飞机飞越菲律宾上空以打击敌人嚣张的气焰，稳定守军的士气。然而，这种要求没有也不可能得到满足。

3月，得到增援的日军向孤立无援的巴丹半岛等地的美菲军发起攻势。美国政府为避免麦克阿瑟成为俘虏，命令他将指挥权转交温赖特，并赴澳大利亚担任西南太平洋战区盟军司令，指挥该区盟军作战。3月11日夜，麦克阿瑟在从科雷吉多尔登上鱼雷艇离开菲律宾之前，发誓“我还要回来”。

4月9日，巴丹美军及菲律宾军约75000人被迫向日军投降。5月6日，巴丹陷落后，转移到哥黎希律岛指挥作战的温赖特被迫请求投降，并于次日通过马尼拉广播电台命令所有美菲军队投降。

抵达澳大利亚之后，麦克阿瑟率参谋长萨瑟兰先将司令部设在布里斯班，后又前移至莫尔斯比港，旨在稳住莫尔斯比，与日军在欧文·斯坦尼山那边决战。西南太平洋盟军的陆军司令为布莱梅爵士，空军司令先为布雷特，后为肯尼（所辖空中力量后来改编为美国陆军第5航空队），海军司令为利里。后来隶属麦克阿瑟指挥的还有美国海军第3舰队。美国陆军部队先后有克鲁格的第6集团军、艾克尔伯格的第8集团军和巴克纳的第10集团军。对于没有以海军尼米兹为司令的太平洋战区，麦克阿瑟认为：“在有关这场战争的所有错误决定中，最莫名其妙的恐怕是没有建立太平洋的统一指挥。”经过1942年的中途岛战役和1943年的瓜达尔卡纳尔岛战役，盟军开始由战略防御转向战略进攻。

中途岛战役之后，日军陈兵新几内亚，企图通过直接攻击而夺占米恩湾，通过侧翼运动而攻克莫尔斯比港。麦克阿瑟对此做有正确判断，并制订出相应的作战计划。

麦克阿瑟的1943年最后进攻计划，设想从瓜达尔卡纳尔和巴布亚同时发动进攻，保卫新几内亚东北部和所罗门群岛，集中力量收复拉包尔。盟军采用麦克阿瑟的越岛战术，基本实现上述作战计划。麦克阿瑟认为“这种战争方式的实际应用，就是避免以大量的伤亡进行正面的攻击，就是避开日军据点；切断补给线，使他们无所作为；就是孤立他们的军队，使他们在战场上饿死。这就是我调动部队与拟订作战计划的指导思想”。

1944年春夏，盟军已经攻克阿留申群岛、吉尔贝特群岛、所罗门群岛、新不列颠岛、新几内亚岛、马绍尔群岛、加罗林群岛和马里亚纳群岛等地。在此期间，麦克阿瑟与尼米兹就太平洋战争的战略问题发生重大分歧。前者主张先发起以新几内亚—哈尔马赫拉—棉兰老为轴心的战役，进而解放菲律宾；后者主张先夺取棉兰老空军基地，孤立吕宋，再进攻中国沿海，进而打击日本本土以缩短战争进程。二者分别得到陆军参谋长马歇尔和海军作战部部长金的支持。最后，罗斯福表示支持前者。

菲律宾群岛战役是以麦克阿瑟所部盟军1944年9月的摩罗泰岛和帕劳群岛登陆作战为先导的。10月，盟军以登陆莱特岛开始，从棉兰老岛到吕宋岛跃进，并始终得到美国陆军航空队和美国海军第3舰队的支援。10月20日，麦克阿瑟率部在莱特岛登陆之后，在菲律宾总统的陪同下，在雨中发表了最震撼人心的演讲："菲律宾人民，我，美国陆军上将道格拉斯·麦克阿瑟回来了!"他语气深沉，眼角闪着泪光，他号召大家为了神圣的死者，为了子孙后代，继续战斗，夺取正义的胜利!

1944年12月，麦克阿瑟晋升为陆军五星上将。

1945年1月，盟军于10日开始在马尼拉以北的仁牙因湾登陆，29日在巴丹半岛登陆，夹击日军山下奉文部。直到3月，盟军才经激战而攻克马尼拉，占领巴丹半岛，收复科雷吉多尔。3月2日，麦克阿瑟乘坐鱼雷艇象征性地回到科雷吉多尔。山下奉文顽抗至9月才率部投降。

1945年4月，麦克阿瑟受命指挥太平洋地区所有美国陆军部队的作战行动。

1945年8月15日，日本宣布无条件投降，麦克阿瑟则被杜鲁门总统任命为驻日盟军最高司令，负责对日军事占领和日本的重建工作。9月2日，盟国在"密苏里号"军舰举行受降仪式，日本外相重光葵和参谋总长梅津美次郎代表日方签署投降书。麦克阿瑟出场代表盟国签字受降，中美英苏等盟国代表亦先后签字受降。

1950年6月，朝鲜战争爆发之后，美国操纵联合国进行干涉。麦克阿瑟出任远东美军总司令和"联合国军"总司令，指挥侵朝战争。在美国第24步兵师被歼之后，麦克阿瑟组织指挥仁川登陆获得成功，进而指挥"联合国军"越过三八线，疯狂地向鸭绿江推进。1951年4月，麦克阿瑟因战争失利和所谓"未能全力支持美国和联合国的政策"而被解除一切职务。

1964年4月3日，麦克阿瑟在沃尔特·里德陆军医院因病去世。

（三）反攻菲律宾

1944年夏，美军占领马里亚纳和新几内亚后，决定首先夺取莱特岛，尔后占领整个菲律宾，以切断日本本土与荷属东印度（今印度尼西亚）和缅甸的海上交通线，建立进军日本本土的海空基地。

日军大本营为固守这一战略基地，与美军决一死战。为此，日军在菲律宾成立陆军第14方面军，由山下奉文上将出任司令，下辖第35集团军（司令为铃木宗作中将）等部队，计8个步兵师、1个坦克师、4个独立混成旅，共35万余人；日本联合舰队（总司令为丰田副武海军上将）的第2、第3、第5舰队（航空母舰4艘、战列舰9艘、巡洋舰21艘、驱逐舰35艘、潜艇17艘）和陆军第4航空军及海军航空兵提供支援。

美军由西南太平洋战区总司令麦克阿瑟上将统一指挥，参战兵力为陆军第6集团军（司令为克鲁格中将，辖2个军）、第8集团军一部及特种兵部队共28万余人，南海军第3、第7舰队（司令分别为哈尔西海军上将和金凯德海军中将，共有航空母舰35艘、战列舰12艘、巡洋舰26艘、驱逐舰144艘、潜艇29艘、登陆舰和运输舰650艘）和陆军第5、第13航空队及澳大利亚航空队提供支援，共有飞机约2500架。

9月中旬至10月中旬，美军航空兵连续空袭菲律宾、台湾和冲绳等地，炸毁大量日机，夺得制空权。10月10—15日，美军先后从马努斯岛和荷兰迪亚（今查亚普拉）出发，17—18日夺取莱特湾口三个小岛。20日，美军以第10、第24军各两个师组成北部和南部突击集团，分别在莱特岛东岸的塔克洛班和杜拉格登陆，向守岛日军（第35集团军第16师及勤务部队，约2万人）发起进攻。日军集中飞机几百架攻击美军登陆舰船，但收效不大。美军当日上陆逾10万人，占领宽20公里、纵深18公里的登陆场，随后将日军分割于卡里加拉、布拉文等地区。日军实施“捷1号”作战，调集陆海空兵力与美军决战。

麦克阿瑟

10月23—26日，双方海军在莱特湾附近海域进行大规模海战，美军以较小代价取得重大胜利（见“莱特湾海战”）。10月底起，日军第1、第26师和第68旅等部增援莱特，至12月初岛上兵力达7.5万余人，并有舰艇79艘和飞机几百架配合作战。此时，美军已上陆2个军共17.4万余人，并有约700艘舰艇和4700架飞机负责输送和掩护。日军在纵深顽强抵抗，并使用特攻飞机和特攻艇攻击美军舰船，战局一度出现胶着状态。

12月7日，美军第7师从西海岸奥尔莫克湾登陆，在海、空军配合下东西夹击，终于突破日军防线。25日，守岛日军大部被歼，结束有组织的抵抗。

美军占领莱特岛后，山下奉文将驻吕宋岛日军28.7万人编成3个集团，分别驻守北部和中南部山区，企图以持久防御牵制和消耗美军。美军为取得进攻吕宋岛的前进基地，于12月15日占领民都洛岛。

1945年1月9日，美第6集团军约20万人在海、空军支援下从吕宋岛西岸的林加延湾登陆，之后一路（第1军为主）向北吕宋进攻，另一路（第14军为主）向马尼拉方向推进。为加快进攻速度，美军在向林加延湾增兵的同时，以第8集团军部分兵力分别在苏比克湾西北的圣安东尼奥和马尼拉湾以南的纳苏格布登陆。各部队同时向马尼拉进逼，经1个月巷战于3月3日攻占该市。随后，美军发展进攻，将残余日军压缩在吕宋北部、克拉克以西和马尼拉以东山区。在美军包围下，日军供应断绝，疾病流行，大批减员（见“吕宋岛战役”）。与此同时，美第8集团军还先后夺取菲律宾南部的巴拉望、棉兰老、班乃、内格罗斯等岛屿。至7月上旬，菲律宾群岛的大规模战斗行动结束。

此役，日军伤亡和被俘大约45万人，损失舰艇68艘、飞机约7000架（其中特攻飞机700余架）；美军伤亡6.2万余人，损失大型舰只21艘、飞机900余架。美军凭借海空优势，采取集中兵力、中间突破战术给日军以毁灭性的打击，切断日本掠夺南洋战略物资的海上运输线，为盟军进攻日本本土创造了条件。

（四）马尼拉攻坚战

在太平洋战场取得优势后，美军开始实施“从外向内”的策略，逐渐清理日军在东南亚的据点，进而完成其进逼日本本土的战略意图。日军在菲律宾驻有大批的部队和充足的物资弹药，成了美军必须啃下的一块“硬骨头”。而且美军还因二战在菲律宾遗留大批的战俘处于被动地位，因而攻下菲律宾对美军而言具有双重的意义。而日军的军力部署特点及战俘的存在，迫使美军采取了不同以往的战术，这也使得马尼拉之战成了二战中破坏最为严重的攻坚战。

日本的山下奉文知道美国人对菲律宾志在必得，他一直都在为这个决定性的战役做准备。当日本记者举起麦克风时，这位强势的日本军官不无自豪地宣布：“菲律宾将写下我们大东亚共荣圈的光辉一笔。”

他的自信并不是毫无原因。25万人的大部队和充足的物资弹药，加上长期准

备的精密完善的防御工事，使得山下奉文无须消耗大量坦克与士兵，只需静静等待美军上岸，进行包围歼灭就可以。

这支大军的一半兵力驻扎在吕宋北部，另外一半则屯聚在马尼拉附近。

1945 年 1 月 9 日，美军克鲁格中将指挥着美军第 6 军团登陆仁牙因海湾，并迅速开往南方。20 天后，这支大部队下属的第 11 军共 4 万人登陆吕宋岛的圣安东尼奥，圣马塞利诺机场被攻占，苏比克湾海军基地被攻占，巴丹半岛全面被美军封锁。又过了一天，罗伯特中将带领着美军第 8 军团第 11 空降师两支滑翔降落伞兵团登陆吕宋岛南部的哪苏哥布，成千上万的伞兵从空中降落，情景蔚为大观，这支队伍会师后即挺向马尼拉。

2 月 1 日，当清晨明媚的阳光洒落在菲律宾的树叶上的时候，吕宋的西北海岸附近停泊了千余艘美军船舰。这些荷枪实弹的美国大兵一路冲上海滩时，意外地没有遭到任何阻力——没有敌军的火炮和机枪，只有菲律宾游击队热情的眼神和民众的欢呼。到了傍晚的时候，已经有 5 万多名美军携带着各自的装备上岸，摄影记者和欢欣鼓舞的菲律宾人围绕着麦克阿瑟将军步行踏上海滩。

在这里他表示："这场战役决定了菲律宾的解放，决定了西南太平洋的命运，而这狂风暴雨般的洗礼即将到来！"

2 月 4 日塔盖泰山脊也布满了从天而降的另一支滑翔降落伞兵旅，与此同时，所有到达地点的美军如同洪流一样拥向马尼拉。美军往内地挺进的时候，除了在第一个星期中遭遇了少量日军的抵抗以外，前行从未停滞，山下奉文不停下令日军后撤或者反扑，但是在菲律宾游击队灵活的配合下，美军还是连连占领多条交通要道以及桥梁。

山下奉文看到美军来势凶猛，当即下令日军由海岸撤往内陆，而他自己则亲自带领主力赶往碧瑶，因为他的计划是想通过这样的战略性撤退将美军一举在吕宋岛北部打垮。

山下奉文根本就不打算防守马尼拉，早在 1942 年，曼纽尔总统就宣布马尼拉成为不设防城市，山下也没打算非要占据马尼拉不可。毕竟这个超过 100 万人口、木制房屋占大多数的城市防守起来太麻烦，一旦着火就毫无办法。所以他命令他的下属岩渊三地少将，一边撤退一边把所有桥梁和城市基础设施都破坏掉，别跟美国人碰头。

但是岩渊三地却根本没听从这条命令，他已经决定要守住这座城市，无论会付出多大的代价，哪怕是拼到流尽士兵最后一滴血，他也要坚持。在日本的军事系统里，海军和陆军自成一派，两个军中的部队直接受的是海军军令部与陆军参谋部的管理，所以山下奉文决定弃守马尼拉也仅仅只能带走陆军人员，海军还坚守在位。

岩渊三地少将断然违抗了山下的命令，也不嘱咐马尼拉海军守备部队撤进市区。

和所有日本不够专业的海军官兵一样，这位少将并没有接受过正规的山地战训练，他也不打算跟随去丛林里面苦战，相反他在马尼拉附近饶有兴趣地发现了几个相当不错的防守据点，比如说因特拉穆罗斯城堡周围。而其他没有什么利用价值的地方，他就建立雷区，缠上刺铁丝网，打通沟渠，把一堆没用的废铁，包括火车电车等都堵在路口充当障碍物。

同时他告诉自己的17000名海军防守士兵："现在你们将跟剩下的四千陆军战友并肩战斗，殊死一搏！现在就进入防卫区，时刻准备开战！"

为了表明死战的决心，岩渊三地下令将马尼拉城中的各类教堂、邮电大楼、繁华商业街甚至贫民区都炸为平地，同时将各种石桥、木桥、水泥桥、钢桥也炸得粉碎。他用种种行为表明，为了顽守，摧毁这整座城市也在所不惜，迎接他们的必定是一场异常艰巨的血腥大战。

马尼拉是在殖民者入侵中发展起来的城市，在它悠久的历史里面，战争似乎从来没有离开过这片土地，西班牙人、荷兰人、英国人都曾经在它身上留下殖民地的印记。而此刻麦克阿瑟心里面一直惦记着在日军淫虐下的战俘，在挺进马尼拉的时候，他就曾经提醒第8集团军司令艾克尔伯格派出第11空降师，让伞兵直接在尼科尔斯机场跑道降落，那里离马尼拉市中心非常接近，能够尽快解救战俘。但是这位司令却认为麦克阿瑟说的简直就是天方夜谭，这种突击计划过于冒险，所以婉转拒绝了。心急如焚的麦克阿瑟又下令第6集团军的马奇少校来执行这个任务。

2月3日，马奇少校带领精悍出色的"飞虎队"乘着吉普车和重卡以及坦克一路飞驰，撞开重重阻碍，完全不管路障，疯狂开向马尼拉城。次日黄昏，这支猎豹般迅捷的队伍来到城外，于第二天一早就直奔托马斯大学。根据情报显示，日军在这里关押着3000名战俘，大多数都是美国官兵。

第8骑兵团的先锋大队第一个到达目的地，这座大学从1942年1月份起就用来关押平民和战俘，在36个月间共有超过1/10的人死亡，有的是试图逃跑，有的是受尽虐待。当晚9时，呼啸而来的威武吉普车一气冲开大闸，紧跟而上的是一辆M4谢尔曼坦克，大学围墙被直接冲倒，美军随之鱼贯而入。闻讯前来的菲律宾军队立刻配合行动，日本守军被这突如其来的冲击吓得目瞪口呆，所以美军并没有费多大力气就解救出了大批美军战俘。

但是更有日军挟持了少数战俘躲进教学大楼，叫嚣着冲美军和菲军开火，双方开始了激烈的对战，扫射的子弹十分密集，不少战俘因此被波及死去。第二天日军要求与美军谈判，经过一番讨价还价，美军同意他们安全离开，到马尼拉南边寻找日军大部队，但条件是只能携带少量步枪和军刀。2月5日早上，47名日军接受条件离开，这次解救一共安全迎出近 6000 人，其中有 3000 名美国人和 500 名菲律宾人，另外还有英国、澳大利亚、加拿大等国家的战俘。

就在同一天，第 37 师与马奇少校齐头并进，这支多达 4000 辆大车的亡命之师沿着 3 号公路飞奔，在 25 日凌晨就赶到了马尼拉，未做停歇就直接前往比利比德监狱，解救出了大约 1000 名战俘，这些战俘大多数都是日军在巴丹半岛和克雷几多岛战役中俘获的。

就在第二天，2 月 6 日，当麦克阿瑟听闻这两支派去营救战俘的部队大获全胜，已经进入马尼拉的消息以后，大为兴奋，他当即就往司令部派出了公告，不无得意地表示美军正在迅速拿下马尼拉！

麦克阿瑟喜欢夸大其词的毛病一般人都心知肚明，这一次高调万分的胜利公报却让他陷入了尴尬，因为接下来的美军战斗，由于那位顽固的日本少将和他的海军陆战队的存在，简直残酷得像是地狱。

但几乎在同一时间，在北面的美军第 1 骑兵师和南面的第 11 空降师都遭遇了日军的顽强抵抗。而这时日军在城内的守军也从各个角落蔓延出来，与美军部队展开了长达一个月的激战。从正面交锋大规模交火到挨家挨户逐街逐路的争夺，他们围绕着每一栋房子展开拉锯战。日军挺着机枪与刺刀从暗巷中冲出，被美军的子弹打下，美军的钢盔又被日军的火炮击穿，双方你来我往，战况恶劣到让人不忍目睹的地步。

为了对付利用战壕死守的日本守军，美军开始使用燃烧弹，将马尼拉的树木草丛烧个精光，等到火海烧尽的时候，战壕工事也清晰可见，这时美军连推土机都用上了，没有路的地方直接自修汽车路，强行前进。

2 月 4 日黄昏时，他命令第 5 骑兵团第 2 连越过奎松桥，作为在日军大肆破坏下幸存的桥梁，它是通向巴石河的唯一途径。谁知这正是日军所下的圈套，美军脚步正要踏上桥面，日军架设在浓密树林后的机枪吐出串串毒舌，美军应声而倒，纷纷栽入水中，巴石河碧绿的河水瞬间被无数美军尸体染得通红，美军不得不停止前进暂时后撤，一旦美国人往后退，日本人就冲上前对桥梁和道路进行占领。

美军刚刚大捷的第 37 步兵师也没有好到哪儿去，神出鬼没幽灵一样的日军如同附骨之疽，时不时咬噬一口，美国大兵伤痕累累，一路负痛进入城区。

在巴石河的一个小型工业中心内，这支部队遭遇了数量近一个团的日本守军，这支毒箭控制着这小块战场，破坏了周围的建筑物和所有军事设施，凭借这么孤立的一个据点，对着美军进行疯狂扫射。

毫无遮蔽的美军犹如在荒原中暴露的羚羊，而始终不露面的日军就是烈性毒蛇。每当美军试图前进的时候，日军机枪总是撒下一片火网，美军成批倒下，后来者又重复前面的故事，终于到了2月11日，日军因为弹药损耗完毕，火力暂歇，美军趁机一拥而上，但是突然从平地内的壕沟冲出手持刺刀、满嘴哇啦乱叫的日军，瞪着红通通的小眼睛开始近身肉搏，因为距离太近，美军的子弹不免伤到自己人，所以这一场战斗带来了第37步兵师最为惨重的伤亡。

此时马奇少校正带领着自己的第1骑兵师往市内赶去，他的路线上日军潜伏较少，所以一半的路程仅需要拨开日军设置的废旧障碍物就可以前行。2月10日在北面的2个供水点，第1骑兵师的第7、第8骑兵旅遇到了躲在楼房内的两股日军，从窗口冷不防射出的子弹虽然杀伤了不少美军，但终究寡不敌众，日本人这次的自杀袭击也仅仅稍微放缓了一下他们的脚步。

因为巴石河的众多桥梁已经在前期炸毁，两岸只剩下光秃秃的桥墩子，面对宽阔的河面，美军一时之间没有适合的渡河工具。第14军急中生智，将木板用绳子串联，排排安置在水面上，搭设出一个临时浮桥。

虽然这个桥并不稳，也不够宽大，但是骑兵师还是小心翼翼地到达了对岸。马奇少校和他的队伍就此一路往南推进。

2月10日，最后向市区进攻的行动展开，负责这一战斗的是艾克尔伯格手中的王牌空降师。作为太平洋战区唯一的空降师，第11空降师拥有8000名训练精干、顽强勇敢的士兵。经过前面伞降克拉克机场的热身，这支部队跃跃欲试，期望立功的热情空前高涨。但是这支迅速安插到前线展开挺进的部队却在伊慕斯戛然而止了，一支老练毒辣的日本海军陆战队拦住了他们的去路。习惯了跟陆军作战的第11空降师哪里摸得透海军陆战队刁钻的战术，双方你来我往，缠斗一团，久久僵持。

麦克阿瑟对文雅有礼却不够坚决的艾克尔伯格失望了，2月12日指派了铁腕的克鲁格前去接替指挥。克鲁格一到，立刻下令直接用重炮，四面开花之后，这支难缠的日本海军陆战队终于灰飞烟灭，至此对日军的合围正式完成。

进入市区之后的美军，很长一段时间内在光天化日之下居然找不到一个日本兵的身影，这个疑惑在美军开到巴石河岸时解开了。美军的坦克刚刚触及这里，无数日军凭空冒了出来，从地洞，从墙缝，从任何不可思议的地方开火。他们依托着12米厚和8米高的马尼拉老城墙，这种宽泛又猛烈的火力攻击自然杀伤了不少美国大兵。肯尼当即向麦克阿瑟要求派遣轰炸机，直接投下汽油燃烧弹，让炙热的火焰和滚烫的气浪把这些缝中的日本人烧死。但是麦克阿瑟拒绝了，首先他认为轰炸机投放并不十分精确，如果把马尼拉几百年历史的古建筑也一起烧了就太可惜了。他提出倒可以用重炮一试。于是美军重炮便登场发威，155毫米榴弹炮激起千丈火焰，黑色浓烟直冲云霄，连侦察机中的战士都为之惊叹。

日军开始退驻到各个饭店、商场、邮电大楼中分散隐蔽。其中马尼拉饭店守军最为密集。

2月21日，美军开始对着马尼拉饭店进攻。几年前麦克阿瑟在菲律宾时就曾经住在这里，当时他遗留了许多私人物品在自己的房间，他对这个饭店有着深厚的感情。当他带领着冲锋枪战士赶到这里时，却发现这边已经是断壁残垣，西墙粉碎性倒塌，而他曾经住过的顶楼豪华套房已经荡然无存。愤怒的麦克阿瑟毫不客气下令剿灭楼内的日军，而这些散兵游勇也迅速被击溃了。

2月23日起，美军已经开入老城区，沿路美军用炮火开道，摧毁无数日军障碍，同时也波及了许多市内建筑，最后一小撮日军躲藏的财政部大楼，在一声炮响之后也变成了一堆碎石块。

2月26日，负隅顽抗的岩渊三地终于绝望了，他看不到突围的可能，于是按照武士道精神切腹自杀了。

27日，马尼拉长达3周的激战终于结束。在这次战役里面，日本守军几乎被全歼，美军伤亡7000人，但是城内的无辜百姓却累积了10万多具尸体，在激烈的交火中，整座城市变成一片废墟，仅剩的四栋公共建筑也被熏得乌黑。

麦克阿瑟要求菲律宾政府宣布重建，他满意地说道："靠着我们坚持的信念，我们的首都已经恢复，马尼拉将成为远东最为自由的城市。"

为什么麦克阿瑟在整个马尼拉进军战役中没有利用自己兵力的优势，用大片战线来增加日军压力？为什么麦克阿瑟坚持采用奇袭，甚至不惜让两支集团军以马尼拉为终点展开赛跑？他为的就是将日本人打个措手不及，使得部队能够迅速打开出口进入城内，一口气把战俘解救出城。如果按照大规模压境式打，那么美军势必会陷入一场旷日持久又伤亡惨重的血腥围城攻坚战，如果城内日本守军被逼无奈，拖到战斗结束时大量屠杀战俘，那就不是麦克阿瑟想看到的结果了。

但是日本人的思维总是与众不同，不用等麦克阿瑟开进城内，早在菲律宾战火一起的时候，日军已经开始了对盟军战俘的屠杀。

在1944年12月24日的时候，菲律宾的巴拉伦战俘营就响起了尖利的空中警报。战俘们奇怪地仰望天空却找不到任何美军轰炸机的动静，而平时神经紧张，一有风吹草动就慌成一片的日本守军这次却镇定从容，既不紧张也不害怕。正当战俘奇怪日本兵的心理素质突然大有提升的时候，150名美军战俘被驱赶进一个狭小的防空洞内，他们不明白这妄加的拳脚是什么意思，但是他们明白事情肯定不妙了。这时日军紧紧锁上了防空洞的铁门，开始浇灌汽油，最后掷上了火把。热焰之中只听到悲惨的号叫，带着火焰猛力冲撞铁门的战俘不是被日本人用刺刀挑死，就是亡命在乱棍之下，铁门被烧得通红，活人被焚烧的味道让人窒息。这一切的一切都只是日军为了报复美军轰炸而策划的谋杀。

如果说日军对战俘的屠杀让人瞠目结舌，那么他们在马尼拉犯下的罪行更加罄竹难书！

当美军轻型坦克冲入马尼拉市区时，并没有遇到像样的抵抗。从防空洞和地下室里面拥出来的菲律宾人热泪盈眶，好像看到了期盼已久的救星，他们一边哭着一边痛斥日军暴行。就在几天之前，留守的日本部队无缘无故围捕几万名市民，在一天之内全部屠杀，当天城内的血腥味浓得令人作呕，很长一段时间还弥漫着阵阵腐臭。

而根据战后统计，在这次战役中，前后死亡的菲律宾人达到了10万以上，几乎每天都有3000平民惨遭屠杀。虽然这里面有一部分成为美日两军交战中的炮灰，但是无疑大多数都是在日军惨无人道的暴行下丧生的。

在马尼拉城大屠杀中，日军曾经在圣保罗大学一次性屠杀了994名菲律宾幼童。这整件事情的经过可以说是骇人听闻。这些日本兵用点心糖果吸引孩子入内，就在小孩子欢天喜地吃糕点的时候，日军拉动了安置在灯架中的手榴弹，巨型吊灯瞬间爆炸，整个屋顶连同孩子幼小的肢体被气浪掀到天空，而日军正狞笑着用机枪扫射剩余未死的儿童。

在巴石河南岸也正上演着人间惨剧。避难所的3000难民被锁住活活烧死，日军见到城中平民就进行围捕，按照男女分类分开站列在大街上，男子当场用机枪全部射死，而女子则还要承受兽欲的奸淫，经过百般凌辱之后也同样被杀死。

这样的地狱场景一次又一次在日军手下发生，他们所谓的“东亚共荣圈”从头到尾就是一场屠杀。这是一支近代史上最为野蛮残暴和兽性的军队，他们反人类的行径给一个个民族造成了难以置信的苦难。

持续一个月的马尼拉战役终于结束，日军对菲律宾长达3年的占领期终于宣告结束，麦克阿瑟也实现了他对胜利的承诺。

在军事上，麦克阿瑟是一名杰出的指挥官。在日寇在太平洋上建立起的铜墙铁壁般的防线面前，他灵活地运用了“蛙跳战术”，成功破解了日寇的“铁桶阵”；面对朝鲜战场上美帝国主义节节败退的颓势，麦克阿瑟施展妙手，仁川登陆，险中取胜，稳定了朝鲜的战局，让我们看到了他杰出的指挥才能。

在日军的猛攻下被迫撤离菲律宾的麦克阿瑟是不甘的，面对国家交给自己的使命是心存愧疚的，责任要求他要夺回这片土地，所以临走之前他说了那句“我会回来的。”面对咄咄逼人的日寇，麦克阿瑟虽然奉命将自己的指挥部撤到了澳大利亚，但他却将指挥部放到了最靠近日寇的莫尔兹比港，如此的勇气来源于他对自己国家爱的忠诚。

“麦克阿瑟是世界上最杰出的指挥官之一，也是一位和平时期的政治家。因为他的存在和他所定下的勇气的标准和特征，世界变得更加美好。不错，他的口号是：责任—勇气—国家。他是一位伟大的人，一位伟大的将军，也是一位伟大的爱国者。”这是美国前总统赫伯特·胡佛对他的评价。

三、完美的统帅——马歇尔

他是二战中的异类，没有指挥过任何一场战役，却被誉为20世纪最伟大的军人。他以战争决策的军事家闻名于世，还因为稳定了欧洲的经济秩序获得了诺贝尔和平奖……这就是20世纪少数几位对全球政治、经济、军事都产生了巨大影响力的乔治·马歇尔五星上将。

美国人认为乔治·马歇尔的能力和品德是唯一一位能与国父华盛顿相提并论的人物。他缔造了美国历史上最庞大的军队，又为这支最庞大的军队精选了最优秀的战将，并统领这些将领打赢了有史以来规模最大的战争。马歇尔在二战美军中的作用和影响力仅次于罗斯福总统，他的全球军事战略对整个世界格局产生了深远的影响。

（一）早年生涯

1880年年底，就在新年元旦的前一天，马歇尔出生在美国尤宁敦。他是家中最小的孩子，上面有一个哥哥和一个姐姐。其父亲老马歇尔是一家焦炭熔炉公司的董事长，在宾夕法尼亚拥有煤矿。

小时候马歇尔的学习成绩并不好。他后来回忆说，9岁时他便认为自己注定是“全班的劣等生”。父亲经常用柳条鞭管教他，但都无济于事。不过，老马歇尔对军队情有独钟，希望儿子能成为军官。长子斯图尔特似乎可以实现父亲的梦想，他以优异的成绩考进著名的弗吉尼亚军事学院。但他志不在军队，毕业后改行到一家钢铁厂当了化学师。

这时，马歇尔突然雄心勃发，一再要求父母送他到哥哥的母校弗吉尼亚军事学院。后来，他承认当时之所以如此想上军校，并非因为喜欢军队或想穿上军装出风头，而是因为要胜过他那个自命不凡、百般嘲笑他的哥哥。

1897年秋季，16岁的马歇尔终于如愿进入弗吉尼亚军事学院。刚入校，他便受到了高年级学生的“考验”。马歇尔因为说话口音太重，高年级学生以“难听的匹兹堡鼻音”刺耳为由，处罚他一人包揽大量脏活。后来，马歇尔在回忆录中曾写道，他在军校头一个月刷的马桶比一个清洁工一辈子刷洗的还多。

为他赢得尊敬的是后来发生的“刺刀事件”，高年级学生按惯例让他在地板上悬蹲10分钟，正下方固定着一把刺刀。当时，马歇尔从伤寒中大病初愈，身虚还很体弱，所以没坚持几分钟便坐到了刀尖上，致使臀部受伤，血流如注。高班生部担心他会告状到学校。不过，当马歇尔被抬到医务所急救时，他始终未说出受伤的缘由。他的行为赢得了大家的赞许，在军校建立了自己的威望。

马歇尔不甘于人后的特性让他在军校中脱颖而出。一年级结束时，他当上了伍长，两年后升为队长。校内举行的所有重大仪式都由他来担任学生指挥，因为他声如洪钟，面色威严，发号施令极具威慑力。1901年，马歇尔以第8名的优异成绩毕业，被授予陆军少尉军衔。

1902年，马歇尔被派往菲律宾。临行前，马歇尔与一位名叫伊丽莎白·科尔斯卡特的姑娘成婚了，不过因为新娘患有二尖瓣关闭不全的心脏病，留在了国内。这时的菲律宾驻有美军35000人，年轻的马歇尔少尉在此服役两年。他的老成持重和公正无私深受上级的赞赏。

1903年马歇尔回到美国。随后他到利文沃思堡进修班学习。当时进修班的学员都是上尉以上的军官，马歇尔是唯一的少尉。一年后，他以名列第一的成绩获得继续深造的资格。这时，妻子搬到了利文沃思堡与他同住。不过，疾病使马歇尔的妻子一直都无法生育。虽然如此，马歇尔与妻子仍然相亲相爱，在很多人眼里他们的婚姻生活完美无缺。当时的美国陆军晋升机会很少，马歇尔缓慢艰难地在陆军中熬着资历，扛着陆军中尉的军衔一直干到1916年。

一战爆发时，已经34岁的马歇尔跟随美国陆军传奇人物潘兴将军远征欧陆，参加了第一次世界大战。在法国前线，马歇尔作为师参谋部参谋，任务是向师指挥所报告前沿阵地的情况，并检查部署和给养状况，维持部队士气。马歇尔执行任务一丝不苟，大部分时间都在前沿战壕里。不久，因在前沿阵地表现出色，马歇尔被调入美国远征军总参谋部。他的上司詹森·哈古德将军对他的评价是：“马歇尔应当被任命为正式准将，推迟一天任命，都是陆军和国家的损失。”但晋升委员会仅提升他为上尉。

1918年，马歇尔受推荐，担任美国欧洲远征军司令潘兴将军的助手，以出色的工作，深得潘兴的器重，担任第1集团军作战处处长，有趣的是，潘兴也推荐马歇尔为准将。但未经批准，一战就以德国投降而告终。回国后，潘兴将军出任陆军参谋长，马歇尔作为首席助手随他到华盛顿赴任，晋升为中校。不久，潘兴任满退休。1924年秋，马歇尔被派到美国驻中国天津的第15步兵团任副团长。

1927年返回美国的马歇尔被任命为本宁堡步兵学校的教官。这所坐落在佐治亚州哥伦布市的步校是美国陆军最大的军事学校。马歇尔证明了自己不仅是一个优秀的参谋，还是一个出色的教官，这是他一生中最重要的时期，对美国陆军来说也同样如此。

马歇尔在此精心培养了一批杰出的教官和青年军官。他在步校建立了一个学员档案，把他认为有才华的青年军官的名字一一记在上面，大约有 160 人受到马歇尔的赏识。后来当马歇尔担任陆军参谋长之后，这个档案便成了无价之宝，他们中的许多人都成了将军。

1936 年，马歇尔获得了准将军衔，任第 3 步兵师第 5 旅旅长，1938 年 2 月出任陆军助理参谋长，1939 年 7 月代理陆军参谋长。1939 年 9 月 1 日，二战全面爆发，罗斯福总统任命马歇尔为陆军参谋长，正式授予他少将军衔并受领临时上将军衔。一个从没有亲自带兵打过仗的老参谋马歇尔，超越了众多少将和中将，成了陆军参谋长、四星上将。

（二）知人善任“真伯乐”

二战爆发后，美国国内的孤立主义情绪浓重，美国没有马上参战。马歇尔则认为无论愿意与否，美国必然要卷入战争。而他作为陆军参谋长，竭力要让政界和公众了解战争准备的重要性。他力排众议从罗斯福总统那里争得 9 亿美元拨款，组建了一支 28 万人的陆军和 25 万经过重新装备的国民警卫队，美国的战争机器开始缓缓运转起来。

1941 年 12 月 7 日，日本偷袭珍珠港后，太平洋战争爆发。珍珠港事件使美国许多军队领导人受到处分，马歇尔也受到了责难，但对马歇尔的职位未造成影响，他的能力得到了大家的公认。为了适应战争，马歇尔上任不久便着手对军队进行改革。他顶住压力，提出一长串应当退役的军官名单，这些军官大多年事已高，思想还拘囿于一战甚至美西战争的经验，61 岁的马歇尔自己也提出辞呈，因为自己和被开革的大多数军官年龄相仿。罗斯福总统批准了马歇尔提交的退伍军官名单，但坚决不允许马歇尔辞职。

大批位子空出来之后，马歇尔需要精力充沛、富有才华、思想开阔的年轻军官来填补空缺，而这正是他在陆军总参谋长位置上做出的最重要贡献。这时候，马歇尔所做的档案发挥了作用。他有一个黑色皮笔记本，里面记着有才华的壮年军官的名字。我们来看看都有谁吧！

第 3 集团军参谋长艾森豪威尔上校在路易斯安那州的一次模拟演习中，便展现出卓越的策划能力，大挫对手的锐气。第 3 军军长克鲁格将军称他“目光远大，不拘陈规，对于军一级指挥问题的重要性具有深刻了解。积极主动，足智多谋”。马歇尔也对艾森豪威尔印象很深。他回到华盛顿后，亲自推荐艾森豪威尔升任准将，并将他调到自己的作战处任副处长。

马歇尔在黑色皮笔记本中，对后来声名大噪的乔治·巴顿的评价是三句话：“他能带领部队赴汤蹈火”“但要用一根绳子紧紧套住他的脖子”“一有装甲部队，就交给他指挥”。其识人之明令人赞叹。

1942 年，英美两国决定在北非登陆，打败德意两国在非洲的军队，这一计划代号为“火炬”，意为在德国人引以为傲的“沙漠之狐”的尾巴上点一把火。马歇尔推荐艾森豪威尔出任盟国非洲远征军总司令，负责全权指挥“火炬”行动。并选中了巴顿来指挥美军特遣部队，在阿尔及利亚的卡萨布兰卡登陆。同时，他还推荐了自己在本宁堡步校的同事、艾森豪威尔的同班同学布雷德利，马歇尔十分看重布雷德利的指挥才能，尽管当时布雷德利还默默无闻、没有大的功绩。艾森豪威尔让布雷德利担当第 2 军副军长。布雷德利后来取代巴顿成为第 2 军军长，并在战争中证明了自己的能力，成为指挥 130 万大军的指挥官，为打败德国法西斯做出了重大贡献。

马歇尔

此外，还有一大批优秀的军官因为马歇尔的慧眼识珠而大放异彩。

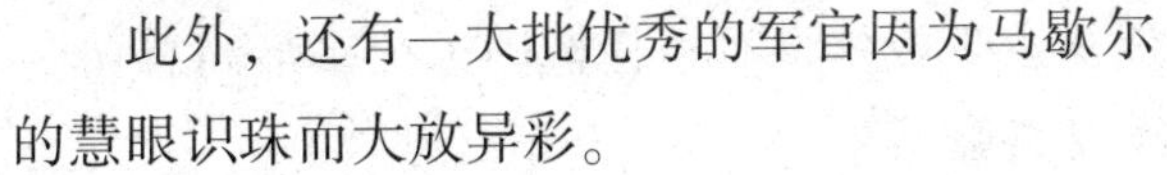

（三）运筹帷幄“洋诸葛”

1943 年 12 月，“三巨头”罗斯福、丘吉尔和斯大林在德黑兰会议上最终决定，1944 年 5 月，美英军队将在法国北部登陆，开辟第二战场。这次登陆战役的代号定为“霸王”。关于“霸王”行动，各位领袖包括各国军事将领一致认为，最适合担当“霸王”行动的盟军最高司令非马歇尔上将莫属，可谓是众望所归。

此时的美国陆军步兵和陆军航空队在世界的六大战场上作战，战线的漫长可谓前所未有，正是由于乔治·马歇尔身在总参谋长位置上的运筹帷幄，对各路人马的状况、需求、配备和军务缓急了如指掌、应付自如、协调有致，才为美军在各个战

场上的不断胜利奠定了坚实的根基。

为了表彰马歇尔的功绩，美国众议院和罗斯福总统曾打算特设“陆军元帅”军衔授予马歇尔。但谦逊的马歇尔婉言拒绝了这一荣誉。

美国著名作家塞瓦赖德在一次著名的广播讲话中说：“这支捍卫自由的伟大军队是世界上体魄最强壮、穿着最漂亮、伙食最好、待遇最高的军队。它之所以具备今天的组织、训练、装备水准，绝非出于偶然。它是一座丰碑，展示着乔治·马歇尔的天赋和无穷的精力，几近超凡的远见卓识及领导才能。这样一位军人是不需要元帅权杖的。”

不过，马歇尔本人也十分渴望能够指挥欧洲战役。1943年秋，同盟国首脑在魁北克会议上一致同意马歇尔担任远征军最高司令，这让马歇尔非常高兴。但罗斯福回华盛顿后却继续让他担当陆军参谋长。

本来，罗斯福让马歇尔指挥欧洲战役的决心十分坚定。他在给已经退休的潘兴将军的一封信中说：“我们准备让他指挥的是这次战争中最大的作战行动。我想让乔治成为第二次世界大战的潘兴。”没想到，潘兴在给总统的回信中说：“如果把他调往某个地区作战，则无论这个战场看上去多么重要，都会使我们因为失去这样一位深谙战略的参谋长而受到损失，因为任何其他人担任参谋长都无法同他相比……”

原来，潘兴将军之所以不赞成马歇尔直接指挥欧洲战役，是因为马歇尔完全可以出色地统帅大军打好欧洲战役，但是却没有其他人能接替马歇尔担当美国全球军事行动的指挥者，而能干得同样出色！

罗斯福最终同意了潘兴将军的观点，让马歇尔继续留在陆军参谋长的位置上。于是马歇尔经过罗斯福总统同意，委任艾森豪威尔将军担任盟国远征军最高总司令的职务，将这一青史留名的机会让给了艾森豪威尔。

马歇尔处于美国全球战略的高度，来处理二战中美军所面对的复杂问题。在太平洋战场，居功自傲的麦克阿瑟将军和海军之间为战略方向问题吵得不可开交，一心想杀回菲律宾的麦克阿瑟不断地向马歇尔要人要物资。马歇尔必须说服参谋长联席会议的其他成员，将菲律宾定为合理的军事目标，但另一方面又要告诉麦克阿瑟，为了全局着想，不可能对他有求必应。

在中国战区，马歇尔撤换了中国战区参谋长史迪威将军。原因并非出于军事上的考虑，而是史迪威和中国战区司令蒋介石的矛盾不可调和，同时还十分蔑视东南亚英军司令蒙巴顿。这是马歇尔做出的一个艰难的决定。

在欧洲战场上，由于英军最高指挥官蒙哥马利对资历不高的艾森豪威尔并不服气，总想由自己来主导唱主角，导致美军将领对此十分不满，双方的矛盾一度激化。马歇尔从战胜德国法西斯的大局出发，需要公正地处理各种矛盾。他不断地提醒艾森豪威尔，需要搞好和英国将领的关系，因为胜利之前，将军们都会越发的虚荣自负，而“蒙哥马利又差不多是英国唯一的英雄”，所以要耐心处理和蒙哥马利的关系。

1944 年 1 月 3 日，美国《时代》周刊将马歇尔将军选为“年度新闻人物”，称他为“祖国的托管者”“不可或缺的人”。这是美国人民对马歇尔功绩的肯定。

1944 年 12 月，马歇尔晋升为新设立的五星上将。此前他还谢绝成为 1944 年的总统候选人。

越到战争后期，马歇尔的工作就越发繁忙而复杂，对一个需要负责全球军事责任的陆军参谋长来说，事情反而随着胜利的临近而更加难以处理。各个军种在为军功和资源争吵，政府和军队之间在争吵，盟国之间为战后的利益划分更是吵得不可开交。马歇尔必须小心地把握好处理矛盾的分寸，使盟军协调一致为胜利而奋斗。协调美军与友军的关系问题越来越成为马歇尔工作的重要责任之一。

这一点，在攻克柏林战役中表现得最为明显，艾森豪威尔认为从军事角度考虑，最适合的战略是由苏军来解放柏林，但丘吉尔和蒙哥马利出于政治的考虑，坚决反对放弃首先攻占柏林。官司打到马歇尔那里，马歇尔顶住了这股压力。在他看来，放弃攻打柏林完全是一种军事决策。当时，罗斯福总统去世，杜鲁门总统刚刚上任，军事决策主要由马歇尔来承担，因此他必须以军人的方式进行思考，做出这种符合军事逻辑的决策，由苏军攻占柏林。他完全支持艾森豪威尔的决定。

(四) 获得和平奖的将军

1945 年夏天，欧洲战场的战事结束之际，英国首相丘吉尔给马歇尔写了一封信，盛赞他在战争中做出的贡献，将马歇尔誉为“胜利的组织者”。美国总统杜鲁门评价他：“数以百万计的人为国家贡献了卓越的服务，而马歇尔五星上将则为国家贡献了胜利！”

1945 年 8 月 15 日，在全世界人民的瞩目下，日本天皇亲自宣读了《停战诏书》，宣布无条件投降。二战结束了，法西斯军队投降了，为了胜利殚精竭虑的马歇尔可以歇一歇了。8 月 20 日，马歇尔向杜鲁门总统写信要求卸任，并推荐艾森豪威尔担任他的继任人选。

杜鲁门总统思考了很久，终于接受了马歇尔的辞呈。不过仅仅 10 天之后，马歇尔应杜鲁门总统的请求，来华处理国共关系问题。12 月，马歇尔作为驻华特使抵达上海，对国共关系进行调解。然而由于蒋介石早已决心武力解决国共问题，调解最后失败。

马歇尔回国之后出任国务卿，这个抉择被公众认为是英明之举。

在二战后欧洲大萧条的时期，马歇尔提出了复兴欧洲的“马歇尔计划”，帮助欧洲从废墟中重新站立起来，这一计划彻底改变了战后世界的格局。马歇尔因此于1953年荣获诺贝尔和平奖，这一荣誉对戎马一生的马歇尔来说，是实至名归的一项褒奖。

1959年10月16日，马歇尔病逝，葬于阿灵顿国家公墓。美国举哀一日。卸任的前总统杜鲁门在他的葬礼上说：“他是我们这一代伟人中的伟人。我衷心希望，当我跨入另外一个世界时，他能收留我当他的部下，让我能够以努力报答他为我们所做的一切。”

四、海上骑士——尼米兹

美国海军五星上将，在太平洋战争期间，曾担任美国太平洋舰队总司令与盟军太平洋战区总司令，指挥了珊瑚海海战、中途岛海战等著名战役，人称“海上骑士”。

（一）从贫家子弟到海军精锐

尼米兹，二战中美国最杰出的海军统帅，从险遭覆灭的美国太平洋舰队起步，领导美国海军打赢了惨烈的太平洋战争。鼎盛时期，他指挥着200多万海军官兵，1000多艘舰艇，还领导着肯尼迪、约翰逊、尼克松、福特、老布什5名未来的总统工作。

1885年，尼米兹出生于美国德克萨斯州的弗雷德里克斯堡。16岁那年，他考入安纳波利斯的一所海军学院。4年之后以优异成绩毕业，赴战列舰上实习。实习期刚过，尼米兹即获海军少尉军衔，成为一名炮艇艇长，同年又成为驱逐舰舰长。接着，尼米兹越级晋升为海军上尉，并改任潜艇军官，先后出任“潜水者”号、“甲鱼”号、“独角鲸”号等潜艇的艇长。

1922年，尼米兹进入安纳波利斯海军学院深造。深造期间，在听课和训练之外，尼米兹广泛阅读战略战术著作、战争史、海军史和名人传记，接受了以航空母舰为中心的环形编队思想。尼米兹认为，这次深造比其他任何经历都重要，为他后来在战时担负指挥工作奠定了基础。

4年后，尼米兹调任加利福尼亚大学海军科学与战术学教授，组建海军后备军官训练团。后来，他又出任“奥古斯塔”号重型巡洋舰舰长。

尼米兹

二战前，尼米兹调任海军部航海局（现为人事局）局长助理。因航海局局长经常不在办公室，而海军部长又体弱多病，尼米兹经常代理局长职务，并代行部长职权。很快，尼米兹就晋升为海军少将。

尼米兹在担任海军部航海局代局长期间，不断与白宫保持联系，出身海军的罗斯福总统见识到了尼米兹的远见卓识。因此，1941年年初，罗斯福在椭圆形办公室正式召见尼米兹，准备提拔他担任美海军舰队总司令一职，这意味着尼米兹在和平时代，一下子越过50多名比他更加资深的海军军官，成为美国海军二号人物。冷静而理智的尼米兹谦逊地婉拒了这一任命，于是金梅尔“有幸”成为美国海军舰队总司令。

（二）从珍珠港到空袭东京

1941年12月7日，一场突如其来的袭击降临到珍珠港，金梅尔率领的太平洋舰队遭到惨重损失，金梅尔被迫辞职。尼米兹晋升为海军上将，根据罗斯福的指示，奔赴珍珠港出任美国太平洋舰队总司令。他面临的形势是严峻的，太平洋舰队的战列舰和航空母舰的数目都只有日军的一半，面对日军全面进攻东南亚的疯狂势头，他需要重建太平洋舰队，遏制日军在太平洋上的扩张。

为了重建太平洋舰队，并战胜日本海军，尼米兹并未急于惩处失职人员，而是选拔重用英勇善战的军官，如“蛮牛”哈尔西中将、“沉默的斗士”斯普鲁恩斯少将、“怪物”特纳少将等。他还重建太平洋指挥系统，以协调太平洋战区的海陆空三军力量，确定了“积极防御”的方针，并亲自筹划切实可行的作战行动。

1942年1月11日，经过尼米兹的批准，哈尔西海军中将率领“企业”号和“约克城”号2艘航空母舰、3艘重巡洋舰组成联合编队，突袭了日军控制的马绍尔群岛和吉尔伯特群岛，一举击沉了日军2艘潜艇、1艘轻巡洋舰和8艘小型船只，并炸毁了岸上的部分设施。这是“美国海军在二战中的首次得分”。这次突袭日本

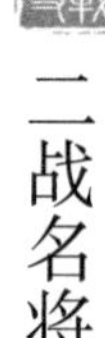

基地的成功，极大地振奋了美军的士气。

此后，尼米兹又开始策划对日本首都东京的空袭行动。这一计划的最大困难在于：美军掌握的所有太平洋基地均离东京过远，实施这一计划只有从航空母舰起飞轰炸机，而航空母舰上的轰炸机航程又很有限。此外，发动这样一次袭击，会使航空母舰过于靠近日本岸基机场，危险不言而喻。

于是，美国陆军建议使用B-25“米切尔”中程轰炸机，美国陆军航空队的王牌飞行员杜立特中校则训练了将从航空母舰甲板上起飞的机组人员。经过审慎研究，尼米兹决定用航空母舰把轰炸机运至日本以东500海里的区域，飞机空袭东京之后，到中国沿海的机场降落。为此，尼米兹从大西洋调来了新航空母舰“大黄蜂”号，以搭载B-25轰炸机。

4月18日，16架B-25轰炸机满载炸弹从“大黄蜂”号甲板上腾空而起，在短短几小时内，轰炸了东京、名古屋、横须贺、神户，对日本人心理上的震动和打击不可低估。天皇裕仁深感震惊，山本五十六再三请罪，而美国朝野上下大受鼓舞，振奋了民心士气。

更重要的是，日军大本营为防止类似空袭事件再次发生，紧急将大批战斗机群调回国内保卫本土，并仓促决定夺取美国太平洋中部的重要基地——中途岛。

（三）中途岛海战

1942年5月，珊瑚海海战之后，尼米兹根据对日本情报的破译和综合各方面的资料，认定中途岛即将成为日军的攻击目标，于是决定在此组织反击战。尼米兹精心组织这次战役，拿出手中所有的兵力，将“约克城”号航母、“企业”号航母和“大黄蜂”号航母从南太平洋调往夏威夷，编组成两支特混舰队，开往中途岛东北200海里处等待时机。同时，尼米兹还命令向中途岛增派B-17轰炸机、B-25轰炸机、俯冲轰炸机和战斗机；将潜艇全部部署在中途岛西北海域。这是一场实力悬殊的较量，日本参战部队拥有4艘大型航母、160艘各种战舰，而美国参战部队只有3艘航母、50艘各种战舰。

5月中旬，尼米兹命令太平洋舰队进入全面战备状态，委任斯普鲁恩斯海军少将接替患病的哈尔西中将，担任第16特混舰队的司令。这一决策为美军海军带来了一位足智多谋、意志坚强的指挥官。尼米兹用仅仅几天的时间制订了作战计划，将特混舰队布置于日军侦察机搜索范围之外的中途岛东北方向，美国侦察机则飞向中途岛外700海里，在航程短很多的日本舰载机发现美军航母之前，侦察出日本航母的位置并发动攻击。

经过一天的激战，美军舰载机击沉了日本4艘航母、1艘重巡洋舰、322架飞机和3500名官兵，1艘战列舰和2艘驱逐舰受创；而美国则只损失了“约克城”号航空母舰、1艘驱逐舰、150架飞机和307名官兵。这场战役是太平洋战争的转折点，解除了日本对夏威夷和美国西海岸的威胁，遏制住了日本继续扩张的步伐，使得日本被迫由战略进攻转为战略防御。尼米兹得知战果之后，语带双关地说：“如果说我们雪耻之路已差不多走到中途，也许还不算过分吧！”

(四) 走向胜利

比起巴顿，尼米兹并不刚毅勇猛；比起隆美尔，尼米兹并不足智多谋；但尼米兹拥有德国人的严谨缜密和美国人的幽默开朗。这两种看似风马牛不相及的性格却奇妙地在尼米兹的身上得到了融合，形成了一种稳健但不呆板，随和但不人云亦云的人格魅力。所以，在纳粹和盟国双方的所有名将中，几乎从不高声说话、却惯于在不动声色中运筹帷幄、叱咤风云的海军名将尼米兹，可能是性格弱点最少、人格魅力最大的一位将帅。

1942年7月，在中途岛大捷后不久，尼米兹就制订了“瞭望塔”计划，以攻占瓜达卡纳尔岛和图拉吉岛为目标，从中太平洋发动反击，直到攻占日本本土。双方在瓜达卡纳尔岛及其周边海域进行了长达半年多的激烈海空大战，较量的结果是瓜达卡纳尔岛上的日军被迫撤退，美军赢得了胜利。

1943年4月，美国海军情报机构截获了一份日本的绝密情报，山本五十六要从拉包尔飞临所罗门群岛的日本基地，视察前线。美军破译出密码之后，尼米兹与情报主管莱顿商议是否截击山本五十六。尼米兹开始举棋不定，但在莱顿的劝说下，下了伏击山本五十六的决心。在通报罗斯福总统并获得批准后，尼米兹正式下达了“复仇者”行动的命令。4月18日所罗门群岛上空，美军飞行员驾驶P-38“闪电”战斗机截击了日本联合舰队司令官山本五十六。

经过周密部署，4月18日上午7时35分左右，美航空队的14架P-38“闪电”式战斗机在山本五十六预定路过的位置，伏击山本。2架美国战斗机猛烈扫射日本轰炸机，乘坐在上面的山本五十六被两发机炮子弹击中。随后飞机坠毁，机上随行人员全部丧命。

这是对日本海军的一次沉重打击，也是尼米兹和他手下的情报部门一次成功的战例。

1943年5月，盟军决定沿中太平洋和西南太平洋两条路线向日本本土推进。其中，尼米兹上将指挥中太平洋作战，麦克阿瑟上将指挥西南太平洋作战，同时向日本推进。11 月 20 日，尼米兹下令发起吉尔伯特群岛战役。由于美军缺乏攻占具有强大防御力量岛屿的经验，而日军防御工事又极为坚固，因此耗时 3 天、牺牲 1300 人才攻占了塔拉瓦岛。鉴于此，尼米兹决定改“逐岛”作战为“越岛”作战。随后在马绍尔群岛作战方案中，尼米兹提出一个别出心裁的方案——“蛙跳”作战，跳过马绍尔群岛外围的沃杰和马洛埃拉普环礁，直取核心位置的夸贾林环礁。他们在实战中大获成功，从此越岛攻击的“蛙跳战术”就成为美军在太平洋获胜的一大法宝。

对于有 5 万日军坚固设防日本海军联合舰队所在地特鲁克岛，尼米兹决定不直接发起突击，而是先用航空母舰舰载机实施猛烈轰击，然后绕过该岛前进，使之无用化。接着，尼米兹将锋芒直指马里亚纳群岛。到 1943 年年底，太平洋战场的战略主动权已经完全掌握在盟军手里。

1944 年 6 月，美军开始在塞班岛登陆。从这里可以起飞战略轰炸机，直接空袭日本。日本联合舰队慌忙赶来对阵，损失了 3 艘航空母舰和 315 架飞机。7 月上旬，美军以伤亡 1.65 万的代价攻陷塞班岛，歼敌约 3 万人。这次战役后，日本法西斯的灭亡已经指日可待了。

接着，尼米兹和麦克阿瑟之间就下一步的战略方向产生了严重分歧。尼米兹主张先攻打棉兰老岛的空军基地，进攻中国台湾和沿海地区，最后打击日本本土；而麦克阿瑟出于政治考虑则主张迅速攻占菲律宾。在经过罗斯福的调解后，尼米兹同意了麦克阿瑟的作战方案。尼米兹派哈尔西上将率第 3 舰队参战，在莱特湾海战中全歼了日本海军航空兵，获得了巨大胜利。

1944 年 12 月，尼米兹晋升为海军五星上将，由此达到了美国军人梦寐以求的荣誉顶峰。

(五) 为将之道

抛开时运、机遇不谈，能在战争中成为沙场名将的更重要的个人因素：一是将帅的个人才能，二是将帅的人格魅力。

当时，在太平洋战区同时拥有美国陆军和海军两位最高指挥官，而这两位性格迥异的大人物都在努力对日作战的同时，又极力为各自的军种利益和荣誉而战。尼米兹的这种近乎完美的人格魅力对美国取得太平洋战争的胜利有着不容忽视的重要作用。

同属太平洋战区，也几乎同样位高权重的麦克阿瑟和尼米兹的地位不相伯仲，一位是西南太平洋战区盟军总司令，一位是美国海军太平洋舰队司令兼盟军太平洋战区总司令。这两人肩负着美国陆军和海军在这个战区相互重叠而又不同的作战任务，而捍卫各自军种的利益和荣誉，也就成了两位最高指挥官在对日作战之外最重要的职责。

不过，麦克阿瑟这位二战时资格最老的美军统帅，还常常要在这二者之外上演一些与众不同的小插曲，给上至美国总统、下至不入他法眼的美军诸将带来某些令人不快的体验。

对麦克阿瑟的这种做法，尼米兹从未公开，甚至也很少在私下里表示自己的不满，因为那不仅会影响两位统帅的个人关系，更会因此影响到太平洋战争成败的大局。正是他的这种为了国家利益而忍让的精神，使得美军海陆军的矛盾没有激化，而是共同为了战胜日本法西斯携手合作。

虽然在关于尼米兹的各种传记和回忆类文章中，我们看到的几乎都是一位谦谦君子的完美形象，但当涉及美国海军的军种利益和荣誉问题时，他却绝不含糊。当日本宣布投降后，美国总统指示由麦克阿瑟将军代表盟国全权受降。此时，尼米兹不惜以抗命相争，表示如果受降仪式不能体现出美国海军对太平洋战争胜利所做出的巨大贡献，他将拒不参加受降仪式。在尼米兹的坚持下，日本将最后的受降地点搬到了“密苏里”号战列舰上。虽然仍是麦克阿瑟主持受降仪式，但这位五星上将的身后，却悬垂着红蓝两色五星将旗——红色代表麦克阿瑟，蓝色代表尼米兹。这是尼米兹有生以来唯一一次争功，但只是为了他所热爱的海军。这是他的为将之道，也是他的为将之德。

在二战太平洋战场上，尼米兹多次出敌不意、屡建奇功，共获得 3 枚优异服务勋章。为了表彰他对战争胜利所做出的杰出贡献，美国政府把 10 月 5 日定为“尼米兹日”。

战争结束后，尼米兹出任美国海军作战部部长，继续强调海军的重要性。此后，尼米兹与波特合著有《海上力量：海军史》与《太平洋的胜利：海军的抗日战争》。

五、“全能的上帝”——欧内斯特·约瑟夫·金

欧内斯特·约瑟夫·金（1878—1956 年），美国海军五星上将，美国大西洋舰队司令、美国海军总司令、美国海军作战部部长、美国参谋长联席会议成员、英美联合司令部成员。参加了美西战争、第一次世界大战、第二次世界大战，在第二次世界大战中参与制订美国海军的作战计划，全面指挥美国海军在第二次世界大战中

的战斗，在大西洋与尼米兹的狼群战术以及在太平洋与日军的战斗中体现了其出色的战略谋划能力和战术指挥能力。他的部下们说："金上将从来不说自己是上帝，但是上帝说过自己是金上将。"这也为他赢得了"全能的上帝"的美称。从另一个侧面体现了他在二战中为反法西斯战争所做出的贡献。

（一）历经磨砺的海军少将

欧内斯特·金1878年11月23日出生于美国俄亥俄州的洛雷恩，1898年进入安纳波利斯海军学院学习，1901年毕业。随舰队驻防欧洲、亚洲和地中海，直接观察了1904年至1905年的日俄战争，对日军的作战能力留下了深刻的印象。

1906年回到了安纳波利斯海军学院担任学院教员，教授了两年火药与炮术课程。此后的一年里，他担任学院的执行参谋。一些后来的海军军官——他当初的学生回忆说，金在当时的严格管理和对工作的极端负责曾给他们留下深刻的印象。

后来，欧内斯特·金又回到了海上服务：先后在"明尼苏达"号战舰上担任了三年大西洋舰队第2战列舰分舰队参谋副官，在"新汉普郡"号上担任了一年技术军官，在"康涅狄格"号上担任了一年大西洋舰队司令部参谋军官。1912年，他开始担任安纳波利斯工程试验局局长。两年以后，他回到海上担任"卡森"号驱逐舰舰长，此后于1914年8月任大西洋舰队鱼雷艇部队副官，1915年12月任鱼雷艇部队第6分队司令。1916年，他进入H. T. 梅奥海军上将（一战期间大西洋舰队司令）的参谋部服务，并在那里经历了第一次世界大战。一战期间，他先后在"阿肯色"号、"怀俄明"号、"宾夕法尼亚"号战舰上担任参谋副官和技术军官，并因为在大西洋舰队参谋部极其出色的服务表现而被授予海军十字勋章。

欧内斯特·约瑟夫·金

1919年，金海军上校第二次回到了安纳波利斯海军学院，成了学院研究生院院长。然后他又短时间担任"桥"号战舰舰长一职。1922年7月，他进入大西洋舰队潜艇部队参谋部服务，并开始接触一系列与潜艇作战有密切关系的问题。1922年11月任第11潜艇分队司令，期间于1923年4月兼任第3潜艇分队司令。1923年9月，他调任新伦敦港潜艇基地司令，并作为海军军火检察官负责那里水雷库的管理。在1925年9月曾经负责指挥救援在布劳克岛倾覆的 S-51 潜艇。1925 年 9 月 25 日，他因为在指挥抢救 S-51 潜艇时表现异常优异获颁海军优异服务勋章。

1926 年担任侦察搜索舰队航空中队长副官，1927 年 5 月，已 48 岁的金获得飞行员执照。1928 年，金调任华盛顿特区海军部航空局副局长。1929 年，调任弗吉尼亚诺福克海军航空兵基地司令。1930 年 6 月，他成为“列克星敦”号航空母舰舰长，并在这个职务上服务了两年时间。1932 年进入海军战争学院高级军官班进修了一年时间。1933 年，作为海军少将任海军部航空局局长，一直在这个职务上服务到 1936 年。

从 1936 年担任海军航空侦察兵司令。1938 年 1 月，晋升中将，担任五艘航空母舰组成的航母主力舰队司令。期间他于 1939 年 8 月获得永久海军少将军衔。1939 年 8 月，在海军中央任职。

（二）行事巧妙的指令聪明的金

1941 年 2 月，他晋升为海军上将并担任大西洋舰队司令，当年 12 月他升任美国海军舰队总司令。1942 年 3 月，根据美国总统行政命令，金海军上将被任命为海军作战部部长并受命组织了海军舰队总司令部办公室。3 月 18 日，他正式接替哈罗德·斯塔克海军上将担任海军作战部部长。他也是唯一一位曾经兼任海军舰队总司令和海军作战部长这两个职务的将军。1944 年 12 月 14 日，国会通过了设置五星上将军衔——美国最高军衔的议案。经过总统亲自提名，国会上院批准后，12 月 17 日，金晋升为海军五星上将。

1941 年 3 月 11 日，国会通过了租借法案，结束了美国的战争中立状态。它将提供军事和经济援助给英国和所有抗击轴心国的国家。但是英国在海上的战斗正处于紧要关头。4 月里，从 5 个新建成的法国空军和海军基地出发的德国轰炸机和 U 艇部队击沉了 195 艘盟国货船，摧毁了总计 70 万吨至关紧要的军用物资。大西洋中 U 艇的数量每月递增，英国的生命线受到严重的威胁，甚至有这样一种说法：即使在北大西洋有一个 U 艇上的观察员经常出没，也会对盟军商船及其护航舰队的航线、航行时间、护航力量的配置起到很大的影响。

4 月 4 日，海军作战部部长哈罗德·斯塔克海军上将致信总统说：“大西洋的形势很危急。我的意见是必须在情况变得无法收拾之前对那里加大援助的力度。”3 天以后，驻泊在圣迭戈和珍珠港的隶属于太平洋舰队的一些军舰被调到大西洋舰队麾下，其中就包括“约克城”号航空母舰。它们的舷号被遮盖，并且在夜间秘密行动。在 4、5、6 三个月里，25%的太平洋舰队战舰被通过巴拿马运河调至大西洋舰

队麾下。一些在华盛顿和珍珠港的参谋人员抱怨说此举会令本就蠢蠢欲动的日本更加胆大。但是罗斯福总统则认为还是德国在北大西洋的威胁更大一些，必须优先解决大西洋问题。

为了实现罗斯福对丘吉尔“援助你们一切战争所需”的承诺，金海军上将制订了 3-41 号作战计划：“一切进入西半球 25 英里以外范围的交战国（西印度群岛各岛屿的宗主国除外）海军舰只或军用飞机都将被视为对西半球可能的入侵行为，并在警告无效的情况下受到美军舰队的打击。”这个命令巧妙地将英法两国盟军舰只排除在“受攻”范围之外，同时也对德国人的 U 艇部队进入北大西洋设立了一个口头上的“卡子”。金海军上将很会玩文字游戏，他的计划中没有指名道姓地提及任何国家，但却达到了相应援助盟国敲打德国的目的。其实，当时的美国还没有遭到珍珠港的切肤之痛，并不想过多刺激德国，同时也要给足英法两国面子。后来从战后解密的文件看，虽然美国海军将太平洋舰队一些主力舰只东调，但是它在 1941 年曾经竭力避免卷入大西洋上的全面战争。

（三）太平洋战场的设计师

在参谋长联席会议的成员中，金海军上将是对太平洋战争取得胜利做出直接贡献的唯一一人。因为该战区是他多年职业兴趣所在。他的意见经常与陆军参谋长乔治·卡特利特·马歇尔上将相左，反对美军加入北非作战。同时他也是极力反对“欧洲先行”战略的代表人物之一，主张要把战争资源优先供给太平洋战场。金、道格拉斯·麦克阿瑟和切斯特·威廉·尼米兹随后便商定了西南太平洋的战略，即先切断澳洲与西南太平洋诸岛的联系，这一决定催生了珊瑚海海战与中途岛战役。日军在中途岛战役中遭到惨败之后，当其他的参联会成员力主盟军应该把资源优先配置到欧洲战场，用于进攻德国的时候，金则提出对瓜达尔卡纳尔岛发动进攻。最终他的意见占了上风，美军随后很快就发动了对瓜岛的攻击，并最终取得了瓜岛争夺战的胜利，这也是日军在战争期间第一次在陆地上的作战中遭到失败。同时，瓜岛战役的胜利，标志着美军在太平洋上转入了战略反攻。

1945 年 12 月 15 日，尼米兹海军五星上将接任了金海军五星上将的美国海军作战部部长职务。此后金担任了美国海军部长办公室的顾问。1947 年，美国新罕布什尔州的朴次茅斯港，每当夕阳西下，中大西洋上落日的余晖幻出万缕波光的时候，在岸边总会出现一位乘轮椅的老人，但没有人会知道这位中风的虚弱老人是美国历史上第一批四位海军五星上将之一的欧内斯特·约瑟夫·金。1956 年 6 月 25 日，他在新汉普郡朴次茅斯的海军医院去世，享年 78 岁。

（四）瓜岛争夺战

日军在中途岛惨败后，将进攻目标转向南太平洋，计划夺取新几内亚的莫尔兹比和所罗门群岛，并要把瓜岛建成南太平洋上不沉的航空母舰，以扩大日本海军在南太平洋的作战区域。同时，美国人也看中了瓜岛，欧内斯特·金将军强烈要求盟军对瓜岛发起进攻，在美国参谋联席会议上欧内斯特·金最终说服了其他将军，使攻占瓜岛提上了盟军的作战议程。

1942 年夏，美日双方在南太平洋的兵马部署情况是：美国陆军和陆军航空兵 35 万人。它还把包括驱逐舰在内的大部分舰艇部署在太平洋，以仅存的 4 艘大型航空母舰为中心，建立海军突击部队。在太平洋的 10 艘战列舰中，只有 2 艘较新，可以快速巡航。海军陆战队的 2 个师和 15 个航空中队也用于在南太平洋的战争。

日军在南太平洋的兵力为陆军第 17 军，司令百武中将，下辖 13 个大队。海军是第 8 舰队，司令为三川中将，下辖 5 个战队，2 个大队，共有轻型和重型巡洋舰 7 艘，以及几艘驱逐舰和潜艇。在瓜岛，日军还有警备部队 240 人。并于 1942 年 6 月底，派遣 2700 人的施工部队进入瓜岛修建机场，并以惊人的速度在 8 月初完工。

日军在瓜岛修建机场的同时，美军也制订了代号为“瞭望台”的南太平洋反攻计划，其目的是夺占新不列颠、新爱尔兰、新几内亚等地区。美军参谋部分析认为，日军利用瓜岛机场，将直接威胁美澳交通线，因此必须把夺取瓜岛作为执行瞭望台作战的第一步，打乱日军部署，使其陷于被动。

这一作战计划由美太平洋战区所属的南太平洋舰队负责实施。该舰队下辖 2 个特混编队，共有航空母舰 3 艘、战列舰 1 艘、轻重型巡洋舰 14 艘、驱逐舰 32 艘，以及其他舰艇。地面作战部队有海军第 1 陆战师以及第 2 陆战师一部分。

围绕着瓜岛的争夺，日美双方在 6 个月的时间里进行过大小海战三十余次，其中较大规模的海战就有六次，分别是萨沃岛海战、东所罗门海战、埃斯帕恩斯角海战、圣克鲁斯大海战、瓜达尔卡纳尔海战和塔萨法隆戈海战。双方损失的驱逐舰以上的舰只各 24 艘，美国海军沉没航空母舰 2 艘、巡洋舰 8 艘、驱逐舰 14 艘，阵亡约 3300 人、伤约 2500 人；日本海军沉没航空母舰 1 艘、战列舰 2 艘、巡洋舰 5 艘、驱逐舰 11 艘和潜艇 6 艘，伤亡约 2.5 万人。

在瓜岛的地面作战中，美军参战兵力最多时达到 6 万人，阵亡 1592 人，负伤 4200 余人，日军投入瓜岛的陆军兵力约 3.6 万人，战斗中阵亡约 1.4 万人，因伤病致死或下落不明的有 9000 余人，合计死亡近 2.38 万人，还有 1000 余人被俘。

为争夺瓜岛制空权而进行的空战中，美军仅驻瓜岛的“仙人掌航空队”海军陆战队航空兵先后就有6个战斗机中队参战，涌现出十大著名的王牌飞行员，尤其第121战斗机中队的福斯上尉，在1942年8月至1943年1月间共击落日机26架，成为二战中美军战斗机飞行员第一个达到第一次世界大战美军头号王牌瑞肯巴克的战绩，荣获国会勋章，并回到美国本土巡回演讲。他的26架战绩在所有海军陆战队航空兵战斗机飞行员中排名第二。在六个月的空战中，日机被击落427架，美军损失仅118架。加上被高射炮火击落的，日军共损失飞机892架，飞行员2362人。美军共损失飞机约250架。

在这场旷日持久的战役中，美军共阵亡约5000人，负伤6700人，损失军舰24艘、运输船3艘、飞机约250架。日军共有约5万人丧生，损失军舰24艘、运输船16艘、飞机892架（也有资料说600架）。日军不仅海军、航空兵损失惨重，甚至开战以来从未失利的陆军，最精锐的第2师团等部也蒙受了巨大损失，特别是日军的大型军舰、飞机和技术熟练训练有素的飞行员的损失，更是日军所难以弥补的，战役结束时日军兵力上的优势已荡然无存，双方的战略态势也随之改变——中途岛海战日军的失败是二战中太平洋战场的转折，战局开始向着不利于日本而有利于美国方面发展，日军战略主动权逐步丧失；而瓜岛战役，日军不仅没有实现重新夺回战略主动的作战企图，其军事实力反而进一步受到削弱，最终完全丧失了战略主动权，陷入了被动的局面。从此以后，日军不得不从战略进攻转为战略防御，处处设防，步步被动，直至战败。而美国则通过瓜岛战役，逐步改善了不利的战略态势，赢得了动员人力、物力的时间，为太平洋战场上即将开始的战略进攻创造了有利条件。

随着瓜岛战役的失败，日军损失的不仅仅是瓜岛，舰艇和飞机的惨重损失，大大削弱了日军的战略防御力量，对战争的发展进程有着巨大的影响。正如山本在日记中写道：“我们最初的作战是何其辉煌！自瓜岛以来我们的作战是多么糟糕！”

欧内斯特·金在第二次世界大战中占据着重要的地位，但是知道他的人却相对较少，提到美国海军，人们首先想到的是尼米兹，甚至哈尔西、斯普鲁恩斯这些前线部队将领的知名度都比金要高，造成这一现象的主要原因来自金将军所处的职位。

欧内斯特·金所担任的职务主要有两个，一个是美国大西洋舰队司令，另一个是美国海军总司令。前一个职位不为人们熟悉是因为在二战中大西洋上的争夺由于德国海军实力较弱，战役分散，未发生具有代表性的、规模较大的战役，而后一个职位主要负责美国海军全球战略的规划，并不参与具体战役的实施，这一切导致了对二战贡献巨大的金将军不为人们所熟知。

在担任美军最高指挥官之前，欧内斯特·金在多艘战舰上服役，有着丰富的作战经历，后来面对德国的“狼群战术”，作为美国大西洋舰队司令的欧内斯特·金沉着应对，最终挫败了邓尼茨的挑衅，还大西洋以安宁。

整个第二次世界大战，欧内斯特·金并没有亲赴前线，但是他在后方的运筹帷幄对整个战争的走势起了关键的作用，为反法西斯最终的胜利做出了贡献。

六、太平洋上的蛮牛——哈尔西

威廉·弗雷德里克·哈尔西（1882—1959 年），美国海军五星上将，著名军事家、统帅，曾任航空母舰特混舰队司令、南太平洋战区最高司令和第 3 舰队司令。因作风勇猛而获绰号“蛮牛”，在第二次世界大战中参加了多次战斗，为盟军在太平洋战场的胜利做出了重要贡献。

（一）海军世家出生的海军上将

哈尔西于 1882 年 10 月 30 日出生于新泽西州伊丽莎白市的一个海军军官家庭。他父亲是一名海军上校。哈尔西自幼受海军熏陶，1900 年进入安纳波利斯海军军官学校。1904 年 2 月，哈尔西提前四个月从海军学校毕业，毕业后赴“堪萨斯”号战列舰服役。第一次世界大战前，哈尔西受命指挥“弗鲁塞”号驱逐舰。恰巧，未来的美国总统富兰克林·罗斯福也在这艘军舰上从事海域测量工作，两人结下了不同寻常的友谊。

第一次世界大战爆发，哈尔西成为一支驱逐舰编队的指挥官。在作战中，他显露出卓越的军事才干，受到上级的赏识。第一次世界大战后，哈尔西到美国海军军官学校担任一艘练习舰的舰长，而这个学校的第一个飞行学员大队，恰巧是以该舰为训练基地，这使哈尔西意外地获得了学习航空知识的机会。他对飞行入了迷，尽管因视力不佳未能获准参加飞行，但他确信飞机已成为海上作战舰队的重要组成部分，开始钻研航空部队如何与水面舰只协同作战的问题。一战后，经过海军情报部的训练，哈尔西海军中校出任美国驻德国大使馆海军武官。1924 年，改任驱逐舰舰长。两年后升为“怀俄明”号战列舰副舰长，晋升为海军上校。

1927 年哈尔西出任海军学院“雷娜”号练习舰舰长，而该舰又成为学院飞行学员大队的训练基地，哈尔西开始接触飞行。1935 年，哈尔西奉命在彭萨科拉飞行学校受训之后出任“萨拉托加”号航空母舰舰长。两年后调任彭萨科拉飞行学校校长，晋升为海军少将。1938 年，哈尔西出任第 2 航空母舰分遣舰队司令。次年改任

第1航空母舰特混舰队司令，旗舰为“萨拉托加”号。1940年春，升任航空母舰特混舰队司令，指挥太平洋舰队所辖的全部航空母舰，晋升为海军中将。同年，太平洋舰队全部移师珍珠港。

（二）太平洋舰队的急先锋

1941年，随着太平洋局势不断升级，美国海军不断加强太平洋的海空力量。1941年11月28日，哈尔西率以“企业”号航母为主的第8特混舰队为威克岛运送海军陆战队飞机。按计划应在12月7日前返回珍珠港，但因为突遇狂风，延误了一天，正是在这一天，日本对珍珠港发动了突然袭击。哈尔西和“企业”号就此逃过一劫。

得到珍珠港遭偷袭的消息后，哈尔西奉命截击日本攻击舰队（显然是一个错误决定），但大战刚爆发造成的混乱中一系列似是而非的情报使哈尔西的舰队向珍珠港以西追击，这无疑又挽救了哈尔西和“企业”号，因为若与珍珠港以北的日本攻击舰队相遇，哈尔西必死无疑。

1942年4月，哈尔西升任美军太平洋舰队航空母舰舰队司令，奉命指挥两个航空母舰群。当哈尔西返回珍珠港后不久，即应召前往尼米兹的办公室。尼米兹告诉他，一个秘密的军事行动“轰炸日本首都东京”已获批准，并已进入最后的准备阶段。根据尼米兹的意见，决定这一行动由哈尔西直接指挥。哈尔西欣然从命。为使这次行动万无一失，他制订了周密的计划，组织部队做了大量准备工作，还采取了严格的保密措施，甚至直到起航，部队仍不知道进攻的目标。

威廉·弗雷德里克·哈尔西

4月13日，满载“B-25”远程轰炸机的“大黄蜂”号航空母舰，在预定海域与担负支援任务的“企业”号航空母舰为核心的第16特混舰队会合。哈尔西召集全体人员，郑重宣布：“我们正前往轰炸东京。”全体将士欢呼起来。

4月18日清晨，在离东京700海里处，他们被日本船只发现了，行动不得不提前。8时15分，16架“B-25”飞机离舰腾空而起，向东京飞去。哈尔西的特遣舰队则迅速离开危险海域，安全返回珍珠港。

三小时后，由杜立特中校率领的“B-25”机群飞抵日本，他们以超低空飞行，顺利地突破了敌方防线。当机群出现在东京、横须贺等城市的上空时，日本人还没来得及发出空袭警报，就被炸得乱作一团。这次轰炸虽然给日本人造成的直接损失并不大，但政治影响却是巨大的，哈尔西也因此成为美国太平洋舰队中最知名的将领之一。

5月初珊瑚海战役发生之时，哈尔西正在赶往战区的途中。在随后的中途岛战役之前，哈尔西因患皮肤病而被迫住院治疗。没有参加珊瑚海海战和中途岛战役是哈尔西引为遗憾的。

1942年6月，美军在中途岛大败日本海军联合舰队，使日本海军350年来第一次遭到挫败。尽管如此，日本当时作战舰队的兵力仍然保持着对美军的相对优势，而且陆军锋芒始终未挫，所以日军不甘心失败，决定把作战重点转向西南太平洋，在新几内亚和所罗门群岛一线与美军再决雌雄，企图切断美国与澳大利亚和新西兰的交通线。

美军决定乘胜反守为攻，攻占瓜达尔卡纳尔岛（以下简称瓜岛）。瓜岛位于所罗门群岛的最南端，岛上气候恶劣，地势崎岖，非常不利于作战，但由于它是日本进逼美—澳交通线的最前沿，因此夺取该岛有着十分重要的意义。日本海军大将山本五十六在这一海域集结了一支实力相当雄厚的特遣舰队，所以战斗一开始就进行得异常激烈。

在海战中，美军2艘航空母舰，1艘遭重创，1艘被击沉，其他舰只也损坏严重。10月中旬，瓜岛战事危急，登陆美军面临被赶下大海的危险。为了扭转这一局势，尼米兹断然决定授命哈尔西立即接管南太平洋地区的3军指挥权，尽快组织兵力打退日本人的进攻。当时，哈尔西正巧在南太平洋地区巡视，尽管他对瓜岛形势很了解，但他对此任命却毫无准备。据哈尔西的情报官回忆，当哈尔西接到尼米兹的手令时，惊讶得情不自禁地说：“这可真是上帝交给我的最烫手的白薯了！”他既没有指挥过陆军，也没有指挥过同盟国的部队，更何况他要接替的战区指挥官哥莫雷中将还是他的老友。

尽管如此，他仍然坚决执行了尼米兹的命令，并很快组成了美国军事史上第一个真正的三军联合指挥部，迅速展开了对三军协同作战的指挥。为了确切掌握瓜岛的实际情况，他冒着巨大风险亲赴瓜岛视察，部署兵力。就在他就任的第5天，日本人发动了前所未有的猛烈攻势。但在他卓有成效的组织指挥下，美军终于挫败了日本人的进攻，并在瓜岛附近海域歼灭日军大批舰船，迫使日军大本营不得不中止瓜岛争夺战，下令逐步撤离该岛。这一战，美军共歼灭日军2.4万余人，击沉、重创日本航空母舰在内的大批舰船，击毁、击落日本飞机600多架，打死许多训练有素的飞行员。为此，罗斯福总统亲自提议，破例提升哈尔西为海军上将。

此后，日军在哈尔西的战区接连受挫。就在这时，太平洋舰队情报处破译了联合舰队司令长官山本五十六将飞抵布干维尔岛视察的情报。4月18日，哈尔西奉命组织这次“复仇”伏击行动，并最终击落山本座机。

1943年5月，盟国决定从中太平洋和西南太平洋同时向日军发起进攻。哈尔西奉命组织指挥所罗门群岛战役。第3舰队已经得到加强，共有6艘航空母舰（舰载机540余架）、2艘战列舰、49艘巡洋舰和驱逐舰，还配置有海军陆战队。6月30日，哈尔西部在新乔治亚岛实施登陆作战，遭到日本守军的激烈抵抗。8月25日，美军攻克该岛，歼敌约9000人。根据预定计划，哈尔西的攻击目标将是科隆班格拉岛。该岛有1万日军严密设防，强攻不仅会造成重大伤亡，而且将使作战旷日持久，因此，哈尔西决定对该岛围而不攻，越过该岛而攻取维拉拉维拉岛，为后来尼米兹提出“越岛作战”提供了成功的先例。

在布干维尔岛登陆作战之前，哈尔西奉命将一些舰船和部队调给组织指挥吉尔伯特群岛战役的斯普鲁恩斯，因而必须考虑出奇制胜。11月1日，哈尔西以数处佯攻吸引日军主力却在该岛不便登陆的西海岸登陆成功，令日军震惊不已。但哈尔西所辖特混舰队远在后方补充燃料、弹药，而日本的舰队得到6艘重型巡洋舰的加强，使哈尔西面临最危急的时刻。哈尔西于11月5日在没有足够的水面舰只护航的情况下出动他的2艘航空母舰，舰载机炸坏了停在拉包尔的日本的6艘巡洋舰和4艘驱逐舰，古贺峰一匆忙将重型巡洋舰撤走。布干维尔岛争夺战直到次年3月才结束。

所罗门群岛战役之后，美军正式划分中太平洋战区和西南太平洋战区的辖区和任务。

到1944年6月，哈尔西的第3舰队已非当初可比，发展成为拥有4个航空母舰群（12艘航空母舰）共500余艘舰船的舰队。尼米兹和哈尔西都主张绕过加罗林群岛直接进攻菲律宾，但未被采纳。8月，哈尔西率第3舰队进攻加罗林群岛，击毁日军480架飞机、约100艘舰船。在发现菲律宾沿海防务空虚之后，哈尔西力主直接进攻菲律宾，这才得到美国参谋长联席会议批准。

1944年10月，由尼米兹控制的哈尔西第3舰队和由麦克阿瑟指挥的金凯德第7舰队进入菲律宾海域。日本舰队为反击美军而编组为南方舰队、中央舰队和北方舰队。哈尔西亲率3支特混舰队封锁圣贝纳迪诺海峡。10月24日，在接到中央舰队已经溃逃的不确情报后即决定攻击北方舰队的航空母舰，致使护航航空母舰特混舰队遭到日本中央舰队的疯狂袭击。尽管哈尔西击沉北方舰队的2艘航空母舰，但哈尔西的指挥仍遭到激烈批评，但金和尼米兹都不以为然，总是以此役的战果为其辩解。哈尔西在菲律宾战役结束后荣获了第三枚优异服务勋章。

莱特湾大海战之后，哈尔西曾短时间地把指挥权交给斯普鲁恩斯，直到1945年5月，他才又重新披挂上阵。有趣的是，他是在“密苏里”号战舰上开始自己的海军生涯的，而当他成为美国海军的五星上将时，他的旗舰碰巧也是一艘叫“密苏里”的战列舰，日本人就是在这艘舰上签署投降书的。

1945年10月15日，在美国海军已经服役44年的老将哈尔西，站在“南达科塔”号战舰的舰桥上，从旧金山的金门大桥下通过。他们是太平洋舰队第一批载誉而归的部队。当时，一位美国战地记者写道：“战争中最著名的海军部队——哈尔西的第3舰队，今天回家了。”

1947年，哈尔西退役。

1959年8月16日，哈尔西在美国旧金山去世。

（三）截杀山本五十六

1943年2月初，日军在瓜达尔卡纳尔撤退后，为了更有效地进行指挥，美国海军参谋长欧内斯特·金海军上将，把美国所有的海军编为若干舰队。在太平洋地区，以珍珠港为基地的中太平洋海军编为美国第5舰队；西南太平洋总司令麦克阿瑟所辖的少量海军编为美国第7舰队，司令是金凯德海军中将。金凯德还负责指挥澳大利亚和新西兰的大部分海军。在西太平洋作战的海军编为美国第3舰队，哈尔西被任命为该舰队司令。

1943年3月初，日本第18军第51师团的部队6900人，分乘8艘运输舰，在8艘驱逐舰和若干战斗机的掩护下，从新不列颠岛的首府拉包尔开往莱城。舰队航行到俾斯麦海的达姆波尔海峡时遭到美国空军的3次袭击，7艘运输舰和3艘驱逐舰被击沉，3664人葬身海底，2427人得救后返回拉包尔，只有800人到达了莱城。

这次失败对日本大本营是个沉重的打击，迫使日本把主要注意力转移到新几内亚，集中陆海军的力量在此方向建立作战基地。3月25日，大本营又制定了“陆海军在东南方作战的中央协议”。

联合舰队总司令山本五十六根据这个协议，集中了300多架飞机，准备对瓜岛和新几内亚盟军的舰艇进行空袭。4月3日，山本带了宇恒、黑岛、渡边以及其他重要幕僚，从太平洋中部加罗林群岛的首府特鲁克（联合舰队司令部所在地）出发，来到拉包尔，亲自指挥这一军事行动。4 月 7 日，瓜达尔卡纳尔遭到自珍珠港事件以来最集中的空袭，参加空袭的有 224 架轰炸机和几十架战斗机。与通常一样，驾驶员回来后，兴奋地报告战果；但也与通常一样，实际上并未造成多大损失。只炸沉 1 艘驱逐舰和 2 艘小军舰，击落 7 架美海军陆战队的战斗机。

于是山本五十六把注意力转向新几内亚，在 4 天内连续在奥罗湾、莫尔兹比港和米尔恩湾发动 3 次大袭击。飞行员报告击落敌机 175 架，击沉敌巡洋舰 1 艘。实际上，盟军只损失了 1 架飞机、1 艘运输机、1 艘商船，另 1 艘商船被炸后搁浅。然而，飞行员的报告却使山本五十六误信他的攻击计划已经达到目的。

为了准备下一步进攻，山本计划于 4 月中旬率领他的参谋人员飞往所罗门群岛北部去视察军事设施和鼓舞士气。他首先在布干维尔南部的小岛巴拉尔稍做停留，视察经历了瓜达尔卡纳尔的苦难后正在休养的丸山师团的士兵。他要亲自对他们所做的牺牲表示慰问。

今村将军对山本五十六此行感到担忧，给山本五十六讲了他自己在布干维尔附近险遇一架美国战斗机差点丧生的经历。但山本五十六却坚持己见。渡边中佐草拟了日程安排，亲自把它送到第 8 舰队司令部。他要求派信使把日程表送去，但通讯军官却说，必须用无线电报发出。渡边不同意，担心美国人能截获到电报，并可能破译。通讯军官说："不可能，这部密码 4 月 1 日才启用，不可能破译。"

渡边的担心是有道理的。电报发出片刻就被盟军截获，并报送到珍珠港的战争情报总部。那些曾为中途岛战役胜利出过力的人们，在地下室里忙碌了将近一个通宵。

4 月 14 日清晨，他们已把电报破译成日文明码。海军陆战队的外语专家们填写上电文中的一些外文空白，并辨认出密码代号所代表的地名。例如 RR 代表拉包尔，RXZ 则代表巴拉尔。

上午 8 时 02 分，舰队的情报官员爱德华·莱顿中校特意到尼米兹的办公室向他做了汇报。尼米兹上将获悉，山本五十六将于 4 月 18 日早晨 6 时，乘坐一架中型轰炸机由 6 架战斗机护航离开拉包尔，于 8 时抵达巴拉尔岛。

尼米兹下决心活捉山本五十六，他随即电告这个地域的司令官哈尔西将军，并授权他起草作战计划。这个任务既得到海军部长诺克斯的认可，也得到罗斯福总统的批准。4 月 15 日，尼米兹批准哈尔西的作战计划，并祝他"顺利、丰收"。

1943 年 4 月 18 日，对哈尔西来说是一个值得狂喜与骄傲，并值得铭记的日子，他终于实现了自己的复仇之梦——弄死山本五十六。他奉尼米兹之命，派出米切尔少将率领 P-38"闪电"战斗机群截击了山本五十六的座机。

4 月 18 日凌晨，美军第 339 中队驾驶 P-38 战斗机从瓜达尔卡纳尔岛起飞。为了隐蔽企图，编队没有直接北飞布干维尔岛，而是西飞一段航程后再北飞，摆了一个迷惑阵。为了防止被日军防空雷达发现，P-38编队在离海面只有10米的低空掠海飞行长达800公里。整个编队飞行两个半小时后，航程已达800公里。飞行员们开始测试武器，为进行截杀做准备。

不久，飞行员坎宁发现了山本五十六的编队。山本五十六编队突然看到美军P-38编队，大为震惊。6架护航的“零”式战斗机迅速俯冲拦截。P-38编队开始分成两大部分：一部分对付6架“零”式战斗机，另外一部分是兰菲尔率领的3架P-38截杀小队，专门攻击山本五十六座机。然而，兰菲尔小队没料到的是，空中有两架可以作为山本五十六座机的轰炸机。原来，另外一架轰炸机里坐着联合舰队的宇恒参谋长。

幸运的是，兰菲尔编队首次攻击的轰炸机恰好是山本五十六的座机。山本五十六座机由于速度慢等原因，很快就中弹起火，最后坠毁在岛上的森林里。山本五十六等机上人员全部摔死。另外一架轰炸机也被击伤，在海上迫降。宇恒参谋长等人受伤。

第二天上午，哈尔西在军官例会上宣读了这一胜利的电报。他命令不得把此事泄露给报界。不然日本人可能会觉察到他们的密码已被破译。

山本的死，对日本朝野如晴天霹雳，对东京大本营来说，是战争爆发以来一次沉重的打击，被日本大本营称为“甲级事件”。美国人总算为珍珠港事件中的死难者报了一箭之仇。

（四）莱特湾大海战

1944年，美军沿中太平洋和西南太平洋两线向日军发起连续进攻。在尼米兹和麦克阿瑟的联合打击下，日军节节败退。到1944年秋，尼米兹的中太平洋部队夺取了马里亚纳群岛；麦克阿瑟的西南太平洋部队完全控制了新几内亚，下一步的主要目标是准备向菲律宾进军。为此，美参谋长联席会议命令麦克阿瑟和尼米兹组成联合部队，于1944年10月20日在菲律宾中部的莱特岛实施登陆。

10月10日，麦克阿瑟属下的金凯德海军中将率第7舰队738艘舰只，运送美第6集团军17.4万人，哈尔西的第3舰队奉命向莱特岛挺进。10月20日，美军在莱特岛大举登陆。

对于日本而言，保卫本土固然重要，但是，固守周边群岛，对于日本的安全来说也是同样重要的。只有守住这个外围岛链，日本才能把不可缺少的石油资源从荷属东印度运往本土。为此，日本制订了“捷号”作战计划。

当美先头部队在莱特岛登陆后，日联合舰队司令官丰田副武海军大将立即下达了“捷1号”作战命令。根据丰田副武的命令，日军水面舰队在海军中将粟田健男的指挥下，分成两部出动。粟田自己带领5艘战列舰、12艘巡洋舰和15艘驱逐舰，经中国南海、锡布延海和圣贝纳迪诺海峡驶向莱特湾。他的副手海军中将西村祥治率2艘战列舰、1艘巡洋舰和4艘驱逐舰经苏禄海，进至苏里高海峡。两人定于10月25日早晨由南北两面同时冲进莱特湾，夹击美国的两栖舰队。为了使这支铁钳似的两臂力量更均衡，丰田副武命令仍在琉球群岛的志摩中将率领他的3艘巡洋舰和4艘驱逐舰向南航行，同西村会合。同时又令小泽治三郎中将率领由4艘航母组成的编队自濑户内海南下，来引诱哈尔西，企图把他从莱特岛引开。

此时，哈尔西的第3舰队第38特混舰队正在菲律宾以东海面待机，自北向南分别是谢尔曼的38-3特混大队、博根的38-2特混大队、戴维森的第38-4特混大队。莱特湾海域是金凯德的第7舰队。美军很快发现了日军的作战编队，他们把小泽的舰队称为北路舰队，把粟田的舰队称为中路舰队，把西村和志摩的舰队称为南路舰队。

10月23日清晨，美潜艇“海鲫”号和“鲦鱼”号首先在巴拉望岛以西发现粟田的中路舰队，他们立即向哈尔西发出了报告，然后用鱼雷攻击了日舰，击沉了日军2艘重巡洋舰，重创1艘巡洋舰，被击沉的日军巡洋舰中有1艘是粟田的旗舰，粟田被迫将他的指挥部转移到“大和”号上。历史上最大的海战——莱特湾海战拉开了序幕。

哈尔西一接到潜艇的报告，就命令谢尔曼和戴维森的大队向博根大队靠拢，并向3个大队下达了准备攻击的命令。哈尔西又准备从博根和戴维森的两个大队中抽出战列舰4艘、巡洋舰10艘、驱逐舰14艘和他自己乘坐的“新泽西”号旗舰，组成第34特混舰队，由海军中将李统一指挥，留在后面镇守圣贝纳迪诺海峡。

10月24日凌晨，金凯德派出的巡逻队报告发现西村的南路舰队正在接近苏里高海峡，金凯德以为哈尔西会封锁住圣贝纳迪诺海峡，所以他命令奥尔登多夫少将率第7舰队全部的炮火支援舰只（战列舰6艘、轻重巡洋舰8艘以及驱逐舰21艘）去封锁苏里高海峡。

24日23时，西村舰队的2艘战列舰、1艘巡洋舰和4艘驱逐舰排成纵队开进苏里高海峡，他们首先遭到美军鱼雷艇的攻击，接着又陷入奥尔登多夫的埋伏中。奥尔登多夫的驱逐舰从两边发射鱼雷，战列舰和巡洋舰从正前方发射炮弹。在这三面夹击下，西村的2艘战列舰、1艘巡洋舰和3艘驱逐舰被击沉，几乎全军覆没。剩下的1艘受伤的驱逐舰被迫仓皇后撤。紧随其后的志摩看到西村舰队遭到灭顶之灾，就谨慎地掉转船头，带领3艘巡洋舰和4艘驱逐舰全速退出了海峡。

10月25日凌晨1时，粟田中路舰队的4艘战列舰、8艘巡洋舰和2艘驱逐舰中队驶出了圣贝纳迪诺海峡，变为夜航的搜索队形，小心翼翼地向莱特湾航进。25日晨7时，粟田中路舰队在莱特湾北面的萨马岛海域与美第7舰队第3特混大队相遇，该大队由斯普拉格海军少将指挥，辖有18节的小型护航航空母舰6艘和7艘驱逐舰。粟田以为那是哈尔西的航母舰队，立即下令攻击。粟田舰队的突然出现，使斯普拉格大吃一惊，急令驱逐舰阻击，航空母舰则在烟幕掩护下向南撤退。

金凯德接到斯普拉格的电报后，才知道哈尔西的第34特混舰队根本不在圣贝纳迪诺海峡，而他的第7舰队全部的炮火支援舰只此时正在南面追击日军南路舰队。在万般无奈的情况下，金凯德命斯普拉格尽力与敌周旋，延缓粟田中路舰队对莱特湾登陆输送队的袭击。又命奥尔登多夫停止追击日军南路的志摩舰队，急速返回莱特湾，支援斯普拉格。他又急电哈尔西求援。而哈尔西接到告急电报后，认为粟田舰队早已遍体鳞伤，不会有什么攻击能力，一定是金凯德沉不住气了，因此他并未立即回师救援。

粟田紧追斯普拉格不舍，并开始炮击他的航母群。一艘航母因多处受伤于9时07分沉没。斯普拉格以警戒驱逐舰进行反击，击沉日军巡洋舰2艘。但美驱逐舰的炮火对于重铠厚甲的日战列舰来说，没有丝毫威胁，相反地，日舰巨炮却把美驱逐舰打得千疮百孔。正当美舰处于极端困难的时候，天空突降大雨，这帮了斯普拉格的忙。航空母舰上的飞机，得已全部起飞。但这些舰载机都没有携带穿甲弹，因为未想到竟要对付日军的战列舰，只带了杀伤弹和深水炸弹，这些炸弹对战列舰起不了大的作用，只炸沉了日军1艘重巡洋舰。然而粟田舰队的队形却被美舰打散，被斯普拉格航母舰队抛在了后面。粟田断定他的猎物已经逃脱，于是用无线电将他散失的舰只召回到他的“大和”号周围，准备冲进莱特湾，去消灭麦克阿瑟的登陆部队及运输舰船。

斯普拉格护航航空母舰群在摆脱了粟田的舰队后，接着又遭到了号称“神风”的日军自杀“飞机”的攻击，美军1艘护航航空母舰被击沉，另1艘被击伤。

25日凌晨2时，哈尔西舰队的侦察机发现了小泽的北路舰队，此时小泽的4艘航空母舰上仅剩下29架飞机。上午7时，哈尔西舰队展开第一波攻击，击沉了“千岁”号轻型航母和1艘驱逐舰，击伤了“千代田”号轻型航母，使它起火倾斜，在水中动弹不得。8时20分，哈尔西再次接到金凯德的求援电报：“我的情况危急，只有快速战列舰和航空母舰的火力支援，才能使护航航空母舰免遭敌人打击，阻止敌人进入莱特湾。”金凯德的电报也传到了珍珠港，尼米兹感到有必要亲自过问此事了。于是，上午10时，他给哈尔西发了封简短的电报：“第34特混舰队，在哪里？”报务员为防止敌人破译，把电报改成了“全世界都想知道第34特混舰队在哪里?”接到电报后，哈尔西好像“挨了一耳光”，受到极大刺激，认为这是对他的极大讽刺。但他还是下令米切尔率第38特混舰队的2个大队继续攻击小泽舰队，自己率第34特混舰队和博根的特混大队返回莱特湾救援，用他自己的话，就是“屈从了压力，挥师南下”。

米切尔率谢尔曼和戴维森的2个特混大队继续向北追击小泽。将近中午，米切尔派出200余架舰载机组成的突击机群，袭击了残存的日航空母舰。结果，“瑞凤”号和小泽的旗舰“瑞鹤”号被击沉，小泽被迫转移到一艘巡洋舰上。最后，损失了全部诱饵航空母舰的小泽带着剩下的10艘水面舰只逃回了日本。他的诱饵使命完成了，但却没有多大成果，因为他没给粟田拍发一个字。

25日上午11时，粟田整队完毕，挥戈直逼莱特湾。当粟田舰队向莱特湾挺进2个小时之后，粟田突然又决定停止向莱特湾突击，下令“全舰队北进!”从而使唾手可得的胜利付诸东流。原来，粟田从截获的无线电中得知，美护航航空母舰上的飞机正在莱特岛上着陆。这本是由于美航空母舰遭到日军袭击，惊慌中的美军为避免飞机与航空母舰同归于尽而采取的紧急措施，而粟田却误认为这是美机要建立一个陆上基地，准备对他进行更集中的空中攻击。其次，他从截获到金凯德的告急电报中，错误地认为哈尔西南下已3个多小时了，从而放弃了进击莱特湾的作战计划，改向北行驶，以便退出圣贝纳迪诺海峡，并借黑夜尽量向西逃走。

午夜刚过，哈尔西就到达了圣贝纳迪诺海峡的东端出口处，可是粟田的舰队却早已通过了。26日上午，哈尔西舰队的舰载机对粟田舰队进行了追击，日军“能代”号巡洋舰被击沉，“大和”号身中3弹，但仍能继续航行。随后，双方距离逐渐拉大，莱特湾海战到此结束。

莱特湾海战是太平洋战争中最后一次大海战，也是历史上最大的一次海战。在共计4天的战斗中，美军损失轻型航空母舰1艘、护航航空母舰2艘、巡洋舰2艘和驱逐舰3艘，损失飞机100余架，伤亡2800多人。日军共损失重型航空母舰1艘、轻型航空母舰3艘、战列舰3艘、重型巡洋舰6艘、轻型巡洋舰4艘、驱逐舰11艘和潜艇6艘，损失飞机400余架，伤亡7400余人。除了陆上基地的飞机外，日本海军几乎已不存在了，美军取得了绝对的制海权。小泽在战后受审时说:“在这一战之后，日本的海面兵力就变成了绝对性的辅助部队，除了某些特种性质的船只以外，对于海面军舰已经是再无用场可派了。”

哈尔西对于战争的态度是厌恶的，是战争找到了哈尔西，而不是哈尔西去找的战争，如果可以选择，他宁可这场大战永远不要发生。哈尔西有一段著名的讲话:“假如要我列举哪些工具曾经帮助我们赢得太平洋战争，我就会照下列的顺序排列:潜水艇第一，雷达第二，飞机第三，推土机第四，原子弹则不能列入。”

哈尔西将军被人们称为“太平洋上的蛮牛”，这主要是说他在战场上的勇猛，事实也确实如此，哈尔西是尼米兹手下的一员猛将，尼米兹的许多战略意图都是通过哈尔西去实施的，哈尔西作为美国海军的一把最锋利的尖刀，让日寇闻风丧胆，他勇猛的作战风格是每一名反法西斯战士的表率，他在二战中立下的赫赫战功无愧于“太平洋上的蛮牛”的光荣称号。

七、海军上将中的上将——斯普鲁恩斯

雷蒙德·埃姆斯·斯普鲁恩斯（1886—1966年），美国海军上将，1886年7月3日生于美国马里兰州巴尔的摩市，1906年毕业于美国海军学院，美国第5舰队第一任司令，改组后的太平洋舰队第三任司令。他是太平洋战争中美军的重要将领，参加多次美军重大战役，为盟军取得太平洋战争的胜利做出了巨大贡献。

（一）斯普鲁恩斯默默无闻的从军之路

1903年7月，斯普鲁恩斯从印第安纳州考入美国海军学院。在校期间刻苦学习、成绩优秀却默默无闻。1906年9月提前毕业后赴战列舰上服役。1908年9月晋升为海军少尉。1913年升任美国海军亚洲舰队所属的驱逐舰上尉舰长。1916年晋升海军少校，1918年晋升海军中校。1919年，出任哈尔西驱逐舰分遣舰队的“爱伦华德”号驱逐舰舰长，颇受哈尔西的赏识。1921年，先后出任美国海军工程局调拨处处长和电力处处长。1924年，调任“戴尔”号驱逐舰舰长，稍后出任美国驻欧洲海军司令安德鲁斯的助理参谋长，不久又改任“奥斯本”号驱逐舰舰长。

1926年夏，斯普鲁恩斯进入美国海军军事学院深造。后赴“密西西比”号战列舰任副舰长。1931年6月，调海军军事学院负责函授课程。次年晋升为海军上校。1933年5月，出任驱逐舰护航舰队司令沃森的参谋长。1935年4月调任海军军事学院战术系主任，培养的学员有许多在第二次世界大战中任要职。1938年，出任“密西西比”号战列舰舰长。1940年2月，升任第10海军军区司令，同年10月晋升为海军少将。随着欧洲战事的发展，其职责逐渐增加。1941年6月，兼任加勒比海战区司令。1941年9月，出任太平洋舰队第5巡洋舰分遣舰队司令，旗舰为“诺思安普敦”号，在哈尔西麾下服役。

1941年12月2日，斯普鲁恩斯率部离开珍珠港，在哈尔西指挥下执行向威克岛运送战斗机的任务，因而免遭珍珠港劫难。此后，数次率部为航空母舰特混舰队

护航。

（二）中途岛扬名的海军上将

1942 年 5 月，哈尔西率第 16 特混舰队返回珍珠港。正在策划中途岛战役的尼米兹发现哈尔西为皮肤病所困扰，必须住院治疗。哈尔西力荐斯普鲁恩斯接任第 16 特混舰队司令，得到尼米兹批准。尼米兹还命令紧急抢修“约克敦”号航空母舰并以此为核心组建第 17 特混舰队，由弗莱彻海军少将任司令。尽管尼米兹明令资深的弗莱彻负责中途岛战役的战场指挥，但在实际作战中两支舰队始终是独立指挥和独立作战的。5 月 28 日斯普鲁恩斯率 2 艘航空母舰（“企业”号和“大黄蜂”号）、6 艘巡洋舰和 9 艘驱逐舰离开珍珠港，于 6 月 3 日与弗莱彻在中途岛东北的预定海域会合，等待与日本联合舰队交战。

6 月 4 日黎明，日本航空母舰舰队司令南云忠一下令第一攻击波轰炸中途岛。因为不知道美国舰队就在附近，南云为使第二攻击波尽快出动，将原计划对付航空母舰而携带鱼雷的飞机全部改装炸弹。正在此时，侦察机报告发现美国航空母舰，使南云左右为难：第一攻击波即将降落，需要补充油料和炸弹；第二攻击波又需要重新换装鱼雷，保护航空母舰的战斗机即将耗尽油料。南云下令一面向北撤退，一面接收飞机、换装鱼雷、补充油料，而卸下的炸弹就放置在航空母舰甲板上。

与此同时，注重空中搜索的斯普鲁恩斯得到侦察机的报告：发现两艘日本航空母舰，有大批飞机飞往中途岛。斯普鲁恩斯据此判断出日机的返航时间，下令“企业”号和“大黄蜂”号航空母舰的舰载机从远离日舰 200 海里的地方全部起飞，突袭日本航空母舰。此举被视为斯普鲁恩斯的第一个重要决策。美军先后有 3 个鱼雷轰炸机中队飞抵目标上空，但因没有战斗机护舰而攻击失利，41 架轰炸机当中只有 6 架得以返回航空母舰。

然而，南云忠一既没有很好地组织空中侦察，又无法迅速派出战斗机，还忽略了重要的规律——鱼雷轰炸机出现在哪里，俯冲轰炸机就会随之来临。就在南云忠一的大部分飞机在甲板上待命起飞的时候，斯普鲁恩斯的俯冲轰炸机飞抵日本航空母舰的上空，弗莱彻的飞机随后赶到。前者向着“赤城”号和“加贺”号航空母舰俯冲投弹，后者则向“苍龙”号航空母舰俯冲。“赤城”号中弹后引起甲板上的炸弹爆炸，“加贺”号和“苍龙”号亦中弹，陷入火海，先后沉没。

后来，斯普鲁恩斯曾这样谈及此次行动：“某些作者赞扬我能够准确地选择日本航空母舰处于最不利的状况——飞机甲板上摆满已经补充油料、装好弹药、等待起飞的飞机——的时机去实施攻击，其实，不是那么回事。我自己认为唯一可以自诩的是，我十分敏感地意识到亟须采取出其不意的行动，并竭力要求在接近敌人后立即以我方的全部实力打击敌航空母舰。”当天稍晚，脱逃的“飞龙”号航空母舰舰载机发现并击毁了弗莱彻的“约克敦”号航空母舰，弗莱彻将指挥权移交给斯普鲁恩斯。

斯普鲁恩斯率舰队将迎面而来的“飞龙”号航空母舰击沉后不顾上级的责备和参谋人员的反对而收回全部飞机，掉转航向，迅速撤往中途岛附近海域，午夜过后再率部西返，以便在天明时充分发挥舰载机的优势，使山本通过夜战复仇的计划破产。此举被视为斯普鲁恩斯的第二个重要决策。在追击过程中停止追击，以免进入威克岛日军的空中势力圈，使山本五十六在空中势力圈内与美国舰队决战以挽回败局的企图化为泡影。此举被视为斯普鲁恩斯的第三个重要决策。

中途岛战役之后，斯普鲁恩斯于 1942 年 6 月调任太平洋舰队参谋长。其时马绍尔群岛进攻计划业已确定，但斯普鲁恩斯认为美军既缺乏马绍尔防务情报，又缺乏两栖作战经验，还是先攻占吉尔伯特群岛较为有利。他的作战计划得到批准之后，斯普鲁恩斯又周密考虑指挥官的选调、兵力兵器的配置和后勤保障的组织诸问题，还根据尼米兹的指示组建有着重要作用的机动勤务舰队。他在参谋长任内晋升为海军中将，与尼米兹同吃同住，共同探讨战争指导和太平洋战区的各期作战行动，关系极为融洽。

雷蒙德·埃姆斯·斯普鲁恩斯

1943 年 8 月，斯普鲁恩斯出任中太平洋舰队司令，以“印第安纳波利斯”号巡洋舰为旗舰，组织指挥吉尔伯特群岛战役。参战部队编组为 5 支特混舰队，拥有 11 艘航空母舰，主要进攻马金岛和塔拉瓦岛。11 月 20 日，美军在火力准备之后开始登陆作战，遭到日军的顽强抵抗。由于海军炮击时间太短而对敌工事破坏不够，空中突击时机不当而次数太少，两栖登陆车辆太少且效果欠佳，通信装备质量低劣，再加上没有翼侧和海潮的影响，美军血战三天才结束这次战斗，歼敌 4000 余人。其中在塔拉瓦以伤亡 3000 余人的代价歼敌 3000 余人，有“可怕的塔拉瓦海滩”之说。斯普鲁恩斯总结此役的经验教训，使两栖作战的理论与战术得到重大发展。

1944 年 1 月 29 日，斯普鲁恩斯指挥登陆部队和 5 支特混舰队以两天的炮火准备开始马绍尔群岛战役。美军在 1 月 31 日先克马朱罗岛，再战罗伊—纳慕岛。2 月

1日，协同行动准确而及时的美军在夸贾林岛登陆，激战七天而全歼守敌。夸贾林岛战役之后，斯普鲁恩斯晋升为海军上将，所辖中太平洋舰队改称第5舰队。4月24日，马绍尔群岛皆被攻克。在此期间，斯普鲁恩斯的航空母舰舰载机还对特鲁克群岛实施了毁灭性进攻，将5万守军孤立起来。在马绍尔群岛战役中，美军有效地运用夺取岛上飞机场而以空中火力压制周围岛礁地区的战术，以伤1582人、亡372人的代价歼敌8122人。

接着，斯普鲁恩斯奉命将攻击目标指向作为日本内防御圈战略要点的马里亚纳群岛。参战美军为第5舰队的4支特混舰队（包括15艘航空母舰在内的600余艘舰船）和两栖登陆部队的4个师又1个旅，共13万余人。6月15日，美军依靠舰载机的火力掩护和支援在塞班岛登陆，守岛日军殊死抵抗。在得知日本联合舰队前来对抗的情报后，斯普鲁恩斯决定取消关岛登陆而加速攻占塞班岛，并做好迎战敌舰队的准备。

19日，双方舰载机展开激战，美军潜艇趁敌不备，击沉敌2艘航空母舰。从19日夜到20日上午，美方因缺乏空中搜索而失去最佳进攻机会。20日下午，美军损失80余架飞机而击沉敌1艘航空母舰和2艘油船，击伤6艘航空母舰及其他战舰，日本舰队仓皇撤退。7月6日塞班岛日军高级将领自杀。次日，发起自杀性反攻的3000名日军全部被歼，塞班岛被攻克，其他诸岛亦随后陷落。马里亚纳群岛的失守导致东条内阁的垮台。此役使日本的舰载机飞行员损失殆尽，日本航空母舰舰队的战斗力严重受损，西太平洋的制海权和制空权完全转归美军。

为了给日本以决定性打击，斯普鲁恩斯建议攻占硫黄岛和冲绳岛，以硫黄岛的机场作为空袭日本本土的B-29轰炸机的应急降落场和护航战斗机的前进基地，得到了上级的批准。参战美军拥有约600艘舰船，共22万人。1945年2月17日，斯普鲁恩斯下令进行两天的火力准备。19日起，登陆作战的美军因日军凭借坚固工事抵抗而伤亡惨重。美军后来在坦克支援下大量使用喷火器和火箭筒，使战事获得重大进展。3月16日，硫黄岛战役结束，美军以伤亡28000余人、损失33艘舰艇、168架飞机的代价全歼守敌2.3万人。斯普鲁恩斯从中总结出夺取港口或在登陆地域建立浮动设施和合理组织物资装备的运输是登陆作战中绝对不可疏忽的问题。

日军在冲绳岛有10万人、250架飞机，在周围海区设有数十个雷区和防艇障碍区，在附近岛屿集结有500架“神风”攻击机。盟军参战部队有7支美国特混舰队和1支英国特混舰队，共45万余人、1457艘舰船（36艘航空母舰、2108架舰载机）。

3月27日，美军攻占冲绳岛西部的庆良间群岛作为海军前进基地。4月1日，在火力准备之后，美军登陆成功，建立起宽大的登陆场。4月5日，日军开始强烈抵抗。6 日，日本“神风”攻击机和轰炸机击沉美军 16 艘舰船。7 日，美军飞机击沉“大和”号战列舰。“神风”攻击机使美国警戒雷达舰损失惨重，美军飞行员的减员日益增多。岛上美军进攻日军第一道防线受挫，激战十天而无法突破。4 月 19 日，美军再次进攻，于 24 日突破日军防线。5 月 8 日，美军进攻日军第二道防线，直到 21 日方才奏效。近两个月的连续作战，使第 5 舰队指挥官们的体力和精力消耗殆尽。尼米兹被迫调换全部高级指挥官。斯普鲁恩斯由哈尔西接替，第 5 舰队改称第 3 舰队。6 月 22 日，战役结束，10 万守军全部被歼。

1945 年 9 月，斯普鲁恩斯奉命指挥驻日本的全部海军。11 月，升任太平洋舰队总司令兼太平洋战区最高司令。1946 年 3 月，出任美国海军军事学院院长，进行教学改革，强调战略、战术和后勤之间的相互依赖关系。1948 年 7 月，退出现役。1952 年至 1955 年出任美国驻菲律宾大使。

1969 年 12 月 13 日，战时荣获 3 枚优异服务勋章、被尼米兹称为“海军上将中的上将”的斯普鲁恩斯去世。

（三）吉尔伯特群岛战役

吉尔伯特群岛战役是第二次世界大战太平洋战争期间美国对日本战略进攻的揭幕战。斯普鲁恩斯和他指挥的美国海军第 5 舰队作为这次战役的主力部队参加了这场战役。

1943 年，美军在太平洋战场上，逐步扭转了战争初期的被动，夺取了战略主动权。随着美国工业潜力的全面动员，使其军事实力大为增强。日军在太平洋上的战略防御体系是依托一系列岛屿，美军最高领导层经过认真分析和仔细研究讨论，决定以中太平洋为主要战略进攻方向，西南太平洋为次要战略进攻方向。这样两个进攻方向，既可以相互支援、掩护，又可以分散日军兵力，使其难以判明美军的主要进攻方向。

美军参谋长联席会议最初决定首先进攻马绍尔群岛，考虑到马绍尔群岛自第一次世界大战之后就是日本的托管地，1935 年以后更是严禁外国人进入，该群岛位于美军岸基飞机航程之外，无法组织空中侦察而一无所知。而在马绍尔群岛东南的吉尔伯特群岛，原为英国的殖民地，太平洋战争爆发后才被日军占领，加上吉尔伯特群岛距离美军基地较近，美军通过多次空袭和空中侦察，对该地区情况有基本的了解。于 7 月 20 日决定首先发起对吉尔伯特群岛的两个主要岛屿和瑙鲁岛的登陆作战，作战计划代号“电流”。

参谋人员在拟订具体作战计划时，对于攻占瑙鲁岛却有分歧，一方认为日军在瑙鲁岛上建有机场，而且距离塔拉瓦仅 700 公里，将对塔拉瓦的作战产生负面影响；另一方则认为瑙鲁岛不适合登陆作战，因此建议改为夺取塔拉瓦北面的马金岛，该岛面积较小。美军参谋长联席会议对这两种意见进行了比较，最后决定以马金岛代替瑙鲁岛，并于 9 月 27 日正式下达命令，吉尔伯特群岛战役以塔拉瓦、阿贝马马岛和马金岛为作战目标。

1941 年 12 月，日军占领了吉尔伯特群岛的主要岛屿，并在塔拉瓦修建机场，在马金岛建立了水上飞机基地。起先日军对于吉尔伯特群岛并不重视，守备部队也不多，美军在 1942 年 8 月曾以潜艇运送一支小分队袭击马金岛，才引起日军警觉，随即日军开始向该群岛调集人员和物资，大力修建机场和防御工事。1943 年 7 月，日军第 4 舰队第 3 巡防区司令柴崎惠次少将受命上岛，负责统一指挥该群岛防务。柴崎以塔拉瓦和马金岛为重点筑防御工事组织防御，使守备部队的抗登陆作战能力得到了显著提高。

在塔拉瓦，守备部队包括工程兵部队共约 4600 人，其中主力是日本海军陆战队的精锐部队，战斗力很强。配备 203 毫米、140 毫米火炮，坦克 14 辆。柴崎考虑到，由于岛屿面积狭小，所以采取滩头防御，在海滩上布置了障碍物、铁丝网和栅栏，防御工事用椰子树和珊瑚沙覆盖，有的用混凝土和钢板加固。所有火炮掩体均用钢板和厚珊瑚沙石覆盖，只有以 406 毫米重炮发射延时引信炮弹直接命中才能摧毁。全岛工事经过长达 15 个月的施工，形成了完备的防御体系，柴崎因此夸口："就是用一百万人花一百年也攻不下塔拉瓦。"马金岛的防御相对比较薄弱，包括工程兵部队和航空基地勤务人员，总共约 690 人，其中受过正规战斗训练的很少，仅 240 余人。在阿贝马马岛的日军刚开始设防，在美军发动进攻时，只有海军观通站，守备兵力仅 25 人。尽管日军地面防御工事完备，但海空力量几乎没有。整个群岛没有一艘军舰，航空兵只有 1 架战斗机和 4 架水上飞机，其中唯一的战斗机，也因缺乏零部件而无法起飞。

美军参战部队是斯普鲁恩斯海军中将指挥的第 5 舰队，投入作战的各种舰船约 230 艘，其中航空母舰 11 艘、护航航空母舰 18 艘、战列舰 13 艘、巡洋舰 14 艘、驱逐舰 58 艘、大型登陆舰船 50 余艘。作战飞机约 1300 架，其中舰载机 920 架，岸基飞机中 B-24"解放者"重轰炸机约 100 架。海军陆战队第 2 师和陆军第 27 步兵师调归第 5 舰队，准备用于吉尔伯特群岛登陆作战。还将两个海军陆战队守备营和一个陆军守备营调归第 5 舰队，准备担负被攻占岛屿的守备任务。上述地面作战部队编为第 5 两栖军，由霍兰·史密斯少将任军长，分别集结于夏威夷、新西兰、萨摩亚和埃利斯等地备战。参战部队由第 5 舰队司令斯普鲁恩斯统一指挥，第 50 特混舰队的航母编队下辖四个大队，负责压制日军在马绍尔群岛、特鲁克岛、瑙鲁岛等地日军机场的力量，以保障吉尔伯特群岛登陆的顺利实施，并随时准备迎击来袭的日军舰队。第 52 特混编队，担负在马金岛的登陆，地面作战部队是第 27 步兵师。第 53 特混编队，担负在塔拉瓦的登陆，地面作战部队是海军陆战队第 2 师。第 57 特混编队，由岸基航空兵组成，为登陆部队的海上航渡提供空中掩护。

美军考虑到数百艘舰船在远离基地的海上将持续作战数周，为此美国海军专门成立了为作战舰队服务的勤务船队，作为浮动的补给基地，由卡尔霍恩海军中将指挥，这支船队已拥有包括油船、供应舰、修理船、拖船、浮动船坞等各种辅助船只约 20 艘，使得各种作战舰艇能够在靠近作战海域的地区得到急需的补给和修理维护。

从 1943 年夏季起，美军就已经开始了紧张的战前准备。先通过原先在吉尔伯特群岛居住过的英国人，了解了水文、潮汐、地形等情况。从珍珠港出发的潜艇利用在潜望镜上安装的照相机对塔拉瓦、马金岛和阿贝马马岛进行了照相侦察，将三个岛屿的海岸线完整拍摄下来。通过航空侦察，发现日军塔拉瓦的防御重点都在堡礁外侧，决定舰队直接驶入礁湖，从堡礁内侧登陆。但最大的困难是塔拉瓦无规则的潮汐和遍地的珊瑚，由于登陆艇只能在大潮时靠岸，而直到 1944 年春季，大潮都在夜间或黄昏，夜间登陆无法得到舰炮和飞机的支援，黄昏登陆又没有足够的时间在夜幕降临前巩固滩头。如果等到 1944 年春季，日军的防御将更加坚固，所以美军最后决定在 11 月 19 日登陆，后推迟到 20 日早晨的小潮时刻登陆，由于美军不知道小潮高峰的确切时间，便将登陆时间定在 8 时 30 分。

从 9 月开始，美军开始为登陆作战做准备。第 50 特混编队第 1 大队，在岸基航空兵轰炸机的协同下，于 9 月 18 日、19 日对塔拉瓦和马金岛进行了空袭，迫使日军只在马金岛留下 4 架水上飞机，将其余飞机全部撤走。空袭中美机还对两岛进行了系统的航空摄影，此外日军在抗击美军空袭中所消耗的大量弹药，由于补给断绝而得不到补充。日军联合舰队得知美军行动后，舰队司令古贺大将亲率舰队前出至埃尼威托克准备出击，后因美军主动退走才返回特鲁克。9—11 月美军航母编队以岸基航空兵掩护积极活动，压制日军在太平洋中部、中南部各岛屿重要的海空基地的航空力量，通过这些行动很多舰员和舰载机飞机驾驶员取得实战经验。

日军由于航空母舰舰载机的惨重损失，将其航母部队撤回本土，以补充飞机和飞行员，日军的水面舰艇部队失去了航母部队的空中掩护也就无法远离岸基航空兵的航程半径活动，无形之中使吉尔伯特群岛的日军失去了海空支援。这有利于美军作战。

11 月初，美军参战的地面部队第 27 步兵师和陆战第 2 师分别在夏威夷和新赫里布底进行了临战前的登陆演习。11 月 10—13 日，登陆编队出发向吉尔伯特群岛进发。第 50 特混编队先后出发集结。同时，第 57 特混编队的岸基航空兵部队，对吉尔伯特群岛和马绍尔群岛日军机场进行了连续七天的空袭，以压制日军航空兵力，保障登陆编队的航渡安全。11 月 18 日，第 50 特混编队陆续到达吉尔伯特群岛附近海域，负责拦截日军海空支援；夺取马金岛、塔拉瓦附近地区的制空权；11 月 19 日，美军第 50 特混编队的舰载机大举出动，对马绍尔群岛、吉尔伯特群岛和瑙鲁岛进行了全面的航空火力打击。

（四）攻占马金岛

马金岛位于吉尔伯特群岛最北端，由十个岛礁组成，其中最大的岛礁是布塔里塔里岛。长 2742 米，宽 366 米，是日军防御工事集中的主要地区。日军在岛上建有水上飞机基地。担负登陆作战的是步兵第 27 师的第 165 团和第 105 团的一个营，共约 6400 人，与守军相比，占有 9∶1 的兵力优势。

11 月 20 日凌晨，6 时 20 分，舰载飞机进行航空火力准备。6 时 40 分，舰炮火力支援大队开始实施舰炮火力准备，猛烈的炮击一直持续到 8 时 24 分，马金岛完全被硝烟和烈火包围，日军没有任何还击，美军只是“密西西比”号战列舰的主炮塔发生爆炸事故，造成 43 人丧生，19 人受伤。

8 时 13 分，第一波登陆部队驶向海滩。同时舰载机对海滩上的日军阵地进行猛烈的低空扫射，掩护登陆部队抢滩。8 时 32 分，第一波登陆部队到达马金岛西海岸代号“红滩”的登陆滩头，舰载机转而攻击日军的纵深防御工事。不久，美军第二、第三波相继到达，依次上陆。第 27 师的师属炮兵也在西海岸南部的乌基安冈角登陆，随即展开为部队提供炮火支援。日军在西海岸防御非常薄弱，至 10 时许美军已完全控制了登陆场。实际上，这是美军的佯攻，目的就在于将日军从主要防御地区吸引过来。

10 时许，美军登陆兵运输舰驶入礁湖，准备在布塔里塔里岛的北侧，即礁湖的内侧登陆。美军在礁湖水域完成了换乘，在舰炮和舰载机的火力支援下，先后向海滩冲去。当登陆部队接近海滩时，遭到日军轻武器的密集射击，美军很快压制住了日军的火力，10 时 45 分，第一波顺利抢滩上陆，但第二、第三波都因为登陆工具无法通过遍布珊瑚的浅水区，所运载的部队只好在距离海滩 270 米处下船，在齐腰的海水中涉水上岸。登陆虽遭到了日军的抵抗，但美军伤亡并不大。

美军本来预计一旦西海岸佯攻开始，日军必会调动主力前去迎击，这样就可与随后在北海岸登陆的主攻部队形成夹击之势，消灭离开防御工事的日军主力。不料日军不为所动，基本没有出击，致使美军的如意算盘落空。但美军在两个方向的登陆均告成功，可以迅速向纵深推进，尽快占领全岛。但参战的陆军部队习惯于炮火掩护下推进，一遇到日军阻击，有时甚至只是几个日军的狙击手，就停止不前，等待炮火将阻击的日军消灭后再前进。日军在岛上建有大量的机枪火力点和永备发射点，美军的推进遭到了顽强的抵抗，由于舰炮火力的精度不高，无法有效摧毁日军的地下掩体，唯一的办法就是使用坦克。但坦克手却不愿接受步兵指挥官的指挥，步兵第165团团长只好亲自前去和坦克兵商量，却被日军的狙击手打死，这是美军在地面战斗中阵亡的最高军衔的军官，由于地面部队失去了指挥，更是难以前进。夜晚，岛上的美军不断遭受日军的渗透袭扰，惊恐不安，彻夜不得安宁。

11月21日，美军的战斗依然没有起色，空中支援由于敌我双方战线混杂，难以有效实施，有一次舰载机投下的炸弹就落在美军头上，造成3人死亡，多人受伤。这样美军的推进就更为缓慢，第5两栖军军长霍兰·史密斯少将来到第27师师部，亲自督战，也无济于事。

11月22日，美军步步进逼，所占领的地区逐渐扩大。入夜后，日军发动了最后的大规模自杀冲锋，他们先点燃爆竹，以吸引美军注意，再驱赶当地的土著人在前面充当“挡箭牌”，冲向美军的战线，在混战中，日军死50余人，美军死3人、伤25人，终于粉碎了日军的反击。这是日军最后一次有组织的反击。

11月23日13时，第27师师长史密斯少将宣布占领马金岛。

（五）血战塔拉瓦

塔拉瓦位于马金岛以南约185公里，是一个三角形的珊瑚环礁，中间是礁湖，东、南两边分别约长33公里和22公里，西边是一连串的珊瑚岛礁，东边则是连绵不断的暗礁，中间有通往礁湖的深水水道，在南面最西边的岛礁——比托岛，该岛一条长4500米的长堤一直通往礁湖，全岛长3700米，宽从450米到540米不等，面积约1.18平方公里，是日军在塔拉瓦岛最重要的防御核心岛屿，在岛中部筑有机场，机场跑道长1400米，宽60米，是日军在该群岛唯一的轰炸机机场。日军在比托岛经过15个月的努力修筑完备的防御体系，守军是柴崎少将亲自指挥的4000余人，而且大多是日本海军陆战队中的精锐之师。

美军在塔拉瓦岛登陆的是海军陆战队第2师，该师曾在瓜达尔卡纳尔岛经受过战火考验。瓜岛战役结束后，转到新西兰休整长达7个月。

11月19日15时，登陆编队到达塔拉瓦岛东南海域，登陆编队司令希尔少将召集随军记者举行记者招待会，声称将要把塔拉瓦岛从地图上一举抹掉，言下之意登陆部队遭遇的抵抗将会很微弱，登陆将会十分轻松，一旁的陆战第2师师长史密斯少将随即插嘴补充："请记住，当海军陆战队队员与敌人短兵相接时，唯一的盔甲是身上的咔叽布军装！"日落前，登陆编队所有军舰在塔拉瓦岛东南海域集合完毕，一起向登陆地域进发。

11 月 20 日凌晨 4 时，各登陆运输舰开始放下小型登陆工具。5 时 05 分，"马里兰"号战列舰弹射舰载校射飞机，弹射起飞的火光被日军发现，日军海岸炮随即开始射击，希尔立即下令还击，猛烈的炮火几乎将比托岛全部笼罩，但日军的海岸炮还在不断射击，而且越来越准，希尔只得指挥军舰转移阵位。5 时 45 分，不知什么原因舰载机并没有按计划准时飞来，指挥登陆的旗舰"马里兰"号战列舰通信设备在进行了两次主炮齐射后由于产生的震动失灵了。6 时 15 分，从航母上起飞的舰载机终于来了，由于美军进行舰炮射击时使用的都是爆破弹，此时比托岛上已经浓烟滚滚，飞行员根本看不清地面目标，因此舰载机的对地攻击只进行了短短七分钟就匆匆结束。舰炮火力准备继续进行，在两个多小时的舰炮准备中，美军共发射了 3000 多枚炮弹，小小的比托岛几乎每平方米都承受了一吨的炮弹，在这样猛烈的炮火下岛上似乎不可能再有生物存活，但美军大大高估了炮火的效果，日军大多数工事，特别是火炮掩体都深埋在地下，炮弹只有使用延时引信才能摧毁。美军缺乏对岸上点状目标射击的经验，速度太快，以致炮弹爆炸的烟雾遮掩了目标，但实际效果并不理想。如此大规模火力准备的唯一成效就是将日军指挥部与各部队之间的通信线路全部炸断。

美军在实施舰炮火力准备的同时，扫雷舰开始清扫并标示出安全进入礁湖的航道，引导登陆舰驶入礁湖。6 时 19 分，由于日军海岸炮仍在射击，登陆舰退到日军海岸炮射程之外待命。

陆战第 2 师于 7 时 07 分完成换乘，先到达距出发线 6400 米的集合区，整顿队形后再以六分钟的间隔向 5500 米外代号"红一""红二"和"红三"的三个滩头冲击，3 个营登陆部队总指挥是陆战第 2 团团长肖普上校。

由于负责标示航道的扫雷舰在作业时与日军海岸炮进行炮战，所以标定出的航道偏西，这加大了两栖车到达集合区的距离。而两栖车的驾驶员都是新手，训练还不充分，航行速度比预定计划要慢，直到 8 时 25 分，两栖车才到达出发线，比计划整整晚了 40 分钟，预定登陆时间从 8 时 30 分推迟到 8 时 45 分，后又推迟到 9 时。

美军舰炮曾于 8 时 35 分开始向纵深延伸射击，后又重新轰击海滩，8 时 55 分才再次向纵深延伸射击，而此时，海军的一架观察联络飞机发现两栖车无法在 9 时突击抢滩，便向旗舰"马里兰"号战列舰报告，可是"马里兰"号的通信设备已经失灵，致使一切仍在按照 9 时登陆的计划实施，9 时舰载机飞临滩头，实施航空火力掩护，但由于地面上烟雾弥漫，飞行员无法看清目标，对地攻击效果极差，当美军飞机结束攻击时，舰炮火力已向纵深延伸，滩头上出现了长达23分钟的火力间歇！这段时间已足以让日军从隐蔽部进入防御工事了。两栖车在接近滩头时遭到了日军火力的迎头痛击！大多数两栖车中弹，失去机动能力，只有少数得以上岸，海滩上到处是燃烧的两栖车和死伤的士兵。

好不容易冲上岸的陆战队员都被日军火力压制在海滩上的大堤下，无法前进。第四、第五波是载有登陆兵、坦克和火炮的机械化登陆艇和车辆人员登陆艇，由于吃水比两栖车深，当时又正值退潮，无法越过珊瑚礁，海滩上急需支援，便将所运载的M4“谢尔曼”式坦克放下水进行涉渡，结果有的坦克发动机因进水而失灵，只有7辆驶上海滩，其中3辆因滩头上到处是伤员而无法行动；有3辆被日军炮火和地雷击毁，还有1辆则陷在弹坑里动弹不得。登陆士兵由前三个登陆波的两栖车返回来接运到浅水区，再迎着日军的枪林弹雨通过700米齐胸深的浅水区，由于前三个波次的两栖车所剩不多，所以大部分人还滞留在珊瑚礁上。运载火炮的登陆艇无法卸载，只得后撤，等待涨潮。

陆战2团团长肖普上校原是陆战2师的作战科长，刚在一星期前接替在演习中受伤的原2团团长，由于他参与制订了塔拉瓦岛的登陆计划，因此他对该岛的地形、防御等情况都非常熟悉，这对于陆战2团是不幸中的万幸。10时30分，他终于找到了一部能用的电台，立即命令团预备队第1营从红一滩上岸。但直到中午过后，才与陆战2师师长史密斯取得联系。此时，登陆的美军只占领了纵深数米的滩头，而伤亡已经超过20%。希尔早已通过观察飞机知道海滩上情况不妙，接到肖普的报告一面命令舰炮继续猛烈射击为海滩上的部队提供炮火掩护，一面投入师预备队，同时向第5两栖部队司令特纳报告，请求调总预备队前来增援。

此时，塔拉瓦之战几乎已经到了失败的边缘——满载后续部队和重武器的登陆艇大部分被阻在珊瑚礁上，其余的只好在珊瑚礁外水域等待涨潮；海滩上的部队被日军的火力压得无法前进，所剩无几的两栖车来回奔波，运送补给撤下伤员。就在这样的关键时刻，陆战2师充分发扬了海军陆战队所特有的战斗作风，下级军官、军士和士兵主动组织起来，拼死冲锋。

红三滩头，霍金斯中尉率领34名战士，用炸药包、刺刀、铁锹，一步一步向前推进了300米，占领了滩头东侧一段长堤，取得了能展开炮兵的一块地方，炮兵立即将75毫米榴弹炮拆开，再把一块块部件运上滩头，组装起来，然后为部队提供炮火支援。霍金斯中尉在战斗中牺牲，为表彰他的英勇，美军将比托岛的机场命名为霍金斯机场。肖普团长深知连接红二滩和红三滩之间栈桥的重要性，接连组织了5次攻击，最终在32架舰载机的支援下，才夺取了栈桥。海空军竭尽全力为登陆部队提供支援，4 艘驱逐舰始终停在礁湖里，随时根据召唤进行支援，航空母舰舰载机提供航空火力支援，至日落前先后进行了 32 次攻击。

至日落时分，美军有 5000 人上岸，伤亡也超过了 1500 人。在海滩的西部占领了正面 140 米、纵深 450 米的登陆场，东部则控制了正面 600 米、纵深 270 米的滩头。夜间日军只有一些小规模的袭扰，均被美军轻易击退。美军的猛烈炮火轰击将其通信系统彻底破坏了，日军无法恢复通信，因而柴崎无法组织起大规模反击。

11 月 21 日，经过一夜补充的美军全力向前推进，扩大登陆场。午后，潮汐高潮终于到来了，重武器和坦克在红一滩和红三滩上岸，总预备队的陆战 6 团的两个营则在比托岛西侧新开辟的登陆点代号为“绿滩”的海滩登陆，随即消灭了日军对美军军舰威胁最大的 203 毫米海岸炮，巡洋舰、驱逐舰驶入礁湖，在岸上火力控制组的指挥下，以越来越准确和猛烈的炮火掩护地面部队推进。陆战 6 团的另一个营则占领了比托岛以东的拜里仓岛礁，设立了 105 毫米火炮阵地，支援比托岛上的战斗。美军开始占据上风。但日军仍在负隅顽抗，陆战 2 师士兵们自行组成战斗小组，用火焰喷射器和炸药包，一个一个解决日军的火力点，至日落前，已有部队推进到比托岛的南岸。日军在美军猛烈火力下死伤惨重，柴崎率指挥部成员向附近坑道转移时被美军炮火击毙。傍晚，陆战 2 师参谋长埃德森上校上岛，统一指挥岛上所有部队的战斗，日军由于指挥官柴崎少将阵亡，失去了统一的指挥，因而当晚没有发动大规模的夜间反击。

11 月 22 日，美军以滩头为基点，对残余日军实施夹击，并向中部的机场发动突击。塔拉瓦岛的胜负已成定局，但日军的抵抗仍在继续。黄昏，陆战 2 师师长史密斯少将上岛，在滩头开设了师指挥所。

11 月 23 日凌晨，被收缩在岛东部狭长地带的日军残部，连续发动了三次大规模的自杀性冲锋，尽管对战局已毫无作用，却给美军造成了巨大的人员伤亡和心理恐慌，5 时许，日军的反击终告平息。中午过后，美军突破了日军的最后阵地，全歼了守军。陆战 2 师师长史密斯于 13 时 12 分宣布，全部占领比托岛。

美军攻占比托岛后，于 11 月 24 日占领了比托岛东面的埃塔岛。29 日占领阿布里基岛，消灭岛上 160 名日军。至此，美军控制了塔拉瓦全部。

（六）攻占阿贝马马岛

美军计划在吉尔伯特群岛登陆的第三个环礁是阿贝马马岛，该岛位于塔拉瓦东南约 140 公里，1942 年被日军占领。日军原计划在该岛修建机场，后因所罗门群岛战事紧张而暂停，战役开始时只设有观通站，守备部队仅 25 人。

美军计划先以“舡鱼”号潜艇搭载海军陆战队一个分队，对该岛实施侦察，等占领马金岛和塔拉瓦岛之后，再组织兵力进行登陆。11 月 18 日，“舡鱼”号潜艇到达塔拉瓦岛海域，报告该地区天气、海浪以及近日美军火力准备的效果和日军的动态。11 月 20 日午夜，到达阿贝马马岛以南肯纳岛海域，“舡鱼”号潜艇放下 6 艘马达驱动的橡皮艇，运送 68 名陆战队员和 10 名工兵，携带轻武器和 15 天的补给品上岛侦察。11 月 21 日，陆战队员从肯纳岛西部登陆，展开侦察搜索。11 月 22 日，上岛美军发现日军兵力薄弱，立即在潜艇的炮火支援下，发起攻击，日军拼死抵抗，双方相持不下，美军经四天的战斗，于 25 日全歼守敌，美军仅阵亡 1 人。11 月 26 日，美军陆战第 2 师第 6 团第 3 营被送上阿贝马马岛，开始担负守备任务。

11 月 27 日，工程兵部队上岛，随即修建码头和机场，以便尽快为下一步进攻马绍尔群岛建立航空兵前进基地。

至此，吉尔伯特群岛战役的预定目标全部实现。

斯普鲁恩斯成名于中途岛，他是幸运的，美国海军指挥官哈尔西由于皮肤病的困扰不得不临时退出了战争，这直接导致了斯普鲁恩斯成了中途岛战役的前线指挥官。但他的成功更得益于他平时对自己的严格要求和自己优秀的战术思想。作为美国太平洋舰队的主要战将，斯普鲁恩斯参加了太平洋战争的大部分战役，在战争后期，斯普鲁恩斯作为美国海军的高级将领对后期美国海军的战略制定提供了许多建议，并且率领自己的舰队将这些战略意图付诸实施，为盟军在太平洋取得全面的胜利做出了重要贡献。

八、勤于思考的大兵将军——布拉德莱

奥马尔·纳尔逊·布拉德莱（1893—1981 年），第二次世界大战反法西斯阵营中最杰出的将领之一，美国五星上将，在盟军高级将领中享有“思想机器”的美称。他曾参与策划、制定战略方针，指挥集团军、集团军群横扫欧洲大陆直至欧洲战争结束。善于带兵，乐于与士兵交流，与士兵能打成一片，被称为“大兵的将军”。

（一）西点磨砺的贫困少年

布拉德莱 1893 年 2 月 12 日出生于美国密苏里州伦道夫县克拉克村，祖辈从英国移民到美国，在此定居，世代是农民。他的父亲经过自学当上了一名乡村教师，

但是家里依旧过得很贫苦。布拉德莱是这个家庭的独生子。

布拉德莱 15 岁的时候父亲患肺炎病逝，留下了孤儿寡母艰难地生活，学习优秀的布拉德莱并没有辍学，她的母亲靠做裁缝勉强养家糊口。等布拉德莱以优异的成绩从中学毕业的时候，家里再也无法承担他读书带来的负担，布拉德莱被迫做起了铁路机修工，但他并未放弃念大学的梦想。

后来经人提醒他将自己的希望瞄准了西点军校。美国法律规定，就读西点军校是不需要交学费的。报考西点军校需要有国会议员的推荐，布拉德莱就写信给密苏里州的议员威廉·拉克。但是好事多磨，拉克告诉布拉德莱自己已经推荐了另外一名学生进入西点军校，如果愿意，布拉德莱可以作为替补对象，如果他前面的这位学生在智力测验和体检上不合格的话，他就可以正式参加西点军校的考试。

也许是上帝不想让美国失去一位优秀的将军，那位学生真的在智力测验和体检的时候没有过关，布拉德莱获得了这次宝贵的机会，并且以优异的成绩通过了西点军校的考试，被西点军校正式录取。1911 年 8 月 1 日，布拉德莱按照规定到西点军校报到，开始了四年的军校生活。

四年的军校生活，布拉德莱接受了严格、系统的军事训练，毕业时的成绩排在了同届 245 名学生中的第 44 名。值得一提的是，布拉德莱所在的这一届学生后来被称为“群星荟萃的一届”，后来有 59 人当上了将军，其中就包括二战欧洲盟军总司令艾森豪威尔。

1915 年 5 月，布拉德莱从西点军校毕业。被授予少尉军衔，开始了自己的军人生涯。毕业后，他梦想着自己被派往欧洲，因为当时第一次世界大战激战正酣，但由于当时美国并未卷入这场战争，所以他未能如愿，而是被派到了驻扎在美国西北部的第 14 兵团。美国参加一战后，布拉德莱所在部队正驻守在美墨边境，未能前往欧洲参战。这也成为布拉德莱一生中的一大憾事。

1919 年 3 月，布拉德莱离开了第 14 兵团，被派往南达科他州立学院担任军事教官。1920 年 9 月被派往西点军校担任教官。在西点军校任教期间，他度过了自己一生中相对平静的四年。

（二）得遇伯乐终获成功

在本宁堡步兵学校的时候，布拉德莱遇到了自己的伯乐马歇尔。当时马歇尔正在担任这所学校的助理校长，马歇尔觉得布拉德莱善于思考、办事利落、能抓住重点，是不可多得的大将之才，因而挑选他来做自己的主任教官。二人在此次合作中结下了深厚的友谊。

1933年，布拉德莱进入陆军军事学院深造，进一步充实了自己的战术思想，提高了自己谋划战争和驾驭战争的能力，此后进入西点军校担任教官。

1939年9月，马歇尔出任美国陆军参谋长，布拉德莱迎来了自己的机遇，马歇尔点名要布拉德莱进入自己的参谋部，布拉德莱得到了向马歇尔近距离学习的机会。这当中包括军事行政，还有更重要的是如何决策。

后来在马歇尔的举荐下，布拉德莱开始担任本宁堡步兵学校的校长。由于当时国际局势复杂，战争随时都可能降临到美国头上，而美国军队急需大量的基层军官，布拉德莱就任本宁堡步兵学校校长后，创造性地制订了学制为3个月的预备军官学校的计划，这一计划遭到了美国军界的普遍反对，此时又是马歇尔站了出来，给了他最大的支持，使他的计划得以顺利实施。在这个时候布拉德莱还遇到了巴顿，这为两位将军后来的默契合作打下了坚实的基础。

布拉德莱在本宁堡步兵学校待了6个月，在这里他培养出了数以万计的基层军官，组建起了坦克部队和空降部队，他们的作用在后来发生的战争中得到了最大的肯定。离开本宁堡步兵学校的时候，布拉德莱得到了自己的第一枚将星，在当了五年中校后，未经上校，一跃成了将军。

（三）奔赴前线的美国大兵

珍珠港事件爆发后，美国加入了第二次世界大战。为了加强陆军的实力，美国陆军部新组建了三个师，布拉德莱被任命为第82步兵师师长，对这些刚入伍的新兵进行训练。布拉德莱带兵，总结起来无非两点：一是爱兵如子，二是身先士卒。

在训练方面，布拉德莱能够身先士卒，起到模范作用。在任第82师师长期间，布拉德莱不顾自己年事已高，带头训练，深得全师官兵的爱戴。正是这种严格的训练和管理，以及身先士卒的优良作风，使布拉德莱率领的部队表现出惊人的战斗力。

布拉德莱十分注重爱护士兵，与官兵打成一片。在筹建第82师初期，布拉德莱采取一系列温暖人心的措施，给来自各州的士兵一种“家”的感觉。在诺曼底登陆战出征前夕，布拉德莱不像巴顿在西西里岛战役出征前那样责骂官兵是“狗杂种”，而是说了一句永远鼓舞人心的话：“祝你们走运！”当欧洲战争进入攻打柏林阶段时，布拉德莱不贪大求功，主张放弃与苏军争功的机会，从而挽救了10万美军官兵的生命。

布拉德莱以生性稳重、意志坚定并注重小节而闻名于美军界。他出身贫寒，与基层士兵能同甘苦、共患难，因而深受士兵的爱戴与尊敬，被称为“大兵的将军”。

这一称号是新闻记者欧内斯特·派尔“创造”的，他在采访中发现布拉德莱有一种特殊的气质，即“平凡的伟大”。这一称号贯穿于布拉德莱的一生，他手下的人深深感受到他的宽厚温情。在部队训练和管理上，布拉德莱主张严格训练、严格管理。早在麦克阿瑟任西点军校校长期间，布拉德莱就主张不能放弃西点军校的传统，不能放松军校的纪律。在欧洲战场上，艾伦的“红一师”能征善战，不可一世，但师长艾伦目无纪律，全师狂放不羁，布拉德莱果断地撤掉了艾伦该师指挥官的职务。

在担任第 82 师师长期间，布拉德莱展示了其独特的带兵方法。重建的第 82 师的部分人员是经过正规军或国民警卫师训练的。其中有经验的军官和士兵来自第 9 师，人数占 10%，而 1.6 万余名新兵则刚从接待站接来。因此，一夜之间膨胀起来的第 82 师面临着许多问题。

新兵刚离开家人来到孤寂、生疏的兵营，思乡情切。而部队的杂乱无章往往给新兵一种枯燥乏味感，这使新兵的意志消沉，士气低落。布拉德莱治军的第一招便是给新兵一个“家”的感觉。既对新兵严格管理，又用理智、人道、体谅的方法真诚地关心他们的生活与福利。

第 82 师的新兵大多来自佐治亚、亚拉巴马、密西西比和田纳西。布拉德莱让伊顿带人先到新兵站迎接他们，根据他们入伍前的职业分类造册登记，分配到各小单位。铜管乐队吹吹打打，像欢迎英雄凯旋一样，让新兵产生一种新奇、兴奋感。之后，为新兵准备好帐篷，铺好被装及床上用品，食堂的饭菜热乎乎地等待新兵就餐。此外，布拉德莱还要求建立简易洗衣房，让远途而来者清洗弄脏的衣物。这些仁慈的小措施确实稳定了新兵的情绪，抹去了他们的思乡情绪。布拉德莱的举动惊动了麦克奈尔将军，他建议所有的师都采用布拉德莱的方法对待新兵。

在安宁舒适环境下长大的这批青年缺乏锻炼，有的新兵背上背包跑 1.6 公里便会趴下，大多数人身体虚胖，只有极少数人能应付起码的训练。布拉德莱把西点军校的体育气氛带到了师里，他制订了严格的体育锻炼计划，每天做柔软体操，进行各项运动。此外还组织士兵翻高墙、越堑壕、跨高栏、过水道、荡秋千。全师官兵包括布拉德莱都必须参加障碍锻炼。布拉德莱身先士卒，坚持与士兵同甘共苦。就在他过完 49 岁生日后不久的一天，他荡秋千时滑了下来，摔进污水沟里，丑态百出。助理师长李奇微后来记述了这件小事：“看到一位少将陷入这样的尴尬境地，对各级官兵来说，的确是一大趣事，这次事件成了训练阶段值得回忆的精彩场面。”

布拉德莱很清楚，这次“意外”的发生绝对是一大幸事，他感到官兵在大笑之后由衷地敬佩和拥戴他。他也是“大兵”！

布拉德莱不像巴顿那样富有煽动性，巴顿对士兵既鼓动、训诫、赞扬，但常常也有粗鲁的责骂，他认为士兵训练的地狱生活是最大的仁慈。“一品脱美国人的汗水可以挽救美国人的一加仑鲜血”，这是巴顿的名言。巴顿喜欢以勇带兵，而布拉德莱却喜欢以智带兵。

1942年6月，布拉德莱抵达路易斯安那的利文斯顿接手第28师。该师隶属于第4军，但各方面与第82师都相差甚远。1941年征集时，第28师仅进行过几个月的基础训练。首任师长是宾夕法尼亚州的政客爱德华·马丁，1942年1月他“超龄”退役一年后，当上了州长。麦克奈尔无奈，让巴顿的同学詹姆斯·奥德任第28师师长。可是，经过18个月训练后，全师竟然没有达到1/4的训练要求。马歇尔获知奥德在巴西只干过挂名职务，于是这次派布拉德莱取代了他。这可以说是临危受命，也是马歇尔对布拉德莱的信任。

马歇尔规定，为防止阻塞国民警卫队优秀士兵的晋升之路，正规陆军军官赴任时，随员要做严格限制。1942年6月26日，布拉德莱带第82师波普参谋长、作战与训练处长马修斯、民事处长索尔森及两名副官、一名司机等6人赴任了。他把国民警卫队优秀军官肯尼思·布坎南提拔为助理师长。

在野外苦干了4周后，布拉德莱发现第28师真是问题成堆。全师人事制度混乱，参谋军官管理不善。1600名军士已去预备军官学校进修，之后将派往其他的师。一个105毫米炮兵连仅有一名军官，手下只有一名下士充当助手。原来的12名下士去了预备军官学校，第13位下士成了“头号人物”。

布拉德莱首先制止了人员外流，并请求军长格里斯沃尔德从下一届预备军官学校中派一些新军官来。接着，布拉德莱消除了该师的“家乡”观念，阻止他们从小集团利益出发拉帮结伙。布拉德莱对排斥他人的“家乡帮”来了一个突然袭击，宣布24小时内全体军官和士官都去新步兵连和野战炮兵连。结果，没有人敢抗命，一位基层军官对布拉德莱大刀阔斧的改革行动深表支持：“将军，这是这个师所采取的最好的措施。”

为了改变全师的身体状况，布拉德莱又仿照第82师的模式开展各种体育训练活动。全师还强行进行40公里负重徒步行军的考核。开始走12公里，然后是19公里和25公里。布拉德莱不顾年事已高，拒绝副官的“保护”，亲自完成40公里徒步行军。在第109团，师长和机关人员一起行动。此前，布拉德莱告诫士兵们要节约用水。许多人不听，行军头一个小时即倒下，水也喝完了。有趣的是，有一位士兵对一位身穿运动服的“老兵”说：“到底是谁下令搞这次行军的？”

“不知道，不过他们应当绞死这个混蛋。”布拉德莱没说自己就是那个“混蛋”。

最后，布拉德莱在路上仅喝了一杯咖啡，除膝盖隐隐作痛外，他一点都不费力。到终点时，他还替人背了几个背包和一支步枪。

布拉德莱还身先士卒挽救了第28师的训练。与上次不同，布拉德莱这次显露了他大刀阔斧、快刀斩乱麻的治军方法。仅两个月后，布拉德莱请军长来观看了全师阅兵；不久师野战演习又圆满完成。这支乌合之师已成为一支训练有素的战斗部队。

1943年2月，布拉德莱被派往北非，担任巴顿将军的副军长，开始了自己在第二次世界大战战场上的表演。

（四）横扫欧洲的三军统帅

1943年3月17日，突尼斯战役开始，第2军担负助攻任务。这是布拉德莱踏上二战战场后的第一场战斗。4月15日，布拉德莱升任军长，全面指挥第2军的作战行动。5月7日，布拉德莱就率部攻入比塞大。5月13日，北非的德意军队全部被歼，布拉德莱则奉命前往阿尔及尔协助巴顿拟制西西里作战计划。6月，布拉德莱晋升为中将。7月10日凌晨，布拉德莱率第2军在巴顿指挥的美国第7集团军编成内参加西西里战役（代号“赫斯基”）。根据蒙哥马利制订的作战计划，美军取消了在巴勒莫附近的登陆行动。布拉德莱指挥第1步兵师进攻杰拉，第45国民警卫师攻击斯科格利蒂。在登陆获得成功并击退守军的反击之后，布拉德莱部抵达北部的主要公路，而盟军受阻于卡塔尼亚。此时，美军渴望迅速向北部海岸推进，既可包抄墨西拿，又可减轻盟军压力。但是，由于蒙哥马利作梗，布拉德莱部奉命将该公路让给盟军使用，布拉德莱意识到此举将使美军失去有利的作战条件，降低美军的地位和作用，但在向巴顿请示之后，仍忠实地执行命令。在巴顿擅自驱使临时军突向巴勒莫的同时，布拉德莱率部穿越高山险阻，继续北进。7月23日，布拉德莱部攻抵特尔米尼—伊梅雷泽海岸和佩特拉里亚，遗憾的是仍未能截住从巴勒莫撤出的德军。该部迅速将进攻锋芒转向墨西拿，实施特洛伊纳进攻战。8月，布拉德莱和巴顿先后在圣阿加塔和布罗洛实施“蛙跳”两栖围攻。8月17日，美军和盟军先后进入墨西拿，轴心国军队大部撤回意大利本土，西西里战役结束。

1944年1月，布拉德莱被艾森豪威尔正式任命为第1集团军群司令。6月6日凌晨，“霸王”作战开始。在空降部队降落和海空军火力突击之后，布拉德莱在英国第21集团军群编成内，指挥美国第1集团军在奥马哈和犹他海滩登陆成功。7月1日，美军攻占瑟堡港和科唐坦半岛。7月25日，布拉德莱在巩固和扩大登陆场之后开始实施因气候不佳而推迟的“眼镜蛇”战役。7月30日，美军突破阿弗朗什的德军防线，共俘虏德军2万，胜利结束该战役。

8 月 1 日，美国第 1 集团军和第 3 集团军组成美国第 12 集团军群，兵力近 40 万，布拉德莱任集团军群司令。布拉德莱以第 8 军横扫布列塔尼半岛，其余各军则沿卡昂—勒芒一线展开，准备向巴黎挺进，对诺曼底德军实施远距离迂回包围。就在此时，德军向莫尔坦发起反攻，企图进而夺取阿弗朗什。布拉德莱发现德军这个最大的战术错误，为盟军围歼诺曼底地区的德军提供了千载难逢的机会，遂改变原定计划，组织实施法莱斯围歼战（英加军推进到法莱斯，并越过阿尔让当，莫尔坦美军顶住德军的反攻，进攻勒芒的美军则往北折向阿尔让当）。8 月 19 日，盟军包围德军约 12 个师。

由于协同方面存在的问题，盟军击毙德军 1 万，俘虏 5 万，约有 4 万德军突围成功。此次战役使德军无法沿塞纳河设置防线。8 月 25 日，盟军进抵塞纳河，布拉德莱指挥下的美军和法军一道解放了法国首都巴黎。

解放巴黎之后，布拉德莱指挥美军快速向前推进，攻占兰斯、夏隆、凡尔登、那慕尔和列日等地，进抵齐格菲防线。10 月 2 日，美军对亚琛实施两翼包围，21 日占领亚琛。但是，由于德军加强抵抗摧毁港口而盟军缺乏汽油等补给物资，此时盟军被迫停止进攻，等待后勤补给。布拉德莱在 9 月 22 日盟军最高司令部作战会议上提出的计划于 10 月 18 日被艾森豪威尔采纳，即以第 12 集团军群为主，兵分两路突击莱茵河：布拉德莱以一部从亚琛出发，向科隆和波恩进攻，以一部通过萨尔，向法兰克福挺进，随后共同北上，包围鲁尔区；蒙哥马利则在肃清斯凯尔德湾残敌之后，从奈悔根向东南突击，直指鲁尔区。11 月 8 日，布拉德莱开始实施上述计划，但进展并不顺利。1944 年 12 月 16 日，德军集中约 24 个师的兵力、1000 架飞机，向阿登山区发动反攻，布拉德莱率领美军第 12 军作为美军主力，与德军在阿登展开激战。

1945 年 1 月 31 日，盟军在乌法利兹会师，收复突出部，将德军赶回初始防线。在阿登战役中，盟军以伤亡 7.7 万的代价，使德军伤亡 12 万。根据艾森豪威尔 3 月 21 日的命令，布拉德莱全面组织实施“低调”和“航行”作战计划，率部渡过莱茵河，向法兰克福推进，尔后全力挺进卡塞尔。

盟国最后击败纳粹德国的计划是在莱茵贝格会议上提出的：美国第 9 集团军和第 1 集团军以南北夹击之势围歼鲁尔区的德军，尔后在帕德博思—卡塞尔地区会师。此后，布拉德莱将指挥第 1 集团军、第 3 集团军和第 9 集团军从卡塞尔发动大规模进攻，穿过德国中部，直抵易北河畔，与苏军隔岸相对；蒙哥马利部掩护北翼，向北挺进，渡过易北河，直抵丹麦边境；德弗斯掩护南翼，向东南推进，直抵奥地利。这项主要由艾森豪威尔和布拉德莱共同提出的计划，被人称为“布拉德莱计划”。

3月28日，布拉德莱指挥实施该项计划。4月1日，盟军攻占帕德博恩并完成对鲁尔区德军的合围。4月4日，第12集团军群的部队全部归建，共4个集团军（美国第1、第3、第5、第9、第15集团军），兵力约130万，这是美军历史上最大的集团军群。布拉德莱为了接近指挥，将集团军群司令部迁到德国的威斯巴登。4月18日，被围德军约32万投降。西线德军总司令莫德尔开枪自杀。在此之前，4月6日，布拉德莱即下令继续挥戈东进，从卡塞尔到易北河，长驱120英里，各集团军的目标分别为莱比锡、易北河对岸桥头堡和穆尔德河。

4月13日，易北河德军防线被全线突破。布拉德莱立即准备实施第二阶段的作战计划，阻止德军向阿尔卑斯山和挪威逃窜。为此，他命令巴顿部继续向东南推进，直抵林茨和多瑙河，而掩护巴顿右翼的德弗斯部则穿过纽伦堡和慕尼黑，向东挺进。4月15日，盟军发起对德国的最后总攻。4月26日，美军与苏军在易北河畔的托尔高正式会师。5月7日，纳粹德国宣布无条件投降。

1945年8月，布拉德莱出任美国退伍军人管理局局长。1947年11月，出任美国陆军参谋长。1949年8月，布拉德莱升任美国参谋长联席会议主席，不久又兼任北约组织军事委员会主席及其常务委员会主席。1950年9月，布拉德莱晋升为美国五星上将。1981年4月8日，布拉德莱在华盛顿逝世。

（五）阿登战役

诺曼底登陆战之后，盟军乘胜追击，猛攻西线德军。到了1944年的深秋，德军已被压制回本土，盟军势力已经触及德国本部，德军势力缩小到前所未有的地步，濒临绝境。

背水一战的希特勒在这种情况下，决定继续用德国擅长的闪电战来扭转局面，把所有兵力调回西线，给盟军一场措手不及的突袭，一举把英美赶出意大利以外，重新掌握战场的主动权。

但希特勒的将领们反对，他手下的谋士也反对，在这种危急的情况下，自身都难保更何况进攻？希特勒在9月底召集了最高统帅部，命令他们立刻进行反击战计划，这场秘密的西线最大反击战，就是阿登战役。

布拉德莱与艾森豪威尔等人在分析德军的攻势之后，明确了盟军当前的主要任务：一、顶住从北面和南面突入阿登山区的德军；二、控制位于西面的咽喉要道上的圣维特和巴斯托尼；三、沿马斯河岸组织抵抗。德军的攻势使布拉德莱设在卢森堡的前进司令部受到严重威胁，艾森豪威尔也催促前进司令部退驻凡尔登。布拉德莱唯恐此举动摇军心而予以拒绝。12月8日，布拉德莱果断命令霍奇斯部掉头南下，巴顿部则转而北上，迎击德军。

战斗已经过去了两天，虽然诧异于德国此次进攻的激烈，但是盟军没有意识到这将是希特勒的最后一搏。美军截获的情报只是部分战斗计划，大局依旧在揣测当中。第1集团军甚至推断德军只不过是因为前不久美军攻击了鲁尔水坝，所以德国此次是报复性反击。但是到了17日早上，各处告急使得盟军高层司令官终于看清楚这确实是德国的全面进攻。当时盟军吓了一跳，赶紧调拨了美军第7装甲师赶赴增援。援军还不止如此，各路装甲军、空降师、步兵师都在赶往战区的路上。

12月22日，德军劝说巴斯托尼的美国守军投降，但是第101空降师麦考利夫的回答简洁犀利："滚!"这种态度让德军大为光火，要想硬攻势必又会拖延计划，所以万般无奈之下德军只能抽调一部分人留在这边拔去这个钉子，另外一方面重新寻找路线看是不是能绕过巴斯托尼。但是三天又过去了，圣诞节的雪花飘摇而下，不足两万人的美军一边高唱圣诞歌曲一边死守孤城，德军的进攻居然没有得到明显的效果。因为巴斯托尼被堵，德军的后勤供给就送不过来，德军装甲师突出部走得太远，此刻出现了食物短缺的情况，所以看起来巴斯托尼是非除掉不可。

12月26日凌晨，美军第4装甲军果然如惊雷闪电一般劈向巴斯托尼，始料未及的德军也遭遇了一次美国的闪电战。这支部队扯开一个口子以后，立刻钻进城内，跟他们的同胞一起对抗重围的德军。这对第101空降师来说无疑是一个迟到的圣诞礼物，给他们带来了生的希望。

德军一看不对，也抽调更多个师来攻打巴斯托尼，就这样围绕着一座小城，双方投入的兵力越来越多。

这时候，阴天已经过去，阳光重新洒向地面，天放晴了。这就意味着迟迟未动的盟军空军终于到了大显身手的时候，憋了太久的盟军轰炸机一冲动就大肆开火，德军的运输道路遭到了地毯式轰炸，后勤供给被全面粉碎。遥遥领先的德军第5装甲师推进得再快也快不过飞机，空军降临这支部队上方，毫不客气地开始了狂轰滥炸。

紧随德军第5装甲师的另一支精兵强将第2装甲师，就在这段时间撞上了美军第1集团军的第7军第2装甲师，两只坦克部队互相穿插，场面激烈，士兵的哀号和残肢充斥战场。美军第2装甲师抱着复仇的信念展示了不输给德国人的凶狠。残忍的一天结束之后，德军当场死亡2500人，另有1000人被俘，近百辆坦克损坏。德军强渡马斯河的希望落空了，他们开始逐步后退。

到了1945年的第一天，德军仇恨的眼神投向了巴斯托尼，同时也憎恶地望向空中的盟军战机，他们新一轮的报复又要来了。

1000多架德军飞机隆隆起飞，对着盟军机场展开了开战以来前所未有的猛烈轰

炸，盟军近300辆飞机毁于火海，紧接着德军地面部队紧逼巴斯托尼，炮弹开始接连坠落。

此时的盟军各路援手已经大致到位。遭受德军轰炸两天之后，1945年1月3日，盟军开始全面反攻。按照之前的计划，巴顿率领第3集团军以巴斯托尼为中心，向东北方向开始攻击，而霍奇斯则往东南发动攻势。德军的炮火不停，步兵和装甲兵豁出一切往城内猛攻，这是阿登战役进行到最后的绝唱，也是最为凄厉和悲壮的血战。德军的视死如归与美军的坚韧不拔互相碰撞，双方的机枪火炮没有停止过片刻，战场的黄土吸饱战士的鲜血，火烧火燎的味道直升到巴斯托尼的上空。

五天过去了，德军终于体力不支，暂时停止了进攻，虽然说此刻德军没有进展，但是也没有被美军打回去，依旧插入美军腹地，形成尖牙之势。天气分外严寒，当时经历战争的士兵回忆起来，鲜血还未来得及流下就形成了红艳艳的冰碴儿，落脚之处到处是士兵断掉的手脚。

德军开始边打边撤，在缺乏燃料补给的情况下，他们很清楚再也支撑不了多久了，巴斯托尼久攻不下也没有办法，目前还是保留一部分实力先回国再说。

因为物资大量短缺，最后德军大多数装甲车甚至不得不放弃，丢在道路一旁。

希特勒见大势已去，只能下令撤退。但屋漏偏逢连夜雨，在1月12日，苏联又在东线兴风作浪，展开了进攻。德军西线必须抽调一部分去抵御告急的东线，所以西线德军的撤离更加迅速，之前是边打边撤，现在变成了全速撤退。

盟军一见时机大好，趁势猛追，一路就像是用鞭子抽打一样，把德军赶出了盟军原先的阵地，打回了老家。

阿登战役一开始，包括布拉德莱在内的盟军指挥官们根本就没有想到这会是希特勒的垂死一搏，对于局势的严峻性和战斗的残酷性没有做丝毫准备，好在经过战役初期的慌乱后，盟军以最快的速度做出了反应，给希特勒以强有力的回击，保住了盟军诺曼底登陆以来取得的战绩，保证了第二次世界大战向着胜利的方向发展，布拉德莱在此次战役中的正确指挥保证了战役的胜利。

布拉德莱是第二次世界大战反法西斯阵营中杰出的将领之一。战争期间，布拉德莱不像他的同学艾森豪威尔那样地位显赫，也不像与他并肩战斗的蒙哥马利、巴顿那样出尽风头，引人注目。但是，在欧洲战场上，布拉德莱在盟军高级将领中享有“思想机器”的美称。他曾参与策划、制定战略方针，指挥集团军、集团军群横扫欧洲大陆直至欧洲战争结束。在战争后期，布拉德莱指挥的集团军群拥有130万人马，堪称世界上最大的作战部队。巴顿、霍奇斯、柯林斯等一代骁将在其麾下作战。

布拉德莱以其儒将风范影响着一代将领，更以大智若愚的个性为反法西斯的欧洲战场屡出妙策，屡建奇功，成为二战中盟军将领的典范。

九、进攻至上的利刃尖刀——巴顿

小乔治·史密斯·巴顿（1885—1945年），美国陆军四星上将，是第二次世界大战中著名的美国军事统帅。巴顿作战勇猛顽强，重视坦克作用，强调快速进攻，有“热血铁胆”“血胆老将”之称。巴顿在二战战场上建功无数，是盟军中最为犀利的进攻武器，在欧洲反法西斯战争中做出了巨大的贡献，其凌厉勇猛的作战方式，给盟军带来了巨大的帮助，使德军闻风丧胆，他在战场上的表现使他成为第二次世界大战中一颗耀眼的军事明星。

（一）西点留级的坦克高手

巴顿于1885年出生在加利福尼亚州南部的圣加布里埃尔，父亲是一名地方检察官，母亲是富商之女，巴顿从小在富裕的家境中成长。1897年，12岁的巴顿进入当地一所古典中学读书，他在那里完成了自己的初等教育，掌握了基础知识，学会了如何正确地进行科学而又合乎道义的选择。1903年9月，巴顿进入弗吉尼亚军事学院学习，1903年又转入西点军校学习。

在西点军校学习期间巴顿曾留过一级，这成为他军人生涯中的一段小插曲。事情缘起于巴顿对军人的独特见解。巴顿认为一个优秀的军人就要有出众的军人气质和顽强的意志，而这一切都体现在军人的军姿和队列中。所以进入西点军校之初，巴顿就十分注意自己队列的训练。在西点军校中，队列每星期六训练一次，巴顿常常在星期天下午就苦练下一课，这样在下个星期六时，他的动作已经很标准了。但是队列在毕业成绩中只记15分，而数学却有200分。有人曾经劝巴顿：你的数学已经很差了，如果你把用于准备队列的时间拿出80%用在数学上，你不但可以通过队列的考试，而且数学成绩也会跟上去。对于这样的建议，巴顿不为所动，依然如故。第一学年结束时，巴顿虽然队列成绩名列第二，但数学为全班倒数第一，校方虽然对他的顽强意志和刻苦精神加以肯定，承认他勇敢、刚毅，但还是让他留级了，巴顿也成了西点军校历史上最出名的留级生。

1906年6月，巴顿从西点军校毕业，被分配到伊利诺伊州的谢里登堡，任骑兵连少尉。1916年，巴顿跟随潘兴将军参加了对墨西哥的作战，在此次作战中，巴顿作战勇敢得到国内的普遍赞誉，巴顿神话第一次在美国传开了。

1917年，美国宣布对德宣战，参加第一次世界大战。潘兴将军受命组建步兵师，率军作为美国首批参战部队赴法国协同英法联军作战，巴顿作为这支部队的军官踏上了第一次世界大战的征途。

在一战战场上，巴顿见到了坦克，并对这种新式武器产生了浓厚的兴趣。巴顿初步认识到，坦克部队是一个具有巨大发展前途和作用的新兵种，将对以后的战争产生非常巨大的影响。随后巴顿参加了美国组建的坦克部队，1918年4月底，巴顿被提升为中校，组建了第1轻型坦克营，他自任营长，下辖三个连。不久，巴顿又把第1坦克营扩建为坦克旅，下辖两个营，他任旅长。

1918年9月，圣米歇尔突出部战斗打响，巴顿率领自己的坦克部队参加了第一次坦克作战。在此次战役中，美法军队共有174辆坦克参战，其中15辆被击毁，22辆陷入壕沟，14辆出现故障。坦克兵伤亡5人，4名军官和15名士兵受伤，巴顿对自己的部下十分满意。

在后面的日子里，巴顿带着自己的坦克部队参加了多场战争，他在战场上作战勇敢，被人们称为“坦克兵英雄”，受到了军方的赞扬。在巴顿33岁生日前不久，他被晋升为上校。

1918年11月11日，第一次世界大战宣告结束，巴顿结束了自己在欧洲战斗的日子，返回美国，这时的他已经成为人们心中坦克战的高手。

第一次世界大战结束后，美国开始大量裁撤军队，巴顿失去了自己施展才能的舞台，他开始了自己一生中最为无聊的岁月。在这段时间，他奉命去学校进行过进修学习，在夏威夷担任过计划训练处处长、情报处处长等职，一直等到第二次世界大战爆发，他才重新找到了自己的用武之地。

（二）二战扬威的血胆老将

1939年9月，第二次世界大战全面爆发，美国面临战争。巴顿的军事才能得到陆军参谋长马歇尔的赏识，认为他是能在战场上战胜快速机动的德军的优秀将才。1940年7月，马歇尔批准组建装甲师，巴顿受命组建一个装甲旅，并晋升为准将。同年，巴顿被任命为第2装甲师师长，晋升为少将。

1941年12月珍珠港事件之后，美国对德日意宣战。1942年1月，巴顿升任第1装甲军军长。

11月，巴顿率领美国特遣队4万多名官兵横渡大西洋，在法属摩洛哥海滨登陆，经过74小时的激战，终于迫使驻摩洛哥的德军投降。北非登陆的成功，为盟军顺利地完成北非战局部署创造了有利条件。随后，巴顿被任命为美国驻摩洛哥总督。

1943年3月5日，巴顿临危受命，接任被隆美尔击败的美国第2军军长。他从到达第2军的那天起，便全力以赴地整肃军纪，迅速改变了全军涣散的软弱状态。3月17日，面目一新的美第2军向德军发起进攻，一路猛攻猛打，进展迅速，很快与盟军在突尼斯北部完成了对德军的合围。

突尼斯战役不久，巴顿晋获中将军衔，升任美第7集团军司令。1943年7月9日，盟军发起西西里岛登陆战役。巴顿率美第7集团军攻取巴勒莫，随后抢在蒙哥马利之前拿下了墨西拿城。盟军占领了西西里岛，德军退到意大利本土。

1944年12月，巴顿率第3集团军在阿登地区击退德军的大反扑，解救了被围的盟军部队。1945年3月，巴顿再次抢在蒙哥马利之前渡过了莱茵河。1945年5月初，巴顿的第3集团军一直推进到奥地利边境方才住脚。在9个月的推进过程中，巴顿部队歼敌140余万，取得了惊人的战果。4月16日，巴顿晋升为四星上将。

1945年5月8日，德国投降，欧战结束。巴顿被任命为巴伐利亚州军事长官。

1945年12月9日，巴顿在外出打猎时突遇车祸受重伤，12月21日在德国海德堡一家医院辞世，享年60岁。

（三）西西里岛登陆战

第二次世界大战进入1943年，盟军已经在北非战场上取得了胜利，为了进一步取得战争主动权，盟军决定向纳粹德国的同盟——意大利所属的西西里岛进军。占领西西里岛意味着盟军将在地中海上取得最重要的战略据点，使盟军地中海运输线得以畅通无阻，并对本来就不太稳固的意大利墨索里尼政权造成致命威胁。在盟军两大名将巴顿和蒙哥马利的指挥下，一场经典的登陆战开始了。

一轮轰炸充当了猛烈的前奏。群鹰似的4000架飞机压到西西里岛上空，岛上分布的机场和军备设施被炸得千疮百孔。刚到7月，西西里岛甚至连到意大利的南部都被盟军空军占据，德意空军微弱的力量被驱赶到了意大利中部。

7月5日，北非奥兰等6个港口同时开出大量舰队，盟军攻击的路线从这里出发，大批兵力被不断地运送到马耳他岛。两艘巨大的“无敌”和“无畏”号航空母舰在旁保驾护航。同时盟军还让航母时不时地往希腊方向假装移动一下，德意军拿捏不定，根本敲不准盟军这股大军是要去哪。

7月9日，马耳他岛集结了大量盟军舰队。当时天气突然由艳阳高照一下子变得黑云压顶，温度骤降，狂风掀起怒浪，拍打到甲板上，所有锁在岸边的船只变得

摇摇晃晃。精神已经十分紧张的德意军看到这样的情况，料想盟军不会选在这么恶劣的条件下登陆，就稍微放松了防御。

凌晨2时，黑色恶浪丝毫没有停歇的意思，在闪电和暴雨之中，盟军的空降部队犹如一只只奋勇的海燕，箭一般从突尼斯射向西西里岛，366架银白运输机和轻捷滑翔机顶住狂风，搭乘着近6000名官兵空投到西西里岛空旷的平地上。仅仅一个小时过后，英美联军开始上军舰准备登陆作战。因为海面状况太过险恶，美国第7集团军的众多士兵不谙水性，异常惊恐。在登陆舰到达滩涂要下水上岸的时候，格兰特少校大声呼喊，结果无人响应。也难怪这些英勇的士兵，外面漆黑一片，只听到船体激烈碰撞和木杆折断的巨大响声，冒着寒气的水浪大股扑向舱内，这一踏出去就不知是生是死，对未知的恐惧使他们全都不敢踏出脚步。格兰特少校大为生气，率先跳上了岸，士兵们看到没有意外才纷纷出舱。而就在巴顿和蒙哥马利分头带领着16万英美联军，登上沉重巨大的军舰并且运输船也迎风破浪驶来的时候，西西里岛守军发现不对，但是空中战机的炮弹已经打得他们晕头转向了，因此大批军舰在掩护下顺利开到了西西里岛的西南部和东南部。在海滩两岸本来就为数不多的意大利军队毫不恋战，草草放了两枪就缩了回去。

天光放亮，风雨暂歇。到中午的时候，金色阳光重新穿透了厚厚的云层，巴顿和蒙哥马利已经各自登陆，蓄势待发。

意大利将军古佐尼心知英美大军压下，自己毫无胜算，但是依旧组织指挥，努力顽抗。这时前面紧急赶到的德军装甲师也掉头前来助阵，第15装甲师把蒙哥马利手下的英国第8集团军挡在了北方奥古斯塔的前面。久负盛名的德军装甲师果然非同一般，格林装甲步兵师连同意大利两支摩托化步兵师，直扑巴顿带领的美国第7集团军。

481架黑色德军战机也出现在西西里岛本来就熙攘的上空，光剑般的炮火如雨一般直落在盟军正陆续登陆的滩头部队。正在进行掩护的盟军战机自然直冲敌阵进行干扰，一场空中恶战展开了。使得情况更加混乱的是盟军地面的对空武器，在上空飞机快速互相穿刺的运动战中，炮火完全对不准目标，只好不分你我的连续炮击。

从地面到空中，两支德军装甲师和两大英美集团军，三个方向的力量在对碰绞杀，犹如三条巨龙，把西西里岛炸得体无完肤。

一天过去了，德军坦克以勇猛的势头直逼美国第7集团军的滩头阵地，美军阵线被一再挤压后退，都集中到了当初上岛的地方。巴顿策马奔向前线，力挥双手让士兵跟他奋勇向前。海上的炮火也炸响了，盟军船上的炮弹齐发，试图把钢铁怪物坦克崩个底朝天。天色逐渐昏暗，夜色即将到来，坦克被炮火炸坏不少，没有了这些铜墙铁壁的武器，德军也只好狼狈后退。美军趁势追击，一举拿下了杰拉城。

捷报频传，那头的英国第8集团军也攻占了锡腊库扎。退到后方的德国与意大利军队得到了第一次反攻的失利。凯塞林痛恨大军不在，以自己手下这点兵力和意大利的境况，完全是以卵击石，目前唯一能做的就是力拼到底，能拖就拖，尽量磨时间。他向希特勒提出先上前锋拖延战况，剩下部队撤离退回到意大利卡拉布里亚。这个计划得到了希特勒的同意，同时希特勒也意识到了自己的错误，紧急抽调装甲师和空降师前往西西里岛补充军力，同时做好跟撤离的德意军会合的准备。

小乔治·史密斯·巴顿

如果再退一步，就是墨西拿了，为了避免这种情况发生，格林装甲师前往东部卡塔尼亚，配合赶来支援的第1空降师，牢牢守住这个关卡，阻止第8集团军的前进。而在恩纳附近，原来就在西西里岛的德军第15装甲师也和新调回的第29装甲师会合，齐心协力想阻止美国第7集团军的步伐。就这样，西西里岛所有的防御任务就全部压在了这四个德国师的肩上。

德军的拼死抵抗并没有给英美联军造成太大压力，相反对盟军来说最大的阻碍却来自内部。

盟军和美军节节胜利成了各自功勋的旗杆，开始暗暗较劲。13日蒙哥马利的第13军大逞威风，对防守严密的卡塔尼亚进行突击。百余架飞机带着近2000名空降兵直落地面，和步兵师联合攻击。满身披甲的德国装甲师也带来他们的空降兵，塞住卡塔尼亚各处公路。蒙哥马利的计划没有成功，正面进攻突破不了，于是只能绕过埃德纳火山，从西侧往墨西拿开去，他通知了巴顿的美军赶来进行支援。

但是巴顿心中颇有不满，这次张扬的行动成功的话，蒙哥马利就是毫无疑问的英雄，而巴顿顶多算得上辅佐有力的配角。他决心这次一定要超越蒙哥马利的风头，自己另辟蹊径，干个漂亮。于是美军在他的指挥下分成了两路，第2军按照约定前往西西里岛中部的埃德纳火山对盟军进行支援，而另外一路暂编军则迅速插向了西西里岛首府巴勒莫。

巴勒莫根本没有设防，美军未发一弹一炮就成功占领，把5万多意大利军队完全俘获。巴顿这下扬眉吐气，沾沾自喜，觉得面上总算有光。连艾森豪威尔也为美军能够这样迅速而轻易地胜利感到欢欣鼓舞。但是这下蒙哥马利的盟军却惨了，因为支援不足，他绕山前进的两个方向都被德军强大的阻力堵住。

巴顿一看盟军动弹不得，也不想着助攻什么，而是打算趁现在德军在跟盟军胶着，自己先奔向墨西拿，赶在蒙哥马利之前结束战争，也好让一直对美军讥讽嘲笑的英国人面上无光。所以美国第2军就灵活地掉头，从东面前进，沿着北海岸公路往墨西拿行进。

但是过程并没有巴顿想得那么顺利，他们以为德国全身心和英国作战就会放松其他地方的警惕，这个错误给美军带来了惨痛的教训。8月1日，美军在特洛伊那败阵，德军的坚强和兵力让他们大吃一惊。又经过了七天的生死搏斗，美军硬是付出了比预想多太多的代价才逼走德军。而8月5日盟军已经撬开了卡塔尼亚的塞子，闯进了东海岸公路。德军开始两头都被迫后退，他们采取了紧急撤离方案，沿途洒下无数地雷，盟军和美军就像在进行一场刀尖上的竞走，目标都是墨西拿。8月16日美国第3师率先来到墨西拿城下，17日美军先遣部队进入城内，紧接着欢呼声传来，英国人也开进了城门，两军终于紧紧咬着不放地追到了目的地。英国军官向巴顿致意说："将军，这次比赛真的太有意思了！我祝贺你！"

西西里岛所有的抵抗到此为止，盟军彻底把地中海都捋了个明明白白，从此通往欧洲的大门就向他们正式敞开了。

在这次相对轻松的战役中，盟军因为低估了守军的实力，损失了近3万人，和德意两军不相上下。但是德意两军的军备损毁还是相当严重的，这次战役使得意大利不得不退出列强的争夺战。意大利已经没有任何资本再进行残酷的角逐，开始试探投降的道路。在西西里岛登陆战役中，盟军共伤亡22811人，其中5532人死亡、14410人受伤、2869人失踪。德意军伤亡33万人、被俘13.2万人，此外还损失坦克260辆、大炮500门、飞机1700架。这次战役虽然没能消灭德军大量有生力量，但达到了迫使意大利退出战争的政治目的。

巴顿是一位充满传奇色彩的人物，他一生呈现出鲜明的个人性格特点，粗鲁、野蛮是他在战争中留给后人的印象，潘兴元帅甚至把他叫作"美军中的匪徒"。作为统帅人物，巴顿将军最大的特点就是以他自己的尚武精神去激励部下，用他的个性去影响部下在战场上奋勇向前。他作战勇猛顽强，指挥果断，富于进攻精神，善于发挥装甲兵优势实施快速机动和远距离奔袭，被部下称为"血胆老将"。

艾森豪威尔给巴顿下结论说，他有一种"非凡而又残酷的推动力"。英国亚历山大元帅评论说：巴顿是一个推进器，随时准备去冒险，他应该生活在拿破仑战争年代——他会成为拿破仑手下一位杰出的元帅。

在巴顿的战争理念中除了进攻还是进攻，他像一把利刃尖刀，所到之处德军防线都会被扯开，成为盟军最锋利的开路先锋，但巴顿暴躁的性格也严重影响了他的军事生涯，最典型的就是在西西里岛战役进行过程中他的"打耳光事件"，这几乎葬送了他的军事生涯，但是好在他遇到了艾森豪威尔，在艾森豪威尔的知人善任下，巴顿将自己的才华和威力发挥到了极致，成为后世景仰的二战英雄。

十、飞翔的美国战鹰——阿诺德

亨利·哈利·阿诺德（1886—1950年），美国空军五星上将，1903年考入西点军校，毕业后进入美军陆军服役。时值美国莱特兄弟研制飞机成功，这一重大发明吸引了阿诺德的眼球，改变了他的军事生涯。

服役期间，阿诺德历任美军陆军航空兵司令、陆军参谋长、陆军航空队司令等职务。第二次世界大战期间，阿诺德率领美国空军以及美国航空兵多次与德军、日军交战，协助美国海军舰队对日军军事目标进行了沉重的打击，为盟军在第二次世界大战中取得最终的胜利做出了重要的贡献。

（一）热爱飞翔的飞行队长

1886年6月25日阿诺德出生在美国宾夕法尼亚州的格拉德怀尼。他的父亲是个医生，希望儿子继承父业或献身宗教，但阿诺德另有志向。1903年，他经过认真思考和选择，考入有着“将军的摇篮”之称的西点军校。1907年毕业，分配到步兵部队，并远涉重洋到菲律宾任职。

20世纪初，美国的莱特兄弟发明飞机并试飞成功。对飞机非常感兴趣的阿诺德于1911年自愿报名去俄亥俄州的代顿，向莱特兄弟学习飞行。积累3小时48分钟的飞行经验后，阿诺德成为美国陆军的首批飞行员之一，第二年就创造出飞行高度6540英尺的世界纪录，因此获得1枚胜利勋章。此后因飞行事故而停飞四年，再次赴驻菲律宾步兵部队服役。这对阿诺德无疑是个沉重的打击。然而，阿诺德在菲律宾得以与乔治·马歇尔共事，此人对他以后的前途大有影响。1916年，阿诺德回国后再次转入飞行部队并晋升为上尉。战争过后，他的军衔仍是上尉，直到1921年才晋升为少校。

两次世界大战之间的美国军界发生了陆军军事法庭审判威廉·米切尔的重大事件。米切尔准将是当时陆军航空兵领导人之一，受杜黑“制空权”思想的影响，认为飞机是未来战争的决定性力量，要求建立脱离陆军控制的独立的空军。米切尔对美国陆军部的漠然态度极为不满，指责他们玩忽职守，“几乎是叛国”。结果是米切尔于1925年被带上军事法庭，以违背上级罪判处停职两年半。米切尔愤而退役，

继续为组建独立的空军奔走呼号，直到1936年去世。

1925年至1926年在陆军工业学院学习的阿诺德是米切尔思想的坚决支持者，后因在米切尔审判事件中出庭作证支持米切尔而被流放到堪萨斯的赖利堡。但是，阿诺德仍然坚定地为组建独立的空军而努力奋斗。他潜心钻研航空技术和航空兵战术，埋头于理论著述。其主要著作有《飞行故事》《飞行员与飞机》《空战》和《陆军飞行员》等。

从利文沃思堡的陆军指挥与参谋学院毕业后，阿诺德来到俄亥俄州的航空站和莱特基地工作。1931年，他晋升为中校，调任加利福尼亚马什航空基地指挥官。1934年，阿诺德率领由10架轰炸机组成的编队从华盛顿直飞阿拉斯加，再安全返航，全长18000英里，因此再次获得胜利勋章。1935年3月，阿诺德晋升为准将，出任第1航空联队队长。

(二) 反法西斯战场上的空军司令

1938年9月，阿诺德就任美国陆军航空兵司令，晋升为少将。随着世界大战的临近，阿诺德通过各种途径向罗斯福总统发出呼吁，要求扩充空中力量。德国空军在欧洲闪击战中的作用也日益为人们所认识。1940年6月法国败降后，罗斯福下令生产5万架飞机以保卫西半球的安全。战争为实现米切尔和阿诺德的理想提供了绝好的机会。

1940年10月，阿诺德升任负责航空兵事务的陆军副参谋长兼陆军航空兵司令，陆军航空兵的地位得到提高。1941年7月，美国陆军航空兵改组为陆军航空部队（习称陆军航空队），下辖数个航空队，仍由阿诺德指挥。1941年12月，阿诺德晋升为中将。1942年3月，因为美国陆军再次改组，陆军地面部队、陆军航空部队和陆军后勤部队成为陆军的三大组成部分，阿诺德改任美国陆军航空队司令。

太平洋战争爆发后，美英决定两国军方组成联合参谋长会议，共同制定反法西斯的全球军事战略。1942年2月，阿诺德成为新成立的美国参谋长联席会议和美英联合参谋长会议成员。大战期间，阿诺德除了1945年的雅尔塔会议因心脏病复发而缺席外，参加了盟国所有决定军事战略的重要会议，其思想影响了这些会议所做出的决策。

阿诺德长期酝酿的最基本的思想是：由于空军的出现，战争已变得立体化。空军可以大规模地袭击敌人的地面部队和水面舰艇，可以深入敌人的战略后方，破坏敌人的后方补给、工业经济、交通枢纽，甚至人口密集的中心城市，从整体上摧毁敌人的抵抗意志。因此，根本无须入侵和占领敌国的领土，仅用空军就可以迫使敌人投降，从而结束战争。这种作战方式就叫“战略轰炸”，即具有战略意义的飞机轰炸作战。

显然，依靠空军单一军种去赢得战争的想法是不现实的，阿诺德对空军作用的评价不无夸大之嫌。但是，第二次世界大战期间，盟国空军战略轰炸的作用也同样不能低估，而阿诺德为此付出了巨大的努力。美国正式参战前，英国对德国后方的轰炸已持续一段时间，由于力量不足，效果并不明显。

在欧洲战场，德国的重要工业区如鲁尔、汉堡、埃森、法兰克福、莱比锡和慕尼黑等都受到飞机的反复轰炸，德国实施火箭袭击的佩内蒙德基地也被摧毁。1943年11月至1944年3月的“柏林之战”，盟国出动飞机上万架次，数十次空袭德国首都，沉重打击了德国军民的士气，加速了纳粹德国的瓦解。1944年6月的诺曼底登陆作战中，盟国集中飞机近14000架，在登陆前50天就开始对德国防御体系的前沿和纵深进行轰炸，而在登陆作战实施之时完全掌握着诺曼底地区的制空权。

太平洋战场对日本的战略轰炸实施较晚。1944年，美国最新的远程战略轰炸机B-29参战。同年6月，阿诺德指示驻中国的美国陆军第14航空队司令陈纳德利用中国西南的机场，起飞B-29轰炸日本。当年7月，美国攻占中太平洋的马里亚纳群岛后，这里便成为轰炸日本最理想的基地。阿诺德率陆军第20航空队（从1944年4月起兼任第20航空队司令）进驻马里亚纳群岛，亲自指挥该航空队大规模空袭日本。从11月起，日本列岛的军事、经济目标就被覆盖在美国战略轰炸的弹雨中。

1945年春，阿诺德命令将轰炸使用的普通炸弹改为汽油燃烧弹，这种轰炸使包括东京在内的许多城市化成火海。日本民众首先感受到的打击不是来自海上，而是来自空中。城市瘫痪了，居民纷纷逃到乡下。因此，在美国参谋长联席会议讨论最后对日本本土战略之际，阿诺德毫不迟疑地提出，无须陆军和海军去发动那种伤亡巨大的登陆作战，他的战略空军足够解决问题。似乎是对他这种豪迈说法的佐证，1945年8月，在阿诺德的陆军航空队对广岛和长崎投下两颗原子弹后没几天，日本便宣布无条件投降。

（三）快乐的五星上将

1943年3月，阿诺德晋升为上将。1944年12月，阿诺德获五星上将军衔。战争期间，阿诺德指挥着世界上最庞大的空中力量，包括15个航空队（下辖234个作战航空大队），共计250万人，约7万架飞机。

阿诺德有个广为人知的绰号“快乐的阿诺德”。他性格外向，活泼开朗，笑口

常开，深得部下和同事的喜爱。在美国参谋长联席会议中，阿诺德与成天板着面孔的海军作战部部长金，形成鲜明的对比。

阿诺德于1946年从美国陆军航空队退役。就在他退役后的第二年，美国国会通过《国家安全法》，正式批准陆军航空队脱离陆军，组建独立的美国空军。阿诺德终身为之奋斗的理想成为现实，并因此被改授美国空军五星上将。

1950年1月15日，阿诺德在加利福尼亚的索诺马去世。

（四）空袭德国

1943年1月，盟国召开卡萨布兰卡会议，研究对德战略问题，批准了阿诺德提出的加强从空中打击德国的建议。5月的华盛顿会议再次确定，盟国对轴心国发起海上攻击的同时，战略轰炸也要作为重要的打击手段。此后，大批的美国轰炸机部队在英国集结，并组建了专门对德国实施轰炸的美国陆军第8航空队。在阿诺德的影响下，美国战前就开始生产被称为“空中堡垒”的B-17远程轰炸机，而更新式的战略轰炸机亦即将投入生产。对德国进行大规模轰炸已经一切就绪。

1943年的夏天，柏林人感觉到的不是炎炎盛夏，而是暴风雪般的攻击。盟军空军开始对德国本土的重要目标进行猛烈轰炸，而工业重镇汉堡成为在炮火中首当其冲被重点打击的地方。帝国政要戈林当初说轰炸柏林是不可能发生的事情，而如今汉堡的毁灭让德国人清醒地认识到，柏林早已不是一座无懈可击的钢铁壁垒。

1944年3月6日，美国第8航空队3个轰炸师29个轰炸大队的812架轰炸机，在美英近700架歼击机掩护下又出发了，它们预定对柏林的埃尔克纳轴承厂、戴姆勒—本茨航空发动机厂以及位于南郊的军用电子设备厂发动新一轮的空袭。

全部的美军轰炸机于上午8时30分在英吉利海峡上空组成一字长蛇阵，整个编队长达170多公里。于是，德军的前沿雷达站捕捉到了大批轰炸机集结的信号，从而拉响了前所未有的空袭警报，各防空战斗机管制中心得到信号之后马上开始调集飞机，德军部署在德国本土、荷兰、比利时、法国北部的911架战斗机，准备对盟军机群进行截击。

美国轰炸机群的先导机于11时30分飞抵汉诺威以北的一个检查点，与目标相距已经不是很远。但是因为集群之间的距离拉得太远，担任护航的战斗机多半配置在先头梯队四周，因而机群后部的防护力量看起来过于薄弱。这个弱点迅速被德军控制中心发现，于是负责截击的德军机群马上起飞，600多架德军战斗机组成了“狼群”环形战斗队形，在地面指挥中心的引导下，德军飞机向美军防护薄弱的后部冲了过去。

率先冲进美国机群的是德国飞行员豪普特曼上尉所率领的机群，100 多架德机与盟军机群在 8000 米高空缠斗到了一起。这时为美国护航的是 8 架 P-47 歼击机，盟军飞行员与德军进行了激烈的交火，试图先行分隔开德军战机的战斗队形，但是多数德国飞机根本没有顾及美国轰炸机猛烈的火力，直接向轰炸机猛扑了过去。

德国战斗机随后又分成 2 到 4 机编队，从不同的方向猛攻美军轰炸机。整个作战区域延伸近 200 公里，德军飞机时而从后方进攻，时而迂回到战机的前面。

正在美国轰炸机万分危急的关头，80 架 P-51“野马”式歼击机火速赶来驰援。德国的“梅塞施米特”根本无法与“野马”相比，但是德国飞行员根本没有顾及在飞机上的差距，而是发疯似的继续猛扑向美国轰炸机。P-51“野马”式歼击机面对德军飞机猛烈开火，2 架德军飞机就此被击落。不久，曾击落盟军 92 架飞机的德国王牌飞行员罗斯中尉被击落了，但德军飞机依然没有放弃对轰炸机的进攻。在此次空战中，美军也付出了惨重的代价，有 6 架 P-47 歼击机被击落。

虽然付出了如此惨重的代价，但是在数量上拥有绝对优势的盟军飞机很快就占据了优势，轰炸机在到达目标地点之后，就开始了大规模轰炸，从汉诺威到柏林的大片土地都燃起了熊熊战火。

在美国加紧对柏林进行白日轰炸的同时，英国人则选择在夜间对德国进行大规模的轰炸。在这场空袭的前夜，英国轰炸机司令哈里森曾经狠狠地说：“要把柏林从里到外炸个稀巴烂!”

这是一个万籁俱寂的夜晚，皎洁的月光倾洒在被战火蹂躏的大地之上。忽然间，空袭警报打破了德国寂静的天空。德军中所有的夜航战斗机都接到了代号为“野鸡”的作战指令，柏林附近几乎所有的机场都进入了紧急备战状态，第 1 航空队队长施密特将军于 23 时下令歼击机升空。

从海峡方向飞来的英国飞机一开始并不是很多，只有几架“蚊”式飞机对荷兰境内的夜航战斗机机场进行了攻击。德国人以为这是英国人又在复制空袭佩内明德时的花招儿，他们猜测有大批轰炸机已经在英格兰做好了攻击的准备。这一次德国人果然没有上当，英国第一批轰炸机没过多久就越过海峡向比利时方向飞来。

这一次，德国人则为英国人设下了陷阱。德国空军第 1 夜战航空团第 3 大队大队长德雷维斯上尉率领着自己的机群悄悄潜入了英国轰炸机的编队里，在雷达回波引导下，他们一点一点接近英国轰炸机。在贴近 500 米之后，德雷维斯上尉调整了飞机的速度，开始进行爬升，当跟英国轰炸机相距只剩下 100 米左右的时候，德雷维斯瞄准英国轰炸机的发动机，并且猛按下了射击按钮，英国轰炸机拖着浓烟一头栽了下去。但德雷维斯上尉及机群也就此暴露了目标，于是英国的夜航战斗机迅速向德军飞机集结过来，与德军飞机展开了一场罕见的空中角逐战。

从 1943 年 11 月一直到 1944 年 3 月的柏林战役，盟军在期间共计出动飞机 20224 架次，发动轰炸 16 次，投弹 25000 吨，使柏林市区 1/3 的面积被毁。而盟军方面也付出了巨大的代价，有 1047 架飞机被击落，伤 1682 架。

（五）轰炸日本

1944 年 4 月 4 日，美参谋长联席会议正式启动了第 20 航空队。在给阿诺德将军的指示中，美战争部授权他“贯彻和执行参谋长联席会议有关部署和任务的主要决议，其中包括第 20 航空队的使命”。这一史无前例的指挥安排，使陆军航空队与太平洋战区的陆军和海军平起平坐了。

第 20 航空队的整个组建反映了阿诺德将军的战略观念：航空兵的远程打击能力使美军可以远离战场对敌进攻，直接攻击敌军军事力量的源头。作为陆军航空队司令官，他想要展示的是航空兵的独立作战能力。其实阿诺德将军在参谋长联席会议和联合参谋部占有一席之地就已经证明了空中力量在战争中的重要性。他在回忆录中写道：“陆军航空队正处在参谋长联席会议和联合参谋部的直接控制之下，而且日趋明显，从而使陆军航空队在两个部门的地位日见重要。”

除了任命阿诺德将军担任第 20 航空队的指挥官外，参联会还命令战区司令官们要“用其他的空中行动来增援在其战区执行任务的 B-29 部队，组建和保护 B-29 的基地，为 B-29 部队提供后勤支援”。“一旦在战略和战术上出现紧急情况，需要 B-29 部队采取在参联会布置的任务之外的行动时，战区指挥官们可以动用这支轰炸机部队，但需马上上报参联会”。

根据开罗会议的决议，阿诺德将军在 1943 年 11 月组建了第 20 轰炸机指挥部来负责美本土 B-29 的训练。1943 年 12 月，美陆军航空队的先遣人员抵达了印度，视察在中国和印度的机场的建设情况。截至 1944 年 4 月，已经有 8 个机场可以接收 B-29 了。

按照阿诺德将军的指示，第 20 轰炸机指挥部成了第 20 航空队下属的一个作战部队，在乌尔夫将军的率领下进驻了印度。1944 年 6 月 5 日，在乌尔夫将军的指挥下，这些 B-29 轰炸机开始了轰炸位于泰国的日军铁道线的行动，这就是许多人知道的“马特豪峰行动”计划。而对日本本土的首次直接轰炸是在同年 6 月 15 日。当时 B-29 对位于日本九州岛的八幡钢铁厂进行了轰炸，在美军出动的 68 架 B-29 中，只有 47 架轰炸了预定目标，有 10 架出现了机械故障，4 架坠毁，7 架轰炸了备选目标。

此次轰炸行动暴露了许多保养和后勤问题，从而导致美军几乎在一个月的时间里没有对日本采取再一次的轰炸行动。同时，阿诺德将军决定由李梅将军取代乌尔夫。李梅将军曾统率第 8 航空队的第 305 轰炸机大队，在新概念和新战术的实验方面取得了一定的成绩。当时阿诺德说，“我也同样尊敬乌尔夫，但李梅指挥的许多成功的行动使乌尔夫显得非常业余”。

虽然李梅将军给 20 轰炸机指挥部带来了好的变化，但当时的对日轰炸行动仍然面临着补给问题。B-29 轰炸机必须先飞越“驼峰”天险——世界最高峰喜马拉雅山脉，并在中国成都的前进机场加油挂弹，然后再飞向日本。而且从中国飞到日本本身也是一个主要难题，东京离美国在中国的前进基地有 3218 多公里的距离，这超过了 B-29 的航程极限。

阿诺德将军从未曾想过要利用中国的基地来给日本以决定性的打击。在 1944 年的 10 月，第 21 轰炸机指挥部（隶属于第 20 航空队，组建于 1944 年 8 月）搬到了刚刚从日本手中夺回的马里亚纳群岛，离日本东京有 2414 公里。马里亚纳群岛的启用不仅使日本大部分地区处于 B-29 的打击范围之内，而且美军一下子就可以为数百架 B-29 提供补给。

阿诺德将军任命汉塞尔将军为第 21 轰炸机指挥部的司令。在他的指挥下，1944 年 11 月 24 日，第 21 轰炸机指挥部对日本本土实施了首次空袭。此次行动被称为“圣安东尼奥—1”，在奥唐奈准将的率领下，111 架 B-29 对东京市郊的一个飞机发动机制造厂实施了轰炸。由于天气不好，只有 24 架飞机命中了预定目标。另外 64 架飞机对东京的码头和市区进行了轰炸。大约有 125 架日军战斗机进行了反击，击落了 1 架 B-29。

虽然此次轰炸效果不是特别好，但此次轰炸给日本带来的心理影响却是非常大的。

在 1944 年 10 月到 1945 年 1 月间，超级堡垒们对日本的飞机发动机、配件和组装工厂实施了轰炸。然而，恶劣的天气和机械故障使轰炸行动只是取得了有限的成功。迫于华盛顿方面的巨大压力，阿诺德将军决定要迅速利用这支 B-29 部队来干出成绩，于是他再一次召回了李梅将军。1945 年 1 月，李梅接替了曾是自己在英国服役期间的上司——汉塞尔，成为第 21 轰炸机指挥部的司令。

在阿诺德的心里，他是在与时间赛跑。参联会已经同意了他要统率整支远程部队的意愿，但罗斯福和马歇尔要的是显著的结果。阿诺德意识到，假如 B-29 行动没有取得决定性的成果，盟军将不得不对日本发起两栖进攻。

李梅将军深得阿诺德的信任，知道自己该采取行动了。他发现每月只有 5 到 6 天适合轰炸行动。诺斯泰德准将刚接替汉塞尔成为第 20 航空队的参谋长，他告诉李梅，阿诺德想要采取火攻。

在自己的回忆录中，李梅是这样写阿诺德的："他全身心地投入到B-29中去了，为了取得足够的原料和资金来建造该型机，并使其早日投入战斗，他无数次陷入孤立无援的境地。阿诺德将军完全相信该机会有不错的战绩。"

在与联队指挥官们进行了深入探讨后，李梅将军决定放弃白天轰炸改为夜间低空用燃烧弹轰炸，这也正是阿诺德将军和诺斯泰德将军所倡议的。李梅的第21轰炸机司令部还将尽力为盟军进攻冲绳提供支援。

1945年3月9日晚，李梅派了334架B-29对东京进行了轰炸。这些B-29投下了重达2000吨的炸弹，把东京烧了大半，成为历史上最具毁灭性的一次轰炸，有8万多人死亡，100万人无家可归。

一段时期以来，美国空袭任务的计划者们都认为日本的城市易于着火，而且他们认为城市是非常重要的军事目标，因为城市里的重工业是日本战时经济的主要组成部分。

因此，美国对日本的许多城市开始了长达5个月的战略轰炸。1945年7月，阿诺德将军将第20航空队的指挥部从华盛顿搬到了关岛。斯帕茨将军成了美国驻太平洋陆军战略空军的指挥官，下属单位就包括第20航空队。然而这些B-29轰炸机的战略控制权还是掌握在阿诺德和参联会的手中。

1945年6月，陆军参谋长马歇尔将军向杜鲁门总统建议："光靠空中力量是不足以使日本停战的，空军的轰炸也没有使德国屈服。"6月份，杜鲁门下令对日本本土分两个步骤实施两栖进攻——1945年11月进攻九州，1946年3月进攻本州。

但杜鲁门非常担心对日本本土展开这样的进攻会导致美国伤亡太多，他想要避免"像美军进攻冲绳那样损失惨重的战役在日本再次发生"，于是杜鲁门总统命令准备使用原子弹。1945年8月，B-29轰炸机相继向广岛和长崎投放了原子弹，从而真正结束了太平洋战争。

二战后，阿诺德将军曾多次强调，"因为空袭的确造成了日本较大损失，而且日本内心已经对空袭产生了恐惧感，空袭摧毁了日本的生产能力，也摧毁了他们继续抵抗的意志"，所以日本才不得不投降。他说，这些空袭"就是以不进攻日本本土而击败日本为主要目标的"。

阿诺德将军不认为原子弹是日本投降的直接原因，他认为原子弹的投放只是日本决定投降的一个因素。他认为原子弹给了日本天皇"一个留面子的机会"。

正是由于B-29轰炸机在太平洋战场的成功应用，马歇尔和参联会很好地贯彻了罗斯福总统的指令，那就是以最低限度的美军伤亡尽快结束这场战争。而成功的关键还应归结于让阿诺德将军统率第20航空队的英明决定。

美国陆军二战史的官方记载说，太平洋战区的这一指挥决定使美军领导者们能够“清楚地界定航空兵在与海军和陆军其他单位打交道时的职能以及地位”。

历史证明，第 20 航空队在二战时的经历是美国独立运用空中力量的一个里程碑，它奠定了美国在战后组建美国空军的基础。

阿诺德是美国空军的五星上将，他的军旅生涯伴随着美国空军的成长，从飞机诞生的那一天开始，他就深深地迷上了这一将人类飞翔梦想付诸现实的伟大发明。作为一名军人，他坚信飞机在未来的战争中将会发挥非常重要的作用，世界战争的格局将因飞机而发生巨大的改变。

阿诺德是美国空军的创建者。他认为空军将是未来战争中的决定性因素；空中优势是任何陆战或海战取胜的先决条件。他强调战略轰炸的作用，主张美空军应以战略空军为核心；重视技术优势，提出“卓越的研究工作是空军的第一要素”。自 20 世纪 40 年代初期起，阿诺德作为美国参谋长联席会议和英美联合参谋部的成员，参与研究大战中的战略问题，特别是美、英航空兵的作战使用（包括使用原子弹轰炸日本的计划），在对德、意、日进行战略轰炸方面起了重要作用。

阿诺德的一生都交给了飞行事业，并且让美国空军在第二次世界大战中大放异彩。他指挥了美国空军绝大部分的空袭行动，让美国空军成为美国武装力量中一支不可忽视的力量。1947 年，美国国会正式批准陆军航空队脱离陆军，组建独立的美国空军。

十一、战略轰炸的践行者——柯蒂斯·李梅

柯蒂斯·李梅（1906—1990 年），美国空军著名将领，二战时期盟军战略轰炸战术的设计者和实践者，1906 年 11 月 15 日出生在俄亥俄州的哥伦比亚，是一名普通工人的儿子。第二次世界大战期间亲自组建并训练了第 305 轰炸机大队，并率领它来到欧洲战区作战，取得了骄人的战绩。1945 年年初，在美国空军参谋长阿诺德将军的安排下，李梅将军开始负责用 B-29 对日本本土轰炸。李梅将军从军生涯中最辉煌的时刻由此开始，他策划的“火攻日本”行动对日本的战争能力造成毁灭性破坏，加速了日本的投降。

（一）青云直上的飞行天才

在第二次世界大战中，有一位美国将军对暴力坚信不疑。他很少讲话，也从不微笑；他将重型轰炸机视为知己——他就是被称为“冷战之鹰”的柯蒂斯·李梅

将军。

柯蒂斯·李梅

1906年11月15日，柯蒂斯·李梅出生在俄亥俄州的哥伦比亚。自哥伦比亚公立学校毕业后，他考入俄亥俄州州立大学，并获得了土木工程学士学位。他于1928年参军，成为一名飞行学员。

1929年10月，在德克萨斯州的凯利基地完成飞行训练后，他成为美国陆军航空兵后备役部队的少尉飞行员，并于1930年2月1日转为现役军人。最初，李梅服役于驻守在塞尔弗里奇机场的第27驱逐机中队，曾在数次战斗行动中执行过多种任务。1937年，他被调到第2轰炸机大队，开始转飞轰炸机。

1938年，美军的B-17“飞行堡垒”式轰炸机向南美进行了其第一次大规模转场飞行，李梅在此次行动中的表现极为出色。到美国参加第二次世界大战前，他还开拓了从南大西洋到非洲和从北大西洋到英国的空中航线。

1941年时，他的军衔还只是少校。但1944年，他就晋升为少将，成为美国陆军（当时的航空兵隶属于陆军）中最年轻的少将。是什么使他官运亨通呢？是他的出身吗？不是。他并不是西点军校的毕业生，他只是俄亥俄州州立大学的毕业生，一名后备役军官训练大队的学员。是他超凡的个人魅力吗？也不是。他待人冷若冰霜，很不容易接近。在同飞行员们一起吃饭时，他向来一句话也不说。

李梅迅速晋升的原因是：他是将作战飞机变成杀人机器的天才。在同伴们闲聊取乐时，他的脑海里却在想着硝烟弥漫的战场，考虑着眼前的危险，分析着行动的步骤，估量着面临的挑战。李梅渴望战死疆场。每次执行轰炸任务时，他都要亲自带队。每当飞机起飞时，他的胃就会像被刀割似的痛。但他总是用牙叼着雪茄，尽力装出生气而不是疼痛的样子。最后，他的上司不得不命令他停飞，因为他对于美军来说太重要了，不值得以身涉险。李梅最害怕的不是死亡而是失败。因此，他无情地训练着他的飞行员们，对他们的飞行要求都极为严格。

1942年，李梅将军亲自组建并训练了第305轰炸机大队，并率领它来到欧洲战区作战。当时，盟国空军在对欧洲大陆进行突袭时，轰炸机群总是过早地采取规避防空火力网的战术动作，因而很少击中目标。也就是说，他们常常徒劳地往返于英国和欧洲大陆之间。到达英国后不久，李梅就找来一本炮兵手册认真地读起来。经过潜心研究和概率计算，李梅对轰炸机的编队形式和轰炸技术进行了一次大胆的革新。

在一次执行任务前，李梅向机组人员发布了一条令人胆战心惊的命令：“不许采取规避战术动作。”他向满腹疑虑的飞行员们保证：“我们将以更少的损失击中更多的目标。”在这一轮轰炸行动中，共有6架飞机被炮弹击中（其中包括李梅驾驶的飞机），但该大队投向目标的炸弹比其他大队要多两倍。几周内，“无规避行动”就成了整个第8空军部队的口号。随后，李梅重新编写了飞行战术手册。后来，他又发明了“交错式”飞行编队，使得己方的飞机可以轻松地对德国战斗机进行反击，而不用担心会射中其他的B-17轰炸机。在战争末期的太平洋战场上，B-29“超级堡垒”式轰炸机采用了类似的编队和轰炸技术。

（二）法西斯天空的阴云空战中的奇迹

作为第3轰炸师的司令官，他组织了著名的“雷根斯堡空袭”。在此次行动中，B-17轰炸机执行单程轰炸任务——从英国起飞，轰炸德国的纵深地区，最后在非洲降落。1944年年底，在对希特勒进行了近20个月的轰炸后，李梅被调到太平洋战区，指挥驻中国—缅甸—印度地区的第20轰炸机联队。在这里，他得到了一种新型轰炸机和一个新目标。这个新目标就是日本——它最终还是难逃被盟国轰炸的噩运；这种新型轰炸机就是B-29，一种刚从组装生产线上下来的远程轰炸机。轰炸机机群开始是从印度起飞对日本进行空袭的，后来改从西太平洋的马里亚纳群岛起飞。但很快，李梅和他的飞行员们就发现他们在欧洲所惯用的高空、昼间精确轰炸战术并不适用于日本。在35000英尺的高空，风速达到200英里每小时，这严重地影响了投弹的精确度。

1945年年初，在空军参谋长阿诺德将军的敦促下，李梅终于想出了对策——用燃烧弹在夜间低空轰炸日本。他还想出了使300架B-29型轰炸机的载弹量增加一倍的办法。他命人拆掉机上所有的机炮和炮弹，并限制油量。在3月9日至10日对东京进行的第一次空袭中，飞行员们被告知，他们将在完全没有武装的情况下，以5000英尺的低空轰炸日本。闻听此言，飞行员们被吓呆了。但李梅的估计是正确的，日本在夜间的空防能力十分薄弱。

这次轰炸是极具威力的，飞行员们甚至可以在B-29轰炸机里闻到人的皮肉被烧焦的味道。随后，他被调往关岛，指挥那里的第21轰炸机联队，直至最后升任太平洋战区战略空军的参谋长。

到了6月份，燃烧弹已经毁掉了东京56.3平方英里的土地和其他城市的大部分土地，造成近50万日本人的死亡，使800万人无家可归。阿诺德将军和李梅都认为原定于9月份对日本的进攻可以取消了，美国空军将士的作战挽救了成千上万美国陆军士兵的生命。

为此，李梅还特地乘坐一架B-29赶往华盛顿，向参谋长联席会议说明燃烧弹可以迫使日本在10月份以前投降。但乔治·马歇尔将军对此深表怀疑，他甚至在李梅的助手们摆弄图表、陈述理由时打起了盹儿。然而，8月份美国对日本投掷的核弹使这一争论变得毫无意义。

战争结束后，李梅亲自驾驶一架B-29"超级堡垒"飞回美国。这次飞行的航程是从日本的北海道到伊利诺伊州的芝加哥，途中未停留，创造了一个世界纪录。

（三）李梅火攻

12月，美国参谋长联席会议根据战局的发展，制订了在日本本土登陆的计划，为了摧毁日军抵抗的物质基础和意志，决定加紧对日本的轰炸和海空封锁。根据这一指示，美军不断增加参与对日轰炸的飞机数量，轰炸的频率也大大增加，轰炸的城市也扩大到大阪、神户、横滨和名古屋。但根据航空侦察照片判读，轰炸效果并不显著。

1945年1月，柯蒂斯·李梅少将被任命为第21轰炸机部队司令，李梅出生于工人家庭，没有在军校就读的经历，完全是凭借着出色的战绩，从一名B-17轰炸机驾驶员一步步晋升为陆军航空兵最年轻的少将，他在担任第8航空队第3轰炸机师师长时，曾指挥部队在对德国战略轰炸中建立过显赫的战功。他是昼间精确轰炸战术的积极支持者和倡议者，并在对德国空袭中将此理论付诸实战取得骄人的战绩。

自1945年1月至3月，李梅的第21轰炸机部队先后出动B-29轰炸机1200架次，对日本本土实施了48批16次轰炸，共投弹5000吨。空袭中被日军战斗机和高炮击落29架，机械故障坠毁21架，其他原因损失15架，总共损失了65架。然而轰炸效果却很不理想，主要原因是日本工业与德国完全不同，日本主要是由散布在居民区的小作坊生产零部件和预制件，再送到大工厂进行组装。昼间高空精确轰炸根本无法摧毁星罗棋布的小作坊，也就无法有效地打击日本军事工业。

1945年2月，美军开始在硫黄岛登陆，战役目的就是为实施战略轰炸的B-29提供应急着陆机场和护航战斗机的起飞基地。战斗极为惨烈，美军为夺取这个面积仅20平方千米的小岛付出了阵亡6821人、伤21865人的代价，平均每天伤亡达800人，参战部队的损失创造了二战太平洋战场美军最高伤亡纪录，伤亡率达

30%！面对地面部队如此之巨的伤亡，如果轰炸再不有所起色，何以见江东父老？

李梅经过仔细考虑决定改变战术——根据掌握的情况分析，日军夜间防空能力极差，由于缺乏雷达，几乎没有什么夜间预警能力，高炮数量也少，夜航战斗机更是屈指可数；东京的消防能力极其薄弱，800 万人口 300 多平方千米的东京只有 8000 多名正规消防队员，2000 多名辅助消防人员，1117 辆消防车，还因为战争期间燃料只能保证两小时，而且大部分地区没有消防水管，即使有的话，自来水总管道的压力是由电力提供的，只要电力中断消防管就无法得到需要的水压，可以说东京一旦燃起大火，将无法控制；东京的房屋密集，每平方千米人口密度达到 3.8 万人！相邻两个房屋距离通常还不到 1 米，又主要是木板结构，一旦起火将迅速蔓延。

综上所述，李梅决定针对日军的薄弱环节实施夜间轰炸，大面积投掷燃烧弹，引发大火来震撼日本国民，破坏散布在居民区的生产零部件和预制件的小作坊，即使没有摧毁工厂，也可使居民失去房屋，流离失所，也就无法进行生产，达到彻底瘫痪日本军事工业的目的。鉴于日军夜间防空力量很弱，李梅命令 B-29 卸下除尾炮以外的所有武器，采取 1500 米高度，全部携带燃烧弹，这样 B-29 拆除武器所节省的重量，加上不必采取高空密集编队飞行所节省的燃料重量，可以使载弹量从昼间精确轰炸时的平均 3 吨达到 7 吨以上。但这一命令下达到飞行员手中，却令所有人都大为震惊！“拆除所有武器那不是送死吗？”李梅解释说，日军夜间防空力量极其薄弱，实施夜间轰炸不可能遇到大量战斗机的拦截，B-29 的强大火力反而会在黑暗中误伤友机。

尽管李梅是这样解释的，但实际上他内心也是非常矛盾的，他是用自己的前途，300 架 B-29 和 3000 名空勤人员来冒这次险！甚至他没有将这一计划报告给华盛顿，只报告给了陆军航空兵兼第 20 航空队司令阿诺德，因此这一空袭史称“李梅赌注”或“李梅火攻”。

其实，李梅早有打算，2 月 4 日和 25 日，就进行了实验性空袭，分别出动 70 架和 172 架 B-29 轰炸神户和东京，投掷燃烧弹 160 吨和 450 吨，取得了满意的效果，这更坚定了李梅实施大规模夜间火攻的决心。

3 月 9 日 17 时 34 分，第 314 轰炸机联队队长托马斯·鲍尔准将担任空中指挥，率 334 架 B-29 从塞班岛和提尼安岛机场起飞。

庞大的机群沿着被飞行员戏称为“裕仁公路”的航线飞入日本本州海岸线后，鲍尔就下令所有人员穿戴防护用具，所有空勤人员纷纷穿上防弹背心，戴上钢盔，以防高射炮火的伤害。因为考虑到此次空袭将会给日本造成巨大的人员伤亡，所以参战人员在起飞前都得到指示，一旦被击落，就要尽快被日本军方俘虏，要是落入平民手中那就很可能被当场杀死！听到这样的指示，大家无不捏了一把冷汗！

子夜零时15分，2架导航机到达东京上空，在预定目标区下町地区投下照明弹，接着投下燃烧弹，燃起两条火龙，为后续飞机指示目标。随后赶到的大批飞机接着以单机间隔15米依次进入，在1500米高度向下町地区投掷了2000多吨燃烧弹，使面积30余平方千米的下町地区成了一片火海，日军没有战斗机升空，高射炮火力也很稀疏。半小时后，大火迅速蔓延开来，火势已经无法控制，人们被迫放弃了灭火的企图，大火造成的灼热气浪与冷空气形成强劲对流风，风力高达时速50千米，火借风势，风助火势，大火几乎将所有东西都点燃了，金属都被高温熔化，人和木头都在令人窒息的高温中自燃！许多躲在防空洞里的人都被活活烤死，四下奔逃的人群近乎疯狂，到处是乱蹿的火苗，到处是恐怖的惨叫，很多人认为水能克火，纷纷跳入附近的池塘和河流，但是炽烈大火所形成的高温将池塘里的水都煮开了！池塘几乎成了大锅子，水中避难的人们都被滚烫的水活生生煮死！黎明时赶到下町的救护人员都被眼前的惨景所震惊，池塘里漂浮着无数尸体，都被大火烧成黑炭，根本无法分辨是男是女。

天亮后，东京几乎成为人间地狱，大火过后那毛骨悚然的情景令人惊恐到无法形容的地步！东京东部面积达39平方千米的地区荡然无存，26.7万幢建筑，占东京建筑物总数的1/4被彻底烧毁，东京中心商业区的63%，工业区的20%被烧毁，其中美军要攻击的22个工厂全部被毁，有100万人因此无家可归，在此次火攻轰炸中，东京死亡83793人，重伤10万人。

指挥此次作战的鲍尔准将说，我从没见过像东京这样的场面！这是战争史上单独一次轰炸所造成的最大伤亡和损失，比广岛和长崎遭受的原子弹轰炸损失总和还要大！

美军有9架B-29被击落，5架被重创，后来均在近海迫降，飞机上的大部分空勤人员都被美军担负救援任务的潜艇救起，还有42架被击伤，但都安全返回了基地。

与此同时，在关岛司令部里的李梅正在焦急地等待，他不住看表，喃喃自语："我们应该收到鲍尔的报告了，看来他们是遇到麻烦了！都是我的错！"第21轰炸机部队参谋长，也是他的至交，克斯勒准将则在一旁不断安慰他。

凌晨1时15分，李梅拭去满头的汗，对克斯勒说："这是我的决定，由我承担一切责任，我向华盛顿报告。"这时，通讯军官推门送来鲍尔的报告："已经投弹，目标地区一片大火，高射炮火由密到疏，极少战斗机。"指挥部里顿时一片欢呼！李梅火攻大获成功！

在二战时期，李梅将军驾驶自己的战鹰率领自己的空战部队无数次飞过德国和日本上空，将成千上万吨炸药倾泻在那片罪恶的土地上，虽然这样残忍的战术对当地人民造成了难以挽回的损失，但是站在第二次世界大战的高度上来看，这样的战术对第二次世界大战的早日结束还是起到了相当关键的作用。通过他的火攻战术的确造成了近 50 万日本无辜平民的死亡，使 800 万平民流离失所，244 万幢建筑物被毁，还有难以计数的人死于营养不良、肺结核以及其他由无家可归和食物不足带来的疾病，这些人并没有包括在以上的伤亡数字里。有 96 个日本城市遭到轰炸，其中主要大城市的城区被烧毁面积均在 50% 以上，东京、横滨为 56%，名古屋为 52%，大阪、神户为 57%；中小城市中，福井最高达 96%，甲府为 72%，日立为 71%。死伤程度远远超过原子弹的伤亡。但造成这一切的元凶恰恰是供奉在靖国神社里的甲级战犯！由于日本政府对日本国民的长期历史误导，使得日本国民未能清醒地认识到这一点。

在战争中李梅将军是重型轰炸机的完美运用者，在他的指挥下，重型轰炸机的威力发挥到了极致，他的轰炸加速了反法西斯战争的胜利步伐。

十二、纳粹天空的噩梦——斯帕茨

卡尔·安德鲁·斯帕茨（1891—1974 年），美国陆军战略航空兵司令、空军四星上将。他参加过第一次世界大战的空战，在第二次世界大战中，斯帕茨作为美军空军主力第 8 航空队的司令，参加了盟军对纳粹德国的空袭行动，为盟军在陆地上的推进提供了极大的帮助。在后期的太平洋战场上，斯帕茨率领自己的战鹰对日本本土发起猛烈的轰炸，给日军以沉重的打击。

（一）第一次世界大战的空战英雄

1891 年 6 月 28 日，斯帕茨出生于美国宾夕法尼亚州的博耶顿一个商人兼政治家家庭。父亲是印刷商，美国民主党参议员。1914 年，斯帕茨毕业于西点军校，分配到驻斯科菲尔德的步兵部队。后来他在加利福尼亚州的圣迭戈接受飞行训练，于 1916 年正式成为飞行员，并参加过潘兴将军指挥的远征军对墨西哥的作战。

第一次世界大战中，斯帕茨少校随美国远征军到法国，从事飞行训练工作。有一次，斯帕茨利用休假的机会擅自来到前线，同英国飞行员一起参加空战，击落 3 架德国飞机。斯帕茨因此获得优异服务十字勋章。战争结束时，斯帕茨已是经验丰富的飞行员和指挥官了。

（二）和平岁月的磨炼

斯帕茨热爱飞行事业。在两次世界大战期间作为军人的平淡岁月里，像许多同时代的军官一样，斯帕茨经受着晋升缓慢的考验。他在少校军衔上停留了 15 年，但这丝毫没有动摇他的信念和爱好。

从 20 世纪 20 年代起，斯帕茨对军事航空事业的作用及潜力就有着深刻的认识，一直是制空权理论的拥护者。他认为航空部队能够成为独立的作战力量，能够单独实现作战目的。他主要从事飞行技术和各种战术的研究。

卡尔·安德鲁·斯帕茨

1924 年 9 月 24 日，斯帕茨从航空战术学校毕业后，调往弗吉尼亚州的兰利基地。1925 年 6 月，卡尔调往华盛顿特区航空兵团办公室任职。1929 年 1 月 1—7 日，与航空队的艾拉·伊克尔上尉和埃尔伍德·克萨达中校一道，斯帕茨参加了在洛杉矶上空进行的著名的空中加油试验飞行，因而获得优异飞行十字勋章。在此期间斯帕茨曾指挥过战斗机和轰炸机部队，1935 年至 1936 年，他在陆军指挥与参谋学院学习，后在陆军航空兵司令部先后担任训练与作战处处长、计划处处长、装备处处长和副司令等职，编写过系列飞行教材，参与军用飞机的选择评估，参与计划、组织、指挥过多次重要的空中训练和演习。1940 年，斯帕茨曾率考察队前往英国考察英德之间的空战。

（三）轰炸理论的践行者

1942 年 5 月，斯帕茨前往英国出任美国陆军第 8 航空队司令。同年 8 月，该部即开始攻击欧洲的敌方目标。三个月后，斯帕茨在登陆北非的“火炬”行动中担任艾森豪威尔属下的盟国空军司令，从此长期在北非战区和地中海战区指挥作战。

像当时的大多数空军将领一样，斯帕茨也相信战略轰炸是航空部队的主要任务，并认为轰炸机的作用应优于战斗机的作用。这种理论来源于第一次世界大战期间美国陆军航空部队的著名指挥官威廉·米切尔，到了 20 世纪 30 年代这便成为美国陆军航空部队的基本思想。1942 年，对德国实施空中攻击已是一种可能且必需的事情了。在英国人的配合下，美国陆军航空部队的将领们跃跃欲试，决心实践其战略轰炸理论。斯帕茨就是此项实践的积极主持者。

当时美国的主要轰炸机有 B-17“空中堡垒”及 B-24“解放者”。1942 年，斯帕茨认为大量集中的轰炸机可以在白天深入德国领空，而不需要战斗机的护航作为保障。但 1943 年的作战实践证明，没有战斗机的护航，轰炸机总会遭受到惨重的损失。

1943 年 12 月至 1944 年 1 月，美国轰炸机简直不敢冒险接近德国国界，更不必说深入心脏地区。恰在此时，美国最著名的 P-51“野马”战斗机和 P-47“雷霆”战斗机两种远程战斗机投入使用，为轰炸机执行任务造就了更好的条件。

对于护航战斗机的使用，斯帕茨充分认识到以前观念的错误及新观念的正确性，不仅热烈提倡，而且非常娴熟地加以运用。斯帕茨要求战斗机对德国空军发起猛烈攻击，坚持认为战斗机不要束缚在轰炸机的任务上，应该在轰炸机之前领先挺进，在空中和地面搜寻德国战斗机，然后将其摧毁。这种做法效果非常显著，使德国空军遭受无法忍受的损失。

到了 1944 年初，美国的“野马”战斗机和“雷霆”战斗机在德国上空夺得制空权，于是美国轰炸机便在德国上空得心应手地执行作战任务。1944 年 4 月初，当美国战斗机在柏林上空出现时，赫尔曼·戈林即哀叹自己已经输掉了空中战争。

（四）霸王行动中的主角

1944 年，在盟军登陆西欧的“霸王”行动中，斯帕茨来到英国统率美国战略航空兵。在有关战略空军的指挥权及轰炸目标的选择等问题上，盟军最高司令部内意见分歧，幕后斗争激烈。当时盟军的战略空军包括英国轰炸航空兵和美国轰炸航空兵，分别受英国的阿瑟·特拉弗斯·哈里斯和美国的斯帕茨指挥。丘吉尔反对把英国轰炸航空兵的指挥权交给艾森豪威尔，认为应把它作为一种独立于“霸王”行动之外的力量。通过艾森豪威尔的极力争取，丘吉尔才做出让步。

斯帕茨是艾森豪威尔的强烈支持者，他保证美国的战略轰炸航空兵可随时供艾森豪威尔调遣。但斯帕茨极力反对把他的战略轰炸航空兵置于盟国空军司令——英国人特拉福德·利马洛里之手，声称他对利马洛里担任这一职务毫无信心可言，他的态度是不予合作。通过权力的平衡和调解，1944 年 4 月中旬，艾森豪威尔亲自正式接管这一权力。从此以后，艾森豪威尔与斯帕茨之间保持着非常亲密的关系。

在对轰炸目标的选择上，盟军的将领们主要存在着两种不同的意见，一种认为

应选择敌铁路运输系统；一种认为应选择敌炼油厂系统。艾森豪威尔、阿瑟·威廉·特德和利马洛里都主张把重型轰炸机用于攻击法国北部和比利时的铁路运输系统，以孤立登陆作战地区，认为这是攻击开始日登陆成功的最佳保证。斯帕茨则强烈主张，如果只攻击那些运输目标，则敌军战斗机不会起飞应战，而当盟军在诺曼底登陆时，敌军战斗机就会拼死加以拦截；反之，如果盟军轰炸机对德国本土尤其是石油系统作持续攻击，则一定可迫使其战斗机起飞应战，为其重要的石油目标作殊死搏斗，德国空军就无力量来争取制空权了。但斯帕茨终于没有顶住艾森豪威尔、特德和利马洛里的一致意见，于 1944 年 3 月 25 日在英国空军部大楼经过一场徒劳的争辩后，不得已放弃了他一再坚持的轰炸炼油厂的方案。但在同意他的轰炸机去攻击运输目标的同时，斯帕茨要求艾森豪威尔允许当兵力可以抽调而且天气又合适时，他仍可以使用轰炸机攻击德国境内的石油目标，否则，他决心辞职不干。

1944 年 5 月，斯帕茨对德国石油目标的初步攻击效果颇佳，艾森豪威尔也就扩大了斯帕茨决定目标优先的权限。斯帕茨在盟军指挥机构内力主攻击石油目标，以及他对于此种作战指导的贯彻执行，算是他在第二次世界大战中的两大成就。

欧洲战争结束后，斯帕茨接管对日本的战略轰炸指挥权，主持制订把原子弹投在广岛和长崎的计划。1945 年 9 月 2 日，斯帕茨在东京湾的“密苏里号”战舰上参加日本受降仪式，他是唯一参加德日两国投降仪式的人。

1946 年，斯帕茨继亨利·哈里·阿诺德之后任美国陆军航空队司令，负责组建独立空军的工作。1947 年 9 月 26 日，斯帕茨就任美国第一任空军参谋长，美国从此有了独立的空军。1948 年，斯帕茨退出现役。1974 年 7 月 13 日，斯帕茨在华盛顿去世。

（五）轰炸柏林

德军失去北非战场，而且盟军在诺曼底成功登陆，加上东线的苏联大举进犯，海陆防线均告失守，1942 年的法西斯德国已经处在风雨飘摇之中。随着盟国的领导人不断进行会晤，其逐渐确定了夹击德国的计划。为了能够有效地削弱进攻德国首都柏林时遭遇到的抵抗，盟军决定对柏林进行空袭。空袭的目的非常简单，就是摧毁德国的后勤补给和防御体系。于是，盟军对柏林展开了一次大规模的空袭，正是在巨大的飞机马达声里，希特勒和他的帝国走向了衰亡。

而斯帕茨则是此次空袭行动中的重要参与者。作为美军第 8 航空队司令，斯帕茨与盟军合作，对德军目标发动了规模巨大的空袭，将纳粹的最后一丝心理底线彻底击垮，对欧洲战场的胜利起了巨大的推动作用。

面对着盟军的狂轰滥炸，整个德国似乎都要燃烧起来。随着时间的推进，盟军的轰炸日渐频繁，而德国空军的表现则让希特勒大加失望。戈林曾鼓吹的言论在真实的战争面前是那么脆弱和无力，德国空军在盟军的炮火下几乎毫无还手之力。曾经夸口“英国不会有能力轰炸德国”的空军总司令戈林，不再是希特勒最亲密的战友和伙伴，而成了希特勒发泄和责难的对象。想到敦刻尔克空战，想到不列颠空战，想到北非和克里特岛，希特勒怒气难平，骄傲的帝国空军统帅并没有为他锻造出一支真正的空中雄鹰，只是在用他的孤傲遮盖自己的无能。

德军当时的溃败是全方位的，不只是空军遭到了盟军的压制。但是戈林知道，希特勒是不能犯错的，他必须找到一个能担当替罪羊的人代替他站到希特勒的面前。所以戈林识趣地选择了退居二线，而将空军总参谋长耶顺内克推上了前台。自从不列颠空战以来，耶顺内克一直都郁郁不得志，他是戈林身边的跟屁虫，作为帝国二号领导人的副手，他一直都在忍受着戈林的颐指气使。在戈林适时退出之后，他直接指挥的日耳曼空军依然难挽颓势，在英国的“喷火”式战斗机面前，“BF-109”再也难复昨日的雄风。在上任之后，耶顺内克立刻成了希特勒秘密会议室的常客，空军总参谋长对现在空战的局面束手无策，对于帝国空军的未来满怀忧虑，对于战争的结局难掩失落，这让希特勒对他的态度更加气急败坏。

艾森豪威尔于 8 月 17 日再次派出“空中堡垒”轰炸机对雷根斯堡的梅塞施米特飞机制造厂进行了定点轰炸。在此次空袭中，“空中堡垒”轰炸机在雷根斯堡上空投下了百余颗炸弹，汹涌的气浪几乎席卷了整个雷根斯堡，400 多名熟练工人在气浪和冲击波中丧生，梅塞施米特飞机制造厂几乎在这次轰炸中损失殆尽。在空袭之后，梅塞施米特飞机制造厂的大部分机械都被损坏，无法继续使用，而劫后余生的工人们也不愿意再冒着生命危险继续工作，制造厂处于停滞状态。听到消息的希特勒恼羞成怒，他马上给耶顺内克打了一个电话过去，拿着话筒的希特勒对耶顺内克大骂不止。

耶顺内克又一次遭到了希特勒的痛斥，在他人生的最后一段时光里，这位总参谋在与部下军工的谈话中经常会流露出心乱如麻的无助与无奈。现在耶顺内克唯一能够寄予期望的，就是盟军能够尽快结束对柏林的轰炸。但盟军统帅艾森豪威尔并没有打算让耶顺内克的美梦成真。当天晚上 11 时，为了排遣心情，耶顺内克到多瑙河旁观看野鸡。正在这时，柏林的上空再次响起防空警报。接着，几架英国产的“蚊”式轰炸机开始在柏林上空盘旋，但是这次盟军并未投下炸弹，而是在柏林上空施放了照明弹，柏林城一时间亮如白昼，盟军随后施放了目标指示标志。耶顺内克知道，这一切都是大规模空袭到来之前的表现。耶顺内克再也顾不得欣赏野鸡搏水了，他焦急地回到了指挥所，然后致电空军司令部，命令德军所有的夜航战斗机全部出动，一定要将今夜来到柏林上空的所有盟军轰炸机全数歼灭，他拿着电话像野兽一样咆哮着。

德国空军148架双发和55架单发夜间战斗机得到命令之后马上起飞。但是等到他们升上空中才发现，柏林上空此时只有几架英国的“蚊”式轰炸机，英国人驾驶着飞机做着各种各样的高难度动作，面对蜂拥而来的德国飞机毫不畏惧。空中的飞行员指挥马上把这个消息向地面指挥所通报，在得知这个消息之后，耶顺内克果断下达命令，要求将英国飞机全部歼灭。随后耶顺内克下令地面高炮部队全部参加战斗。于是，就为了空中这几架“蚊”式飞机，耶顺内克几乎动用了所有的防空力量，在两个小时的战斗中，德军的地面高炮部队一直没有停止射击。

但是，想要击落英国飞机想到快发疯的耶顺内克上当了，艾森豪威尔为耶顺内克的生命画上了一个悲剧的结尾，在柏林上空的大规模空袭前奏不过是一个烟雾弹，盟军空军真正的攻击目标是德国陆军导弹基地佩内明德。因为德国防空部队的注意力全部被吸引到了柏林，皇家空军600余架轰炸机几乎没有碰到什么阻碍就飞抵佩内明德上空。当耶顺内克被佩内明德传来的轰炸声惊呆时，德国V型导弹基地已经被彻底摧毁，700余名火箭专家和工程师死于此次空袭。第2天上午8时，灰头土脸的耶顺内克在指挥所办公室接到了希特勒的电话，希特勒这一次并没有对耶顺内克破口大骂，他只是狠狠地说了一句：“你知道该怎么做。”

1943年8月18日上午，耶顺内克拖着疲惫的身体回到了自己的家中，戎马一生的参谋长将自己关进了卧室里，家人了解他此时的疲惫和难过，所以谁也没有去打扰他。10时，忽然从卧室里传来了一声枪响，当耶顺内克的家人打开卧室房门的时候，看到的是手握着手枪、倒在血泊中已经死去的耶顺内克。

耶顺内克死去之后，空军总司令戈林面前没有了其他人选，他只好硬着头皮再次接过了空军的最高指挥权。但不管是耶顺内克的死，还是戈林再度来到前台，都没能挽救德国空军的失败命运。盟军飞机的轰炸并没有因此而停息，德国的军用设施和工厂接连遭受盟军空军的重点“照顾”，希特勒清楚再这样轰炸下去，德国的战争机器就濒临瘫痪，到时候就算是面对盟军的进攻，后方的武器和补进生产无法跟进的话，也毫无办法。但是德国空军的问题积重难返，面对盟军飞机毫无办法，其实德国上空的制空权已经被盟军所掌握。

就在这个时候，盟军开始了对德国的心理攻击计划。美国第8航空队和英国皇家空军从英格兰空军基地起飞，所有飞行员开足了马力，风驰电掣地扑向柏林的天空，但他们此行的目的不只是要对柏林发动轰炸。为了保护柏林，希特勒火速命令德国战斗机进行大规模集结。尽管有里外两层的高射炮保护柏林，但盟军轰炸机仍然在云层上进行了3个小时的飞行，而德军的高射炮虽然使尽了浑身解数，连一架盟军飞机也没能击落下来。

气急败坏的希特勒命令高射炮必须将所有的炮弹都打出去，于是柏林用以防空的高射炮火力不断，但就是没有一架盟军战机从空中坠落下来。希特勒百思不得其解，他向空军元帅戈林问道："这是为什么？"而戈林的回答则充分体现了这位元帅的圆滑，他说："这估计是美国佬的先进战机！"

这以后，每隔几天盟军空军的飞机就会到柏林上空骚扰几个小时，尽管盟军再没有对柏林发动如前几天一样的猛烈攻击，但是却经常会撒下很多的传单，传单上写着："希特勒发动的这场战争将继续下去，希特勒要打多久就打多久！"这些虽然不是真真实实的炸弹，但是它们给柏林人心中的打击却毫不逊色于重磅炸弹。

丘吉尔在两个星期之后命令英国皇家空军派出更多的飞机袭击柏林。在此次空袭中，有 14 人被炸死，有 50 人被炸伤。这次的轰炸让纳粹的政要们大为震怒，但是宣传部长戈培尔却找到了反击盟军的方法，他命令纳粹的宣传机器开足马力抓住盟军的轰炸开始做文章，运用各种宣传渠道，大肆宣传英国飞行员对柏林手无寸铁的妇女、儿童进行的"野蛮"屠杀。为了把德国人对盟军的恐惧转化为仇恨，柏林的大部分报纸都是用了"柏林上空的英国强盗"作为标题。纳粹的头面人物们到处宣称："即使德国的每一座城市都被夷为平地，德意志民族也能生存下去。即使我们不得不在洞穴中生活也在所不惜。"

但是，盟军的飞机和炸弹并未因为德国的恐吓而有所收敛。大批的盟军轰炸机于 11 月 22 日上午再次飞抵柏林上空，在柏林市区和工厂区投下了数千吨炸弹，给这些区域造成了非常严重的破坏。近 600 架英国轰炸机又在晚上对柏林进行了连续突击。连续不断的巨大爆炸声一直持续了 1 个小时，德国高炮阵地水泥墙壁因为剧烈的爆炸，一块块被震落下来。

一片枪林弹雨之后，柏林已经成了一片火海。

当时参与轰炸柏林的英国轰炸机主要是"兰开斯特"式轰炸机、"哈里法克斯"式轰炸机、"斯特林"式轰炸机以及"惠灵顿"式轰炸机。这些飞机的共同特点是自我防护能力比较弱，而且受到航程的限制，它们必须大幅度减少载弹量才能顺利飞抵柏林上空去执行任务。因此，参战的英国轰炸机的战斗力不是很强。而参战的美国轰炸机则比较先进，比如号称"空中堡垒"的"B-29"型轰炸机，这种飞机的特点是装甲厚实、自卫能力强，而且装备有 11 门重机关炮，可以独立与敌战斗机进行必要的缠斗。而且这些飞机的载弹量可以达到数吨，并且配备了陀螺式瞄准装置，即便是在高炮射程之外也可进行准确投弹。

但是连续 8 次的空战证明，低速的轰炸机在白天并不是德国战斗机的对手，即便是拥有强大防御火力的"空中堡垒"也不例外。因此，盟军虽然获得了巨大战

果，却也付出了惨重的伤亡代价：轰炸机的战损率一度高达9%，这样的战损率对于长时间大编队执行连续轰炸任务的空军来说是难以承受的。加上盟军飞行员担心遭到德国飞机的阻截，投弹的效果也不是特别理想。因为德军的防空炮火非常密集，所以很多飞机甚至只是刚进入德国领空，就草草扔下炸弹返航。

直到1944年，P-38“闪电”、P-51“野马”式等远程战斗机开始负责为盟军轰炸机护航，盟军轰炸机的形势才有了明显改善。德国的“福克符夫”式战斗机和“梅塞施米特”式战斗机根本不是P-38“闪电”和P-51“野马”式等远程战斗机的对手，盟军轰炸机的战损率由此下降到了3.5%。

P-38“闪电”式歼击机由洛克希德公司生产，最高时速为414英里，最大载荷航程2260英里，爬升率为12分钟2.5万英尺，升限3.9万英尺，装备1门20毫米航炮，4挺0.5英寸机枪；P-51“野马”歼击机最高时速为443英里，最大载荷航程2080英里，爬升率为7.5分钟2万英尺，升限41900英尺，装备6挺0.5英寸机枪，也可配备2枚1000磅炸弹或是10枚5英寸火箭弹。相比之下，德国的“福克符夫”战斗机时速只有395英里，最大载荷航程380英里，爬升率为6分钟1.5万英尺，装备2挺7.9毫米机枪，4门20毫米航炮。与盟军的战斗机相比，德军的战斗机无论是在火力还是在机动性方面都要略逊一筹，此后德国战斗机对于盟军战斗机完全没有办法了。

面对盟国空军接连不断的空袭，德国空军越来越显得没有办法，纳粹统治集团的政要们对本国空军的能力越来越缺乏信心。在这种时候，戈林自然再次成了希特勒宣泄不满的“出气筒”。很多时候，希特勒会在很多下级军官的面前指责戈林，但是戈林此时除了恭听希特勒对他的指责侮辱外，别无他法。两年之后，当戈林再回忆这段时期的处境时，不无感慨地说：“元首与我越来越疏远，每当我向他汇报情况时，都看得出他很不耐烦。他常常粗暴地打断我的话，并且开始越来越多地介入空军事务。”

因为已经再也找不到替罪羊了，戈林只能尝试着自己去摆脱窘境，为自己赢回指定继承人的地位。戈林在这过程中对很多武器进行了改进，给德军战斗机配备了性能优良的SN2“利希腾施泰因”机枪雷达、红外线探测器以及能自动搜寻敌人轰炸机载“HS2”雷达的电子装置。戈林的工程师们在德军占领区的上千个湖泊中安装了雷达反射器，以此迷惑盟军轰炸机的雷达操作人员，并在德国本土架起了代号为“罗德里希”的无线电干扰机。为了保障大城市的安全，戈林更是绞尽脑汁，甚至在农村建立了多个伪装地域。当然，众所周知的是，戈林元帅的这些雕虫小技并没有解决太多问题，柏林依旧要面对盟军飞机的狂轰滥炸。

（六）诺曼底空战

1943 年，第二次世界大战的形势已经出现了根本上的变化，世界反法西斯战争进入了战略进攻的阶段，德国在苏联的不断进攻下已渐露败象，为了尽快结束欧洲战事，在西欧开辟第二战场，夹击德国的作战计划，提上了盟军的议事日程。

经过同盟国各方的认真研讨，“霸王”作战计划终于出炉。最后的计划是先空投 2 到 3 个空降师于海上登陆。开始前不久在海滩的内陆着陆，随后用舰艇运送 5 个步兵师在诺曼底海滩登陆，第 2 梯队的部分官兵将会在登陆日第二次涨潮时火速完成登陆，其余的第 2 梯队官兵则必须在第 2 天完成登陆，盟军此后将竭尽全力以每天 1 到 3 个师的速度向地面部队增援。而盟军在将牢固的联合登陆场建立起来之后，应该尽早攻取瑟堡港，力争在 5 到 6 个星期的时间里占领布列塔尼半岛各港。此战的主要目的是粉碎德军的西线防御，从而完成攻占巴黎并解放法国南部的任务。

虽然 1943 年的纳粹德国早不复当年以“闪电战”横扫欧洲的雄风，但是希特勒为了防止英国跨过海峡进攻欧洲，在沿海等地都设立了防范森严的防御地带。英美等国虽然早就已经想要进攻欧洲大陆，但面对德国重兵防范的防御地带，依然有所忌惮。其实早在 1943 年 1 月的卡萨布兰卡会议上，美国总统罗斯福和英国首相丘吉尔在讨论登陆欧洲大陆时，就讨论到了对德国发动联合轰炸，在破坏德国防御措施的同时，对德国进行武装抵抗的意志进行破坏。

此后，伴随着欧洲登陆计划渐被提上日程，美英双方领导人都觉得对德国发动联合轰炸已经是在所难免。于是，在双方领导人的示意下，美国和英国空军的统帅部成员开始认真地研究。经过商讨之后，决定于 1943 年夏天对德国发动联合轰炸，双方将这次行动的代号命名为“直射”。

其实在“直射”行动开始之前，英国皇家轰炸机司令部从 1940 年就已经开始了对德国的空袭行动，美国第 8 航空队也随后在 1942 年夏天多次发起对德国的轰炸，“直射”行动是双方空军第一次联合执行轰炸任务。之前双方各自为战，对德国轰炸的力量毕竟还是有限的，加上德国空军的反击，都略有伤亡。而发动“直射”作战的联合轰炸攻势，就是要以大兵力、大火力进行大规模的轰炸，以达到“逐渐破坏和打乱德国的军事、工业和经济体系，并打击德国的士气，使他们进行武装抵抗的能力遭到致命的削弱”。

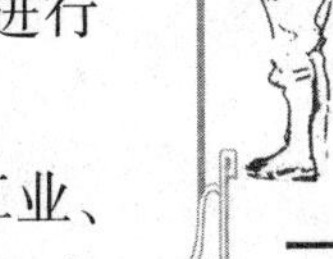

经过周密计划，盟军空军准备首先对德军的潜艇船舶基地、德国的航空工业、滚珠轴承和石油基地发动空袭，然后通过空中交火达到打击并削弱德军的战斗机实

力，再同时兼顾轰炸包括合成橡胶、轮胎以及军用运输汽车等工业基地。空军的计划得到了盟军最高司令部的支持。

此次负责联合实施“直射”作战的是英国空军轰炸机司令部和美国战略空军第8航空队。英国空军轰炸机司令部由哈里斯空军上将指挥，而美国战略空军第8航空队则由斯帕茨空军中将负责。与此同时，包括美军第9航空队、第2战术空军航空队以及英国的相应防空部队在内的空军，则负责此次空袭行动的战术支援。

1943年6月10日，盟军最高司令部发出了对德国发动空中攻势的命令，美英空军开始联合实施“直射”行动。

此时正在德军最高统帅部观望着欧洲地图的希特勒，忽然听到了从遥远空际传来的巨大马达声，还没等他缓过神来，巨大的爆炸声开始在柏林以及德国的诸多城市里响起，希特勒在警卫员的保护下退入地下室。日耳曼人曾施加于世界的恐怖，被世界绝望地还了回来。那一刻浓烟将整个德国都掩盖在了千疮百孔之下，骄傲的日耳曼人在英美飞机的狂轰滥炸下毫无还手之力。防空炮火迅速被密集的炸弹摧毁，飞行员们冒着粉身碎骨的危险冲入机场，架着飞机冲上云端。

等候多时的英美战斗机从高空蜂拥而下，冲着德军战机发动猛烈的炮火，这并不是一场焦灼的激战，从一开始就呈现出了一边倒的态势。英美飞机在空中占据了绝对优势，一架一架的德军飞机拖着长长的浓烟从空中陨落。德国人把这一天形容为像身临炼狱一般的恐怖，四周都是让人绝望的爆炸，空袭警报更是为这残酷的一幕添加了一抹绝望的重彩。直到夜幕低垂，英美飞机才撤离德国的上空。

但这并不是最可怕的一天，第二天的太阳还没有在地平线上升起，马达声已经再次吞没了欧洲大陆的上空。希特勒在地下室里狂躁不已，但是任他再气愤也无济于事，因为他的帝国此时已经奄奄一息。似乎是在一夕之间就崛起于欧洲的德意志第三帝国，也几乎是在一夕之间走到了坍塌的前夜。

德国的各主要工业城市和军工生产基地从1943年6月开始，就先后遭到了盟军的轰炸，盟军联合发动的“直射”行动正在一天天地将德国的战争机器推向油尽灯枯的境地。在盟军的猛烈火力面前，德国空军和防空火力的反击显得毫无意义，此时的德国空军总司令赫尔曼·威廉·戈林元帅早已经辞去了军职，但是继任的空军司令员对英美空军的轰炸依然束手无策。当年在英国疯狂轰炸的德军曾突然转头去攻击苏联，可眼下的英美空军似乎并没有转头去对付日军的迹象，希特勒这一次只能眼睁睁看着敌人将自己逼入绝境，并且大有要赶尽杀绝的态势。

可是，只对德国进行轰炸对于即将到来的诺曼底登陆来说，是远远不够的。于是盟军空军司令特拉福德·利马洛里和他的司令部在1944年1月，对“霸王”作战中预先作战的空军总计划做了进一步的扩大，准备对法国、比利时和德国的铁路枢纽和列车编组站实施大规模轰炸，从而令敌人的运输系统陷于瘫痪，阻止德军增援部队向诺曼底调动，在实施登陆之前孤立诺曼底战场。他们将此次作战的代号定为“运输”，并将这次作战都附属于“直射”作战。

“运输”作战计划规定，为了扰乱对西线德军提供补给的铁路系统，英美联合航空兵需要对德国境内的39个目标以及比利时和法国的33个目标进行为期90天的轰炸。于是从1944年3月开始，盟军的轰炸范围不再局限于德国，而是包括法国、比利时在内的欧洲大陆。在盟军飞机的猛烈火力之下，整个欧洲大陆都被浓烟笼罩。

根据战后盟国远征军最高司令部轰炸分析分队关于轰炸行动的报告表明，在1944年3月6日至6月6日期间，盟军远征军空军投掷炸弹10486吨，英国轰炸队投掷炸弹40921吨，美国第8航空队投掷炸弹7886吨，美国第15航空队投掷炸弹3074吨。报告还说明，从3月6日至6月6日，在已投掷的约76200吨炸弹中，有7.1万吨用于攻击铁路中心，有4400吨用于攻击桥梁，有800吨用于攻击开阔线路。截至登陆日之前，盟军空军共摧毁了50个重要铁路枢纽，破坏了74座桥梁，其中塞纳河上从鲁昂到芒特——加西固尔一段的桥梁均被破坏，巴黎以北塞纳河上所有的铁路运输到5月26日全部被封锁。德军在法国境内共有2000个火车头可以使用，其中的1500个在此次作战中被盟军炸毁，另外，盟军还炸毁了1.6万节火车车厢。

德军铁路运输在5月19日至6月9日期间急剧下降，约有1600列火车在到达法国后却不得不后退，在这1600列火车中，就有600列装载着德国陆军的补给品。

从巴黎到海边的所有跨越塞纳河的铁路到5月26日都停止了运输，因此，德国人试图集中汽车来运送关键性的军需用品，以此替代被炸毁的铁路。但是问题再次摆在了德军面前：一是所需的汽车数量庞大，根本不够；二是公路上的桥梁已经被严重毁坏，纵然是有足够的汽车，也没有办法跨越塞纳河。

盟军发动“运输”作战计划以后，便针对德国的工厂进行了轰炸，使得德军因为缺少钢筋和水泥而影响到岸防工事的浇筑工作。为了抢修法国的铁路，德军还被迫调出了死亡营中的2.8万名劳工。因为盟军的“运输”作战行动，使得德军在交通线和岸防工事上疲于奔命，却为日后盟军顺利实施“霸王”行动提供了条件。

而就在盟军发动对欧洲大陆空袭的同时，盟国空军从1944年4月1日到6月6日期间，派出3000多架次飞机对欧洲海岸进行了照相侦察。盟国空军在从荷兰到西班牙边境的欧洲海岸拍摄了大量的航空照片，对德军海岸防御工事、桥梁、机场、水淹地域以及德军的临时堆集场和兵站等做了充分的了解，并且在地图上做了可能性的标定。在这段时间里盟军所收集到的航空照片，如果堆起来，足有3层楼

那么高。

除了利用侦察机在空中拍照以外，盟军还积极利用英国潜艇以及英国、美国的鱼雷艇进行侦察，这些舰艇经常在夜间悄悄潜到登陆地域，尽可能地搜集包括水文、地质、气象、地形、植被以及敌人兵力部署、防御工事等在内的各种相关情报。

一切的准备似乎已经就绪了，“霸王”行动已经是箭在弦上。凭窗远眺着伦敦城雾气缭绕的天空，艾森豪威尔知道决战的时刻即将到来，激动人心的那一天已经进入了倒计时。但是他不能坐在指挥室里等待着那一天的到来，他告诉他的助手马绍尔·阿瑟·特德爵士，他需要轰炸，需要盟军的飞机继续对德国及其统治下的欧洲大陆进行轰炸，他要让腾起的浓烟挡住希特勒那双狡黠的眼睛，这样，他那浩浩荡荡的军队才能跨越汪洋，将刺刀横到希特勒的眼皮子底下去。特德爵士依照艾森豪威尔的指示电令盟军空军指挥部，在拿起电话时，特德爵士只有一句话：“继续轰炸!”

盟军登陆战役前3周，再次出动3915架轰炸机，突击了登陆点200公里以内的40个德军空军机场。在这段时间的空袭中，盟军共投掷了6711吨炸弹，德军因此损失惨重，完全失去了诺曼底地区的制空权。除此以外，从1944年4月中旬开始，盟军空军发动了摧毁德军海岸防御工事的特别行动，随后从5月初开始，盟军又对德军的雷达设施与无线电设备、弹药与燃料堆集场、军事营地与司令部、机场等进行了猛烈攻击。为防止德军的轰炸机和侦察机在盟军登陆部队集结的关键时刻来骚扰和破坏，盟军空军还从空中对盟军的海军和地面部队进行了火力保护。

在进攻发起日前的6周内，因为盟军空军死死掌握了制空权，同时不间断地使用猛烈火力压制德军，使得德军只向海峡地区出动了125架次的侦察机，只向泰晤士河入海口和东海岸出动了400架次侦察机，而且在这些侦察机中只有数量很少的几架能够接近陆地。凡是冒险飞到英伦诸岛上空的德军飞机，通常都会遭到盟军飞机行之有效的截击，德军因此根本没有办法掌握盟军大批部队和船只集结的情况。

同时，出于阻拦德军海上支援以及防止德军舰艇潜入英吉利海峡进行侦察的需要，盟军从1941年开始就一直在德国控制的沿岸实施攻势布雷，布雷速度在1944年4月17日以后更是得到加快。在轰炸机司令部飞机的掩护下，在4月17日到登陆日之间，2艘英国布雷舰、4支英国巡逻艇支队以及6支英国鱼雷艇支队共布设了6851枚冰雷，其中大部分鱼雷都被布设在了荷兰的艾英伊登和布勒斯特之间的德军占领的港口附近。

1944年6月6日的早晨，一身戎装的艾森豪威尔穿过英国的浓浓夜色，带着他的战友们踏上了盟军最重要的一段征程。此时与英伦群岛一衣带水的诺曼底海岸

上，早已经被无穷无尽的爆炸声笼罩，数不清的飞机引擎在天空中轰鸣，大西洋奔腾的海浪和海面上的雾气都被这些轰鸣与浓烟穿透。

当东方的地平线开始慢慢现出鱼肚白的时候，一艘微型潜水艇浮起在离诺曼底海岸线几百米的海面上，它用灯光不断向后面的舰船传递着信息。这艘微型潜水艇在水下已经行进了 48 个小时，它的任务是为盟军登陆艇发起最后的攻击指示精确的登陆地点。随着微型潜水艇上的灯光不断闪动，成千上万的舰船，大小不一，如同幽灵一般从英吉利海峡的蒙蒙雾气里显现了出来。艾森豪威尔看了看表，聆听着海峡对面的轰炸，于午夜开始的火力准备正是登陆之前的序曲。

此时，成百上千架重型轰炸机和中型轰炸机正在对德军的岸炮阵地发动着一轮又一轮的攻击，德军 10 个最重要的海岸炮连，以及登陆点附近的通信设施成了英军轰炸机的主要攻击目标，英军在凌晨 5 时前这段时间内出动了 1056 架重型轰炸机，在德军的阵地上投下了 5000 多吨炸弹。一切都如战前的火力准备协同计划一样，德军在滩头上的海岸炮阵地遭到轰炸之后，就纷纷起火。

美军第 8 和第 9 航空队的 1630 架“解放者”式和“堡垒”式轰炸机紧接着对德军防御工事发动了猛烈的空中攻击。美军的这次轰炸一直到盟军部队开始抢滩登陆前 10 分钟才停止，美军飞机共向海滩防御设施投掷了炸弹 1200 吨。

在盟军登陆之前，在直接航空火力准备中，美英空军共出动各型轰炸机 2775 架，投掷炸弹 9276 吨，在 96 公里的登陆正面上，美英空军平均每公里就会投下密度达 96 吨的炸弹。美英空军的任务一完成，早已抵达制定航道的火力支援舰就将炮口对准了诺曼底的海岸，接着成吨的炮弹飞了出来，纳粹德国自诩为“大西洋壁垒”的海防要塞顷刻之间就土崩瓦解。

在强大航空火力准备之后，大西洋开始了最波澜壮阔的一天。无数的登陆舰闪电一样冲向诺曼底的岸边，当第一批盟军士兵踏上诺曼底海岸之际，法西斯德国的世界之梦就此被踏得粉碎。不知是基于什么原因，德军高级司令部对盟军在诺曼底的登陆反应非常缓慢，德军最高统帅部直到登陆日的 14 时 30 分才命令党卫军第 12 装甲师加入第 7 集团军的作战，随后在 15 时 07 分，又发布命令让党卫军第 12 装甲师和“利尔”装甲师归党卫军第 1 装甲军指挥，前往诺曼底阻击盟军的登陆部队。

但是德军装甲部队距离战场实在是太过遥远了，根本就没有办法在当天就投入到战斗中去。加之盟军在之前的轰炸中，炸毁了许多的道路和桥梁，使得德军在开往盟军的登陆场的过程中遇到了重重障碍。同时，盟军空军出动了大量战斗机对赶来登陆场的德军发动了攻击，德军在行进的过程中还不得不经常停下来反击盟军的飞机，这样既付出了相当大的伤亡，行军的时间也被一再推迟。

在 6 月 7 日很晚的时候，德军党卫军第 12 装甲师的部队终于到达了指定的战斗位置，但是因为仓促行军，虽然到达了战斗位置，部队却一时无法拉开阵营展开攻击，在6月9日以前根本无力发动反攻，盟军因此赢得了充足的时间。

在登陆日，德军能够投入战斗的只有第21装甲师，在机动到奥恩河东边的阵地上以后，第21装甲师起初准备对那里的空军空降部队展开进攻。可是等他们到达奥恩河东边的阵地上时，却突然接到了第84军军长的命令，军长要求他们马上向奥恩河以西发动攻势。不过虽然耗费了不少时间，第21装甲师还是在傍晚得以展开进攻，可就在他们开始进攻不久，英军的滑翔部队就在奥恩河的两岸着陆了，第21装甲师不得不撤回，因此就这样轻易地将一个重要的交通要道让给了盟军。

盖尔·冯·施韦彭格上将在此时与德军元帅隆美尔达成了一致的意见，他们都主张重新调集3个装甲师，然后与第2伞兵军一起发动一次大规模的反攻，从而将盟军的登陆场分割开来。但是在完成了诺曼底登陆之后，盟军空军经过短暂的休整，重新投入到了战场上。盟军空军指挥部选择了几个重要的目标进行集中火力的进攻，对德军的重要阵地都进行了地毯式的轰炸。

6月10日，英国空军的轰炸机将施韦彭格上将的司令部彻底摧毁，并且击毙了上将的参谋长及多名幕僚，施韦彭格上将本人也负了伤，因此不得不将反攻行动一再推迟。

面对盟军空军的大规模空袭行动，也出于阻止盟军进行大规模登陆行动，德军空军马上从德国和意大利赶来增援，出动了各型飞机约有1000架，其中多数是战斗机，还有45架携带鱼雷的“容克-88”式飞机。在拥有了空中火力之后，德军迅速从6月7日午夜开始对盟军阵地进行空袭，对岸上的部队实施扫射，并且对盟军海上的舰船进行轰炸。德军在1个星期之内对盟军舰艇共出动轰炸机和鱼雷机1683架次，盟军的不少舰船都因此受伤，“梅雷迪思”号军舰更是被德军的炮火击沉。

德军的袭击在取得了初步的成效之后，德军空军甚至还曾试图空袭英国本土。但是盟军空军怎么能够眼看着德军飞机在空中肆虐，其迅速做出反应，开始对德军飞机进行拦截。此时德军空军与盟军空军的实力对比大约为1∶50，德军完全处于下风。所以每当一批德军升到空中，总是要经常面对几十倍于自己的盟军飞机，在数量和火力上都处于下风的德军飞机根本不是盟军飞机的对手，德军飞机总是一下子就被击溃，不断遭到截击的德军飞机被迫在途中丢弃携带的导弹，不仅飞机的损失惨重，落下的导弹也根本没有炸到关键的地方，德军飞机往往是一看到盟军的机群，便慌忙丢下炸弹，转身就逃。

8月9日，盟军成功渡过了塞纳——马恩省河，诺曼底登陆正式宣布成功。但盟军空军与德军空军的殊死搏斗并未就此结束，德军空军依然在拼死抵抗。尽管如此，他们必须面对盟军空军的火力，根本无法对盟军的地面部队构成任何威胁，也无力制止盟军的前进和攻势。

在完成了诺曼底登陆之后，盟军空军又轰炸了距登陆点200公里至470公里的59个机场。正是这一番大规模的空中攻击行动，使得德军完全失去了盟军登陆地区的制空权，德国空军残存的飞机只能进行一些骚扰性的活动而已了。

斯帕茨有着独特的个性，讲起话来直言不讳。他不喜欢长时间坐在办公室里，经常亲临作战前线。他不修边幅，因而经常受到美军将领中那些衣着考究、有贵族气派的人嘲笑。艾森豪威尔曾命令他纠正飞行员的敬礼姿势，斯帕茨则回答说，只要他能干好工作，就不介意他们是如何行礼的。斯帕茨很崇拜艾森豪威尔，艾森豪威尔也很器重他。艾森豪威尔认为斯帕茨是他的下属军官中最出色的一员，称他是一名“既有经验又有能力的空军指挥官，为人忠诚，无私忘我”。

十三、耿直急躁的驻华美军将领——史迪威

约瑟夫·华伦·史迪威（1883—1946年），美国军人，陆军四星上将，曾经在第二次世界大战期间驻中国接近三年，任驻华美军司令，盟军中国战区参谋长。在此期间他指挥了中国远征军赴缅甸对日作战，以及后来的豫湘桂等战役，后因与蒋中正关系破裂而离任，后任驻冲绳美第10集团军司令，8月接受琉球群岛日军投降。史迪威1946年10月13日因胃癌在旧金山病逝。

约瑟夫·华伦·史迪威

（一）全能的西点教官

史迪威于1883年3月19日出生在美国佛罗里达州帕拉特卡的一个绅士家庭。其父拥有法学和医学学位，学识渊博，兴趣广泛。1899年，史迪威从扬克斯公立中学毕业。其父认为他16岁就进大学年纪太小，故而让他继续留校学习。然而，这个“模范学生”竟在此期间学会调皮捣蛋，从而改变了后来的发展方向，这却是其父始料未及的。后来他的父亲决定把他送入西点军校，史迪威亦乐于从军。

1900 年，史迪威考入西点军校，接受军事基本训练和理论教育。史迪威当过校越野长跑队队长，还是校篮球队和橄榄球队队员。史迪威有学好外语的特长，也喜欢阅读惊险小说。1904 年从西点毕业，以少尉军衔赴菲律宾服役。两年以后调任西点军校教官。先在现代语言系从事英语、法语和西班牙语教学三年，三次以学习外语为由去欧洲做考察旅行，后在战术系和历史系从事战术和历史教学一年。

（二）首次来华体恤民情

他在第一次世界大战期间赴欧，任第 4 集团军情报官，获杰出服务勋章。1919 年任驻华美军语言教官，学习中文，取中文名史迪威。他于 1920—1923 年赴华工作，帮助修建了一条从汾阳到军渡的公路。1926—1929 年他在中国天津任驻华美军营长、代理参谋长，曾对北伐军进行考察，评价较高，但同时他认为由于运输问题将于徐州停止（后被事实验证），同时为《卫兵》撰写《当代中国名人》，曾有一篇写到蒋介石，并且评价不错，同时他大量描写了中国下层人民的苦难与艰辛。1935—1939 年任驻华武官，并且开始对蒋介石产生蔑视，他认为在日本进攻的情况下不进行抗争而号召新生活运动是愚蠢的。

（三）率军入缅痛击日寇

太平洋战争爆发后，史迪威任中缅印战区美陆军司令兼中国战区总司令蒋介石的参谋长，指挥盟军抗击日军入侵缅甸。1943 年他兼任东南亚盟军最高副司令，在缅北反攻战役中指挥盟军与侵缅日军作战。因同情中国共产党领导的抗日民族解放事业，并且对蒋介石极为不满，称其为“花生米”（因蒋介石为光头），与蒋介石发生矛盾。曾因蒋对其发出的诸如“我们有 6 个团，如果一起被歼灭就什么都没有了，所以务必分散开来，这样损失一两个团仍有数个团可用”这类命令大为愤怒，同时对诸如国民政府在桂林已经陷落的情况下，贵州、桂林以西的山洞中储存的用于华东地区的弹药武器仍不使用而感到无法理解。他认为只有集中兵力主动出击才有获胜的可能，退而防守完全没有获胜的可能。随后蒋坚持要求撤换史迪威，在提出数次强烈要求，均被马歇尔等人抗议而被迫放弃，后因美国要求蒋交出军队指挥权的电文导致了双方矛盾极度激化，史迪威与蒋介石的关系最终发展成势如水火。

（四）与蒋不睦被撤回国

1944 年春季以后，日军在华发动“一号作战”打通大陆桥，国军在西南、河北大溃败。美国总统罗斯福对中国形势表示忧虑，加上史、蒋二人长期不和，于是特意派出副总统华莱士到中国亲自了解情况。华莱士到华后对国民政府的统治能力给予很低的评价，却认定史迪威是两国交往的障碍。可罗斯福对史迪威器重有加，8 月中，罗斯福再三提出要求蒋介石将中国大陆之军队交与史迪威指挥，为此特意将史迪威晋升为上将。

罗斯福一度以接近命令的口吻向蒋提出要求，史迪威得悉后，亲自将该份电报交予蒋介石，之后在他的日记中记下快慰之感。蒋介石回复罗斯福，倘若要将指挥权交与史迪威，宁愿不惜脱离盟国独自抗日。最终罗斯福权衡利弊，在 1944 年 10 月 18 日下达命令撤换史迪威，其职务由魏德迈接手。次年 1 月史迪威任国内陆军地面部队司令，6 月任驻冲绳美第 10 集团军司令，8 月接受琉球群岛日军投降。

1946 年 3 月，史迪威任第 6 集团军司令。1946 年 10 月 13 日，他因胃癌在旧金山病逝，其遗著被后人汇编为《史迪威文件》。

（五）缅北反攻

1943 年 10 月，为配合中国战场及太平洋地区的战争形势，重新打开中印交通线，中国驻印军总指挥史迪威将军制订了一个反攻缅北的作战计划，代号为“人猿泰山”。计划从印缅边境小镇利多出发，跨过印缅边境，首先占领新平洋等塔奈河以东地区，建立进攻出发阵地和后勤供应基地；而后翻越野人山，以强大的火力和包抄迂回战术，突破胡康河谷和孟拱河谷，夺占缅北要地密支那，最终连通云南境内的滇缅公路。

担任主攻任务的是郑洞国指挥的中国驻印军新 1 军，下辖孙立人指挥的新 38 师和廖耀湘指挥的新 22 师，兵力近 3. 5 万人。

当面之敌是田中新一中将指挥的日军第 18 师团，下辖第 114、第 55、第 56 联队，共有兵力 3.2 万人。该师团是日军的一支王牌部队，兵员来自九州岛的产业工人，以凶顽闻名，参加过进攻上海和南京的作战，是制造南京大屠杀的元凶之一。它在新加坡曾以 3 万多人迫使 8 万多英军缴械投降，后投入缅甸作战，有“丛林作战之王”的称谓。

于邦战斗结束后，被俘的日军被带到新 38 师师长孙立人将军的面前，孙立人厌恶地皱皱眉头，不假思索地命令参谋："这些狗杂种！你去审一下，凡是到过中国的，一律就地枪毙。今后都这样办。"命令被迅速执行。日军第18师团曾在中国战场上犯下累累罪行，这些俘虏手上沾满中国人的鲜血，当然在劫难逃。

1944年1月，日军第55、56联队退守胡康河谷内的达罗至太白加一线。新编第1军兵分两路向南进击。左路为孙立人指挥的新编第38师，从于邦地区出发，向太白加攻击；右路为廖耀湘指挥的新编第22师，从新平洋出发，向达罗攻击。到了1月中旬，左路的新38师已夺占日军各外围阵地，开始攻击太白加的前沿。右路的新22师也渡过了塔奈河，进至达罗北面附近的百贼河。

1月28日晨拂晓，从新平洋起飞的美军飞机就开始对达罗日军阵地实施猛烈轰炸。8时左右，新22师战车营的坦克纵队出现了，钢铁洪流就像一把尖刀插进敌人阵地，撕裂敌人的防线，然后掩护步兵反复砍杀，并不失时机地向纵深突进。这是中国抗战史上第一场由中国人操纵的向日本人进攻的机械化战争，现代化优势在中国人一边。坦克手们驱使着铁甲战车，猛烈地扫荡敌人的阵地和步兵，驱逐他们，追逐和碾压他们，把他们打得失魂落魄。中国步兵紧跟在坦克后面，利用钢铁屏障的掩护，肃清各个死角，占领敌人工事和阵地。1月31日，一队坦克冒着敌人的炮火快速冲进了达罗镇，钢铁履带反复碾压着设在小镇上的日军第18师团司令部，将日军师团参谋长濑尾少将及数十名军官碾成了肉泥。虽然师团长田中新一逃出了该镇，但师团关防大印却落在了中国士兵手中，因此达罗之战就成为日军第18师团战史上的奇耻大辱。

左路新38师也于1月31日向太白加发起总攻，美军第10航空队出动了30余架飞机，轮番实施空中打击，日军不得不突围后撤。2月1日，新38师占领太白加。达罗—太白加战斗的胜利，使中国驻印军在缅甸境内站稳了脚跟，开辟了向纵深地区进攻的道路。

日军第18师团自达罗、太白加一线后撤后，改变防御部署，将第55、第56联队成梯次配置，分别占据胡康河谷中心地带的孟关和瓦鲁班地区，两地前后相距约12公里，企图以坚固的纵深防御，阻止中国驻印军的进攻。

2月20日前后，中国驻印军各部队进至孟关外围阵地，新22师已全部投入战斗。从印度调来的美军拉加哈德突击队也已到达前线。根据史迪威的部署，以新38师为左路，新22师为右路，担任向孟关之敌的正面进攻，同时两师各抽出一部兵力攻击孟关反侧；以驻印军战车坦克部队穿越丛林，切断孟关与瓦鲁班之敌的联系；以美军拉加哈德突击队沿北侧山地长途迂回，攻占瓦鲁班，完成对日军的包围。

2月24日，中美联合部队向日军发动全面进攻，新22师和新38师主力迅速向孟关逼近。3月1日，美军拉加哈德突击队抵达瓦鲁班东北面地区，随即向日军发起攻击，并占领其侧后南北河渡口。日军发觉其后方被截断后，除留少数部队在孟关正面抵抗外，集中全力向瓦鲁班发起反击。美军拉加哈德突击队在已迂回至此的新38师113团支援下，与日军展开激战。3月4日，新22师攻克孟关，继续发展进攻，日军被包围在瓦鲁班周围的狭小地段。

3月8日中午，新38师第113团、战车第1营和美军拉加哈德突击队向瓦鲁班发起攻击。下午1时，战车第1营从河堤缺口涉水过河，对岸日军根本没想到坦克竟能涉水过河，急忙集中火力封锁河面，中美联军更不示弱，大小火炮对准敌人阵地实施压制射击，美国飞机也赶来助战，直打得日军阵地一片火海。下午1时半，战车已登上对岸阵地，坦克手们极为兴奋，好一个屠宰场！他们踩大油门，横冲直撞，勇猛向前。战至3月9日，日军第55、第56联队死伤过半。最后凭借工兵部队在丛林中临时开辟的两条秘密通道，侥幸逃出绝境。

胡康河谷战斗，日军第18师团死伤过半。日本缅甸方面军急忙将第53师团调到北缅，增援第18师团作战。同时，在缅甸组建第33军。由本多政材中将任军长，统辖第18、第53、第56师团。本多政材把第18师团残部和第53师团部署在孟拱河谷，企图据险顽抗。

孟拱河谷地势险要，谷口是坚布山天险，谷内的加迈和孟拱两大重镇隔南高江对峙，攻守相望，互为犄角。史迪威与中国将领们商讨后，做出了一项大胆的作战部署：以新22师向加迈攻击前进；以新38是师向孟拱进击；另以美军拉加哈德突击队和刚刚赶到前线的新30师第88团、第50师第150团组成中美联合突击队，绕道北侧的崇山峻岭，插向敌后的战略要点密支那。将日军在密支那、孟拱、加迈一线分割包围，予以歼灭。1944年3月14日，中国驻印军开始向坚布山天险攻击，新22师从正面佯攻，新38师113团不畏艰险，于14日从左翼翻山越岭迂回到坚布山后方，和新22师两面夹击，于29日攻占沙杜渣，突破坚布山天险，进入孟拱河谷。4月24日，新22师和新38师分别向加迈和孟拱前进。28日，中美联合突击队秘密向密支那进发。5月14日，史迪威终于收到了中美联合突击队发出的信号，他们距密支那还有48小时的路程。两天后，这支部队隐蔽地接近了密支那外围。

密支那为缅北第一重镇，系缅甸铁路北部终点，有公路通孟拱、曼德勒及八莫，地形险要，是缅北重要的交通枢纽，并为中印公路之重要通道。日军第18师团第114联队主力及第56师团一部在这里构筑坚固工事据守。

5月17日清晨，美军出动大批飞机对密支那进行了长时间的轰炸。上午10时，中美联合突击队向密支那以西约1公里的飞机场发动猛攻。日军对突如其来的中美部队茫然失措，仓皇抵抗。中美联军经过4小时的战斗，完全肃清了机场上的敌

人。下午，满载着武器、弹药、给养和增援部队的运输机和滑翔机，在密支那机场降落。第二天上午，史迪威带领 12 名战地记者飞抵密支那。随即，“盟军奇袭占领密支那”的新闻迅速传向各同盟国。自以为是的英国人曾断言中美部队无法占领密支那，当丘吉尔得知中美军队突然占领密支那机场后，马上责问英东南亚战区司令蒙巴顿：“他们是怎样漂亮地在密支那从天而降的，对此你有何解释？”

密支那的初步胜利，切断了孟拱、加迈之敌的后勤补给线，大大鼓舞了新 22 师和新 38 师对日军的正面进攻。5 月下旬，新 22 师在索卡道将日军第 18 师团主力包围。5 月 27 日，新 38 师第 112 团渡过狂涛汹涌的南高江，占领西通；第 113 团向加迈急进；第 114 团向孟拱发展进攻。6 月 1 日。新 22 师将索卡道之敌全部肃清，毙敌 5108 人，生俘樱井中队长以下日军 112 人。之后，新 22 师挥师南下，向加迈猛进。16 日，新 22 师和新 38 师 113 团在加迈会师，日军第 18 师团团长田中新一率 1500 余残兵，在第 53 师团主力的接应下仓皇南逃。6 月 25 日，新 38 师 114 团攻克孟拱，歼敌 1600 余人。

但是，夺取密支那城区的战斗却进行得十分激烈而艰苦。史迪威在空降成功的胜利心情鼓舞下，下令部队两周内拿下密支那。然而，他低估了敌人。中美联合突击队占领密支那机场后，日军急忙从滇西和八莫调派部队向密支那增援，使该地日军达到约 2 个联队的兵力。

轻敌冒进的中美部队在密支那火车站惨遭日军伏击，伤亡巨大。史迪威连续向密支那空运了第 14 师的第 41、第 42 团、新 30 师的第 89、第 90 团、第 50 师的 149 团。各部队不断向日军发动猛攻，但日军凭借坚固的工事，顽固抵抗。随着缅滇雨季的到来，战斗更加艰苦。

7 月以后，孟拱、加迈之敌已被歼灭，密支那成为一座孤城。但是，日军指挥官水上源藏少将按照第 33 军军长本多政材“死守密支那”的命令，依然负隅顽抗，做困兽之斗。史迪威撤换了联军指挥官博特纳准将，重新调整了部署，以第 50 师、新 30 师和美军拉加哈德突击队从三面围攻密支那。

7 月 13 日，中美联军向密支那发起总攻，很快肃清了外围阵地，攻入市区，随即开始与日军逐个房屋、逐条街道地进行艰苦争夺。经过 20 天的激战，终于在 8 月 3 日肃清了密支那的残敌，占领了整个市区。日军城防司令官水上源藏见大势已去，被迫自尽。仅有少数残敌偷渡伊洛瓦底江，向八莫逃窜。在这场历时 80 天的密支那攻坚战中，中美联军浴血苦战，歼灭日军约 3000 千人，自身伤亡约 7000 千人。

胡康河谷——孟拱河谷战斗，中国驻印军歼灭日军第 18 师团全部及第 53 师团和第 56 师团各一部，共击毙日军 2 万多人，一雪两年前兵败缅甸的耻辱。廖耀湘在胜利后，立即致电蒋介石，兴奋地谈道："此次敌重武器及军用车辆遗失之巨，人员死伤疾病转于沟壑者之众，狼狈溃散惨状，有甚于两年前国军野人山之转进。追昔睹今，因此痛雪前耻，官兵大奋。"

中国驻印军攻克密支那后，部队乘雨季进行休整扩编，新1军扩编成两个军，即孙立人指挥的新1军和廖耀湘指挥的6军。新1军下辖李鸿新38师、唐守治新30师；新6军下辖李涛新22师、龙天武新14师和潘裕昆第50师。1944年10月，雨季将尽。中国驻印军由密支那、孟拱分两路强渡伊洛瓦底江，展开反攻缅北的第二期战斗。孙立人率新1军为东路，沿密支向南八莫进攻；廖耀湘率新6军为西路，由孟拱直取史维古、围攻滇、缅、泰边区日军，继而向东发展，协同新1军合围八莫之敌。

11月，侵华日军大举进犯国内独山，贵阳告急。新6军奉令空运回国驰援，留下第50师编入新1军。同月上旬，新38师完成对八莫日军第2师团约1个联队的包围，经过1个多月攻坚战，于12月15日攻克日军号称至少能坚守3个月的八莫要塞，击毙敌守城司令原三好大佐以下5000余人。

在新38师攻占八莫的同时，新30师绕过八莫对南坎发动攻势，于11月15日夺取南坎西北之南开。

12月3日，新30师前锋第90团与北上增援八莫的日军遭遇，日军集中2个多联队的兵力强攻90团防守的高地，一天之内连续冲锋15次，却始终不能越雷池一步，90团乘势反击，日军丢下1263具尸体和大量枪炮辎重狼狈溃逃。1945年1月7日，新1军完成对南坎包围。新30师和新38师以迂回奇袭的战术，南北夹击，于1月15日突入南坎市区，全部占领南坎，毙日军1700多人。与此同时，第50师也肃清了瑞丽江岸之敌，这样整个南坎地区为新1军占领。

中国驻印军占领南坎后，芒友便成为中印公路唯一被敌人盘踞的据点。两年前从缅甸撤退到云南的中国远征军，重新建成了滇西远征军，与驻印军同时反攻缅北，实行东西夹击，会攻芒友。据守芒友的日军，除第56师团外，还有第2师团的16联队、29联队和第33师团的119联队。他们采用交互支援，逐次抵抗的部署，迟滞驻印军和滇西远征军的会攻。

1945年1月16日，新38师主力沿芒友公路进击，新30师主力围攻老龙山地区之敌。

1月21日，新38师先后占领开阳、曼伟因、苗西等芒友外围据点，并与滇西远征军第53军第116师取得联系，联合发起攻击，于27日攻破芒友，滇缅公路就此全部打通。

同时，新30师攻取老龙山。2月8日，新38师进占南巴卡。新1军继续猛进，经过20多天的战斗，先后攻克弄树、般尼、河劳、桃笑、贵街、芒利等地。3月8日，新30师和新38师合力攻占腊戍。

3月23日，第50师占领南图。24日，新38师与第50师会师细胞。27日，新30师攻克猛岩。至此，缅北会战胜利结束。中国驻印军完成了消灭缅北日军，打通中印公路的历史使命。

在历时两年的缅北会战中，中国驻印军全歼日军第18、第56师团，重创日军第53师团、第2师团、第33师团和第49师团，共击毙日军3.3万余人，伤日军7.5万余人，俘虏323人，缴获大炮186门，战车67辆，汽车552辆。中国驻印军伤亡1.7万人。

史迪威是中国人最为熟悉的美国将领，抗战期间他在中国协助国民党军队在战场上对日军的侵略进行了抵抗，虽然效果差强人意，但毕竟为中国的抗战事业贡献了自己的力量。

史迪威在战争指挥上称不上出色。中国远征军在缅甸战役中的失利，以及后来在豫湘桂战役中的惨败都与他的指挥有着密切的关系，在后来他对国民党军指挥权的无理要求更是激起了国民政府的反感，这也直接导致了他被撤职回国。

史迪威是中国人民的朋友，他支持中国人民的解放事业。在他去世后，朱德总司令发去唁电："史迪威将军的死，不仅使美国丧失了一个伟大的将军，而且使中国人民丧失了一个伟大的朋友。中国人民将永远记得他对于中国抗日战争的贡献和他为建立美国公正对华政策的奋斗，并相信他的愿望将实现。"

十四、平庸的美军司令——克拉克

马克·韦恩·克拉克（1896—1984年）。美国四星上将，第二次世界大战期间的美国第五集团军司令，朝鲜战争时的联合国部队指挥官。在第二次世界大战中，他获得了马歇尔的赏识，在欧洲战场上任美军高级将领，参与了盟军在意大利登陆的行动，战后参与了侵略朝鲜的战争，被中国人民志愿军和朝鲜人民军击败后在停战协定上签字，成为美国第一个在没有取得胜利的停战协定上签字的高级将领。

（一）差强人意的西点履历

克拉克于1896年5月1日出生在纽约沙克次港的麦迪逊军营，父亲查理斯·克拉克也是美国陆军军官，最后以上校官阶退伍。克拉克于1917年从美国西点军校毕业，全班 139 人中排名第 111。当克拉克刚进西点军校时，他的指导学长正是艾森豪威尔。克拉克毕业后即前往法国，加入美国第 5 步兵师，在孚日山脉的战役中负伤。在圣米歇尔与谬斯—阿尔贡攻势中，克拉克上尉则在美国第一军团司令部的补给组服务，休战后在美国第三军团服役。

克拉克于 1919 年返国，先任职于陆军部助理部长办公室，1925 年进入步兵学校受训，1929 年至 1933 年担任印地安纳州国民兵部队的教官，1935 年进入陆军指参学校受训，结训后担任过一年的内布拉斯加州公共资源保护队的副指挥官。1937 年进入陆军战争学院受训，并成为著名的两栖作战专家。

马克·韦恩·克拉克

（二）"火炬行动"中的"说客"

1939 年在美国西海岸的两栖登陆演习中，克拉克少校的表现获得了当时美国陆军参谋长马歇尔的赏识。之后，克拉克的升迁速度就很快了，1940 年升中校，任战争学院教官，1941 年 8 月被马歇尔调到陆军总部，任主管作战的助理参谋长，跳升准将。1942 年初，他先后担任美国地面部队副参谋长、参谋长，8 月升少将，任第 2 军军长与美国驻英国的地面部队指挥官。到了 11 月，他已成为中将并被任命为火炬行动的联军副总司令（总司令为艾森豪威尔将军）。他升任中将时年仅 46 岁，为美国有史以来最年轻的中将。

但是他的第一个任务不是军事行动，而是政治与外交的作为。由于在火炬行动中，美、英两国部队将登陆法属北非，为减少维希法国部队的抵抗，甚至号召这些部队加入同盟。于是在美国驻北非首席代表墨非与法国阿尔及耳地区指挥官马斯特少将的要求下，克拉克将军带领四位随员，搭乘一艘英国潜艇至北非与马斯特会面，并敲定亨利·吉罗将军为合作对象。不过由于美国人对法国合作者过分保密，于是在 11 月 8 日进行登陆行动时，受到奇袭的反而是法国的合作者，结果是一片混乱，并让所有的登陆行动都受到维希部队的抵抗。于是法国北非总司令阿尔方斯·朱安将军建议联军应寻求达尔朗海军上将的协助，后者是法国三军统帅与亨利·菲利普·贝当元帅的指定接班人，此时他正在阿尔及尔。

达尔朗原则上同意协助联军，并下令阿尔及尔地区的部队停止作战，同时授权朱安安排其他地区的停火。于是克拉克在 9 日又赶往阿尔及尔与达尔朗、阿尔方

斯·朱安、亨利·吉罗等人会谈。会中克拉克压迫达尔朗应立即以法国三军统帅的身份下令全面停火。会谈的气氛很火爆，但最后达尔朗还是接受了克拉克的最后通牒，发出了停火命令。这个命令让德国于10日午夜进入法国南部，并迫使维希政府让德、意部队占领突尼斯。11日到13日，克拉克不断压迫达尔朗接受盟军的诸多要求，最后于13日下午达成最后协议，刚刚抵达阿尔及尔的艾森豪威尔随即批准，于是法国北非部队跟同盟国的合作立即生效。之后克拉克与达尔朗协商出具体的细节，让突尼斯以外的法属北非都与同盟国合作。法国驻北非的部队达12万人，若他们决心抵抗，就会对联军的行动造成极大的阻碍。

（三）无能的军团司令

1943年，克拉克出任新成立的第5集团军司令，该军团辖英国第10军与美国第6军。该军团的第一个任务为意大利萨莱诺湾的登陆行动，代字“雪崩”。虽然目的地是最高机密，但一方面美国人的保密工作做得很差，另一方面德国人早就猜到登陆地点，甚至于希特勒在8月18日亲令德国魏亭果夫将军的第10军团必须在那不勒斯与萨莱诺之间部署机动战斗群，并将军团中的非机动单位都送进该地。于是当第5军团在9月9日准备登陆前，德国部队已经严加戒备，尤其当时克拉克还希望能获得战术奇袭的机会，因此禁止海军进行登陆前的炮击；而且登陆部队在船上已经知道意大利于8日与联军签署休战协议，因此都认为这将是一次轻松的登陆。结果登陆艇还没接近滩头就受到德军火力的猛烈反击。

在登陆地区的德国部队主要是第16装甲师，克拉克在其自传中说当地有600辆德军战车，但事实上只有80辆IV号战车与48辆自行火炮。另外戈林的伞兵师与第15装甲步兵师的残部也在当地。虽然德国的兵力比起英美联军的五万多人少很多，但仍然造成联军的严重损失。到第一天结束时联军虽然占领了4个不连续又狭窄的滩头，但随时都有被赶下海的危机。10日到14日，德军对滩头展开猛攻，第29装甲步兵师也从意大利南部赶到，该师与第16装甲师在13日事实上已切断英、美两军。盟军被困在萨莱诺附近，而美军也被赶回滩头，克拉克已经要求海军准备将第5军团司令部接回海上。于是艾森豪威尔与第15集团军群司令哈罗德·亚历山大将军立即增加萨莱诺地区的海、空支援，并将第82空降师交给克拉克指挥，才勉强守住滩头。

虽然魏亭果夫在16日集中了4个师与100多辆战车，并对盟军又做了一次攻击，但由于联军强大的海空联合火力，使得联军得以击退德军。加上英国第8军团已与第5军团建立陆上的联系，于是德国南战场总司令凯塞林元帅才下令部队往北撤退。萨莱诺登陆对联军几乎是一场灾难，仅凭着联军强大的海空军资源才得以幸免。德军北撤之后，第5军团于10月2日占领那不勒斯，那不勒斯原是希望在9月13日就该攻占的主要目标，其代价为近12000人的损失。接着第5军团沿着西海岸往罗马推进，由于德军采取迟滞防御作战并将桥梁摧毁，而且雨季提早来临与德国援军的到来，也使得第5集团军的进展非常缓慢。到1944年1月中旬，第5集团连凯塞林所设定的古斯塔夫防线的前缘都还没到达，四个月中只进展了112公里，离罗马还有128公里，战斗损失却近40000人，而美军的病患损失则达50000人。

英国著名军事评论家利德尔·哈特则用“蚕食”来批评联军的行动，他认为联军浪费太多时间在整顿、准备与巩固。此外，丘吉尔也批评联军不知利用两栖作战来迂回德军侧面。于是第15集团军群司令部遂规划一次在古斯塔夫防线后的两栖作战，主要是利用第5军团对德军防线进行正面攻击，然后由美国第6军在安济奥登陆，代号“鹅卵石”。第5集团军的攻击从1944年1月17至18日夜间发动，但因损失惨重，遂于20日自动停止。

22日第6军在安济奥登陆，虽然当地只有德军两个营，从安济奥到罗马也根本没有德军，但第6军在滩头却足足等了8天才试图前进，结果这8天里凯塞林已抽调了八个师送到滩头，把美军封锁住。结果第5军团不但不能获得迂回的帮助，反而被迫不断发动正面攻击以援救登陆部队。双方战至2月10日才停止，第5集团军无法突破古斯塔夫防线，德军也无法把美军赶下海，遂成僵持之势

由于霸王行动已经决定在1944年5月到6月间发动，于是亚历山大于2月下旬建议在霸王行动发动之前，在意大利发动另一次大规模攻击。经美、英参谋首长同意后，作战于1944年5月11日发动，一直到5月30日始突破德军防线，并于6月4日占领罗马。两天之后，联军在诺曼底登陆，意大利战役于是退居幕后。由于支援南法的作战，第5集团军在7月又被抽调两个军，于是之后除了第8集团军曾尝试在东岸攻击外，联军与德军在意大利保持一种对峙的状态。1944年12月，克拉克接替亚历山大担任第15集团军群司令，1945年3月10日晋升为上将。联军在意大利的最后战役是4月9日发动的对波隆纳的攻击，并使联军进入波河谷地。4月29日德国南战场总司令部与联军地中海战区总部签署休战协定，于是意大利地区在5月2日即已停战。

（四）停战协定签订者

当二战结束后，克拉克任美国驻奥地利的高级专员，并为美、英、苏、法等四国占领军的代表。1947年任美国国务卿的代表，与英、苏两国的外长会议协商对奥

条约。1947 年 6 月返美，先任司令部设于旧金山的第 6 集团军司令，两年后出任美国地面部队司令。1952 年 4 月，克拉克任美国远东地区总司令，并在 5 月接任联合国部队指挥官。当时战线已经固定，他也没有什么表现的机会。1953 年 7 月 27 日，克拉克将军代表联合国部队，与朝鲜人民军和中国人民志愿军，在板门店签署停战协定。

克拉克将军于 1953 年 10 月 31 日退休，接任查尔斯顿的堡垒军校校长，并曾接受前总统赫伯特·胡佛的委托，进行对中央情报局以及美国政府其他情报机构的研究工作。克拉克将军在堡垒军校任职 12 年，直到 1965 年才退休。1984 年 4 月 17 日病逝于查尔斯顿，并葬于堡垒军校的校园。

（五）北非登陆战役

1941 年 12 月 8 日，太平洋战争爆发使美国从一个战争的观望者变成了战争的参与者。美国国会通过决议，宣布与日本进入战争状态。丘吉尔立刻飞赴华盛顿，同罗斯福商讨两国作战方针。双方制定的战略规定：德国是主要的敌人，主要战场在欧洲，北非的战略地位也排在了中缅印战区之前。虽然丘吉尔嘴上同意了罗斯福提出的英、美、苏三国在欧洲开辟第二战场的提议，但丘吉尔对地中海地区更感兴趣。因为北非、中东和巴尔干直接关系着英国的殖民地利益和势力范围。

丘吉尔认为攻占北非才是战胜轴心国的关键。当德国在 1940 年 5 月 10 日向法国发动进攻，形势日益危急时，法国政府于 6 月 11 日迁往都尔。14 日巴黎失守后，又迁往南部城市波尔多。16 日雷诺政府垮台，由 84 岁的贝当组阁。贝当于 22 日和 24 日分别同德国和意大利签订停战协议，在军事上无条件投降，同时法国也被肢解成两部分。北部由德国占领，其余非占领区由贝当傀儡政府统治。7 月 1 日，贝当政府从波尔多又迁往维希，从此被称为维希政府。维希政府在法属北非约有军队 20 万人，飞机 500 架，在法国的土伦和法属北非各港口有各种舰艇约 80 多艘。法属北非的法国军政官员受维希政府管辖，他们认为 1940 年向希特勒投降是遵照合法的贝当政府之命，因此是合法的。相反他们认为戴高乐将军以及法国共产党领导的广大人民群众的抵抗运动是非法的，因此把他们视为仇敌。又由于英国支持戴高乐将军领导的自由法国运动，并且曾同维希政府的武装力量发生过几次冲突，所以北非法国当局的反英情绪也很强烈。

1942 年 11 月 4 日，载着部队的运输船分别从美国港口和英国港口出航，11 月 5 日会合后通过直布罗陀海峡向东航进，驶至预定登陆地段以北海域后转向南航，途中未遇阻挠，于 11 月 7 日夜间开始登陆：西部特混舰队在卡萨布兰卡地域、中部特混舰队在奥兰地域、东部特混舰队在阿尔及尔，并达成战役突然性。1942年11月7日夜晚，英格兰西南部康沃尔半岛乌云遮天，一片漆黑，天空不时落着小雨。在灯火管制的圣伊瓦尔和普雷登纳克机场上，由威廉·本特利上校指挥的美军运输机第60大队的39架C-47运输机整齐地停放在滑行道上，每架飞机的机翼下面都站着美国伞兵第503团第2营的一小队士兵，他们在等候登机起飞。他们的目标是夺取2413公里外的阿尔及利亚奥兰附近的机场，以配合美、英联军地面登陆部队执行“火炬”作战计划。

1942年11月8日凌晨，英、美联军在远征军总司令艾森豪威尔指挥下，由1700架战机掩护着655艘战列舰和运输船，护送陆军开始从卡萨布兰卡、奥兰、阿尔及尔一带登陆，火炬行动展开。美盟军队为进攻北非，动用了13个师、450艘战斗舰艇和运输船只（其中有战列舰3艘、航空母舰7艘、巡洋舰17艘、驱逐舰64艘），编成西部、中部、东部3个特混舰队，共10.7万人，由美国陆军中将艾森豪威尔任总指挥，英国海军上将坎宁安任海军总司令；西部特混舰队由美海军少将休伊特指挥，输送巴顿少将指挥的美军前往法属摩洛哥登陆；中部特混舰队由英国海军准将特鲁布里奇指挥，输送弗雷登德尔少将指挥的美军前往奥兰地区登陆；东部特混舰队由英国海军少将巴勒指挥，输送赖特少将指挥的美、英混编部队在阿尔及尔地区登陆。

战役的航空兵保障由西部空军司令部（保障卡萨布兰卡、奥兰登陆）和东部空军司令部（保障阿尔及尔登陆）分别负责（共1700架飞机）。第一梯队登陆的有6个加强师，其中有2个装甲坦克师（共107000人，其中卡萨布兰卡35000人，奥兰39000人，阿尔及尔33000人）。登陆部队接到命令，如果敌海岸炮兵和舰艇不开火，则不得射击。盟军登陆只遇到轻微的抵抗。11月8日登陆部队进入阿尔及尔城，10日进入奥兰，11日进入卡萨布兰卡。11月10日夜间，驻北非的法国军队根据维希政府武装力量总司令达尔朗海军上将（在阿尔及利亚）的命令，停止了对英美盟军的抵抗。到12月1日，连同第二梯队在内已有253213人（106760名英国官兵，146453名美国官兵）在北非登陆。盟军占领阿尔及利亚各主要基地后，开始向突尼斯推进，到11月25日已进到比塞大的接近地，在此遭德意军队所阻。法西斯统帅部利用盟军未从海上入侵突尼斯的这一机会，于11月11日派遣空降兵，占领了比塞大和突尼斯两个基地，从而大大增加了同盟国军队在北非进一步行动的困难。1942年11月8—13日，盟军共损失2225人。法国人死亡490人（包括居民中的蒙难者）。英美海军和空军共击沉驱逐舰9艘、潜艇10艘、其他船只14艘。

为配合美、英登陆部队在法属非洲作战，盟军指挥部决定使用英、美空降兵配合中路特遣队夺取德军纵深区域内的机场和重要目标。但当时美英两国还未做好把大量空降兵投入作战的准备：美军的第82空降师和第101空降师于1942年8月份才由第82摩托化师改编而成，接到任务时，他们刚开始进入第6周的训练；而盟军空降第1师虽然编制是3个旅，但只有1个旅训练过，另2个旅正在组建中。为此，盟军所能提供的空降部队只有美军伞兵第503团第2营和盟军第1空降师第1旅的3个营。

应丘吉尔的要求，美伞兵第503团第2营于1942年秋天被海运到达英国，编入盟军第1空降师。该营到达后，即在索尔兹伯里平原进行训练。美军伞兵是从C-47机上由侧门进行跳伞的，而盟军伞兵当时由于没有运输机，只能在惠特利轰炸机上进行训练。所以当英国伞兵看到美伞兵从C-47飞机上轻松自由地从侧门跳伞时，都很羡慕。由于英国的轰炸机不能用于战斗空降，英伞兵部队只好重新进行从C-47飞机侧门跳伞的训练。紧张的训练尚未结束，英第1伞兵旅就接受了在北非空降作战的任务。

1942年11月7日21时，在机场上已等候了几个小时的美伞兵第503团第2营终于登上装满油的C-47飞机，开始了二战期间最远航程的空降作战。飞机全部升空后，在康沃尔南端附近的波特里斯上空300公尺高度上编好队，由英国皇家空军的“喷火”式和“波”式战斗机护航，在黑暗中往南飞向直布罗陀。飞行编队到达比斯开湾上空时，担任护航的战斗机返航。然后，C-47飞机的机组人员靠领航员的推算继续向前飞行。由于天气变坏，比斯开湾上空气流不稳定，飞机在航行中颠簸得很厉害。

东路特遣队在阿尔及尔登陆以后，11月9日，盟军伞兵第1旅第3营312人在派恩科芬中校指挥下由英格兰乘美军运输机第51大队的C-47飞机直飞直布罗陀机场，在该机场落地加油后再次起飞。10日下午，英国伞兵抵达阿尔及尔附近的梅松布朗舍机场，准备在盟军第6突击队的协助下进攻靠近突尼斯边界的波尼（安纳巴），由于飞机机械故障和恶劣的天气，途中损失了4架飞机。

美军伞兵营在北非空降后，11月10日又接受了攻占阿尔及利亚东部特贝萨机场的任务。拉弗在塔发拉沃伊机场尽了最大的努力，才把在洛默尔伞降时用过的降落伞找回来并进行了修补。截至14日，已有300顶降落伞可以使用，同时还集合了350人准备执行新的任务。通过空中侦察和询问当地的阿拉伯人，拉弗发现距贝萨西机场以北16公里处有一个更易于夺取的尤克勒斯巴恩机场，该机场也是德军运输机和战斗机的基地。最后拉弗决定把尤克斯勒斯巴恩机场作为夺取的目标。

英国第1伞兵旅这时接受了攻占突尼斯境内的苏克埃尔阿巴机场的任务。由于这时美、英两支空降部队相距较近，为了便于协同作战，拉弗的伞兵营受命接受盟军弗拉维尔准将的指挥。但由于没有适当的联络方法和通信器材，弗拉维尔所在的第1集团军司令部对空降计划、协同等情况一无所知。因此，伞兵指挥员们必须自己解决存在的困难。进攻的时间定为11月15日，登机的机场为梅松布朗舍。美军伞兵营和英伞兵第1旅第1伞兵营于11月15日7时30分登上C-47飞机，在两个由“喷火”式和“飓风”式战斗机编队的护航下，向各自的攻击目标飞去。

英伞兵第1营的飞机编好队后沿海岸飞行，但由于天气突然变坏，能见度极差而被迫返航。美军伞兵营乘坐的20架飞机在复杂气象条件下沿着紧靠海岸线的内陆山脉强行飞行。9时45分，美军伞兵营飞临目标上空后实施伞降。守卫机场的法军1个团不仅没抵抗，而且还热情地欢迎了天上来客。拉弗把部队集合好，即用电话与在阿尔及尔的美军克拉克将军取得联系，并得到他的命令，向突尼斯前进。16日，沿海一带乌云散去，天空晴朗，盟军伞兵第1营在希尔中校率领下，再次搭乘32架C-47飞机从梅松布朗舍机场起飞，在苏克埃本阿巴机场实施了伞降。他们与美军一样，也受到了法军欢迎。希尔征用了一些公用品车，带领他的营向前推进64公里，到与盟军伞兵第三营会合后，联手对贝贾发起攻击。经过激烈的战斗，英国伞兵攻占了贝贾并一直坚守到地面进攻部队到达。

由于实施北非登陆战役，盟军掌握了北非的一些重要战略基地，从而创造了顺利完成北非战局的有利条件，使西方盟国能够通过苏伊士运河从大西洋向印度洋进行海上运输。此役是战争史上第一次使用登陆舰艇“由舰到岸”的大规模渡海登陆战役，在战役组织、装备使用等方面为尔后的西西里和诺曼底等登陆战役提供了经验。

美英联军在北非的空降作战是第一次由联合编成的空降部队实施的。由于准备比较仓促，缺乏协同，美英伞兵在此次战斗中损失较大，对地面部队的进攻也没起到很大的配合作用。但通过这次战斗，美英伞兵经受了锻炼，摸索了一些联合作战的协同方法，从而为以后的盟军伞兵联合作战提供了宝贵的经验。

北非登陆战役的有益的经验是：对登陆编队的海上航渡进行了巧妙的战役伪装，从而保证了登陆的突然性；在登陆地域造成兵力的压倒优势。英美盟军的登陆是在没有敌方有组织的抵抗的情况下实施的，因为法西斯统帅部的主要注意力当时集中于正在苏德战场进行的斯大林格勒会战的东线和在阿拉曼战役战败的德军集团的命运之上。

克拉克给人的印象负面的居多，许多人一提及美军无能将领的典范，想起的都是他，比如说颇具盛名的卡西诺战役，克拉克指挥的第5集团军伤亡占据了整个战役盟军伤亡人数的90%，以致克拉克被下面的官兵称之为“杀人犯”。突破古斯塔夫防线后，他为了抢占进入罗马的荣誉，居然不去追击后撤的德军。当他在罗马城记者招待会大出风头的时候，阿尔贝特·凯塞林元帅已经布置好下一条防线等他

去碰。

战后他倚仗着和马歇尔的私人关系，调至政治战场同对手周旋，本来一切都挺顺利的，但后来朝鲜战争爆发，他重上战场，但没有任何表现。作为最后一任战时司令，克拉克在最后谈判时留下颇为经典的一句话："我是第一个在没有取得胜利的谈判文件上签字的美军将领。"

十六、原子弹的守护者——格罗夫斯

莱斯利·理查德·格罗夫斯（1896—1970年），美国中将。第二次世界大战期间他曾任美国陆军工程兵建筑部副部长、美国负责研制原子弹的曼哈顿工程区司令等职，他为美国原子弹技术的成功研制提供了各方面的保障，成为第一颗原子弹爆炸成功的功勋将领，为第二次世界大战的胜利做出了自己的贡献。

（一）优秀的曼哈顿司令

格罗夫斯，1896年出生于美国纽约州的奥尔巴尼。1913年格罗夫斯考入华盛顿大学，1914年转入马萨诸塞理工学院攻读工程学专业。1916年，格罗夫斯获得推荐资格并顺利考入美国西点军校。1918年以全班第四名的成绩从西点军校毕业，格罗夫斯先后在美国本土、夏威夷、欧洲和尼加拉瓜的美军部队任职，1918年至1921年在美国陆军工程兵学校学习。

1935年至1936年，格罗夫斯在利文沃思堡的美国陆军指挥与参谋学院深造，1936年至1938年任美国陆军工程兵部部长助理，1938年至1939年在华盛顿的美国陆军军事学院深造。

从陆军军事学院毕业后，格罗夫斯出任美国陆军建筑计划与供给部部长的特别助理。1940年，格罗夫斯升任陆军工程兵建筑部副部长，军衔为上校。1942年9月23日，格罗夫斯经陆军后勤部队司令布里恩·伯克·萨默维尔推荐，晋升为准将并正式就任美国负责原子弹研制的曼哈顿工程区司令。

（二）原子弹计划启动

美国对原子能的研究，自避居于美国的奥地利科学家莉泽·迈特纳在1939年1月阐明铀原子可以分裂之际即已开始。当时，大多数物理学家已经认识到，由原子的分裂或裂变所产生的核能，既可用作和平目的的能源，也可以用来生产超级武器。第二次世界大战爆发以后，罗斯福总统的朋友和私人顾问亚历山大·萨克斯带着由爱因斯坦签名的信件拜访罗斯福，并请求总统支持当时正在进行的原子能研究。总统为萨克斯的论证所打动，决定成立铀顾问委员会。此事发生在 1939 年 10 月。1940 年 6 月，美国国防研究委员会（主席詹姆斯·康南特）成立。铀顾问委员会遂改为其下属委员会，开始实施庞大的研究计划。此后，罗斯福（杜鲁门于 1945 年 4 月继任总统后继续支持曼哈顿计划）为加强此项工作的领导而组建最高政策领导小组，由总统本人、副总统亨利·阿加德·华莱士、陆军部长亨利·刘易斯·史汀生、陆军参谋长乔治·卡特利特·马歇尔、范尼伐·布什和詹姆斯·康南特等人组成。

1941 年 11 月，铀顾问委员会脱离国防研究委员会，而与之一道由科学研究发展局直接领导。当时实验室的研究工作，主要是寻找从铀 238 中分离出铀 235 的物理方法，以及将铀 238 转变成一种能高度裂变的新元素钚。1941 年 3 月，第一批超微量的钚 239 出世。1942 年 3 月，理论与实践证明铀 235 可用离心、扩散和电磁过程来分离，而钚可由铀—石墨堆或铀—重水堆来获得，而且以上 5 种方法均可成功。1942 年 6 月，原子能的研究实践使美国政府和科学家都得出结论：制造一种肯定可以用于战争的核武器是可能的。于是，罗斯福总统批准由布什提交的核计划报告，而詹姆斯·马歇尔上校则奉命组建新的工程区来执行该项任务，并担任管区工程师（1943 年 8 月马歇尔调任战场指挥职务，肯尼思·尼科尔斯接任管区工程师）。当时任建筑部副部长的格罗夫斯确定斯通与韦伯斯特工程公司和杜邦公司等作为协作单位，并协助马歇尔上校为生产工厂选择厂址，购买地皮、设备和材料。同年 8 月 11 日，格罗夫斯等人经过讨论后决定采用“曼哈顿”来命名新的工程区名称，因为马歇尔上校的总办公室最初将设在纽约市，而曼哈顿为纽约市的一个区。此举得到上级同意，曼哈顿工程区遂告成立，总部设在华盛顿。

及至 1942 年 9 月，曼哈顿计划已从纯理论研究发展到初步的生产工程。格罗夫斯就是在这种情况下走马上任的。有趣的是，格罗夫斯后来逐渐体会到军衔的特权在学术界竟然比在军界重要得多。就在 1942 年 9 月 23 日，史汀生主持召开会议，决定美国原子能事业监督机构的形式与组成，因而成立由科学研究发展局、陆军和海军三方代表组成的军事政策委员会，由布什、格罗夫斯和威廉·珀内尔海军少将组成。次日，陆军委员改由陆军后勤部队参谋长斯泰尔担任。

（三）原子弹的“助产士”

选择生产厂址的条件是非常苛刻的。经过全国性的考察，格罗夫斯与马歇尔上校选择了位于田纳西州距诺克斯维尔约17英里的克林顿镇为厂址。起初，厂名为“克林顿工厂”，1943年夏季后改称“橡树岭”。经过格罗夫斯的努力，作为生产核裂变炸弹材料的中心，铀分离厂都设在橡树岭，而钛厂则设在汉福德。与此同时，还有一些中间工厂相继建立。其中，设计原子弹的基地设在新墨西哥州的洛斯阿拉莫斯。格罗夫斯选定罗伯特·奥本海默组建洛斯阿拉莫斯实验室并任主任，负责该项计划的实施。至于铀的分离方法，格罗夫斯将同时采用热扩散、气体扩散、离心法和电磁法4种方法。至此，实验室以及分离设备的准备工作已经就绪。

格罗夫斯尤其关心核计划中的原材料铀矿石的供应。当1942年9月17日格罗夫斯被指定为曼哈顿工程区司令的时候，他和尼科尔斯谈起矿石的问题。两人一致认为，应该毫不拖延地去与开发和占有铀矿的重要人物、当时避难于美国的比利时人埃德加·森吉尔联系。森吉尔有1250余吨的铀矿石存在于美国斯塔腾岛的货栈内。9月18日，尼科尔斯与森吉尔交易成功。森吉尔同意立即把栈站内的矿石交给曼哈顿工程区，并把在比属刚果已采出的全部铀矿石运至美国。

曼哈顿工程区的保安工作，起初由美国陆军负责。时至1943年末，格罗夫斯建立起自己的全套保安机构，任命小约翰·兰斯代尔少校负责保安工作。保安工作的主要任务是，对参与本计划的各种人员加以控制，使重要机密落入敌人手中的可能性减少到最低限度。他要求对工作人员进行历史审查，未审查前不给予涉密工作。同时，还要求限制工作人员的交流。格罗夫斯认为，保安工作的核心问题是知识的局部化，即每个人应知道他执行任务时所需的一切东西，但不应知道更多的东西。

莱斯利·理查德·格罗夫斯

格罗夫斯到任后，得知一些间谍活动对实验室的渗透，立即确定了保安目标：首先，绝不能让德国人知道核计划工作或科学技术进展的任何情况；其次，尽一切努力使第一次使用原子弹成为谁也不曾料到的惊人之举；最后，不让苏联人知道有关原子弹的设计及制造过程的情况。在新闻保密方面，格罗夫斯制定的管理原则是：第一，不准发表可能以任何方式泄露重要机密的消息；第二，不准发表会使人们注意该项计划的任何方面的消息；第三，尤其重要的是，不准发表那些可能会被具有科学技术进展知识的外国间谍或任何人读了而能猜到美国正进行的工作的消息。同时，格罗夫斯要求新闻界一点都不要提到他的名字，以免使外国间谍注意他的活动。毫无疑问，曼哈顿工程计划整个实施过程中的保密工作是很成功的。

（四）破坏德国原子研究

他接管曼哈顿工程区保安工作的同时，还成立了一个特别的反情报组。到了1943年秋季，这个情报组负责接收由陆军情报部、海军情报部和战略情报局收集到的所有有关原子能方面的情报。格罗夫斯又担负起这个“额外的责任”。在整个曼哈顿计划中，德国的科学动态是普遍受到重视的。所以，格罗夫斯的情报工作的任务，主要是要尽快知道，如果德国人全力以赴地生产原子武器的话，他们现在能做到什么程度。在轴心国中，他们排除日本成立原子工业的可能性。格罗夫斯的情报组推测，只有德国人对原子能感兴趣。因为，战前的挪威在奥斯陆以西75英里的里尤坎建有维莫尔克水电与化学联合工厂，而1940年德国占领挪威后，即要求里尤坎工厂的负责人同他们签订合同，为他们生产重水，然后运往柏林，供发展原子弹的实验之用。格罗夫斯曾建议并催促炸毁或破坏里尤坎工厂。

1943年2月，努特·豪克里德等3名在破坏技术方面受过特别训练的挪威人，穿着盟军制服，空降到挪威，并同当地的游击队会合，经过一星期左右艰苦的越野滑雪之后，到达里尤坎，并于1943年2月28日袭击了维莫尔克联合工厂。然而，5个多月后，这些工厂又重新恢复开工。格罗夫斯又建议对这一目标实施空中轰炸。

1943年11月16日，140架美国轰炸机在“光天化日”之下进行大规模空袭，致使德国放弃修复该厂的打算而把所有生产重水的设备及重水运往柏林。1944年1月底，在重水生产设备及重水运送过程中，挪威游击队沿路进行阻击，成功地破坏了许多设备，豪克里德的破坏小组则在联合工厂工程师的秘密帮助下，把装有大部分重水的渡船炸沉海底，德国继续进行原子能试验的全部希望随之破灭。

与此同时，格罗夫斯又倡导利用美军在意大利半岛登陆、诺曼底登陆以及向德国境内推进的有利条件，开辟情报来源；利用陆军情报部派往意大利的科学情报小组“阿尔索斯”获取情报，破坏实验室和工厂，占有科研人员。

1944年1月，格罗夫斯派赫雷斯·卡尔佛特少校前往设在伦敦的曼哈顿联络处，利用美英两国的情报网，收集欧洲各国尤其是德国人在原子能方面所进行的各种工作的一切情报，使所有德国科学家的名字都无一漏网地列入美英情报机构的侦察名单中；同时有关的实验室、工厂和仓库的位置也一一注册。

到了1944年后期，所有情报证明，德国在发展原子弹方面的工作仍处于试验阶段。

至此，格罗夫斯得出结论：“来自德国的任何突然的核袭击的可能性几乎是没有。”

（五）组建核攻击部队

早在知道能产生一次原子爆炸的一年以前，格罗夫斯就已经开始了战斗行动的准备。当时的计划是，1945 年 6 月能够制成第一颗“小男孩”炸弹，1945 年 1 月交出“胖子”原子弹的炸弹模型。

1944 年春天，格罗夫斯拜访陆军航空队司令亨利·哈里·阿诺德，意在寻求他的支持。因为在原子弹投掷方式上，格罗夫斯指出用 B-29 轰炸机作为这两种炸弹的载运飞机的计划是合理的，只是必须对飞机的弹舱和投弹装置做某些改装。阿诺德同意格罗夫斯的看法，并在此基础上共同提出陆军航空队应承担的主要责任；组建美国陆军第 20 航空队以担负原子弹轰炸任务，由阿诺德兼任司令，具体工作后来由太平洋美国陆军战略航空兵司令卡尔·安德鲁·斯帕茨负责实施。

1944 年 9 月，第 393 重轰炸机中队从第 504 轰炸机大队分离出来，组成第 20 航空队的主要部队——第 509 混合大队。

（六）批准对日本核攻击

雅尔塔会议后，对打败日本的方法是直接进攻还是围困，美国军界意见不一。鉴于进攻日本本土可能造成极大伤亡和必须争取早日结束战争，尽管当时原子弹制成日期是否与进攻日期相去甚远还没有定论，但美国政府使用原子弹的可能性依然存在。

1945 年春，在同马歇尔将军谈话时，格罗夫斯意外地得到由他负责选择原子弹轰炸目标并拟制轰炸计划的指示。

格罗夫斯首先确定目标选择的一些决定性因素，接着着手设立特别委员会，以便推荐特定的目标。目标委员会最终选定小仓、广岛、新泻和京都。

1945 年 7 月 23 日，格罗夫斯为即将从海外作战基地提尼安出发的军事行动拟出最后的书面命令。

7 月 26 日，格罗夫斯又向在波茨坦的马歇尔将军提交备忘录，请求对核击日本的作战计划做最后的批准，并提出由他全面负责原子裂变炸弹计划，对日本作战的一切命令最初都要由格罗夫斯提出，经马歇尔将军批准，再经阿诺德签署而发出。

很显然，格罗夫斯想以此表明，美国的战略核武器的运用，一开始就像核武器研制一样，是在科学技术的指导与控制之下的。格罗夫斯在备忘录中还预计了第 3

颗原子弹的生产速度。马歇尔将军和史汀生部长经杜鲁门总统授权而批准该项计划。

广岛是第一个目标，轰炸广岛的瞄准点是在日本陆军总部附近。1945 年 8 月 5 日傍晚，最后检查工作已经全部完毕。负责执行首次原子弹轰炸任务的是美国第 20 航空队第 509 混合大队的“埃诺拉·盖伊号” B-29 重型轰炸机，飞行员为大队长保罗·蒂贝茨上校。“小男孩”原子弹也已准备完毕，飞机随时可以起飞。

8 月 6 日清晨 3 时，蒂贝茨上校驾机从提尼安岛起飞，9 时许在广岛上空投掷了第一颗原子弹。广岛居民当天即被炸死 7.8 万人、被炸伤和失踪者 5.1 万余人。

8 月 9 日，斯威尼少校驾驶“博克之车号” B-29 轰炸机将“胖子”原子弹投掷在长崎上空。美国战略轰炸统计局估计，约有 2.3 万人死亡，4.3 万人受伤。

1945 年 8 月 15 日，日本天皇通过广播宣布接受无条件投降条款。原子弹轰炸无疑是加速日本法西斯崩溃的重要因素之一。

需要指出的是，原子弹的研制成功，是广大科学家、工程技术人员、曼哈顿工程区全体官兵以及有关机构和企业通力合作的结果。

（七）功成身退的核战名将

1947 年，原子能事务移交给新成立的文职的原子能委员会，格罗夫斯也就此完成他的历史使命。此后他受命担任武装部队特种武器计划的负责人。1948 年 1 月，此前已于 1944 年晋升为少将的格罗夫斯晋升为中将。同年 2 月即退出现役，出任雷明顿·兰德公司副总裁。1961 年重返华盛顿居住。1962 年，格罗夫斯出版回忆录《现在可以说了：曼哈顿工程区故事》。1970 年 7 月 13 日，格罗夫斯在华盛顿逝世，葬于阿灵顿国家公墓。

（八）原子弹轰炸日本

美国使用原子弹的各项准备工作几乎与研制工作同时开始。最初爱因斯坦在那封写给罗斯福总统的信中，还曾预言因为原子弹又大又重，将只能以军舰运到敌方海岸，军舰上的官兵不可能在爆炸之前驶出危险范围，因此这一行动实际上是自杀性的。而实际研制出的原子弹无论体积还是重量都远远小于爱因斯坦的预想，所以完全可以用飞机运载并投掷到敌方国土。美军选中了 B-29“超级空中堡垒”重型轰炸机作为原子弹载机。B-29 重型轰炸机 1940 年由波音公司开始研制，1943 年 9 月起批量生产。飞机气动外形细长光滑，全金属全封闭结构，机头是由多块曲面玻

璃组成的半球状透明舱室，高升阻比的大展弦梯形上反中单翼，乘员 14 人，均配有氧气面罩，机长 30 米，翼展 43 米，机高 8.5 米，装四台 R3350 带有高空涡轮增压器的空冷活塞发动机，单台最大功率 2200 马力，最大起飞重量 63.6 吨，最大载弹量 10 吨，最高时速 576 千米，转场航程 9650 千米，升限 10670 米，武备共有五个自动炮塔，在机尾、机身左右侧和后舱的 4 个炮塔安装双管 12.7 毫米机枪，机身前方的炮塔安装了两门 20 毫米机炮，加上火控雷达准确的指引，构成了严密的自卫火力。无论航程、载弹量，还是自卫火力，都是二战时期其他轰炸机所望尘莫及的，堪称轰炸机之王。尽管 B-29 具有如此优异的性能，但如果要用来运载投掷原子弹，还必须对炸弹舱进行改装，以满足投掷原子弹的需要。

早在 1944 年春，美国陆军航空兵司令阿诺德上将（此时美国尚未成立独立的空军，其航空力量主要由陆军航空兵和海军航空兵组成，陆军航空兵实际就是空军的前身）就根据格罗夫斯提出的具体要求，确定从 1944 年 9 月 30 日至 1945 年 1 月 1 日之间，提供 16 架经过改装的 B-29。“曼哈顿工程”技术部长格罗夫斯在向阿诺德简要介绍了原子弹之后，特别要求阿诺德上将严守秘密。

1944 年 12 月 7 日，美军组建了一支特殊的航空部队——陆军航空兵第 509 混成大队。美军对于 509 大队寄予厚望，所有单位均提供一切便利，所以组建工作非常顺利。该大队由第 393 重型轰炸机中队以及航空勤务大队、运输机中队、特种军械中队、陆军特别技术派遣队和宪兵连组成，共有 225 名军官和 1500 余士兵，所有成员都经过严格筛选，不仅要求精通专业技术，还要忠诚可靠，尤其是核心部队第 393 中队，其军官都是从各部队挑选出的佼佼者。大队长保罗·蒂贝兹上校，曾是美军首次轰炸德国本土的轰炸机群空中指挥，而且是 B-29 的试飞员，是美军最负盛名的轰炸机王牌之一。全大队装备 15 架 B-29 轰炸机和 5 架 C-54 运输机，拥有自己独立的运输、维修、后勤、通讯和警卫部队，完全不与其他部队发生关系，全封闭全独立，实行极其严格的保密措施和纪律。

509 大队的训练基地设在犹他州的温多弗机场。那里四周是连绵的小山丘，荒无人烟，几乎与世隔绝，正是进行秘密训练的理想场所。虽然那里远离繁华都市，气候恶劣，但为了保证 509 大队的训练需要，美军全力满足 509 大队的一切需要，可以说是有求必应，509 大队每日所需的新鲜水果、蔬菜、副食都是空运而来，对该部队的重视可见一斑！

第一阶段训练项目是高空目视轰炸，飞机在 30000 英尺（约合 9100 米）高度使用当时最先进的诺登瞄准器，对地面直径 100 米的靶标进行目视瞄准轰炸，每次只投下一枚重达 450 千克重磅型炸弹，而且一投下炸弹后立即以 160 度俯冲急转脱离。这样奇怪的动作，令所有参训的飞行员都十分诧异，但 509 大队有严格的保密制度，大家都知道这涉及高度机密，谁也不打听原因。全大队只有大队长蒂贝兹在领受任务后有专门的科学家向他介绍了原子弹的基本原理，但他也只是一知半解，唯一清楚的就是这是一种威力巨大的秘密武器，将会提早结束战争。

1945 年 4 月底，509 大队奉命转场至太平洋马里亚纳群岛的提尼安岛北机场，以便在更接近实战的情况下继续进行训练。北机场警卫非常严密，与其他部队完全隔离，任何人进入都必须出示特别通行证。提尼安岛上的其他部队对这支毫无战绩却备受关注的神秘部队，充满了疑惑与猜测，还专门编了顺口溜来调侃他们。开始两个月主要进行基本训练，一面熟悉战区的地理、气候等情况，一面进一步提高投弹精度和远距离海上飞行能力。5 月以后，开始战斗训练，主要是领航飞行和投弹训练。这是最接近实战的临战训练，携带与原子弹同样大小和重量的普通炸弹，采取未来原子弹轰炸时的航线，以三机编队对日本本土进行轰炸。这样既可使飞行员熟悉地形地貌和轰炸战术，又可麻痹日本人，使之习惯 B-29 的小编队高空轰炸。在实战训练中 509 大队总共投下三十八枚模拟炸弹，仅有一架 B-29 被击伤。至 7 月 29 日，509 大队完成了一切战前训练和准备。

由于使用原子弹事关重大，美国最高决策层非常慎重地进行了研究和讨论。可以这么说，投掷原子弹是二战末期的一次重大军事政治事件，从决策开始一直到战争结束之后很长的时间里，都存在着争议。

1944 年 12 月，德国的战败已是定局，而且已不可能研制出原子弹。日本则根本没有足够技术和人力物力去研制原子弹，在轴心国已构不成核威胁的情况下，是否还有必要使用原子弹，美国很多政治家和科学家都持反对意见，如总统参谋长威廉·李海海军上将和欧洲盟军总司令艾森豪威尔就坚决反对使用原子弹，觉得原子弹巨大的杀伤力将使众多平民死于非命，这和野蛮屠杀并无二致；太平洋战区总司令尼米兹认为使用原子弹是不道德的战争手段，美国不应当采取这样的行动；核物理学家利奥·西拉德，就是请求爱因斯坦致信罗斯福的两位科学家之一，明确表示反对美国单方面使用原子弹；说服罗斯福下令开始原子弹研制的萨克斯博士力劝罗斯福不使用原子弹；被誉为美国原子弹之父的奥本海默认为不靠原子弹，也能取得对日战争的胜利，从文明和道义出发反对使用原子弹；詹姆斯·弗兰克教授为首的一批核物理学家联名上书，表示使用原子弹固然可以获得军事上的某种收益，但与因此而激起全世界的恐怖和厌恶相比，还是得不偿失的，并将在战争结束后助长核军备竞赛。

太平洋战区司令部情报参谋埃德温·莱顿中校，一位非常熟悉日本的情报专家，却认为使用原子弹是绝对必要的。因为虽然天皇具有宣布停战的权力，但如果不能用事实证明，不停战就会遭到毁灭的话，长期接受武士道熏陶的日本军方仍将会继续战斗，只有原子弹能够提供这样的事实。.

1945 年 7 月底，从军事角度而言，日本的彻底失败已不可避免，战略轰炸早已将日本支持战争的潜力摧毁殆尽，只要继续保持战略轰炸的压力，即使不对日本本土实施登陆，也足以迫使其投降，更无需使用原子弹了。正如美国海军总司令欧内斯特·金上将所说的，只要我们愿意等待，日本的最后覆灭只是时间问题。但是美国最后还是决定对日本使用原子弹，究其原因，政治上如前所述，希望通过投掷原子弹迫使日本在苏联参加对日作战前投降，退一步说即使苏联参战，也想通过原子弹贬低削弱苏联参战的作用和意义，抬高美国在战胜日本中的地位和作用，最佳的方法就是原子弹扔在日本，实际发挥作用却在苏联；军事上以原子弹巨大的杀伤力震慑日本国民，削弱其抵抗意志，达到不实施本土登陆就结束战争的目的。虽然美军的战略轰炸卓有成效，日本的军事、经济潜力几乎崩溃，但在长期武士道精神的熏陶和顽固军国主义者的鼓动下，日本在本土集结了 5800 余架特攻飞机和 2800 余架普通飞机、2500 余艘自杀艇和人操鱼雷、250 万地面部队，并要求一亿国民发扬特攻精神，准备本土决战。以日军在硫黄岛、冲绳等岛屿的战斗来看，日军在毫无希望的情况下依然拼死顽抗，因此几乎可以肯定在日本本土的作战，势必极其艰巨，美军伤亡估计要达百万之众，日本军民伤亡至少也要二百万，使用原子弹固然会造成数十万人的死伤，但与登陆作战数百万人的死伤比较，是以少数人的伤亡来换取更多人的生存。同时还能在实战中检验原子弹的威力和效果，以便进一步发展核武器，在战后确立美国超级大国的优势地位，并向国会和民众交代花费巨资研制原子弹的意义和价值，因此最终美国还是决定使用原子弹！

1945 年 6 月，美国陆军部长史汀生领导下的八人原子弹研制委员会和四位科学家组成的专业顾问组对原子弹的使用进行了讨论。有的人出于人道主义考虑，建议邀请日本派出代表观摩在无人区的核爆炸，进行技术性示威；有的人则表示反对，认为技术示威太天真，应当先对日本提出警告，如日本仍坚持拒不投降，就使用原子弹来结束战争；还有人认为如果事先进行核警告，而一旦投掷的原子弹因故没有爆炸，那将鼓舞日本军国主义者，并使美国以后的警告和劝降失去作用，因而不主张事先进行核警告。

6 月 18 日，杜鲁门总统在白宫会议室召开对日最后作战方针的讨论，参加者有陆海军总司令参谋长（即事实上的参谋长联席会议主席）威廉·李海上将、海军总司令欧内斯特·金海军上将、陆军参谋长乔治·马歇尔陆军上将、陆军航空兵司令阿诺德的代表艾拉·艾克中将和陆军部长史汀生。杜鲁门一一征求与会者的意见，除了杜鲁门和史汀生外，其他人都不知道原子弹，因此一致建议在九州实施登陆。但随后史汀生提出了使用原子弹，令所有人大吃一惊。原子弹爆炸成功后，争论更加激烈，马歇尔和史汀生坚持只有使用原子弹才能避免在日本本土登陆而付出的巨大伤亡，李海认为使用原子弹只是为了让巨额投资向国民有个交代而已，阿诺德表示仅凭战略轰炸就足以摧毁日本的战争经济基础，欧洲战场的英雄艾森豪威尔认为日本的失败已经不可避免，使用原子弹毫无必要，只会引起世界舆论的指责。杜鲁门却一直坚持既然研制成功，就要投入使用，这一观点得到英国首相丘吉尔的坚定支持。

史汀生指出，在太平洋很多岛屿上的战斗中，日军在遭受极其猛烈的轰炸和炮击情况下，依然拼死顽抗，因此完全可以推断出，尽管对日战略轰炸已给日本造成了巨大损失，但在日本本土实施登陆仍将遭到顽强抵抗，所以必须选择一个城市，投掷原子弹，迫使日本接受无条件投降。原子弹委员会最终决定，选择具有军事和政治目标的城市，实施原子弹轰炸，而且事先不进行警告。7 月 25 日，杜鲁门做出了最后决定，如果日本拒绝接受波茨坦公告，就对日本使用原子弹！

早在 1945 年夏，美国就成立了负责选择原子弹打击目标的委员会，成员中有“曼哈顿计划”的负责人格罗夫斯及其副手托马斯·法雷尔准将、研制出第一台计算机的著名科学家冯·诺伊曼和英国物理学家威廉·彭尼，法雷尔提出选择目标的原则是一旦使用原子弹将沉重打击日本继续战争的意志，并且为了准确了解原子弹的威力，应该是没有遭到大规模轰炸的城市。具体要求是具有重要军事目标或军工生产的城市，面积应在 7.5 平方千米以上，以便有效地展现冲击波的摧毁威力，并在 8 月以前不遭到大规模的轰炸。为此陆军航空兵特别同意为原子弹轰炸而不对入选城市进行大规模轰炸。

5 月中旬，根据目标委员会的讨论，最终有五个城市被定为轰炸目标，分别是京都、广岛、长崎、小仓和新泻，其中京都具备了最理想的条件，这是日本的古都，具有一千多年的历史，而且是百万人口的工业城市，更重要的是其地形能使技术人员清楚地判断原子弹的效果。但是陆军部长史汀生坚决反对将京都列为目标。就这样，这个日本的古都和文化中心因为史汀生的恻隐之心而幸免于难。

7 月 23 日，目标委员会正式提出原子弹攻击顺序：广岛、小仓、新泻和长崎。原子弹轰炸的具体时间取决于天气，第 20 航空队气象专家根据掌握的情报，指出 8 月份天气最为合适。格罗夫斯报告一切准备工作就绪，只要天气许可，从 8 月 1 日开始可以随时实施。

因此，在 7 月 24 日，格罗夫斯根据杜鲁门总统的决定起草了使用原子弹的指令，并用密码发送给正在波茨坦参加首脑会议的史汀生和马歇尔，得到两人的批准后，这一指令下达给了刚刚就任太平洋战区战略航空兵部队司令卡尔·斯帕茨上将：1945 年 8 月 3 日后，只要天气允许，第 509 混合大队应对下列目标之一投掷特种炸弹：广岛、小仓、新泻和长崎。斯帕茨立即命令专机将这一命令送交提尼安岛上的第509大队。

7月25日，负责最后安装原子弹的军械专家威廉·帕森斯上校到达关岛，为太平洋战区总司令尼米兹上将、第5舰队司令斯普鲁恩斯上将、第21轰炸机部队司令柯蒂斯·李梅少将和一些经过审查的参谋军官，播放了阿拉默哥多沙漠核试验的纪录片并做简要介绍。次日他便飞往提尼安岛。7月26日，美国公开向日本广播波茨坦公告。7月27日至8月1日，美军出动大批飞机在日本各大城市上空散发300万份波茨坦公告和150万份传单。

7月29日，美军"印第安纳波利斯"号重巡洋舰从旧金山驶抵提尼安岛，运来了原子弹的核心部分——装在金属密封筒里的铀235，航行途中这个金属密封筒始终由两名海军陆战队队员严密守护，舰长并不知道装的是什么，但他得到特别指令，"如果军舰下沉，必须不惜一切代价保住这个金属体筒，必要时可以动用救生艇。而且每缩短一天航行时间，就意味着战争早一天结束。"原子弹其他部件则由飞机运来。7月30日，斯帕茨上将报告根据侦察，广岛是四个目标中唯一没有战俘的城市，美军随即将广岛列为首选目标。法雷尔特意拜访了尼米兹上将，请求海军在原子弹轰炸所经航线附近海域部署潜艇，并命令附近基地的水上飞机做好起飞准备，以便搭救可能被击落的飞行员。

7月31日，在提尼安岛上的炸弹仓库内，原子弹装配工作顺利完成，第一枚用于实战的原子弹准备就绪。按照美军的惯例，在原子弹的弹壳上写满了致日本天皇的嘲讽之语。

8月1日，509大队进行了最后一次演习。

8月2日，第20航空队下达作战指令，确定8月6日向日本实施原子弹轰炸，计划出动7架B-29，其中长机装载原子弹，蒂贝茨亲自担任机长，作战中无线电呼号为"酒窝82"；2号机代号"伟大艺人"由斯韦尼少校任机长，装载测量仪器，由核物理学家哈罗德·阿格纽负责测量爆炸当量；3号机由马夸特上尉驾驶装载照相器材，由物理学家拉里·约翰斯顿博士用16毫米彩色胶卷负责拍摄；其他3架为气象飞机，另一架为预备机，部署在硫黄岛。

8月4日，帕森斯上校为7架参战飞机的全体空勤人员放映了第一颗原子弹爆炸的纪录片，并简要讲解轰炸中的注意事项。

8月5日，代号"小男孩"的原子弹被装上蒂贝茨的飞机，蒂贝茨用其母亲的名字将自己的座机命名为"埃诺拉·盖伊"。考虑到万一飞机起飞中发生意外，原子弹的爆炸几乎可以炸毁整个提尼安岛，帕森斯上校决定起飞后再在飞机上安装绰号为"枪法"的原子弹引爆装置。

当天，提尼安岛上盛传即将发生不寻常事件的流言，可能是509大队某些反常活动所引起，也可能是一些知道了内幕的人员忍不住透露出去的，因此这天提尼安岛甚至整个马里亚纳群岛上的美军都处于高度警备状态。

8月6日，代号为"第十三号特别轰炸任务"的原子弹轰炸行动正式开始。

前一天晚10时许，全体参战飞行员在作战室听取出发简令，蒂贝茨宣布了此次作战计划，随后所有人都领到了电焊工护目镜，规定在原子弹爆炸后戴上以保护眼睛，还有氰化物胶囊，这是一旦飞机被击落后，避免落入日军之手泄露原子弹秘密的最后措施。接着全体参战飞行员在威廉·唐尼牧师带领下进行祈祷：上帝啊，我们向您祷告，愿战争早日结束，和平早日重临人间。保佑今晚飞行的飞行员平安返回！最后进餐。

8月6日凌晨1时，蒂贝茨和他的机组人员来到机场，对飞机进行最后一次全面检查。1时37分，三架气象侦察机起飞，分别飞往广岛、小仓和长崎，侦察上述三城市的气象情况。2时30分，蒂贝茨和机组人员登机，发动引擎，向指挥塔台报告一切准备就绪，请求起飞。2时45分，"埃诺拉·盖伊"号B-29在摄影师不停闪烁的闪光灯拍摄下开始滑行，由于飞机严重超载，一直没有达到起飞速度，就在大家提心吊胆的担忧下，B-29终于在距离跑道尽头仅数米处腾空而起，担负测量原子弹威力和拍摄爆炸情况的两架B-29接着以两分钟的间隔依次起飞。3时许，"埃诺拉·盖伊"号升至1500米高度，随机的军械专家帕森斯上校和助手莫里斯·杰布逊上尉进入炸弹舱，进行原子弹最后几个部件的安装，帕森斯为了防止万一，特意将最后一个电路留到投弹前才安装。4时50分，"埃诺拉·盖伊"号飞抵硫黄岛上空，与稍后起飞的两架B-29会合，列成三机品字队形，向西北飞去。同时通知在硫黄岛机场待命的预备机一切正常，也就意味着无须起飞预备机。

7时10分，代号为"同花顺"的气象侦察机飞抵广岛，日军拉响空袭警报，而市民对这样的美军单机毫不在意，极少有人进入防空洞。7时25分，"同花顺"机长克劳德·伊塞利少校命令报务员向"埃诺拉·盖伊"号报告：广岛上空能见度良好，云层覆盖率30%，未遇战斗机拦截，高射炮火稀疏，建议优先轰炸第一目标广岛，然后离开广岛返航。蒂贝茨接到这一电文，稍加思考便决定轰炸广岛！随即命令打破无线电沉默向基地报告决定轰炸广岛。同时升高高度，以躲避日军高射炮火。7时50分，"埃诺拉·盖伊"号进入四国上空，高度已达到9700米，蒂贝茨通过机内通话系统命令全体机组人员从现在起坚守岗位，不得擅离，并提醒到飞机上的录音系统已经自动打开，将会自动记录下所有通话。帕森斯立即拧下原子弹上一个绿色螺丝，换上同样大小的红色螺丝，接通了最后一个电路，原子弹处于待爆状态。原子弹上电子设备非常精巧，一组仪器使其在投弹之后15秒内绝对不会爆炸，另一组仪器则使原子弹在3000米以上高度无法爆炸，以保证飞机安全。在原子弹离开飞机15秒后，引爆装置开始正常工作，一旦到达560米高度就引爆起爆炸药，再起爆原子弹，估计从9700米投弹高度到560米引爆高度，约要43秒，也就是在投弹43秒后爆炸。

8时10分，广岛清晰可见。广岛，位于本州东南沿海，由6个小岛组成，从空中望去，酷似一只长着六指的手掌，南端一直伸到濑户内海，以城内大量美丽的柳树而闻名，是日本第八大城市，重要的军事工业基地和港口，也是日军第二方面军司令部所在地，但在战争中一直未遭大规模轰炸。原有人口约40万，经过多次疏散至1945年8月还有约28万，加上43000守备部队和两万朝鲜劳工，共约343000。蒂贝茨下令全体人员穿上防弹衣，准备好护目镜，投弹后立即戴上，一直到爆炸闪光过后才能取下。

8时13分，蒂贝茨下令各就各位，准备投弹！投弹手托马斯·菲阿比少校对准瞄准器开始搜寻目标，广岛的地形地貌对他来说，已经是了然在胸，他很快就找到了瞄准点——位于市中心太田川上的T形相生桥，随即将这座大桥稳稳地套入瞄准器的十字光环之中。“对准目标！”菲阿比向蒂贝茨报告。

同行的测量机“伟大艺人”号在“埃诺拉·盖伊”后方约900米，而编号为91号的摄影飞机开始调整方向，以选择合适的拍摄角度。

8时14分17秒，“埃诺拉·盖伊”号炸弹舱猛然打开，“小男孩”尾部朝下掉了下去，在空中翻了个身，弹头朝下直向广岛落去！“埃诺拉·盖伊”号因为一下子减少了四吨多的重量，顿时向上一跃！蒂贝茨立即以60°倾角158°转向，然后加速脱离爆炸点。

与此同时，“伟大艺人”号投下了三个降落伞，吊在降落伞下的圆筒里的是测量仪器和可将有关数据即时发送回美国的发报机。

杰布逊上尉从投下原子弹时开始计数，一直数到43，一切平静如常，他不由得担心起来，难道这是颗哑弹？这一念头刚刚在心里产生，一道蓝白色的极其强烈的亮光闪过，在机尾的炮手乔治·卡伦上士看到一个针头大小的紫红色光点腾空而起，迅速化作急速膨胀的巨大火球，火球中浓烟烈焰剧烈翻腾，白色烟柱很快升至3000米高空，逐渐形成蘑菇状烟云，烟云一面像沸腾的开水那样翻滚，一面扩大上升，一直升到15000米高空！爆炸后的空气受到强力压缩，几乎成为真空，水汽就在真空中凝结，如同一道光线被强劲的冲击波推动，直向飞机冲来！他情不自禁高叫起来：“小心！”话音未落，飞机就被巨大冲击波猛烈震荡起来，一下，紧接着又是一下，尽管蒂贝茨早已知道爆炸后会遭到冲击波的影响，并根据专家的建议已经降低飞行速度以减少冲击，但冲击波的震荡仍是出乎想象的厉害！非常了解原子弹的军械专家帕森斯上校立即向惊魂未定的大家解释："这是冲击波和反射波，现在好了，不会再有了！"蒂贝茨用明码向基地报告，已经轰炸第一目标，目测效果良好，投弹后飞机正常，正返回基地。帕森斯用密码向坐镇提尼安岛的"曼哈顿计划"副总指挥法雷尔准将报告：投弹圆满成功，目测效果大于"三位一体"（即在新墨西哥州的"大男孩"原子弹试验），投弹后飞机情况良好，正返回"教皇统治区"（提尼安岛的代号）。

法雷尔随即将这一消息报告给了尼米兹、斯帕兹、李梅和格罗夫斯，格罗夫斯再向杜鲁门总统报告。接到顺利完成轰炸广岛的电报时，杜鲁门总统正乘坐"奥古斯塔"号巡洋舰在返回美国的途中，他情不自禁地欢呼："这是有史以来最伟大的事件！"蒂贝茨在冲击波过后，将飞机转向，使每个机组成员都能见到原子弹爆炸的情景，每个人依次将观感说出来，录音系统将这些现场感受作为宝贵的资料记录了下来。很多年之后，蒂贝茨向采访他的作者回忆到"当时只觉自己一下子被贴在座椅上，座椅顶住了我的屁股眼儿！回头望去，已经没有什么城市了，只是在城市原来存在的地方留下了一个大致的轮廓。"直到距离广岛 58 千米之遥，恐怖的蘑菇烟云才在视线中消失。在返航途中，所有机组成员都被刚才的情景所震撼，没有一个人说话。

此时"伟大艺人"号上，科学家正聚精会神地注视着观测仪器；91 号摄影机上，高速电影摄影机忠实地记录下原子弹爆炸那令人震惊的情景：

"小男孩"原子弹在相生桥以东约 100 米外的外科医院上空 580 米爆炸，爆炸地点在广岛市中心偏西北处，爆炸威力相当于 1.8 万吨 TNT 炸药，顷刻间产生了 30 万度的高温，正处于爆炸中心的外科医院中所有的人和设施转瞬就化为灰烬，距爆心半径 1000 米范围内的花岗岩都融化了，时速高达 50~60 千米/时的强烈冲击波将距爆心半径 3000 米范围内的所有建筑物，几乎全部摧毁！距爆心 7000 米都能感觉到空气的灼热。广岛上空的大气层被核爆炸整整翻腾了十五分钟！接着沾染着原子尘埃的水蒸气，大滴大滴夹杂着爆炸中的残骸碎片落下来，形成了令人恐惧的黑雨，随后又化为黄灰色的毛毛细雨。

由于日军通常对美军零星小编队飞机并不在意，认为是气象预报机或侦察机，所以广岛当时没有发出防空警报，大多数人正在上班或上学的途中。而且由于美国研制原子弹过程中采取严格保密措施，日本对此一无所知，其军民没有对原子弹的防护知识和准备，所以人员伤亡异常惨重。原子弹爆炸的辐射波几乎是以光速传播的，裸露的皮肤立即被烧焦。

在爆心附近，没有留下任何人或物的痕迹，只是在地面上隐约残留着如同人体外形的阴影；稍远一点的地方，遍布着烧焦的尸体，还保留着临死前的姿势；再远

一点的地方，幸存者全身严重烧伤，面目全非，如果在爆炸时抬头看的人，眼睛被彻底烧毁，只有窟窿一般的眼窝，不停流淌着眼睛化成的晶状液体，惨状不堪目睹！

广岛被烈焰和浓烟所笼罩，全城遍地焦土，残垣断壁满目，死尸枕藉相连。市中心约 12 平方千米方圆几乎被夷为平地，全市 76328 幢建筑物中，4.8 万幢全部被毁，22178 幢半毁，房屋损失达 70%。

格罗夫斯在世界战争史上是一位特殊的人物。原子弹的发明改变了人类战争的面貌，人们只是记住了原子弹在日本上空爆炸时的惊人场面，记住了在曼哈顿工程中学识渊博的科学家，很少有人注意到格罗夫斯。在这样一个浩大的工程中，格罗夫斯扮演的是原子弹的“助产士”和曼哈顿的“大总管”的角色，他的存在和努力工作，保证了曼哈顿计划的顺利进行。

格罗夫斯对二战的进程发挥了重要的作用，在他的领导下原子弹能够顺利地研制成功，最大限度地提前了日本的投降时间，减少了盟军在进攻日本本土过程中将要付出的巨大的损失，而做出如此功绩的格罗夫斯，一直以来都是作为幕后英雄的角色出现，在世人享受和平的同时悄然完成了自己的使命。

十六、英军第一名将——蒙哥马利

蒙哥马利，拯救大英帝国最后荣光的铁血雄狮。在濒临绝望的部队中，他做出了神奇的拯救，他是一位捕捉沙漠之狐的猎手，从阿拉曼到莱茵河畔，蒙哥马利知己知彼、稳扎稳打，被誉为杰出的英国军事家。丘吉尔说：“阿拉曼战役之前，我们战无不败；阿拉曼战役之后，我们战无不胜！”

（一）缺乏母爱的童年

英国人的保守与谨慎举世闻名，这一民族性格在军事领域中不可避免地有所反应。二战中，英国最著名的将领伯纳德·蒙哥马利就是以稳打稳扎著称于世。他的军事指挥艺术和军事成就在后世的史学界和军事界引起了截然不同的评论。充分肯定者热情赞美，夸大了蒙哥马利在二战中的作用；蓄意贬低者则将他评价为“无足轻重的，甚至是拖了盟军的后腿”。这些对立的看法包含着强烈的感情色彩，就这一点来说，蒙哥马利能够和拿破仑、丘吉尔、斯大林等人相提并论。那么，真实的蒙哥马利究竟是什么样的呢？

蒙哥马利于1887年11月17日在伦敦的一个牧师公寓中出生。他的祖父是印度战争中的“英国英雄”，他的父亲曾做过塔斯马尼亚大主教。蒙哥马利的母亲16岁时嫁给了当时已经34岁的亨利·蒙哥马利，而未来的英国元帅便是这对夫妻的第4个孩子。

巧合的是英国历史上最伟大的几位统帅——马尔巴勒、威灵顿和蒙哥马利的童年时代都十分不幸。但单就蒙哥马利来说，他的不幸主要来源于母亲莫德。蒙哥马利的家庭是典型的“老夫少妻”，丈夫对妻子过于溺爱，久而久之，蒙哥马利的母亲养成了任性骄纵的脾性，时常发脾气。

小时候的蒙哥马利和成年后给我们刻板、讲求纪律的印象差别极大，他十分顽劣，除了惹是生非给父亲添麻烦外，还整天脏兮兮的，令母亲十分头疼和生气。年轻的母亲对8个孩子的家庭实行着一种严格的近乎苛刻的管理，这令蒙哥马利产生了强烈的叛逆心理。糟糕的功课更加深了母亲对他的偏见，以至于在一次捣蛋被发觉之后，被母亲迎头大骂：“伯纳德，你除了当炮灰，将来什么也做不成!

当时，蒙哥马利的母亲也许并没有意识到这句话给蒙哥马利带来的伤害有多大，然而蒙哥马利听到这句话时被惊住了。他不敢相信自己的母亲竟会这样诅咒他。从此，顽劣的蒙哥马利性情大变，言行举止开始变得小心翼翼。

不过，这一切并没有使他沉沦，相反，在这样的家庭环境下，蒙哥马利意外地锻炼了自己的观察力和意志力。作为军事指挥官的许多特点，都可以追溯到他童年时代的遭遇。在他很小的时候就意识到，连母亲都不能依赖，其他人就更无法依靠。因此，蒙哥马利也养成了在他人的非议声中做自己事的习惯，而且绝不后悔。

蒙哥马利在回忆录中写道：“可以说，我的童年是不幸的。这种不幸完全来自我的母亲，在她眼里，我不过就是个炮灰。可是，母亲只说对了一半，我的确开了炮，而且不只一门，但是我没有成灰。如果没有我童年吝啬的母爱所带来的世人对我的嘲笑和蔑视，我也很难会形成坚强的意志和天赋的智慧，我也就不会成为日后的蒙哥马利。”

（二）崭露头角

1908年9月，蒙哥马利从英国桑德赫斯特皇家军事学院毕业。他的成绩并不优秀，甚至好几次险些因为愚蠢的行动而被开除。年底，他跟随皇家沃里克郡团第1营驻防印度。

1914年，第一次世界大战爆发，带给了这个当时貌似平平无奇的年轻人一个契机。皇家沃里克郡团作为英国远征军的一部分开赴法国。蒙哥马利在那年的10月给该团赢得了第一枚荣誉勋章。在攻击一个小镇的时候，蒙哥马利身先士卒，俘虏了一名德国士兵。但在这天也受了重伤，伤势之重，让战友们都以为他要死掉，并给他挖好了坟墓，可他又奇迹般地恢复了，并因此获得了优异服务勋章。

当回到英国住院时，他被晋升为上尉。到1915年1月出院的时候，他已经成了一名旅参谋长，此时他才27岁。

此后，他的上升曲线一直很平稳：1916年任第35师旅参谋长，1917年晋升第9军二级参谋，1918年一战结束时，蒙哥马利任第47伦敦师司令部中校一级参谋。此时他30岁。

一战中的蒙哥马利已经表现出思维缜密、反应灵敏、遇事沉着冷静、吃苦耐劳等鲜明的特点，不过当时的他对战役和战斗的全局把握尚存不足，在一战残酷的绞肉机战役中，他时常盲目乐观。

这时，蒙哥马利体会到军事学完全是一种需要毕生精力去探讨的学问，但真正理解这一道理的军官并不多。于是，他决心献身于这一事业。两年后，蒙哥马利跨进坎伯利参谋学院的大门。当年年底毕业后，他随军参加了爱尔兰战争。几年的战场经历，为蒙哥马利日后任高级指挥官打下了坚实的基础。

蒙哥马利对妻子的一往情深令世人津津乐道，不过蒙哥马利的这段爱情来得十分突然。1926年，39岁的少校蒙哥马利在瑞士度假时，邂逅了贝蒂·卡弗。贝蒂·卡弗的丈夫在一战中战死，留下两个儿子。蒙哥马利被小他一岁的贝蒂深深吸引了。蒙哥马利的副官认为这一切不可思议："应该是一位美丽的少女才配得上将军，怎么会是一个色衰的妇人把他吸引了呢？"

起初贝蒂对蒙哥马利的感情有所怀疑，但蒙哥马利拔出配枪指着自己的太阳穴，一句"如果我背叛了你，就让我死在自己的枪下"的承诺，让贝蒂终于接受了他的爱。1927年2月27日，时年40岁的蒙哥马利和39岁的贝蒂结婚。一年之后，他们有了一个儿子——戴维。

婚姻生活令蒙哥马利变得温和起来。作为一个艺术家，贝蒂并不喜欢她的丈夫所崇拜甚至所理解的大多数东西，但他们能够十分愉快地保留各自的不同意见，美满地生活在一起。然而经过十年幸福的婚姻生活之后，贝蒂因为被虫子叮咬后得了败血症，最终死在蒙哥马利的怀里。

贝蒂的死对蒙哥马利打击极为沉重，他的精神和智力几乎都垮掉了。在此后的余生中，蒙哥马利再也没有对其他女子动心，即便他在战争中赢得了一切——荣誉、地位、金钱和敬仰。甚至连英国首相想做月老，说："蒙哥马利将军，整个英吉利都不希望你的后半生是孤独的。”也被他以“永远不会背叛爱情”拒绝，首相因此郑重地向他敬了个军礼。

（三）战场雄风

由于英法的绥靖政策，德国得以放手进攻波兰，二次大战爆发。这是人类史上一次空前的劫难，却也是军人梦寐以求的建立功业的机会。蒙哥马利也开始了他最辉煌的生涯。

第二次世界大战爆发时，蒙哥马利已经担任被誉为“钢铁师”的第3师师长。1940年5月，德军开始入侵荷兰和比利时，英国远征军与法国和比利军队并肩作战。但英法联军节节败退，撤退到了敦刻尔克。蒙哥马利最后一批撤退，当他登上海军驱逐舰时，还遭到了德军机枪的扫射。

回到英国后，蒙哥马利先后担任第5军、第12军军长。12月，他升任英格兰东南军区司令，负责选拔、调整、培养各级指挥官，并严格训练部队，提高军事素质。

蒙哥马利是位杰出的部队训练者，在担任第5军军长时，把全军训练成了一支可以在各种天气条件下作战的全能部队。他要求十分严格，任何一级军官，只要不能经受紧张的训练，都得免职。当时在肯特郡指挥第44师的霍罗克斯后来回忆说，蒙哥马利到来所产生的影响，就像在不列颠的这个乡村角落爆炸了一颗原子弹一样。

1942年6月，英军在北非节节败退。隆美尔率领的“非洲军”一举拿下了北非重镇托卜鲁克，将英国赶到亚历山大和尼罗河地区。在开罗的英国大使馆内，外交官们正在匆匆忙忙地烧毁机要文件，以免这些材料落入德军手中。

蒙哥马利

英国面临着失去埃及以及在埃及的庞大军事基地的危险，而且还将失去东西方交通的咽喉——苏伊士运河。此外，占领埃及和苏伊士运河的德军还将控制整个中东，然后与正在向高加索地区进军的德军取得联系，将夺取苏联南部，切断苏军的补给线。

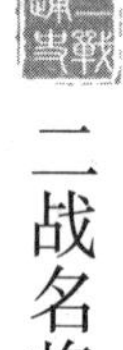

埃及惨败后，英国举国一片哗然。8 月初，丘吉尔亲赴开罗召开军事战略会议，并任命亚历山大上将接任中东总司令。8 日，蒙哥马利接到陆军部电话，要他立即飞往埃及指挥英军第 8 集团军，在沙漠中抗击大名鼎鼎的隆美尔。

蒙哥马利在接管秩序混乱、士气低落的第 8 集团军后，就开始处理他认为必须立即予以注意的三项任务：第一项任务是在集团军内树立他的形象，并恢复全军人员对集团军本身及高级军官的信任；第二项任务是建立一个与他的性格和作战理论相适应的指挥系统；最后一项任务则是对付隆美尔。

蒙哥马利认为，问题不在于隆美尔是否进攻，而在于何时何地发动进攻。这场被公认为迫在眉睫的战斗将是他指挥的第一场战斗，而且必须决定性地打赢。本着这一信条和这些考虑，他在就职后的最初几天就尽一切可能视察下属部队。

接着蒙哥马利对他所谓的“朽木”进行了处理——果断地撤掉了科贝特和多尔曼·史密斯等指挥官，接着又撤换了另外一些人，并以晋升或从英国国内调进的手段引进了一些年富力强的人。后来的历史表明，蒙哥马利是一个精于选拔部属的人。

随着美国精良的“格兰特”式和“谢尔曼”式坦克源源不断地运往埃及，蒙哥马利组建了一支装甲军。蒙哥马利视察了阿拉曼整个防线，认为阿拉姆哈勒法山脊是整个阿拉曼阵地的关键地带。因为它位于阿拉曼防线后方不远处，因英军兵力不足，所以没有设防。因此，蒙哥马利得到亚历山大同意后，调动了第 44 师去扼守阿拉姆哈勒法山脊，增援第 8 集团军。

在广阔无垠的沙漠里，德英双方都在加紧备战。就在蒙哥马利排兵布局的同时，隆美尔也得到德军和意军的增援。8 月底，德军已经拥有 440 辆坦克，进攻力量大大加强。不过，这时的英军坦克已达到 700 多辆，其中相当一部分是崭新的美国“格兰特”式坦克。

但在装甲坦克的使用上，蒙哥马利却别出心裁。他计划用坦克防御德军进攻而非主动打击德军。他说：“我军坦克将不出击，让隆美尔自己撞上来。”一场将决定埃及命运的龙虎大战即将上演。

蒙哥马利接任第 8 集团军司令后，第 8 集团军的官兵面貌焕然一新。官兵士气大盛，求战欲很强，都急切希望能打一场胜仗。第 8 集团军的官兵们长时间过着艰苦的生活，很少乐趣。他们忍受着这一切，想通过一场胜仗来消除心中的不快。并且，他们经过整顿，已经愿意叫干啥就干啥。因为长期以来英国人民看到的、听到的都是英军惨败或部分胜利的消息，所以他们也渴望着能够真正地打一场胜仗。

此次战役中，蒙哥马利还亲自导演了一出沙漠战中迄今为止最为精彩的欺骗敌人的“话剧”。他的骗敌计划代号为“伯特伦”。蒙哥马利伪造了一个巨大的弹药和作战物资堆积所，使用假车等扮演坦克和其他车辆，将战壕伪装成地形的一部分，还严格控制进攻命令下达的层次，直到进攻发起前才传达给普通士兵。这些措施使狡猾的隆美尔也上了当，对保证战役的胜利起了重要作用。

为了保证战役的胜利，蒙哥马利为自己的老对手隆美尔精心设计了连环套。

此时，隆美尔的王牌间谍“康多尔小组”已被英军破获，英国特工部门指挥官克拉克上校以“康多尔小组”的名义给隆美尔发了一封电报，称英军准备在阿拉曼防线南端的阿拉姆哈勒法山岭组织抵抗，但其防御力量很薄弱，如发起进攻，阵地将很容易被突破。

几天后，克拉克又发出第二封电报，报告了英军的防御命令。隆美尔对电报内容深信不疑。为进一步引诱隆美尔，蒙哥马利还命令绘图员绘制了一张假地图，上面标明拉吉尔地区是一片“硬地”，便于装甲部队行动，并想方设法送到德国人手里。

8月30日夜，隆美尔下达了进攻命令，想用突然袭击的方式，一举突破英军防线。但德军的进攻一开始就陷入了困境，因为蒙哥马利设置的地雷场比隆美尔预计的更深更宽。而隆美尔“非洲军”的主力部队则袒露在战场上，虽然他立即命令工兵排雷，但此时空中突然出现了大量英国皇家空军的飞机，投下的照明弹将大地照得如同白昼，紧接着就是猛烈的轰炸。德军费了九牛二虎之力，才挣扎着过了雷区。

因为德军进军非常缓慢，未能达到突然袭击的目的，所以隆美尔决定调装甲部队北上，直接进攻阿拉姆哈勒法山脊的主阵地。而对此早有预料的蒙哥马利派骁勇善战的罗伯茨准将指挥着英军一个装甲旅驻守在此。

很快，在血战中德军与英国装甲部队展开激烈的交火。战斗中，隆美尔吃惊地发现，原来设定的英军一个装甲师竟然变成了3个。隆美尔别无选择，只能硬着头皮前进。此时，地图上的“硬地”，逐渐变成了沙漠。几百辆坦克、装甲车和卡车在“硬地”上东倒西歪地挣扎着前进。

英国空军的飞机从早到晚不停地轰炸，伤亡报告不停地送到隆美尔手上。这时，隆美尔又接到报告，说燃油即将耗尽，3艘油料供应船在离开意大利横渡地中海时，被英军击沉。此时的“非洲军团”夜里遭到英国皇家空军的袭击，白天则受到英国第13军大炮的轰击，伤亡很大。

9月4日凌晨，隆美尔终于下达了总撤退的命令。6日，德军撤退到原战线以东不远处的一个高地，转入战略防御状态，从而结束了这场恐怖的阿拉姆哈勒法战役。

（四）一战扬名

阿拉姆哈勒法战役是阿拉曼战役的前哨战，是蒙哥马利担任第 8 集团军司令后所打的第一场战斗。这场战斗中，英军的胜利是北非战争局势开始转变的标志，蒙哥马利也因此在士兵中大大地树立了威信。这一战斗结束时，实际上隆美尔已经丧失了主动权，又因英军的增援不断地来到，因此下一战对隆美尔来说，是“没有希望的一战”。

随后，蒙哥马利没有接着对德军发动进攻，使得性急的丘吉尔首相非常不满，但他因为有阿拉姆哈勒法战役胜利的资本和中东总司令亚历山大的支持，坚持把进攻的时间定在 10 月 23 日夜里。

他之所以选定这一天，是因为在德军的布雷区行进需要有足够的月光，而最合适的时间就是这一天。当时的丘吉尔在英国国内的政治地位还不稳定，因此也只能屈从蒙哥马利的意见。

不过，这时的英军在兵力及兵器上对德军都占有巨大的优势：英军的 23 万人对德军的不足 8 万人，英军的 1400 多辆坦克对德军的 540 多辆坦克。此外，英军在燃料和弹药供应上也有着充足的保障。而德意联军却陷入了前所未有的困境，因为 9 月份以后，德国向北非运送燃料和弹药的船只不是在地中海上被盟军击沉，就是被迫折回去，最终能够到达北非的船只连一半都没有。

而且，由于北非沙漠里的环境极其恶劣，痢疾和黄疸病等传染病开始在德意联军中蔓延，连隆美尔本人也病倒了。在阿拉姆哈勒法战斗之前，他已是重病缠身，勉强指挥了战斗，后来被迫去奥地利疗养。而暂时代替他担任指挥官的施图姆将军和托马将军都是临时从俄国前线调来的，他们两人对沙漠环境还不熟悉，所以面对英军蓄势待发的进攻只能束手无策。

10 月 23 日夜，随着蒙哥马利一声令下，英军手中的数千门美制“谢尔曼”坦克炮弹突然齐发，向德军阵地发起了狂风暴雨般的袭击。经过 20 分钟的炮击，第 30 军和第 13 军的士兵们戴着钢盔、端着步枪，借着月光以排山倒海之势向德军阵地冲去。因为德军缺少炮弹，不能以炮兵轰击英军集结地，所以英军一开始的进攻比较顺利。但德军的布雷区比原来预想的要深、要密，清除地雷的任务很艰巨，因此英军的进攻开始停滞不前。到天亮时，英军装甲部队还停留在通道上。

此时，蒙哥马利认为装甲部队行进不力，因此他命令各个师的指挥官如果再畏缩不前，将会撤他们的职。24 日下午，虽然经过通道时英军损失很大，但其中一个装甲旅仍向前推进了 9.6 千米。25 日，德军第 15 装甲师开始反击，但正中蒙哥马利的下怀，早有准备的英军装甲部队重创了德国装甲师。这一天，蒙哥马利严令各部队必须完全执行既定的计划。

27 日晚，英军第 8 集团军的装甲部队付出了惨重的代价，楔入了德军阵地数千米，却无法将楔入发展成突破，因此战斗变成了损失巨大但进展甚微的消耗战。

这时，蒙哥马利已经敏锐地意识到必须随机应变，根据战场条件的变化再重新制订一个新的计划，否则仅仅靠硬碰硬，将会得不偿失。于是，他将英军第 7 装甲师从南边调到北边，并从前沿阵地换下几个主力师来修整，以备总攻。28 日晚，蒙哥马利向德军一个海边高地发起了新攻势，虽然没有突破德军防线，但因德国兵源日益减少，且油料等已经消耗殆尽，已使隆美尔认输了。

这时，德军全部调到了北边。原来德军在北边、意军在南边的平衡防线，变成了德军在北边、意军在南边的不平衡防线。蒙哥马利考虑到德意联军的兵力部署发生了变化，因此决定从德军和意军的连接点突破，并首先全力攻打意军。

11 月 2 日凌晨，英军 200 门大炮同时向德军和意军的连接地发起了猛攻。同时，英国皇家空军也在该地区猛烈轰炸，而英国步兵和坦克则紧随其后潮水般地进行冲击。到傍晚时，德军兵源耗尽，油料枯竭，隆美尔回天乏术。

4 日，隆美尔终于不顾希特勒的指示，命令全线撤退。6 日下午，阿拉曼战役以英军胜利、德军败逃而结束。

在阿拉曼战役中，英军共歼灭敌军 5.5 万人，击毁坦克装甲车 350 辆。虽然因英军冲击不果敢，行动迟缓，未能全歼德意联军，但这次战役仍是第二次世界大战非洲战场的转折点，从此，战争主动权落入英军手中。阿拉曼战役的胜利保证了盟军从中东通往苏伊士运河这条供应线的畅通，在士气上对盟军的意义更是非同小可。英国首相丘吉尔曾评价说："在阿拉曼战役前，我们战无不败；阿拉曼战役后，我们战无不胜。"

（五）毁誉参半

1943 年 7 月，蒙哥马利率英军在西西里岛登陆，此时战场上的主角已经换成了美国人。9 月到 12 月，他又协同美国实施意大利战役，进军意大利本土。

1944 年 1 月，蒙哥马利被调回国内，出任盟军第 21 集团军群司令兼地面部队司令，参与了人类历史上最庞大的登陆作战——诺曼底登陆战的计划制订。为了保证诺曼底登陆的成功，英国人弄了一个小花招：派一个酷似蒙哥马利的演员在经过精心准备之后，以蒙哥马利的身份出访非洲，并故意让德国间谍看到，这是历史上有名的大欺骗"刚毅"计划的一个组成部分。

1944年6月6日，盟军开始在诺曼底登陆。蒙哥马利指挥英国第2集团军对卡昂发起进攻，但他的老对手隆美尔在此处设置了重重陷阱，使英军坦克损失惨重，蒙哥马利精心组织的进攻失败了。但蒙哥马利果断变阵，让英军从原本担任主攻转变为承担消耗性攻势，造成磁石效应，将德军主力和大部分装甲力量吸引在英军周围。然后新上岸的巴顿美国第3集团军从右侧空虚处形成突破，发起“眼镜蛇”战役，彻底击碎了希特勒的大西洋防线。9月，蒙哥马利获得了军人的最高荣誉，晋升为陆军元帅。

与此同时，蒙哥马利军事生涯里唯一的一次冒险行动——“市场—花园”战役失败。这一次蒙哥马利设想从荷兰和比利时的边境地区形成突破，以3个英美空降师和一个波兰空降旅空降到荷兰境内的3座大桥附近，守卫大桥直到地面部队的到来。如果获胜，盟军则能够在当月突破莱茵河，摧毁鲁尔工业区，并于1944年内结束战争。从当时的形势看来，这是一个胜算极高且战果极丰的赌局，是一次必要的冒险。可惜的是，由于盟军司令部情报工作的失误，在关键性的奈美根桥附近布置的两个德军党卫军装甲师没有被发现，美军的后勤支援也没有到位，导致战役失败。

1944年12月，蒙哥马利以轻微的代价击退了德军最后的阿登反扑。1945年1月，美国第一集团军在雷马根抢占了一座没有被及时炸掉的铁桥，强渡莱茵河成功。蒙哥马利则率盟军第21集团军横渡莱茵河，攻入德国北部腹地，于5月进入丹麦，代表盟军在吕讷堡荒原接受德军北方兵团的投降。

战后，蒙哥马利任驻德英国占领区司令和盟国对德管制委员会英方代表。20世纪50年代初，蒙哥马利任北大西洋公约组织军队副司令。1958年，蒙哥马利结束了50年的军旅生涯而退休。

纵观蒙哥马利在二战中的军事历程，我们会发现他的指挥艺术以谨慎用兵著称，主张集中好优势兵力、火力和物资再进行战斗。从来不做没有必要的冒险，有时甚至谨慎得过分。但这并不意味着他没有冒险精神，“市场—花园”行动虽然失败，但他的大胆设想和冒险差点就取得了成功。蒙哥马利的问题是缺乏将突破变为突进的魄力，即便拥有了巨大的优势，在突破敌人防线之后，依然无法决定性地消灭敌人，而只是将敌人步步逼退。这一点他要逊色于朱可夫、曼施坦因等人。

但同时我们也不要忘记，军事家的军事思想、战略战术与一个国家的战略是相对应的。日不落帝国在二战中已经遭受重创，国家的人力、物力资源部非常宝贵，既不可能像苏联那样肆意挥霍士兵的生命，也不能像美国那样建立压倒性的武器优势。因此，蒙哥马利必须谨慎，用最小的代价换回尽量大的回报。这就是真实的蒙哥马利。

十七、地中海保护神战区的守护者——坎宁安

坎宁安（1883—1963 年）英国海军元师，子爵。出生在爱尔兰爱丁堡地区。1897 年，安德鲁·坎宁安作为海军候补生加入英国皇家海军，随后他多次参加并指挥了第一次世界大战和第二次世界大战时期的部分海战，成长为第二次世界大战中皇家海军最为杰出的指挥官，被认为是英国海军自霍雷肖·纳尔逊以后至今 200 年间最伟大的将领，是海军航空兵的倡导者。

（一）纳尔逊式的英雄

坎宁安 1883 年出生于爱丁堡的一个教授家里，1897 年，年仅 14 岁的坎宁安便到大不列颠号战舰上接受训练。他在第一次世界大战期间任驱逐舰舰长，曾多次参加海战，立下了不少战功，特别是在达达尼尔海峡，因指挥驱逐舰“蝎子”号击败敌战舰而闻名。1937 年底任地中海舰队副司令，次年任海军副参谋长。曾多次获得金十字勋章，并在 1939 年获得爵士称号。

坎宁安

1939 年，坎宁安被任命为地中海舰队司令，晋升为海军上将。接任地中海舰队司令后，他一改庞德时期的拖沓作风，从而唤起了水兵们的斗志，使地中海舰队终于焕发出蓬勃的战斗力！坎宁安带领地中海舰队在逆境中独立支撑，在东地中海力抗整个意大利海、空军和德国南线空军。面对着强大的敌人，坎宁安表现出了纳尔逊那种非同一般的战斗精神，将意大利海军的进攻部队赶到离海岸 40 公里的地方，几个月后又在马塔潘角攻击意大利海军，击沉了意大利 7 艘重巡洋舰中的 3 艘。

（二）地中海上的利剑

1940年11月6日，坎宁安率领由5艘战列舰、1艘航空母舰、8艘巡洋舰和22艘驱逐舰组成的袭击舰队，离开亚历山大港，驶向塔兰托。11日19时45分，第一批参加空袭的12架英机从航空母舰上起飞，顺利地对港内意舰投下了鱼雷和炸弹。一小时后，第二批8架英机再次对港内意舰进行了空袭。此战炸沉意战列舰1艘，重伤意战列舰和巡洋舰共5艘，炸毁港口设施若干。英舰队仅损失了2架鱼雷机，使意舰队在东、中地中海失去了立足之地。

1941年3月，坎宁安又指挥英国舰队与意大利舰队在地中海克里特岛西南的马塔潘角海域进行了一次大规模的海战。3月26日，意大利海军上将伊里金诺率领由战列舰1艘、巡洋舰8艘和驱逐舰13艘组成的特遣舰队，前往克里特岛附近截击一支英国护航船队。27日，坎宁安获悉后，一面命令驻希腊的威佩尔中将率巡洋舰和驱逐舰各4艘，紧急驶抵克里特海区；一面亲率舰队主力（战列舰3艘、航母1艘、驱逐舰9艘）从亚历山大港出发，力求与威佩尔会合，夹击意大利舰队。28日黎明，双方开始激战，战至黄昏，意大利舰队遭到惨败，总计损失巡洋舰3艘、驱逐舰2艘，重伤战列舰1艘，阵亡官兵3000余人，而英军仅损失了一架鱼雷机。此后，意大利再无力进行海战，英国完全掌握了东地中海的制海权。

此后，坎宁安不断升迁和指挥新的战斗。1941年5月，参与指挥克里特岛战役。1942年10月，担任北非盟军海军远征军总司令，参与组织和指挥盟军北非登陆战役和西西里岛登陆战役。1943年2月，出任地中海战区盟军海军总司令。西西里岛登陆战役后，被晋升为海军元帅。10月，担任英国海军部第一次官兼海军参谋长。1945年进入英国上议院。1946年退休，获“子爵”爵位。1963年6月12日去世，终年80岁。

（三）奇袭塔兰托

1940年，当英国皇家海军在大西洋上遭到邓尼茨的“狼群”的四处袭扰时，德国潜艇早已吞噬了上百万吨为英国运送物资的商船。为了保障海上运输线，英国海军部不得不抽调大批舰只为船队护航，防范德国潜艇的攻击，制订反攻的计划。在建立护航舰队的同时，英国皇家海军的主力舰队正严密监视德国主力舰队的动向，决心继续贯彻将德国水面大型舰艇封锁在港湾内的计划。但正因为如此，英国海军无暇顾及地中海地区的制海权。在意大利向英、法宣战，法国投降并同德、意签署了停战协定后，英国海军迅速意识到，英、法两国在地中海上形成的共同防线也崩溃了。

“如此一来，英国地中海舰队将会受到意大利海军的巨大威胁啊!”英国地中海舰队司令坎宁安摸了摸两鬓的白发，眉头紧蹙。

“阁下，我们的护航运输队又遭到袭击了。”这样的报告声坎宁安最近经常听到。由于意大利舰队的主力有塔兰托港作为基地，他们的战舰处于岸基飞机的保护下，常常袭击英国在地中海上的运输船队，然而即使英国军舰在地中海上疲于奔命护送运输船队，护航运输队仍不断遭到袭击，意大利舰队时不时的骚扰已经严重影响了英国军方往埃及作战的英军运送后勤补给。

坎宁安在作战会议上用沉闷的语调说道：“眼下，夺取地中海的制海权，保障运输船队的航行安全，是我们的当务之急。但是意大利舰队喜欢袭扰，不喜欢和我们正面交战，那么我们就主动找上门去好了!”1940 年 7 月 9 日，在加拉布利亚附近，坎宁安发现了意大利海军的踪影。他悠然地乘坐在厌战号旗舰上，指挥着 2 艘战列舰、5 艘巡洋舰和几艘驱逐舰以及鹰号小型航空母舰迅速向敌舰靠拢，对意大利安杰洛·坎皮奥尼上将带领的舰队发动了攻击。

凭借着强大的炮火，坎宁安命令厌战号集中火力轰击意大利旗舰朱利奥·恺撒号战列舰。一声巨响，一颗炮弹挂着凄厉的风声而来，差点砸中朱利奥·恺撒号的烟囱，惊得周围的意大利官兵四处逃窜，接着炮弹一颗颗划过他们的头顶，大部分擦着船舷而过，坠入海中，在海中掀起高高的水柱。

受到惊吓的坎皮奥尼急忙命令旗舰撤离，1 艘驱逐舰在其身后对英国舰队实施鱼雷攻击。坎宁安命令英舰全速追击，但是意大利战舰的速度很快，为了避免遭受潜艇伏击，他最后下令舰队停止追击。

10 天以后，英国舰队和意大利舰队再次在斯帕达角相遇，这一次意大利仍然不愿投入兵力和英国舰队一决胜负。激战一阵后，两艘意大利巡洋舰在看到英国舰队得到澳大利亚巡洋舰悉尼号和另一艘增援舰的支援后，赶紧拍拍屁股溜掉了。胆小的意大利海军，让坎宁安得到了得胜的希望。

于是，他决定在与意大利舰队决战之前，对意大利舰队实施不间断的袭扰。到了这一年的 8 月底和 9 月初，坎宁安接收了 4 艘伊丽莎白女王级战列舰和卓越号航空母舰，并立刻将这些战舰投入到阻止意大利向利比亚港口运送军火和补给的任务中去。

在 1940 年整个一年当中，意大利舰队护送运输队向利比亚的港口运送了 70 万吨的补给和军火，但最终这些物品也没能抵达最前线，因为这些船只不断遭到坎宁安舰队的袭击，一点儿一点儿被消耗着实力。坎宁安非常乐于看到意大利舰队不堪其扰的样子，这两支舰队迟早要决一雌雄，了结积怨。

但是，意大利舰队司令安杰洛·坎皮奥尼上将似乎并不想和坎宁安一决高下，他一向都是采取保守战术，长期隐蔽在塔兰托港内，除了偶尔前往北非护航外，一有风吹草动就扯着旗子返航。一连几个月，坎宁安连意大利舰队的尾巴都抓不着。坎皮奥尼像知道坎宁安要引诱他出港一举歼灭他似的，任凭英国的船只在海上自由游弋，也不出门袭击。不过没有多久，坎宁安就发现了一个攻击胆小的意大利舰队的办法——空袭塔兰托！

既然意大利人不肯出来，那么我们就直接轰击他们的基地好了！这是看起来简单冒险却蕴涵着深刻作战理论知识的突袭战术。坎宁安是位个性沉稳的统帅，不会做冒进的事情，空袭塔兰托是他在和空军部队商量过后做出的决定。毋庸置疑的是，即使有一点儿冒险，塔兰托也值得他这么做。曾经有人说过：如果把意大利海军比做一柄剑，那么塔兰托瘫痪了，这柄剑也就卷了刃。这句话明确地说明了塔兰托的战略地位。

塔兰托的军事地位之所以重要，是因为它正处于一个特殊的地理位置。如果将意大利半岛形容为踏进地中海的一只靴子，那么塔兰托湾就是深藏于意大利靴子底部的一弯鞋弓弧。它面对着浩瀚的东地中海，和西西里岛共同扼住了地中海的咽喉通道。意大利舰队当初选择在塔兰托建筑基地，就是看中了它进可攻退可守的重要地理位置。塔兰托湾有内港和外港之分，皮克洛内港被陆地所包围，仅留有一条狭长的水道和外港相通；塔兰托外港则比较广阔，水比较深，适合停泊大型战舰。圣皮埃特罗岛和圣保罗岛分两边守在港口处，数千米长的防波堤从两座岛屿延伸到岸上，像一双羽毛丰盈的“翅膀”庇护着塔兰托港。

在外港唯一的入口处，意大利部队设置了防止潜艇入侵的铁网，并在岸边设置了一尊尊大炮面对外海，从港内往外看去，易守难攻，绝对是一处没有漏洞的基地。

塔兰托基地司令阿图罗·里卡迪将军经常站在高高的堤岸上欣赏塔兰托城的景象。塔兰托狭窄的青石小街就像意大利美貌的少女一样安静恬适，不远处有古希腊时代的神庙的残垣断壁在阳光下散发着珍珠般的光芒，附近哥特式的屋顶与巴洛克风格的台阶相互辉映着，形成了一幅美妙的图景。他对于基地的防御措施还是十分满意的，每次接待视察的意大利海军官员，他都会拍着胸脯保证：“我的塔兰托基地固若金汤！火力、照明、拦阻组成了立体的封锁网，谁想攻入这里根本就是难于登天！”没有人奉劝他，话不要说得太大，不过几天他便闪到舌头了。

11月6日，坎宁安将军乘坐旗帜沃斯派特号巡洋舰，率领着声势浩大的地中海舰队从亚历山大港起航，不疾不徐地向西开进。此后的几天，里卡迪将军曾派出3

架意大利侦察机巡逻附近海军，这3架飞机没能探明英国航母编队的企图，光辉号上紧急起飞的战斗机就像打鸟一样将它们击落了。里卡迪几天都没有等到急盼的情报，虽然心中疑惑，但这种疑虑只停留了几秒钟，就烟消云散了。

10日傍晚，“大量军舰停在塔兰托港内，没有丝毫离港的迹象，而且又有一艘战列舰驶入港内”的情报送到了坎宁安手里，他紧锁的眉头顿时舒展开来，命令部队随时待命，准备对塔兰托港发动攻击。

11月11日傍晚的夕阳逐渐被夜幕吞噬，朦胧的月光洒在官兵们的肩头，坎宁安命令巡洋舰和驱逐舰护送着卓越号航空母舰悄悄驶向塔兰托港附近海域。马上，整装待发的战斗机将从航空母舰上起飞，降临塔兰托，亲身验证一下这座基地是否真的坚不可摧。

按照坎宁安的计划，原本是要出动30架箭鱼式飞机，分别布置在光辉号和鹰号航空母舰上。但是出战前夕，鹰号航母因为内部老损，需要留在亚历山大港检修，只有光辉号搭载着21架飞机随舰队出行。

天色已经黑透了，被月光笼罩的海面微波起伏，舰尾的航迹在月光的映照下闪烁着一层银白色的光亮，整个航母像被银白的光幕覆盖着的庞然大物，散发着冷冽的气势。担任第一波空袭的12架箭鱼式飞机整齐威严地排列在飞行甲板上，宛如一行骁勇善战的战士，整装待发，只等着指挥员的一声令下，就振翅高飞。这时，大约20时35分，每架战斗机的螺旋桨都在飞速旋转着，闪着氤氲的光圈。飞行员们看到舰桥上方的信号台上发出一道淡绿色的光束，随即抬起手，做好了起飞的准备。此刻飞行甲板灯大开，航母上灯火通明，飞行长下令抽去轮挡，飞行员们纷纷加大油门，驾驶飞机隆隆地滑过飞行甲板，驶入了茫茫夜色。

21架飞机被分为两个攻击波，第1波飞机12架，当飞机接近目标时，4架轰炸机负责攻击港内，另两架飞机负责投照明弹，为其余的6架鱼雷轰炸机进行照明。

小心飞入塔兰托湾入口的12架英国战斗机出动警报的同时，对准港湾内的战舰也发射出炮弹。巨大的爆炸声一处接着一处地响起，让整个港外都随之颤抖起来。此刻塔兰托湾的海水像一面银白的镜子，将海面上不断炸开的火团全部包裹了进去，从天空上向下看去，仿佛海底又是另外一个世界，那里同样硝烟弥漫，火光冲天。

反应过来的意大利海军慌忙进入战斗岗位，发现一架英国鱼雷机正要飞过的加富尔号战列舰亮起了灯光。加富尔号战列舰特有的上层建筑在英国飞行员的眼中，逐渐清晰起来。他轻巧地躲避着岸炮的攻击，一转身，看见加富尔号战列舰和另外两艘驱逐舰正在转动炮口，对准了他的飞机。炮口火花闪烁，射出一团炽烈耀眼的

炮火。这架鱼雷机不顾危险地冲着加富尔号直冲了过去，飞行员瞄准环里的舰影瞬间变大，简直就像一座钢铁城堡，似乎难以摧毁。然而这架鱼雷机的飞行员的飞行技术实在高超，眼看飞机就要撞上战列舰的那一刻，飞行员立即按下了按钮，投下鱼雷，然后马上将飞机拉高，向更高处驶去。

“轰轰!”加富尔号战列舰无法躲避，被鱼雷击中了。紧接着意大利海军舰队中的利托里奥号也被鱼雷击中，爆炸声震耳欲聋。之前还宁静无声的塔兰托港，此时充斥着漫天火光和剧烈的爆炸声，军港内一片狼藉，大部分舰船被轰炸得碎片乱飞、东倒西歪，有的孤零零的舰船在经受了第一波英国战斗机的轰炸后，只剩下桅杆露出水面，即将沉入海底。

看到意大利战舰无法组织有效的反击，英国飞行员继续盘旋，他们竟然大胆地在高空气球和钢索间来回穿梭，并且巧妙地躲避着塔兰托地面高炮的射击。尽管意大利在地面设置的21个高炮连不停地发射炮弹，但是这些士兵大多没有接受过夜战训练，面对着黑暗的夜空，他们连英国战斗机在哪里都不知道，只能凭感觉和听力朝空中一通乱射，能不能射中目标全凭运气。而当英国的第1波飞机从容撤走之后，这些高射炮火仍在盲目射击，浪费了不少炮弹。

看到塔兰托瞬间变成一片火海的里卡迪愤怒极了，他咬牙切齿地目送英国战斗机飞走，还以为袭击已经结束，命令部队赶紧整顿装备，检查损失，然后操起电话准备向罗马的海军最高指挥部报告。可就在这时，塔兰托警报第4次响起，英国人的第2波攻击开始了!

里卡迪呐喊着命令还能动的战舰都赶紧行动起来，转动起舰炮对空中出现的黑影展开炮击。尽管看得不是十分清楚，但英国飞机下降高度实施攻击时，就是反击的最佳时刻。

第二波从卓越号上起飞的9架飞机的确不如第一波走运，黑尔海军少校率领的这批飞机在21时20分就起飞了，但是刚刚就要升空，有2架飞机的两翼相撞，幸运的是两架飞机都没有损坏。飞行了20分钟，其中的1架飞机发生了故障，只能返航。因此，只有8架飞机按预定计划飞临塔兰托港上空，采用了和第一波飞行队同样的战术对其发起了轰击。

塔兰托港再次变成了一片火海，被炸沉入海的那些战舰的残骸漂浮在海面上，阻碍着其他战舰的行动。不过这些意大利的战舰也不需要移动，那样反而会成为英国战斗机的移动靶子。在浓重的黑烟中，里卡迪不再惊慌，他果断地命令战列舰、巡洋舰和陆上炮群听从他的指挥，集中火力，组成了绵密的交叉火力网，对着空中翻飞的英国轰炸机和鱼雷机发射炮弹。一时间，炮声隆隆，英国飞机扔下的炮弹和鱼雷引起的爆炸，还有意大利各个炮台的嘈杂的轰鸣声，在海面上交杂，士兵们都分不清前一刻是哪里在开火。

英国的箭鱼式飞机小心翼翼地穿梭在炮火中，它们瞄准距离最近的意大利战舰，持续开火，意大利士兵们看到周围都是炮火发射的火光，从四面八方射来的刺眼光道，无论哪一道都具有巨大的杀伤力。这时，有1架箭鱼式飞机不幸被击中，机身狠狠抖动了一下，随后坠至海面。看来，意大利人被轰击得还不够惨！

黑尔海军少校命令5架携挂鱼雷的箭鱼式飞机下降高度掠水飞行，向水面上还具有战斗力的战列舰飞去。1架飞机的轮子着水，像打水漂似的在风口浪尖上滑行，差一点儿扎入海里，但是技艺高超的飞行员在一瞬间拔高了飞机，它在空中打了个转儿，再次向目标袭来。此时，萨顿上尉的目光紧紧锁定在受伤的利托里奥号战列舰上，他轻巧地驾驶着飞机贴着海面飞行，在距离利托里奥号700码时立刻按下了投雷按钮。“怎么回事？怎么没有动？怎么回事？再来一次！还是没有反应！”萨顿眼看距离战列舰越来越近，就要撞上去了，开始发狂般地按动投雷按钮。终于在他就要放弃攻击，拔高飞机的那一刻，鱼雷发射出去了，并且准确无误地冲向利托里奥号的侧舷。

接着，其余的几架鱼雷机也投掷鱼雷击中了两艘受伤的意大利战列舰。幸存的7架飞机巧妙地穿梭过密集的弹幕和遮天蔽日的浓烟，消失在塔兰托港的上空。

经过此轮空袭，意大利港内的战列舰只剩下朱利奥·恺撒号、维托里奥·韦内托号和加富尔号还能勉强支撑，利托里奥号和杜里奥号身受重伤，需要几个月的时间进行修补，从一开始就深受打击的加富尔号也无法再出海了。里卡迪手握话筒，却不知道该如何向总部报告战况。

自从派出了21架飞机，坎宁安上将就在焦急地等待着光辉号舰长博伊德的报告。此时已经到了午夜，深沉的夜色笼罩在每位将士的头顶，他们周围万籁俱寂，除了拍打在船舰上的海浪声，他们迫切想要听到的是飞机螺旋桨的嗡嗡声。

博伊德急切地注视着海面，不断地安慰自己道：“尽管这次突击不是一种毫无希望的冒险，但确实蕴涵着极大危险，极有可能付出巨大的伤亡代价啊！难道说……”

就在这时，雷达兵看见光辉号的雷达荧光屏上相继出现了一个个闪烁的信号。他立刻大喊道：“他们回来了！他们回来了！”不一会儿，飞行甲板上亮起了灯，将士们听到了悦耳的飞机轰鸣声，除了威廉森和第2波的1架飞机没有回来，其余的飞机都顺利返航，且没有遭受损伤。

坎宁安上将终于能够面带欣喜地宣布：“毋庸置疑，我们这次的袭击取得了巨大的成功！意大利舰队遭受到了沉重的打击，只怕今后都不敢在地中海上航行了！”

次日清晨，当第一缕阳光照射在昔日宁静秀美的塔兰托港上时，沮丧的意大利人发现，自己面前那碧波万顷的海面如今已是满目疮痍，水上漂浮着战舰破损的残骸和大片大片的油迹，有不少战舰仍然冒着黑烟，士兵们忙碌了一晚上在战舰上救火，总算阻止了更多战舰的下沉。一艘艘小巧的救援艇在焦黑的碎片间往来穿梭，搜寻着海面上的幸存者，岸堤上聚集着一群群前来帮忙的意大利居民，整个塔兰托港内隐隐约约传来一阵阵的哭号声。

里卡迪将军一晚上都是气急败坏，他召开了一个紧急会议，命令部下去查明他们遭到袭击的原因，以及遭到的是多少架战斗机的袭击。不久之后，确认了消息的官员将报告呈上，看清报告上那些数据的里卡迪脸色煞白。

“英国人只出动了 21 架飞机，耗用 8 条鱼雷和少量炸弹，就在短短 65 分钟内，击沉、击伤了我们 3 艘战列舰、2 艘巡洋舰和 2 艘驱逐舰。”他简直难以置信。

要知道，除此之外，意大利舰队一半的海军官兵都在这次袭击中丧生了。坎皮奥尼颤抖着瘫坐在椅子里，即刻命令意大利舰队放弃塔兰托港向北撤退，将各个战舰分散在不同的基地中，就这样把地中海中部的制海权拱手让给了坎宁安。

获得了塔兰托一战胜利之后，仿佛将过去的霉气一扫而空，坎宁安率领着他的地中海舰队开始顺风顺水。在此后的一个月内，坎宁安的舰队屡次攻击意大利运送补给的船只，没有哪一次不是满载着意大利的军需物资回到港湾的。英国地中海舰队护送运输队顺利地抵达埃及，让埃及的英军得到了充足的给养，将意大利军队打得节节败退。经此一战，意大利在地中海的舰队形同虚设，无法再对英国舰队构成威胁。

第二次世界大战，是新旧海战的过渡期，视距海战与超视距海战并存，新的海权模式称雄大洋，古老的海战模式受到严重挑战。这个动荡的时期，似乎已经注定了守旧的英国皇家海军不太可能涌现出杰出的人物，但是安德鲁·坎宁安却凭借智慧、果敢的作风和坚强的性格，将海军的古老传统——勇敢、顽强，在这个新的时期，进行了全面而深刻的阐释。

在他的领导下，地中海舰队终于焕发出蓬勃的战斗力！面对着敌人的强大，他表现出了纳尔逊那种非同一般的战斗精神！通过夜袭塔兰托等一系列战役，坎宁安在地中海打出了自己的一片天地，同时也开启了舰载机远程轰炸的先河。

坎宁安是二战中英国海军的旗帜性人物，代表了大变革时期海战中新的理念。他的存在，给陈腐的英国海军吹来了一股新鲜的空气，使英国海军的发展跟上了时代的步伐。

十八、出身王室的海军元帅——蒙巴顿

路易斯·蒙巴顿（1900—1979 年），英国海军元帅。第二次世界大战时期曾任英军联合作战司令部司令、东南亚盟军司令部最高司令。在此期间指挥部队与日寇进行了长期的战斗，并最终取得了胜利。战后出任英国海军参谋长兼第一海务大臣、印度总督等职。

蒙巴顿有着特殊的王室身份，但他的爵位却是凭借着自己在战场上出色的战功得来的，这也成了他以及英国温莎王室最大的骄傲。

（一）出身王室的海军将领

1900 年 6 月 25 日，蒙巴顿生于英国温莎的王室家庭，是巴登堡的路易斯亲王和维多利亚公主的第四子，曾祖母是英国女王维多利亚。父亲巴登堡亲王路易斯，原系德国王室成员，后放弃德国国籍，参加英国皇家海军，曾任海军参谋长兼第一海务大臣。母亲为赫茜·维多利亚公主。王室成员的出身给蒙巴顿带来了难以想象的机会，比如说，在剑桥大学学习时，他可以随随便便地请丘吉尔到他所在的俱乐部里进行讲演。但是这一身份也给他带来了一种天然的阻力，他的每一步晋升都会招致各种各样的猜测和议论。那些久经风浪的皇家海军官兵曾这样在背地里议论："难道要把价值数千万英镑的战舰交给一个生下来就带有军官臂章的皇家小崽子吗？这太不可思议了！"蒙巴顿必须用自己的行动证明，他不仅能够指挥一艘战舰，而且的确比其他皇家海军军官更优秀，因而可以超越他们成为海军元帅。

蒙巴顿做到了。他一向为自己的王室血统感到荣耀，难能可贵的是，他为英国王室带来了更大的光荣。

1913 年 9 月，13 岁的蒙巴顿进入奥斯本皇家海军学校学习。次年 10 月，由于其父因原籍为德国，于第一次世界大战爆发，和英德宣战后，其父被迫辞去在英国海军中的职务。

1914 年末因达特茅斯皇家海军学院的高年级学员提前毕业参战，蒙巴顿和他的海军学校同学转入该院学习。

1916 年 7 月，海军军官候补生蒙巴顿奉命前往贝蒂上将的旗舰雄狮号报到。雄狮号是皇家海军中第一流的军舰。也许是皇室背景，但更可能是海军对路易斯亲王的尊敬，促成了这个对蒙巴顿非常有利的分配。这艘著名的战舰装备着 13.5 英寸的舰炮，航速 27 节，已经参加了在北海进行的所有海战。当蒙巴顿来到时，舰体上布满了弹痕，这是战斗留下的光荣标记。前炮塔已换成了新的，德国人的一发炮弹彻底摧毁了旧炮塔，炮组成员全部阵亡。

路易斯·蒙巴顿

在第一次世界大战中，蒙巴顿并没有亲历过实战。1917 年 4 月，美国进入战争，当美国海军加入皇家海军这一边后，德国水面舰队就更不敢再出来挑战了。1918 年，蒙巴顿转役 K-6 潜艇。与现代潜艇，甚至与它的对手德国 U 型潜艇相比，K-6 潜艇都显得低劣，但在北海下巡逻要比在超级无畏战舰上服役更激动人心，在潜艇里更能给他一种参与战争的感觉。

不久，蒙巴顿就晋升为海军中尉，奉命指挥皇家海军舰艇 P31 号。P31 号是海军中最小的快艇之一，它被用来对付德国潜艇，为开往到法国去的运输船护航。蒙巴顿爱上了这只小艇，当艇长不在舰桥上时，18 岁的他就负起指挥全艇的责任。将近一年的 P31 舰上的生活锻炼了蒙巴顿独立指挥的能力。

1919 年蒙巴顿奉命进入剑桥大学切斯特学院补习大学课程。他是学生会辩论委员会委员，曾在辩论比赛中领导剑桥大学队力克牛津大学队，以能言善辩蜚声全校。1920 年 3 月，蒙巴顿晋升为海军上尉。

20 世纪 20 年代初的英国皇家海军正处于困境。随着和平时期的到来，英国政府颁布了大量裁减军费和人员的指令。在上尉这一级军衔中共有 350 名军官被解职，截止到 1923 年底，蒙巴顿 52%的同级海军学校同学要离开海军。后来，有人问裁减委员会的委员柴尔菲尔德，为什么蒙巴顿未被裁掉，柴尔菲尔德回答说：“在委员会工作的人所遵循的唯一原则是：以是否对海军有好处来取舍人。我了解蒙巴顿，并且认为留下他对海军有益。”

1923 年 1 月，蒙巴顿奉命前往复仇号无畏战舰服役。1932 年晋升为海军中校，并于两年后担任勇敢号驱逐舰舰长。1936 年被调往海军部工作。次年，晋升为海军上校。1938 年，蒙巴顿被送往奥尔肖特高级指挥官学习班深造，结识了后来在战争时期与之合作的许多将领。

（二）建立殊勋的“封疆大吏”

第二次世界大战爆发后，担任凯利号驱逐舰舰长的蒙巴顿率该舰多次参加战斗，1941年5月，该舰被德军飞机击沉。

1941年10月，蒙巴顿晋升为海军准将，官方头衔是英军两栖联合部队的负责人，筹划两栖登陆作战。他在这年10月中旬领受了指挥职务。

1942年3月，蒙巴顿被授予海军中将的战时军衔，并获得陆军和空军的荣誉中将军衔。同年8月，他指挥对法国西北部迪耶普港的登陆作战，但遭失败。

1943年8月，美英首脑在加拿大魁北克举行会议，决定组建东南亚盟军司令部，由蒙巴顿出任最高司令。10月，蒙巴顿前往印度德里上任。

1944年3月至7月，蒙巴顿指挥英印军队取得英帕尔战役的胜利。

1945年初，蒙巴顿指挥盟军开始反攻缅甸，经过曼德勒、敏铁拉等激战，于5月初收复仰光。9月，在新加坡接受东南亚日军投降。

战争结束了，作为一个战区的最高司令官、一个获得了伯爵称号的海军将领，他为皇家海军带来了荣耀，现在他想要回到海军去，继承他先辈的事业，继续寻觅他少年时的梦想。1946年6月，蒙巴顿抱着重返海军舰队的强烈愿望回到了英国。

1946年晚些时候，伦敦的小道消息流传说，蒙巴顿将出任驻澳大利亚或南非的英国总督；也有的说，他会被派往中东地区担任驻某一个国家的大使。蒙巴顿对这些传闻不屑一顾，战争的需要使他立志要像他父亲那样，成为英国第一海务大臣。理想的风帆并非那般顺心遂意，然而他却一如既往，初衷不改。此外，他觉得一个有着担任过战区最高司令官的经历，并且年富力强（蒙巴顿此时46岁）的人，能为皇家海军干不少事情。

海军也需要他。1946年底，蒙巴顿被预任为英国地中海舰队第一巡洋舰队司令。转年1月6日，他被送往朴次茅斯海军学院高级将领班进修，为担任这个新职务接受岗位培训。然而不久，蒙巴顿发觉自己又要离开皇家海军了。

1947年2月1日，蒙巴顿在伦敦正式接受了大英帝国驻印度总督的职务。任内提出关于次大陆独立的“蒙巴顿方案”，该方案导致印巴分治和长期纷争。

1948年6月23日，蒙巴顿携夫人乘专机返回了伦敦。10月，英国海军部决定让蒙巴顿担任地中海舰队第1巡洋舰队司令。

1950年6月，蒙巴顿被调离地中海舰队，回海军部担任第四海务大臣。负责海军的补给后勤工作。

1952年5月，蒙巴顿先被任命为地中海舰队总司令；转年2月，晋升为正式的海军上将。这为蒙巴顿一步步获得自己理想的职务铺平了道路。

1955 年 3 月，蒙巴顿出任皇家海军参谋长兼第一海务大臣。

1959 年 5 月 22 日，麦克米伦首相正式任命蒙巴顿为国防参谋长，并建议这个职务的任期由 3 年延长到 5 年。从地位上说，国防参谋长仅低于国防大臣，但由于后者属于文官并受党派竞选的影响，所以国防参谋长实际上是整个英国陆海空三军武装力量的专职首长。

1965 年 6 月，蒙巴顿退出现役，返回汉普郡布罗德兰兹庄园居住。1974 年蒙巴顿访问中国，与中国人民结下了深厚的友谊。1979 年 8 月 27 日，蒙巴顿在阴影 V 号游船上被爱尔兰共和军放置的炸弹炸死，终年 79 岁。

（三）英帕尔会战

英帕尔会战是太平洋战争期间日军于 1944 年 3—7 月在印度英帕尔地区对英印军进行的战略性攻击。其企图是夺取盟军反攻基地英帕尔，威胁盟军重要补给基地迪马布尔，切断中印公路，改善其在缅甸的防御态势。

英帕尔是印度东部与缅甸交界地区的一座边境城市，位于吉大港（今属孟加拉）通往印度东部阿萨姆邦的交通干线上。该城周围是曼尼普尔山脉，近郊是长 40 英里宽 20 英里的英帕尔平原。自英军兵败缅甸撤退至此后，英国人就把英帕尔建成了一个巨大的军事和后勤补给基地。平原上遍布着军营、医院、军械库、弹药库和军需库。

为了清除英军的这个反攻基地，日军大本营于 1944 年 1 月 7 日以“大陆指第 1776 号”的指令，下达了代号为“乌”号的英帕尔作战计划。日军担任进攻任务的是缅甸方面军第 15 军，由牟田口廉也中将指挥，辖有第 15、第 31 和第 33 师团。英军驻守英帕尔和科希马等地区的是斯利姆将军指挥的第 14 集团军，下辖第 4、第 15 和第 33 军。

1944 年 3 月 8 日，牟田口廉也率领第 15 军的 3 个师团共约 10 万人的兵力，赶着作为肉食给养品的大批活牛、活羊渡过了印缅边界地区的钦敦江，拉开了英帕尔会战的序幕。牟田口廉也站在钦敦江畔，口出狂言，宣称：“陆军现已达到天下无敌的地步，太阳旗将宣告我们在印度肯定胜利的日子为期不远了。”

英东南亚军总司令蒙巴顿勋爵得知日军渡过钦敦江的消息后，迅即亲临英军第 14 集团军司令部。在听取了集团军司令斯利姆的军情汇报后，蒙巴顿决定：把钦敦江以西沿边境进行防御的部队，撤至英帕尔附近高地上来组织防御，使日军的进攻部队远离自己的后方基地，日本军不仅要被迫背靠宽阔的钦敦江作战，而且还得完全依赖很不安全的丛林运输线。此外，盟军的空中优势不仅会保证可能遭到包围的一些英军部队的补给供应，还能轰炸日军的地面运输队，阻止其获得补给。又由于雨季即将使一些干涸的河床变成汹涌的急流，日军必须在雨季到来之前迅速取得胜利，否则就不得不面临一场灾难。

日军第 15 军全部渡过钦敦江后，随即兵分三路，以第 33 师团和第 15 师团分别从南面和东面向英帕尔进攻，而第 31 师团则向英帕尔以北的科希马进攻。日军初期的进展比较顺利，3 月 28 日，第 33 师团打到了距英帕尔西南约 20 公里的比辛布尔地区，封锁住了英帕尔的南部通道。与此同时，第 15 师团攻占了英帕尔至科希马之间的道路，封锁住了英帕尔的北部通道。向科希马进攻的 31 师团也打到了科希马的外围。

面对日军的两个师团已对英帕尔形成南北合围之势，驻守英帕尔地区的只有由斯库纳斯中将指挥的英军第 4 军的英印第 17 师和英印第 20 师两个不满员师。斯库纳斯急电集团军司令斯利姆派兵增援，而集团军下辖的第 15 军主力尚在 300 英里以外的若开地区，从地面赶到需时 3 个星期。蒙巴顿立即向美国人求助，请求美军帮助空运部队。美方很快同意了英方的请求，从 3 月下旬开始把用于喜马拉雅山“驼峰”运输线的 45 架达科他式运输机借给蒙巴顿使用。美国的“达科他”确实是救命恩物，这 45 架运输机满载着第 15 军之第 5 英印师及全部枪炮，从若开邦飞往英帕尔平原，协同第 4 军的部队保卫英帕尔。

日军第 33 师团和第 15 师团形成了对英帕尔的南北夹击态势后，4 月上旬，牟田口廉也决定以第 33 师团为主攻部队，逐步从东南向英帕尔推进。为了加强该部的攻击力量，他从山本支队调来坦克和重炮联队，又从新编入第 15 军的第 53 师团调来两个步兵大队增援，并亲临第 33 师团指挥战斗。4 月 10 日，日军攻占了英帕尔东南面的伯莱尔公路上的谢阿姆山口，英印军被迫退守直接俯瞰着公路干线的坦努帕尔。牟田口廉也认为胜利已经在望，又调集了一批新锐部队，企图在坦努帕尔突破防线。经过一连几昼夜的疯狂进攻，日军取得了一些进展，英印军的防线被迫向后移动。此时的牟田口廉也，确实已接近于突破对方防线。但是，他的部队经连日激战，疲惫不堪，官兵们缺乏给养，口粮从出发时的 6 两降到 4 两、3 两、1.5 两，甚至 0.3 两，战斗力大为下降。而英印军却大不一样，他们每天除了获得基本生活物资外，还能得到诸如香烟、甜酒之类的物品。

英军的第一次攻势实际上是在 5 月 15 日开始的，第 17 英印师第 48 旅楔入了日第 33 师团的后方，并在铁定—英帕尔公路上第 33 号里程碑处修筑起工事。敌人暴跳如雷，把一切可用的部队，包括后勤部队都一股又一股地投入了反扑。4 天以后，日第 15 师团发动了一场疯狂进攻，但还是被击退了。随后，英第 48 旅向北推进到英伊朗，他们经过激烈的战斗，在那儿设下了另一个路障，不过并未能围住日军第 33 师团。

雨季很快就到来了，地面逐渐变得泥泞难行。为了再尽最后一次努力，牟田口廉也决定变更主攻方向，向英帕尔以北迂回，企图从北面打入英帕尔。为此日军通过湿滑难行的丛林小道向前推进。6 月 10 日，日军第 33 师团和配署的第 15 师团一部与英印第 20 师在丛林里迎面相撞，随即展开了激烈的战斗。日军士兵在“武士道”精神的支撑和各级军官的督促下，忍着饥饿在连绵的阴雨中拼死战斗。6 月 22 日，他们竟奇迹般地闯过了英印军的堵击，冲出了丛林，打到了英帕尔的边沿。不过，此时他们已经没有力量发起攻击了。他们经过数月来的一系列苦战，打到了英帕尔英军的家门口，却发觉自己无力再迈进去，对日本人来说确实是件天大的讽刺。与英帕尔方面的战况相似，日军第 31 师团在科希马方向上的进攻也成了强弩之末。

随着雨季的到来，日军士兵有 3 万多人染上了疟疾、痢疾、霍乱、流感等疾病，尤其是军队的克星——伤寒更是蔓延猖獗。由于缺乏药品和医疗器械，只好眼巴巴地看着那些患病的士兵遭受病痛的折磨。雨季的丛林就像是一座蒸气弥漫的绿色地狱，那些被饥饿和疾病所折磨的士兵一个个瘦骨嶙峋，成千成千死去。牟田口廉也感到他应当全线撤退了。6 月 25 日，进攻科希马的日军第 31 师团司令官佐藤中将和那些忍饥挨饿、疾病缠身的官兵开始沿着一条山谷小路向乌克鲁尔撤退。乌克鲁尔是英军大规模强攻的焦点，因为它是日军在钦敦江和英帕尔之间的大规模山区基地，是在战斗开始以后迅速修建起来的。由科希马蜂拥而下的英军部队与从英帕尔向前突进的强大部队同时出发，并在预定时刻与其会师。6 月 22 日，两支队伍好比钢钳的两只钳牙，在 109 里程碑处将日军钳住。被钳在钳口里的是日第 15 师团和在乌克鲁尔的印度国民军的一个旅，好几支日军纵队沿着各条通道，向日军的主要基地狼狈逃窜。英军第 33 旅旅长刘易斯·皮尤后来回忆当时日军的狼狈情形时说：“我旅置身于那些随带着大量伤病员撤退的日军部队及其最近的目的地——乌克鲁尔之间。敌军已不存任何希望，他们得不到食物，得不到药品，什么也得不到了。他们衰弱不堪，嘴里塞满野草。”

7 月 2 日午夜，经东京大本营同意后，日本南方军司令部正式下达了停止乌号作战的命令。为了好听一些，该命令将这次行动冠以“退却作战”的名义。日军所谓的“退却作战”，实际上是一场真正的大溃败。当英军沿着铁定公路向钦敦江追击推进时，他们见到了战败者的全部情景：“到处是赤脚露体的尸体，士兵像骷髅一样躺在泥地上；行驶中遭到轰炸的运输车和烧毁的坦克；被精疲力竭的士兵扔得满地都是的枪支弹药和军事装备。”

8月20日，日军溃退至钦敦江边。此时钦敦江因暴雨和山洪，江面宽度已达1500米以上，而且各渡河点均暴露在英军炮火和飞机扫射轰炸之下。钦敦江边，大炮齐鸣，震天动地，树干枝叶和潮湿的泥土被抛入空中，日军士兵血肉横飞，厮杀一直继续了好几个星期，直到日军的最后一批地堡被摧毁，5万名日军陈尸战场为止。至9月初，日军第15军在钦敦江西岸已没有一兵一卒，半年前他们越过钦敦江发起的英帕尔战役，就这样以彻底失败而告终。

英帕尔会战是第二次世界大战中的一次著名战役，西方和日本的军史学家评价这是日本历史上在陆战中遭到的最惨重失败的一次战役，日军在开始发动进攻时约有10万人，结果有53000多人在战斗中死亡或失踪，并且败退回原来进攻的出发地。英帕尔会战后，作为日军驻缅方面军主力部队的15军，已不再具有一个战役兵团的战斗力了。从此，盟军在印缅战场转入了总进攻的战略阶段。

蒙巴顿勋爵是一位出色的政治家、外交家，对英国皇家海军，特别是海军航空兵部队建设做出过巨大贡献。二战时期，蒙巴顿的主要功绩是率领东南亚盟军取得了对日作战的胜利，在二战与日军的作战中，蒙巴顿显示了出众的指挥能力，凭借卓越的战功，获得了英国王室赐封的爵位，消除了那些说他靠王室荣誉获得爵位的流言蜚语。

十九、再造自由法兰西——戴高乐

夏尔·安德烈·约瑟夫·马里·戴高乐（1890—1970年），法国将军、政治家，法兰西第五共和国总统，二战时期自由法国运动领导人。领导了法国人民的反法西斯斗争，为法国的解放做出了重要贡献。战后面对满目疮痍的国家，带领法国人民进行重建，是法国人民心目中的英雄。

在他第二任总统任期内，提倡东西方“缓和与合作”，主张与苏联以及东欧国家进行贸易和文化交流。1964年，他承认中华人民共和国。他还主张美军退出越南，并周游许多国家以加强法国的国际地位。

（一）被“阵亡”的一战英雄

1890年11月22日，戴高乐生于法国西北部边境城市里尔。父亲是耶稣会学校的教师，参加过1870年的普法战争，民族主义和爱国主义情绪非常强烈，对童年的戴高乐影响很大。1909年，戴高乐考入圣西尔军校。1912年毕业后，来到驻阿拉斯的第33步兵团任少尉军官，受到团长贝当的青睐。他们的友谊保持了很长时间，直到第二次世界大战期间才变得完全对立，双方都认为自己代表了法国。

戴高乐

第一次世界大战初期，戴高乐随他的部队参加了比利时境内的一次战斗，负了伤；以后他在战斗中又两次负伤。1916年3月，戴高乐在法国东北部都奥蒙指挥一个连队作战时，中弹昏死在阵地上。贝当将军把他列入“阵亡”名单，追授一枚最高荣誉十字勋章，并且给予了这样的评语：“该员在激战中以身殉国，不愧为在各方面均无与伦比的军官。”等到戴高乐醒过来后，他成了德国的俘虏，在被德国关押期间，戴高乐数次尝试逃跑都失败了，最后他利用在战俘营里的日子对德国以及日后的欧洲形式进行了思考，直到1918年11月德国战败投降，他才重获自由。

1921年10月，戴高乐回国，先后在圣西尔军校当战争史讲师，在法国军事学院学习，在特列尔的猎兵第19营当营长，在东地中海地区参谋总部和国防部总秘书处任职。1937年年底，他晋升为上校，任坦克团团长。20世纪30年代，戴高乐发表了一系列军事理论著述，论述了在未来战争中大量使用坦克以及机械化部队与空军、步兵协同作战的必要性，竭力主张法国组建有高度机动性的机械化部队。可惜这些战略思想没有被法国军事统帅机关所重视和采纳。

（二）“自由法国”的光芒

第二次世界大战爆发后，德国的机械化部队绕过马其诺防线，突袭法国西北部时，戴高乐才仓促受命组建一支装甲师，并被提升为准将，但为时已晚，法军一溃千里。1940年6月5日，总理雷诺改组政府，任命戴高乐为国防和陆军部次长。这时，副总理贝当和总司令魏刚等投降派在政府中占了上风，当德军逼近巴黎时，他们不组织抵抗，宣布巴黎为“不设防城市”，拱手将巴黎让给了敌人。随后，雷诺政府垮台，贝当出任总理，向德国宣布无条件投降，法军全部解除武装并交出武器。法国北部由德国直接占领，南部由贝当傀儡政府管辖，首都设在维希。法兰西第三共和国到此结束。

身为国防和陆军部次长的戴高乐，坚决主张把法国政府迁往法属北非，同法西斯德国血战到底。就在法国政府中的投降派酝酿向入侵者无条件投降时，戴高乐出使英国，谋求英、法联合抗击法西斯德国。等他返回法国时，投降的局面已不可挽回了，于是他下决心到英国去领导法国的抵抗运动。6 月 17 日，戴高乐送英国的斯皮尔斯将军回伦敦。到机场后，就在飞机启动之际，他突然钻进舱门，飞机腾空而起。在场的其他法国官员被惊得目瞪口呆。当天晚上传来消息，贝当已经向德国入侵者求降。第二天下午 6 时，戴高乐在英国广播公司的播音室对法国发表广播演说："我是戴高乐，我现在在伦敦。我向目前正在英国领土上和将来可能来到英国领土上的持有武器或没有武器的法国官兵发出号召，向目前正在英国领土上和将来可能来到英国领土上的一切军人工厂的工程师和技术工人发出号召，请你们和我取得联系。无论发生什么情况，法兰西抵抗的火焰决不应该熄灭，也决不会熄灭。"这是一个伟大的历史性时刻，它标志着由戴高乐领导的反对法西斯侵略和维护民族独立的"自由法国"运动开始了。

这时，戴高乐还对留在法国的魏刚将军抱有一线希望，写信希望他离开法国本土，领导抵抗运动，可是魏刚甘当傀儡政府的"国防部长"，并且以军事法庭的名义宣判戴高乐死刑。戴高乐义无反顾地举起了抵抗的旗帜，着手把流落在国外的散兵游勇集合并组织起来，建立起一支 7000 人的武装部队，并开始引起国际的重视。1943 年他把自由法国总部从伦敦迁到阿尔及尔，就任法国民族解放委员会主席。法国共产党领导的游击队和其他抵抗力量统一为"法国内地军"，拥有 50 万战士，在国内开展了艰苦卓绝的反侵略斗争。戴高乐设法和国内的"法国内地军"取得联系，使"自由法国运动"的实力得到增强。

在整个战争期间，戴高乐念念不忘的是法国作为一个大国的历史地位，力图使法国在战后作为一个殖民大国继续存在。再加上他那十分固执而倔强的性格，他和英国首相丘吉尔的关系经常处于紧张状态，和美国总统罗斯福的关系可说是相当糟糕。因此，他被排斥在 1945 年 2 月雅尔塔三强会议之外，而这次会议却处理着诸如战后欧洲状况等与法国有重大利害关系的问题。戴高乐想方设法取得了出席批准德国投降仪式的代表权，并使法国在德国获得了一块占领区。可是 7 月举行的波茨坦三巨头会议，戴高乐又被排斥在外，这使他在战后一系列重大国际问题上没有发言权，更没有人理睬他的旨在肢解德国的计划。尽管如此，戴高乐为法国争得了联合国安理会常任理事国的资格，享有大国否决权。

1944 年 8 月 26 日，戴高乐凯旋巴黎。当他来到凯旋门时，欢迎的人们挤满了星形广场和香榭丽舍大道。他不时举起手臂含泪向欢呼的巴黎人民致意。

（三）政坛沉浮，用政治改变法国的命运

1944 年 9 月，戴高乐的政府迁回巴黎，他当选为临时政府总理，着手重建满目疮痍的祖国。一年过去了，戴高乐深感“多党制”对法国是一场灾难，对三个政党组成的联合政府更为不满。1946 年 1 月，他突然辞职下野。他确信，此时的第四共和国很快就会垮台，法国人民将大声疾呼地召唤他重掌政权。这一估计大致不差，只是时间推迟到 12 年之后。

在野期间，戴高乐一面撰写回忆录，一面注视着法国政局的发展。他一直站在反对派地位，反对新宪法，指责新宪法条文将使法国重蹈第二共和国时代政治动荡的覆辙。1947 年他发起组织法国人民联盟，1951 年成为正式政党，在议会中占有 120 个席位。由于不满议会党团，该党在 1955 年解散。戴高乐开始埋头撰写回忆录。

法国第四共和国政府频频更迭，政局动荡，1958 年 5 月法属阿尔及尔又爆发起义，军队开始干预政治，有引起内战的危险。戴高乐感到时势要求他再度出山。5 月 15 日，长期沉默的戴高乐发表一个声明：“12 年来，法国面临种种问题，非政党体制所能解决，国家一直处在这种灾难状态中。上一次，国家在危急存亡的关头曾赋予我重任，领导全国救亡图存。今天，当国家再次面临考验时，它一定知道我已经做好了接管共和国权力的准备。”6 月 1 日，戴高乐就任总理，12 月 21 日被选为法国总统，新宪法授予总统更多的权力，法国从此进入了第五共和国时期。

当时，法国军队陷入了阿尔及利亚战争的泥潭中，戴高乐决心甩掉这个包袱，允许阿尔及利亚独立。他采取全民表决的形式，让法国人民和阿尔及利亚人民决定是否赋予阿尔及利亚以自决权，结果 70%以上的选民投了赞成票。这表明戴高乐的政策受到了拥护。随后，戴高乐制伏了驻阿尔及利亚的法军高级将领的叛乱，避免了法国的内战，和平地完成了法属非洲的非殖民化。

军队中的一些极端分子不能饶恕戴高乐这种“抛弃我们的阿尔及利亚兄弟”的“出卖行为”，转入暴力和恐怖行动。后来至少发生了四起阴谋杀害戴高乐将军的事件，其中的两次已经付诸行动。一次是 1961 年 9 月 8 日晚上，当戴高乐乘车从巴黎返回科龙贝时，突然被一片火力网包围，幸好阴谋者埋设的 90 磅炸药没有爆炸，他的防弹车冲了过去。另一次是 1962 年 8 月 22 日发生在戴高乐乘车前往库布莱镇军用机场的路上，路旁的两辆汽车突然射出数百发子弹，其中十几发子弹击中了戴高乐那辆坚固的雪铁龙防弹车，一颗子弹击破后窗，在离他头部几英寸的地方掠过。事后戴高乐回忆道：“令人难以置信的侥幸，我们谁都没有中弹，那就让戴高

乐继续走自己的路，履行自己的职责吧。”

戴高乐连续当了两届总统。他把主要精力放在对外事务上。他一直反对美国对法国的控制，要求在北大西洋公约组织内与美英同享决策权。这一要求遭到美国拒绝后，他撤销了北约对法国空军和舰队的指挥权，进而退出北约。迫使美国撤出在法国的驻军和基地。戴高乐反对大国核垄断政策，法国于 1960 年 3 月自己制造原子弹并获得成功，并逐渐发展成为一支不容忽视的独立的核遏制力量。戴高乐充分利用法国的否决权，把英国排斥在欧洲经济共同体之外，以便把欧洲经济共同体作为他外交政策的工具，并发展成为一支独立的政治力量。戴高乐主张东西方“缓和与合作”，出访苏联和东欧国家，开始与苏联和东欧国家进行贸易和文化交流。1964 年 1 月，法国不顾美国和它的大多数盟国只承认台湾的国民党政府这一状况，宣布同中华人民共和国建立外交关系。戴高乐在记者招待会上表示：“法国不得不考虑这样的事实，在亚洲，没有中国的参加，就不能办成任何大事。”

与外交相比，戴高乐在内政方面的作为就颇为逊色了。在重新执政的最初几年，他通过发行公债的办法，缓和了通货膨胀，稳定了货币，减少行政开支，提高商业税，解除官方对商业的控制，使国民生产总值逐年上升，国家的黄金和美元储备增加。随后，戴高乐抛出了一个又一个计划，想使法国的经济强大起来，但都没有成功。

到 1967 年情况急剧恶化，失业增长率急剧上升，工厂关闭或开工不足，工人和职员纷纷举行示威和罢工。1968 年 5 月突然爆发了大规模的学生和工人运动，使戴高乐的威信急剧下降。翌年 4 月 27 日，戴高乐将地方区域改革方案和参议院改革方案交给公民投票表决，想以此获得选民的支持，结果令他大失所望，有 52%的选民反对他的改革方案。戴高乐当即宣布下野，并发表了一个简短的声明：“我将停止执行共和国总统的职务。这个决定自今日中午生效。”

79 岁的戴高乐下野以后，拒绝享受离任总统的薪俸和住房，又回到了科龙贝家中写回忆录，把大部分时间都花在建立他这座最后的文字纪念碑上。村民经常可以看到戴高乐在村边散步，默默地回首往事，看上去心情是那样抑郁。戴高乐没能把回忆录写完，于 1970 年 11 月 9 日因心脏病猝然逝世。蓬皮杜总统于次日向法国人民发表广播讲话：“戴高乐将军逝世了，法国失去了亲人。1940 年，戴高乐将军拯救了我们的荣誉。1944 年，他领导我们走向解放和胜利。1958 年，他把我们从内战的威胁中拯救了出来，他使今天的法国有了自己的制度、独立和国际地位……让我们向法国保证，我们决不辜负我们所得到的教诲，愿戴高乐将军永远活在全国人民的心中。”

根据戴高乐的遗嘱，他的葬礼非常简朴，4 万多男男女女从法国各地来到科龙贝，为他们心目中的英雄送葬。与此同时，巴黎大主教马尔蒂在巴黎圣母院为戴高乐将军举行隆重的安灵弥撒，许多国家的元首都赶来致哀。几十万巴黎人冒雨向爱丽舍宫行进，在凯旋门这个 26 年前戴高乐站过的地方肃立致哀。第二天，巴黎市议会决定把凯旋门所在的星形广场改名为夏尔·戴高乐广场。

（四）自由法国运动

法国沦陷后，戴高乐于 1940 年 6 月 18 日晚在英国通过广播向法国人民发起号召，号召大家拿起武器共同抗击德国法西斯的野蛮侵略，并发起成立“自由法国”运动。告诉全世界：“法国输掉了一个战役，但是，法国并没有输掉这场战争。”在接下来的日子里，戴高乐为了成立自由法国运动四处奔走。

6 月 23 日，英国政府在接到戴高乐的一封信后，同意他提出的在英国成立一个法国“抵抗中心”的要求，不过，在承认这一中心之前，将保留仔细审查的权利，以避免出现任何看来像是法国流亡政府、法国“民族委员会”，甚至是“解放委员会”之类的机构。虽然如此，在后来的一次广播中，戴高乐便让人知道他已经成立了一个获得英国政府承认的临时性的“法国民族委员会”。这次广播引发波尔多方面提出激烈的抗议，但是，英国当局并没有公开否认这项声明。相反，戴高乐得到了同法国各殖民地和附属地的驻军司令官进行联系的一切便利，在这些将领中叙利亚的米特尔奥塞和北非的诺盖都已拒绝接受停战协定，前者还发表了公开的宣言。尽管这样，戴高乐从陆军的高级同僚中既没有得到支持，也没有得到满意的答复，这些人后来都改变了口气，效忠维希了。

6 月 28 日，戴高乐再次接到通知说，英国政府暂时不能承认任何一个实际上并不存在的“法国民族委员会”，甚至是一个“抵抗委员会”。这意味着，如果有足够数目的代表法国政治生活的知名人物往后决定同戴高乐一起，或者反过来，邀请他去同他们一起，那么形势可能是会改变的。英国政府在拒绝承认一个并不存在的“法国民族委员会”的同时，的确也同意把戴高乐看作是：不论在何处集结到他周围来支持盟国事业的全体自由法国人民的领袖，并于 6 月 28 日晚间广播了一项表达这种意愿的正式声明。

与此同时，戴高乐授权设法争取法国海、陆、空三军人员和商船船员，以及可能对军事工业有用的民间技术人员。有十万以上的法国人从敦刻尔克撤退到英国来，不过，其中许多人都已经回法国去了。另一方面，从挪威撤出的贝杜阿尔将军率领的法国远征军当时正在英国，人数大约有 1 万，还有 9000 名左右的法国海军人员驻扎在阿因特里——主要是在英国港口避难，并于停战以后被英国人扣留的军舰上的人员释放。这些法国人大多愿意返回法国。作为个人或军事单位愿意集结到戴高乐周围来的，起初只有马格兰·韦内雷上校指挥的外籍军团的一个营，阿尔卑斯猎兵师的一个完整的营和海军陆战队的一个连。这些部队，加上几百名其他人员，就是戴高乐可以支配的全部兵力。实际上，到 1940 年 6 月底，在英国的自由法国部队总数只有 3000 人多一点儿，包括 450 名海军及海军陆战队人员和 350 名空军人员。他们实际上都是手无寸铁的。

6 月 30 日，海军中将埃米尔·亨利·米塞利埃从直布罗陀飞抵英国。率领自己的舰队以及物资抵达英国，与戴高乐会和，自由法国运动又多了一支海军部队。

7 月 3 日，英国对米尔斯克比尔法国舰队的攻击是一次严峻的考验。戴高乐只是在这件事发生前才得到通知。他对这个消息采取了恰当的态度，因此显著地提高了他本人在英国当局眼中的地位。他并不隐瞒自己心头的深切悲痛。这个行动从最好方面讲也会妨碍他自己的行动，而从最坏方面讲，如果波尔多当局利用这个机会对英国宣战，戴高乐和他的所有追随者的处境就会是不堪设想的。他宁愿不去判断这件事的是非曲直，而要讲明英国事先并没有同他磋商过，因此他同这次行动丝毫无关。实际上，没有迹象表明这件事对于自由法国运动的发展好歹有什么直接影响。英国人在朴次茅斯扣留的法国军舰上大约有 1000 名水兵参加了米塞利埃将军的队伍。到 7 月底，自由法国的舰队已有 28 艘军舰，除了一艘补给成舰外，其余的都是小船，不过完全由自由法国船员操纵着。空军人员也慢慢地集合起来，组成一个轰炸机小队和一个战斗机小队，陆军部队则足以组成一个完整的旅，拥有全部武器及辅助部队。连同总部、行政管理部门和在英国接受训练的新兵在内，自由法国兵力的总数到 1940 年 8 月 1 日大约已有 6000 人。

到 7 月底，对戴高乐来说，短期内的形势已经变得相当明朗，他必须重申一下自由法国运动同英国政府之间的关系了。于是丘吉尔以首相兼国防大臣的身份向戴高乐送了一份备忘录，另附一封日期为 1940 年 8 月 7 日的信件，说明倘使戴高乐接受这份备忘录，它既具有一项协议的效力，此项协议将被认为自 7 月 1 日起业已生效。戴高乐在同一天用书面做出答复，以不论在何处集结到他周围来捍卫盟国事业的全体自由法国人民的领袖资格接受了这份备忘录。

这份此后被称为“1940 年 8 月 7 日协议”的文件非常重要，它是 1941 年 9 月法国民族委员会成立以前指导双方关系的基本文件。甚至在 1941 年 9 月以后，它的各项条款也并未作废，而是继续生效，直到新的形势使其自然而然地作废为止。这项协议适用于协调同英国政府和当时在英国避难并统辖武装部队的其他盟国政府所达成的协议。英国政府根据这项协议注意到，戴高乐正在招募陆、海、空军和科技工作的志愿人员，以便把他们组织起来反对共同的敌人。这些部队将尽可能完全地具有法国特性，尤其在语言、纪律、人员升迁和一般行政管理问题上。

他们将有权优先处理一切从法国方面缴获的或以其他方式得到的法国型号的武器装备，不足之数由英国予以补充。这些部队将不用于对法国作战并置于戴高乐的指挥下，而戴高乐则同意接受英国最高统帅部的全面指挥，并在英国最高统帅部的同意下，如有必要，把其中某些部队交由英国的战地指挥官调遣，只要不要求他们去打法国人。

8 月 7 日的协议还规定了自由法国志愿人员的工资和恤金问题。自由法国运动的全部经费一律由英国负担，英国有权审查和稽核支出。英国政府还答应乐于考虑自由法国志愿人员申请取得英国国籍的问题。这项规定的目的在某些事件上表现得很明显。除了有几件遇到特殊困难的例子外，一般没有援引这项规定。

最后，协议还为自由法国的海军和商船规定了某些条件。值得注意的是，英国海军部同意同戴高乐，而不是同米塞利埃海军中将商定这项安排。米塞利埃接受这项规定，似乎表明他认为戴高乐既是自由法国陆军，也是自由法国海军的最高统帅。如果果真像后来发生的那样，他还想维护他最初所要求的独立，那么这种做法是会削弱他的地位的。

海军提议的要点是，法国船只无论是军舰还是商船，凡是可以由自由法国配备船员的，就是自由法国船舶的一部分，多余的法国船只可以由英国人直接配备船员并加以使用。

由于自由法国运动还没有被承认为一个主权国家，不能在公海上在中立国家船只方面或者在中立国家港口内享受相应的特权，所以后来遇到了一些国际性的困难。不过，通过使用各种巧妙的办法，以及特别小心地制定悬挂自由法国旗帜的船只的航线，还是克服了这种困难。

在戴高乐接受这项协议的同时，他还获悉英国政府原则上同意他在适当时机成立一个法国海外领地保卫委员会的计划，英国政府将同该委员会商讨有关同英帝国合作的经济和防御问题。这件事当时是保密的，后来才透露出来。然而，当时双方都明白，在具有适当的委员人选以前，并且大概只有在同英国人进一步商讨以前，这个委员会实际上是不会成立的。

双方还商定了若干附属的局部性协议来使 8 月 7 日的主要协议生效，这里就不必一一提到它们，不过值得记载下来的是，如果说这项主要协议有任何缺点的话，那就是它使英国政府负有明确的义务，却并没有同样明确地规定戴高乐所应承担的相应义务，同时它不可避免地会使戴高乐在他自己的组织内部和在全世界的心目中获得比以前更大的权力。他可以根据法德停战时有效的法国军法和民法惩办他手下的人员，可以在任何时候从运动中开除任何人而无须提出理由。只要他仍然是自由法国的领袖，这项协议就是同他个人达成的。

一开始，戴高乐和英国政府便一致承认，倘有可能，取得一些可以让自由法国运动竖起解放旗帜的法国殖民领土是很重要的。针对北非的宏伟战略，如果没有一场从内部发动的政变，即使英国当时能够提供有限的支援，也还是戴高乐那支小部队所解决不了的一个难题。

在接下来的两个月里，戴高乐着力解决了法属殖民地的归属问题，在他的努力下，戴高乐没费一枪一弹就实现了对这些殖民地的招抚，进一步充实了“自由法国”运动的力量。

1940 年 10 月 27 日，戴高乐在布拉柴维尔宣布成立一个“法兰西帝国防务委员会”，戴高乐在下令成立该委员会的同时，还发表了一项宣言，其中并没有放过维希政府，也不曾放过它的元首贝当，不过对后者只是含蓄地提到。宣言称贝当傀儡政府是违反宪法的，并受侵略者控制。在受人奴役的情况下，这一政府只不过是，事实上也正是法国的敌人用来损害法国的荣誉和利益的一个工具，因此，必须有一个新政权来承担指挥法国继续战斗的任务。

成立帝国防务委员会那项法令的文本是用法国政府法令的惯用措辞写就的，比较无懈可击。委员会还宣布：从敌人控制下获得自由的帝国各地将根据 1940 年 6 月 23 日以前（即同德国的停战协定签订以前）制定的法国法律加以治理，直至有可能成立一个不受敌人支配并具有正常性质的法国政府和法国人民的代议机构时为止。值得注意的是，这项法令还规定：“由自由法国的领导人，必要时同防务委员会磋商后，做出决定。”

当戴高乐和英国政府之间于 8 月 7 日签订那项正式协议时，他们曾讨论过是否可能成立一个帝国防务委员会的问题。英国政府暂时同意了这一建议，条件是需要由适当的人选来组成，并且应当在其他方面都有利时成立。

然而，戴高乐 10 月 27 日在布拉柴维尔发表那项声明，事先并没有通知英国政府，因此引起了英国政府相当大的惊讶，而同时发表的宣言则引起了一些令人为难的政治反应。在一段时期以来，日益明显的是，戴高乐想使他的运动获得较大程度的承认与权力的这种并非不合情理的愿望，超过了英国政府愿意给予的程度。当宪法专家们就一些细致的要点展开辩论时，维希政府的合法性可能仍然是含糊不明的，但是，大多数法国人不管愿意不愿意，无疑都在行动上仿佛接受了它的管辖权。人们无论怎样想入非非，也不会把戴高乐当作法国政府。此外，土伦的法国舰队也是一个危险。如果维希政府向英国宣战，那支舰队一定会不顾海军上将达尔朗在签订停战协定时所做的含糊的保证，而会服从该政府的命令。最后，尽管维希和联合王国已经断绝了外交关系，但维希和美国之间，甚至维希和加拿大之间的外交关系却毫无改变。美国和加拿大的代表留在维希，这对英国政府来说显然具有很大的军事价值，同时华盛顿的国务院感到有必要对自由法国运动采取的总的态度，又使情况进一步复杂化了。

尽管出现了这些困难，戴高乐在1940年12月24日还是正式接到通知，英国政府准备就一切有关接受戴高乐权力的法国海外领土合作的问题，同他在10月间宣布成立的防务委员会进行会商。这既包括自由法国部队与英国部队在反对共同敌人作战中相互联系的事宜，也包括同这些法国领土的政治和经济利益有关的事宜。同时，英国政府还向戴高乐表明：不能把这看作是他们对戴高乐的任何宣言或讲话所引起的各种宪法与法律问题表示任何意见。

英国政府曾一再公开做出保证说：任何集合到全体自由法国人的领袖戴高乐麾下来支持盟国事业的法国领土，根据英国作战努力的需要，都将获得经济援助，其规模将与类似情况下英国政府对英帝国的殖民地所提供的相同。英国完全履行了这项保证。他们立即同所有有关的法国殖民地和省区进行了具体细节的谈判，并于达成协议后马上签字。早在具体文件签字之前，对自由法兰西帝国的实际援助便已全面展开了。英国方面通过委派领事和其他官员，以及通过扩大派驻自由法国运动的总代表团去办理必要的工作。总代表团由爱德华·斯皮尔斯将军（后为爵士）率领，于1940年6月成立，总部设在伦敦，1940年年底，在布拉柴维尔、杜阿拉和拉密堡都设立了分部，还在开罗设立了一个很大的中心。法国方面由于缺少训练有素的官员和专家，遇到了一些可以理解的困难。

戴高乐巡视自由法国非洲领土后于1940年11月底返回伦敦。这时，他觉得必须花些时间改组他的总部。

同时，他催促英国政府做出安排，把其他一些法国属地争取到他这边来，尤其是吉布提、圣皮埃尔、安的列斯群岛和法属圭亚那。他声称，所有这些地方的大多数人民都是拥护他的。但是，英国政府迫于政治和军事上的种种考虑，不得不暂时把对这些领土的行动只限于海军力量所能实现的有效的经济封锁。与此同时，韦维尔在利比亚对意大利人顺利发动的攻势，也使英国和自由法国的事务暂时显得不重要了。

尽管如此，一支自由法国部队却在非洲战役中以寡敌众，建立了显赫的功勋。因此，英王在给韦维尔的一封祝贺信中也特别提到“我们的自由法国盟友”的英勇行动。

为了配合韦维尔在非洲进一步作战的战略计划，一支自由法国的分遣队，包括骆驼队和机械化部队，在科洛纳·德奥纳诺中校的率领下，攻打了费赞绿洲中的一个沙漠前哨基地木祖克。这次战役以及随后于1941年3月攻占南部沙漠中库弗腊的战役，完全是由自由法国部队进行的。两次行动给计划和实现自由法国的官兵带来了极大的荣誉。

第一次出征从乍得境内的拉密堡出发直捣木祖克，当时必须在走过900多英里的杂树丛和沙漠地带后，立即突击一支全副武装、深沟高垒、粮草弹药十分充沛、经得起长期包围的守军。自由法国这支特遣部队取得了全面成功，即便指挥官身先士卒，在英勇绝伦的作战中阵亡了。由于摧毁了木祖克的意大利飞机和机场，夺取了意军防地，从而清除了韦维尔左翼的潜在威胁。

接下来向库弗腊推进中，自由法国这支纵队必须在极难通行的地区行军600多英里。由于意大利人早有准备，拂晓时的一次突袭没能取胜，自由法国部队把库弗腊围困了一个多月。尽管以极大的管理技巧节省给养，这次军事行动还是几乎失败，只得考虑撤退了。

在最后一刹那，他们取得了一个战术上的有利条件，突破了敌军的防卫。于是，在一场正面攻击中占领了库弗腊。意大利人在利比亚和埃塞俄比亚之间的交通线被切断了。在埃塞俄比亚，也有一小股自由法国部队在英国普拉特将军的指挥下作战。外籍军团中的分队，殖民地部队，阿尔及利亚骑兵、炮兵，以及一队法国轰炸机在厄立特里亚同英国人一起攻打土仑，后来又在马萨瓦作战，戴高乐还亲临马萨瓦前线。在取得胜利以后，戴高乐致电英国首相，再次宣布“自由法国部队将参加对我们共同敌人的战斗，直到取得全面胜利为止”。丘吉尔在复电中代表英国政府对自由法国的支援表示感谢，电文说：“你们在为共同事业尽力中，从不畏缩，从不示弱，获得了国王陛下政府的最大信任，你们体现了千百万对法国和法兰西帝国的前途毫不灰心的法国男女同胞的希望。”

自由法国部队的这些军事胜利，对于稳定自由法国运动和英国政府之间节拍多少有点儿不大正常的关系起了不小的作用。此后，在戴高乐的带领下，“自由法国”运动在反法西斯斗争中发挥了重要作用。

戴高乐对于法国的主要功绩在于建立了“自由法国”运动，法国沦陷后，在法国成立的维希政府完全成了希特勒的傀儡。作为拥有当时欧洲最强陆军的法国，虽然在法国战役中战败，但是包括其海外殖民地在内的武装力量依然拥有相当强大的实力，如果这些力量为维希政府所用，那么无异于助纣为虐，在整个法国群龙无首的时候，戴高乐适时地成立了“自由法国”运动，使法国的反法西斯力量形成了合力，为世界反法西斯斗争做出了重要的贡献。

戴高乐作为一名将军，在战场上并没有立下什么让人值得铭记的战功，但正像艾森豪威尔一样，他虽然没有亲自在战场上拼杀，但是他对战局的影响是巨大的，数十万法军在盟军的战斗中起到了决定性的作用，而且戴高乐在法国沦陷的情况下起到了法国心理支柱的作用，有戴高乐和“自由法国”运动存在，法国人的反法西斯决心就不会倒，戴高乐对于二战做出的贡献不亚于任何一个战场上的将军，虽然戴高乐未上战场，但他无愧于将军的称号。

二十、闪电伯爵——曼施坦因

在德国陆军界他被誉为“战略天才”，这在德国将领中极为少见。美国人称他为二战中德军最有能力的野战部队司令，他是苏联高级将领朱可夫、华西列夫斯基、科涅夫等人的回忆录里提到最多的德军将领，他就是德国陆军元帅弗里茨·曼施坦因，后世公认的纳粹德国三大悍将之一。

（一）“闪电凶神”

1887年11月，弗里茨·曼施坦因出生在德国柏林的莱温斯基家族，这个家族可谓“容克军事贵族”的典型：他的生父爱德华·冯·莱温斯基是西普鲁士的一名贵族、炮兵上将（有书籍翻译为二级上将），曾任军长；他的二姨妈嫁给了曼施坦因家族，老曼施坦因最后官拜步兵二级上将；他的三姨妈嫁给了兴登堡，兴登堡后来更成了德国元帅、一战后的德国总统。曼施坦因是家中第10个孩子。在他出生后不久，就被过继给了姨父曼施坦因中将，因而改姓曼施坦因。

生在这样一个标准的德国军事世家，从军成了一条必然的道路。少年时期，曼施坦因先在斯特拉斯堡接受普通教育，后在数所军校受训。其军事生涯开始于1906年，他先是担任德国近卫军步兵第3团习军官，一年后正式晋升为少尉。

1913年，曼施坦因被选送到柏林军事学院学习。不久，他又回到近卫步兵第3团，担任后备团的副官。第一次世界大战爆发后，曼施坦因在西线和俄国前线都参加过战斗，先后在比利时、东普鲁士和波兰作战，担任过副官、参谋、骑兵师作战科长和步兵师作战科长，获得一级铁十字勋章和霍亨索伦王室勋章。

一战以德国战败告终，在《凡尔赛和约》中，德国国防军受到了严格的限制，只准拥有10万人，只能用于维护德国内部秩序和执行边防警察任务。德国国防军在冯·泽克特将军的领导下，想方设法保留了德国军队的精华。德军总参谋部甚至连一张像样的椅子都找不出来，但装着假腿、假眼的德军参谋就站在那里从零开始，准备着复仇，建立了一支精锐的职业军队。曼施坦因从1929年起，在参谋本部第一厅工作，处心积虑地为德国重新崛起出谋划策。

1933年，曼施坦因晋升为上校，后出任柏林第3军区司令部参谋长。此时，以希特勒为首的纳粹分子逐渐掌握了德国的政局，并开始扩军备战。两年后，曼施坦因以其出色的才能引起了关注，就任德军总参谋部作战部部长。

弗里茨·曼施坦因

不久，曼施坦因晋升为少将，并被任命为德军总参谋部副总参谋长，开始直接进入德国军界的高层决策机构。然而，因受普鲁士军事传统的影响，曼施坦因对纳粹党逐渐加强干预军队事务表示不满，后来受到“弗里奇事件”（盖世太保一手制造的事端，污蔑陆军总司令弗里奇上将是同性恋，迫使弗里奇离职）牵连，而被免去副总参谋长职务，调任莱比锡第18步兵师师长。这是纳粹分子对不肯俯首帖耳的德国军官团的警告。

二战前夕，曼施坦因晋升为中将，出任南方集团军群司令伦德施泰特上将的参谋长，主持制订入侵波兰南部和进攻华沙的计划。曼施坦因野心勃勃，已经做好了入侵波兰的一切准备。

波兰并非人们印象中的那样孱弱，它的陆军在二战开始时在欧洲排名第5，但装备较为落后，更加致命的是，波兰的作战思想还处于一战的堑壕战阶段，对闪击战一无所知。这一差距在德国入侵波兰时体现得极为明显。

1939年9月，德国突袭波兰。在曼施坦因的周密部署下，德军南方集团军群进展神速，连续围歼波军主力，很快就包围了波兰首都华沙。此时，曼施坦因又建议德军使用炮兵和空军轰炸，同时断水断粮的手段逼迫波兰投降，这样也可避免惨烈的巷战。9月28日，波军全线投降，曼施坦因所在的德军南方集团军群以死伤3万多人的代价，俘虏了波军52万人，缴获野战炮1400门、机枪7600挺、飞机274架、战车96辆。

德国在一个多月时间内灭亡了波兰，是先进战术思想对陈旧军事理论的胜利。曼施坦因在波兰战役之后对此进行了总结：“德国之所以取得成功，进军的速度是一个关键因素，而速度又取决于大量的坦克部队，空军支援、步兵与装甲兵的成功协同也是重要原因。”这标志着曼施坦因战略思想的成熟。

波兰战役后，曼施坦因为德军制订了入侵法国的计划，这便是著名的“曼施坦因计划”。

（二）曼施坦因计划

二战爆发后，在兼并了奥地利和捷克斯洛伐克并瓜分了波兰后，德国面临着西线英法越来越大的威胁，而希特勒坚信进攻西欧是德国唯一的出路。1939 年 10 月，德国最高统帅部根据希特勒的批示制订了“黄色”方案。其要点包括：B 集团军群从北侧担任主攻，经过荷兰进入比利时北部，歼灭可能遭遇的盟军；A 集团军群从南侧担任助攻，以保障 B 集团军群的侧翼安全；C 集团军群则防守从卢森堡边界至瑞士一线的齐格菲防线。

事实上，“黄色”方案与一战时的“施里芬计划”十分相似，德军总参谋部基本上照抄了 1914 年德法战争的方案，了无新意。当时，无论是德国最高统帅部还是盟国统帅部，似乎都认为德军的进攻就只有这样的选择。原因很简单：阿登山脉易守难攻，第一次世界大战时步兵尚且难以通过，眼下德军的机械化部队就更不可能在此险地发起主攻了。

然而，此时还只是伦德施泰特集团军群参谋长的曼施坦因却对此另有见解。他曾在一战的马斯河战役中身负重伤，对“施里芬计划”可谓有切肤之痛。曼施坦因认为如果作战预想已经被敌人猜中，那么主攻方向必然是敌军的重点设防区域，其结果就将是一场胜负难分的持久战，而战争取胜靠的是出奇制胜。曼施坦因提出了一个大胆的设想：将主攻方向转到阿登山脉，因为这是最出人意料的地方。

他的想法是：西线攻势的目标应该是在陆地寻求决战，攻击的重点应该放在 A 集团军群而不应该放在 B 集团军群；A 集团军群应从地形复杂却能出其不意的阿登地区实施主攻，挥师直指索姆河下游，这样才能全歼比利时的盟军右翼，并为在法国境内赢得最后胜利奠定基础；A 集团军群的兵力应由 2 个集团军增加到 3 个集团军，此外还需增加强大的装甲部队。这就是著名的曼施坦因计划的要旨。这一设想为入侵法国的战役奠定了基础。最后，号称世界第一陆军强国的法国在一个多月的时间就崩溃，证明了曼施坦因计划的可怕。

曼施坦因说服了伦德施泰特，并向陆军总部递送了一份经伦德施泰特上将批准和签署的备忘录。但是当时的陆军总司令和陆军总参谋部长不看好曼施坦因计划。围绕此事，曼施坦因与陆军总部发生了激烈的争执，最后被调任为步兵第 3 军军长。

希特勒最初确定的进攻西欧的日期为 1939 年 11 月 12 日，后来由于天气和部分将领反对而一再推迟，最后被定为 1940 年 1 月 17 日。

也许是上帝青睐曼施坦因。就在1月10日，即希特勒最终确定的开战日期前一个星期，发生了一次意外：德国空军的一个少校联络官，身上携带着进攻西欧的计划大纲，因飞机误入比利时并迫降。他身上的进攻计划也极有可能落入比利时人的手中。

消息传到柏林后，希特勒便想提前实施计划，立即进攻。不过这时，他想起了前不久看过的曼施坦因计划。很快，曼施坦因得到了希特勒的接见。曼施坦因以其充分的论证让希特勒确信，他的计划将是陆地上可以夺取全面胜利的唯一途径。

很快，最高统帅部发布了以曼施坦因的作战计划为提纲的训令。经过总参谋部严密的推演和数次演习之后，曼施坦因计划最终确认为可行。由古德里安的第19装甲军和赖因哈德的第41装甲军组成一个装甲集群，由克莱斯特将军指挥，其中第19装甲军将担任安德内斯攻击战的矛头。

1940年5月9日，曼施坦因计划开始。由于英法等同盟国死板地认为德军仍会沿着第一次世界大战时的老路进攻，并按照这一指导思想进行防御，将盟军的防御重点仍放在左翼。而右翼，在被认为难以逾越的阿登山脉各个路口和前进道路上的要地，则只用几个战斗力较差的法国步兵师把守。结果，德军的装甲集群锐不可当，轻松地在阿登地区形成突破，长驱直入，完成了曼施坦因计划的要求。

事实证明，曼施坦因计划打到了法国人的软肋上，战役第一阶段德军就消灭了法军近30个师。德军在战争发起后的半个月内让法国投降，6个星期内横扫西欧诸国。

可以说，曼施坦因计划体现了德国军事计划的特点。第一是简单。曼施坦因计划并不试图预言一切形势，而是简单明了，但击中要害。因为计划越复杂，执行时容易出的差错就越多，日军在太平洋战争中就一再犯这个毛病。第二是有针对性，即针对盟军的战略部署制订。出其不意，将主攻方向从北方的B集团军群转到A集团军群。主攻的装甲部队要穿越密林覆盖的阿登山脉，面对这种地形，坦克部队一般认为是不可能逾越的。更冒险的是，突破之后主攻部队的南侧翼完全暴露，这是一次大胆的赌博。赌注就是法军主力已经在北方穷于应付，南方则被钉死在马其诺防线上，没有实力攻击A集团军群暴露的南翼。这是曼施坦因大胆和狡诈的指挥风格的体现。

不过，作为计划的制订者，曼施坦因本人并没有参与法国战役的指挥。开战前，他被从A集团军群参谋长调任步兵第3军军长。5月10日，作为“旁观者”的曼施坦因才从国内电台的广播中得知德军发动西线攻势，这让他十分恼火。5月27日，第3军奉命接防。6月，这头憋得眼通红的老虎终于出笼了，他率部发起进攻，迅速横渡索姆河和塞纳河，直抵卢瓦尔河，其速度让德军的同僚都感到震惊。

7 月，曼施坦因获得骑士十字勋章。

法国战役胜利之后，曼施坦因奉命驻防法国加莱地区。第二年春，曼施坦因调任第 56 装甲军军长。

（三）饮恨斯大林格勒

1941 年 6 月，苏德战争爆发。德军分三路进攻苏联。其中北方集团军群的任务是先向东普鲁士前进，以歼灭波罗的海地区的苏军，然后再向列宁格勒前进。战争伊始，勒布元帅的北方集团军群就突破了苏联西北方面军的防线。时任第 56 装甲军军长的曼施坦因指挥部队也向苏联境内纵深处突进了 320 千米。9 月，曼施坦因出任南线德军第 11 集团军司令，负责攻占克里米亚半岛，通过刻赤海峡进入高加索的行动。经过惨烈的战斗，德军歼灭和俘虏了大量苏军。

1941 年年底，苏军开始发动反攻，在刻赤半岛登陆作战，迫使守岛德军撤离刻赤。1942 年元旦，曼施坦因晋升为一级上将。1 月，曼施坦因集中 3 个半师的兵力再次攻占刻赤半岛的菲奥多亚港。

后来曼施坦因觐见希特勒，与希特勒就进攻计划进行了磋商。希特勒同意了他的计划：该部先攻占刻赤，再攻克苏联黑海舰队驻地——塞瓦斯托波尔要塞，然后横渡刻赤海峡，进入库班，截击从顿河下游退往高加索的苏军。5 月初，在德国空军的火力支援下，曼施坦因以 6 个德国师和 3 个罗马尼亚师的兵力突破了刻赤防线。攻克刻赤，曼施坦因的部队一举俘虏苏军 17 万人。

接着，曼施坦因发起了对塞瓦斯托波尔要塞的进攻。苏军展现了顽强的战斗精神，经常打到最后一人一弹为止。7 月 1 日，曼施坦因的部队占领了塞瓦斯托波尔要塞，德军在损失 2 万余人后俘虏苏军 9 万人。德军在克里米亚半岛的重大胜利，使曼施坦因名噪一时。同时，由于功勋卓著，曼施坦因受到了希特勒的通电嘉奖，并被晋升为陆军元帅。

不过，到达荣誉的顶点之后，曼施坦因和纳粹德国一同开始走向下坡路。首先是他率领德军第 11 军团进攻列宁格勒，但在朱可夫领导的苏联红军的抵抗下，攻势受挫。紧接着，1942 年 10 月 30 日，他的长子吉罗被苏军的炸弹炸伤后死亡，痛失爱子让曼施坦因苍老了不少。但最致命的错误发生在斯大林格勒战役：曼施坦因让进攻斯大林格勒的第 6 集团军坚守待援。

斯大林格勒会战从 1942 年 7 月开始，经过 5 个月漫长而残酷的战斗，11 月，苏联红军转守为攻，对德军第 6 集团军形成包围之势。当时的情况已经相当严重，雪上加霜的是，希特勒因同李斯特元帅意见分歧而把这个指挥进攻高加索的 A 集团军群总司令免了职，由他自己兼任总司令。这时，在A集团军群和B集团军群之间出现了一个宽达300千米的缺口。当优势的苏军突破B集团军群，并击溃罗马尼亚和意大利军团之后，第6集团军便陷入重围之中。

很快，曼施坦因受命带领新组建的德军顿河集团军群（包括第4装甲集团军、第6集团军和罗马尼亚第3集团军），其中整个第6集团军和部分第4装甲集团军的兵力已经被包围在斯大林格勒。

曼施坦因于12月12日发动进攻，两天后，德军在离斯大林格勒50千米的地方，再也无法前进一步，苏军早已准备好了强大的反击兵力，曼施坦因的顿河集团军群被阻挡住，并因为有陷入包围的危险之中，而被迫后撤200千米。

然而，即使到了如此危急的时刻，曼施坦因依然十分乐观。他亲自给第6集团军司令保卢斯发去电报，要保卢斯坚守待援，这就是那句著名的口号“不要放弃，我会来救你们的，曼施坦因”。结果到了1943年1月，在形势已然无法挽救之时，曼施坦因却矢口否认自己说过这句诺言，声称是最高统帅部的凯特尔元帅等人捏造的。曼施坦因的过度自信让德军在斯大林格勒付出了难以弥补的代价。

实际上，当第6集团军在斯大林格勒陷入苏军的包围圈时，希特勒在突围和坚守待援之间举棋不定。究竟是什么让希特勒做出让第6集团军原地待命等待救援的命令？从战后发掘的各种资料来看，当时有两个人的意见对希特勒的决定起了重大影响：第一位是空军元帅赫尔曼·戈林，第二位就是元首刚刚提拔的曼施坦因元帅。

前者信誓旦旦地向希特勒保证，他的空军将全力支援第6集团军，第6集团军的给养也没有问题；而后者也迫不及待地向希特勒宣称：绝对有把握救出第6集团军。而之后的事实证明，这两位希特勒最为倚重的肱股之臣在最为关键的时刻让希特勒做出了错误决策。

1月31日，刚刚升任德国陆军元帅军衔的第6集团军司令保卢斯和其司令部人员都做了俘虏，斯大林格勒战役结束了。

（四）哈尔科夫战役

斯大林格勒战役的惨败，让德军南线部队放弃顿河弯曲部，向西撤退，苏军集团军在后面步步紧追，击溃B集团军群的意大利、罗马尼亚和匈牙利部队，准备在哈尔科夫以南切断顿河集团军群和A集团军群的退路。

此时，曼施坦因的顿河集团军改名为南方集团军群，防线漏洞百出，还要担负起一项双重任务：既要掩护撤退，警戒顿河和顿涅茨河的各个渡口，同时还要解除

苏军在哈尔科夫和库尔斯克地区对于 B 集团军群的威胁。

但此时，曼施坦因的特殊军事嗅觉，让他发现一个反击的黄金时机已经到来。因为苏军名将瓦图京大将判断失误，错误地认为德军已经没有反击之力（此时德苏双方以师的数目计算是 1∶8），只能且战且退，于是指挥西南方面军展开猛追，导致战线过长，兵力分散，后勤保障困难。

曼施坦因抓住这一良机，坚决拒绝了希特勒要他收复哈尔科夫的命令，在红军向西南方大范围迂回的时候，也不把新拨给他的党卫军装甲军防守第聂伯河一线——这是一个正常的指挥者的选择——而是让从米乌斯河撤下的已经残缺不全的 3 个装甲军防守第聂伯河。他集中全部机械化部队，向敌人毫无防备的右翼进行突击。兵锋直指第聂伯河渡口一带的苏军接合部。

德军以霍特集团军防守米乌斯河一线，两个装甲突击群为大锤，从 3 个方向上夹击位于第聂伯河与北顿涅茨河之间的苏军西南方面军。没想到兔子还能咬人的苏军猝不及防，迅速被击溃，拼死向北顿涅茨河以东地区逃走，包括第 1 近卫集团军、第 6 集团军和波波夫集群在内的 8 个军、15 个步兵师和 5 个特种旅被击溃。曼施坦因随即命令部队继续向北进攻，打击哈尔科夫敌军南翼，击败了苏军第 3 坦克集团军，迫使哈尔科夫的苏军弃城而走，德国人重新占领了哈尔科夫，一个多月前还大踏步前进的苏军四处溃散。德军防线恢复到了 9 个月之前的状态。

这就是第二次哈尔科夫战役。斯大林格勒战役之后，如果了解到当时苏军在兵力、装备上的优势以及战役的态势，就不得不承认曼施坦因创造了一个奇迹：让本来应该兵败如山倒的德军稳住了战线，没有全线总崩溃，还打出了漂亮的防守反击，成功地从基辅到查波罗什建立了一条新防线，并同位于克里米亚的 A 集团军群取得了联系。曼施坦因因此获得了一枚双剑橡树叶骑士铁十字勋章。

(五)“狼穴”解职

1943 年 12 月，苏军再次发起冬季攻势。几天时间，德军就失去了战略要地日托米尔。1944 年 1 月 4 日，曼施坦因鉴于局势危急，要求允许其部队南翼后撤，希特勒断然拒绝。接着，曼施坦因再次要求任命东线德军总司令，这几乎是要求自任东线德军司令，希特勒也坚决不同意。于是，曼施坦因性格中桀骜不驯的因子又一次爆发，他像训斥下属一样数落希特勒，批评他在东线作战中的种种错误。希特勒死死地盯着他，开始萌发了撤掉曼施坦因军职的念头。

曼施坦因又一次对了。苏军猛烈的攻势迫使德军向西撤退，将德军装进“切尔卡瑟口袋”，见势不妙的曼施坦因违背了希特勒的指令，命令第 11 军和第 42 军从

"切尔卡瑟口袋"突围。最后希特勒接受了既成事实，下令德军部队撤走，但心中对曼施坦因的不满却加深了。

3月19日，曼施坦因再次前往上萨尔茨堡，要求自主指挥军队的权力，希特勒又一次拒绝了。几天后，曼施坦因所辖的第1装甲集团军在布格河地区被苏军包围，希特勒为此再次发布不得撤退的死命令，但再次遭到曼施坦因的抗议。25日，经过激烈的电话争吵之后，希特勒召曼施坦因到自己的"狼穴"商讨。在后者以辞职相威胁下，希特勒最后同意该部突围。

30日，希特勒终于不愿继续忍耐了，重拾了败仗之后找替罪羊的老传统，曼施坦因和A集团军群总司令克莱斯特元帅被召到上萨尔茨堡，双双被免去军职。为了安抚曼施坦因，又颁发给他剑级橡树叶铁十字勋章。但这一天也是曼施坦因军事生涯的终结，希特勒再没有起用曼施坦因。

二战结束时，曼施坦因被英国人俘虏，后被英国军事法庭判处18年徒刑，监禁在韦尔监狱。1953年，曼施坦因因病提前获释。两年后，他出版了影响巨大的回忆录《失去的胜利》。1973年6月11日，曼施坦因在慕尼黑去世。

单从另一方面来说，虽然曼施坦因作为传统的国防军将领，其部队军纪较严，没有犯下纳粹分子那些骇人听闻的罪行，但毕竟是为非正义的纳粹德国服务，为希特勒的扩张主义甘做马前卒，因此虽然其战略战术天赋极高，但终究无法抗拒历史的潮流，摆脱不了失败的命运，被钉在历史的耻辱柱上。

二十一、欧陆战场上的闪电怪杰——古德里安

海因茨·威廉·古德里安（1888—1954年），德国陆军一级上将，装甲战的倡导者，"闪击战术"理论的提出者和实践者。在二战之初作为德军的开路先锋锋芒毕露，成为德军最锐利的尖刀。他过人的军事素质和出色的军事指挥艺术，对世界军事历史产生了重大影响，在他的理论指导下，坦克成了真正的陆战之王，一战时期笨重的战争机器在古德里安手中爆发出了人们难以想象的威力，在很大程度上彻底改变了战争的形态，古德里安也成了战争史上划时代的人物。

（一）装甲兵之父

1888年6月17日，一个星期天的上午，古德里安出生在维斯托拉河边的库尔门。他的父亲是第二波美安里亚轻步兵营的中尉，因为他父亲是个职业军官，所以

古德里安从小就随父亲驻防地点的调动而迁移。1891年，父亲调驻阿尔萨斯州的柯尔马。6岁那年，古德里安就在那里入学读书了。到1900年，父亲又调驻柏林州的圣阿伏德。这个地方小，没有高级中学，所以家里就必须将古德里安送到一个可以寄宿的学校里去。因为当时他父亲的收入很有限，所以父亲希望儿子都以军人为职业，因此父亲把军官学校作为他的升学目标。1901年4月5日，古德里安和他的弟弟一起进入卡尔希鲁赫军官学校，一直到1903年4月1日，古德里安转到德国中央军官学校去学习军事。1907年2月，古德里安毕业。他被分配到驻在罗林州比特赫的第十汉罗福里亚轻步营当见习军官，而这个营的营长恰恰是他的父亲。

古德里安

1908年1月27日，古德里安被正式授予少尉军衔。一直到第一次世界大战爆发为止，他都过着很愉快的低级军官的生活。1909年10月1日，古德里安所在的轻步兵营被调到汉罗福省，担任驻防的工作。

第一次世界大战期间，古德里安在骑兵部队担任指挥官和参谋。1922年，他被调到陆军运输处，开始确立机械化观念。青年时的古德里安就具有创造性的想象力，从不满足于现有的战术、技术和兵器。他经常在《军事周刊》杂志上发表探讨当代军事问题的文章，以至这个周刊的主编阿托克将军经常访问这位年轻的军官。他常常利用战术演习和兵棋推演的机会，发表自己关于战车将成为地面战场主宰的新观念。于是，古德里安逐渐有了名气。1931年，他出任摩托化部队总监部的参谋长。

在此期间，古德里安创造并提出了自己的“闪电战”和“装甲兵”理论。古德里安所提倡的闪电战术有三个要素，即奇袭、快速和集中。他认为在作战中应大量而集中使用坦克，坦克与飞机密切配合，突破对方的某一狭窄地区，其后由坦克和步兵的合成军队着手扫荡对方的阵地及据点，迅速扩大占领区域，实施包围、合围，歼灭对方部队，迅速向纵深发展。古德里安认为这种战术对进攻战役的胜利和整个战争的胜利将起着重要的作用。他还认为坦克武器具有三个特征：装甲、运动和火力。凡是要准备进行激烈战斗的坦克，都应具有相当强度的装甲，能够不为对方的防御火力所击毁；要想取得胜利，尽量使坦克运动迅速，不顾敌人的阻挠，一直向前运动，使敌人无法建立新的防线，最后把攻势深入敌人的后方；火力是坦克武器的最重要特征，坦克的火炮不论在坦克静止或运动时，都可以开炮射击，坦克前进时，可以把火力携带着一同前进。

古德里安上述理论的创立，一方面是他总结了第一次世界大战中使用摩托化车辆运输部队的经验和教训，从中得到启示；另一方面，他汲取了英国人富勒、李德哈特等人著作中的主张和思想。李德哈特第一个注意到使用装甲兵做远距离突击，向敌人的交通线发动攻击，而且建议成立一种装甲和装甲步兵混合单位的新兵种。以后古德里安所创建和训练的部队正是这样的新型师。古德里安的贡献不仅在于创立理论，更主要的在于将它付诸实践。他主持改进和试制新型坦克。古德里安的军事理论、建议和实践，曾遭到一些高级将领的激烈反对。但富有侵略性的希特勒，出自他对外扩张的需要，却大力支持古德里安的战略战术观点。

1933 年，在德国兵工署主持的近代兵器发展表演会上，当希特勒看到古德里安亲自指导的摩托化部队表演时，情不自禁地一再说道："这就是我所希望的东西！这就是我所需要的东西！"1934 年，德国成立了装甲兵司令部，希特勒任命古德里安为参谋长。1935 年德国建立起 3 个装甲师，古德里安任第 2 装甲师师长。每个装甲师中有一个装甲旅，其坦克总数不少于 56l 辆，支援它的有一个摩托化步兵旅，另有摩托化炮兵、工兵、通信和战防等单位，还有一个搜索营。从此，德国装甲兵得到了迅速发展。1938 年 3 月，古德里安率领装甲部队向维也纳进军，这是使用装甲部队于战争之中的第一次尝试，从中也暴露出这一新型兵种的不少弱点，据主管作战的约德尔将军后来在纽伦堡接受审讯时供称，当时一路发生故障的车辆高达 70%，古德里安在其回忆录中指出没有超过 30%。不管怎样，这个年轻的装甲兵只是初露锋芒，其中肯定有不少经验教训，如战车维护、开辟通道和后勤保障等方面。

（二）纳粹军团的利刃尖刀

1939 年 9 月，德国法西斯对波兰进行突然袭击，这是闪电战的第一次实地表演。当时的古德里安刚就任第 19 军军长，下辖 1 个装甲师、2 个摩托化步兵师。在这场战役中，古德里安率领自己的装甲部队亲自实践了自己提出的战术理论，在这种新的战争模式的打击下，波兰在不到一个月的时间内即宣布向德国投降，古德里安和他的"闪电战"初战告捷。

1940 年 2 月，德国陆军总司令颁发关于进攻西线——"黄色方案"修正案的训令。这次战役的目标是占领荷兰、比利时和法国，迫使英国缔结有利于德国的和约。这次作战计划是由曼施坦因拟制的，但是，古德里安在计划和执行该方案中都

起了重要的作用。

为了进行西线战争，希特勒调集了136个师、3000余辆坦克和4500余架飞机，分为A、B、C三个集团军群。A集团军群辖44个师，担任主攻，由伦德斯泰特上将指挥，从亚琛至摩泽尔河一线发起攻击，突破色当，直插英吉利海峡沿岸；B集团军群辖28个师，由博克上将指挥，任务是越过荷兰和比利时，作为右翼插入法国；C集团军群辖17个师，由勒布上将指挥，其任务是牵制马其诺防线上的法军。此外，还有47个师作为预备队。古德里安的第19军隶属于A集团军群。

1940年3月，A集团军的高级将领被召集到柏林总理府中，每一个将领都要报告自己所担负的任务，以及将如何去执行自己的计划。古德里安谈到自己的任务是："在奉命进攻之日，就要越过卢森堡的国界。经过比利时南部，然后突破色当，渡过马斯河，并在对面建立一个桥头阵地，以掩护后续的步兵军渡河。他计划战争的第五天就强渡马斯河，并在当天下午在对岸建立好桥头阵地。"当古德里安汇报到这里时，希特勒发问道："那么以后你又准备做些什么呢?"古德里安回答说："除非我已经接到了其他命令，否则我将于次日继续向西推进。最高统帅应该决定我的目标是亚眠还是巴黎。我个人的意见认为正确的路线是通过亚眠，直趋英吉利海峡。"这里反映了古德里安一再强调的原则——装甲兵在进攻时应永不停顿。

1940年5月10日，德国对西线发动前所未有的大规模进攻。古德里安的第19装甲军两个装甲师于5月14日一拥而过。当晚在马斯河上匆忙搭起浮桥，向西前进。但是，次日清晨，兵团部命令古德里安军队立即停止前进。古德里安以要求免职而力争，于是在集团军的批准之下，继续做"威力搜索"。他立即故意对"威力搜索"作了广义的解释，命令部队迅速挺进。

5月18日古德里安部到达圣昆丁，次日强渡索姆河，5月20日他亲自督导第1装甲师占领亚眠城后，前出至英吉利海峡沿岸，5月23日进抵距敦刻尔克约20公里的阿运河地区，封锁了布伦和加莱。当时40万英法联军退缩在敦刻尔克的狭小地区内，前面是波涛汹涌的大海，后面是如狼似虎的追兵，丢盔卸甲，溃不成军。就在这千钧一发之际，5月24日，希特勒给A集团军群的坦克部队下达了命令：停止前进！这样英法联军便取得了3天时间修筑防御工事，掩护退却。

从5月26日到6月4日，英法和其他盟军经过9个昼夜的苦战，33万多人渡过海峡，进入英国。另有4万多名法军未来得及撤退就当了俘虏。这就是历史上著名的"敦刻尔克撤退"。5月29日，古德里安指挥的第19军奉命从敦刻尔克附近撤回，由第14军接防。他对希特勒停止前进的命令深为不满。1940年6月1日，古德里安被任命为第2坦克群司令。

(三) 日落西山的德军坦克

古德里安上任之后，对德国的战争形势做了预测。他认为，到 1944 年，德国就该准备发动大规模的攻势。而进攻的方式，还应以装甲部队为主。到时，一个装甲师，只有当它的坦克和其他种类的兵器和车辆保持一种正确的比例时，才会有充分的战斗力。德军每一个装甲师，照原定计划应有 4 个坦克营。换言之，全师需要坦克总数为 400 辆，如果全师坦克数量减至 400 辆以下，那么它们的全部组织就不能够成为一个有实力的攻击力量。而现在展现在古德里安面前的装甲部队竟没有一个符合这一标准的。因此，在古德里安看来，当前压倒一切的任务是，重建装甲师，提高部队的战斗力。

为了达到上述目的，古德里安拟订了 1943 年适用的组织系统表。关于坦克装备，他认为德军当时的主战坦克是Ⅳ型，它主要用于非洲和东方战线，仍需要大量补充和提高。而虎型和豹型坦克的生产是不受冲击和影响的。他们还对坦克的性能进行了改进，特别是其火力系统，并把 75 毫米 L-48 的火炮加装在了Ⅳ型坦克上，大大提高了这种坦克的性能。为了增加坦克的数量，古德里安还想了另外一个办法，那就是延长坦克的使用寿命，为此他们对新型的车型进行反复实验，尽量使其性能尽善尽美，才能正式投入使用，例如豹型坦克的生产和投入使用的过程就是这样的。古德里安常常去工厂和坦克学校了解情况。处在卡斯尔的亨西尔工厂是生产虎型和豹型坦克及 88 毫米战防炮的工厂，古德里安常来这里视察，有时也去学校拜访坦克设计者。他对虎型坦克菲迪南式的坦克设计者波尔西教授所设计的坦克火炮系统，即 88 毫米 L-70 火炮的性能，及时指出了弱点，对坦克的“围裙”的改进也提出了意见。

为了满足战争对战斗力的需要。古德里安还调整了装甲部队的编制，他把每个师的坦克团又扩编成坦克旅，每个旅辖四个营。编制越扩大，对坦克的需求也就越大。在古德里安的努力下，德军坦克的生产与装备有了一定的改善。但他的努力仍没能改变德国的命运。古德里安抓坦克的生产对于支持德国战争是有很大作用的，德军生产坦克数量每月最多达 1955 辆。

斯大林格勒会战使德军失去了战略主动权。但是，希特勒不甘心失败，决定于 1943 年夏天在库尔斯克突出部发动一次大规模进攻战役，代号为“堡垒”，妄想制造一个“德国的斯大林格勒”，夺回已经失去的战略主动权。1943 年 5 月初，希特勒在慕尼黑召开会议，听取高级指挥员的意见，中央集团军群司令官克卢格元帅表示赞同，制订“堡垒”战役计划的屈希勒尔对胜利充满信心，而曼施坦因却表示疑义。古德里安直言不讳地指出，对库尔斯克的进攻是没便宜可占的。5 月 10 日，他再次去见希特勒并劝阻他发动这次进攻。古德里安说：用装甲兵去硬攻具有坚固防御的库尔斯克是愚蠢的。最后，希特勒还是决定执行“堡垒”计划。德军在库尔斯克突出部南北两翼集中了 17 个坦克师、3 个摩托化师和 18 个步兵师进行进攻，这是战争史上最大的一次坦克大会战。库尔斯克战役从 7 月 5 日开始，8 月 23 日以德军的失败而告终。在这次战役中，德军损失 50 余万人、3000 门大炮、3700 多架飞机和 1500 辆坦克。至此，德国的装甲兵已经消耗得差不多了，正如苏联元帅科涅夫后来所描述的，库尔斯克战役的枪声是“德国坦克兵这只天鹅临终时的哀歌”。

1944 年 6 月 6 日，英美等盟军在法国诺曼底登陆，苏联红军又展开了大规模的夏季攻势，德国岌岌可危，统治者内部危机加剧，7 月 20 日终于爆发了谋刺希特勒的事件。希特勒在一时无人可用的情况下，于 7 月 22 日任命古德里安为德国陆军总参谋长。当时整个战线已危如累卵，不可收拾，但古德里安接受任命，并以总参谋长的名义连续发布两道命令，向最高统帅希特勒保证全体军官对他永远效忠。从这里可以看到古德里安法西斯将军的顽固本质，尽管他同希特勒在具体问题上有过矛盾，有过争论，甚至直言相谏，但他们在对外扩张、反共、反社会主义等方面是基本一致的，古德里安始终忠于希特勒，并以德国普鲁士军国主义的传统为荣，为德国的对外扩张辩护。当有人问他为什么在 1944 年接受这个吃力不讨好的差事时，他总是简单地回答说：“军人是应该服从命令的。”

1944 年 7 月以后，德国已处于四面楚歌的状态。苏军发起 1944 年夏秋季大反攻，开始越出国界，进军东欧。英美盟军向东挺进。各国人民反法西斯斗争蓬勃发展。战斗进行到 1945 年 3 月，德国法西斯已处在最终灭亡的前夕，苏军和英、美军队都为攻克希特勒法西斯的巢穴——柏林而加紧准备工作。就在这时，希特勒就某一战斗失败的责任问题同古德里安争吵起来，因此于 3 月 28 日以“古德里安上将的健康问题需要 6 个星期的病假”的命令将古德里安免职了。5 月 10 日，德国无条件投降宣布之后，古德里安曾被美军所俘，但旋即获释。古德里安于 1954 年因病去世。

（四）闪击波兰

1939 年 9 月 1 日傍晚，德军迅速突破了波军防线，并以每天 50~60 公里的速度向波兰腹地突进。伦德斯泰特的南路集团军群以赖歇瑙的第 10 集团军为中路主力，以李斯特的第 14 四集团军为右翼，在左翼布拉斯科维兹的第 8 集团军掩护下，从西面和西南面向维斯瓦河中游挺进；博克的北路集团军群以克卢格的第 4 集团军为主力，向东直插“波兰走廊”，另以屈希勒尔的第 3 集团军从东普鲁士向南直扑华沙及华沙后方的布格河。

这是人类战争史上空前规模的机械化部队大进军。在这场大进军中，德国装甲兵创始人古德里安成功地实践了他的装甲兵作战以及闪电攻击理论，率领第 19 装甲军取得了完全的胜利。第 19 装甲军隶属北路集团军群第 4 集团军，辖有 1 个装甲师、2 个摩托化师和 1 个步兵师。它既是第 4 集团军的中路，又是集团军的攻击前锋。开战后，古德里安率部迅速突破波兰边境防线，9 月 1 日晚渡过布拉希河，9 月 3 日推进至维斯瓦河一线，完成了对“波兰走廊”地区波军“波莫瑞”集团军的合围。在围歼波军的作战中，被围的波军显然还不了解坦克的性能，以为坦克的装甲不过是些用锡板做成的伪装物，是用来吓唬人的。于是波兰骑兵蜂拥而上，用他们手中的马刀和长矛向德军的坦克发起猛攻。德军见状大吃一惊，但很快就清醒过来，毫不留情地用坦克炮和机枪向波军扫射，用厚重的履带碾压波军。波兰骑士想象中的战场决斗化成了一场实力悬殊的屠杀，唐吉诃德的笑话被愚蠢地再现了。

二战结束以后，古德里安在其回忆录中这样描述道：“到 9 月 3 日，我们对敌人已经形成了合围之势——当前的敌军都被包围在希维兹以北和格劳顿兹以西的森林地区里面。波兰的骑兵，因为不懂得坦克的性能，遭到了极大损失。有一个波兰炮兵团正向维斯托拉方向行动，途中为我们的坦克所追上，全部被歼灭，只有两门炮有过发射的机会。波兰的步兵也死伤惨重。他们一部分工兵部队在撤退中被捕，其余全被歼灭。”至 9 月 4 日，波军“波莫瑞”集团军的 3 个步兵师和 1 个骑兵旅全部被歼灭，而古德里安指挥的 4 个师一共只死亡 150 人，伤 700 人。

9 月 5 日，北方集团军群中的克卢格第 4 军团协同屈希勒尔的第 3 军团，切断了“波兰走廊”，波军的“波莫瑞”集团军被包围。隶属第 4 军团的古德里安第 19 装甲军再次成为主攻的矛头，他指挥他的装甲军从边境跃出，渡过布拉希河、维斯托拉河，在歼灭了波军“波莫瑞”集团军后，强渡那累夫河，沿布格河东岸推进，向波兰首都华沙后方攻击前进。南方集团军群也在宽大的正面战场上做深远突破。所属赖歇瑙第 10 军团的霍斯第 15 摩托化军和霍普纳第 16 装甲军，在波兰“罗兹”集团军和“克拉科夫”集团军的接合部实施快速突破，迅速将其击溃。9 月 8 日傍晚，该军第 4 装甲师以惊人的速度抵达华沙郊外。接着，机械化装甲部队又抢在溃退的波军前面抵达维斯托拉河，然后向北旋转，沿该河建立一道封锁线，进行反正面作战，希特勒来到第 19 装甲军视察，古德里安在向希特勒谈论这次作战的主要经验时说：“波兰人的勇敢和坚强是不可低估的，甚至是令人吃惊的。但在这次战役中我们的损失之所以会这样小，完全是因为我们的坦克发挥了高度威力的缘故。”古德里安对于坦克集群的结论，给希特勒留下了深刻的印象。

9月18日，第19装甲军歼灭了逃避而至的波军溃败之师。此刻，波兰会战达到了高潮，德军进攻已发展成内外两大钳形的包围。北方集团军群的第3军团一部和南方集团军群的第10军团形成内钳，在华沙合拢，外钳包围进行得规模很大，北面一支为古德里安第19装甲军，南面为克莱斯特的第22装甲军。

克莱斯特从喀尔巴阡山脉的贾布伦卡隘道附近跃出，一路猛冲，连续渡过拜拉河、杜拉杰克河、维斯洛卡河、桑河，然后在著名的普瑟密士要塞附近向北旋转，乘势渡过布格河，在华沙后方的布列斯特—力托夫斯克同由北向南汹涌而来的古德里安装甲部队胜利会师。除极少部分在苏波边境的波军外，波兰其余部队全在德军内外两层包围圈中，此时的波军已经被打得晕头转向、支离破碎，波军总司令斯米格威·罗兹元帅已完全失去对部队的控制，整个波兰军队陷于一片混乱之中，只在华沙等少数地区做单独的战斗。

9月17日，德军在完成对华沙的合围后，限令华沙当局于12小时内投降。而懦弱的波兰政府和波军统帅部在这个时候却溜之大吉，越过边界逃往罗马尼亚。早已同德国商量好瓜分波兰的苏联，只因与波兰签有互不侵犯条约而始终不便动手。波兰政府的出逃，终于使苏联找到了“体面”出兵波兰的借口。苏联政府宣称：由于波兰政府不复存在，因此《苏波互不侵犯条约》不再有效，“为了保护乌克兰和白俄罗斯少数民族的利益”，苏联决定进驻波兰东部地区。9月17日凌晨，苏联白俄罗斯方面军和乌克兰方面军分别在科瓦廖夫大将和铁木辛哥大将的率领下，越过波兰东部边界向西推进。

9月18日，德、苏两国军队在布列斯特—立托夫斯克会师。希特勒希望能马上占领华沙，命令德军必须在9月底之前拿下华沙。

9月25日，德军开始向华沙外围的要塞、据点及重要补给中心进行炮击。随后，德第8集团军开始向华沙发起攻击。9月26日，德国空军开始轰炸华沙。9月27日，华沙守军停止抵抗。9月28日，华沙守军12万人投降，守军司令同德第8集团军司令布拉斯科维兹上将正式签署了投降书。9月29日，莫德林要塞投降。至10月2日，进行抵抗的最后一个城市格丁尼亚也最终停止抵抗。

第二次世界大战爆发后的第一个战役仅用了一个月的时间就结束了。在这场短暂的战役中，德国充分利用了装甲集群突击的优势，快速对波兰军队分割合围，从而在战争开始便取得了主动权。而作为主要的指挥者和现代装甲作战理论的奠基人——古德里安也因为在波兰战役中不同寻常的表现而一战成名，双手沾满波兰人民鲜血的“闪击英雄”从此诞生。

（五）法兰西狂飙

法国战役开始后，古德里安的第 19 装甲军战斗力最强，它作为克莱斯特装甲兵团的主力和先锋部队编有 3 个装甲师。而第 15 和第 41 装甲军仅各辖两个装甲师。

古德里安的第 19 装甲军轻易突破比军的松散抵抗，只用了两天时间便穿越阿登山脉 110 公里长的峡谷深入法境。5 月 12 日下午，古德里安的 3 个装甲师已经到达马斯河北岸，并攻下了法国著名要塞城市——色当。

5 月 13 日上午 11 时，德军出动了将近 400 架轰炸机分批次对马斯河南岸的法军阵地和炮兵群进行了长达 5 个小时的狂轰滥炸，并使法军的精神发生了瘫痪现象。下午 4 时，德军分乘数百艘橡皮艇，开始强渡马斯河。下午 5 时 30 分，德军终于在马斯河南岸获得了一个立足点，德军工兵随即铺设浮桥。到晚上 8 时，古德里安的第 1 装甲师已经穿透法军阵地，突入相当纵深。第 2 装甲师和第 10 装甲师也在午夜全部渡过了马斯河。同一天，霍特的第 15 装甲军属下的隆美尔第 7 装甲师也在西面 40 英里远的南特附近渡过了马斯河。

失去马斯河防线，通往巴黎和英吉利海峡的道路就敞开了，在比利时境内作战的英法联军面临被包抄的危险，陈兵马奇诺防线的法国大军也将腹背受敌，英法联军这才感到事态严峻。英国迅速增派 10 个战斗机中队与驻法英空军和法国空军一起实施反击。14 日下午，马斯河上空爆发了开战以来最激烈的空战，英军布雷汉姆轰炸机和法军最新式的布雷盖轰炸机在战斗机的掩护下，直扑马斯河而来，德军约 5 个联队的战斗机升空拦截，双方投入的飞机各有 500 余架。

登陆场上的枪炮声从中午到天黑连绵不绝，双方战斗机上下翻飞，相互追逐，不时有飞机中弹起火，拖着黑烟下坠，英法飞机胡乱投下的炸弹在河面上炸起一道道冲天的水柱。德军高射炮也不甘示弱，不断以猛烈火力射杀低空潜入的英法飞机。密集的地空火力网令英法飞机成了扑火飞蛾，一批批闯来，又一批批被吞噬。大混战一直持续到夜幕降临，损失惨重的英、法飞机悻悻败走，德军渡河浮桥大都完好无损。此战德军击落英法飞机数百架，其中仅德第 2 高炮团就击落了 112 架。英军派出的飞机损失了 60%。这一天被德国人称为“战斗机日”。在这以后，英法空军只敢在夜间升空活动，战区制空权被德国人牢牢控制住了。

德军装甲集群长驱直入，其威力与速度让英法联军根本无力阻挡，整个法国都对闪电般的德军惊慌失措。法国总理雷诺在 5 月 15 日清晨给时任英国首相的丘吉尔去了一个电话，雷诺在电话中沮丧地跟 5 天前才接替张伯伦出任首相的丘吉尔说："这一仗我们恐怕要打输了。"

听到消息之后的丘吉尔被惊得目瞪口呆："我简直不明白，运用大量快速装甲部队进行袭击会引起这样剧烈的变革。"为进一步探明战局真相和给已经感到绝望的法国领导人打气，5 月 16 日，丘吉尔从伦敦急飞巴黎。据丘吉尔回忆，"差不多他一见到法国总理雷诺和英法联军总司令甘末林，就立即意识到：局势比他想到的还要糟得多——他们每个人脸上都是灰蒙蒙的。"丘吉尔问甘末林"战略预备队在哪里"时，甘末林摇了摇头，耸耸肩说："没有战略预备队。"听到这个消息的丘吉尔当时"简直傻了眼"。

伦德施泰特 A 集团军群所属的古德里安第 19 装甲军的推进速度不但令联军惊慌，也令德军统帅部感到不安，克莱斯特曾两次下令古德里安暂停前进，但古德里安不惜以辞职来抗争。统帅部不得不解除对古德里安的禁令，随后他的速度变得比以前更快，以至于在路上遇到一股股溃散的法军士兵，都不愿耽搁时间下车去收押俘虏，古德里安的部队只是用扩音器冲着这些法国人喊："我们没有时间俘虏你们，你们要放下武器，离开道路，免得挡路。"

古德里安于 5 月 16 日督促手下的 3 个装甲师向西推进，直指英吉利海峡东岸的敦刻尔克地区。5 月 20 日，古德里安经过亚眠，在阿贝维尔附近抵达英吉利海峡。这时的德军统帅部也没有料到，在法国境内的战斗会进行得如此顺利，所以，一时竟然不知道该怎样部署兵力。他们等到次日，才给坦克部队下达了命令：由阿贝维尔向北推进，以占领海峡诸港为目标。

古德里安一接到命令，就马上决定：第 10 坦克师向敦刻尔克前进，第 1 坦克师向加莱前进，第 2 坦克师向布洛涅前进。古德里安心里非常清楚，他所在的 A 集团军群构成的从色当到法国西海岸的进攻线，已经阻断了法军从北部南逃的退路。而北面博克的 B 集团军群也已经攻占了荷兰及比利时东部，也就是说，70 余万英法联军主力的左翼实则已经处于德军的包围之中。眼下对方能逃出生天的唯一希望，就剩下包括敦刻尔克在内的法国北部的几个海港了。所以，他一定要迅速占领这几个海港，从而彻底切断对方的海上退路。

古德里安的装甲部队在 5 月 23 日上午到 24 日，先后占领了布洛涅和加莱。24 日下午，古德里安的第 19 装甲军到达格拉夫林，此时距离敦刻尔克只剩下 10 英里路程了，而在他右翼的莱因哈特的第 41 装甲军，业已到达了艾尔—圣奥梅尔—格拉夫林运河一线。

两支装甲劲旅在这个时候只需要再努把力，就可以直取敦刻尔克，后续的几十个步兵师此时也正在不断跟进。古德里安等军队将领决心率领他们的装甲部队再打一场漂亮的围歼战，将英法联军的数十万人彻底消灭在大西洋的岸边。

然而就在此时，第19装甲军和第41装甲军同时接到了装甲兵团司令克莱斯特发来的命令，要求他们停止前进，并称“敦刻尔克之敌将全部留给戈林元帅的空军去解决”。古德里安在接到命令之后，立即向克莱斯特提出质问和抗议，但随后就得到了答复：“这是希特勒亲自下达的命令，必须执行。”于是，古德里安和莱因哈特只能遵照命令停在运河一线按兵不动，眼睁睁地看着英法比联军从敦刻尔克上船逃走。正是利用这一个转瞬即逝的机会，联军实施了从海上撤退的“发电机计划”。从5月26日到6月4日，联军从敦刻尔克先后撤出33.8万人，其中法军8.5万人，这些士兵成了日后反攻欧洲大陆的主力。

德军在比利时和法国北部实施的毁灭性突击，使比利时遭遇灭顶之灾，以致全军覆没，法军30个师、英军9个师也在德军的炮火下不复存在。法军新任司令魏刚只好拼凑了49个师加上英国的2个师，编成了3个集团军。他指挥这3个集团军在索姆河和埃纳河一线，构成了东西大约300英里的“魏刚防线”，以17个师守“马其诺防线”。他将两条防线连在一起，企图阻止德军南下。

德军在占领荷兰、比利时、卢森堡和法国北部后，统帅部制订了代号为“红色方案”的法兰西战役第二阶段作战计划。在“红色方案”中德军要挥师南下，彻底攻占法国。现在德军的兵力已经达到了137个师，其A、B两个集团军群迅速改组完毕。博克的B集团军群为右翼，向索姆河正面实施突破；伦德施泰特的A集团军群为左翼，向埃纳河正面发动突击。

6月3日，德国空军向法国机场和后方发动了猛烈轰击。6月5日拂晓，博克的B集团军群率先在右翼发起全线进攻，隆美尔的第7装甲师也于当天抢先渡过索姆河。6月7日，隆美尔师将防守阿布维尔—亚眠一线的法国第10集团军拦腰截断，其他德军各师乘机从这个缺口向前拥入。

6月8日，隆美尔师先是进抵塞纳河畔，随后又于6月10日转身北向，一口气挺进了50英里远，以海岸线为目标。当晚就到达了目的地，正向海岸撤退的法军第9军和英军第51师的退路就此被隆美尔切断，他们不得不在6月12日向隆美尔投降。

就在B集团军群发起进攻的同时，左翼的伦德施泰特A集团军群也于6月9日在埃纳河发起攻势。

古德里安装甲兵团的第1装甲师在当天晚上强渡埃纳河，6月10日，古德里安兵团击败法军装甲部队，突破了法第6集团军的右翼，此后，古德里安挥军南下。成群结队的法军俘虏失魂落魄地把枪支扔给德军，放在坦克下面压毁。德军的装甲部队在法国横冲直撞，而法国军队对此却毫无办法。法国统帅魏刚后来心情沉重地写道，使他“最感触目惊心的，就是德军的坦克和飞机，已使法军士兵产生了恐惧的心理。这要算是德军最大的成功”。

6 月 17 日，古德里安装甲兵团进抵瑞士边境城镇潘塔里尔，切断了驻扎在“马其诺防线”的法军逃往瑞士的退路。自强渡埃纳河以来，古德里安装甲兵团在 10 天中推进了 400 多公里，俘虏了 25 万法军，创造了战争史上的奇迹。

古德里安所创造的“闪电战”战术，冲破了一直以来战场上的沉闷气息，在战法战术上让全世界眼前为之一亮，虽然他参与的罪恶战争给世界人民带来了严重的灾难，但单就战争来说，他创造了新的战法，给世界战争注入了新的血液，给后世军事理论家们提供了新的研究课题。

坦克在一战时候是以步兵的辅助武器出现在战场上的，从一战的战场上我们丝毫看不到坦克的发展前途，但古德里安却给了这种钢铁怪兽以新的生命，在古德里安坦克战理论的指引下，坦克在战场上爆发出了巨大的威力，一战中笨拙的钢铁怪物在古德里安麾下成了所向披靡的钢铁闪电。

我们珍爱和平，所以我们回望战争，回过头来看古德里安，从纯战争角度来看，他可以说是一个战争天才，以自己高超的战争素养开拓了新的领域，建立了自己在战场上的功勋。但从人性的角度来说，古德里安是助纣为虐的战争恶魔，他创造的新的战法以及他在战场上所取得的荣耀是以无数战士以及人民的生命为代价而获得的，这是我们要谴责和引以为戒的。

二十二、宦海沉浮的纳粹老帅——伦德施泰特

卡尔·鲁道夫·格尔德·冯·伦德施泰特（1875—1953 年），德国陆军元帅。二战期间德国重要将领，希特勒侵略道路上的开路先锋，作为一名从旧制度军队中走出来的德意志传统军人，伦德施泰特成为标准德国军人的典范。1892 年毕业于高级军校，被派到驻卡塞尔步兵团任职。开始其军旅生涯，希特勒上台后他成为德军的重要将领，指挥了德军的多次重要战役，对世界人民犯下了不可原谅的罪行。

（一）流着战争血液的德意志军人

1875 年 12 月 12 日，伦德施泰特出生于德国的一个军人世家。他家族的军人生涯已经延续了 850 年之久。他的父亲先是一名骠骑兵少尉，后来升到少将。当青年伦德施泰特在格罗斯利希菲尔德的高级军校毕业之后，就于 1892 年被派到驻卡塞尔的步兵第 83 团见习。一年后，他晋升为少尉，年仅 18 岁。

1900年，伦德施泰特晋升为中尉团副官，三年后，被送往军事学院学习。1907年晋升为上尉并调总参谋部工作。后来调任步兵第171团连长。第一次世界大战爆发时任预备第22师参谋。1916年秋晋升少校，并任喀尔巴阡山某军首席参谋官。第一次世界大战结束时任西线第15军参谋长。1920年任骑兵第3师参谋长。1926年任驻卡塞尔的第2集团军参谋长。两年后任骑兵第2师师长。1932年任第3师师长及柏林第3军区司令。半年后就任驻柏林的第1集团军司令，下辖4个步兵师和2个骑兵师。

希特勒掌握政权后不久，德国国防军同纳粹党之间发生了意见分歧。国防军当局认为，希特勒的大量扩军只会影响军队的素质，同时也会导致西方列强的干涉。1938年，陆军总司令弗里奇受纳粹秘密警察捏造的“生活丑闻”诬告，突然被解职，伦德施泰特曾立即要求见希特勒，并与其激烈争辩。他要求法庭澄清控告弗里奇的事实真相，要求宣布弗里奇无罪。

伦德施泰特在这次事件中表现出来的正直、忠诚、敢言精神没有给自己带来麻烦，反而增加了希特勒对他的信任。1938年德国陆军开进奥地利后，伦德施泰特被希特勒提升为上将。

（二）劈向波兰的闪电

1939年9月1日，德国入侵波兰的时候，第二次世界大战全面爆发。9月3日，英、法对德宣战。由于局势紧张，伦德施泰特又重新服役，出任进攻波兰的南方集团军群司令。8月24日，他就正式接管了集团军群的指挥权。这次重新服役，是一种在战场上建立功勋的军人荣誉感在召唤着他，也是他军人家族的血统使然。

伦德施泰特率领着3个军团共36个师，于9月1日拂晓时发起进攻，越过了波兰国界。他指挥南方集团军群第14集团军夺占了上西里西亚工业区后，以其一部分兵力越过贝斯基迪山脉向塔尔努夫进攻，从西面进逼杜纳耶茨河。

第10集团军以大量快速兵团楔入奥珀伦以东波军配置地域。其先遣部队9月2日进抵琴斯托霍瓦以北的瓦尔塔河，而后，集团军各兵团向华沙和拉多姆急进，9月7日，该集团军在正面渡过了皮利察河中游，其先遣支队已到达华沙西南60公里处的托马舒夫—马佐维茨基和罗兹之间的地域。第8集团军9月7日逼近瓦斯克、卡利什以北一线。

9月11日，第14集团军强渡桑河，继续向东推进，于9月16日在俄罗斯拉瓦、托马舒夫地域围歼了撤退中的由皮斯托将军指挥的波军各集团军残部。第10集团军渡过瓦尔塔河后兵分两路，南翼各兵团渡过皮利察河，从东西两面迂回维西察峰，向拉多姆形成整个战局中第一个大合围圈。9 月 13 日合围波军，俘虏其 5 个师残部，共 65000 人和 140 门火炮。北翼各兵团向华沙推进，一个突出的坦克兵团已直抵华沙，但它的一切冲击都被击退回来。

第 8 集团军北翼第 30 师却突遭波军袭击，危险势态对第 10 集团军都产生了影响。第 8 集团军被迫转向北面抗击波军突击，第 10 集团军停止向华沙前进，准备从东面冲击波军。袭击德军第 30 师的波兰军队以罕见的勇敢和拼命精神压迫该师进行艰苦的防御战斗，第 8 集团军请求迅速派一个装甲军增援。

伦德施泰特却并不忙于直接增援第 8 集团军，而是要其尽量牵制住波军，同时命令已到达华沙南面的第 16 装甲军，与后续的第 10 军从东面切断波军退往华沙的道路，合围波军。在战斗激烈进行时，伦德施泰特和参谋长曼施坦因亲自到第 8 集团军司令部直接指挥作战。9 月 16 日，德军 6 个军紧紧缩小了合围圈，并粉碎了波兰军队多次突围行动。18 日，击溃波军。19 日，波军 19 个师和 3 个骑兵旅残部约 17 万人，在司令官博尔特诺夫斯基将军率领下投降。320 门火炮、130 架飞机、40 辆坦克等落入德军手中。

伦德施泰特奉命率部攻占波兰首都华沙，并限定在 9 月底以前必须实现。9 月 25 日，德军开始发动炮击和进攻。9 月 27 日正午，当伦德施泰特正视察第 18 师时，突然听到了波兰军队愿意投降的消息。于是命令停止炮击。28 日，波军投降。30 日，第 11 集团军攻占莫德林要塞。整个波兰战役结束。

德军入侵波兰获得成功，伦德施泰特因战绩突出而获得骑士铁十字勋章，并调任东线总司令。希特勒派弗兰克担任伦德施泰特的民防助理。由于伦德施泰特厌恶弗兰克是个狂热的纳粹分子，关系闹得很僵，两人无法合作共事。10 月 18 日，这位东线总司令又另调新职，任西线的 A 集团军总司令。

（三）“曼施坦因计划”的忠实拥护者

担任 A 集团军总司令期间，他的参谋长曼施坦因提出了修改陆军总部原定的“黄色作战计划”的建议，得到了他强有力的支持。他亲自签名、批准，一再向陆军总部提供备忘录，企图改变他们的原定计划。伦德施泰特还亲自给陆军总司令布劳希奇写了一封信，以检讨在当时的特殊情况下，有关发动攻势时的“基本问题”的方式，表示对曼施坦因建议的赞成。他在信中一开头，就强调说明原计划不足以为一个全面胜利提供必要的基础。在秋冬两季实施，因气候的关系，会使战车及飞机遭遇到极大困难。警告不要在秋季过早发动攻势。当布劳希奇来部队视察时，他让曼施坦因直接说明自己的意见。

1940 年 2 月 17 日，曼施坦因奉召前往柏林，以新任命的第 38 军军长身份向希特勒报告。在此之前，伦德施泰特让其主持了有陆军总参谋长哈尔德等高级将领参加的沙盘演习，并当着所有出席人员的面，向其致谢，表扬其在参谋长任内的功绩，祝贺其荣任新职。在这种场合，讲了那么多真诚而富有情感的话，表现出了司令官和参谋长的友谊。

希特勒在自己的书房中，听取了曼施坦因关于西线攻势的见解，表示完全同意。2 月 20 日，照这个见解，希特勒命令颁发了新的作战计划，也就是“曼施坦因计划”。这个以“奇袭”为基础的计划后来受到布劳希奇的赞同，并被运用到整个西线战役指挥中。

按新的作战计划，伦德施泰特所率的 A 集团军群理所当然地担负起了实施进攻的决定性任务。5 月 10 日 5 时 30 分，西线攻势开始，德军各集团军奉命在北海至马其诺防线全线发动进攻。A 集团军群的第 4 集团军和霍特的坦克军首先突破了比利时骑兵和阿登山猎兵在边境的阵地，随后突破了乌尔特河阵地。5 月 13 日晨，各坦克兵团先头部队出至迪南以北，进抵马斯河，并击退了惊慌失措的法国军队的一次次反扑，在马斯河彼岸建立了登陆场；第 12 集团军以古德里安的装甲部队开路，在一个航空队的协同下向阿登疾进。13 日到达色当，荷兰、比利时军队望风披靡，英国远征军也在佛兰德斯和阿图瓦被击溃。德军快速兵团以每昼夜 50 多公里的速度迅猛西进。18 日傍晚，进至莫伯日以南地域，夺占了勒卡托和圣康坦。

当德军接近敦刻尔克时，接到了希特勒一道莫名其妙的命令：停止前进。德军在原地停留了 3 天，眼睁睁看着英法军队建立防线和装船。盟军本来只希望在两天内能救出 45000 人兵力，但却抢运大约 33.8 万人撤到英国，其中英军约 21.5 万人，法军约 9 万人。

这一纸命令救了处于生死关头的同盟军，依照事后希特勒与伦德施泰特之间的谈话，可能由于部分德军高级指挥官认为需要为下一步作战行动保存装甲部队实力而对装甲部队损耗表示担心，认为有必要让前面的装甲部队停止前进，阻挡敌军突围。

6 月 9 日，在重新部署部队后，伦德施泰特指挥由第 2、第 9、第 12、第 16 四个集团军组成的 A 集团军群在香比尼发起了新的攻势。经过两天激战，突破了法军在埃纳河的防线，而挥师南进，到达内韦尔后，向东方迂回，把一路败退的法军残部包围在马其诺防线和德军之间。而马其诺防线又被德国 C 集团军群突破。在这种情况下，6 月 16 日夜，法国贝当元帅组成了新政府。6 月 17 日，法国决定通过西班牙向德国求和。6 月 18 日，希特勒接到停战请求。22 日，双方签订停战条约。

7 月 19 日，德军所有高级将领都被召往柏林，参加德国国会的开会典礼，希特勒正式宣布西线战役结束。同时他代表国家对军队表示感谢，并授予一部分高级指挥官荣誉。伦德施泰特因战功卓著，被提升为元帅。

（四）基辅大会战的辉煌

1941年3月，希特勒在布雷斯劳召集会议，部署对苏联的入侵。伦德施泰特和陆军总司令布劳希奇表示反对。他们劝希特勒不要过分迷信闪电战，而忽视了其他因素。希特勒对此置若罔闻。

伦德施泰特担任了进攻苏联的南方集团军群总司令，辖第6、第17、第11集团军和第1装甲军团，共26个步兵师、4个摩托化师、4个猎兵师和5个坦克师。并配置罗马尼亚兵团在普鲁特河附近展开战斗。勒尔上将指挥的第4航空队对该集团军群实施支援。他们面对的是苏联著名的元帅布琼尼的部队。

6月22日，德军发起全面进攻。各集团军与苏军连续激战。经过12天的战斗，第1装甲军团进至斯卢奇河中游以西地区。7月初，南方集团军群攻占东加利西亚和西乌克兰。5日，第6集团军和第1装甲军团在沃伦斯基新城及其以南地域突破“斯大林防线”，向乌曼方向进攻。第17集团军于6日渡过兹布鲁奇河，15日前在巴尔地域突破“斯大林防线”。18日在文尼察附近夺取了南市格河的一个登陆场。第11集团军和罗马尼亚第3、第4集团军一起向巴尔塔和德涅斯特河进攻。8月2日，实施深远突击的第17集团军与第1装甲军团会师，合围了五一城、新阿尔汉格尔斯克、乌曼地域的苏军集团。8日前，苏军主力被围歼。德军共俘虏100300人，内有两名集团军司令官，缴获310辆坦克、858门火炮。20日前，德军乘胜推进，击溃第聂伯河以西的苏军，夺占了由切尔卡瑟到赫尔松的整个第聂伯河弯曲部，并在东岸夺取了两个登陆场。24日，当战斗结束时，第聂伯河全线直到河口都已落入德军手中。

8月22日，德军统帅部下达了消灭基辅地域苏军的命令。8月25日至9月24日，伦德施泰特指挥南方集团军群在中央集团军群的支援下攻占了基辅，并在包围战中歼灭了7个苏联军团，俘虏655000人，战果辉煌。

9月20日，曼施坦因的第11军团和第1装甲军团向克里米亚发起攻击，在10月5—10日的亚速海会战中击败了强大的苏军，俘获65000人，德军占领了克里米亚，只剩下塞瓦斯托波尔要塞还由苏军十分顽强地据守着，未能攻克。

10月2日，第17集团军向北顿涅茨河推进，并强渡了该河。10月24日至11月初，第6集团军夺取了哈尔科夫、别尔哥罗德和库尔斯克。第1装甲军团于10月20日夺占了位于重要工业区中心的斯大林诺市。11月，伦德施泰特又指挥部队沿亚速海北岸继续向东推进，终于夺取了罗斯托夫。

这时，苏军铁木辛哥元帅接替了布琼尼的指挥权，苏军的抵抗开始加强。泥泞的季节也来临了，雨水冲毁了道路。几乎完全中断了德军的补给。德军的坦克陷入泥水里难以自拔，作战和行动十分困难，雨水后又是突降的严寒，地面上到处是一辆辆抛锚的德军机动车辆。而苏军却赢得了时间，从高加索调集了新锐兵力，以三个集团军向德军展开强大的反冲击，压迫德军南方集团军群后撤。

伦德施泰特在苏军强大的压力下，于11月底要求撤出罗斯托夫，后退100公里至米乌斯河阵地，并认为非这样做不可。希特勒先是同意撤退，后又出尔反尔，不准撤退。伦德施泰特认为希特勒禁止一切退却的命令是荒谬的，一面拒绝执行这一命令，于11月29日放弃了罗斯托夫；一面再次申诉要求撤退的理由，并说如果再不准，他将请求免职。希特勒对此立刻答复道：“我批准你的请求，请你马上交出指挥权!”

伦德施泰特的指挥权被赖歇瑙元帅所取代，但后者也未能守住防线，苏军突入了德军后方。希特勒这才命令撤退到米乌斯河。

（五）诺曼底海滩的判断失误

1942年3月，希特勒再次起用伦德施泰特，命他接替患病的维茨莱本元帅为西线总司令，并同时兼任D集团军总司令。1942年和1943年两年间，西线比较平静。希特勒为防备盟军在法国西海岸登陆，曾计划构筑所谓“大西洋壁垒”的防线。伦德施泰特认为，这只不过是“一种幻想，一种欺骗德国民众和盟国军队的宣传而已”。他已经敏锐地发现，德国败局已定。希特勒察觉出了他的情绪，因而处处削弱他的指挥权。

1943年11月，隆美尔元帅从北意大利调到法国担任B集团军总司令，负责指挥沿海要塞工事的构筑。富有对付英国人和美国人经验的他视察了整个海岸线后命令设置纵深地雷地带、水中障碍物以及木桩尖端系有地雷的新式反空降障碍系统。他要把各师都配备在海岸附近，以迎头痛击登陆的同盟军。而伦德施泰特则认为盟军在这里登陆的可能性很小。他把摩托化部队和装甲部队配置在后方地区。隆美尔认为同盟军可能在诺曼底登陆，应缩短机动作战过程，在48小时内把敌人逐离大陆，否则，延误战机就会输掉整个战争。伦德施泰特很有把握地认为，同盟军在诺曼底或科唐坦半岛登陆只不过是一种佯动，紧接着将在加莱海峡地区实施主要登陆战役。在此情况下，至少暂时保留一部分快速兵团作为战役预备队，在敌人登陆后，再以机动战的优势击溃之。结果，争论以做出妥协性决定而告终。在希特勒的认可下，从配置在B集团军群地段的6个坦克师中拨出3个归隆美尔调遣，其余3个留驻巴黎以南地域。希特勒实质上是同意隆美尔观点的，但未采取相应的有效措施，以至于当1944年6月6日盟军在诺曼底登陆时，作为战役预备队的快速部队和装甲部队距海岸太远，不能立即向前推进。盟国空军切断了所有内陆纵深地区的交通线，给增援的德军造成极大损失。

现实证明了隆美尔的正确和伦德施泰特的错误，但战斗又使他们之间的意见分歧消失了。他们对于前线形势的判断和防御部署的意见已趋于完全一致。战役展开后，伦德施泰特和从德国赶来的隆美尔同德军最高统帅部交涉，要求立即把配置在巴黎以南的坦克教导师与党卫军坦克第12师调给他们使用，直到16时，这两个师才转调给他们。希特勒还不近人情地指责他们无能。

由于各有自己一条战线的空、海军无法迎合西线德军总司令的请求和愿望，只能管辖陆军的伦德施泰特已感到防御部队精疲力竭了，他力图尽快把它们再次撤出，编入预备队，请求从第15集团军派一些师进行增援。但希特勒严禁抽调援兵用于作战地域，并干脆彻底禁止再向他提起这一问题。他命令军队在任何条件下不许退到新的防御地区，决不后退一步。

6月17日，同盟军在圣索沃地域突破成功，向瑟堡逼近。

当天，希特勒在苏瓦松附近会见了伦德施泰特和隆美尔，这是他对两位元帅多次坚决要求的让步。他怀着早已变成病态的自欺欺人态度，避而不谈自己的过错，只把失败归于军队各级指挥官的无能。同伦德施泰特一样捍卫自己军队荣誉和尊严的隆美尔愤然拒绝了他对军队的诽谤。伦德施泰特要求立即撤出科唐坦半岛和拉平卡昂地域，再次遭到拒绝。德军即将大难临头，而对于两位元帅的劝告和请求，希特勒只报以漫无边际、任何时候也不会实行的承诺，还竭力吹嘘自己，吹嘘火箭对整个战争的结局具有决定性意义。

6月29日，鉴于战线形势的严峻，伦德施泰特和隆美尔再次坚决要求见希特勒，这次会见在上萨尔斯堡举行。他们企图说服希特勒：总形势极其迫切地要求停止战争。会见的唯一结果是调整了高级指挥官。7月1日，希特勒任命克卢格元帅接替伦德施泰特的职务，同时授予伦德施泰特一枚银橡叶骑士铁十字勋章，令其休养。

（六）言不由衷的法官

1943年德国在各条战线上步步失利，战争前途黯淡，许多陆军高级将领对希特勒日益不满。在此背景下，以国内驻防军副总司令奥尔布里希特将军和驻防军司令部参谋长施陶芬贝格上校为首的军内密谋集团曾6次策划暗杀希特勒，推翻纳粹政权，但均未成功。1943年年底，他们又拟订了代号为“伐尔克里”的新的行刺计划，建立新的反纳粹政府，与西方国家谈判，签订和约。

1944年夏，盟军在诺曼底登陆成功，苏军又在东线发动强大攻势，德国的处境每况愈下。7月中旬，施陶芬贝格上校先后两次企图暗杀希特勒，均因希特勒临时改变行动日程而未能得手。

7月20日中午，施陶芬贝格上校再次奉召前往腊斯登堡的元首大本营，参加希特勒举行的每日军事汇报会。他乘机将一个装有定时炸弹的公文皮包放在会议桌下希特勒的脚边，然后溜出会议室。哪知另一名与会者为了看清桌上的地图，把碍事的皮包提到了橡木桌子厚底座的外侧，致使希特勒尽管被炸伤，但保住了性命。政变遂告失败。

希特勒下令对密谋分子实行血腥报复，并将审判权交给“德军荣誉军人法庭”。该法庭奉命逮捕了成千上万的人，关进集中营处决，并逼迫德军西线总司令克卢格、德军中央集团军群参谋长特莱斯科夫，德军驻法、比、荷的B集团军群司令隆美尔自杀。而奉希特勒之命担任“德军荣誉军人法庭”的主席，负责审理反抗希特勒的叛乱案件的主持人就是伦德施泰特。

伦德施泰特对于国内反抗希特勒的运动是赞成的，但他的赞成是从不在行动上表现出来的。在希特勒面前，他总是以忠诚的面目出现。他深知希特勒或许能容忍军事上的不同观点，但绝不会容忍政治上的不同观点，这是他在自己起伏动荡的生涯中获知的真谛。所以当暗杀希特勒事件发生时，在得知希特勒未被炸死的消息后，他立即表态认为这是一种叛逆行为。正因为这样，他才受到元首的赏识，出任“德军荣誉军人法庭”的主席，并在此后的9月，被任命为德军西线总司令，这是他第三次重新被起用。9月18日，他奉希特勒之命主持了隆美尔元帅的葬礼。他明知道死者的死因，也懂得元首和自己的虚伪，元首对逝世者表示极为沉痛的哀悼，他宣读悼词时也目光呆滞，声音嘶哑，好像在抵挡某种压力。他沉痛的表情里，也许对同僚的死真的有几分同情。

（七）最后的挣扎

伦德施泰特往西线就任时，西线德军在法国的战线已于8月底崩溃，德军开始仓皇从法国撤退。大批已经没有作用的军事和非军事机关惊慌失措，没有任何秩序地向莱茵河对岸涌去，正迫切需要强有力的人来稳定战线。在西线的作战行动还只局限于诺曼底地区时，莫德尔元帅集西线总司令和B集团军群司令职权于一身，勉强指挥着战斗。但是，同盟军在法国南部登陆后，就出现了一条新的独立战线，而两条战线面临的灾难都没有消除；相反，由于希特勒迟迟不下命令，所下的命令又不考虑现实情况，而只包含着各种幻想，局势便越来越严重了。9月5日，两级司令部才重新分开，再次被任命为西线德军总司令的伦德施泰特元帅到任了。

他到任后面临的任务是在尽量靠西处阻止同盟军推进，守住整个荷兰，并从梅斯地域再度对兰斯方向发动进攻。好运气这次伴随着他，进攻虽然没能真正实施，可同盟军原来的打算就是在边界上停止前进，这使德军在德国边界以西和在边界附近阻止住敌人的尝试出乎意料地获得了很大成功，伦德施泰特的威望顿时提高不少。

运气更好的是英军有一份涉及整个战役计划的命令在韦赫尔以西落到德军手中，转到了他的办公桌上，这就使他和莫德尔元帅能立即采取最有力的对策。这些对策的重点，是扼守盟军尚未夺取的阿纳姆大桥和奈梅亨大桥，阻止其推进。此外，不让同盟军扩大马斯河—斯海尔德河的登陆场，并在战役下一阶段切断在此突破之敌与其后方的联系。

为实现该方案和增援沿这条运河设防的德军各师，调集了第15集团军的一个师和坦克第5集团军中一些坦克师的残部，还计划从德国调遣一些兵力，这样，就使这一战线所拥有的兵力比同盟军估计的要强大得多。

具有在法国和俄国作战经验的伦德施泰特，使德军在随后进行的一系列激战中越来越有计划地进行战斗，对同盟军实施的突击能迅速做出反应，甚至在许多情况下能转入反冲击。

德军在他的指挥下，从赖赫斯瓦尔德森林地域向美军空降第82师实施了顽强的反冲击，使该师未能接近奈梅亨大桥。在阿纳姆地域，德军把英军的空降师分割成三部分，迫其远离大桥，使英军处在很不妙的态势上。在同盟军所有空降师面前，德军筑起了坚固的防御，粉碎了英军统帅蒙哥马利要越过莱茵河进行闪电性进攻的梦想。

大雾弥漫的天气也帮了德军不少忙。同盟军无法给着陆的空降师派遣援兵，而补给品也大都空投在了德军驻地。德军不但无空中干扰之忧，还紧紧压迫着在阿纳姆附近的英军空降第1师，使其困难重重。

9月22日，伦德施泰特元帅指挥德军第59师和坦克第107旅从东西两面对韦赫尔附近的同盟军走廊实施反冲击，试图切断位于阿纳姆和韦赫尔之间的英军4个师。战斗至9月25日晚，曾两次切断英军的补给线。英军竭力保持该走廊，为扩大突破口在内佩尔特以东和以西进攻的两个军，分别向西北和东北方向推进，致使反冲击的德军面临被包围的威胁。伦德施泰特只好下令停止反冲击。

但此战迫使蒙哥马利把被压缩在阿纳姆以西狭窄地段的空降师撤回到莱茵河南岸，该师在激烈的战斗中死伤和失踪 7000 多人，撤出的只剩 2400 人左右。

在近几个月连遭失利后，取得这样的战斗结局，伦德施泰特给德军带来了特别大的鼓舞力量。到 9 月底，同盟军虽在西线步步推进，希特勒却在加紧制订反攻计划。他心里总想摆脱暗淡的现实，总是念念不忘 1940 年那些巨大的进攻性胜利，他已失去了所有现实感。

开始时希特勒既不让西线的司令官们了解他的企图，也不听取他们的意见，而坚持只同最高统帅部一起制订进攻计划的基本部分。直到 10 月底，他才向伦德施泰特和莫德尔元帅透露了阿登进攻计划。他的进攻目的完全出乎负责准备和实施整个战役指挥的伦德施泰特和莫德尔的意料，两位元帅原则上不反对反攻，但他们想根据现实兵力和军队的实际能力，把战役限制在较小的范围。伦德施泰特建议先在亚琛地区对美军实施一次有限度的攻击，然后再攻击布鲁塞尔和安特卫普，由于希特勒在这种场合的固执态度是众所周知的，伦德施泰特等人的建议变得毫无意义。元首不允许对他规定的战役进行任何改变，拒绝采纳。伦德施泰特仍不灰心，再次上书，力陈实施有限作战的必要性。希特勒又一次拒绝并命令各集团立即开始进行规模极大的进攻准备。盟军当时将进攻计划归结于伦德施泰特，事实上在此次战役中伦德施泰特基本被晾在了一边。

12 月 7 日，希特勒下达了发动进攻的命令，可是由于技术和气象上的原因，阿登战役开始日期推迟了三次，直到 12 月 12 日才规定 12 月 16 日为最后日期，进攻正式开始。但到 12 月 24 日，德军进攻部队就被迫先后转入了防御，并付出了极大代价。伦德施泰特等人尝试催促希特勒火速停止没有前途的战役，在同盟军日益逼近的大规模反攻开始前，把军队撤回出发阵地，以避免严重损失和挽救大部分坦克等技术兵器。希特勒无论如何也不打算接受这些要求。不但如此，他还命令不管怎样也要守住军队到达的地区，并攻克巴斯托涅。直到 1945 年 1 月 3 日，同盟军发动进攻，德军才被迫开始退却。阿登战役德军损失了 90000 人，退却时损失的坦克和自行火炮等技术兵器比整个进攻过程中损失的数量大好几倍。陆军失掉了勉强抽出的最后一点儿预备队，使东西战线都深感到兵力缺乏。

在阿登战役失败后的德军西线，尽管天气总在帮伦德施泰特的忙，1 月大雪纷飞，2 月初就冰融雪化，马斯河与莱茵河到处洪水泛滥，遍地泥泞，严重阻滞了同盟军的进攻，但同盟军还是取得了很大进展。3 月 7 日，美军第 1 集团军北翼粉碎了德军在科隆的最后抵抗，中央和南翼转向东南，迅速向波恩和巴特戈德斯贝格推进。美军坦克第 9 师在集团军最右翼向雷马根进攻，并夺占了雷马根大桥，使美军获得了横渡莱茵河的通道。

这座大桥的失守，使希特勒暴怒到了极点。要将所有为延误爆破或未立即采取坚决对策来制止美军夺取登陆场承担某种责任的人，都送交军事法庭审判。而伦德施泰特等高级将领，把罪责全推到了下属身上，使许多军官以在敌人面前无所作为和怯战的罪名被判处枪决。

由于同盟军的猛烈进攻，德军的西方壁垒越来越难坚守，特别是防守萨尔地区的第1集团军以13个兵力弱小的师守长达2000公里的突出部当然是不够的，一旦美军从德军后方强渡摩泽尔河，并从南面突入西方壁垒，就将陷该集团军于绝望境地。伦德施泰特心急火燎，与莫德尔元帅不厌其烦地一遍遍向希特勒报告，必须及时下定这个难以避免的决心，火速放弃这个突出部，挽救还没有被击溃的兵团。

鉴于伦德施泰特近来越来越强烈地表明自己不同意希特勒的作战决心，甚至竟敢老毛病又犯地公开提出批评，3月10日，希特勒怒而将他免职，令凯瑟琳元帅取代他的位置。

这距离他重新担任西线德军总司令才半年时间，这次免职，是他的第四次被免职，并终止了他的军事生涯，他奉命永久退役了。

他的军事生涯同希特勒有争吵，也有亲近。他有捍卫军队荣誉的勇敢，也有政治上对希特勒的懦弱。希特勒对他有时非常信任，多次起用他委以重任；有时又不信任，多次免职，夺下他的指挥权。他有时表现得很龌龊，在“7·20”事件中的所作所为就是一例；有时又很高尚，如战后不久，伦德施泰特在他的休养地巴特特尔茨被美国人逮捕并引渡给英国人，英国人把他囚禁在布里金德。

当英国人1949年在汉堡审判伦德施泰特昔日的参谋长曼施坦因元帅的时候，伦德施泰特请求准许同他的朋友站在一起接受审判，并承担主要罪责。英国人拒绝了这一请求。同年5月，伦德施泰特获释，他在一所养老院度过余年。1953年死于心脏病。

（八）德军攻陷法兰西

德国在1939年征服波兰后，希特勒便开始考虑进攻西欧。他在10月9日给德国陆军将领的一个指令中，阐明了他之所以坚信进攻西欧是德国唯一出路的理由。他担心和苏联签订的条约，只有在符合苏联目的的时候才会使苏联保持中立。因此，一旦英法向德国进攻，苏联很可能从背后给予致命的一击。所以他要提早进攻法国。他相信一旦法国失败，唇亡齿寒的英国也会就范。但以陆军总司令布劳希奇为首的德国陆军将领们坚决反对，理由是德国陆军还没有足够的力量可以击败西欧军队，一旦开战，德国恐怕并不能占有绝对优势，但是这种观点遭到了希特勒的严厉斥责。

在希特勒的一再催促下，德国陆军参谋总部制订了一个代号为“黄色方案”的西线作战计划。该计划与第一次世界大战中德军进攻法国的“施里芬计划”很类似，就是把德军主力放在右翼，通过比利时去进攻法国。但是A集团军群参谋长曼施坦因却讨厌这个方案，认为不过是老调重弹。

对这个计划，希特勒本人也不是很喜欢。曼施坦因提出了他的战略构想：德军进攻的主要矛头应放在中央，而不是在右翼。以强大的装甲部队，对具有战略决定性的突破口——阿登森林地带，实施主要突击。这是攻其不备、出奇制胜攻入法国的一条捷径，可以切断英法南北盟军之间的联系，对英法联军形成分割合围，进而将法国迅速灭亡。但是德国陆军总司令布劳希奇拒绝将曼施坦因的计划转呈希特勒。

1940年1月10日，一名携带“黄色方案”的德空军军官因座机迷航在比利时迫降，由于无法把这一重要文件全部烧毁，其中的一部分落入英、法手中。于是曼施坦因再次向陆军总部提出他的想法，这使得布劳希奇对曼施坦因更加厌恶，所以将他调任第38步兵军军长。但曼施坦因仍然趁着希特勒接见各新任军长的机会，将他的想法直接告诉了希特勒。希特勒对曼施坦因的描述是：“简直像精灵似的理解非常快”，并表示他个人完全同意曼施坦因的战略构想。

希特勒在第二天就召见了陆军总司令布劳希奇和总参谋长哈尔德，命令他们以曼施坦因的建议为基础，立即制订出一个新的作战计划来。虽然布劳希奇和哈尔德强烈反对曼施坦因的建议，认为其所谓的“秘密通过”，实在是一种疯狂的假设，它将使德国装甲部队的精华面临法军侧翼攻击的危险，并有可能导致全军覆没。但是在希特勒的重压之下，两位陆军首脑最后还是不得不屈服了。于是，陆军总参谋长哈尔德奉命根据曼施坦因的建议重新制订作战计划。

1940年2月22日，希特勒批准了与“曼施坦因设想”大致相同的新作战计划。德军参谋部将这一计划的代号命名为“挥镰行动”。为了能够顺利实施“挥镰行动”，德军统帅部进行了周密的部署。投入西线作战的总兵力为136个师、2439辆坦克、3700架飞机，另有运输机600架。兵力配置上分为A、B、C三个集团军群：右翼的B集团军群28个师，由博克上将指挥，担任助攻任务，目的是进攻荷兰、比利时和卢森堡，以吸引英法联军的主力；左翼的C集团军群17个师，由勒布上将指挥，其任务是佯攻马其诺防线，以牵制法军使其不能北上增援；而中路的A集团军群64个师，则由伦德施泰特上将指挥，担任中间突破阿登山区直冲英吉利海峡的任务；以另外的27个师做战略预备队。

1940年5月10日一早，天尚未破晓，成群的德军施图卡轰炸机突然对法国、

荷兰、比利时和卢森堡的机场、铁路枢纽、重兵集结地区和城市发动了猛烈的轰炸。5 时 30 分，从北海到马其诺防线之间的 300 多公里的战线上，德军地面部队向荷兰、比利时和卢森堡发起了大规模进攻，揭开了入侵法国的序幕。

担任助攻和吸引英法军队主力任务的德国 B 集团军群，首先以空降部队对荷兰和比利时境内的重要桥梁及要塞设施实施了袭击。这突如其来的打击立即造成了荷、比军队的慌乱，紧接着，B 集团军群的装甲部队趁乱发起了猛攻。由于伞兵部队早已经占领了各要道，B 集团军群的行动进展得非常顺利。

德国 B 集团军群突破了荷兰和比利时的边境，使得集结在法国北部的英法主力马上越过法、比边境火速增援。当英法出动的消息传到柏林时，希特勒兴奋异常，因为此时的英法联军已经相信，德国人依然在执行着从前被他们所截获的“黄色方案”，仍遵从着施里芬的计划在展开进攻。

博克的 B 集团军群吸引了英法联军主力的时候，勒布的 C 集团军群已经摆开了架势，他们将正在对马其诺防线进行的佯攻表演得非常成功。

5 月 10 日凌晨，德军担任中路主攻的伦德施泰特 A 集团军群向卢森堡和比利时的阿登山区实施主要突击。仅 30 万人口的小国卢森堡根本无力面对德军的攻势，不战而降。

给伦德施泰特上将打头阵的是克莱斯特将军指挥的装甲兵团，该兵团下辖古德里安的第 19 装甲军、霍特的第 15 装甲军和莱因哈特的第 41 装甲军。其中以古德里安的第 19 装甲军战斗力最强，它作为克莱斯特装甲兵团的主力和先锋部队编有 3 个装甲师。而第 15 和第 41 装甲军仅各辖 2 个装甲师。

古德里安的第 19 装甲军轻易突破比军的松散抵抗，只用了两天时间便穿越阿登山脉 110 公里长的峡谷深入法境。

5 月 12 日下午，古德里安的 3 个装甲师已经到达马斯河北岸，并攻下了法国著名要塞城市——色当。当天夜里他们便开始了紧张的渡河准备。“德国人强渡马斯河是法国之战的关键，在以后 5 个星期中还有其他同样大胆的行动，但是没有哪一次能对事态发展产生过这样惊人的影响。”为此，古德里安把他的 3 个装甲师全部投入进去了。

5 月 13 日上午 11 时，德军出动近 400 架轰炸机分批次对马斯河南岸的法军阵地和炮兵群进行了长达 5 个小时的狂轰滥炸，并使法军的精神发生了瘫痪现象。下午 4 时，德军分乘数百艘橡皮艇，开始强渡马斯河。下午 5 时 30 分，德军终于在马斯河南岸上获得了一个立足点，接着德军工兵立即开始架设浮桥。到了晚上 8 时，古德里安属下的第 1 装甲师已经穿透法军阵地。第 2 装甲师和第 10 装甲师也在午夜全部渡过了马斯河。同一天，霍特的第 15 装甲军属下的隆美尔的第 7 装甲师也在西面 40 英里远的南特附近渡过了马斯河。

马斯河防线一失，通往巴黎和英吉利海峡的道路敞开了，在比利时境内作战的英法部队面临被包抄的危险，陈兵马奇诺防线的法国大军也将腹背受敌，英法这才感到形势严峻。英国迅速增派 10 个战斗机中队与驻法英空军和法国空军一起实施反击。14 日下午，马斯河上空爆发了开战以来最激烈的空战，英军布伦亨轰炸机和法军最新式的布雷盖轰炸机在战斗机的掩护下，直扑马斯河而来，德军约 5 个联队的战斗机升空拦截，双方投入的飞机各有 500 余架。从中午到天黑，登陆场上枪炮声连绵不绝，双方战斗机上下翻飞，相互追逐，不时有飞机中弹起火，拖着黑烟下坠，英法飞机胡乱投下的炸弹在河面上炸起一道道冲天的水柱。德军高射炮也不甘示弱，不断以猛烈火力射杀低空潜入的英法飞机。密集的地空火力网令英法飞机成了扑火飞蛾，一批批闯来，又一批批被吞噬。大混战一直持续到夜幕降临，损失惨重的英法飞机悻悻败走，德军渡河浮桥大都完好无损。此战德军击落英法飞机数百架，其中仅德第 2 高炮团就包办了 112 架，英军派出的飞机损失了 60%。在这以后，英法空军只敢在夜间升空活动，战区制空权被德国人牢牢控制住了。

德军装甲集群长驱直入，其威力与速度是战争史上闻所未闻的，法国陷入惊慌失措之中。以古德里安和隆美尔为首的德国装甲军在法国狂飙突进，以至于碰到法国士兵他们都懒得俘虏，只是让他们让开道路，这样的行军速度以合围之势把英法联军逼到了法国西北部的敦刻尔克海滩上，英法联军面临着灭顶之灾。

正在此时，战争史上的一大悬案发生了，谁也不知道为什么希特勒突然命令伦德施泰特让他的部队停止对英法联军追击的脚步，有人说是希特勒要为日后的劝降给英国人留个面子，也有人说是希特勒受了空军司令戈林的蛊惑放弃了装甲军取胜，不管怎么说，英法联军获得了宝贵的撤退时间，丘吉尔得以实施他的“发电机”计划，将 30 多万士兵撤往英国，为日后的大反攻保留了大量的有生力量。

6 月 10 日，法国政府被迫撤出巴黎，迁往图尔，趁火打劫的意大利在同日向法国宣战。13 日，巴黎被宣布为不设防城市。14 日，法国政府在迁往波尔多时，德军不费一枪一弹占领了巴黎，德国军队穿过凯旋门。就在德军占领巴黎的同一天，德军 A 集团军群的左翼已经推进到马其诺防线的侧后方，希特勒要求伦德施泰特与 C 集团军群合作，将那里的法国部队彻底消灭掉。在得到希特勒的命令之后，一直在马其诺防线当面执行吸引法军注意力任务的 C 集团军群，立即选择马其诺防线守军最为薄弱的阿尔萨斯和洛林的接合部发起进攻。A、C 两集团军群前后夹击，马其诺防线很快被突破。6 月 17 日，C 集团军推进到了马恩—莱茵运河上，A 集团军群则占领了凡尔登，50 万法军在阿尔萨斯和洛林南部被德军团团包围，除少数逃往瑞士外其余全部被歼。18 日，法国政府正式宣布停止抵抗。希特勒灭亡法国的

"曼施坦因计划"胜利结束了。

伦德施泰特被称为是德国军人的典范，出生于军人世家的他，身上还保留着传统普鲁士军人的铁血作风和对战争"固执的执着"。军人是为战争而生的，这是伦德施泰特固执的理念，所以虽然他多次与希特勒发生争执，并且不赞成希特勒发动这场非正义战争，但是在国家需要他的时候，他还是在数次退隐之后数次出山，成为纳粹铁蹄的开路先锋，在他的理念中只有战争，没有正义与非正义。

作为一名军人，伦德施泰特是成功的，从闪击波兰到攻陷法国，从合围基辅到西线防御，伦德施泰特几乎指挥了纳粹德国的每一次重大行动，但就个人来说，伦德施泰特是失败的，他在这场战争中丧失了自己的立场，虽然他一再劝说希特勒不要发起这场非正义的战争，但是当战争发动时，他还是倾尽自己的全力助纣为虐，给世界人民带来了灾难。虽然他认为希特勒的纳粹政权对德国造成了极大的伤害，但面对刺杀希特勒的德国军官时，他还是扮演了刽子手的角色。

二十三、大洋里的"狼王"——邓尼茨

他领导的部队是茫茫大洋中可怕的杀手，寡言残忍的卡尔·邓尼茨是纳粹德国的"海上狼王"。二战中，邓尼茨的狼群肆虐于大西洋和地中海，几乎掌控了大英帝国的命运。英国首相丘吉尔在回忆录中这样写道："战争中使我真正害怕的是德国潜艇的威胁！"

（一）奋不顾身的少年军官

卡尔·邓尼茨，法西斯战犯。他在二战期间声名显赫，曾担任过德军潜艇部队司令、海军总司令等，并且还成了第三帝国的末代元首。他首创的"狼群战术"使得数千艘盟军战船沉入大洋，数以十万计的盟军人员命丧黄泉。险些令大英帝国的海上生命线被扼杀。也正是由于邓尼茨有着如此"出色"的表现，才使得最终走投无路的希特勒将他选为"继承人"。

卡尔·邓尼茨金发碧眼，身材高大，是非常典型的日耳曼人。1891 年 9 月，邓尼茨在德国柏林近郊的小镇格林瑙出生。上完高中之后，年轻的邓尼茨便在 1910 年加入了海军。第二年，还处在实习期的邓尼茨就来到了"赫尔塔"号巡洋舰服役，并开始了他的海军生活。

此时的德国正迅速崛起，德国皇帝威廉二世的野心也越来越大，渐渐地，他要

挑战当时号称“日不落帝国”的大英帝国。当时的英国凭借着先进的科技已经在海上称霸了200多年，1905年开始，就建造出了“无畏级”战列舰。这样一来，世界上之前的一系列战舰在顷刻间全部变成了过时的战舰。而在英国与德国之间也展开了一场非常激烈的海军军备大比拼。德国决定利用1908年到1911年这四年时间造出4艘无畏舰，这样一来就能够与英国分庭抗礼了。在这样的情势下，双方海军的建设几乎全部已经达到了疯狂的地步，可以说是谁也不服谁。因为他们都持有相同的观点，那就是国家未来的命运与发展，就全都看这次竞赛了。

卡尔·邓尼茨

而这段时间，也正是邓尼茨刚刚来到海军服役的时期，这恰恰为邓尼茨后来能在海军当中大显身手创造了非常良好的条件。

由于邓尼茨在服役期间表现非常突出，所以在1914年，他被提升为候补军官。并且在“布雷斯”号巡洋舰上担任一名尉官。

有一回，德国国王威廉二世观看海军的军事演习，而拖着靶船在前面行驶的正是“布雷斯”号。邓尼茨当时的任务就是自己带着一条小船跟在靶船的后边负责报靶。但就在这时，意外的情况出现了——一条绳子缠住了小船的螺旋桨，使得小船停止了运转。眼看着德国皇帝乘坐的“戈埃宾”号战列舰离自己越来越近，情况已经非常紧急，就在这个时候，邓尼茨迅速脱下了外衣，纵身一跃，跳入海中，将缠住小船的绳子割断，才使得演习继续正常进行。而邓尼茨也因此受到了嘉奖。

（二）用潜艇绞杀英国

自从第一次世界大战爆发以来，年轻的邓尼茨便参加了一系列大大小小的海战。在海战中，邓尼茨的表现非常出色，不但能够灵活地运用战术，而且在遇到突发情况时还能够及时果断地做出处理，他的军事才能得以充分地展示出来。

1914年8月，“布雷斯”号与“戈本”号在地中海的战斗当中同时陷入了英国海军的包围，但它们并没有放弃，而是巧妙地运用战术与敌人展开周旋。最终，它们突出了重围并且摆脱了英国人的穷追猛打，顺利地到达了土耳其的君士坦丁堡。并且，德国政府以自己的名义将这两条战舰卖给了土耳其，其目的就是为了不让这两条战舰落入英国人手里。这样一来，年轻的邓尼茨便为土耳其政府服役了两年，而当他重新返回德国的时候已经是 1916 年了。

1918 年年初，由于邓尼茨表现出色，被提拔为“U-68”号潜艇艇长。在一次对英国商船队的攻击中，“U-68”被英国的护航驱逐舰不断攻击，最后因压缩空气耗尽被迫投降，邓尼茨下令“全体人员离艇”，最后成了英军的战俘。

在战俘营中，邓尼茨并不甘心，而是一直想着如何才能报仇。他认为要想让潜艇取得胜利，单单靠一两艘舰艇是无法对付护航军舰的，必须让多艘舰艇进行相互协作才能获得海上猎杀战的成功。邓尼茨在战俘营所思考的这一战术，正是后来“狼群战术”最初的基础。

最终，第一次世界大战以德国的失败而宣告结束，邓尼茨回到了德国海军继续服役。但由于苛刻的《凡尔赛和约》限制，邓尼茨不得不在一艘鱼雷艇上工作，当了一个不起眼的小军官。邓尼茨依然用德国人特有的严谨态度，对工作认真负责。终于，他的态度打动了上级，被调到海军指挥机关，并做了高级参谋。1934 年 9 月，邓尼茨离开了大机关，被派往“埃姆登”号巡洋舰，重新开始了他的舰长生涯。

这时，疯狂的独裁者希特勒已经走到了台前，开始宣传后来臭名昭著的法西斯主义，而年轻的邓尼茨更是像着了魔一般，对希特勒的演讲如痴如醉。很快，邓尼茨成了纳粹的坚定拥护者。虽然纳粹的声音已经传遍了德国的每一条街道，但邓尼茨当时并没有公开加入纳粹，而是选择了秘密的方式，原因是当时的海军总司令雷德尔规定，一切海军人员均不能参加当时的政治活动。

这项禁令在德国延续了很久，直到 1943 年，邓尼茨终于当上了海军总司令，才把这条禁令彻底解除，而这时的邓尼茨也变成了一个极端的民族主义者。

1935 年 7 月，德国海军总司令雷德尔踏上了邓尼茨的舰艇，告诉邓尼茨，希望他能够重建德国的潜艇部队。邓尼茨对此进行了仔细研究——他认为在未来的战争当中，潜艇的作用肯定要远远地超过其他所有的舰种。

因为英国是一个岛国，许多重要的工业原料和战争物资都必须通过海路才能够运送到国内，所以只要能够把英国的海上交通线切断，英国的物资就很难按时运送到国内，而这样一来，英国的战斗力也将会大大减弱。所以说，切断英国的海上交通线就成了战胜英国的关键。

正是对上述问题有了充分的认识，邓尼茨提出了全新的战略思想，那就是德国海军要对英国商船进行袭击战和吨位战。邓尼茨认为只要能够大量击沉英国的商船，那么拿下英国基本上就指日可待了，而潜艇就是完成这项任务最为重要的武器。

（三）斯卡帕湾的成功冒险

1936—1937 年，德国的新战术，也就是后来闻名世界的“狼群战术”已经逐渐形成。灵活而快速的 U 型潜艇（这些潜艇的型号都由德文“潜艇”Untersee-boot 的首字母加数字组成而得名）对于这种具有强大攻击力的战术也很适应。

虽然英德两国在二战前签订了海军协定，但是邓尼茨隐隐约约感觉到，随着希特勒不断地扩张政策，德国与英国的战争迟早要再度爆发。于是，他上书上级，要求加快对潜艇部队的建设，对潜艇上的军官与士兵进行更加严格、更加系统的训练。

1939 年 9 月 1 日，纳粹德国入侵波兰，第二次世界大战全面爆发。9 月 3 日，英国正式对德国宣战，不久便对海上进行了封锁。然而，还没等英国宣战的话音落下，邓尼茨的“U-30”号潜艇就已经开始大开杀戒，给英国来了一个下马威，把英国的“雅典娜”号游轮送到了海底。

自二战爆发以来，邓尼茨就一直想派遣潜艇对英国海军的重要基地斯卡帕湾进行攻击。他挑选了“U-47”号潜艇艇长普里恩海军上尉来执行这一任务。因为在邓尼茨的眼里，这个人无疑是最为出色的。邓尼茨将斯卡帕湾所有相关资料都交给了普里恩上尉。

1939 年 10 月 14 日夜，普里恩率领“U-47”号潜艇，神不知鬼不觉地驶向斯卡帕湾。他利用夜色做掩护，在航道中小心翼翼地摸索着前进，终于进入了复杂的内航道。不久，英国巨大的“皇家橡树”号战列舰终于映入了普里恩的眼帘。

于是，普里恩果断下令：进攻！第一次攻击效果不好，只有一枚鱼雷击中了敌舰，而且还没有击中要害。

而英国人深信斯卡帕湾的防御非常严密，所以在“U-47”号发动第一次攻击后，英国水兵竟然以为是舰内的机械事故，没有采取任何搜索措施。普里恩见到此景更是喜出望外。迅速重新装好鱼雷，潜入距离“皇家橡树”号 1400 米处，实施了第二次攻击。

这次共有 3 枚以上的鱼雷击中该舰，该舰水下部分也有多处破裂，十几分钟后，这艘燃着大火的敌舰渐渐消失在了海平面上，普里恩就这样将英国的战舰送入了海底。

当时担任英国海军大臣的丘吉尔得知此事后，痛心不已，称这是英国"皇家海军史上最黑暗的一天"。不久，邓尼茨因此而晋升为海军上将，就任潜艇舰队总司令。

(四)"狼群"出世

1940年6月，自从法国被纳粹人占领之后，法国西海岸和比斯开湾各个港口便都落入了纳粹人手中。于是邓尼茨立即把布勒斯特、洛里昂、圣纳泽尔、拉帕利斯港全都改造成了潜艇基地，再加上刚刚拿下的挪威沿岸海港，邓尼茨的海军更加强大了。随着战争的开展，邓尼茨的潜艇攻击也是越来越猛。特别是邓尼茨采取的"狼群战术"更是成了英国人的噩梦。

1935年年底，"狼群战术"正式诞生。1935年10月，邓尼茨上任之后，立即对潜艇部队的训练战术进行了改革，主要从3个方面入手。

首先，加强潜艇的近距离射击训练。邓尼茨认为，虽然当时英国为了对付德国潜艇的袭击，在舰船上安装了声呐测位器，但因当时的技术条件还十分有限，这类探测装备的实际效果并不好。因此，德国潜艇仍然可以在500米内近距离进攻水面目标，而且命中率也不低。

其次，对潜艇的夜袭能力进行加强。当时，德国新研制出的潜艇在水面上行进的速度很快，而且灵活性也非常高，所以，要想在夜里进行水面袭击，潜艇真的是再理想不过的工具。此外，就算潜艇完全浮起来的时候也只有瞭望塔会浮出水面，艇身几乎完全处在水中，不容易被发现。

最后，对于刚刚研制出来的"狼群战术"加紧训练。因为在第二次世界大战之前，德军的潜艇几乎都是单独行动的。所以像这种多潜艇联合作战的经验非常少，因为当时的技术装备有限，所以，想要进行多潜艇联合作战的难度很大。

邓尼茨进行了很多次演练，训练德国潜艇通过复杂的战术布阵来发现敌人的舰艇，并根据侦察到的敌舰方位，导引其他潜艇集中进行攻击。为此，邓尼茨需要考虑很多问题：指挥工作可以在多大的范围内进行？如何实现多艘潜艇间的战术合作？等等。最关键的是，这些问题大多都需要复杂的通信技术来解决。通过不断的演练和试验，邓尼茨终于克服了这些困难。于是，德国潜艇群集中进行攻击的可能性正在变或现实。而到了后来，这种利用大量的潜艇而演变成潜艇群进行攻击的战术就被人们称为"狼群战术"。因为这其中的每一艘潜艇都像一只狼一样，这些数不清的"海中杀手"组成了一个个可怕的"狼群"，无声无息地跟在敌舰的后边，常常在黑夜中悄无声息地尾随敌人的舰队，并突然升上水面，快速用鱼雷袭击敌舰，待敌舰被击沉后，潜艇又迅速溜走。潜艇狼群还可能反复掉头发动多次攻击，直到把敌人的舰队全部击沉。

邓尼茨要求发现敌踪的报告用高频率无线电通知狼群中的其他潜艇，迅速向第一只“狼”靠拢，只有等所有的“狼”都到达指定位置后才开始组织攻击。

“狼群战术”取得了很大的胜利，一支编号为 Hx79 的盟军船队被 5 艘 U 型艇攻击，尽管为这个船队提供护航的战舰在 11 艘以上，包括 2 艘驱逐舰和 3 艘轻巡洋舰，但还是有 12 艘运输船被击沉。1940 年，邓尼茨利用“狼群战术”共击沉了英国各种舰船 400 余艘，英国人损失极为惨重。可以说，“狼群战术”对英国的打击是毁灭性的。

到 1941 年，经过了惨痛的教训之后，英军开始对“狼群战术”进行专门研究，并最终找出了“狼群战术”的弱点。

德国的海军要想成功实施“狼群战术”，首先，要搜寻到猎物，但是在大海当中找到商船队真是名副其实的“大海捞针”。就当时的科技手段来说，要想获得非常准确的情报，极为困难。对此，英国专门成立了一个跟踪德军潜艇的办公室，以便对德军 U 艇的活动情况进行监控。只要掌握了德军潜艇的行动路线，英军就能及时改变航道。这样一来，德国潜艇再想准确找到目标就没那么容易了。

其次，德国海军的 U 艇仅在极少情况下有不间断的空中侦察，搜寻目标主要还是依靠跟踪潜艇。这样，如果能将跟踪潜艇击沉，会迫使它长时间中止跟踪，护航运输队就能避免遭受攻击。

再次，德国的“狼群”要跟踪英国运输船队，必须不断地发信号通报伙伴自己的方位。随后，英国准确地找到了反制措施。他们根据德国潜艇在集结阶段必须依赖无线电信号这一弱点，组织专家研制了一种小型高频定向探测仪。只要有了这个“宝贝”，护航船就可以让德军的潜艇准确无误地暴露在英军的视线底下。

盟军在舰艇上安装了精密雷达，从而找到了 U 型潜艇的克星，迫使德军潜艇只能潜到海面之下，和外界的联系也因此中断。这样一来，德国“狼群”在夜色当中行进这一最大的有利条件就被英军破解了。而失去了这一有利条件，德军的“狼群战术”效果立刻大为降低。

随着英美强大的护航舰队的建立，严密的空中和海上监视网的形成，特别是用于反潜作战的新型雷达和新型深水炸弹投入实战，盟军在大西洋上布下了围捕狼群的天罗地网。邓尼茨的“狼群”越来越多地遭到挫折和失败。

1943 年 5 月，损失不断增多的已经不再是英国的商船和舰艇，而是德军的潜艇，虽然邓尼茨想全力挽回这一局面，但是，昔日的“狼王”如今也回天乏术，邓尼茨被迫召回狼群。在二战最后的 18 个月中，德军潜艇对盟军的威胁已经微乎

其微。

鉴于德军潜艇对英国生命线的巨大威胁，英国首相丘吉尔曾经这样回忆：“战争中使我真正害怕的是德国潜艇的威胁！”在整个战争中，U 艇总计击沉盟国运输船 2828 艘，总吨位达 1468.7 万吨，而自身也损失了 719 艘。这些冰冷的数字证明了大西洋潜艇战的惨烈。

（五）末代元首

二战后期，虽然邓尼茨的“狼群战术”因遇到了克星而宣告失败，但他的官运却没有像他的“狼群战术”那样倒霉。他的能力和忠心被希特勒看在了眼里，所以在纳粹德国的末日来临之前，邓尼茨被希特勒指定为德国的元首。

在试图刺杀希特勒的“7·20”事件发生后，邓尼茨对海军立刻采取了行动，并且针对这次事件明确表态。就在这天晚上，邓尼茨发表讲话，对这次刺杀元首的行动感到非常愤怒。他认为，为进行这场战争而维持德军的团结和战斗力是他义不容辞的责任。所以，凡是在海军当中动摇军心的人，一律严惩不贷。

1945 年 4 月 20 日，邓尼茨被任命为德国北方部队和民防司令。

4 月 30 日，希特勒自杀。根据希特勒最后的遗言，赫尔曼·戈林和海因里希·希姆莱被从纳粹党里开除，并被撤销所有权力，邓尼茨被任命为帝国联邦大总统和德意志武装力量最高统帅，而宣传部部长约瑟夫·戈培尔成为政府首脑和德国总理。

为什么德国第三帝国元首的位置最终会落在邓尼茨身上呢？原来希特勒认为，德国陆军没有执行他“就算只剩下一人，也要进行战斗”的命令，空军总司令戈林和盟军私下谈和，而党卫军全国领袖希姆莱也和盟军私下接触，党卫军上将菲利克斯·斯坦因纳又不执行他的攻击命令，因而都背叛了他。只有海军能信任。

5 月 1 日，戈培尔自杀，邓尼茨遂成为即将崩溃的第三帝国的唯一代表，并试图组成新政府。在德国东线就要被苏联大举进攻的时候，邓尼茨拟订并实行了大规模的撤退行动——“汉尼拔”行动。他还希望和西方达成单方面的停战，但遭到盟军总司令艾森豪威尔的拒绝。

5 月 7 日深夜，作为第三帝国元首，邓尼茨宣布全面投降，由约德尔元帅代表德国在兰斯签署了全面投降书。虽然邓尼茨已经宣布投降，并明令不许潜艇自沉，但德国水兵自下而上地传递着“彩虹”的沉船暗语，结果 220 艘潜艇自沉到了海底。

二战结束后，邓尼茨以战俘的身份被同盟国拘留，后在纽伦堡审判中被指控为战犯，主要从三个方面定罪：①反和平密谋罪；②侵略计划实行罪；③战争罪。

审判过程中，邓尼茨的辩护者证明他并未参与制订发动战争的计划，因此第一项罪名起诉后被判无罪。但是，邓尼茨并没有因此而逃过惩罚，后两项罪名使他蹲了10年牢房。

1956年10月，邓尼茨被释放。此后，他到西德乡下的一个村子里定居，直到1980年去世。他撰写了回忆录《10年和20天》，书中，邓尼茨仍然在为自己进行辩解，认为纳粹根本就是时代的产物，而自己从道义的角度来讲，是不需要对其负责任的。他还认为纳粹之所以会失败，最根本的原因是它的专政制度。

不过，与第三帝国军工部长阿尔伯特·斯佩尔不同，邓尼茨完全不后悔自己在第二次世界大战中所做的一切，因为他认为“没有人会尊敬放弃对国家的信念与责任的人，无论是大或小的背叛”。

二十四、沙漠之狐——隆美尔

传说，为了躲避猎人的追杀，沙漠中的狐狸常边跑边用尾巴扫去自己的足印。

二战中，一支纳粹军队在北非的沙漠中神出鬼没。统领他们的德国陆军元帅隆美尔以其卓越的指挥才能倾倒了全世界，被誉为“沙漠之狐”。直至今日，即使是臭名昭著的纳粹身份也遮挡不住其军事天才所放射出的夺目光芒。

追踪这只“沙漠之狐”的人生轨迹，一个德国军人丰富多彩的一生便展现在我们眼前。

（一）早年岁月

1911年11月，一位德国军校校长对一位毕业生评价道：

“他身材中等，瘦弱，体格相当虚弱，但这个诚挚的年轻人性格倔强，有极大的意志力和满腔的热情……依我之见，他将会是一个能干的军人”。

这个毕业生便是后来法西斯德国的陆军元帅，著名的“沙漠之狐”——隆美尔。

1891年11月15日，隆美尔出生在德国瓦登堡邦首府乌尔门附近的海登海姆。他父亲是当地的一位中学校长。他母亲是当地职位显赫的政府官员冯·鲁斯的女儿。

隆美尔从小偏爱机械学，长大想做一名飞艇师。14岁时，他和朋友制作了一架盒式滑翔机，并使它飞上了天。可是，在父亲的鼓动下，他却走上了戎马生涯。

18 岁时，他参加军队，很快被选入但泽皇家军官候补生学校学习。

但泽是一个漂亮的港口城市，四处林立着宏伟的建筑。在当地的一次舞会上，一个清纯美丽的女孩闯入了隆美尔的眼帘，隆美尔严肃古板的样子也引起了女孩的好奇。女孩名叫露西，她与隆美尔很快相识并热烈地相爱。隆美尔常常按照当时普鲁士流行方式戴上单片眼镜逗得露西哈哈大笑。

隆美尔

军校毕业后，隆美尔被授予中尉军衔。1914 年，第一次世界大战爆发，他匆匆告别心爱的露西，作为第 49 野战炮团的一名排长奔赴法国战场。

在战场上，他作战勇猛，带领士兵爬过一百码带刺的铁丝网，闯进法军的主要阵地，占领了四个地堡，并凭借这些地堡打退了法军一个营的反攻。这使他获得了一枚铁十字勋章——这在全国还是第一次授予一个中尉如此的殊荣。

1915 年 10 月，隆美尔被调任伍尔登堡山营连指挥官，整训一年后奔赴德俄激战的罗马尼亚前线。

在这里，他出类拔萃：身材纤弱的他似乎总是被一种神圣的热情所鼓舞，不知疲倦；他仿佛总能洞察敌方，知道他们可能做出什么样的反应；他的计划往往是惊人的，出于本能而又自然，很少含混不清；他有一种罕见的想象力，总能在最棘手时找出意想不到的解决方法；在危急关头，他总是身先士卒地召唤士兵跟随他冲锋陷阵，仿佛根本无所畏惧。士兵们都被他那富于魅力的个性所吸引，把他当作偶像来崇拜，并无限地忠诚于他。

1916 年年底，在战争的间歇，隆美尔请假回到但泽和露西结婚。婚后不几天，他便重返前线，夫妻俩只能靠书信倾诉彼此的思念之苦。

1917 年 9 月，隆美尔又被调往一个更为紧迫的战场——意大利北部。在这个地形十分险恶的战场上，隆美尔学会了如何应付突变的局势——甚至不怕违抗上司的命令。为了出其不意地进攻敌人，他率领自己的部下，经历了人类所能经受的一切艰难困苦。他们爬越新雪初落的山梁，负载稍重一点的人很容易在那一地带陷落；他们攀登陡峭的悬崖，即便是熟练的山民也会裹足不前；他们冒着种种危险，让少数勇敢的步兵和机枪手绕到丝毫没有察觉的意大利士兵的防御工事背后，用机枪猛烈地扫射。结果，数量上占优势的意大利军队常常被打得溃不成军。

1917 年 12 月，为了表彰隆美尔的杰出表现，德皇特授予他一枚至高无上的功勋奖章。隆美尔非常珍视这份荣耀，他总是用一根绶带把这枚与众不同的十字勋章挂在自己的脖子上，并对朋友得意地说："你简直无法想象军官们对我的功勋奖章多么嫉妒！在这一点上根本谈不上什么战友之情。"

第一次世界大战结束后，隆美尔回到妻子身边。这时的露西已是一个仪态大方、相貌端庄、性格刚毅的成年女子了。但泽舞会上那迷人的青春时代已一去不复返。她依旧爱笑，笑声依旧又响又长，却已丝毫没有放荡不羁的意味了。隆美尔也不再是一个体弱的年轻人，而是一个壮实的成年汉子。严峻的战争生活已把他造就成为一个刚强、坚毅的人。他用阅兵场上那刺耳的咆哮和粗鲁的举止，以弥补自己性格上的不足，夫妻俩相得益彰，生活美满。

1928 年，露西生下一个男孩子。隆美尔欣喜万分，给儿子取名为曼弗雷德。

1929 年 10 月 1 日，隆美尔被派往德累斯顿步兵学校任教官。"我们在战场上应该流汗，而不是流血。"隆美尔对学员们强调道。他以自己的战斗经历为示范讲解战略战术，并鼓励学员们有自己的见解，受到了学员们的热烈欢迎。

1933 年春天，希特勒上台。作为一个爱国者，纳粹的爱国口号对隆美尔产生了强烈的吸引力。但是，作为一个军人，隆美尔又对冲锋队（纳粹组织）的飞扬跋扈十分反感，故而与纳粹保持着一定的距离。

1934 年 6 月，希特勒对冲锋队进行了残酷的清洗，同时，他又向军队表示，德意志显赫的武功一定要得到恢复和发扬。此举赢得了军人们的真心拥戴，隆美尔也不例外。

1935 年，隆美尔被派往波茨坦——普鲁士军国主义的摇篮。"这标志着我已经成了新的波茨坦陆军学校一名成熟的教官。"他兴奋地给妻子写信道："这是绝密！到波茨坦来吧！不要告诉别人。"

在教学中，隆美尔特别强调身体素质的重要性。当他向学员咨询对教学训练有什么意见时，有个学员说："清晨两个小时的体育训练太多了，我们太累，不能很好地听课。"隆美尔咆哮着把他骂走。同时，隆美尔也注重培养学生们在军事理论方面的独立思考能力。当学员在他面前引证克劳塞维茨（著名军事理论家）的讲话时，他指出："别理会克劳塞维茨怎么说，关键是你自己怎么想！"

闲暇时，隆美尔锻炼身体、骑马，沉醉在自己的爱好中。他熟记对数表，几乎和著名的数学家不相上下，并且能够惊人地心算出任何随意抽出的 17 位根数。而且，他还努力按照自己的理想塑造年幼的儿子。

一次，他让儿子爬上游泳池边高高的跳台。

“要勇敢并不难，”他对儿子喊道：“你只要克服第一次的恐惧就行了。现在你往下跳吧，一、二……”

可是儿子并未听从命令。

“快跳啊！”

“我害怕，你知道我不会游泳。”

“不要紧，我会来救你的。”隆美尔安慰儿子道。

“可是，你穿着马靴。”儿子指着他的靴子道。

“这有什么关系。如果有必要，我会脱掉它的。”

“那你现在就把它脱掉。”儿子悻悻地说。

环视了一下四周围着的学员们，隆美尔拒绝了这个要求。于是，他的试验宣告失败。

儿子七岁时，隆美尔把他带去骑马。这事是悄悄干的，因为露西认为孩了太小，不能骑马。孩了的双脚被塞进马蹬皮带里，因为他的腿太短，还够不着马蹬。结果，那马挣脱了缰绳，拖着一条腿挂在马蹬皮带里的孩子跑了很远。孩子的头划破了一个口子，隆美尔吓得面如土色，他在孩子手里放了一枚硬币说：“回家时，如果你告诉母亲这是从楼上摔下来的，你就能得到这枚硬币！”

回到家里，隆美尔用碘酒给儿子洗了伤口，儿子疼得放声大哭。隆美尔大发雷霆，叫他把钱还回来。然而狡黠的儿子早就把钱藏了起来。从那以后，隆美尔再也不让儿子骑马了。

“我父亲，”隆美尔之子曼弗雷德回忆道，“对我有三点希望：他要求我做一名优秀的运动员，一个伟大的英雄和一名出色的数学家。可他的三个希望都落空了。”

（二）平步青云

1936年9月，隆美尔被任命为希特勒的警卫部队指挥。当时，纳粹党在纽伦堡集会。这种正常的例行公事，使隆美尔担负着比一般安全警卫更大的责任。

一天，希特勒决定外出兜风，指示隆美尔，他的车后最多只许跟六辆车。

到了指定时间，部长、省长、将军们的汽车将希特勒公寓的马路挤得水泄不通，他们争相随驾出游。然而，隆美尔让前面六辆车通过后，便威风凛凛地站在路中间，命令其他车子停止前进。纳粹党要员们大声诅咒道：“真是无法无天！我们要将此事报告给元首。”

当天晚上，希特勒召见隆美尔，赞赏他执行命令果断。这次召见为隆美尔的晋

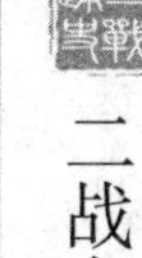

升奠定了基础。

不久以后，另一件事又使希特勒留意到隆美尔。在波茨坦任教期间，隆美尔整理了自己的讲课稿，然后又把它们写成了一部井井有条而又激动人心的书，并把它交给当地的一个出版商。1937 年年初，这本书以《步兵攻击》为名公开出版。它是当时有关步兵教程的最佳读本，受到广泛赞扬，并多次再版。

这两件事使隆美尔在希特勒眼里身价倍增，很快得到了希特勒新的任命。1938 年，他突然被晋升为元首大本营的临时司令官。元首的赏识重用，加上 9 月份希特勒在苏台德不流血的胜利，到 1938 年年底，希特勒已经成了隆美尔心目中最完美的领袖了。当许多他的同行军官还在对纳粹哲学感到无所适从的时候，隆美尔的转变无疑是十分彻底的，他甚至在写给朋友的私人明信片上也要签上“嗨！希特勒！你诚挚的隆美尔”的字样。从此，他成为希特勒的忠实信徒，为希特勒的战争政策效尽犬马之劳。

现在，一个新的职务正等待着隆美尔。因为希特勒要吞并奥地利，于是决定让隆美尔到维也纳附近的一所军官候补生学校任司令官。到任后，隆美尔一家住在一所迷人的平房里，四周是一个大花园，巨大的城堡式建筑便是学校的校舍。隆美尔雄心勃勃地要把这所学校办成全德国最先进的军事学院。

尽管远离首都柏林，隆美尔依旧摆脱不了来自希特勒总理府的吸引力。1939 年，希特勒两次派隆美尔去指挥他的流动司令部——一次是在 3 月 15 日占领布拉格；另一次是 3 月 23 日，希特勒乘船到默默尔的波罗的海口岸监督立陶宛“自愿归属”德国。希特勒在侵战捷克斯洛伐克一事上所表现出的超人胆识给隆美尔留下了深刻的印象，他给妻子写信道：“结果好就证明一切都好，我们的这些大邻国只是对事态摆出一副恼怒的面孔而已。”

不久，希特勒又准备对波兰下手。

1939 年 8 月 25 日，隆美尔就任元首司令部的指挥官。这时的德国首都柏林沉浸在酷暑的热浪之中，希特勒和外交部长里宾特洛甫一起宣布：将在次日拂晓时分进攻波兰。

然而，英国立即宣布与波兰结盟，意大利则拒绝站在德国一边宣战。最新的国际动态迫使希特勒推迟了进攻。

8 月 27 日，隆美尔飞往柏林探问究竟发生了什么事情。

“除去有和元首同桌进餐的特权外，没有别的新消息，”他向妻子透露说：“部队在焦急地等待前进的命令，然而我们军人需要的就是忍耐。意外的障碍是不可避免的，得花费一定的时间去加以清理。毫无疑问，无论元首做出什么样的决定都是恰当的。”

几天以后，隆美尔谈得更加具体了："我倾向于认为，这次进攻可能告吹，我们会像去年收复苏台德地区那样从波兰得到一小块土地，英、法和波兰的勇气实在不可小瞧。"

8 月 31 日，隆美尔又说："等待令人心烦，但又不能不这样。我深信元首知道怎样做对我们更有利。"

几乎在同一时刻，电话来了，命令他准备行动。当天晚上，在隆美尔召集军官的火车站候车室里，电话里又传来了希特勒的命令："明天凌晨 4 时 45 分开始进攻。"

没有任何人，至少可以说隆美尔本人当时也没有意识到。9 月 1 日德国入侵波兰的军事行动，竟然会无情地把一个又一个国家卷入了战争的旋涡，延续达六年之久，使 4000 万人死于非命，整个欧洲和大半个亚洲惨遭战火的蹂躏。就这样，第二次世界大战这场人类历史上空前规模的大悲剧便在希特勒的精心策划下，由隆美尔亲手拉开了帷幕。

德军势如破竹，不到一个月便几乎完全使波兰覆灭。10 月 5 日，希特勒在隆美尔陪同下在华沙举行胜利大阅兵。隆美尔的赫赫战功得到了希特勒的高度赞扬。

（三）魔鬼之剑

东线获胜以后，希特勒决定在西线对英法展开决战。

1940 年 2 月，隆美尔受命前往莱茵河的巴特戈德斯贝格指挥第 7 装甲师。

隆美尔的到来震动了全师。他的第一个行动便是让师里的指挥官们休假，并宣布："在我自己掌握情况之前不需要你们。"随即他又解除了一位无视军规的营指挥官的职务，并勒令他在 90 分钟内离开军营。这一切都使全师为之肃然。

在这里，隆美尔认真地观察坦克演习，并对此进行了深入的分析。不久，他便创造出许多新颖独特的坦克战术。他命令部下编成各种大小不一的队形组织，用快速的、熟练的无线电指挥和重炮轰击的形式进行越野训练。每天晚上，他都要向所有军官做一些简要的指示，然后再处理文件，直到 11 点钟休息。早上 6 点钟他便起床，沿着莱茵河边的林荫小道慢跑，保持良好的精力和身体状态以准备投入即将来临的大战中去。

1940 年 5 月 10 日清晨，德军在西线发动了进攻。

隆美尔率装甲师一马当先，冲锋在前。他们冒着暴露侧翼和后方的危险，大胆地向前推进。有时由于前进得过快，他们远远脱离了大部队，仅仅与后面的后勤补给保持着单线联系。这时，若对方采取迅速而坚决的行动便可折断这个咄咄逼人的指头。然而，正如隆美尔估计的那样，敌军过于恐慌，陷入混乱状态，根本无力采取果断行动。

为了达到军事目的，隆美尔发明了残忍而野蛮的火海战术。进军时，他往往命令士兵把沿途所有房屋迅速点燃，使得装甲师得以在烟幕的掩护下迅速前进。为了找到哪些村庄有敌军驻守，他发明了著名的烟火开屏——整个装甲师一齐开火，以引诱对方暴露自己的位置。

在迅速占领比利时之后，隆美尔率军直扑法国。

漫长的马其诺防线横亘在他们眼前。

这个坚固的地堡防线前沿是一片森林，法国人在森林里构筑了前沿工事。隆美尔命令坦克的全体成员一枪不发。一律坐在坦克外面手摇白旗迅速通过森林。法军对此不知所措，眼看着他们通过森林。

穿越森林后，隆美尔命令一个营掉转车头，迅速歼灭森林里的法军。其余的坦克则向前边的地堡群发射烟幕弹，担任突击任务的工兵则迅速上前，用喷火器烧毁一个个地堡。

很快，第 7 装甲师开始隆隆滚过地堡线上被炸开的缺口。前导坦克向前面的黑夜开火猛轰，其余的坦克用舷炮射击不停，把法军打得不敢抬头。

这样，法国人经营多年、自吹为“坚不可摧”的马其诺防线被奇迹般地摧毁了。

在阿拉斯飞速前进的隆美尔部队遇到顽强的抵抗。“当敌人的坦克一次一次冲过来的时候，”隆美尔在手稿中写道：“每一门炮都必须迅速开火以打退敌人的进攻。我把炮兵指挥官们提出的反对意见抛在一旁，坚决地命令炮手们一炮接一炮地射向敌人。”就在这里，副官在身旁阵亡，隆美尔依旧镇定自若地指挥战斗。部下大受鼓舞，经过一天的浴血奋战，取得了胜利。

6 月 12 日，隆美尔攻克圣瓦勒雷城，法国第 9 军指挥官在市政广场向隆美尔投降，他身后跟着 11 名英国和法国的将军。

局势到了不可收拾的地步，英国人感到十分恼火。法国人抽着香烟，默认了自己的失败。

一位足可以做隆美尔父亲的法国将军拍拍隆美尔的肩膀赞赏地说：“你的行动可谓飞速，年轻人。”另一个法国人则怀着病态好奇地问隆美尔指挥的是哪一个师。隆美尔告诉了他。“天哪！”这位法国人叫道：“又是魔鬼之师！最先在比利时，接着是阿拉斯，现在又到这里。它一再地切断我们的进军路线。我们可是真正领教了你们的厉害！”

6 月 17 日，法国提出停战呼吁。希特勒命令德军迅速占领法国濒临大西洋的海岸线，直抵西班牙边境。隆美尔挥师向南疾驰。

6月18日，隆美尔在高速行进中攻克了瑟堡——那天的行程超过了220英里。这样，隆美尔在法国的闪电战到此宣告结束。在法国战场上仅仅六周的时间里，隆美尔率军共推进了350英里。他的魔鬼之师俘获97000名敌军官兵，而自己仅损失了42辆坦克。

纳粹宣传家们大肆宣扬隆美尔的战功。“他的装甲师就像一支魔鬼的舰队，”一位宣传家这样写道：“他的魔语是速度；英勇无畏是他的资本。他的故事就如一幕电影一样，正在上映之中，孤胆英雄式的作为正闪耀着迷人的光辉。他眼神中流露出的坚定和无畏深深打动了我。”

纳粹宣传部部长戈培尔则拍摄了一部《西线的胜利》来夸耀隆美尔的战功。各大纳粹报刊连篇累牍地登载隆美尔的消息，他成了人们注目的中心，英雄的美誉环绕四周。

法国投降后，隆美尔留驻法国西海岸，为入侵英国做准备。

1941年，希特勒决定放弃入侵英国的计划，转向别的目标。

一项新的重大任务正在等待着隆美尔。

（四）驰骋沙漠

在德国西线大捷的同时，墨索里尼统治下的意大利企图趁火打劫，在北非的意属殖民地利比亚聚集大军，对驻埃及的英军发起攻击。但是，狂妄的意军很快被挫败。英军稳住阵脚后，发起反攻。意军不堪一击，节节败退。墨索里尼慌忙向老朋友希特勒求援。

1941年2月，隆美尔被希特勒委任为德军驻利比亚总司令，挥师直指北非，援救意军。

世界上最大的沙漠——撒哈拉沙漠便位于北非。这里沙漠广布，气候异常炎热干燥，故而步兵作战大受限制，以坦克为主力的装甲部队才能充分发挥作用。隆美尔在北非指挥的部队主力便是第5装甲团，这是一支富于献身精神的专业化精锐部队。

他们很快便在利比亚的黎波里登陆完毕。为了欺骗英军的空中侦察，隆美尔命令部下用木头和纸板做了几百辆可以乱真的假坦克，并让卡车和摩托在这些“坦克”之间绕来绕去，而真正的坦克却悄悄地转动着履带开过了沙漠对英军发动了进攻。

英军大吃一惊，急忙后退。到1941年3月4日，隆美尔军队已将战线推进到离的黎波里 480 英里的地方。

3 月 19 日，隆美尔飞往柏林。第二天，希特勒召见了他，给他胸前佩戴了一枚橡树叶勋章，同时命令他守住现有的战线，不要轻举妄动。希特勒这样做是因为纳粹准备入侵苏联，无力在北非投入更多的兵力。不明内情的隆美尔大为不满，失望地飞回北非，并决心违背这项命令。

这时的英军正在迅速后退，德军迅速占领了利比亚重镇阿杰达比亚。

隆美尔命令部下稍事休整后，分北、中、南三路向昔兰尼加（利比亚东部的一个鳞茎状半岛）挺进，截断英军退路。

英军惊慌失措，对班加西（利比亚东北部的重要港口）大肆破坏一番后，仓皇后撤。

德国最高统帅部闻讯后大为气恼，勒令隆美尔停止推进。但这位善使诡计、刚愎自用的冒险家一意孤行，继续挥师东进。这时，意大利指挥官也接到停止冒进的指令，他要求隆美尔解释。而隆美尔只是咧嘴笑着说："不论如何，没有必要在我们势头正旺之时打击战士们的士气。"意大利指挥官固执倔强，坚持服从命令，二人僵持不下。这时，德国统帅部又电告隆美尔执行命令，他看完电报后竟对意大利指挥官说，元首已给了他绝对的行动自由。意大利指挥官无可奈何，只好作罢。

隆美尔挥师展开跨越昔兰尼加的战斗，4 月 9 日，德军攻陷梅奇尼要塞，很快包围了重镇托布鲁克。英国首相丘吉尔从伦敦发来命令，要求英军"死守托布鲁克，决不允许产生撤退之念"。隆美尔军在托布鲁克久攻不克，只好留一部继续围攻托布鲁克，另一部向南绕过托布鲁克，一直推进到埃及边境，并占领了埃及城市萨卢姆。

这一时期中，隆美尔取得胜利的原因有一点是他做梦也想不到的。在战争中他与德国最高统帅部的全部秘密通信全都是由艾尼格马密码机传送出去的。纳粹密码专家宣称这种密码绝对安全，无法破译。然而，英国人已成功地破译了它。他们对德军统帅部的命令了如指掌，殊不料，隆美尔不只一次地违背艾尼格马电码发给他的命令。这使得不知就里的英国人如陷迷雾，处处被动。

托布鲁克是个极具战略意义的港口，供给充分的英军在此扼守，成为隆美尔的心腹之患。因为他们随时可以冲下来切断隆美尔的补给线，使他不敢轻易发动对埃及和尼罗河流域的远征。

隆美尔清楚地认识到这一点，指挥部下连连发起猛攻。然而，英军又宽又深的反坦克壕使德军坦克派不上用场；严密的防守使得德军寸步难行；猛烈的炮火使得德军伤亡惨重。隆美尔只好承认遇到了真正的对手。"英军士兵打起仗来十分惊人，他们远比我们的士兵训练有素，"他们私下给妻子写信道："就我们的现状而言，迅速用武力征服托布鲁克是不太现实的。”于是，他下令停止进攻，让部下挖壕固守，避免不必要的流血牺牲。

在阵地战方面，隆美尔颇具天才，“他是个搞蒙蔽和伪装的老手，”他的一位部将后来回忆道，“他总是干那种很少有人意料得到的事。倘若敌人认为我们在某地的兵力最强，那么你可以肯定那里恰好是我们力量最薄弱的地带。而当敌人认为某处是我们的弱点并冒险接近的时候，我们又会变得确实十分强大。‘和你们这位将军打交道，我们简直不知道自己在什么地方。’——这是一位英军俘虏所发的牢骚。如果他发动进攻的同时又有佯攻伴随，敌人就总是把假的当成了真的，并把他们的炮弹全部倾泻到佯攻的地方。如果敌人根据判断，认为是典型的佯攻而采取行动的话，那么下一次的情况就很快会发生变化，他们接着又得上当。如果他们把这些进攻看成是摆样子而加以忽视，而实际上这却是真正的进攻。”

“有一次，”另一位部将回忆道，“我们把托布鲁克的敌人惹恼了，他们用炮火轰击了我们的观察哨。于是隆美尔命令迅速重架观测塔。所有的电线杆都被锯倒，一夜之间在托布鲁克周围竟出现了 30 余个这样的塔楼，而且都有全副武装的假人在不停地活动，不时顺着楼梯上上下下——这些假人由躲在防空洞里的士兵用绳子操纵。敌人十分疑惧，向这些观测塔发射出一连串猛烈的炮火。在以后的几天中，他们将无以计数的炮弹都倾泻向这些观测塔，有些塔楼被炮火打塌了，但许多仍矗立在那里。过了不久，英军发现了真相，放弃了原先的做法——而就在这时，我们把假人换成了有血有肉的真正的观察兵。”

在这个新的环境里，隆美尔还创造了一种新的战斗指挥风格。他喜欢把混合作战部队放在后方，让意大利高级军官及下级指挥员之间保持着一种永久的联系，然后率领指挥部的一小部分成员乘坐几辆敞篷车离开部队，后面跟着无线电流动卡车，以便和作战部和部队之间保持联系。这种做法自然会带来许多问题，因为电台在异常的气候条件下经常会失灵，电池消耗也很快。同时，由于在汽车的拦泥板上插有黑、白、红三色指挥旗，敌人很容易辨认出隆美尔的位置，他的安全也经常受到威胁。但是，隆美尔认为，这些都是次要的问题。关键是，这样他便可以在任何一个战斗最激烈的地方出现，并亲临现场指挥作战。

一旦战斗打响，隆美尔常常废寝忘食，几片面包或一份冷餐便一连维持好几天。他坚定顽强，同时他也如此要求自己的部下。一次，他发现一位部将在清晨 6 时还在慢条斯理地用早餐。于是便怒气冲冲地对那人呵斥道：“滚回老家去！”起初，达不到他的要求的指挥官人数很多，随后便发生了很大的转变。由他指挥的意大利部队也逐渐崇拜起他来了，这些士兵和军官很少看到哪一位意大利将军会出现在战场上，因而乐意看到隆美尔对那些顶撞他的脑满肠肥、无所用心的意大利将军的粗暴态度。1941年10月，德国情报局甚至得到一个对这些士兵们的调查报告。他们认为：意大利应该由像隆美尔这样有才干的德国人来领导。

1941年6月，英军实施“战斧”行动计划，对德军发起反攻。两军在沙漠灼热的高温和令人窒息的尘雾中展开厮杀。德军英勇顽强，在隆美尔的指挥下挫败英军。到6月18日，英军退回原先阵地。在整个战斗中，德军损失20辆坦克，却摧毁了英军200余辆坦克。隆美尔激励士兵道：“让英国人再来进攻吧，他们将被杀得片甲不留。”

这时，隆美尔在德国国内的声誉达到了顶点。当宣告隆美尔胜利的嘹亮的喇叭声仍在帝国广播电台里回荡时，许多人认为，现在可以给隆美尔写一部完整的传记了。“我想着手写一部有长远价值的作品，”一位上校给隆美尔写信道，“它将表现我们时代一位典型的年轻将军，要把他作为后代子孙的榜样，为激励尚武精神高潮的到来提供一个起点。”

信件像雪片似的飞向隆美尔。纳粹妇女组织寄给他许多巧克力——尽管在沙漠的酷热中吃这样的食物是难以想象的。一个十岁的小女孩在新闻纪录片中看到她的这位偶像后，从奥格斯堡写信给他：“……我并不害怕像别人一样，从您那里得到冷淡的回答。对于您——隆美尔将军，我可以从心底倾吐自己的语言，我非常崇拜您和您的军队，并热切地希望您赢得最后的胜利。”

纳粹陆军统帅部则决定晋升隆美尔为上将，同时设立“隆美尔装甲兵团”。“这么年轻我就被提拔到了如此高的地位，这太令人高兴了，”隆美尔志得意满地说，“然而如果可能的话，我将在自己的肩章上添上更多的星。”

与此同时，隆美尔吃惊地获悉希特勒已入侵苏联。德军在苏联战场初期的胜利使得希特勒大喜过望。他得陇望蜀，设想消灭苏联后，南下攻占伊拉克与叙利亚，然后从东面侵入埃及，和隆美尔师在北非胜利会师。这样，隆美尔在利比亚的任务便被正式纳入了希特勒的远景规划。

6月28日，德军统帅部指示隆美尔为此拟订一个草案。“我们在俄国取得巨大的胜利。”隆美尔写信告诉露西，“或许比我们料想的还要快得多。对我们来说，最重要的是，我们必须一直坚守到俄国的战役结束。”现在他终于明白，在前一段时期内他迅速取胜的设想是多么不着边际，因为他没有考虑到进攻苏联的战役。

7月31日，隆美尔飞往东普鲁士狼穴——希特勒的大本营。希特勒高兴地接见了他，并批准了他大规模进攻托布鲁克的计划。

返回前线后，医生们诊断隆美尔患了严重的黄疸病。但他仍坚持巡视前线，加紧周密部署进攻。

这时，英军获得增援，发动了“十字军远征”，企图一举消灭隆美尔军。双方力量对比悬殊，英军在战役中投入724辆坦克，此外还有200多辆坦克作后备，而隆美尔军只有414辆坦克（包括意大利军队的154辆坦克）。战斗时断时续地打了三个星期后，至12月8日，隆美尔只好下令德军收缩战线。

“十字军远征”行动严重搅乱了隆美尔的计划，但丝毫没有影响他进攻托布鲁克的决心。他决定迅速实施“仲夏夜之梦”行动计划，猛攻托布鲁克。

在德军潮水般的攻击下，英军的抵抗眼看就要崩溃。不料埃及的英军在获得大量增援后，迅速东进，对隆美尔军形成了合围之势。

这时的德军伤亡惨重，给养严重不继。尤其是汽油严重匮乏，装甲部队难以维持。为了避免被围歼，隆美尔指挥德军虚晃几招以后，向西撤去。

英军尾随而至，德军只好且战且退。在紧靠阿米达比亚的地方，隆美尔发现两个英军旅之间有一个诱人的突破口，于是马上派军冲击。在两次熟练和胜利实施的进攻中，大量英军被歼灭。英军一蹶不振，德军获得了喘息之机，到1942年1月，在的黎波里附近的布雷加港一线，德军站稳了脚跟。“暴风雨已经过去，我们重又看到了蔚蓝色的天空。”隆美尔兴奋地宣布道。

不久，希特勒给隆美尔运来50多辆坦克和2000吨航空汽油。这使德军的给养得到充分的补充。

并且，意大利间谍盗窃了美国驻罗马大使馆，并且拍摄了“黑色密码”的附件。这样，意大利和德国的密码侦破人员便可以偷听美国绝密的通讯联系了。它的宝贵价值在于：美国驻开罗的武官波尼尔·费勒斯上校拍回华盛顿国防部的报告采用的便是此密码。而费勒斯上校是一个极有洞察力的战地观察家，并始终注意着英军进攻隆美尔的计划和它对德国装甲兵团下一步行动的估计。这使得隆美尔获得了大量有重要价值的军事情报，对英军活动了如指掌。

经过一小段时间的休整后，隆美尔认为大规模反攻的时机已经成熟。他决定对英军发动突然袭击，使其猝不及防。

为了保守机密，他禁止炮兵用胡乱发射的炮火对英军进行轰击，禁止所有的卡车在白天向敌方运行。与此相反，他故意让卡车运输队直到黄昏还在向西方运行，然后，在黑夜的掩护下再把车辆掉转头驶向敌军。坦克和大炮也都做了巧妙的伪装。他甚至把这一秘密瞒着柏林的最高统帅部，无线电没有发出任何信号。对于士兵，他也只是通过那些通往前线的所有客栈的通告牌告诉他们：发起进攻的时间是1月21日上午8时30分。当这一时刻接近时，天空被建筑物的火焰映得通红，沿海岸的船只也被隆美尔有意点燃，借以迷惑英军。

发起进攻的时刻终于到了。隆美尔身先士卒，指挥在海岸公路上的战斗部队穿越布雷区。与此同时，他的部将在右翼也发起攻击，两军配合得天衣无缝。第二天早上，德军攻占阿米达比亚，英军狼狈逃窜。德军以3名军官和11名士兵阵亡及3辆坦克被毁的微小代价，击毁了299辆英军坦克和装甲战斗车，147门大炮并俘获了935名俘虏。

1月26日，隆美尔决定不顾一切地继续进攻，直指梅奇里。英军火力被一支佯攻梅奇里的德军所吸引，对于经过长途跋涉突然出现在身后的德军主力猝不及防，束手就擒。

在伦敦，丘吉尔在议会中被有关北非危机的愤怒质问所包围。他自己早先炫耀的不久英军将进入的黎波里的大话现在听起来显得十分空洞可笑。现在，全世界报刊上的英雄不是丘吉尔，而是一个戴着有机玻璃眼镜，佩着功勋奖章的德国坦克将军。"我只能告诉你们，"丘吉尔对议员们说，"眼下昔兰尼加西部前线的形势很糟。因为我们的对手是一个十分大胆而又精通战术的人，若撇开战争的浩劫而论，他是一位了不起的将军……"

1月29日，德军攻占班加西。第二天，希特勒在自己的演说中高度赞扬隆美尔，并提升他为标准上将。并托人带话给隆美尔，"告诉隆美尔，我钦佩他。"隆美尔则兴高采烈地回信道："为元首，为民族，为新的思想贡献微薄之力使我感到十分荣幸。"他再接再厉，直指埃及边境。

"在我们向埃及边境猛插期间，无论在哪里都能找到隆美尔。这位军人总是把他那奇怪而又不可思议的力量传播到官兵身上，甚至直接倾注到每一名士兵身上。人们私下里对他都直呼其名，他和士兵谈话时也直言不讳；他不和他们一道唉声叹气，然而却以诚相待；他常常言辞严厉，但也同样知道如何称赞他们，鼓励他们，知道怎样提出自己的建议，怎样把复杂的问题深入浅出地使他们容易理解。大家彼此了解，并有着沙漠特有的忠诚和友谊。士兵们了解自己的将军，并且知道将军和他们一样吃着沙丁鱼罐头。"一位随军记者这样写道。

这时，德军面临着英军的卡扎拉防线，它顺海岸而下，进入沙漠，延伸到托布鲁克以西40英里的地方。沿着这条防线，英军埋下了一百万枚地雷，并切断了所有理想的沙漠小道。隆美尔决定让军团迂回到南面，对英军进行侧翼包抄。他下令士兵在卡车上安装上巨大的螺旋桨，放在战线正面。让螺旋桨高速转动卷起的风沙吸引英军的火力。

进攻开始时，德军取得了胜利。但随后，隆美尔和他的士兵们便陷入了重围。因为情报部门的情报有误。在他们为隆美尔准备的地图上，漏掉了1个敌军装甲旅和4个旅群，英军仅仅上了一半圈套。隆美尔似乎也失去了对战斗的控制力，情况十分危急。幸亏他与德国空军指挥官瓦尔道取得了联系，瓦尔道派出326架飞机扫荡战场，局势才开始变得对隆美尔有利。

到6月18日，经过残酷厮杀的德军包围托布鲁克。

这时的托布鲁克已远不及1941年被围时牢固，沙暴填平了又宽又深的反坦克壕，英军士气低落，给养匮乏。

在空军火力的配合下，隆美尔军经过两昼夜苦战，终于攻克了托布鲁克。

消息传出，整个纳粹帝国欣喜若狂。一座新落成的桥以隆美尔之名命名；鲜花和贺电淹没了隆美尔家；希特勒则宣布晋升隆美尔为陆军元帅。

隆美尔踌躇满志，挥师东下。英军节节败退，直到一个污秽的小火车站阿拉曼附近才稳住了阵脚。尼罗河湿润的河风轻轻吹拂着士兵们被沙漠烈日烤得焦黑的脸庞，开罗便矗立在不远处。这是英军在尼罗河前的最后一道防线了。

墨索里尼和一批法西斯要员已经飞抵利比亚，焦急地等待着进入开罗的庄严时刻。领袖们的白马嘶鸣不已，准备美餐尼罗河畔青青的牧草。

一场惊心动魄的大战即将在阿拉曼展开。

（五）棋逢对手

面对着德军的威胁，指挥英军的奥钦莱克将军几乎失去了信心，他开列出一张在德军占领埃及前必须破坏的项目表：电台、电报和电话系统，石油和汽油装置，交通以及动力供给系统。防御工事正在金字塔附近修建，埃及首都已宣布进入紧急状态。德国特工人员通知隆美尔，英国军队已经接管了开罗。隆美尔的威名在他本人之前启程了。他知道，厌恶英国人统治的埃及人正怀着难以抑制的兴奋心情等待着他的到来。他希望随之而来的反英骚乱扰乱英国人的后方。在他与外交部保持永久联络的特别通讯车里，一份电报发往柏林：“陆军元帅隆美尔要求在埃及尽快展开积极的策反宣传活动。”

在伦敦，英国首相丘吉尔则陷入了议员们的猛烈攻击之中。为解燃眉之急，他决定起用自敦刻尔克（1940）战役后一直赋闲的蒙哥马利将军取代奥钦莱克将军，任北非英军总司令。

矮小结实的蒙哥马利长着一副鸟一般的相貌，他那高昂并带鼻音的嗓音听起来刺耳而又不友善。蒙哥马利有许多方面都和隆美尔相似，两人都很孤僻，在自己同行将军中，敌人多于朋友；两人都很专横、傲慢，是缺乏文化素养的职业军人；在受到约束时，两人都是难以对付而又抗上的军官，然而在一切由他们支配时，却又是最优秀的和有独到见解的战地指挥官；两人都不吸烟，也不喝烈性酒，而且都喜爱冬天的运动和注音保持身体健康。

蒙哥马利注重与领袖保持良好的关系。他用靠近海滨浴场的舒适住所招待丘吉尔，并给他提供白兰地和美味的食物。同样，隆美尔也重视他对希特勒的忠诚以及和戈培尔的友谊。两人都挑选出类拔萃、年轻有为的军官组成自己的“军事家庭”，并且都很注重自己的名誉。正像隆美尔戴着他那著名的帽子和有机玻璃风镜一样，蒙哥马利则是用带有团队徽章的不协调的澳大利亚丛林帽子来装饰自己。孩提时代的隆美尔对鸟类和动物曾有过短时间的残忍行为，他用放了辣椒的食物喂天鹅，并对它们的痛苦哈哈大笑。蒙哥马利在学校上学时，便是一个调皮鬼，还有着恶霸的名声。

然而在战场上，他们却截然不同。隆美尔是个勇武的军人，与他对垒的英军也不否认这一点。蒙哥马利则命令士兵们：“无论在哪里，发现德国人就打死他们。”这赋予了这场沙漠战争以新的特点，而隆美尔却谨慎地避免这种残忍；蒙哥马利是个行为古怪的人，而他的纳粹对手隆美尔却是一个正统的军事指挥官，并主要以随机应变的能力和深邃的战术洞察力而著称；隆美尔总是在战场上冲杀在前，身先士卒，蒙哥马利则决不会冒着生命危险走上前线；隆美尔完全依靠自己的才智，蒙哥马利则更懂得运用别人的智慧。

还有一点必须强调：在情报方面，蒙哥马利也远比隆美尔占优势。隆美尔与德军统帅部之间的许多绝密电报，几小时后便会被英国情报机关破译后送呈蒙哥马利。而此时，美驻开罗武官费尔斯已奉召回国。德情报机关通过破译他和华盛顿之间电报以获取情报的渠道便不复存在。

抵达阿拉曼的德军可以说已是强弩之末。疾病大为流行，许多士兵染病丧失战斗能力。并且可投入战斗的德军坦克仅 203 辆，英军则是 767 辆。更为致命的是，德军的燃料供应严重不足，整个装甲兵团的汽油仅够行驶 100 多英里。

面对这种情况，隆美尔决定速战速决。

1942 年 8 月 30 日晚，一轮苍白的明月挂在波浪起伏的沙漠的上空，隆美尔选择了克拉克山作为突破口，发起总攻。

殊不料，这一情报被英军获得。英军在这里密布地雷，设下圈套。德军闯入布雷区后，整个阵地被英军伞兵的照明弹照得通明透亮，英空军对德军实施了凶猛的空袭。德军死伤惨重，俾斯麦将军等重要战将相继阵亡。拜尔莱因上校挺身而出，临时担任前线指挥，带领德军拼命向前冲杀。

第二天清晨，德军终于突破到布雷区尽头。拜尔莱因上校余勇可贾，向隆美尔请命继续进攻。隆美尔鉴于德军损失惨重，犹豫不决。上午 8 时 35 分，他电告装甲师：“原地待命。”拜尔莱因争辩说，眼下放弃进攻，对那些为突破布雷区做出牺牲的士兵是一种嘲弄。隆美尔只好同意了他的看法，但却对作战计划做出了灾难性的修改。不是按原计划向东推进 20 英里到达左侧那座令人生畏的阿拉姆·哈勒法山脊，再迂回过山脊从后方进攻敌人的主力，而是让全部主力此时尽快地横跨山脊。

这种进攻路线正是蒙哥马利求之不及的，他正打算在阿拉姆·哈勒法山脊彻底打破沙漠之狐不可战胜的神话。

趁着沙漠风暴，隆美尔军顺利推进到山脊下。这时天放晴了，集结在山脊上的英军坦克和大炮立即开火，轰炸机也铺天盖地而来。前线指挥向隆美尔报告，装甲兵团已经受困，并且所剩燃料只够行驶 20 英里了。

9 月 1 日拂晓，隆美尔驱车前往战场时看到在这片狭窄的地段上，铺满了德军坦克残骸，许多坦克还燃着熊熊大火。英军发起了六次轰炸。空气几乎令人窒息——硝烟灼热呛人的气味夹杂着细沙，使人无法呼吸。冰雹一般打来的岩石碎片加大了爆炸和子母弹的威力。德军被压得抬不起头来，伤亡惨重。面对这种情况，隆美尔下令装甲兵团迅速回撤。

这一决定在很大程度上延误了战机。因为德军虽伤亡惨重，但士兵们仍勇猛拼杀，已从侧翼包围了英军所谓的最后希望的防线。

蒙哥马利获悉后，兴奋地宣告："埃及已经没有了危险。我将最终消灭隆美尔是确定无疑的。"

事实上，这次战役英军的胜利，与其说是物质上的，倒不如说是心理上的。隆美尔利用保留被占领的英军布雷区和重要的卡伦特·希梅麦特高地进一步加强了自己的防御线，使蒙哥马利的南翼受到了严重威胁。同时，英军虽牢牢站住了脚跟，但却比德军付出了更大的代价，他们损失了 68 架飞机，27 辆坦克和比德军更多的伤亡人数。然而，英军能够迅速弥补这些损失。隆美尔却无能为力，特别是此次战斗使德军消耗了 400 余辆卡车，使德军的运输工具严重不足。

这时，隆美尔的健康状况严重恶化。希特勒召他回国治疗休养，命施登姆将军暂时接替他的职务。

9 月 23 日，隆美尔动身回国之前，把有关在阿拉曼战线上必须继续加紧工作的最强硬命令交给了施登姆。他认为，由于无法对战线进行侧翼包围，蒙哥马利很可能会从正面插入。为了减少英军炮火和空中轰炸的影响，隆美尔设计了十分全面的防御系统。英军的主要攻击目标将是连绵的德军布雷区战线，所有的布雷区均无人驻守，但却布下了成千上万的地雷和陷阱。这条防线的前沿将由德军战斗前哨部队守卫，每一个步兵营抽出一个连的兵力。在布雷区后面大约两千码处是主要的步兵防御阵地，后面有布局巧妙的更大型的反坦克炮，防御阵地后方作为机动后备力量的是装甲和摩托化师。

这些主要的防御地带便是隆美尔著名的"魔鬼的乐园"。大多数地雷的威力都足以炸断坦克的履带或摧毁一辆卡车。而其中3%的地雷具有多种毁灭性的杀伤力，或通过电线引爆，或是一触即响，接着这些地雷就像玩偶匣似的飞向空中爆炸开来，无数的钢球将飞溅到四面八方。在蒙哥马利发起进攻之前，德装甲军团埋设了249849颗反坦克地雷和14509颗杀伤地雷，加上南线上占领的英军布雷区，隆美尔的防御线上一共有44.5万多颗地雷。

隆美尔的基本战术计划是让敌军的进攻陷入他的布雷区，然后德军再从战线的北端和南端发起反攻，使蒙哥马利的精锐部队落入他的圈套。

“一旦战斗打响”，他向施登姆保证说，“我将立刻放弃治疗，返回非洲。”

隆美尔回国后，形势进一步恶化。英国的情报机关接连截获德军运输船即将到来的消息，于是派出飞机和潜艇在海上等候，并将它们摧毁。德军燃料供应严重不足，士气低落。

英军司令蒙哥马利获悉这些情况，并知道隆美尔的部队无论在哪一方面都不能与他的大军匹敌。他告诉军官们，隆美尔已“告假养病”，德军战斗力衰竭，军粮不足，汽油弹药短缺。英军发起总攻的时机已经到来。

“你们训练有素，眼下正是杀敌之时，”蒙哥马利动员士兵道。“向坦克开火，向德军开火吧！”

1942年10月23日，英军发起凌厉攻势。施登姆将军亲临前线指挥德军作战，不幸阵亡。10月25日，隆美尔急忙赶回前线。当他跨进司令部的汽车时，阿拉曼战役的大厮杀已进行了48个小时。英军的炮声震耳欲聋。隆美尔询问为什么英军集结进攻时他们不用炮火轰击。托马将军和威斯特法尔两人解释说，施登姆将军严禁进行炮击，以免浪费炮弹。在隆美尔看来，这简直铸成了致命的大错。正因为如此，英军才能以排山倒海之势轻而易举地压过前沿阵地，占领了德军的布雷区。

英军进攻的重点在北部，他们以步兵为突击队，在浓郁的烟幕掩护下从布雷区杀开一条通路，以便坦克突破防线。在这些通道之间兀立着可作为炮兵观察所的光秃秃的28号高地。但此高地已落入英军之手。

隆美尔率军向这块高地发起了殊死的反攻，但是，数次冲击均告失败，德军反而在这块无法隐蔽的地段上，遭到英空军的无情轰炸。

此时还有一项战术措施可以运用，那便是后撤几英里，退出英军炮火射程之外，再诱英深入，使对方坦克卷入激战，以优势兵力全歼之。然而，隆美尔已无足够汽油支持实施此计划，并且德国空军此时也无力支援。

隆美尔感到心灰意冷，但他仍向指挥官们发布命令，指出此乃生死攸关时刻，任何人都必须绝对服从命令，都必须战斗到底。

很快，蒙哥马利又发动了一次大规模的攻击。德军勇猛拼杀一夜，终于击退了对方的攻势。蒙哥马利被迫重新考虑战略部署。

这时德军燃料已所剩无几，并且，英空军的狂轰滥炸也使德军招架不住。隆美尔清楚地认识到：要是他的部队同守在原地，一旦英军突破防线，就会形成包抄之势，德军那时插翅也难飞了。

于是，他命令所有的非战斗部队撤到富卡防线更远的西部——梅尔沙·马特鲁地区。就这样，隆美尔神不知鬼不觉地开始了撤退。

他向希特勒汇报了这一打算，然而希特勒拒不批准，并电令他："你可向你的部下指明，不胜利，毋宁死，别无他路！"

隆美尔只好命令前线部队继续坚守阵地。这使得很大一部分部队错失撤退良机，惨遭覆灭。到 11 月 4 日，德军南线总指挥凯塞林元帅赶来给部队打气时，前线德军只剩下 22 辆坦克了。

"我觉得应把元首的电报看作是呼吁，而不是一成不变的命令。"凯塞林指出。

"我认为元首的指令是绝对不能更改的。"隆美尔诚惶诚恐地说。

"但必须随机应变，"凯塞林反驳说，"元首并不愿意你和你的士兵葬身此地。"

凯塞林劝他立即电告希特勒："就说部队损失惨重，人员剧减，不可能再守住防线。要在非洲立足的唯一机会完全取决于此次撤退的成功与否。"凯塞林同时答应亲自向希特勒电告此事。

不久，希特勒回电隆美尔，悻悻道："既然事已至此，我同意你的要求。"

就这样，隆美尔 7 万人的残部开始了艰难的大撤退。

很少有这样残酷的环境，竟然在一支军队撤退时如此恶毒地消耗着它的精髓。然而，隆美尔依旧表现了身处逆境时那种惊人的狡诈。好多次，蒙哥马利的炮火还在向德军轰炸不止，可是德军早已悄然后撤，只留下数以百计的地雷阵在恭候前来探头探脑张望的英军。

虽然疾病缠身，头晕目眩，但隆美尔仍率 7 万德意联军，穿越了北非海岸线数百英里荒无人烟的沙漠。一路上，他们忍受着热带白昼酷热的煎熬，经受了疾风暴雨的吹打，硬挺着寒冷彻骨的黑夜。这支首尾长达 60 英里，由坦克、大炮以及各种载人车辆拼凑起来的队伍，一路上经常遭到无情的空袭。有好些日子，由于缺乏燃料，整个撤退行动不得不瘫痪下来，与此同时，隆美尔那些身经百战、忠诚不渝的士兵在缺水少粮的情况，仍然在为掩护撤退做着殊死的抵抗。几星期、几个月过去了，终于，突尼斯的青山丛林映入了眼帘，隆美尔才长长松了一口气。

在突尼斯，隆美尔受到了凯塞林、突尼斯德军总指挥阿尔尼姆以及意大利最高统帅部的合力排挤，只好于 1943 年 3 月称病告别了非洲。

在他离开两个多月后，北非的德军接连溃败，只好举手投降。

（六）火中取栗

德意联军在北非彻底失败后，意大利便直接暴露在英、美盟军面前。这时的意大利国内局势也日益不稳，墨索里尼的地位岌岌可危。

希特勒急忙任命隆美尔组建一个新的集团军司令部的参谋班子，并指示他：一有紧急情况，便进占意大利。

1943年7月9日，英、美盟军用伞兵和登陆艇对意大利的西西里岛实施进攻。

7月25日，意大利发生政变，墨索里尼被囚。虽然新政府宣布不背弃德国，但希特勒根本不相信这一点。他强烈主张立即进军意大利，扶植墨索里尼重新上台。隆美尔却力主采取谨慎的行动，逐步渗入意大利。经过一番争论，希特勒冷静下来，同意了隆美尔的意见。

于是，隆美尔开始不慌不忙地把部队直接渗入意大利北部。他计划：横跨从热那亚到里米尼（意大利中部靠近亚得里亚海的重要港口城市）的意大利北部，占领一条战线，然后再把忠实可靠的德军遍布意大利。他认为，德军先应在西西里岛打一场旷日持久的战役，然后沿意大利的“靴形”地势（意大利在地图上很像一只斜放着的靴子）撤退北上，在横跨意大利的科森察（意大利西南部的重要城市）至塔兰托（意大利东南部的重要港口城市）之间的一系列防线上进行防御，最后再沿亚平宁山脉进行抵抗。总之，他认为：“与其在自己的国土上打仗，不如在意大利进行战斗。一定要拒战争于德国本土之外。”

7月29日，希特勒获得情报——意大利的新政权正秘密与敌人接触，停战指日可待。他急忙下令隆美尔执行秘密入侵意大利的阿拉里奇行动计划。

隆美尔对突击营的指挥官扼要交代说：“你们要对意大利人保持友好和睦，避免摩擦。”

“他们要是抵抗呢?”

“那就谈判，”隆美尔说，“如果他们向你们进攻，你们就还击。切勿使用意大利人的电话线。与后续部队一定要保持紧密的联系，使意大利人无法将部队插进来。”

德军迅速占领了意大利北部边界地区的关隘。等意军反应过来，大批德军已滚滚而来，占据了意大利北部的各战略要地。意大利最高统帅部对此非常恼怒，他们将大批军队调往北部抵挡德军，同时加紧同英美盟军接洽投降事宜。

为协调德军在意大利的行动，希特勒调凯塞林元帅指挥南部军队作战，让隆美尔专门负责指挥北部德军行动。

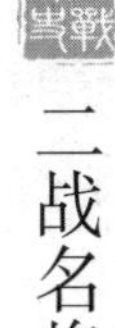

9月8日，意大利宣布向英、美盟军投降，德国最高统帅部用电话向隆美尔和凯塞林下达代号为“轴心”的命令，让他们立即快刀斩乱麻地收拾意大利军队。

德军行动迅速，很快占领罗马和各大城市。意大利新政府要员和王室逃跑到英、美盟军那里，乞求援助。

第二天，美军第5军团在那不勒斯（意大利南部的重要港口城市）南部的萨莱诺从海上进攻。从破译的美军无线电通信密码中得知，意大利人已将战略部署泄露给敌人。凯塞林接到希特勒的直接命令：“如果有必要”，边打边向北撤，向罗马方向运动。但是美军和德军防守部队一交锋便被打垮。这未免令人手痒，凯塞林决定就在当地及时吃掉敌人。

与此同时，隆美尔在北部将一切力量都投入到了海岸防线，并不再保留后备部队，准备拒敌于海面。

9月10日，隆美尔因阑尾炎住进了医院。躺在医院时，他不止一次听到了空袭警报。这使他意识到在奥地利的家也已不安全，急忙写信给妻子要她迁居外地。

凯塞林极想遏制住盟军的攻势，甚至把他们赶下海去，但这几乎是妄想。9月12日，他得到反攻的许可，但是英美盟军已经有8个师登陆，正以优势兵力压向德军的4个师。于是德军开始边撤边退。希特勒授权凯塞林一路上破坏桥梁、公路、隧道和铁路等设施，阻止敌人的推进。

这便是27日隆美尔出院时的局势。那天下午，陆军元帅凯特尔从最高统帅部打来电话，要隆美尔飞回“狼穴”（希特勒设在东普鲁士的大本营）参加会议，与希特勒讨论秋季战略。这一回凯塞林也出席了会议。

隆美尔和凯塞林向希特勒汇报了在意大利的战果：他们解除了80万意大利士兵的武装，取道北部押送了26万8千人到德国服苦役，缴获了448辆坦克、2000门大炮和50万支步枪。然而这并不是最令人叹服的战果。在拉斯佩齐亚的三条隧洞里，隆美尔的部队发现了为意大利潜艇和军舰贮藏的燃料油，共有38000桶，相当于165万加仑。正是这个意大利最高统帅部，一边窝藏着这么多的燃料油，一边说海军没有燃料，不能为船只护航，无法把给养物资运给在北非的隆美尔！在随后的几个星期里，别处也找到了更多的意军秘密贮藏的燃料油。

出席会议的戈林插话道：“我们还缴获了数百架第一流的意大利战斗机。”

“这些家伙怎么竟干得这样神不知鬼不觉呢？”希特勒吃惊道。

戈林冲动地说：“意大利和墨索里尼多年来一直在有意捉弄我们。意大利人把飞机和原料藏起来，墨索里尼怎会一无所知？真该一枪把他崩掉。”

这些话并不对希特勒的心思。他依然费尽心机，把墨索里尼从被关押的山庄里搭救出来，并帮他重新建立起政权。“真正的过失全在国王和他的将军们身上，”希特勒强调道，“他们策划这次叛变是蓄谋已久了。墨索里尼和他们不同，他是我们的朋友。”接着，他转向凯塞林和隆美尔说：“我们在意大利坚守的每一天、每一周、每一个月，对我们都是生死攸关的大事。我们必须赢得时间。因为只要把战争拖延下去，就能使对方屈服。”

然而，隆美尔不能保证的也正是时间。他建议最好的办法就是依次安全迅速地沿意大利半岛撤至罗马以北 90 英里的地方。

可是，凯塞林却要求在罗马以南 90 英里只有先前一半长的战线上进行最后的防御战。他相信至少能在即将到来的冬季守住这条防线。这一建议比隆美尔的建议显得更为乐观，并且更合希特勒的意。

然而，隆美尔指出，凯塞林的计划中有一个明显的漏洞，因为对方若在罗马的任意一边，海上或更远的北部绕过这条防线，德军就会腹背受敌。

凯塞林为自己辩护说，若北部德军严阵以待，密切配合的话，此防线必然固若金汤。故而他要求由一人通盘指挥意大利战事。

10 月 17 日，希特勒派人请来隆美尔，让他独自指挥意大利战场的德军，但同时要求他依凯塞林计划行事，至少要在整个冬季守住凯塞林现在控制着的从加埃塔到厄托纳的防线。隆美尔则提出了强硬的保留意见。他要求在接受“意大利最高司令官”一职前，必须亲自视察凯塞林的战区，再根据实际情况制定作战计划，不同意盲目执行别人的计划。希特勒对此大为恼怒。

10 月 19 日，希特勒决定将意大利的最高指挥权授予乐观的凯塞林。

那么隆美尔该做什么呢？他那齐心协力的参谋部又该怎么办呢？难道隆美尔该靠边站了，这对德国来说是无法理解的。希特勒此时陷入了进退两难的窘境，该给这位他自己的宣传机器鼓吹出来的神秘元帅分配什么工作呢？希特勒做出了第一个十分不当的决定，让隆美尔集团军的参谋班子原封不动，在必要时可以给他出谋划策。这虽然迎合了隆美尔的数学头脑，因为数学是一门充满了“寻求问题答案”的科学。但是对隆美尔本人而言，这不过是让他蒙受耻辱，丢尽脸面罢了。他感到自己终于被抛在了一边。

（七）负隅顽抗

希特勒的战略顾问约德尔将军提出了解决隆美尔问题的方法。10 月 30 日，他把德国军界年事最高、资格最老的陆军元帅、西线总司令伦斯德的连篇累牍的报告呈交给希特勒。该报告指出，自 1942 年 8 月以来，在欧洲与英国隔海相望的海岸线上，希特勒曾大肆鼓吹的“大西洋壁垒”事实上已经不堪一击。以英美盟军在西西里和萨莱诺成功登陆的实力来看，“大西洋壁垒”根本无法阻挡对方决意进行的入侵。必须尽快地彻底检查和加固海岸防御工事。约德尔的建议认为：这对隆美尔及其参谋班子来说是一项很合适的工作，无论对方从什么地方发动攻势，从战术上来说，隆美尔都可以胜任反入侵的指挥任务。但是希特勒并不想做得太过火，他要约德尔起草一份适合于隆美尔的命令，只说是“研究任务”，而不指明“战术指挥”这样的概念，因为那样做未免过分了点。

11月5日晚些时候，希特勒在“狼穴”把这项命令下达给隆美尔。他着重指出，这项工作对德国具有重要意义，“敌人要是从西线进攻的话，那就将是这场战争的决定性时刻。”希特勒说，“那么，我们必须举国上下全力以赴。”遵照希特勒的直接命令，隆美尔开始着手研究在盟军获得立足点之后必须采取的防御计划和可能的反攻措施。

希特勒暗示隆美尔，如果战斗打响，他可能要担任战术指挥。可是，希特勒并未把这个意思告知西线总司令伦斯德。相反，希特勒却事先派最高统帅部司令凯特尔秘密前往巴黎，向伦斯德担保他可以稳坐总司令的宝座。

与希特勒短暂愉快的会面，使隆美尔倍受鼓舞。他兴致勃勃地写道：“元首的精力多么充沛！他给他的人民以巨大的鼓舞和坚强的信心！”

希特勒之所以选派隆美尔的原因是：在纳粹指挥官里唯有隆美尔具有数年与英美军队作战的经验，盟军非常畏惧他；此外，希特勒也想给隆美尔一个挽回声望的机会。

在视察过与英国隔海相望的全部海岸防御工事后，隆美尔认为：若发动进攻，盟军首先会以猛烈的空袭开路，然后在海上军舰和空中战斗轰炸机的火力掩护下，用数以百计的突击艇和装甲登陆艇在广阔的战线上从海上登陆，与此同时，在离海岸不远的内陆投下空降部队，从后面打开“大西洋壁垒”，从而迅速地建立桥头堡。故而，唯一有效的防御手段便是在滩头就歼灭入侵之敌。

为了实施这一计划，隆美尔决定在整个大西洋壁垒地带构筑一道6英里宽的坚不可摧的由地雷阵地和钢筋水泥掩体构成的防线。

他四处巡视，监督士兵们加紧修建防线，并且独出心裁地发明了各种新的防御技术。他建议用救火胶管的射流把笨重的木桩打入海滩下面。结果这个主意很奏效：木桩在三分钟内就能整根地打到沙地下面，而用常规的打桩机则要花费45分钟。接着，隆美尔命令士兵把地雷紧紧地捆在障碍物上，并给障碍物插上锋利的铁刺和参差不齐的钢板，这样它们就可以保证把登陆艇炸得粉碎。为了克服地雷的短缺，隆美尔创造了利用120万颗废炮弹的方法。这种致命的“坚果”地雷是一颗嵌在水泥障碍物上的炮弹，其中安有一块木板，作为临时触发器，一旦船只从旁经过，就会引起爆炸。为了把笨重的障碍物运到较远的海滩，他还绘制了有关使用浮漂起重机、船只和马拉队，以及滑车等技术的草图。设计图和使用方法印制出来后便分发给整个防区的指挥官们。为了克服物资的不足，他开办了生产水泥和四方体障碍物的工厂，修建发电站，重新开采矿山等。尤其值得一提的是，隆美尔的创业精神在西线激发了士气，士兵们的情绪日益高涨。

1944 年年初，英美盟军在欧洲开辟第二战场的意图日趋明显。

3 月 19 日，希特勒在伯格霍夫召见隆美尔，对他说："显然，英美即将联合对西线发起进攻。在任何情况下，都不允许敌人的进攻持续几个小时。要坚决歼灭他们，这将使罗斯福不能蝉联美国下一届总统之职。英国人则会产生厌战情绪。而且一旦西线胜利，我们就能全力对付东线。因此，这场战斗关系到我们国家的命运！"

同时，希特勒还指出：英美的联合进攻一旦开始，诺曼底海岸将是他们的进攻目标，而战略目标则是夺取瑟堡港。

隆美尔却不同意这一判断，他认为敌人可能进攻的海岸线必定是自比利时延伸至法国索姆河的第 15 军团驻守的地段。

果然英军侦察机频繁骚扰第 15 军团防区，他们的空袭也集中在这一地区。

5 月 20 日，德军在索姆海湾抓到两名英军突击队员，他们正在从事侦察活动。

接着，隆美尔在北非时的部将克拉默因患严重的哮喘病被英国人释放回国。他跑来找隆美尔告诫说，敌人进攻选在索姆河附近地区。

所有的迹象都表明，英美盟军进攻的目标是靠近英吉利海岸的第 15 军团的防区。

隆美尔对自己的判断更是深信不疑，他将这一地区视为防御重点，加固工事，投注重兵。1944 年 6 月 6 日，自认为万无一失的隆美尔回到家中，愉快地去给妻子露西过生日去了。

殊不料，他中了老对手蒙哥马利的圈套。正是 6 月 6 日这一天，盟军在隆美尔防御最薄弱的诺曼底登陆。

闻讯赶回的隆美尔立即组织抵抗，但终未能阻止盟军排山倒海的攻势。

十天后，隆美尔对德国的败局确信无疑，他上书希特勒阐明德军处境，请求希特勒考虑和英美盟军谈判议和。他对希特勒说："现在，政治应该起到它应起的作用了，否则，西线的局势很快将恶化到难以收拾的地步。"

"这不是你应该关心的事。让我来决定吧。"希特勒冷冷地答道。

6 月末，德军在诺曼底做了最后一次反攻，但很快失利。

7 月中旬，隆美尔和另一位陆军元帅克鲁格联名敦促希特勒从政治上考虑，做出最后的决定。并且，他还在手下的将领中竭力宣传自己的主张。

“要是元首拒绝我的建议，那我就敞开西线，让英国人和美国人先于俄国人到达柏林。”他对第17空军野战师作战部长瓦宁说。

不久，他与装甲群指挥官埃伯巴赫将军秘密会晤。

“我们不能再这样继续下去了。”隆美尔指出。

埃伯巴赫模棱两可地问道：“只要元首在台上一天，你能想象情况会有什么变化吗？”

隆美尔摇摇头说道：“我希望得到你的支持。为了德国人民的利益，我们必须合作。在以往的类似行动中，人民总是慷慨激昂的。”

“那将会在德国引起一场内战。”埃伯巴赫忧虑地说。

“是啊！唯愿元首同意我的计划。”隆美尔答道。

7月17日，隆美尔视察第1党卫装甲军。他问军长迪特里希：“你愿永远执行我的命令吗，甚至这些命令和元首的命令相抵触的时候？”

这位党卫军将军伸出那瘦骨嶙峋的手对隆美尔说：“你是头儿，陆军元帅阁下。我只听从你的，不管你打算干什么。”

殊不料，在返回途中，隆美尔的汽车遭盟军飞机轰炸，摔进一条沟渠里。他头部受了重伤，被送到巴黎郊外一家医院进行治疗。

（八）祸起萧墙

1944年7月20日，德国国内发生了谋杀希特勒事件。密谋分子施道芬堡把一只装有炸弹的皮包放在东普鲁士希特勒的作战会议室里，结果炸弹仅使希特勒受到轻度烧伤和撞伤，暗杀宣告失败。

隆美尔被深深地牵连进这次谋杀案之中。密谋分子供出了与隆美尔关系亲密的克鲁格元帅和隆美尔的参谋长斯派达尔中将。希特勒解除克鲁格的职务并召其回国。克鲁格知道在劫难逃，就吞下了氰化毒剂自尽身亡。斯派达尔在审讯中，宣称一位密谋分子曾将暗杀阴谋告知了他，而他则及时地向隆美尔报告了此事。若隆美尔没有上报这个警告，那就不是他本人的过错了。

秘密警察相信了这一供词，并写成报告交给了希特勒。本来就对日益悲观、持失败主义论调的隆美尔大为不满的希特勒怒气冲天，指出斯派达尔尚可饶恕，隆美尔则罪不可赦。

8月8日，隆美尔被送回德国家中养伤之时，已被警察秘密监视起来。

10月，希特勒决定处死隆美尔，但仍对他的爱将施舍了最后的恩惠。希特勒为其指出两种选择：一是如果隆美尔否认他人的指控，就向元首当面交代，否则理应受到处决。对于隆美尔之死，希特勒也为其指出两条路：一是作为人民公敌被公开处死；二是自杀，对外宣布自然死亡，死后享有一个陆军元帅应有的一切荣誉，家属不受任何牵连。

就这样，希特勒给他宠爱的陆军元帅出了最后一把力。对于那些被吊死在钢琴弦上的密谋分子，他从来没有过这样的恩惠。人民永远不会知道隆美尔和叛变分子沆瀣一气，甚至隆美尔的妻子露西也被蒙在鼓里。希特勒同样不让戈林和邓尼茨这些纳粹高级将领得知事实的真相，隆美尔的人事档案中也没有任何蛛丝马迹表明他参与过密谋，他的一生“清白而无瑕”。

1944 年 10 月 14 日，陆军人事部部长布格道夫、陆军人事部法律处长官迈赛尔少将亲自来到隆美尔家里处理此事。

书房里，布格道夫宣布：“元帅阁下，你被指控为谋害元首的同案犯。”接着他将斯派达尔等人的书面证词递给了隆美尔。

这些证词构成了毁灭一个人的起诉书，隆美尔看完后，一种极度痛苦的表情浮现在脸上。他现在是有口难辩，他怎么说得清楚自己没有参与暗杀阴谋，甚至时至今日都一无所知呢？

他所盘算的“一切”，难道不就是无论元首同意与否都要与蒙哥马利达成单独停战的尝试吗？即便如此，他也必须承认，这也足够引起元首的忌恨，把自己送上绞刑架了。

“元首知道此事吗？”隆美尔怀有一线希望地问。

布格道夫点点头。

“那么，我承担一切后果。”隆美尔两眼闪出绝望的泪花道。

布格道夫告诉隆美尔，元首允诺：如果他自尽，将对他的叛国罪严加保密，不使德国人民知道原因。为了纪念他，还将树立一座纪念碑，并为他举行国葬，而且保证不对他的家属采取非常手段。此外，其妻露西还将领取陆军元帅的全部抚恤金。“这是对你从前为帝国建树的功勋的肯定。”布格道夫强调道。

隆美尔被这突如其来的晴天霹雳搞得目瞪口呆，他请求给他几分钟的时间收拾一下东西。他心力交瘁，步履蹒跚。这该是多么具有讽刺意味的一幕。他，隆美尔，在两次世界大战中经历了多少枪林弹雨，多少次出生入死，而现在却要为他从未参与过的一次失败的阴谋去死，而不是马革裹尸、为国捐躯！

“我可以借用你的小车安静地开到别处去吗？”他问布格道夫，“恐怕我不能很好地使用手枪。”

“我们带来了一种制剂，”布格道夫温和地答道，“它在三分钟内就能奏效。”

布格道夫说完便退出了房间。隆美尔则上楼去和妻子诀别。“15 分钟之内我将死去，”他木然地对露西说，“我被牵连进了7月20日的阴谋之中，在劫难逃了。”露西没有哭，泪水只是以后当她孑然一身时才潸然而下。他和她谁也没有意料到这场离别。露西顿时感到头晕目眩，天昏地暗，然而她却勇敢地迎接了他最后的拥抱。

接着，隆美尔叫来儿子，从衣兜里掏出家里的钥匙，把它连同钱袋一并交给了他，并告诉他：“斯派达尔对他们讲，我是7月20日阴谋的主犯之一。我不能再和你们生活在一起了，你要照料好妈妈。”

最后，他走出门，安静地和布格道夫一起钻进了车子的后座。那位司机，党卫队的一名军士长，松了一下离合器，车子随即消失在路上，朝着前面的村庄驶去。

这位司机当时32岁，叫海因里希·多斯。他后来讲述了接下去的一幕。车子行驶了两百码以后，布格道夫命令他停车。“我下了车，”这位司机说，“迈赛尔将军和我一道，沿着公路往回走了一段路。过了一会儿，大约四五分钟，布格道夫叫我们回到车子那里。只见隆美尔坐在后座上，正处于弥留之际。他已神志不清，颓然倒下，啜泣着——并非是死前的那种挣扎或呻吟，而是在啜泣。他的帽子落下来，我把他的身子扶正，给他戴上帽子。”

第二天，德国报刊上登出了隆美尔因病去世的讣告，终年53岁。

（九）尾声

战争刚一结束，隆美尔的名字便和刺客施道芬堡周围的密谋分子联系起来。也许这是不可避免的。1945年4月，在布格道夫与迈赛尔将军登门拜访后，隆美尔便因病去世。这足以让人们猜测他的死因。当时，还有许多别的高级军官被这个阴谋牵连而自杀身亡，人们在揣度隆美尔的死因时也就会自然而然地作如是之想。但是，隆美尔的家人依然认为反希特勒的阴谋是卑怯的，效忠希特勒是一个陆军元帅唯一本分的职责。把隆美尔的名字与密谋分子施道芬堡混为一谈是玷污了这位陆军元帅的荣誉。1945年9月9日，隆美尔的遗孀露西声明道：“为了使隆美尔的名字洁白无瑕，为了维护他的荣誉，我要把此事的真相公之于世。我丈夫并没有参与7月20日的阴谋。我丈夫一向直言不讳，他曾开诚布公地把自己的见解、意愿和计划向最高当局陈述过，虽然他们并不喜欢他这样的做法。”

这是千真万确的事实。但是，密谋分子的标签已经贴到了隆美尔的身上。

英国人和美国人喜欢抓住隆美尔的神话不放。他们把隆美尔视为抵抗运动的英雄，认定他们所敬畏的纳粹分子隆美尔一定参与过反对他们的头号敌人希特勒的密谋。

当然，密谋分子隆美尔的神话还要归功于斯派达尔。1946 年，即使是个白痴也清楚，当时，在战后的德国，只有被证明与施道芬堡密谋分子有联系的人才被认为是可信赖的反纳粹分子，才能得到权力。斯派达尔曾经是隆美尔的参谋长，若隆美尔被塑造为一个令人肃然起敬的密谋分子并能长期保持这一角色的光彩，那么斯派达尔作为一名密谋分子的凭证显然将变得更为合情合理；如果隆美尔被树为战后德国身价极高而又恰如其分的人物，那么，与之有联系的斯派达尔也必然得到高升。他于 1946 年在美军集中营里曾很坦率地对另一位德国将军说："我想使隆美尔成为全体德国人民的英雄。"

斯派达尔在获释后发表的一本书中继续编造这个神话。他提出的论据认为：从 1944 年 4 月开始——此时他作为隆美尔的新任参谋长刚刚到任——一批排成四路纵队的密谋分子齐步走进了城堡司令部的大门，隆美尔在那里热烈地欢迎他们，并许诺支持他们的计划和手段，表示愿意在希特勒被推翻后上台执政。

显然，斯派达尔的这着深思熟虑的棋很快就奏效了。隆美尔成了永垂不朽的神话元帅，而斯派达尔本人则在其光荣的回光返照之下，从一名战俘一跃而成了德意志联邦共和国陆军的新任司令官，继之又步步高升，当上了北大西洋公约组织的高级将领。

那么，历史的真相到底是什么呢？

毋庸置疑，到 1944 年 6 月中旬，隆美尔已多次耳闻纳粹集中营大屠杀等残暴事件，逐步认识到希特勒政权的滔天罪行。当诺曼底战役对他形成不利局面时，隆美尔便沉溺于白日梦中。他开始左右摇摆地产生了与希特勒背道而驰的念头，想直接和敌人打交道。然而他自己可能也明白，他绝不会这样做。

有一段插曲是隆美尔这种个性气质的最好写照。它发生在 1944 年诺曼底登陆前那令人疲惫不堪的最后几周里。隆美尔在短途巡视中，常常在德国娘子军为他的士兵开办的旅店里停下来吃午饭或喝午茶。漂亮的空军姑娘和护士们时常围住他，要他签名留念。有的少女被这位大名鼎鼎、气宇轩昂的军人迷得神魂颠倒，她们送给他礼物、纪念品，并温情脉脉地向他暗示，这一切弄得隆美尔十分尴尬。然而有一天，姑娘们的热情和浓烈的法国香水味甚至也挑逗得这位严肃固执的陆军元帅动了心。当他出了房间朝等待着他的车子走去时，对陪同的工兵指挥官梅斯将军说："你知道，梅斯，"他狡黠地一笑，"有些姑娘真是迷人，我差不多要为之倾倒了。"然而，隆美尔明白自己绝不会陷进去，因为他对爱情是忠贞不渝的。

在政治方面，他动过反对希特勒的念头，但他就像一个在感情方面非常忠诚的丈夫偶尔在不规矩的奇思怪想中得到满足一般；但绝不会真的去寻花问柳。"我差不多要为之倾倒了！"他对梅斯这样说。但无论如何也只是"差不多要"，事实上却并没有。

再者，比起其他的将军来，他更为有胆识，敢于向希特勒陈述自己的观点。1944 年 6 月，他就曾口头对希特勒建议与英美盟军议和。7 月，他更是与克鲁格元帅一起向希特勒上书建议此事。并且他还想写一封给蒙哥马利的信，自愿把诺曼底战线开放给盟军，天真地希望德、英、美三国联合对抗苏联红军，等等。

然而，我们看到，这些与希特勒政策相背离的想法和计划，虽时时出现在隆美尔的头脑中，并常在他与朋友的谈话中流露出来。但这并不意味着隆美尔会在行动上背叛希特勒。如同当年在但泽的婚礼仪式上他向妻子发的誓一样，1934 年他和每一个军官对元首的宣誓足以使具有隆美尔这种信念的军人不会去干那种背叛元首的违背神圣誓言的勾当。此外，隆美尔和一些积极的陆军元帅还在 1944 年 3 月在给希特勒的第二份效忠书上也亲自签名发过誓。双重的誓言更使得隆美尔不敢越雷池一步。非日尔曼民族的人一定很难接受这样的事实：一位刚直不阿的将军竟然会由于自己的效忠宣誓而被这种极权统治捆住手脚。但他们确实就是这样，他们的整个军事生涯都被这种形式所支配。一种绝对服从上级命令的民族气质牢牢控制了他们。接连不断的胜利由此产生，而失败往往也起源于此。一位德国将军的观点可以说是代表了包括隆美尔在内的许多德国将军的普遍观念，他说："我深信，誓言永远是誓言，它永远也不可违背，尤其是在危急关头，就更要恪守誓言，用鲜血和生命去捍卫它。"

最后，对于隆美尔其人我们又能说些什么呢？

跟别的婴儿一样，他呱呱落地时并没有什么特别的形容词可以用来修饰他；他在襁褓和孩提时代得到的不寻常的形容词也几乎寥寥无几；作为学生，他纤弱但勤奋上进；作为青年，他守纪律、坚韧不拔而且喜欢发明创造；作为丈夫和父亲，他不但富于感情，有想象力，而且忠诚不渝。

他在军队中出人头地，勇猛无畏，足智多谋，但有时也轻率莽撞，自以为是；他虽然也意识到自己出身寒微，只是一个教员的儿子，但具有非凡的抱负；他憧憬远大的目标，时刻渴望着权力和高官厚禄。在生命的最后几周，他对儿子说："你知道，还只是一名陆军上尉的时候，我就已经懂得怎样指挥一个军团了！"在整个一生中，他从未表露过个人的畏惧，甚至明知是去赴死，他也一如既往，迈着坚定的步伐毅然前往。

但是，实事求是地说，由于年龄的增长、思想的成熟和官爵的升迁，他变得固执武断，对同僚和上司的劝告置若罔闻，他鲁莽草率，傲慢无礼，对别人的指责和非议常常神经过敏。

正如希特勒在 1944 年 8 月评论他的那样："他不是一个真正持之以恒的军人。"

隆美尔只是一个有其不足之处的普通的军官：在取得接二连三的胜利之后，他对士兵来说确实是个鼓舞人心的源泉；但一经失败，他顷刻之间就丧失了勇气。

作为一个战略家，隆美尔目光短浅。他只重视军队眼前的战斗，却看不到战争全局的势态发展。譬如 1941 年，他对希特勒即将进攻俄国的野心勃勃的战略竟一无所知，从而导致了在利比亚战线拉得太长的灾难性事件。1943 年，隆美尔也居然看不到为争取时间而拖延战争的好处，从而被希特勒调离意大利战场。事实证明，凯塞林秉承希特勒意旨在意大利的抵抗曾使罗斯福和丘吉尔一时被缚住手脚，动弹不得。事实上，有时隆美尔似乎只有一个主导思想——在力所能及的范围内将部队尽快地撤回德国本土。他先从利比亚撤到突尼斯，以后又力主从意大利南部加速撤退到阿尔卑斯山。这样便首先把巴尔干暴露在敌人的进攻面前，然后又使德国南部遭到英美盟军的战略轰炸。

不过话又说回来，尽管隆美尔有这些缺陷，他的能力和才智还是不可否认的。有人曾这样评价他："他不仅对别人，而且对自己都极为严格。他精力充沛，从不姑息自己。由于有能力创造丰功伟绩，所以对自己的下属也要求甚高，意识不到一般人的体力和智力毕竟有限。"他具有不凡但又显得呆板的军事天赋，因此我们不大容易忘记隆美尔这位天才军事家。战斗过程中的士兵们可不是一群傻瓜和白痴，他们能辨认指挥官的伟大与否。不可否认的是，隆美尔的士兵们，不论他们是由什么民族组成，都毫无例外地钦佩和崇拜他们的指挥官——隆美尔。

历史永远不会忘记，在两年的时间里，隆美尔曾在硝烟弥漫的北非沙漠中指挥着仅仅 2 个装甲师和为数不多、装备较差、后勤供应不足的步兵，与整个英帝国对垒，并且还能屡出奇兵，轰动一时。

今天，在隆美尔的坟墓上竖立着一具孤零零的十字架。千里之外的利比亚沙漠中也矗立着一块石碑，它俯瞰着长眠在此的德军士兵们。当年幸存下来的德军士兵一年一度来到这里，以隆美尔的名字向牺牲的战友们致哀。这就是隆美尔的另一种纪念碑：他永远活在他们心中。当狂风呼啸，天空弥漫着炙热的飞沙走石，沙漠风暴又开始怒号时，或许人们能够听到隆美尔那渐渐远去的呼喊："冲啊！"于是，装甲纵队的发动机响起了雷鸣般的吼声，朝着东方，滚滚而去。然而，命运注定了隆美尔只能是一个悲剧英雄，因为他所从事的事业是反动的、非正义的，这一切也决定了他所从事的战争只能以失败而告终。

二十五、胜利的永恒象征——朱可夫

祖国和党永远不会忘记苏军指挥员在我们的民族保卫战中所起的作用。所有这些打了胜仗、拯救了祖国的将领们的名字，将被永远镌刻在历史将在战场上树起的荣誉之碑上而流芳百世。这些战场之中，有一个战场具有非同寻常的意义，它就是苏联首都莫斯科会战的战场。而朱可夫同志的名字，作为胜利的象征，将永不分离地同这个战场联系在一起。

——斯大林

我们不止一次彻夜不眠共同研究最高统帅部的任务，不止一次坐在一起共同思考紧迫问题，不止一次一起与其他军官和将军制订数十个各种规模的战役计划。他的每次战役及战役意图和内容都包含有创新精神。我认为，朱可夫具有卓越的统帅天赋。他生来就是从事军事活动的，就是从事军事战略活动的。在战胜法西斯德国军队的享有荣誉的苏联统帅中，朱可夫是最杰出的。

——华西列夫斯基

朱可夫是战场上的胜利的永恒的象征。

——美国历史学家奥·普·钱尼

（一）少年磨难

19 世纪末期，俄国千百万农民虽然摆脱了农奴制的桎梏，但仍生活在沙皇的残酷统治之下，饥饿、繁重的劳动、旱夭像瘟疫一样流行着。那时的莫斯科，虽不是最繁华的城市，但也高楼林立、巨商富贾汇集。一掷千金的阔太太、声色犬马的纨绔少年比比皆是。然而一出莫斯科，便是贫穷落败的农村。莫斯科西南的卡卢加省斯特烈耳科夫卡村，便是这无数个穷村之一。一条没膝深的小河从村边缓缓流过，村里树木葱茏，但美丽的自然风光总掩不住贫穷，村里没有一座像样的农舍，大人孩子们面黄肌瘦、衣衫褴褛。村子中央有一幢很破旧的房子，房子的一角已几近坍塌，墙壁和屋顶疯长着绿苔和野草。其实这房子总共只有一间房，低低地开着两扇窗户，只有晴朗的日子才有阳光光顾这间漆黑一团的房子。然而就是在这样的房子里，1896 年 12 月 2 日诞生了一个男孩，有谁能料到，在那添丁添张嘴、苦苦度日的岁月里，这个声音洪亮的穷孩子日后竟成为国家民族安危系于一身、百万敌人闻名丧胆的英雄呢？也许真的应了那句古话：自古英雄多磨难。

这个男孩名叫格奥尔基·康斯坦丁诺维奇·朱可夫。朱可夫的父亲是一个可怜的弃婴，三个月时被发现在孤儿院的门口台阶上。一位名叫安努什卡·朱可娃的寡妇无儿无女，生活十分凄凉寂寞，在他父亲两岁时将其领养到家。八岁时，朱可娃去世，年幼的父亲就开始到附近的鞋厂当学徒，后来终于在莫斯科的维义斯制鞋厂找到了工作。年届50时父亲娶了邻村的一个寡妇，她就是朱可夫的母亲。父亲在莫斯科辛苦挣钱。但那时由于作坊主与资本家的残酷掠夺，工人收入十分微薄，父亲每月寄回来的工钱根本无法糊口。母亲是田间劳动的主力，身强力壮，农闲时还要帮人送货，挣点少得可怜的钱贴补家用。朱可夫有一个比他大两岁的姐姐玛莎，朱可夫五岁时，母亲又生下小弟弟阿列克谢。弟弟十分瘦弱，而饥饿威胁着全家，母亲不得不把不满一岁的弟弟交给七岁的玛莎照看，自己仍外出帮人送货。阿列克谢不到一岁便死了，朱可夫和姐姐看着悲痛的父母安葬了弟弟。祸不单行，不久他们那摇摇欲坠的房子终于倒塌了。母亲流着泪卖掉了家中唯一的一头牛，总算在冬季到来之前筑起了新房。多少年之后，已垂垂老矣的朱可夫回忆起当年的情景感慨道："我们这些贫农家的孩子，都看见过妈妈们日子过得多么艰难。每当她们流泪时，我们心里也十分难过。"

苦难使人早熟，朱可夫八岁便已经下地干活了。第一次干农活是跟父亲去割草。八岁的孩子想到的不是累，而是觉得自己终于成为一个对家庭有用的人了。他干活十分卖劲，手上很快打满了血泡，但他不声不响，一直到血泡破了，不能再干为止。繁重的农活锻炼了朱可夫的吃苦耐劳精神，培养了健康结实的体魄，成为日后事业的基石。不久朱可夫进了一所教会小学。虽然衣衫破旧，书包也是母亲用粗麻布缝制的，但穷困遮不住聪明，小朱可夫成绩非常优秀。1906年父亲因参加罢工被驱逐回乡。由于见过世面，又有技艺，替乡人修鞋制鞋尽量少收工钱，因而父亲颇受尊重。朱可夫非常尊敬自己的父亲，但父子俩脾气都固执，父亲气极了，朱可夫免不了常常挨揍。一次朱可夫又挨打了，他和姐姐玛莎商量好，自己便跑出家门，在一片大麻地里躲了起来，玛莎每天给他秘密送饭。儿子出走后，父亲懊悔不已，母亲焦虑不安，不停地数落着，直到第三天一位邻居发现朱可夫，把他送回家。父亲表示以后再也不打儿子了。就在这一年朱可夫从三年制小学毕业了。母亲专门为他做了一件新衬衣，父亲亲手为他制作了一双皮靴，庆祝朱可夫成为"有文化的人"。日子太艰难，继续深造无望，母亲让儿子在家待了两年，13岁时，父母决定让儿子去莫斯科学手艺。

"1908年夏天到了，每当我想到我就要离开家、离开亲人和朋友们去莫斯科的时候，就感到心情紧张。我知道，我的童年实际上就此结束了。过去这些年只能将就说成是我的童年，可是我又能奢望什么呢?"那时学艺也得有熟人，母亲想到了自己的兄长，已经发了财的毛皮作坊主米哈伊尔·皮利欣。1908年夏天，父亲领着儿子去米哈伊尔·皮利欣的避暑山庄，因为母亲求情还不算，老板要看看徒工身体如何。快到皮利欣家时，父亲对朱可夫说：

“看，坐在门口的就是你未来的老板。你走到他跟前时，要先鞠个躬，说声：‘您好，米哈伊尔·阿尔捷米耶维奇。”’

朱可夫反驳说：“不，我要说‘米沙舅舅，您好！”’

“你要忘掉他是你舅舅。他是你未来的老板。阔老板是不喜欢穷亲戚的。千万要记住这一点。”

米沙舅舅躺在门口的藤椅上，父亲走上去向他问好。舅舅没有起身，也不搭理，转身看了看朱可夫：身体结实、个子不高，但肩膀很宽。舅舅点了点头。“识字吗”？舅舅问了一句。父亲连忙递上朱可夫的奖状，舅舅满意了，答应收外甥为徒。朱可夫要远行了，当时做学徒的往往四五年都不准回家。母亲包了两件衬衣、两副包脚布和一条毛巾，这些便是朱可夫的所有家当。老父亲的眼圈红了，眼泪不住地往下淌。母亲忍不住伤心痛哭，把儿子紧紧搂在怀里，仿佛一生一世再也见不到了。母亲把儿子送到村口，朱可夫问：“妈，你记得吗？就在三棵橡树旁边那块地里，我跟你一起割麦子，把小手指都割破了。”“孩子，我记得。当妈妈的对自己孩子的一切，都记得。只是有的孩子不好，他们往往忘记了自己的妈妈。”朱可夫坚定地说：“妈妈，我绝不会那样！”

朱可夫第一次坐火车，第一次来到莫斯科，那时他还是一个孩子，一个穷孩子。有谁能料到二十多年后，这个城市受到威胁时，率领千军万马保卫它的，竟是这个穷孩子！朱可夫来到舅舅开在季米特洛夫大街（后称普希金大街）的作坊，他是最小的徒弟。除了学艺外，他每天还要打扫房间，为大小主人擦鞋、点灯、熄灯、帮厨师洗餐具和生茶炉子，还要经常跑到外面帮师傅们买烟打酒。每天早上 6 时起床，晚上 11 时才能睡觉。熬到第三年，朱可夫当上了徒工的头，指挥着 6 名徒工。尽管生活很苦很累，朱可夫却渴望读书。老板的儿子亚历山大与朱可夫年龄相近，对朱可夫也很不错，帮助朱可夫读书。老板不在家时，朱可夫便抓紧时间学习，晚上爬到后门楼道的高板床上借着厕所透过来的光线读书。在老板两个儿子的游说下，老板终于同意朱可夫去上课程相当于市立中学的文化夜校。老板希望聪明好学的朱可夫能带动他那两个不上进的儿子，再说几年下来朱可夫吃苦耐劳、诚实稳靠也使老板对他颇有好感。老板时常打发朱可夫去送货，给他几个戈比的车马费。朱可夫总是一路小跑去，省下钱来买书。最后，朱可夫以优秀成绩通过了中学的全部课程考试。

1911 年，离家四年的朱可夫终于盼到了十天的假期，老板允许他回家探亲。离家时他还是一个孩子，刚来莫斯科时那种对亲人、对家乡的思念常使得性格本来十分刚强的朱可夫暗自流泪。在老板的责骂、甚至殴打下，对亲人的思念只好藏在心底。如今朱可夫已长成威武少年。母亲赶到小站去接，差点认不出自己朝思暮想的儿子了。母亲哭着，摸着自己的儿子："我以为我死以前看不到你了"。回到家时，天已经黑了，父亲和姐姐在门前的土台上迎着，姐姐已长成大姑娘，父亲驼着背，老泪纵横："我终于活到了这一天，看到你长大成人了"。

返城不久，朱可夫学徒期满，当上了师傅，月薪 10 卢布。这在当时的工人阶层中算是高收入了。米哈伊尔非常信任朱可夫，经常派他到外面联系业务，办理托运。朱可夫利用外出的机会，了解了俄国当时的政治情况，一有机会便阅读布尔什维克的《明星报》和《真理报》，朱可夫百看不厌，报纸仿佛说出了自己的心里话，又使他懂得了为什么工人和资本家、农民和地主之间的矛盾不能调和。1914 年，第一次世界大战爆发了，在沙皇的宣传鼓动下，不少有钱人的孩子被"爱国主义"激励，纷纷参军了。老板的儿子亚历山大也决定去，并极力劝朱可夫去，一开始朱可夫真动心了，后来他去找他最尊敬的费多尔·伊万诺维奇商量。伊万诺维奇说："亚历山大的心愿，我是理解的，他父亲有钱，他有理由去打仗。你呢？傻瓜，你为什么去打仗？是不是因为你父亲被赶出莫斯科？是不是因为你母亲被饿得发肿？你被打残废回来了，就再也没有人要你了。"

朱可夫放弃了当兵的想法。那时他正与房东的女儿玛丽亚恋爱，并开始商量结婚，然而美好的生活计划被破坏了，沙皇前线兵员不足，败仗连天。1915 年 7 月，沙皇决定提前征召 1896 年出生的青年，朱可夫只好上战场了。到那时为止，朱可夫并不知道自己还有军事天赋。

（二）军事天赋

参军后，朱可夫很幸运地分到骑兵连。骑兵是人们当时心目中的英雄，驰骋疆场，威风凛凛、剽悍潇洒。但当了骑兵之后，朱可夫才知道骑兵的辛苦。除了学习步兵的科目外，还要学习马术、学会使用马刀等冷兵器，每天还要刷三次马。朱可夫十分坚强，两条大腿都磨出了血，刚结了疤，又磨破了。发给他的那匹烈马起初并不怎么看得起这个矮壮的主人，重重地摔了朱可夫好多次，但烈马发现主人越摔练的时间越长，最后只好屈服，朱可夫很快掌握了骑兵的基本技术。在等级森严的沙皇军队里，朱可夫作为最下层的一员，感受最深的是军官们的军阀作风。军官高高在上，根本不与士兵交流，士兵与长官之间除了上下级关系外，心理距离很大。特别是有些军官随意毒打部下。朱可夫记得很清楚，当时他们骑兵训练班一个小小的军士就曾打掉好几个士兵的牙齿。因为在沙皇军队里，打骂士兵谁也不认为它违反什么法规，士兵也从来没有权利为自己辩护。那些处事公道、性情温和的旧军官在士兵们心中拥有很高的威望。旧军队的经历给朱可夫留下了太深的印象，以后朱

可夫成为红军高级将领后，从不责骂士兵，处事公道，凡事以身作则。

训练结束后，朱可夫获得准军士衔。1916 年 8 月朱可夫就随部队上前线了。时间不长，朱可夫在一次侦察时踏上地雷，被从马上掀了下来，受了严重震伤。昏迷了一天一夜后，被送往后方医院。这时朱可夫获得了两枚乔治十字勋章。一枚是因为俘虏德军军官被授予的，另一枚则是因为这次受重伤奖给的。伤愈后，他被派到骑兵连训练新兵。不久，俄国国内爆发了二月革命，彼得格勒建立了工兵代表苏维埃，沙皇被赶下台，统治俄国 300 多年的罗曼诺夫王朝灭亡。2 月 27 日凌晨，朱可夫所在的骑兵连突然集合，大家都不知道发生了什么事情，朱可夫问排长、排长问连长，连长只知道到团部集合，其他也不清楚。朱可夫的连到达团部时，工人“打倒沙皇！打倒战争！工兵代表苏维埃万岁”的游行队伍包围了过来。很快连长和其他一些军官被捕，朱可夫的连被苏维埃政府接管。局势非常混乱，11 月 7 日，列宁率领布尔什维克再次起义，推翻了资产阶级临时政府，建立了苏维埃政权。政权建立以后，列宁立即宣布退出战争。1918 年 1 月又决定组建苏维埃自己的武装力量——红军，红军宣布官兵一致，人人平等，团级以下军官由军人代表大会选举产生。它极大地调动了广大士兵的积极性，8 月朱可夫加入红军。他被编入莫斯科骑兵第 1 师第 4 团。团长是铁木辛哥，师长就是当时正值盛名的布琼尼将军。从 1918 年到 1922 年，朱可夫投入到保卫苏维埃新生政权的血战中。当时苏维埃政府立足未稳，外有英法德日的武装干涉，内有沙皇、地主、旧军阀的武装叛乱。朱可夫出生入死，其军事天赋开始崭露，在实践中他的作战经验日渐丰富，职务也一再提升。正是在这一时期，朱可夫加入了布尔什维克。他后来在《回忆录》中这样谈道“现在，许多事情都记不得了，但我被吸收入党的这一天，却终生难忘。”

1919 年 9 月，布琼尼所在的师成为保卫察里津（后改名斯大林格勒）的主力之一。朱可夫英勇地加入了战斗，战斗中朱可夫又一次负伤。第 2 年，由于作战勇敢，朱可夫被选派到骑兵训练班学习，训练班用半年时间授完了正规军校两年的课程，训练班结业后，朱可夫成为一名红军正式军官。军人事业初现成效，但初恋的情人玛丽亚却不愿等待，朱可夫伤心地看着自己的情人出嫁了。此时朱可夫成了排长，一次朱可夫率领全排追剿残匪，由于朱可夫指挥有力、身先士卒，残匪被全歼，而全排无一人伤亡，不久朱可夫又被升为连长。1922 年苏维埃内战结束，红军大批裁员，但一批有指挥能力的军官被留下来。朱可夫不仅没有被裁掉，反而由连长升到了骑兵第 7 师第 40 团的副团长。1924 年 7 月朱可夫以团长的身份被派往列宁格勒高等骑兵学校学习。朱可夫很轻松地通过了考试，并名列前茅。和他同时入学的有罗科索夫斯基、巴格拉米扬和叶廖缅科等后来苏联著名将领。朱可夫在这里受到了高等军事理论的训练。“像其他许多学员一样，我是第一次到列宁格勒。我们怀着浓厚的兴趣参观了该城的名胜古迹，走遍了十月革命时作战过的地方。当时我哪能想到，17 年后我会指挥列宁格勒方面军，抗击法西斯军队，保卫列宁城!”深造班结业后，朱可夫和其他三名同学决定不乘火车而是骑马返回明斯克。路程 963 公里，计划 7 昼夜，这么远程的集体乘马行军当时在世界上还很罕见，领导批准了，但不提供沿途的给养与食宿。第七天，他们克服了许多意想不到的困难到达明斯克，到达时马匹减重 8~12 公斤，人员减重 5~6 公斤。朱可夫获得了政府的奖金和首长的嘉奖，并允许短期休假。

朱可夫又一次回到了阔别的家乡。老父亲已经离世了。母亲也苍老多了，但仍像以前那样辛勤劳作着。姐姐已经出嫁，并有了两个孩子。两个小外甥毫不客气地掏着出息了的舅舅的箱子。朱可夫深刻地感到农民的日子尽管并不富裕，但情绪好多了。特别是新经济政策颁布后，农民的日子逐渐好起来。告别母亲后，朱可夫回到营地，此时他被任命为团长兼团政委。由于朱可夫从严治军，经常率领全团野外训练，从而使朱可夫所在团威名远扬。布琼尼（骑兵集团军司令）和叶果罗夫（白俄罗斯军区司令）先后光顾该团，并给予高度赞扬。1929 年朱可夫再次获得深造的机会，他被派往著名的伏龙芝军事学院高级干部深造班学习。这次学习，令朱可夫终生难忘。此时，正值苏联军事学科形成时期，朱可夫带着浓厚的兴趣研读了伏龙芝的军事著作，沙波什尼科夫的《军队的头脑》，图哈切夫斯基的《现代军队的作战特点》等。特别是图哈切夫斯基对坦克在未来战争中作用的描绘，引起朱可夫的高度重视。从此，朱可夫开始研究坦克。1933 年 3 月，朱可夫接到命令，他被委任为骑兵第 4 师师长。第 4 师是骑兵第 1 集团军的核心，并以伏罗希洛夫的名字命名，布琼尼曾任该师师长，率领该师出生入死，立下赫赫战功。朱可夫十分高兴，收拾停当就赶往第 4 师驻地列宁格勒。此时朱可夫不再是独来独往了。他已经有了自己的小家：妻子亚历山德拉和女儿埃拉。布琼尼亲自主持了朱可夫的授职仪式。朱可夫的军事才能已引起高层领导人的重视。

担任师长后，朱可夫越来越意识到建立大规模坦克部队的重要性。当时苏联红军已经成立了第一批机械化军，每军编成两个机械化旅、1 个步兵机枪旅和 1 个独立高炮营，一个军配备 500 辆坦克和 200 辆汽车。尽管如此，苏军内部对于组建专门的装甲部队意见分歧较大，不少高层领导人认为装甲部队应分散在步兵和其他军队中才能发挥作用，这一观点直接左右着斯大林。由于苏军关于装甲部队的设置首先在骑兵部队中开始，朱可夫在实践中指出，现代坦克可以起独立作用，这个新的强有力的武器不应和行动缓慢的步兵部队一道展开，这样会降低它的威力。装甲部队不仅要坦克与炮兵相配合，而且必须配备摩托化步兵，否则就不能充分利用远距离作战的机械化部队所取得的成果。但朱可夫的这些观点直到 1941 年苏军在德国装甲兵团的凶猛攻打下大规模溃败时，才予以重视。

1935 年苏军实行军衔制，布琼尼、伏罗希洛夫、叶果罗夫、图哈切夫斯基、布留赫尔成为第一批苏军元帅。此时朱可夫的第4师由于作战训练与政治训练表现出色，获得了政府的最高奖励——列宁勋章。朱可夫本人也获得了一枚列宁勋章。布琼尼元帅亲自到第4师授勋。布琼尼紧紧拥抱着朱可夫激动不已，宽阔的手掌重重地拍打着朱可夫的脊背，感谢朱可夫为他的师赢得至高的荣誉。不久苏联国防人民委员伏罗希洛夫又视察了第4师。1936年秋，由伏罗希洛夫举荐，并经斯大林同意，朱可夫离开骑兵第4师，参加了苏联派往西班牙的军事观察团。朱可夫和其他军事专家一起利用这一机会考察了苏制坦克的性能和现代战争的特点。1937年朱可夫回国担任骑兵第3军军长，7个月后又调任第6军军长。1938年夏，朱可夫到中国担任军事顾问，考察日本作战战略与战术，以对付将来与日本可能的战争。同年冬，朱可夫又被召回国，委以白俄罗斯特别军区副司令员之重任。白俄罗斯是苏联西部的重要门户，德国纳粹的威胁首当其冲。此时，斯大林在国内掀起了大规模的肃反运动，军队内部受冲击十分严重。大批高级将领被以希特勒内奸的名义处死，第一批授勋的五名元帅只剩下两名：布琼尼和伏罗希洛夫。据苏军自己人士分析，这是由于斯大林与两位骑兵元帅曾经生死患难（特别是保卫察里津），因而对骑兵很信任。朱可夫大概托此宏福，在大清洗时期不仅没有受牵连，反而得以提升。历史将会证明，这不仅是朱可夫一人的福分，而且是苏联人民的万幸。

（三）奔赴远东

1939年6月1日，明斯克，朱可夫正与白俄罗斯军区的高级将领就刚刚结束的首长——司令部演习进行讲评，军区军事委员苏赛科夫匆匆走进会议厅，对朱可夫说：刚才莫斯科电话通知，命令你立即动身，明天向国防人民委员报到。

朱可夫草草收拾了一下，立即搭乘火车前往莫斯科。2日清晨，朱可夫走进了伏罗希洛夫的接待室。伏罗希洛夫的助手告诉朱可夫：

“你进去吧，我马上去命令给你准备远行的行装。”

“什么远行？”

“进去吧，人民委员会告诉你一切的。”

进去后，伏罗希洛夫对朱可夫说：“日军突然侵犯我友邻蒙古的边界。根据1936年的苏蒙条约，苏联政府有责任保卫蒙古不受任何外敌侵犯。这是入侵地区5月30日的情况图。……日军的海拉尔警卫部队侵入蒙古人民共和国领土并袭击防卫哈勒欣河以东地区的蒙古边防部队，我认为这里孕育着严重的军事冒险。无论如何，事情并没有到此结束……你是否立即飞到那边去，而如果需要的话，把部队的指挥权接过来？”

“我马上可以起飞。”朱可夫回答。

“非常好，”伏罗希洛夫说，“你乘坐的飞机16时可准备好，在中央机场。你到斯莫罗基洛夫（代副总参谋长）那儿去，在他那里你可以拿到必要的材料，同时商量一下今后同总参谋部的联系问题。派给你几个专业军官，在飞机上等你。再见，祝你成功！”

6月5日朱可夫一行人到达驻扎在蒙古的塔木察格布拉克的苏军第57特别军司令部。朱可夫发现司令部对前线缺乏了解，司令部里除政委基舍夫外没一人到过发生冲突的地域。朱可夫建议立即到前边去就地考察，但军长借口莫斯科随时可能来电话找他，让政委陪朱可夫一同上前线。到了冲突地段，经过一番了解，朱可夫迅速得出结论：单靠第57军的兵力无力阻止日军的军事冒险。朱可夫马上电告参谋部：增派航空部队，增调不少于3个步兵师和1个坦克旅的兵力，并大大增加炮兵力量，否则无法获胜。第二天，总参谋部同意请求，并增派了21名荣获苏联英雄称号的飞行员，领队是朱可夫早在白俄罗斯军区就很熟悉的斯穆什克维奇。总参同时送来了新型飞机——现代化的伊—16和“鸥”型飞机。当时日军在哈勒欣河的目标是：围歼哈勒欣河东岸的全部苏蒙军队，渡过哈勒欣河，前出至河的西岸，消灭苏蒙预备队，夺取并扩大哈勒欣河西岸的登陆场，保障日后的行动。日军把第6集团军从海拉尔调来，计划在秋季到来前结束在蒙古境内的全部军事行动。日军把握十足，战役之前甚至把一些新闻记者和外国武官请到作战地区，观看他们的胜利进军。被邀请的客人中就有希特勒德国和法西斯意大利的记者和武官。

7月3日拂晓，蒙军苏联总顾问阿福宁上校到巴英查冈山视察蒙军第6师的防御，但他很快发现那里已被日军占领，第6师蒙军已退至巴英查冈山西北，日军乘夜色已经偷渡过了哈勒欣河，情况十分紧急。朱可夫此时已接任苏军第57军军长之职，得到情报后立即命令所有预备队出击，坦克、装甲和炮兵部队受命在行进间向敌人进攻，同时命令航空兵对敌人进行轰炸和强击。在苏军实施反突击的预备队到达以前，用航空兵的袭击和炮兵的火力把日军钳制并阻止在巴英查冈山。炮兵还受令向哈勒欣河渡口进行炮击。上午9时，苏军坦克第11旅的前卫营先头部队已抵达作战区域，很快苏军投入坦克第11旅（有150辆坦克）、摩托化装甲第7旅（154辆装甲车），还有装备45毫米加农炮的蒙军装甲营第8营。并召来了所有的航空兵，苏联英雄的飞行员们发挥了高超的作战能力，虽然当时总兵力苏军远不及日军，但苏军集中了全部火力进行反突击并充分发挥了坦克部队的威力。到第5天，日军抵抗被最后粉碎，日军开始仓皇向渡口退去，但他们自己的工兵由于害怕苏军坦克突破，把渡口炸毁了，日军军官全副武装跳入水中，溺死者甚众。日军严重遇挫后，开始全面建立防御：运木材、挖堑壕、筑掩蔽部、加固阵地等。而朱可夫并没有陶醉在胜利中，他正加紧准备大反攻，以最后粉碎侵入蒙古的所有日军。

朱可夫考虑到战役战术的突然性是决定此次战役取胜的决定因素。苏军要以突然行动使日军无法抵挡苏军歼灭性的突击，也无法进行反击。朱可夫还注意到日军没有良好的坦克兵团和摩托化部队，无法迅速从次要地段和从纵深调来部队抗击苏军的突击集群。为完成战役准备，朱可夫调动了近3000辆卡车和1000多辆油罐车，从距哈勒欣河至少650公里的供应站运来了55000吨作战物资，朱可夫甚至将部队的火炮牵引车都派去运送物资。为了达到战役的突然性，除行动与作战计划绝对保密外，苏军指挥部还制订了一系列蒙蔽日军的计划，达到了预期的目的。它们包括：

——隐蔽运输和集中为加强集团军从苏联调来的部队。

——隐蔽调动在哈勒欣河东岸进行防御的兵力兵器。

——部队和物资储备隐蔽地渡过哈勒欣河。

——对出发地域，部队的行动地段和方向进行现地勘察。

——参加此次兵役的各兵种特别隐蔽地演练各种科目。各军兵种隐蔽地实施补充侦察。

——发布假情报，欺骗敌人。如用易于破译的密码发布关于建立秋冬防御的命令；印制几千张传单，传单内容是战士防御须知；模拟夜间部队调动的各种杂音（飞机飞行、火炮、迫击炮、机枪及各类枪支射击的声音），在战役开始前12~15天便开始实施，使日军习以为常等。

1939年8月20日，哈勒欣河战役打响。这是一个星期日，哈勒欣河西岸风和日丽，日军指挥部深信苏蒙军队不想进攻，毫无防备，不少军官甚至获准休假，有的还跑到海拉尔娱乐去了。5时45分，苏方炮兵对日军高射炮和高射机枪突然开始猛烈袭击，部分火炮还对航空兵即将袭击的目标发射烟幕弹。之后，哈勒欣河的天空立即出现了苏军150架轰炸机和100架歼击机，一个半小时之内日军炮火无力进行还击，敌人的观察所、通信联系、炮兵阵地被彻底摧毁。苏蒙军队顺利渡河，渡河之后与日军发生了激战。日军进行了顽强抵抗，到26日，日本第6集团军终于被苏蒙军队合围。但分割歼灭的战斗仍然十分艰苦。哈勒欣河流域流沙、沙坑、沙丘众多，日军指挥官告诉士兵苏军枪杀俘虏，被围的士兵极为顽固，战至最后一人，宁可自杀，也拒不投降。8月30日，侵入蒙古边界的日军第6集团军被全部歼灭。此次战役苏军伤亡1万人，而日军伤亡5.2万~5.5万人。伏罗希洛夫代表国防部给哈勒欣河的指挥员与士兵以高度赞扬和嘉奖。朱可夫获苏联英雄称号。9月15日，苏联、蒙古与日本在莫斯科签订协议，双方同意交换战俘，并建立一个委员会来划定哈勒欣河地区蒙古与中国满洲之边界。远东的战事逐渐沉寂下来。

1940年5月，朱可夫接到莫斯科命令，去人民委员部另行分配工作。朱可夫抵达莫斯科后马上被授予大将军衔、并被委任为苏联第1大军区基辅军区司令员。赴任前，斯大林亲自召见了这位远东战役的英雄。朱可夫第一次见到斯大林，非常激动。斯大林在短暂寒暄后问道："你认为日军怎么样?""与我们在哈勒欣河作战的日军训练不错，特别是近战，他们守纪律、执行命令坚决、作战顽强，特别是防御战。下级指挥员受过很好的训练，作战异常顽强。下级指挥人员一般不会投降，'剖腹'自杀时毫不迟疑。军官，特别是中高级军官，训练差，主动性差，习惯于墨守成规。"朱可夫认为日军的技术装备是落后的。与苏军作战的是日本精锐部队。斯大林又问："我们的部队打得怎样?"朱可夫回答说："我们的正规部队打得很好。但如果没有 2 个坦克旅和 3 个摩托化装甲旅，肯定不可能如此迅速地合围敌人，我认为应大大扩充装甲坦克部队和机械化部队。"朱可夫坦率地谈了自己的看法，斯大林最后说："现在你已经有作战经验了。你到基辅军区去，利用自己的经验训练部队。"带着殷切的希望与嘱托，朱可夫又一次踏上了征程。

(四) 总参谋长

1940 年 5 月朱可夫匆匆赶赴基辅军区任职时，国际局势日益紧张。希特勒德国已拥有欧洲的半壁江山，虽然苏联已与德国签订了互不侵犯条约，但谁都心里明白：这不过是缓兵之计。1939—1940 年，苏联红军建立了东方战线，将国境线向西推进了 200~300 公里，苏军与芬兰、波兰、罗马尼亚等国军队发生了直接战斗，特别是苏芬战争，苏军在开始之初严重受挫。苏军在武器、组织、训练、指挥各个环节暴露了许多弱点。1940 年 3 月苏共中央召开了政治局会议，大会批评了苏军的战斗训练与教育问题。斯大林还亲自参加军事会议，号召将领们研究现代战争。5 月中旬，伏罗希洛夫被免职，铁木辛哥出任国防人民委员。这一系列变化使朱可夫多年来压在心底的想法得以实现：国家终于重视现代战役的特点，坦克部队、机械化兵种的配合作战终于引起了高层领导人的重视，回想 1939 年斯大林曾下令取消坦克部队真令人心寒。5 月朱可夫拜访了乌克兰党中央第一书记赫鲁晓夫（基辅为乌克兰首府)，朱可夫介绍了远东战役的情况，并请求乌克兰对军区在物质生活方面提供帮助。赫鲁晓夫对朱可夫很有好感，后来赫鲁晓夫在回忆录中曾这样谈道："朱可夫是一位天才的组织者和强有力的领导人。他在战争中表现出是有气概的。可惜的是，像铁木辛哥和朱可夫这样的人是少数。在老的近卫军被清除之后，像麦赫利斯、夏坚科、库利克这样的人跑了上来，国防人民委员部成了疯狗窝。"6 月，朱可夫亲自走访了基辅军区几乎所有的部队和兵团。他带着军区司令部在塔尔诺波耳、利沃夫一带进行了大规模的野外作业。一年之后，德国法西斯正是在这一带对乌克兰实施了主要突击。在野外训练中朱可夫发现，担任集团军、兵团及司令部领导职务的大多为年轻军官，而且刚从较低职务上提升上来，战役战术基础很差，尤其对现代战争了解甚少，而对旧的教科书上的条条框框奉若神明，朱可夫十分担心。朱可夫一面把自己在远东作战的经验变成军事条例贯彻到基辅军区的训练中，一面把经验汇集起来提供给总参谋部、制定新的军事条例，但欧洲战争发展太快了，这些宝贵的经验来不及实施战争便爆发了。

1940 年 9 月，朱可夫接到总参谋部通知，要他参加 12 月在莫斯科举行的高级将领会议，并指定他在会上做题为《现代进攻战役的特点》的报告。通知还说，会议期间将进行大规模战役战略演习，朱可夫被指定为“蓝方”。12 月底，苏联最高统帅部在莫斯科召开了这次极其重要的会议，各军区、各集团军司令员、参谋长、各军事院校校长、各兵种监察部部长、苏共中央政治局全体成员都参加了会议。会上朱可夫的报告使众将领形成了广泛运动战的共识。在会上朱可夫还尖锐地指出苏军在西线边境线上的防御离边境太近，敌人的火力足以达到全部防御纵深，建议防御线大大后撤，这一宝贵建议因引起争论而被搁置。6 个月后德军的猛烈进攻将证明这一建议的搁置使苏军付出了惨重的代价。会议结束后当天晚上，斯大林召见各位代表，建议各司令员待演习结束后再离开。1 月 12 日，演习开始，总指挥为铁木辛哥和总参谋长麦列茨科夫。演习的前提是假设苏联遭到德国进攻，朱可夫与波罗的海沿岸军区司令员库兹涅佐夫代表进攻方“蓝方”，西部特别军区司令员巴甫洛夫和克里莫夫斯基代表防御方“红方”，双方兵力：蓝方 60 多个师，红方 50 多个师，双方都有强大空军支援。演习中双方都用了很大心思用进攻部队深入敌阵，以击败大量的敌方部队。演习中充满戏剧性的情节，这些情节与 1941 年 6 月苏军遭到德军进攻后所发生的一些情况在很多方面极为相像。演习中暴露了许多问题，特别是双方都没有给第二梯队和预备队留下足够的兵力，主要进攻方向的兵力优势，是以削弱方面军次要地段的兵力达到的。演习结束后，铁木辛哥组织了讲评。斯大林出人意料地亲自打来电话，建议在克里姆林宫再进行一次讲评。斯大林的决定使总参谋长麦列茨科夫手忙脚乱，心情紧张。他的报告很不连贯，显得支离破碎，他作的一些结论和建议脱离了实际，斯大林极不满意。副国防人民委员库利克更令斯大林恼火，这位军方重要负责人居然大谈“组建坦克和机械化军团，目前还不宜开始”，建议把步兵师编制人数增至 16000～18000 人，要求炮兵用马匹牵引。会后斯大林下决心更换军方高层领导人，国家已到了十分危急的时刻，已没有更多的时间考虑了，当晚政治局召开会议，对军队高层领导人进行了一系列任免。

第二天上午，斯大林召见朱可夫。他叼着大烟斗，神情十分严峻，他说：

“政治局决定解除麦列茨科夫总参谋长的职务，任命你接替他。”

朱可夫愣住了，太出乎意料，他一下子不知如何作答，沉默了一会，朱可夫说：

“我从没有在司令部工作过，我始终在部队里。总参谋长我干不了。”

“政治局决定任命你，你应该服从。”斯大林一脸严肃，特意把“任命”二字咬得很重。

朱可夫知道任何反对都无济于事，他立即表示感谢最高统帅对他的信任，然后又强调说："如果发现我不是一个称职的总参谋长时，我将请求再回部队。"斯大林总算满意地点点头。朱可夫赶到铁木辛哥的办公室，铁木辛哥微笑着说："我听说了，你拒绝担任总参谋长的职务。刚才斯大林同志给我打电话了。现在你回军区去，然后尽快回莫斯科。基尔波洛斯上将（列宁格勒军区司令员），将受命接替你当军区司令员。"

1 月 31 日，朱可夫正式出任苏军总参谋长。此时苏军总参谋部人才济济。第一副总参谋长是闻名全国的瓦杜丁中将，此外还有索科洛夫斯基和华西列夫斯基等优秀将领，朱可夫率领参谋部和铁木辛哥配合加速推动军队改革、改组机构、淘汰不称职的军官，反对军事上的官僚主义。朱可夫还亲自向斯大林发出警告：大量德军集结在东普鲁士和波兰、巴尔干一线，而苏联西部各军区都缺乏足够的战斗准备。然而这种担心并没有转变成积极防卫。此时德国进攻俄国的"巴巴罗萨"计划早已送到希特勒案头。"德国武装部队必须在英国战役结束之前就准备好以快攻战击溃俄国……陆军必须为此运用所有部队，留下若干部队用以防止被占国家遭受突然袭击。海军仍应集中主力攻打英国！……必须大胆作战，坦克分四路深入，以消灭俄国西部的大量俄国陆军；必须防止枕戈以待的敌方部队退入俄国的辽阔地区。"德国人很明白俄国地大物博，资源丰富，必须采用闪电战，用绝对的兵力优势在极短的时间内消灭其有生力量。因此"巴巴罗萨"选择了白俄罗斯作为主攻方向。为达到战役的突然性，德军采用了各种欺骗措施，德国外长亲自访问莫斯科，并邀请苏方人员回访德国，一再表白苏德友好，同时在英吉利海峡大造声势，作渡海作战的各种逼真伪装。军队的调动采取极为隐蔽的形式，直到战争爆发前夕，德军才在边境线上实施集中，坦克部队仍配置在很远的地方，6 月 21 日夜间才进入出发地域。而苏联一方在德方周密布置天罗地网时，做出了一个又一个的错误判断。首先斯大林认为德军主攻方向将在乌克兰。乌克兰是苏联粮库、煤炭资源极为丰富，后面有高加索的石油宝库，当时无论斯大林，还是朱可夫的参谋部对于德国的闪电战都没有足够认识，认为苏德战争将是一场长期战，而且公像以前一样先在边境交战几天，之后双方主力才进入交战。而闪电战的特点是战争在很短的时间内结束，根本无须考虑资源问题，哪里兵力薄弱，哪里将成为突破口。当时德国几乎拥有整个欧洲，已拥有足够的人力与物力资源。斯大林对主攻方向的判断，尽管朱可夫等将领都在场，但并没有引起大家的怀疑。

战争的前夜紧张不安，各种情报真真假假纷至沓来。斯大林作为最高统帅心里很清楚和德国的战争不可避免，但他始终贯穿一个愿望，那就是尽可能避免战争，竭尽全力制止战争，实在避免不了则尽量往后拖。因为无论斯大林，还是身为总参谋长的朱可夫都非常了解苏军当时的情况：军官年轻缺乏足够训练；1940 年才开始恢复组建机械化师和坦克师，朱可夫任总参谋长后要求至少配备 20 个机械化师，但一年之内苏联根本就生产不出 32000 辆坦克；1941 年 4 月才组建空降军，战争爆发时，空降兵只能当步兵用，所有的训练根本来不及。战争爆发时，苏军在西部边境虽有 149 个师，但每师编制仅 8000 人，而德国进攻动用了 190 个师，每师编制为 15000 人。越来越多的迹象表明战争一触即发，朱可夫寝食难安。6 月 13 日，他和铁木辛哥再次前往克里姆林宫，请求使部队进入一级战备状态。斯大林着急了，“这就是战争！你们懂不懂？”斯大林很清楚他不能轻举妄动。

然而，战争终于突然而至！

6 月 21 日晚，朱可夫接到基辅军区参谋长的电话，报告有一名德军司务长投诚，说德军正在进入出发领域，将在 22 日晨发动进攻！朱可夫立即和铁木辛哥赶往克里姆林宫，铁木辛哥建议立即命令前线部队进入一级战斗准备。斯大林仍表示也许问题还可以和平解决，最后在斯大林指示下用平和的语调下达了一级战备令。21 日晚，总参谋部和国防人民委员部全体人员奉命留在各自岗位上，朱可夫通过电话电令西部各军区司令员在岗位待命。22 日凌晨 3 时 30 分，西部军区报告，德军空袭白俄罗斯 13 分钟后，基辅军区报告乌克兰遭德军空袭 13 时 40 分，波罗的海沿岸军区报告敌人开始进攻！战争终于爆发了！朱可夫感到全身的血液仿佛一下子全集中到头上，脑袋嗡嗡作响。铁木辛哥大声命令朱可夫给斯大林打电话，电话要通了，朱可夫报告了德军轰炸苏联西部各城市的消息，请示允许还击。斯大林惊呆了，好一会儿没有声息，电话那端的朱可夫着急了：“您听懂了我的意思吗？”仍然是沉默！最后斯大林疲惫地说：“你和铁木辛哥到克里姆林宫来一趟，通知政治局全体委员”。人员到齐了，长时间难以承受的沉默，最后斯大林说道：“下命令吧！”然后顽强地从椅子上站起来。

（五）保卫首都

1941 年 6 月 22 日拂晓，德国法西斯对苏联发动突然袭击，一个半小时之后才正式向苏联宣战。意大利、罗马尼亚、匈牙利、芬兰也相继参加了侵苏战争。法西斯 190 个师（153 个德国师）、4300 辆坦克、5000 架飞机、总兵力 550 万人从波罗的海到黑海 1500 公里的战线上全面突进。一天内苏联就损失约 1200 架飞机，成千上万的苏军被合围、被消灭，损失惨重！9 月，北路德军包围了列宁格勒，中路推进到离莫斯科约 400 公里的斯摩棱斯克，铁木辛哥亲自指挥斯摩棱斯克的保卫战，但几乎全军覆没！斯大林在盛怒之下要罢免铁木辛哥，被朱可夫力阻。南线德军一路攻至第聂伯河，乌克兰首府基辅危在旦夕。

7月29日，朱可夫请求斯大林紧急接见，一到克里姆林宫朱可夫分析了局势，建议从西部与西南方向，以及统帅部预备队各抽调一个集团军立即加强莫斯科所在的中央方面军，同时建议西南方面军立即撤过第聂伯河。斯大林警觉地问，“基辅怎么办?”朱可夫明白放弃基辅谁都接受不了，但作为总参谋长，朱可夫告诫自己不能感情用事，他断然回答，“基辅不得不放弃”。难堪的沉默，朱可夫试图再解释什么，斯大林终于发火：“把基辅交给敌人，亏你想得出来!”朱可夫也急躁起来，请求解除总参谋长职务，上前线去实地指挥。斯大林同意了，沙波什尼科夫出任参谋长，朱可夫战争开始后第一次奔赴前线。从7月30日到9月9日，朱可夫在距离莫斯科最近的防线叶利尼亚突出部成功地组织了一场反突击，苏军收回了叶利尼亚，德军在付出5个师的代价后被迫后撤，此役在败绩连篇的战争初期极大地鼓舞了苏军士气。而同一时期基辅保卫战在残酷地进行着，9月19日基辅失陷，约65万名苏军官兵被德军俘虏，苏军指挥员赫鲁晓夫、布琼尼、铁木辛哥等差一点当了俘虏。在残酷的事实面前，斯大林承认当初朱可夫的建议是明智的，从此以后战场上所有重大问题，斯大林都注意听取朱可夫的意见。

9月9日晚朱可夫被突然从前线召回，斯大林直截了当地对他说：“你到列宁格勒去，接替伏罗希洛夫指挥方面军和波罗的海舰队”。列宁格勒是苏联的北方门户，1924年朱可夫作为一名骑兵高级指挥官曾在此接受培训。此时的列宁格勒已被包围，指挥列宁格勒方面军的伏罗希洛夫元帅几乎完全失去了信心。斯大林意识到列宁格勒一旦失守，德芬军队必将会合从北面进攻莫斯科，苏军不得不消耗准备用于保卫莫斯科的预备队来开辟北面的新战线，而且将不可避免地失掉强大的波罗的海舰队。危难之际朱可夫飞抵列宁格勒。朱可夫一到立即颁布一系列稳定战线的措施，他亲自部署了海、空兵种的火力配置，下令波罗的海舰队除炮火支援外，水兵组建水兵师投入列宁格勒保卫战。同时下达死守列宁城的命令。列宁格勒的居民被动员起来挖战壕，筑街垒，全体军民做好了保卫每所房屋、每条街道的准备。惊慌失措的情绪很快被稳住，德军装甲部队攻到距列宁格勒约9公里、4公里处仍被苏军顽强击退。到9月底一方面希特勒准备进攻莫斯科，不得不从列宁格勒抽调部分兵力，另一方面由于朱可夫指挥下的苏军拼死抵抗，攻占列宁格勒的企图不得不放弃。列宁格勒最危险的时刻终于熬过来了。但之后希特勒采取封锁战术，列宁格勒军民一直被饥饿困扰，直到1943年才突破封锁，这期间约60多万市民被活活饿死!

1941年10月5日，正在列宁格勒指挥作战的朱可夫突然接到斯大林的电话，斯大林命令朱可夫立即返回莫斯科。此时莫斯科方向局势十分紧张。9月30日德军发起了对莫斯科的总攻，德军投入了180多万兵力，1700辆坦克和1390架飞机。10月2日德军从中部突破了苏军防线，6日德军南北合围了保卫莫斯科的西方面军、预备队方面军的4个集团军！苏军虽浴血奋战，但绝大多数被歼被俘，从10月2日到10日苏军仅被俘人员就达66万之众，17日朱可夫飞抵莫斯科，斯大林说："你立即到西方面军司令部去一趟，我无法从西方面军与预备队方面军得到有关真实情况的详细报告。"当时西方面军已与最高统帅部失去了直接联系。朱可夫不敢有片刻停留，从总参谋部要来西部方向的地图，马不停蹄地赶往前线。由于时间紧迫朱可夫只好打着手电在颠簸起伏的汽车里研究地图。在列宁格勒的20多天里朱可夫几乎没有睡过整觉，现在更没时间打盹儿了，困得实在不行时，朱可夫只好让司机停下车，他跑上一段路再往前开。

天开始下起小雨，空旷的田野大雾弥漫，汽车开过了朱可夫的家乡，那熟悉的一草一木很快将成为战场，朱可夫想起了年迈的妈妈，还有姐姐，如果德国人真的打来了，妈妈她们很可能成为俘虏！有那么一瞬间朱可夫有些心动，车子只要拐一下就可以接走亲人，但理智告诉他：军务紧急，不可有片刻延误！车子开过了村边那条熟悉的小河。三天后，朱可夫派人接走了母亲及家人，两个星期后，朱可夫家的房子连同整个村庄都被德军烧成了灰烬。

朱可夫找到了西方面军与预备队方面军司令部，在向斯大林汇报完情况后不久，斯大林正式命令两个方面军合并为西方面军，由朱可夫任司令员。朱可夫以他特有的充沛精力和工作效率开始了他的新任务。他立即与副司令员科涅夫和参谋长索科洛夫斯基开会，当场决定在莫斯科正西方向，从沃洛科拉姆斯克到卡卢加一线建立防御带、建立第二梯队和预备队方面军，同时组织被围的苏军实施突围。但突围未能成功，英勇的红军官兵在被合围的情况下仍不屈不挠地战斗，虽付出了巨大牺牲，却为朱可夫争取了建立新防线的宝贵时间。

10月13日，德军在通往莫斯科的所有方向上发起猛烈进攻，当天朱可夫下令放弃卡卢加，莫斯科附近的塔鲁萨与阿列克辛两个城镇失守，德军还包围了莫斯科南方门户图拉。战斗十分激烈，莫斯科附近10月的防御战在苏联人民保家卫国的战争史上可歌可泣！朱可夫在战后的回忆录中也十分感慨地谈道：他一生最难忘的是莫斯科保卫战的日日夜夜。那时几乎所有的预备队都投到了战场，莫斯科步兵指挥学校学员被混编成步兵团派往前线最重要的地段，临行前校长发表了演讲："凶恶的敌人要闯入我们祖国的首都莫斯科……现在没有时间进行你们的毕业考试了。你们将在前线，在与敌人的战斗中经受考验。我相信，你们每个人都会光荣地通过这次考试！"学员们急行军85公里，于10月7日，达到前线，他们不怕危险、不怕牺牲，一直牢固地守住了防线。10月20日开始，莫斯科实行戒严，在此之前中央机关与所有外交使团已疏散到古比雪夫，斯大林决定留在莫斯科。莫斯科的工人、职员、学生被动员起来建立了4个民兵师，几十万莫斯科人不分昼夜构筑环绕首都的防御工事，这一主要由妇女与少年组成的修筑大军用自己的双手挖出了300

多万立方米的土，修建了近 13 万米长的战壕、7.2 万米长的防坦克壕、近 8 万米的断崖。整个 10 月份德军虽然前进了 200 多公里，推进到离莫斯科仅 60 多公里处，但德军被拖得精疲力竭，希特勒在 10 月中旬攻战莫斯科的计划破产了。

11 月 7 日斯大林在征询朱可夫意见后，在德国军队几乎兵临城下的危局中，在莫斯科“马雅科夫斯基”地铁站举行了纪念十月革命 24 周年庆祝大会，并在莫斯科红场举行了传统的阅兵式，极大地鼓舞了苏军士气。11 月 15 日德军向莫斯科发起了第二次进攻。从 15 日到 18 日德军疯狂已极，德军坦克不惜任何代价试图冲进莫斯科，27 日德军攻占了离莫斯科仅 24 公里之遥的伊斯特腊，德军用望远镜可以望见克里姆林宫的顶尖。深夜，朱可夫正在司令部里组织反击，突然斯大林来电话：“你坚信我们能够守住莫斯科吗？我怀着内心的痛苦在问你这个问题，希望你作为共产党员诚实地回答。”朱可夫坚决地说：“毫无疑问，我们能够守住莫斯科！”此时德军虽没有放松进攻，但已到了强弩之末。到 12 月 5 日德军第二次进攻被彻底粉碎。6 日朱可夫下令西方面军从莫斯科南北两面开始反攻。朱可夫已严重睡眠不足，但仍靠坚强的毅力支撑着。10 多天的反攻使疲弱已极的德军在冰天雪地中后撤了 150~300 公里。希特勒一面撤职查办伦斯德、古德里安等，一面下令拼命死守，德军才没有全线崩溃。红军解放了克林、加里宁、卡卢加等城市，赢得了莫斯科战役的最后胜利。苏联报纸刊登了朱可夫的巨幅照片，朱可夫作为拯救莫斯科的英雄而举世闻名。

（六）激战斯城

莫斯科战役之后，朱可夫负责指挥苏联西方面军和加里宁方面军对德军实施不断突击。进入 1942 年后，希特勒决定主力进攻苏联南部。1942 年 4 月 5 日，希特勒正式签发了作战指令：一切可用的军队将集中到南翼的主要战线，其目的是在顿河这边消灭敌人，以夺取高加索油田和进入高加索山区的隘口。希特勒特别强调：“无论如何，必须竭尽一切努力到达斯大林格勒市区。或者至少使这座城市处于重炮射程之内，从而使它不能再成为工业中心和交通枢纽”。丘吉尔在他的回忆录中曾这样谈道：斯大林格勒的诱惑使希特勒着了迷。这座城市的名字本身就是对他的挑战……这座城市成为一块吸铁石，把德国陆军与空军的主力都吸引过去了。

由于德军在整个冬季作战中伤亡了 110 多万人，德军兵员严重不足，希特勒亲自出马在轴心国集团中搜罗到 52 个师，并将其中 41 个师派到苏联南部。尽管德军将领并不十分赞成用盟国军队充数，但德军现在要防守漫长的防线，同时要保证南线进攻，早已力不从心，而这些素质极差的盟军，后来证明不仅成事不足，反而败事有余，加速了德军在斯大林格勒城下的溃败。

1942年7月23日，德军以5个师的兵力进攻防守在顿河西岸的苏军，揭开了长达200天的斯大林格勒大会战。7月25日，德军在给予苏军强大打击之后，企图在长拉奇附近强渡顿河，直扑斯大林格勒。希特勒还特意从南高加索抽调第4坦克兵团前往斯大林格勒，德军攻势凌厉。苏军顽强抵抗，粉碎了德装甲兵团在“行进”中占领斯大林格勒的计划，但德军主力仍然渡过了顿河，已经逼近了斯大林格勒。8月23日，德军坦克冲人维尔佳奇地域，将斯大林格勒的防御分割为两部分，同时德军进行了侵苏以来第二次规模最大的空中攻击，一昼夜出动了2000架次飞机狂轰滥炸，全市成为一片火海！

斯大林格勒岌岌可危！形势发展不堪设想！一旦城市沦亡，将切断苏联欧洲部分南北水陆交通、将切断中央与南方重要经济区高加索的联系。不仅如此，从斯大林格勒沿伏尔加河北上，可以威胁莫斯科；或由高加索南下切断英美经伊朗向苏输送物资的供应线。8月27日，正在西方面军负责牵制德军、以减少斯大林格勒方向苏军压力的朱可夫，突然接到斯大林电话：“你必须尽快到最高统帅部来，留下参谋长代理你的工作。”晚上，朱可夫赶到克里姆林宫。斯大林说：德军可能占领斯大林格勒，国防委员会决定任命你为最高副统帅，并派往斯大林格勒地区。末了斯大林问：“你打算什么时候启程？”“我需要一昼夜时间研究情况，29日能飞往斯大林格勒。”斯大林点点头，十分郑重地说：“你必须采取一切措施。不然的话，我们会丢掉斯大林格勒！”朱可夫再一次临危受命！

29日朱可夫飞抵伏尔加河地域。9月3日，在朱可夫的指挥下，苏军近卫第1军团发起进攻，但在德军的强大阻击下，只前进了几公里就被迫停了下来。德军离斯大林格勒仅有5公里之遥，形势急剧恶化。9月5日，朱可夫在斯大林格勒地区再次组织反突击，但德军仍很顽强，经过一天交战，苏军进展甚微。9月6日，苏军仍被遏制，10日，朱可夫再一次巡视了各集团军的部队，他得出一个结论：目前，苏军在斯大林格勒地区浴血奋战，只能蒙受沉重损失。以现有的兵力是不能突破敌人的战斗队形、并消除其分割苏军而形成的走廊。

12日，朱可夫奉命飞往莫斯科，汇报前线形势，总参谋长华西列夫斯基也被叫去，当二人汇报完情况后，斯大林聚精会神地研究着地图。为了不打扰斯大林，朱可夫和华西列夫斯基走到离桌子稍远的地方，低声地说：“显然需要找个什么别的解决办法。”斯大林突然抬起头来问道：“有什么别的解决办法？”朱可夫和华西列夫斯基十分惊讶斯大林的听力，连忙走到桌前解释，斯大林说：“这样吧，你们到总参谋部去，好好想想，在斯大林格勒地区应该采取什么措施。”

第二天，朱可夫和华西列夫斯基向最高统帅斯大林提出如下建议：苏军继续以积极防御来疲惫敌人，然后发动一次特大规模的反攻，在斯大林格勒围歼德军，从而根本改变南部战略形势。斯大林有些意外地问：

“现在有足够力量实施这样大规模的战役吗?”

朱可夫说:“根据我们计算,过45天,战役可得到必要的兵力和兵器保障,而且能够充分准备完毕”。当时配备有苏联最新式T-34型坦克的装甲兵团正在组建。斯大林又提出了几个问题。朱可夫与华西列夫斯基解释说,战役分为两个主要阶段:第一阶段是突破德军防御,合围德军斯大林格勒集团并建立牢固的正面防线,以隔绝该集团与外部敌人的联系;第二阶段,歼灭被围的敌人并制止敌人解围的企图。

正当苏军计划组织反攻时,德军统帅希特勒却做出了十分狂妄的决定:同时拿下斯大林格勒和高加索!陆军总参谋长哈尔德竭力主张集中兵力攻占斯大林格勒,并一再陈述德军根本没有力量能在不同方向同时进行两场重大战役的意见。而希特勒反驳说,苏联人已经“完了”。当有人提醒他说苏军于1942年仍有可能在斯大林格勒附近集结到100万生力军,并证实苏联每月能为前线提供1200辆坦克时,希特勒暴跳如雷,不许今后再有人提及这些愚蠢的废话。

虽然希特勒的狂妄完全忽视了苏联的巨大潜力,一场涉及150万兵力的大反攻正在进一步酝酿之中,但斯大林格勒的局势仍在恶化。9月13日,朱可夫飞抵前线,历时两个月的斯大林格勒市区争夺战开始了。17万德军在近500辆坦克和1700门火炮的掩护下攻入市区,斯大林格勒的每条街道几乎全成了激烈的战场,双方短兵相接,逐街逐屋反复争夺。一号火车站一星期内易手13次。红军战士为保卫斯大林格勒的每寸土地顽强战斗着,巴甫洛夫中士等24名战士在一幢楼房里,顶住1个师德军反复冲击58天,守住了大楼。10月,德军占领了城市的大部分,有的地区甚至推进到伏尔加河边。苏军背水奋战、寸土必争。11月下旬,高加索方面德军的攻势也因兵力不足而被阻止。希特勒既没有拿下斯大林格勒,也没有占领高加索,反而因兵力分散,捉襟见肘,不得不把斯大林格勒战线侧翼交给战斗力极差的意、罗、匈等国的军队去掩护、暴露了自己的薄弱点。而苏联红军则不仅渡过了最艰难时刻,而且大反攻的一切准备已经就绪,100多万进攻部队在德军毫无知觉的情况下进入了进攻地域。

1942年11月19日早晨,经朱可夫、华西列夫斯基、斯大林等周密筹备两个月的大反攻终于开始。苏军110万兵力、1500辆坦克、15000门火炮、1350架飞机分两路,首先向战斗力薄弱的罗马尼亚第3集团军阵地发起冲击,罗马尼亚军队惊恐万状,很快土崩瓦解。苏军迅速渡过顿河,直捣德军后方。另一路苏军从斯大林格勒南部发起进攻,突破罗马尼亚第4集团军防线后,迅速向西北推进,11月23日在卡拉奇与北路苏军汇合,从而完成了大反攻的第一阶段,德军第6集团军22个师约30万人被紧紧压缩在包围圈中。苏军突然而强大的反攻,打得希特勒晕头转向,他急忙把冯·曼施泰因元帅从列宁格勒调到南方组建“顿河”集团军,以解救被围的德军。

12 月 12 日，曼施泰因来不及等部队全部集结完毕就向斯大林格勒方向猛冲，19 日，这支不顾重大伤亡、被称为“同死神赛跑”的军队离斯大林格勒仅 40 公里时被迫停住，此时被围德军因燃料短缺，坦克跑不了 40 公里，眼睁睁地看着死里逃生的机会倏忽而逝。苏军在朱可夫等的指挥下又一次南北两路冲击顿河集团军，而对潮水般涌来的苏联军队，曼施泰因担心的不再是被围的 30 万德军，而是如果继续往前，自己的军队也将面临被包围的处境，曼施泰因被迫下令德军往南撤退，希特勒解围计划成为泡影。

被围的德军处境越来越差，希特勒一开始还赌咒发誓保证他们的供给，到 1943 年 1 月，希特勒也明白斯大林格勒城下败局已定，从而将重点放到建立新的防线上，对被围德军处境无动于衷。1 月 10 日，苏军开始围歼被围德军，1 月 30 日希特勒下令授予第 6 集团军总指挥保卢斯元帅军衔，指望他能战斗到一兵一卒，然而第二天保卢斯就投降了。2 月 2 日，被围德军全部投降或歼灭，经过 200 天的鏖战，这场二战中最大的一次战役结束。这一战役极大地鼓舞了苏联人民和全世界人民反法西斯的信心和勇气，它成为整个战争的转折点。

战役结束后，朱可夫再次受到隆重表彰。他与华西列夫斯基等将领一起同时获得苏沃洛夫一级勋章，而且朱可夫获得第 1 号苏沃洛夫一级勋章。在斯大林格勒战役尾声，1943 年 1 月 18 日，朱可夫被晋升为苏联元帅，朱可夫的名字再次享誉全世界。

（七）进军柏林

斯大林格勒战役后，希特勒决定于 1943 年夏季实施“堡垒”进攻计划，试图夺回苏德战场上的主动权，而苏军一方也在摩拳擦掌，争取彻底粉碎“堡垒”计划，从根本上击败德军。朱可夫作为最高副统帅又一次被派往交战地区库尔斯克。苏军配备了 130 多万兵力、3444 辆坦克和强击火炮、近 20000 门火炮、近 3000 架飞机。7 月 5 日双方开始激战，经过 10 天左右的战斗，德国在强大的苏军攻势面前开始后撤，8 月 3 日和 5 日苏军攻克别尔哥罗德和奥廖尔城，5 日晚苏联首都莫斯科 120 门大炮齐鸣 12 响，卫国战争以来苏联国土上第一次响起祝捷礼炮。8 月 23 日，乌克兰第二大城市哈尔科夫被解放，至此苏联卫国战争中最大的一次会战以苏军的胜利而结束，德军为他们的“堡垒”计划又损失了 50 多万兵力和至少 1500 辆坦克。朱可夫元帅又一次获得苏沃洛夫一级勋章。

1943 年 12 月，朱可夫奉命回到最高统帅部，总参谋部决定就 1943 年的总结和近期战争前景征询元帅的意见。经过几天的全面总结和局势分析，苏军最高统帅部决定在1943年冬和1944年年初展开北由列宁格勒南到克里木的大范围进攻。1944年年初朱可夫奔赴苏德战场的核心：乌克兰方面军与德国南方集团军群战场，朱可夫负责协调乌克兰第1、第2方面军，总参谋长华西列夫斯基负责乌克兰第3、第4方面军。在朱可夫的指挥与协调下，乌克兰第1和第2方面军向前推进了200多公里，全部解放了基辅州、日托米卫州、基洛夫格勒等重要地区。1944年1月，乌克兰第1、第2方面军在科尔松——舍甫琴柯夫斯基地域又合围了德军包括9个步兵师、1个坦克师和1个摩托化师在内的强大集团，尽管由于经验不足，一批德军得以突围，但仍消灭了55000名德军。2月18日，莫斯科为负责合围战役的乌克兰第2方面军鸣放礼炮。3月，由于乌克兰第1方面军总指挥瓦杜丁大将负伤牺牲，朱可夫又被正式任命为第1方面军司令员。朱可夫元帅率领第1方面军在南线掀起一股旋风，28天作战，解放了16173平方英里的苏联领土，3个乌克兰中心城市，57个城镇。在喀尔巴阡山山麓乌克兰第1方面军击溃德军，并前进到捷克斯洛伐克和罗马尼亚边境，莫斯科数次响起向乌克兰第1方面军致敬的礼炮，朱可夫打到哪里，胜利便降临哪里的神话到处被传颂。

4月22日，朱可夫奉命回最高统帅部，讨论1944年夏秋季战局。此时驱逐德军于国门之外，完全解放被德军占领的苏联领土成为夏秋战役的目标，为此斯大林、朱可夫、华西列夫斯基等缜密筹划，准备通过10次战役完成这一任务。此即苏联史书上常说的10次打击。经过10次接连不断、此起彼伏的重大打击，苏军解放了列宁格勒州、全部乌克兰、敖德萨、克里木半岛。击败芬兰军队，芬兰当局停战求和。白俄罗斯全境解放、波罗的海大部分领土收复，迫使保加利亚、罗马尼亚退出战争、并对德宣战。包围了匈牙利首都布达佩斯、俄军攻入捷克斯洛伐克与南斯拉夫境内，北线逼近华沙与德国的东普鲁士。

华沙——柏林方向的进攻很快成为苏军的主攻方向，白俄罗斯第1方面军被配置在这一重要方向上。苏联众多战绩赫赫的将领都渴望成为指挥进攻柏林这一光荣任务的候选人。然而由于斯大林的厚爱，这一美差落到了常胜将军朱可夫的头上。1944年11月16日，他被斯大林任命为白俄罗斯第1方面军司令员。原司令员罗科索夫斯基被调任白俄罗斯第2方面军司令员。这两支部队与科涅夫大将指挥的乌克兰第1方面军共250万人成为即将攻克柏林的主力。然而朱可夫面临挑战，在柏林战役正式打响之前，在著名的维斯瓦河——奥得河战役结束后，苏联战略正面的几个方面军基本处于同一线上。虽然斯大林对朱可夫很器重，但战场上的主动权则由各位实地作战的将军们掌握的。特别是指挥乌克兰第1方面军的科涅夫，原本就对最高统帅将白俄罗斯第1方面军指挥大权交给朱可夫不服气，此时更是信心十足决心与朱可夫一较高低。

1945年4月1日，斯大林召回了朱可夫与科涅夫两员虎将，商议柏林战役的最后准备工作。此时英美盟军已打过莱茵河，为未来的政治前途计，盟军也试图攻克柏林。斯大林问两位将军："现在谁将要攻克柏林，是我们还是同盟国？"

还没等朱可夫开口，科涅夫抢先回答：

"我保证苏军一定能先攻占柏林！"

斯大林问科涅夫："你的主力部队在南翼，你怎样建立一个攻占柏林的突击集团呢？"科涅夫表示方面军将保证在规定的时间内完成战争部署。

朱可夫不慌不忙地站起来请求承担主攻柏林的任务，理由是白俄罗斯第1方面军战略正面直接对准柏林，而且离柏林最近。朱可夫坚持白俄罗斯第1方面军可以独立攻占柏林。最后斯大林为科涅夫的主动精神所感动，默许了科涅夫的计划，但斯大林同时也给了朱可夫同等的机会：那就是以柏林东南约60公里的吕本为界，哪个部队先到达吕本，哪个部队就参加攻占柏林。

返回前线的路上朱可夫心情并不轻松。攻占柏林对一位苏联将领来说无疑将是最光荣、最辉煌的一页，是名垂青史的重大事件，朱可夫决不甘心落后。然而令朱可夫更担忧的并非谁将获得头功，而是法西斯困兽犹斗将使柏林战役空前残酷。

德国法西斯派出了以海因里希上将为司令的强大集群部队来抵抗朱可夫的进攻。海因里希与朱可夫曾在莫斯科战役中交过手。他惯于采用一套独特的防御战术，那就是准确判断对方的进攻时间，然后在敌方发起进攻前将自己的部队迅速后撤到第二道防御线，使对方进攻时猛烈的炮火全部落在空无一人的第一道防御线上。等苏军炮火一停，又重新占领原先的前沿阵地。1945年4月15日，海因里希又一次准确判断出苏军的进攻进间，在4月16日朱可夫发起进攻时将前沿部队后撤。然而朱可夫不甘示弱，一是将进攻时间由以往的清晨改在晚上，同时别出心裁地使用了140部、耗电总共1000多亿度电的巨型探照灯。德国阵地被照耀得如同白昼，黑暗中的目标全部显露，德军士兵被突如其来的强烈光柱震慑。然而朱可夫的进攻遇到了强大阻击。在朱可夫部队进攻柏林途中的泽劳弗高地是柏林接近地最后的屏障、被德国人称为"柏林之锁"，在德军的强大火力面前，朱可夫部队一次又一次的冲击都被击退。而此时科涅夫大将的乌克兰第1方面军攻势顺利，很快接近柏林城郊，斯大林甚至同意科涅夫的两个坦克集团军向柏林进发。朱可夫激动了，下令苏军发疯似的进攻，18日，泽劳弗高地终于被攻克。20日，朱可夫手下的第3突击集团军在库兹涅佐夫上将指挥下首先向柏林市区开炮，而科涅夫的军队于21日晚逼近柏林市区防御圈，两员战将的攻势再次难分高下。关键时刻斯大林发话：市区攻坚战一分为二。但科涅夫认为斯大林仍然偏心地将柏林市的象征国会大厦划到了朱可夫一方。战功卓著，久经考验的朱可夫再一次领受了最艰巨的作战任务。

希特勒决定死守柏林，柏林的战役因而十分惨烈。德军利用楼房、高大厚实的墙壁、纵横交错的防空通道、地下室、下水道等等组成了绵密的防御。朱可夫指挥部队不分昼夜不停地进攻，白天第1梯队、晚上第2梯队，分割德军、各个击破。从4月21日到5月2日，单朱可夫的部队就对柏林发射了180万发炮弹，相当于36000吨钢铁重量。市内攻坚战开始后，苏军铺设了专门的路轨，将每发重半吨的要塞炮运抵战场，有的德军驻守的楼房仅一发要塞炮便可顷刻拔掉。4月29日，朱可夫的部队离希特勒的总理府仅一街之隔了，30日凌晨，希特勒自绝身亡。30日早晨，朱可夫的部队开始攻打国会大厦，朱可夫的部队与党卫军精锐部队进行了一场近距离血战。苏军占领了下面各层后，上面楼层的德军仍拼死抵抗，苏军不得不每个房间、每个楼层地与德军搏斗，直到夜间国会大厦才升起了苏联的旗帜。亲自指挥这一历史性战斗的库兹涅佐夫拿起电话机，兴高采烈地向朱可夫报告：

“国会大厦上升起了红旗！元帅同志，乌拉！”

朱可夫激动不已，14年卫国战争，多少牺牲，多少困难，终于盼来了这一历史性时刻！朱可夫激动地下令继续战斗，完全彻底地击溃法西斯！

5月1日，德国汉堡广播电台发表声明：

“我们的元首阿道夫·希特勒同布尔什维克主义战斗到最后一息，今天下午在德国总理府的作战大本营里为祖国牺牲了。4月30日，元首任命海军元帅邓尼茨为他的继承人。”邓尼茨政府试图讨价还价，但遭到苏联坚决回绝，5月2日，德军柏林城防司令魏德林将军率残部投降，柏林战役胜利结束。

战斗一结束，朱可夫匆匆赶赴帝国办公厅，想亲自查实希特勒之流自杀的情况，然而苏军的重炮毁掉了所有痕迹。正当朱可夫带着扫兴的心情准备离开帝国办公厅时，忽然有人报告发现了戈培尔6个孩子的尸体，久经沙场的朱可夫不忍心去目睹这一悲剧，匆忙离开了。经过详细调查，朱可夫确信希特勒自杀属实。当朱可夫向斯大林报告希特勒已自杀身亡的消息时，最高统帅也不顾及文雅不文雅，冲口大骂：

“完蛋啦？这个混蛋！可惜没能活着把他抓到！”

5月7日，邓尼茨政府在艾森豪威尔的盟军总部签署了无条件投降书。斯大林十分气恼，要求德军投降书应在反希特勒联盟所有各国的最高统帅部面前签署，地点必须在法西斯的侵略中心柏林。斯大林的建议为盟国所接受。5月9日，德国无条件投降仪式在柏林正式举行，朱可夫作为苏军最高统帅部的全权代表端坐在正中。5月9日零点43分，签字仪式结束。苏、英、美、法各国代表欢庆一堂，柏林上空响起了胜利的礼炮，朱可夫一身戎装，情不自禁地跳起了“俄罗斯舞”，在欢快的旋律和互相亲切的祝愿中，一个时代结束了。

（八）往事如烟

战争刚结束的那段日子，朱可夫的声望达到了高峰。在柏林还在举杯同庆胜利的时刻，朱可夫得到了艾森豪威尔、蒙哥马利等著名将领的称赞。在国内、各类报刊上大篇幅地登载着朱可夫满佩勋章、喜气洋洋的文章与照片。斯大林对朱可夫的器重，几乎全世界人民都有目共睹。1945 年 6 月 24 日，莫斯科红场举行了盛大的阅兵式，隆重庆祝反法西斯战争的胜利，斯大林特意安排朱可夫担任阅兵首长，自己退到幕后。同时朱可夫被委任为四国对德管制委员会中苏方最高长官，协调各国对德国问题的处理。朱可夫获得了美国政府与英国政府颁发的荣誉勋章。尽管有不少分歧，朱可夫和艾森豪威尔之间忠诚的友谊逐日加深，8 月 12 日，在苏联体育节检阅那天，两位将军在列宁墓的检阅台上热烈拥抱，红场上的苏联人民热烈欢呼，为和平的未来，也为两位战争英雄的珍贵友谊而欢呼。然而祸兮，福兮！极大的成功、至高的荣誉，与一位即将成为美国总统的人的不同寻常的友谊，加之元帅本人倔强、果断、喜欢自夸的性格，这一切的一切在未来的岁月里，给将军带来了不少麻烦。或许人们要说将军此时功成名就，急流勇退就好了，免得之后几十年风风雨雨，大喜大悲，阅尽政坛险恶，尝尽世态炎凉，然而人在高处时，有几人能主动走下神坛？更何况历史的车轮在滚滚向前，朱可夫元帅也和许许多多重要人物一样，战争一结束，便卷入到苏联风云变幻莫测的政治旋涡中。

1946 年 2 月 14 日，朱可夫尚在柏林即被选为最高苏维埃代表，他的名望仅次于斯大林，是斯大林身后最耀眼的明星，选民们甚至用“乌拉”来欢颂他。4 月 10 日，朱可夫离开柏林，回国就任苏联陆军总司令。然而暴风雨悄然而至，7 月份，《真理报》不动声色地刊登了一则消息：朱可夫被调到敖德萨军区，担任一个不重要的职位。一时间到处在传说着朱可夫被贬的原因，连美国的艾森豪威尔将军也在分析：人们对于他实际上已不公开出面所推测的原因之一是：他与我有人所共知的友谊。我不相信这是原因。实际上元帅的被贬是几种原因造成的：一是战争结束后，斯大林作为最高统帅，他在二战中的作用与地位绝对不能受到旁人的威胁，斯大林不能容忍朱可夫的名望太高而喧宾夺主。将军在二战中的赫赫战功在群众心中正光芒四射，加之将军喜欢自夸的个性更加渲染了他的军事天赋，许多人开始不满。二是有一次朱可夫出席党的会议，会议主席十分粗暴地大声对他嚷道：“我们胜利的功劳不属于你，而属于党和领袖！”此外便是将军的直率，朱可夫对于斯大林坚持把战争胜利归于他的天才，越来越轻蔑、继而反感，在一些场合元帅直抒胸臆，公开表示不满，秘密警察们一字不漏地报告了斯大林；三是固执地坚持军队的职业化，轻视党和政治工作对军队的影响。在战争期间，斯大林让了步，军队取消了政治委员，但现在仗打完了，斯大林再也不能容忍朱可夫对党的工作人员的排斥态度。

朱可夫离开了他仅坐了三个月的陆军总司令的交椅，老对手科涅夫取而代之。朱可夫的下坡路还没走完。朱可夫在敖德萨任职期间，在列宁格勒被同战役中有过严重分歧的戈沃洛夫，以监察部长的身份视察了敖德萨，早就对他怀恨在心的戈沃洛夫向国防部递交了一份对朱可夫极为不利的报告，朱可夫再次被贬，他被调到乌拉尔更低的岗位上。

元帅无法承受这一次次不明不白的打击，他请求离开他为之终身服务的军队，他抗议政府对他的功绩一笔勾销，抗议秘密警察没完没了的盘查，但请求没有得到任何回音。然而元帅生命的转折又降临了，1953 年 3 月 5 日，一代巨人斯大林因患脑溢血突然离世，3 月 6 日凌晨，莫斯科电台宣布了斯大林逝世的消息，同一天，朱可夫被任命为国防部副部长，并同时负责苏联陆军部队。

元帅生命的春天又一次来到。一代巨星斯大林陨落后的星空，朱可夫又一次成为耀眼的明星。这在巨人逝世后的年代里对于稳定军心与民心产生了积极作用。斯大林时代之后继之而起的赫鲁晓夫，需要将军的帮助，仰赖军队的支持，更何况朱可夫的美国朋友成了美国总统，在美苏冷战激烈的时代，或许元帅与艾森豪威尔的私情能化解东西方的坚冰，总之，朱可夫很快又大红大紫起来。他参与了处置贝利亚集团的重大事件，对秘密警察的切齿痛恨使元帅对贝利亚毫不手软。军队在苏联的柱石作用重新得到了承认。1955 年 7 月，朱可夫以军方代表身份出席了赫鲁晓夫与艾森豪威尔在日内瓦举行的美苏高层会晤。然而令艾森豪威尔伤感的是，元帅已今非昔比，会晤时讲的话仿佛在背诵台词，嘴里轮回地念着冠冕堂皇的辞藻。那个独立而充满自信、敢作敢为、精明果断的将军已成了永恒的记忆。但将军的固执依旧，他对军队实行军事首领的一长制终身不逾，他坚持文职当局必须放手让军事司令员处理军队事务，而不要让政治委员来干涉。在朱可夫的领导下，苏联军队进入了一个新的时代，军官重视军事理论，而党的观念淡化了，不少政治干部因没有前途，纷纷离开军队。这是一种潜在的危机。党的领导视为这是军队对党的挑战，对元帅而言，这一思想与客观现实将再次成为他跌向低谷的重要原因。

此时的朱可夫尚不能离开政治核心，赫鲁晓夫深知要在政治强手如林的政治旋涡中站稳脚跟，还离不开朱可夫。1957 年 4 月，马林科夫、莫洛托夫、卡冈诺维奇开始向赫鲁晓夫发难，他们抨击他的各项政策，大家异口同声地谴责这个以反斯大林个人崇拜而扬名的人搞个人崇拜，要求赫鲁晓夫立即辞去党的第一书记职务。赫鲁晓夫在目瞪口呆之余终于回过神来，坚持立即召开全体中央委员会会议，以决定他的去留。危难之际朱可夫毫不迟疑地支持赫鲁晓夫，并命令国防部迅速派军用飞机把分散在全国各地的中央委员火速接到莫斯科。赫鲁晓夫赢了，马林科夫等人作为“反党集团”被清洗。由于三人又曾经是20世纪30年代对红军指挥人员血腥清洗的重要参与者，军人集团对这个反党集团有着特殊的怨恨，朱可夫也决不手软地要清算这笔血债。元帅在政治舞台上似乎有些忘乎所以，他痛斥反党集团是害群之马，他公开呼吁为20世纪30年代蒙受不白之冤的军官们平反。也许出于对朱可夫的感激，赫鲁晓夫默许了元帅的种种建议：图哈切夫斯基元帅和布留赫尔元帅平反昭雪了。苏军总政治部向党中央直接报告的制度停止了，转而向朱可夫报告工作。军队派代表参加秘密警察领导机关的活动，对内务部的军队和国家安全委员会的边防军都有权指挥。正式和公开地谴责斯大林时代对军队的清洗，等等。然而元帅不懂得党的领袖们始终是一个整体，他们在许多方面，几代人都是一脉相承。元帅似乎肆无忌惮地向党的隐蔽处进攻，显然触犯了政治敏感的神经。元帅出席各种集会的机会多了，对自己往日的功劳也许表白得太多。“朱可夫想干什么？”这一问题在党的领袖们脑海里挥之不去。“不能让他为所欲为”，赫鲁晓夫暗自决定。

1957年10月，朱可夫春风得意地在南斯拉夫、阿尔巴尼亚访问。访问结束后，朱可夫原计划取道克里木去检阅那里的部下。赫鲁晓夫的秘书打来电话请元帅直飞莫斯科，说是11月7日革命节的40周年盛大军事检阅有许多事情等着老将军回来定夺。朱可夫压根没有想到，那个得到他大力帮助的赫鲁晓夫早已为他准备好了陷阱。

朱可夫被免去了国防部部长的职务，这一新闻立即传遍了世界各地。朱可夫又一次突然从社会和政治生活中消失了。新任国防部长马林诺夫斯基操纵《红星报》说：一个高级军人被他自己成功的军事经历迷了心窍，他为此犯了严重的错误，受到了党的严厉制裁。朱可夫的亲密战友和部下如罗科索夫斯基、索科洛夫斯基、扎哈罗夫等异口同声地声讨他。老对手科涅夫元帅决心一鼓作气把这个竞争者彻底搞臭：他竭力贬低朱可夫在战场上的功劳，说朱可夫占领德国国会大厦是他的乌克兰第1方面军让出来的，朱可夫窃取了不应有的荣誉云云。那个幸亏朱可夫而免遭灭顶之灾的赫鲁晓夫公开表示：“就一个生命来说，一个细胞死亡，另一个细胞代替它，生命才能继续下去。”苏联战争史在悄悄改变，朱可夫的功绩被一点点遮盖。元帅又一次面对精神与肉体的摧残，在中央委员会全体会议上，元帅自己投票赞成把他从主席团清除出去。

朱可夫退休了，在莫斯科郊外的一幢别墅里悄悄地度着自己的晚年。外界的风雨时而也敲打着将军的窗棂，但将军已经习惯地漠然处之。1964年，68岁的元帅离婚，与比他年轻25岁的格林娜结婚，不久老将军晚年得女，小玛莎的活泼与格林娜的温柔给心灰意冷的元帅带来了慰藉。

历史的车轮滚滚向前，克里姆林宫再次更换了主人。1964年10月，勃列日涅夫担任苏联党的第一书记。1965年5月9日，反法西斯战争胜利20周年纪念日，莫斯科红场举行了盛大的阅兵式，在列宁墓顶上，人们又看到了久违的英雄：朱可夫元帅。许多人感动得流下了热泪。

1969年，朱可夫著名的回忆录——《回忆与思考》在苏联出版了，第一版就发行了60万册。1966年12月，为庆贺老将军70岁生日，最高苏维埃主席团授予朱可夫国家最高级勋章——列宁勋章，致贺的电报、亲切的问候纷至沓来。同年8月，蒙古人民共和国授予元帅英雄金星勋章。面对荣誉和善良的人们忠诚地问候，老元帅激动不已，荣辱兴衰、宦海沉浮、沙场浴血、世态炎凉、往事如烟，一切都交给后人评说吧。

然而历史不会忘记那些对历史做出了贡献的人们，人们也不会忘记那些挽救了历史的英雄，朱可夫元帅的伟大贡献将不仅被苏联人民铭记，而且将永远被全世界人民铭记。

1974年6月，朱可夫在莫斯科安然离世。

二十六、一生献给祖国的苏联老帅——布琼尼

谢苗·米哈伊洛维奇·布琼尼（1883—1973年），苏联著名将领，三次苏联英雄称号的获得者，1935年第一批被授予苏联元帅军衔的五人之一，参加过包括两次世界大战在内的四次大的战争，屡建奇功。在第二次世界大战中先后担任统帅部预备队集团军群司令员、西南方向总司令、预备队方面军司令员和北高加索方向总司令等职，参加了保卫莫斯科、基辅和高加索等重大战略性战役。在战争初期成功阻击了德军南方集团军群，为苏军展开防御赢得了宝贵的时间。

（一）跃马驰骋的骑兵司令

1883年4月25日，布琼尼出生在俄国南部一个一贫如洗的农民家庭。他的童年生活是辛酸的。繁重的劳动和与贫苦人民的共同生活，造就了布琼尼开朗、勇敢、坚毅的性格。1903年秋，布琼尼被征召入伍，成为一名当时的年轻人引以为自豪的骑兵。次年1月，他随顿河哥萨克骑兵第46团来到中国东北参加了日俄战争。战争结束后，被调到滨海龙骑兵团，驻扎在符拉迪沃斯托克（海参崴）附近。1907年1月，他被派往彼得堡骑兵学校学习。1908年毕业后，他又回到龙骑兵团。第一次世界大战中，他曾先后在波兰、德国、奥地利和高加索等地作战。

1917年俄国二月革命后，布琼尼被全连一致推选为连士兵委员会主席，在全团

大会上被选为团士兵委员会主席，接着又被选为师士兵委员会副主席。在明斯克市驻防期间，他结识了西方面军布尔什维克党组织的领导人伏龙芝。伏龙芝对布琼尼世界观的形成和人生道路的选择产生了重大的影响。

十月革命爆发后，高加索骑兵师士兵委员会做出了该师复员解散的决定，布琼尼于当年 11 月回到了家乡。不久，他即同战友们一起在当地建立起了苏维埃政权。随后，布琼尼以他对巩固新生苏维埃政权的高度责任感，和对军旅生活的酷爱，在家乡组建了骑兵游击队。由于他的努力，部队逐渐扩大为骑兵团、骑兵旅、在察里津战役中，布琼尼指挥一个骑兵旅把敌人打得落花流水，表现了一个杰出的骑兵指挥员的才干，获得联共派驻察里津地区的最高领导斯大林的赏识，荣膺红旗勋章。部队扩编为第 1 骑兵军，成为斯大林在红军中最信赖的将领。

1919 年夏，邓尼金的白卫军向苏维埃共和国发动疯狂的进攻，红军被迫向腹地撤退，南方战线成了主要战场。这时，布琼尼指挥新建的骑兵军在察里津以北大败弗兰格尔白卫军的主力，击溃了苏图洛夫的部队。随后，又巧妙地实施机动，给插到红军南方方面军后方的马蒙托夫和什库罗指挥的哥萨克骑兵师以粉碎性的打击，占领了重镇沃罗涅日，从而封闭了莫斯科战略方向上红军阵地中宽达 100 公里的缺口。为表彰布琼尼在这次作战中的功绩，全俄中央执行委员会再次授予他红旗勋章和革命荣誉武器。不久，他便出任苏军第 1 骑兵集团军司令，成为苏联国内战争时期著名的将领之一。

1919 年年底和 1920 年年初，红军向邓尼金的军队发动了总攻。6 月 5 日，布琼尼集中集团军的主力一举突破波军第 2 集团军坚固的防御阵地，以迅雷不及掩耳之势突入敌纵深 120—140 公里，前出到波军第 3 集团军的后方，迫使波军于 6 月 11 日撤离乌克兰首都基辅，从而为把波军逐出苏维埃国土奠定了基础。

1920 年第 1 骑兵集团军再次席卷南乌克兰和克里米亚，彻底消灭了弗兰格尔白卫军，胜利地结束了国内战争。

（二）卫国战争中的苏军统帅

1941 年 6 月 22 日，德国法西斯突然袭击苏联，苏联卫国战争开始。6 月 23 日，苏联统帅部大本营成立，布琼尼成为大本营成员。6 月 25 日，大本营预备队的 4 个集团军组建成统帅部预备队集团军群，任命布琼尼为司令。他当晚急忙赶往司令部所在地布良斯克，立即投入紧张的工作。由于前线战局恶化，7 月 1 日，各预备集团军划归西方面军指挥，铁木辛哥被任命为司令，布琼尼和叶廖缅科被指派为副手。

7 月 9 日晚，布琼尼奉斯大林之召返回莫斯科。7 月 10 日，国防委员会将统帅部大本营改组为以斯大林为主席的总统帅部（8月8日，改名为最高统帅部）大本营，布琼尼仍为大本营成员。同日，根据德军进攻所形成的三个主要战略方向，总统帅部成立作为战略领导机关的各方向总指挥部，任命铁木辛哥为西方向总指挥部总司令，统一指挥西方向苏军的作战；任命伏罗希洛夫为西北方向总指挥部总司令，统一指挥西北方向苏军的作战；任命布琼尼为西南方向总指挥部总司令，统一指挥西南方面军和南方面军的作战行动，并负责黑海舰队的作战指挥。给布琼尼送行时，斯大林强调：无论如何要守住乌克兰首都基辅，但暂时没有预备队，不管多么困难也不用来要。

谢苗·米哈伊洛维奇·布琼尼

希特勒对乌克兰的产粮地区和工业地区以及高加索的石油垂涎已久。战争开始后，德国南方集团军群一路击溃苏军抵抗，直奔基辅而来。德军和苏军以攻、守基辅为中心，在广阔的乌克兰战场展开持续、激烈的基辅战役。这时，布琼尼指挥的西南方面军和南方面军在以前的防御战中已遭到严重削弱，各方面的力量均不如德军。为守住基辅，布琼尼指挥苏军实施战略防御，顽强死守。在基辅战役的紧急关头，布琼尼一直在担负正面防御的西南方面军指挥所，甚至多次亲临前沿阵地，指挥部队顽强抵抗德军的进攻，并在乌曼地区重创德军。基辅战役正酣之际，希特勒又命令德国中央集团军群所属的古德里安第2装甲集群南下，从第聂伯河东岸迂回包围苏军基辅集团，和德国南方集团军群对其实施钳形夹击。苏联最高统帅部组建以叶廖缅科为司令的布良斯克方面军，令其消灭古德里安装甲集群，但布良斯克方面军未能完成任务。古德里安装甲集群迅速突破布良斯克方面军的防御，进而从苏军基辅集团后方向西南方面军实施突击。

早在7月底，苏军总参谋长朱可夫就考虑到在基辅方向双方力量对比悬殊，并洞察到古德里安装甲集群南下的动机和要害，便直截了当地向斯大林提出放弃基辅，将基辅集团撤至后方纵深进行防御，以免遭受重大损失。但斯大林过分相信叶廖缅科关于必定战胜古德里安集群的坚决保证，不同意放弃基辅。

9月11日，为免遭包围，西南方面军首长向大本营请求撤退，但遭拒绝。布琼尼立即向斯大林请示：西南方面军军事委员会认为，有必要允许方面军向后方地区总撤退。布琼尼坚决请求斯大林允许撤退，并建议将西南方面军从第聂伯河撤到后方地区朴肖尔河。但斯大林拒绝布琼尼的请求，并解除布琼尼西南方向总指挥部总司令的职务，由铁木辛哥元帅接任。但铁木辛哥也同样不能挽救基辅的命运。9月15日，德国第1装甲集群、第2装甲集群在苏联西南方面军后方洛赫维齐会师，将西南方面军合围。9月17日，斯大林命令西南方面军突围，但为时已晚。19日，基辅失陷，26日，西南方面军被歼，约60万人被俘，方面军司令及参谋长等主要领导人均英勇牺牲。

9月12日，布琼尼被任命为预备队方面军司令，率部在莫斯科接近地进行防御。为了集中使用从西面掩护莫斯科的部队，并对其实施有效的指挥，苏联最高统帅部于10月20日将预备队方面军并入西方面军，任命朱可夫为方面军司令。布琼尼奉召返回莫斯科，筹划红场阅兵。

1941年11月7日，在莫斯科处于德军兵临城下的危急时刻，苏联最高统帅部在红场举行具有历史意义的莫斯科卫戍部队的阅兵式，布琼尼代表最高统帅部对将直接从红场投入战争的部队进行了检阅，斯大林发表了鼓舞人心的讲话。1941年年底，布琼尼奉命帮助库兹涅佐夫准备和实施克里米亚登陆战役。

为了便于对南方部队实施指挥，苏联最高统帅部于1942年4月21日建立北高加索方向总指挥部，任命布琼尼为总司令，统一指挥克里米亚方面军、塞瓦斯托波尔防御地域、北高加索军区、黑海舰队和亚速海区舰队的作战行动。旋即由于苏德战场两翼的情况发生急剧变化，北高加索方向总指挥部被撤销，北高加索方面军成立，布琼尼任司令。1942年7月3日以前，布琼尼以塞瓦斯托波尔防御地域的兵力在该地域进行了防御作战。1942年7月25日至8月5日，布琼尼指挥方面军在顿河下游、斯塔夫罗波尔方向和克拉斯诺达尔方向进行艰苦的防御交战。1942年7月28日，北高加索方面军和南方面军奉命合并为北高加索方面军，布琼尼为司令，负责阻止德军继续向南推进，并尽力恢复顿河左岸态势。布琼尼在方面军编成内组建滨海和顿河两个战役集群，分别在克拉斯诺达尔方向和斯塔夫罗波尔方向进行防御。八九月间，布琼尼指挥方面军实施阿尔马维尔——迈科普战役和新罗西斯战役，阻止了德军沿黑海沿岸突入外高加索。

1943年年初，布琼尼被从前线召回最高统帅部大本营，任命为苏军骑兵司令和苏联国防人民委员部最高军事委员会委员。为了更好地利用骑兵，布琼尼发布给各方面军的训令，要点是：在军队基本集团的主要突击方向上和与之协同动作时，使用加强骑兵军；要为加强骑兵军配备步兵师、最高统帅部预备队炮兵、火箭炮部队和特种部队；不准使用骑兵兵团单独突击筑垒地区、夺取居民点和在战役机动没有保障的方向进行作战。为了有效使用骑兵，经最高统帅部批准，布琼尼于1943年春在草原方面军司令部召开全体骑兵军军长会议，要求在短期内将骑兵师和骑兵军配备齐全，有计划地进行军事训练，组织指挥员作业，以解决如何在行将到来的战斗中更有效地使用骑兵的问题。

根据布琼尼的建议，苏联最高统帅部决定建立骑兵机械化集群。布琼尼认为最好的骑兵兵团应是由不少于 3 个师组成的骑兵军。为了保持骑兵的机动自如，不要使骑兵下马作战去攻占某个战术地区或支撑点，每个军配属 1 个摩托化步兵师，并且在军编成内还要包括坦克旅和迫击炮部队。1943 年至 1944 年的多次战役证明骑兵机械化集群是行之有效的。1944 年，苏军正式组建骑兵机械化集群。

布琼尼还经常亲临各条战线。作为大本营成员，布琼尼积极参与了大规模进攻战役计划的制订与实施。每当涉及有关骑兵问题时，斯大林总是愿意听取布琼尼的意见。

二战结束后，布琼尼于 1947—1953 年兼任苏联农业部主管养马业的副部长。1953—1954 年任骑兵总监。1954 年起任苏联国防部总监。布琼尼曾获 8 枚列宁勋章、6 枚红旗勋章、1 枚一级苏沃洛夫勋章。著有《红色骑兵》《骑兵兵团的战术基础》等。

1973 年 10 月 26 日在莫斯科病逝，终年 90 岁。

（三）基辅会战

此次战争是苏德战争初期，德军在基辅地域对苏军西南方面军实施的大规模围歼战。布琼尼作为苏军的统帅参加了这次战役。经过他对战争局势的认真分析，建议斯大林从这一地区撤退以保存实力，避免被德军围歼，但他的建议未得到斯大林的认同，导致了基辅惨败。

第二次世界大战开始短短几年内纳粹德国在西欧战场上便取得了决定性胜利，莱茵河流域、奥地利、捷克和苏台德地区都成为希特勒骄傲的战利品。

这时候纳粹德国终于将矛头指向了当时拥有大量石油和原料的苏联，希特勒深知要征服欧洲、成为真正意义上的欧洲霸主，就必须要击倒这个巨无霸，亚历山大、拿破仑……这些立志征服世界的勇士都倒在了俄罗斯的皑皑的雪上，但是希特勒对于自己的闪电战深信不疑。1941 年 6 月 22 日，希特勒终于按捺不住撕毁了《苏德互不侵犯条约》，对苏联开始猛烈进攻。

早已备战在苏德边境的 260 万德军在 6 月 22 日凌晨迅速进入作战状态，而他们所面对的苏联军区也具有与之数量相当的苏联红军。但是由于苏联领导人斯大林对苏德开战日期的错误估计，在边境的驻守部队没有一个部队展开备战。德军的突袭取得了完全的效果，苏联红军诧异于进攻苏联领土的德军数量之多和配合紧密，约有 320 万德军地面部队投入了西线的攻势，伴随的还有数十万罗马尼亚、匈牙利、斯洛伐克和意大利部队，芬兰则从北边发动攻势。

苏军在“闪电战”的打击下节节败退，长驱直人的德军在北部及中部战线取得

了巨大的成功，德军 3 个集团军和 2 个装甲集群对基辅一带苏军西南方面军成夹击之势。

7 月 16 日，斯摩棱斯克被古德里安的第 2 装甲兵团攻占，从此通往莫斯科的大门被打开了。面对莫斯科的巨大诱惑，德军上下无不踌躇满志。眼看着欧洲当时最强大的两个国家将要在俄罗斯展开激战，决战似乎一触即发，整个世界在这一刻都将目光转向莫斯科，人们猜测着德意志神话在俄罗斯是会继续还是凋零。

但就是在这个时候，希特勒却出乎意料地做出了暂时放弃往莫斯科方向前进的决定，而是把目标放在了乌克兰——这个以人口密集和农业发达闻名的城市，借以攻占基辅和列宁格勒（现圣彼得堡）。这不仅让整个世界都摸不清头绪，也最终成为了历史的一桩悬案。

7 月 19 日，希特勒颁发了第 33 号指令。霍特的第 3 装甲集群奉命一路往北到达波罗的海，从侧翼包围列宁格勒；而古德里安的第 2 装甲集群则一路向南，在基辅的东边与从属南方集团军的克莱斯特大将率领的第 1 装甲集群会合，对基辅附近的苏联部队实施包围。而中央集团军则只率领步兵向莫斯科出发。

苏军最高统帅部认定德军将会主要进攻西南方，于是在乌克兰部署了大部分兵力，包括西南方面军、南方面军一共 6 个集团军、69 个步兵师、11 个骑兵师和 28 个装甲旅，由苏联元帅、西南方向总司令布琼尼指挥。

按照最高统帅部大本营的命令，苏军西南方面军在 6 月 30 日开始从西乌克兰撤退。方面军的任务是在 7 月 9 日前以野战军队占领构筑于旧国界的沃伦斯基新城、科罗斯坚、舍佩托夫卡、普罗斯库罗夫、旧康斯坦丁诺夫等筑垒地域，并在这一线组织坚固防御。突破苏军在旧筑垒地域一线的正面，前出至基辅地域，开辟第聂伯河的登陆场。然后突击集团转向东南进攻，以拦截西南方面军主力向第聂伯河对岸的撤退，并从后方实施包抄并将其消灭是预定在基辅方向行动的德军“南方”集团军群基本兵力的目的。西南方面军有 44 个已经被战斗严重消耗的师与德军的 40 个师对峙着，显然，我们一眼就能看出兵力的悬殊。双方剑拔弩张，德军不会怜悯此刻弱小的苏军，苏军也硬是打肿脸充胖子跟德军僵持着。

7 月 5 日开始了，猛烈的进攻开始了。在苏联主要突击方向方面军完成退却和在筑垒地域一线展开前，德军早已到达。7 月 7 日，苏军在新米罗波尔以北的防御就被德军以坦克兵团为主要战斗力的第 1 梯队突破。傍晚，德军又乘胜攻占了别尔季切夫。第二天，德军在沃伦斯基新城以南实施突破，7 月 9 日，德军一路捷报频传，夺占了日托米尔。7 月 11 日，坦克第 1 集群先遣部队在两昼夜内前进 110 公里，德军充分发挥闪电战的风格，展现出闪电般的作战速度。但是当德军一路气焰嚣张地行进到基辅以西 15~20 公里的伊尔平河时，其精良的坦克和摩托化步兵被苏军阻击于基辅筑垒地域的外层。德军在行进间夺取基辅的企图被打破。

面对战况，斯大林的苏军总参谋长朱可夫大将建议他把西南方面军撤到第聂伯河对岸，避免被德军以合围之势吃掉，并且放弃基辅，全力保卫莫斯科。斯大林不仅断然拒绝这项建议，还解除了朱可夫总参谋长的职务，让他去担任预备队方面军司令员。

苏联的方面军被德军的正面突击和随后的翼侧突击割裂成了几个孤立集团。而苏联红军由于战前过分高估自身实力及轻信德军此刻仍处在结构重组阶段，在德军的突袭下，虽然大量苏军驻扎在苏德边境，但也一筹莫展，只能被动挨打。

第5集团军此刻正在基辅西北该方面军的右翼，一个半月以来一直在科罗斯阵地坚持战斗以牵制德军的10个师。该集团军对直接进攻基辅的德军集团侧翼实施的反突击，大大缓解了守城苏军的窘迫处境。集团军按照最高统帅部大本营的命令在8月下旬往基辅以北新的防御地区组织坚固防御。第18集团军一部和第12及第6集团军共20个师在基辅西南、方面军左翼苦苦支撑。8月3日，德军从两翼在乌曼地域包抄了该集团。8月8日，德军俘虏了103000名苏军官兵，“乌曼口袋”被消除。这些俘虏里甚至包括了第6集团军司令穆济琴科中将和第12集团军司令波涅杰林少将。在这次胜利中，德军还缴获了317辆坦克、858门火炮。

按照德军的计划，坦克集群第2军团开始出发，由图比齐夫斯克的西部横渡杰斯纳大河，一路往南碾压而去，目标直指基辅后部罗姆内。此时的第2集团军也从戈梅尔朝着南部移来，一路牢牢护住这支钢甲怪兽集群的右翼。另一边的坦克第1集群已经绕过了第聂伯河湾，从克列缅丘格攻向北方，这两股力量将会在罗姆内接头，一起把苏军挡在大河曲之外。前攻无路的苏军还将受到第17集团军的牵制，进退两难。与此同时，第6集团军将趁机跨越宽阔的第聂伯河，直插基辅。

7月21日，德军统帅部下达命令，加强苏德战场南北两翼的进攻力度，并沿第聂伯河东岸从北、南两面对苏联方面军进行包抄。

8月8日，斯塔罗杜布、科诺托普方向和戈梅利、切尔尼戈夫方向遭到了德军坦克第2集群和第2集团军的进攻。这样的劣势并没有持续太久，很快苏军便洞悉了德军的计划，8月19日，苏军将西南方面军各集团军撤到第聂伯河对岸，并沿东岸组织起牢固防御工事。这样一来，苏军仅需要在西岸坚守基辅地域的阵地即可。

为了掩护方面军右翼，在科诺托普以北沿杰斯纳河集结了其他地段撤下来的兵团重新组建的第40集团军。大本营把防止德军从北面突向西南方面军后方的重任交给布良斯克方面军，可惜的是他们并未能完成任务，无力阻止德军的翼侧运动。此前所做的一切防御和努力，容不得一点疏忽，一次失败。由此，德军突破了苏军的防御，在长达数日的攻防战中，终于重新昂起了它目空一切的头颅。

斯大林在战前判断，战争开始以后乌克兰将是德军的主攻方向。因为乌克兰的

粮食、顿涅茨的煤和高加索的石油有着巨大的吸引力，所以乌克兰的西南部集中了苏军大部分的兵力，甚至比西方和西北两个方面兵力的总和还有过之而无不及。并且，他单方面试图在战争爆发后对德军进行战略包围：在摧毁德军南方集团军后则朝北攻占波兰，包围德军的中央集团军和北方集团军，包围圈里的德军不久后就会被彻底歼灭，如此一来纳粹德国将必败无疑。有趣的是，斯大林和希特勒作为敌对双方，但在对于乌克兰的重视上却惊人的一致。

7 月 29 日，总参谋长朱可夫大将曾向斯大林建议，为了保存力量，必须把西南方面军撤到第聂伯河东岸，基辅必须放弃。

斯大林怒吼："胡扯！我决不会把基辅拱手相让！"

朱可夫怀着对国家的深切感情，义愤填膺地说："如果你认为作为参谋长的我只是在胡说八道的话，那就请解除我的职务，我宁愿到前线去指挥一个方面军，或者一个集团军、一个军、一个师。"

斯大林把他的气话当了真，撤了他的总参谋长，让他去做了个预备队方面军的司令。

这样一来，苏联德国双方的最高统治者都一意孤行，把将领和参谋的合理意见置之脑后。斯大林调集重兵把乌克兰死死守住，而希特勒则集中优势兵力进攻乌克兰。双方主力在这样的情况下产生了一次大碰撞。千百万参战将士的命运就此被决定，第二次世界大战中苏德两国的命运也在这次碰撞中被深刻影响。

8 月 20 日，德军终于抵达第聂伯河，德军的中央集团军、南方集团军和后方以一个边长为 550 公里、高为 500 公里的类似等边三角形的形状把苏军西南方面军主力牢牢围困住。8 月 21 日，希特勒趁此良机签发了第 35 号指令，命令德军占领克里米亚和顿涅茨盆地的工业区，把石油供应牢牢握在手中。而在此之前，得先解决掉苏军西南方面军所属第 5 集团军这个绊脚石。

8 月 25 日，曾在斯摩棱斯克立下赫赫战功的古德里安第 2 装甲集群又一次做先锋南下，直捣布琼尼元帅率领的百万大军后方。这支战斗力卓越的装甲部队所过之处无不掀起漫天征尘，而苏军最高统帅部却对古德里安的南下行动做出了致命的失误判断，把他以迅雷不及掩耳之势横扫乌克兰大平原的目标误认为是要借南侧包围苏联方面军和预备队方面军之机迂回进攻莫斯科。这个误会一直持续到 8 月底。布良斯克方面军司令叶廖缅科曾扬言能阻截古德里安的南下，但他组织起的 10 个步兵师和若干坦克在向德第 2 装甲集群进行反突围的过程中却如鸡蛋碰石头。

这个时候，在 9 月的 7、8 日，南方集团军司令部里面一片紧张，哈尔德与众多参谋详细讨论了关于联合作战计划的各种细节，这份作战计划的中心只有一个，就是攻夺基辅，把第聂伯河岸一线的敌人全数歼灭。参加这次作战计划的包括南方和中央两个集团军。古德里安将亲自率领他战功显赫的第 2 装甲集团军坦克集群出发，由图比齐夫斯克的西部横渡杰斯纳大河，一路往南碾压而去，目标直指基辅后部罗姆内。此时的第 2 集团军也从戈梅尔朝着南部移来，一路牢牢护住这支钢甲怪兽集群的右翼。另一边的坦克第 1 集群已经绕过了第聂伯河湾，从克列缅丘格攻向北方，这两股力量将会在罗姆内接头，一起把苏军挡在大河曲之外。前攻无路的苏军还将收到第 17 集团军的牵制，进退两难。与此同时，第 6 集团军将趁机跨越宽阔的第聂伯河，直插基辅。同时德国南方集团军司令伦斯德命令克莱斯特的第 1 装甲集群以最快速度突入苏军背后，而第 17 集团军强渡第聂伯河，同古德里安的第 2 装甲集群在基辅侧后南北对进，这样一来，就如同一把巨型铁钳牢牢夹住了敌军。

简单来说，这个计划相当于两重合围，形成一个同心圆。外援是第 1、第 2 坦克装甲集群，内圆则以步兵为主。哪怕苏军已经突破了德军士兵，外面还有火力强大壁垒森严的坦克等着它。德军按照这个计划当即展开行动，到 9 月 9 日的时候形势已经基本明朗。第 17 军团已经将第聂伯河远远甩在了脑后，而克莱斯特也正在北方向着古德里安的大军赶去。仅仅一天的时间，古德里安已经把罗姆内攻下，闪电式进击，而到第三天的时候，克莱斯特也迫不及待地向着卢布内方向发动猛攻。

到了 14 日，德军的双重包围圈已经基本形成，第 1 装甲集团军依旧以极高的强度轰炸着卢布内的城墙，而第 2 装甲集群的先锋部队已经强行攻下洛赫维察，两支部队仅仅只有 40 公里的距离就可以完成圆圈最后的缺口。

会师很快就到来了，15 日，古德里安与克莱斯特带着各自的胜利消息相聚洛赫维察，这里离基辅只有 210 公里，南北两向的坦克集群完成合围，重重将基辅包裹在内，所有炮口都指向了圈内的苏军。

因为德军的进展实在迅猛，苏军元帅布琼尼已经支撑不住，情势形势看起来显然败局已定，他反复向莫斯科发出电报，请求撤退，但是最高统帅部在斯大林的勃然大怒下，毫不留情地斥责了他后退的计划。斯大林命令禁止苏军西南方面军有任何倒退的意向，因为对布琼尼大为光火，他还当即撤销了布琼尼元帅的职位，改派铁木辛哥前往基辅继任。铁木辛哥硬着头皮来到前线以后，当即感受到了巨大的压力，德军越收越紧的铁圈直箍得苏军喘不过气来。铁木辛哥这才明白布琼尼的撤退实乃明智之举，只有趁早后撤才有可能保全部分实力，如果再这样硬撑下去，恐怕避免不了被围歼的命运。于是铁木辛哥当即派遣参谋长前去恳求斯大林下达撤退命令，斯大林面无表情，对着忐忑不安的参谋长只是简短地说了一句话：“守住基辅。”

这短短几个字让基辅地区的西南方面军心中一凉，知道恐怕已经没有了生还的希望。

1941年的9月16日，苏军终于到了必须面对的一天，战争史上规模最大的围歼战正式开始。内圈德军继续以惊人的速度行动，飞快地分割了西南方面军各个部队，形成了挨个包围的小战圈。失去联系和支持的苏军一片混乱，每片小战场都呈现被动局面，尽管苏军英勇抵抗，但是在德军的围逼之下损失惨重，无法突出求援。这一情况传到莫斯科以后，斯大林也只好不情愿地承认只有撤退才能避免全歼的命运，9月17日下午3时，苏军最高统帅部下令撤退。但是他们还没有估算清德军真正的实力，此时战局已经不是任由他们想退就退了，内圈德国步兵难以对付不说，即使侥幸冲出步兵圈，外面的古德里安与克莱斯特的坦克就会猛冲过来。苏军只能一再缩回基辅，没有任何退路。情况更加严峻的是苏军高层对具体战况根本不了解，抱着自大的情绪并没有组织起像样的突围，官兵整整一天都只能据城苦守，犹如坐以待毙的困兽之争。

城内指挥官见此情景，知道再拖下去不会有任何士兵能留下性命。

于是在17日下达强行突围命令，第二天西南方面军将所有的坦克兵力集中到一点，向着德军第16装甲师猛冲过去。冲在最前面的苏军士兵高举刺刀，昂扬地高呼口号直奔目标。这种强劲的突围跟前两天苏军犹豫分散的行动风格相差极大，德军措手不及顿时被打个正着，眼看包围圈即将出现漏洞，德军增援却迅速赶来，将苏军的冲锋又堵了回去。虽然第一次强势突围失败了，但是西南方面军抱着求生的念头并不气馁，一天之内发起多次突围行动，而德军也抓紧一切空隙组织回防，激烈的突围与反突围不断重复，到了下午苏军一口气把最为精锐的一支骑兵师并同两支坦克旅派上前锋，犹如利剑一般直插德军薄弱地带，这次集中优势兵力的行动终于获得一定成功，久攻不破的德军第2装甲军被撕开一道血口，苏军前锋呼号着奔向外围，但是这时德军第3装甲师却赶到了前方，重新组成了一道战线。刚刚经历过苦战，好不容易突围的苏军士兵顿时被钢铁部队挡在郊外，凭着顽强毅力，苏军在失去重武器的情况下用血肉之躯继续进行着凶猛的冲锋，此时伤亡惨重的苏军已然不是第3装甲师的对手，这种绝望而勇敢的冲锋迎来的是一片片炮火的扫射，田野上顿时血花四溅，苏军将士尸横遍野，几近覆灭。

在这种情况下，苏军最高统帅部终于认识到局面的严重性，开始下达积极的全体撤退命令，斯大林甚至告诉指挥官完全可以放弃基辅，放弃一切，全力撤退！于是原本还守在要塞的苏军通通返回，第聂伯河上的桥梁被炸断，堡垒连同外围工事全部放弃，既然外部突围不出，为了保全实力，苏联西南方面军宁可躲回城内。而之前就有撤退计划的布琼尼和铁木辛哥也早就登上了准备好的飞机，抢先逃离。

德军没有遇到什么抵抗就迅速得到了基辅。但是即使苏军退守城内，也无法阻止德军步步前进的威胁，20日苏联西南方面军展开了第二次强势突围，这次战役的情形和第一次极为相似，但是效果却并不理想。尽管德军阵地在苏军猛冲下一度决堤，可德军后备装甲军总是能及时堵上缺口，苏军就像不停打开一道道门，而外面永远还有另一道门，这种长期拼搏依旧无法改善的情况使得苏军极为疲惫，人力、物力在几次冲锋中集中消耗，最优秀的部队和最强劲的武器用在了前面，也毁在了前面。当天西南方面军的士兵伤亡无数，司令员基尔波诺斯和政治委员以及参谋长也在英勇的斗争中战死沙场。

逃出去的元帅铁木辛哥并没有放弃自己手下的士兵，为了营救被围困的苏军，铁木辛哥在德军外围展开进攻，他率领着数个集团军往包围圈中猛冲，试图和城内苏军里应外合，杀出一条血路，但是因为联系困难，加上德军第 17 集团军总是在关键时候出现阻截，铁木辛哥的部队走错了方向，没有能够进入包围圈中心。

而城内的西南方面军可谓进退两难，毫无希望。因为后勤供应早已经被德军切断，燃料和弹药也相继在突围战斗中耗尽，最后伴随士兵的武器只有带着刺刀的步枪。如今等也是死，冲也是死，于是士兵开始自发地成群冲击，以营为单位，刺刀为武器，向着德军的装甲坦克和重型火炮发起惨烈密集的进攻。

当时的战场情形足以让任何铁石心肠的人动容，宣传兵高举扩音器播放着斯大林慷慨激昂的演讲，他在讲话中不断鼓励自己的士兵英勇作战，许多士兵绝望地往德军炮火上扑去，一路狂奔还大声喊着斯大林的口号。这种无异于自杀的行为演变成了德军的大屠杀，缺乏武器的苏军士兵相当于赤手空拳，成批冲锋又成批倒下。

这场疯狂的围剿和屠杀终于在 9 月 26 日落下帷幕。苏军将士伤亡过半，连带伤兵共有 65.5 万人成为德军战俘。这场战役带给布琼尼的是无尽的无奈和遗憾。

布琼尼是苏联优秀的骑兵统帅，国内战争时期他率领骑兵为苏维埃政权的建立和巩固立下了汗马功劳。他高超的战术指挥将骑兵在战争中的优势极大地发挥出来，长期的戎马生涯使他对战争的理解更加深刻。

布琼尼深得斯大林的信任，在十月革命时期就与斯大林并肩作战，他是苏联最早授勋的五位元帅之一，同时也是大清洗后幸免于难的两位元帅之一，但对于战争，他有着自己的立场，基辅会战，作为前线的方面军总司令，布琼尼看穿了希特勒合围苏军的阴谋，不惜冒着极大的风险与斯大林翻脸，竭力主张苏军战略性撤退，这与斯大林的作战思想产生了巨大的矛盾，为此，老帅付出了被撤职的代价，虽然他未能挽回苏军在基辅被围歼的命运，但他已经做出了最大的努力。他的勇气还是值得肯定的。

布琼尼是苏联重要的将领，他有着深厚的资历、出众的战绩以及独特的作战思维，是苏联军队中的宝贵财富，他用自己的一生为苏联军队的发展、壮大做出了重要的贡献，是一位让人敬佩和尊敬的老帅。

二十七、关东军掘墓人——华西列夫斯基

杰出的军事家，曾两次获得“苏联英雄”荣誉称号，与朱可夫齐名。二战期间，华西列夫斯基曾任苏军总参谋长、苏联国防部副部长和最高统帅部大本营代表。战功显赫，在苏军将帅中有着不可替代的地位。

（一）参加红军

1895年9月18日，华西列夫斯基出生于伏尔加河流域中部平原的新戈利奇哈镇。他的父亲原本是教堂合唱团的指挥和诵经士，后来成了神父。华西列夫斯基在兄弟姐妹中排行第四，父亲的微薄收入难以养家糊口，然而正是这种艰苦贫寒的家境让华西列夫斯基有了刻苦和奋发向上的品质。

华西列夫斯基在家乡附近一所教会办的学校度过了小学生活。14岁那年的夏天，他从基什涅马神学学校毕业。华西列夫斯基听从父亲的安排，进入了科斯特罗马神学学校学习。这一时期，华西列夫斯基深受学生进步运动以及工人罢工运动的影响，思想日趋进步。

华西列夫斯基

1914年，第一次世界大战席卷欧洲，这次战争改变了华西列夫斯基的人生道路。当时的他正在家乡过暑假，并且为自己的未来道路做好了安排。他的计划是从神学学校毕业后，再进入农业学校深造，将来做一名农学家。

然而，一战爆发，正处在青年时期的华西列夫斯基被“保卫祖国”的口号所激励。于是，他与几位同班同学提前毕业，于1915年2月来到莫斯科，进入阿列克夫谢耶夫军事学校。由于当时的沙皇军队连遭败绩，军官出现大量空缺，在军校接受了为期4个月的速成训练后，华西列夫斯基便被编入预备队，并且获准尉衔。

此时的华西列夫斯基并没有打算终身投身军事，他晚年在回忆录中说："战争打破了我原先的一切计划，将我的一生推向了原来根本没有想象过的另外一条道路。我之所以决定从军，并非为了想在军界飞黄腾达。我仍然幻想着成为一名农学家，打完仗之后，在俄罗斯广阔无垠的大地上从事农业劳动。"

紧接着，20 岁的华西列夫斯基准尉被派到一个预备营，由此开始了军旅生涯。短短 3 个月后，他担任了第 9 集团军步兵第 103 师的一个代理连长，随队开赴前线。第二年春，治军有方的华西列夫斯基被正式提升为少尉连长。

十月革命爆发后，布尔什维克影响了华西列夫斯基，让他认清了自己身处的旧军队的性质。于是华西列夫斯基果断地辞去了军职，回到家乡。先是担任军训处的教官，然后又在一所小学担任教师。

由于国内日益紧张的形势，华西列夫斯基被新西尔县召去参加工农红军。从此，华西列夫斯基的命运便与苏联红军紧密地联系在了一起。参加红军后的华西列夫斯基立即投入平息邓尼金白匪叛乱和反击波兰武装干涉的战斗中去。

在战斗生活中，华西列夫斯基的世界观发生了变化，决心要忠诚地为人民政权服务，并且"誓死保卫苏维埃俄罗斯"。他的指挥才能也在此时得以充分地显露，在反对外国武装干涉的战斗结束时，华西列夫斯基已成为步兵团副团长。

担任团长的华西列夫斯基到维斯特列尔步兵战术学校的团长进修班进行了为期一年的深造。在此系统学习的军事理论，为他日后的高级军事生涯奠定了坚实的基础。

20 世纪 30 年代初期，华西列夫斯基由步兵第 48 师调入刚刚组建的苏联红军军训部，开始了他最初新的司令部机关工作。两年的时间里，他先后主持编辑了《军训通报》以及当时在苏军中最有影响力的军事学术期刊《军事通报》。随着对大纵深进攻战役理论及诸兵种合成战斗等最新军事科学理论的深入研究，他的军事艺术素养有了大幅度的提升。

1933 年夏，在诸兵种协同大纵深战役演习中，华西列夫斯基的出色表现，给担任演习总指挥的苏军总参谋长叶戈罗夫元帅留下了深刻印象。不久以后，华西列夫斯基受国防人民委员的选派成为总参谋部军事学院的第一期学员而接受了系统、正规的高级军事教育。这对于华西列夫斯基的职业军事生涯来说是关键一步，因为进入了这所学院，就等于拿到了通往高级指挥殿堂的"入场券"。

通过一年对战役学、军事史、战术学、研究新的军事兵器，以及各兵种协同作战的学习，华西列夫斯基的军事眼界扩大了，军事素养也得到了进一步提高，这些知识为他在以后的卫国战争中肩负的重任并胜利完成任务打下了良好的基础。

1939 年 6 月，华西列夫斯基被任命为总参谋部作战部副部长，次年 5 月他又担任了作战部第一副部长，并且被授予少将军衔。这时，正处德国法西斯开始大肆对外侵略，苏德战争即将爆发的前夜。华西列夫斯基身上的担子更为沉重，工作也更加繁忙。他亲自参与了对芬兰作战行动计划的制订工作。

苏芬战争结束后，华西列夫斯基便把主要精力投入拟订击退可能的入侵计划中去。在此过程中，华西列夫斯基和他的同事们都认定，纳粹德国最有可能成为苏联的最主要敌人。

华西列夫斯基在作战部出色的工作使他逐渐受到了苏联领袖斯大林的重视。一次军事会议结束后，大家一起进餐时，斯大林于祝酒中，在众多高级将领和政治局委员面前提议为华西列夫斯基的健康而干杯。

（二）红军“智多星”

华西列夫斯基与斯大林麾下的其他名将诸如科涅夫、瓦杜丁、崔可夫等不同，华西列夫斯基在苏德战争爆发后相当长的一段时间里，并没有出现在第一线高级指挥员的位置上驰骋疆场，而主要是充当高级幕僚的角色，发挥最高统帅助手的作用。

在此期间，华西列夫斯基更多的时间是奔波于最高统帅部大本营和前线之间，承上启下。主要精力都放在组织计划战役、协调战略战役行动上。从 1931 年调到红军军训部工作开始，到 1942 年出任总参谋长，华西列夫斯基在司令部机关整整工作了 11 年。

1941 年，由于法西斯德国侵略的威胁日益增长，苏联国防人民委员会和总参谋部采取了一系列重要措施，旨在加强苏联西部边界的防御能力。然而，种种原因使得苏联在苏德战争初期处于严重被动的局面。

6 月 22 日，随着《苏德互不侵犯条约》被法西斯德国撕毁，爆发了苏德战争，第二次世界大战进入到一个新阶段。23 日，苏联成立了最高统帅部大本营。

7 月 30 日，华西列夫斯基被任命为作战部部长和副总参谋长。从 8 月初开始，战况的日益紧张，让华西列夫斯基和总参谋长、苏联元帅沙波什尼科夫，不得不每天到最高统帅斯大林那里去，有时甚至一天去好几趟。

随着苏军的形势继续恶化。西南方面的苏军被迫放弃了基辅。西北方面，德军包围了列宁格勒，并且在中路斯摩棱斯克—莫斯科方向投入了重兵。德军的企图很明显，就是一举攻占莫斯科，取得决定性胜利。9 月初，德军攻陷斯摩棱斯克，突破了进攻莫斯科的最后一扇大门。全力保卫危在旦夕的莫斯科成了苏军的主要任务。

9 月 30 日，防守莫斯科方向的苏军遭到了德军的猛烈进攻，莫斯科保卫战开始。10 月初，作为大本营代表的华西列夫斯基与国防委员会一起来到了格扎茨克和莫扎伊斯克地区，由西部撤下来的军力被华西列夫斯基调派至莫扎伊斯克防线组织防御。

华西列夫斯基回到莫斯科后，与大家一起夜以继日地工作，很少休息，这让斯大林不得不命令华西列夫斯基每天 4 至 10 点必须休息。当斯大林亲自检查这一命令是否执行时，发现华西列夫斯基并没有执行，便严厉地批评了他。

在德军的强烈攻势刚刚停止的 12 月初，苏联红军立即进入了反攻，并在 1942 年 1 月实施总攻。苏德两军激战 3 个月后，4 月，莫斯科会战以苏军取得胜利而结束。苏军的胜利，成功地粉碎了希特勒闪电战的战略企图。莫斯科会战是德军自二战爆发以来遭到的第一次重大失败，为战争形势的根本扭转奠定了基础。

华西列夫斯基在莫斯科会战中的出色表现，使得他在一个月后晋升为上将。1942 年 6 月，他又被任命为总参谋长。就任总参谋长后，华西列夫斯基主要留在最高统帅斯大林身边，参与战略决策，或是代表大本营到各个方面军去协调处理军事事务。

7 月，华西列夫斯基作为大本营代表到斯大林格勒协调行动。此后，他将主要精力放在了斯大林格勒战役上。斯大林格勒会战期间，华西列夫斯基曾多次奔赴前线了解情况，并协调军事行动。

11 月 19 日，苏军围歼斯大林格勒敌军集团的战略性进攻战役打响了，此次战斗的激烈程度是空前的。自从反攻开始后，华西列夫斯基就将主要精力和时间都放在前线。他与各个方面军首长保持着密切的联系，并且直接参与作战计划的拟订。与此同时，每天就前线情况向最高统帅做两次报告，并且提出自己的建议。

这一年冬天，华西列夫斯基基本上是在斯大林格勒前线度过的。甚至 12 月 31 日这个新年夜，他仍是在指挥所里指挥苏军阻敌增援，斯大林在零时亲自打来电话，以表示慰问和嘉奖。

1943 年 1 月 8 日，苏军向德军保卢斯集团军发出劝降书，在得不到回音的情况下，苏军发起了最后的猛烈攻击。经过两周的激战，保卢斯向柏林报告说："溃败已经不可避免。我请求立即允许投降，以挽救残部生命。"希特勒当然没有批准这一投降请求。

18 日，在战局进展顺利的情况下，华西列夫斯基被授予"大将"军衔，并且被授予"苏沃洛夫一级勋章"，这是苏军第一次向高级将领颁发象征统帅级别的奖章。同一天，朱可夫被授予"苏联元帅"军衔。30 日，苏军的进攻取得了最后的胜利，保卢斯沦为战俘。斯大林格勒会战终于以苏军胜利而落下帷幕。

华西列夫斯基在斯大林格勒会战期间，领导总参谋部在正确制订作战计划、与各个方面军首长共同将任务具体化、解决各级指挥的协调行动问题等方面做了大量工作，对确保斯大林格勒会战的胜利做出了重要贡献。也是在这一时期，斯大林逐渐改变了对总参谋部作用估计不足的一些做法。

2月16日，苏联最高苏维埃主席团发布命令，授予正在顿河中游组织沃罗涅日方面军和布良斯克方面军进行哈尔科夫战役的华西列夫斯基大将苏联红军最高的军阶——“苏联元帅”，以表彰其为斯大林格勒会战胜利所奠定的基础。

华西列夫斯基是二战期间继朱可夫之后第二个荣获此军衔的高级将领。短短两年的时间，华西列夫斯基便由少将晋升为苏联元帅，纵观战争史，如此迅速的升任速度极为罕见，这足以体现斯大林对华西列夫斯基的器重。

华西列夫斯基本人对此感到很意外，这位只有48岁的元帅晚年在自己的回忆录《毕生的事业》中写道：“1943年2月16日，苏联最高苏维埃主席团发布了也授予我以‘苏联元帅’的命令，这完全出乎我的意料。我获得大将军衔才个把月，仅就这一点来说，这个命令也使我感到突然。老实说，我认为他们对我的工作所做的这种评价，未免过高了一些。”

从这短短几行字中，足见华西列夫斯基元帅的谦逊以及清醒。

1943年2月，斯大林格勒会战以苏联军民获得的辉煌胜利而告终。德军在此次会战中共损失150万人，相当于其在苏德战场作战总兵力的1/4。苏联人民取得的这一胜利，让希特勒灭亡苏联称霸世界的企图变成了泡影，成了苏德战场乃至整个第二次世界大战的战略转折。在此以后，苏军展开了全面的战略反攻。

斯大林格勒会战也是华西列夫斯基显示其统帅才能的光辉篇章，作为斯大林格勒进攻战役计划的制订者和执行者之一的他，为确保会战的胜利做出了重要贡献。

总之，被誉为“第二次世界大战转折点”的斯大林格勒会战，苏军能够获得胜利当数三人所起的作用最大，第一是作为统帅决策人物的斯大林，第二是作为运筹帷幄人物的朱可夫，第三就是作为计划协调人物的华西列夫斯基。

华西列夫斯基卓越的指挥才能、杰出的工作能力、坚定的意志以及谦虚谨慎、为人正派的作风使其受到高度评价，在斯大林格勒战役进行最为激烈的1942年10月，他被提升为苏联副国防人民委员。

苏军攻占塞瓦斯托波尔的战役时，华西列夫斯基所乘坐的汽车触碰到了德军埋下的地雷。正坐在驾驶室里的华西列夫斯基头部受了重伤，随后他被送回莫斯科，卧床疗养了一个星期。

在此期间，华西列夫斯基仔细考察了总参谋部正在起草的白俄罗斯战役计划。1944年5月30日，白俄罗斯战役计划获得了苏联最高统帅大本营的批准，并任命华西列夫斯基为大本营代表，协调波罗的海沿岸的第1方面军。

苏军战事进展得十分顺利，至7月上旬，明斯克以东的德国中央集团军群被苏军围歼，明斯克获得了解放。苏军各方面军乘胜追击，扩大战果。全军沿各个离心方向实施突击，在波罗的海到喀尔巴阡山脉全线展开猛烈进攻。7月29日，功勋卓著的华西列夫斯基，被授予“金星”奖章。

8 月，华西列夫斯基协调两个方面军，在库尔斯克进行大规模反攻。很快就收复了乌克兰第二大城市哈尔可夫，这是苏军收复的首座大城市。

库尔斯克战役后，由华西列夫斯基协调领导的百万苏军，强渡聂伯河、收复克里米亚半岛、解放俄罗斯和波罗的海沿岸，并向东普鲁士德国本土挺进。

1945 年 4 月，被希特勒称为“绝对攻不破的德意志的精神堡垒”——东普鲁士城市柯尼斯堡，被华西列夫斯基指挥的白俄罗斯第 3 方面军攻下了。为此，斯大林亲自给华西列夫斯基打电话，告诉他最高苏维埃主席团已决定授予他“苏联英雄”的称号，并且授予他第二枚“胜利勋章”。在苏德战争中，只有三人获得过两枚“胜利勋章”。除了华西列夫斯基以外，还大元帅斯大林和朱可夫元帅。

（三）关东军掘墓人

为了快速获得反法西斯战争的胜利，在对德作战尚未结束时，苏军便开始准备在远东对日作战，准备给日本关东军以致命的打击。

1944 年秋，白俄罗斯战役胜利结束，华西列夫斯基受最高统帅的委托，对苏军在远东地区集结做了初步计算，以确定与日本帝国主义作战时所必需的物资。1945 年 5 月 10 日，从波罗的海沿岸回到莫斯科的华西列夫斯基领导总参谋部制订了周密的远东战局作战计划。此作战计划得到了最高统帅部大本营的同意和国防委员会的批准。

为便于集中统一指挥远东苏军，7 月 30 日，华西列夫斯基被最高统帅部大本营正式任命为远东苏军总司令。在此之前的 7 月 5 日，华西列夫斯基已抵达赤塔，并对作战计划做出进一步修订与完善。华西列夫斯基经过认真的勘察并同一线指挥员进行了讨论后，对预订作战计划果断地进行了重大修改，变更一些部署，缩短了原先计划中规定的各部队完成基本任务的时限，如将近卫坦克第 6 集团军强行通过大兴安岭的时间，由原先计划在战役发起后的第 10 天改为第 5 天等。这一系列的变更与调整，展现了华西列夫斯基负责而果断的统帅品质。

8 月 9 日，苏联对日宣战，华西列夫斯基领导的远东苏军 3 个方面军，从 3 个方向向驻守在中国东北的日本关东军发起了猛烈的突击，远东战役爆发。经过 4 年卫国战争锤炼出来的 170 万苏联红军，其机械化水平、战术协同、指挥艺术已经臻达顶峰。近卫坦克第 6 集团军在不到一周的时间内推进了 250 千米~400 千米，苏联红军克服复杂的地形，穿越大兴安岭、戈壁荒漠和原始森林，在 19 日到达赤峰、奉天、长春和齐齐哈尔一线。很快，苏军便挺进到中国东北中部地区。不久日本关东军宣布投降。

在远东战役中，由华西列夫斯基指挥的苏军击毙日军 8.4 万人，俘敌近 60 万人。远东战役的胜利，使日本在短时间内丧失了一支精锐的作战部队。最大限度地缩短了盟国对日作战时间，加速了日本的投降。

华西列夫斯基因为这次的胜利而成为日本关东军的掘墓人被载入史册，也在他辉煌的军事业绩上增添了光彩的一笔。正因如此，50 岁的华西列夫斯基再一次被授予“苏联英雄”的称号。

华西列夫斯基作为一位智囊式的军事天才，同时也是一位战功显赫的统帅式人物，他的名字令法西斯德军和日本关东军闻风丧胆。

华西列夫斯基的一个特点是勇敢沉着、机敏干练。他曾在战争期间不止一次地冒着巨大的生命危险在前线作战部队工作，然而每次都能准时圆满地完成最高统帅部赋予的使命和任务。包括他写给最高统帅部的报告，也都是非常全面而明确的。斯大林非常赏识他的这一素质，所以在需要对某个问题进行深入的分析或是制定某种可靠决定，以及提出某项完善的建议时，斯大林总会把他派到前线去。对于华西列夫斯基判断和建议的准确性与合理性，斯大林是毫不怀疑的。

善于在最高统帅面前既灵活又坚定地坚持自己的观点也是华西列夫斯基的一大特点。在苏军高级领导人中具有这种勇气和本领的只有朱可夫、安东诺夫、华西列夫斯基等，寥寥数人。

第二次世界大战结束后，华西列夫斯基出任苏军总参谋长和苏联武装力量部副部长。1949 年 3 月，他又出任苏联武装力量部部长，1953 年，华西列夫斯基担任了国防部副部长。在此之后，他担任苏联国防部总监察组总监。

华西列夫斯基在晚年撰写了回忆录《毕生的事业》，回顾了自己一生所走过的道路，特别是在第二次世界大战期间的征战历程。此书对研究第二次世界大战和苏军最高统帅部具有很高的参考价值。

二十八、坚不可摧的骁将——崔可夫

他是斯大林格勒保卫战中最闪亮的一颗将星，是从斯大林格勒打到柏林的“巷战之王”。不过鲜为人知的是，他也是一名出色的外交家，曾在中国抗战的艰难岁月中见证了那段难忘的历史。

1900 年 2 月，瓦西里·伊万诺维奇·崔可夫出生在沙皇俄国图拉省奥谢特尔河谷的谢列布里亚内普鲁德村一个小木屋里。由于家境贫寒，12 岁的小崔可夫不得不辍学，并由此告别父母，背井离乡独自一人前往彼得堡谋生。后来崔可夫在位于彼得堡市中心的彼得·萨韦利耶夫工厂做苦工，主要是为沙皇军官制作马刺。

俄国阶级矛盾日趋尖锐，社会主义革命即将爆发。在此历史转折关头，崔可夫受到了进步思想的影响，尤其是从他两个哥哥服役的波罗的海舰队的水兵中，大量地接触到了无产阶级革命的新思想。

崔可夫

1918 年春，经历了俄国十月革命这一伟大历史变革之后的崔可夫，成了红军莫斯科军事教官训练班的第一期学员。在此期间，崔可夫接受了严格的军事训练，军事素养得到了极大的提高。

在军事训练班时，崔可夫参加了保卫新生革命政权的战斗，此次战斗平定了莫斯科“左派”社会革命党人的反革命叛乱。新生革命政权所面临的国内白匪叛乱、国外帝国主义武装干涉的严峻形势，促使崔可夫投身到更为广阔的战场以及更加激烈的战斗中去。他骁勇善战，多次负伤，年仅 20 岁就被提拔为红军第 5 师第 43 团团长，接受了自己军事生涯最初的战火洗礼。

（一）出使中国

1922 年，随着苏联国内战事逐步停歇下来，崔可夫于这年 8 月进入工农红军军事学院学习，成了该军事学院第 5 期的学员。经过 3 年的系统学习，崔可夫的军事理论素养在丰富的实战经验的基础上得到了很大的提升。1925 年，学院改名伏龙芝军事学院。学业优异的崔可夫留在学院东方系中国部继续深造了一年。在东方系中国部学习期间，崔可夫在学习中国的汉语方面投入了大量时间和精力。

此时正是苏联援助中国革命的高潮期。1926 年秋，崔可夫以外交随员的身份，随资深外交官克罗日科首次来到中国。他先后到过中国的哈尔滨、长春、旅顺、天津、北京等地。1927 年秋，崔可夫完成了在伏龙芝军事学院东方系的学业，再度来到中国，并担任军事顾问。在任军事顾问的两年期间，崔可夫几乎走遍了整个华北、华南，并学会了一口流利的中国话。

1929 年，崔可夫回国。此时正值苏军为组建装甲和机械化部队进行技术装备改造时期，崔可夫因具有实战经验、系统军事理论素养以及外交官履历而被苏联军事委员会选派为首长进修班主任。1936 年年初，崔可夫又被选送入红军机械化和摩托化学院的速成班学习。年底，从速成班毕业的崔可夫被分配到机械化旅担任旅长。

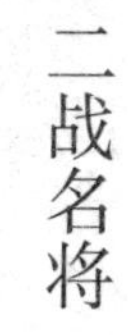

此时苏联正发起大规模的清洗运动，崔可夫非但没有被“清洗”，反而青云直上，大步跨入了高级将领的行列。随后，38 岁的崔可夫又担任了步兵第 5 军的少将军长。短短 3 个月后，崔可夫又升任白俄罗斯特别军区博布鲁伊斯克集群司令官。

（二）在华使命

抗日战争爆发之后，苏联不仅派遣了数百人的志愿飞行员来华作战，而且还为中国提供军事顾问团，帮助中国军队指挥和作战。

1940 年 12 月，日本已吞并了大半个中国，在北上进攻苏联和南下同英美开战之间举棋不定。远东方面的国际局势日益紧张，这种情况下，了解中国情况、并在中国有过工作经历的崔可夫再一次被派到中国，担任驻中国武官和军事顾问团团长，直到 1942 年 3 月奉召回国。他也是苏联最后一任顾问团团长来华。

此次来华之前的崔可夫已经是苏联红军的中将、集团军司令员，由于在苏芬战争中作战失利，被解除了职务。

崔可夫来华之前，斯大林亲自接见了他并对他的任务做了明确的指示：“崔可夫同志，你的任务，我们驻华全体人员的任务，就是紧紧束缚住日本侵略者的手脚，只有当日本侵略者的手脚被捆住的时候，我们才能在德国侵略者一旦进攻我国的时候避免两线作战……”这就是苏联远东外交的目标和指导思想，也是崔可夫在华活动的外交和军事行为准则。

1940 年 12 月，崔可夫告别刚刚出生的女儿伊林卡来到了中国。当然，他没有空着手来，而是带来了一份礼物——150 架战斗机、100 架轰炸机、300 门大炮、500 辆吉斯 5 型卡车以及其他一批相应的装备和备件。苏联援助的装备对已经山穷水尽的中国空军和艰苦抗战中的陆军来说无疑是雪中送炭。

然而，崔可夫接到的“还礼”却是皖南事变。刚到重庆后不久，崔可夫便收到了皖南事变爆发的消息。由此，各方面感到了中国发生内战的危险，崔可夫的中国之行面临第一个严峻考验。

毋庸置疑，苏联和其他西方大国都不愿意看到中国爆发内战。因此，国民党政府收到了苏联和其他西方国家一起对其施加的强大外交压力。苏联与其他西方国家相比在中国还有一张王牌，那就是苏联援助物资的分配在一定程度上被崔可夫掌握，因此，崔可夫的行动分量不可忽视。

在会见国民政府国防部部长何应钦的时候，崔可夫婉转地问道：“你们是否在和新四军的冲突中使用了我国提供的武器？”在当时的条件下，如此开门见山的提问等同于威胁，也就是说，如果中国发生内战，那么来自苏联的援助将很难保证。随后，崔可夫又会见了包括白崇禧在内的其他国民党官员，表达了苏联对此事的严重关切和不满。与此同时，崔可夫也利用自己的特殊身份会见了周恩来等中国共产党的领导人，居中调解。

国民党在皖南事变的后续发展中陷入了内政和外交上的被动，不得不表示以后将不会再有军事上的行动，从而维持了抗日统一战线，也保证了中国战场的相对稳定。

崔可夫军事顾问团在皖南事变的整个处理过程中都发挥了作用与影响，他的军事顾问团在此过程中充当了其他外交手段无法扮演的调解人的角色。

1941 年 6 月，法西斯德国入侵苏联。身在中国的崔可夫密切关注着苏德战场的形势发展。1942 年，崔可夫在给苏联共产党中央的报告中暗示，随着太平洋战争的爆发，苏联军事顾问团已经圆满完成来华使命，在中国已经不可能再发挥积极作用。终于，在 1942 年 2 月，日夜期盼回国参战的崔可夫终于收到了返国的通知，结束了自己一年的在华使命。

战场上的崔可夫是骁勇善战的猛将，而在谈判桌上，他则摇身一变成了手段高明的外交家。崔可夫和他的顾问团在行动原则上处处以苏联的国家利益作为自己行动的出发点和目的，无论何事都无法干扰这个中心。然而在处理具体事件的时候，又能体现出崔可夫处世的老辣，即便是在中国这样复杂的人际环境中也能够游刃有余。

（三）斯大林格勒建奇功

1942 年 3 月，崔可夫回到了阔别多年的莫斯科，汇报完在中国的顾问团工作之后，立即坚决要求“上前线”。5 月，崔可夫担任了在图拉地区的预备队第 1 集团军副司令员。由于司令员还没有任命，所以该集团军的实际指挥权完全落在了崔可夫的身上。

在崔可夫上任时，苏军将德国法西斯军队在莫斯科城下击溃，德军在第二次世界大战中首次遭到重大失败。为了挽回败局，德军统帅部制订出 1942 年夏季战略进攻计划。该计划是将兵力集中在苏德战场的南翼，以最快速度攻占高加索和斯大林格勒，占领巴库，控制石油资源，将富饶的伏尔加河下游地区占为己有，之后再北取莫斯科。

7 月初，崔可夫中将所指挥的预备队第 1 集团军根据苏联最高统帅部命令改称第 62 集团军，并将其部署在顿河地区。

7 月 17 日，斯大林格勒战役开始，崔可夫所率领的第 62 集团军被部署在顿河大弯曲部。25 日，崔可夫参加了卫国战争中的第一次战斗。德军占有优势，苏军后援部队未能赶到增援，第 62 集团军被迫退过顿河。8 月初，崔可夫的第 62 集团军被编入东南方面军，对德军展开层层阻击战，阻挡德军接近斯大林格勒。崔可夫还指挥部队不断地对敌军实施强有力的反突击，以消耗德军的有生力量。

崔可夫在指挥远距离防御战中，曾多次遇到险情，他所在的指挥部差一点毁于德军空投的炸弹。面对种种危险，崔可夫仍然镇定从容地指挥部队。9 月 12 日，第 62 集团军的部队在敌人猛烈的攻击压迫下，被迫撤退到了距斯大林格勒 2 千米～10 千米的防线上。随着德军突击集团从东北和西南两面对斯大林格勒进行攻打，斯大林格勒城区的争夺战开始了。

崔可夫经集团军军事委员会做出决定：斯大林格勒就是我们最后的战场，为了保卫这座城市，只能进不能退，与敌人背水一战，集团军司令部留在右岸斯大林格勒城内，无论出现任何情况，都不得向左岸或岛上撤退。

在这一天，希特勒也对第 6 集团军下了不惜任何代价、迅速攻占斯大林格勒的命令。德军不惜采用人海战术，从早到晚连续冲击，市区争夺很快到了白热化程度，市内的街道和广场都变成了激烈的战场。苏军第 62 集团军在崔可夫指挥下进行了英勇抵抗。

整个 10 月的斯大林格勒都处在激烈的战斗之中。在极其危急的情况下，无论是德国人还是盟军都认为斯大林格勒的陷落只是时间问题，甚至有不少红军将领也都如此认为。然而崔可夫仍然宣布，第 62 集团军司令部绝不会退过伏尔加河，并且下属各兵团司令部不许在集团军司令部之后。

斯大林格勒不断受着几十万德军的猛烈攻击，第 62 集团军全军将士不惜一切代价守卫。斯大林格勒拖拉机厂、红十月工厂、火车站在一天之内十几次易主。城区制高点马马耶夫岗被炮火削低了几米。第 62 集团军在最困难的时候仅占据了伏尔加河岸 1.2 千米长，几百米宽的狭长地带，整个集团军阵地都在德军迫击炮甚至机枪射程内。许多师只有一两百人，坦克军一辆坦克也没有。当德军冲到司令部附近，军官们便亲手拿起冲锋枪去反击。

红军将士的顽强创造了奇迹——德军能从波兰长驱几千千米来到这里，却不能从这里再前进 100 米。

由于第 62 集团军的英勇奋战，拖住了德军主力，最大限度地为大反攻争取了时间。可以说如果没有第 62 集团军的顽强抵抗，就不会有斯大林格勒会战的胜利。

10 月中旬，希特勒向德军下达命令，在整个苏德战线上除了斯大林格勒方向以外全部转入战略防御。德军继续向斯大林格勒实施猛攻。11 月 11 日，德军发动了对斯大林格勒的最后一次猛攻，第 62 集团军被分割成了三部分，然而崔可夫指挥部队仍然坚守在阵地上，凭这三块阵地牵制进攻的德军。

在崔可夫率领第 62 集团军坚守斯大林格勒的时候，苏联最高统帅部利用这段宝贵时间，悄悄地在斯大林格勒地区集结了大批部队，同时制订了围歼斯大林格勒地域敌军集团的作战计划。至 11 月 18 日，崔可夫率部守住了重要的战略要地，斯大林格勒会战苏军防御阶段结束，转入了围歼德军集团的战略性反攻阶段。

反攻开始后崔可夫率部协同友军参加了围歼德军第 6 集团军的战斗。1943 年 1 月 26 日，由西向东进攻的第 21 集团军与由东向西进攻的第 62 集团军于马马耶夫高地会师。德军第 6 集团军被分成南北两个集群，崔可夫所率领的第 62 集团军参加了围歼北部集群的战斗。到了 2 月初，德军停止抵抗，作为第 6 集团军司令的保卢斯元帅被俘。斯大林格勒会战以苏军的胜利而结束。

在斯大林格勒会战中，崔可夫经历了戎马生涯中最艰难、最重要的时期，他率领第 62 集团军在长达两个多月的时间里，受到了德军优势兵力的多次猛烈攻击，一次次地击退了人数成倍于己的德军军队，出色地完成了苏联最高统帅部“不许后退一步”的命令，守住了斯大林格勒。苏联最高统帅部为了表彰第 62 集团军，将其改编为近卫第 8 集团军。崔可夫也获得最高荣誉称号——“苏联英雄”。

此后，近卫第 8 集团军这支骁勇善战、作风顽强的部队在崔可夫的指挥下参加了解放苏联本土的历次会战，从斯大林格勒、库尔斯克一直到国境线，所向披靡，直到最后攻入柏林。

（四）柏林战役

1945 年，柏林战役的准备工作在苏军进抵奥得河后迅速展开，部队补充了大量的兵员和装备。在宽大的正面战场上同时实施数个强大的突击，将柏林集团合围并分割，然后再将其各个歼灭，这是苏军进行柏林战役的目标。

为了打好这最后一役，苏联最高统帅部动用了 3 个方面军，也就是由朱可夫元帅率领的白俄罗斯第 1 方面军，由罗科索夫斯基元帅指挥的白俄罗斯第 2 方面军，以及由科涅夫元帅指挥的乌克兰第 1 方面军。崔可夫的部队属于白俄罗斯第 1 方面军，近卫第 8 集团军具体承担的任务是在霍尔塔夫铁路车站和萨克多夫村地段突破敌人防御，并且向塞洛、加尔策伊、沙尔勒滕堡方向进行突击。

当时，在柏林方向上，无论是在兵力上还是在技术装备上，苏军都占有压倒性优势。苏军有 193 个师、250 万兵力，而德军只有 85 个师、100 万人。然而，德军在近卫第 8 集团军进攻地域部署了 3 个师的兵力，并拥有大量加强炮兵，在第二梯队也有 3 个师。尤其是部队要攻克的泽劳弗高地山坡陡峭，德军在这些地方建立了强大的防御支撑点。所以，崔可夫的任务十分艰巨。

4 月 15 日，柏林时间凌晨 3 时，苏军对德军发动全线进攻。崔可夫指挥部队迅速渡过豪普特运河，对泽劳弗高地开始了强攻。由于德军在此投入了重兵，苏军的进攻遇到了阻力。崔可夫根据情况迅速对兵力进行重新部署，将优势火力集中在一起，于第二天再次发动强攻。也在此时，崔可夫第二次荣膺“苏联英雄”称号。随后，占领了泽劳弗高地的苏军顶住了德军一次次的反扑，并继续向前突进。3 天后，德军的 4 道防线被白俄罗斯第 1 方面军连续突破，德军无力再发动反击，只好收缩兵力防御柏林。

21 日，崔可夫率领部队抵达柏林市郊。方面军命令崔可夫率领的近卫第 8 集团军直向柏林，对纳粹德国发起最后一击。

城市作战比在野外条件下作战复杂得多。在指挥部队作战时，崔可夫采取了灵活的作战战术。把部队整改为以排、连、营为单位的强击群的突击队，并为其配备各种口径的火炮、坦克，士兵进行巷战时采用跳跃式的进攻方式。他率领的指挥部则担负起了组织收集情报、协调突击队之间的行动、监督弹药和给养的补充情况、确定昼夜间统一的信号标志等任务。由于采用了正确的作战战术，即便是苏军的进攻不断遭到德军的顽强抵抗，他们仍很快地深入了柏林市中心政府办公的各个街区。

4 月 30 日，两名苏联红军战士将红旗插上了德国国会大厦屋顶。就在当天晚上，作为德军陆军参谋长的克莱勃斯将军来到崔可夫的指挥部，商讨停火事宜。从克莱勃斯口中，崔可夫得知希特勒已于当日自杀的消息，他是盟国高级将领中最先获悉此消息的人。

5 月 2 日，德军停止了抵抗，柏林城防司令魏德林将军率残部投降。8 日，凯特尔元帅代表德军最高统帅部在柏林近郊的卡尔斯霍斯特签署了无条件投降书，德军正式投降。漫长的苏德战争终于落下了战幕。

战争结束以后，崔可夫出任苏联驻德军队的司令，再次做起了军事外交家的行当。1955 年，崔可夫晋升为元帅，由此到达了人生的最高峰。后来，他以自己丰富的人生经历和非凡的军事指挥生涯撰写了《在战火中锤炼青春》和《在华使命》两部回忆录，并出版了《集体英雄主义的集团军》《斯大林格勒：经验与教训》《从斯大林格勒到柏林》等 8 部分量很重的战史著作。

二十九、卫国战争中的尖刀——罗科索夫斯基

康斯坦丁诺维奇·罗科索夫斯基（1896—1968 年），苏联元帅，军事家。卫国战争中奋战在苏德战场第一线的著名将领，在战争中显示了杰出的军事才能，先后参加 7 次摩棱斯克交战（1941），莫斯科、斯大林格勒和库尔斯克会战，自俄罗斯、东普鲁士、东波美拉尼亚和柏林诸战役。指挥部队击溃了纳粹德国对苏联的疯狂进犯，为反法西斯战争的胜利做出了重要贡献。

（一）红色年代的峥嵘岁月

罗科索夫斯基出生于洛瓦河畔的小城大卢基。他的父亲是火车司机，收入尚丰，家境不错。他的母亲当过女教师，对子女的教育十分重视。

罗科索夫斯基4岁的时候，因父亲调动工作，全家迁居华沙。他进入安东·拉贡学校学习。幼小的罗科索夫斯基聪明好学，特别喜欢阅读那些传奇英雄的故事。

康斯坦丁诺维奇·罗科索夫斯基

罗科索夫斯基的童年是宁静而无忧无虑的。但是好景不长，父亲因工伤病故，家境剧变。母亲担起养家的重担，从袜厂揽些零活，没日没夜地干，勉强维持生计。大姐到纸厂做工，挣几个钱贴补家用。这期间二姐又不幸病逝。尽管生活异常艰难，母亲仍坚持让儿子继续上学。1910年，母亲积劳成疾，病倒在床上，再也无力干活了。罗科索夫斯基只好辍学。这时他刚上完市立学校的4年级。14岁的罗科索夫斯基进入袜厂当工人，开始了劳动生涯。第二年，母亲去世。

1912年，华沙工人举行了大规模的罢工和示威游行。罗科索夫斯基加入了工人斗争的行列。在一次与宪兵的冲突中，他被抓进监狱。两个月的铁窗生活使他有机会接触到布尔什维克。出狱后，他被工厂解雇。16岁的罗科索夫斯基到了他姐夫开的一个石坊里当起石匠学徒。

1914年7月28日，在奥匈帝国向塞尔维亚宣战的当天，俄国卡尔戈波尔龙骑兵第5团开进华沙。身高体壮的罗科索夫斯基虚报了两岁，谎称20岁，得以按规定年龄加入该团，被分到骑兵6连，由此参加了第一次世界大战。

俄军与德军的战斗很快便全面展开。罗科索夫斯基作战英勇而机智，两次获4级乔治十字奖章，一次获3级乔治十字奖章。1916年7月初，卡尔戈波尔团调到后方，罗科索夫斯基被选送到团教导队，接受了极为严格的军事训练。

1917年“十月革命”爆发后，卡尔戈波尔团站到了苏维埃政权一边。年底，罗科索夫斯基与团里的大部分龙骑兵加入了红军卡尔戈波尔分队。不久，他被选为副队长。国内战争中，罗科索夫斯基随分队转战南北，为保卫年轻的苏维埃政权，

同白军进行了艰苦卓绝的战斗。

1918 年 9 月，红军东方面军第 3 集团军乌拉尔第 3 师组建乌拉尔骑兵第 1 团。罗科索夫斯基担任了骑兵团第一骑兵连连长。1919 年 3 月 7 日，他加入布尔什维克党。5 月底，骑兵团分编成两个骑兵营，他被任命为乌拉尔独立骑兵第 2 营营长，指挥近 500 名骑兵。

1919 年 11 月，罗科索夫斯基获得他在红军中的第一次奖赏——红旗勋章。1920 年 1 月底，几个独立骑兵营合并成第 30 团，罗科索夫斯基任团长。不久，骑兵第 30 团派驻俄蒙边界一带，保卫苏维埃共和国东部边境。8 月，罗科索夫斯基转任步兵第 35 师骑兵第 35 团团长。这个团驻扎在伊尔库茨克，从未参加过战斗。24 岁的罗科索夫斯基出色地完成了训练部队的任务。1921 年 3 月，骑兵第 35 团缩编为骑兵第 35 独立营，罗科索夫斯基随之降任营长。师司令部强调，缩编是暂时的，以后还将恢复团的建制。

此间，拥有 1 万骑兵的温甘伦王爷的反苏维埃武装不断从蒙古境内出击，侵扰苏维埃共和国边境。4 月，红军步兵第 35 师被调往贝加尔湖以南，迎击温甘伦的入侵。6 月初，温甘伦的骑兵向俄罗斯边境重镇热尔图林卡亚发起进攻，将驻守的第 2 步兵营主力切断并包围起来。罗科索夫斯基的骑兵第 35 营正处于镇子的右翼侧，作为预备队待命。他根据战场形势，当机立断，命令骑兵出击。他自己一马当先，挥舞马刀冲入敌阵。红军骑兵奋勇冲锋，击退了敌人，为第 2 营解了围。为此罗科索夫斯基获得第二枚红旗勋章。

罗科索夫斯基在这次战役中负伤，子弹打穿了他的腿骨。他在医院住了两个月之后，便立即回到营队。不久骑兵营恢复团的建制，他也随任团长。1921 年 12 月，他被调任库班骑兵第 5 师第 3 旅旅长。这时内战已经结束。1922 年 7 月，骑兵第 3 旅缩编为第 27 团，罗科索夫斯基随之降任为团长。

1924 年 9 月，罗科索夫斯基进入列宁格勒高等骑兵学校进修。1926 年 9 月，进修班结业后，他被派回外贝加尔。他历任骑兵第 3 旅旅长、骑兵团团长。1929 年 1 月，他又进莫斯科伏龙芝军事学院高级首长进修班进修了 2 个月。1930 年起先后任骑兵第 7 师和第 15 师师长。1932 年 2 月，库班第 5 旅扩编为骑兵第 5 师，他升任师长。由于训练工作成绩突出，他荣获了苏联政府的最高奖赏——列宁勋章。1935 年 9 月红军采用军衔制，罗科索夫斯基被授予师级军衔。1936 年年初，他被任命为隶属列宁格勒军区的骑兵第 5 军军长，离开了服务多年的偏远的外贝加尔地区，来到军部所在地——俄罗斯的古老城市普斯科夫。

1937 年 8 月，正是罗科索夫斯基大受重用之时，他突然遭到逮捕——有人指控他与波兰和日本的谍报机关有瓜葛——被判处死刑；经过两年半的审查，查明所控不实，他官复原职，又回到骑兵第 5 军。这时第二次世界大战已经爆发，苏联与纳粹德国的战局也一触即发。

（二）卫国战争中的金戈铁马

1941 年 6 月 22 日凌晨，希特勒对苏联发动了突然袭击，苏德战争爆发。德军越过边界，分三路长驱直入。苏军作战准备不足，仓促应战。无法阻止德军的推进，全面败退。

罗科索夫斯基所在的西方面军机械化第 9 军在西南基辅方向上同德军展开了激烈的战斗。在战争头几周最艰难的日子里，罗科索夫斯基表现出苏军指挥员的大无畏精神，荣获了他的第 4 枚红旗勋章。

1941 年 7 月 10 日，德“中央”集团军群向通往莫斯科的必经之地斯摩棱斯克发起进攻。扼守此地的苏军西方面军处境危险。第 16、第 20 集团军和第 19 集团军一部陷入德军合围。苏军最高统帅部决定组建几个集团军级的军群，从别雷—亚尔采沃—罗斯拉夫利向斯摩棱斯克方向实施反突击，以扭转斯摩棱斯克战局。

7 月 14 日，罗科索夫斯基奉命将机械化第 9 军交由副手指挥，自己飞往莫斯科，受领组建新军军群的任务。他只在莫斯科停留了几个小时。大本营告诉他，要在斯摩棱斯克方向形成一片“真空”，军群的任务是不让德军向维亚济马方向推进。他的军群将由几个师组成。总参谋部派给他几名参谋和几名士兵。这就是他的司令部的全部班底。总参谋部指示他说：“从莫斯科到亚尔采沃，沿途你所遇到的部队，统由你收编。具体指示到西方面军司令部受领。”

当天傍晚，罗科索夫斯基带领他的司令部抵达位于维亚济马以北的卡斯纳的西方面军指挥部。方面军司令员铁木辛哥元帅指示他在亚尔采沃地区采取军事行动。最后铁木辛哥说：“预备队一到，就给你几个师，眼下你只能收编一些部队和兵团。”

7 月 17 日夜间，罗科索夫斯基乘车前往亚尔采沃地域，一路收编了一些被打散或撤下的队伍。新军群在几天内组建起来，并立即投入战斗。

8 月底，苏中央方面军遭到德军围歼，斯摩棱斯克战局更加恶化。9 月初，苏最高统帅部再次发动反击，预备队方面军第 24 集团军 10 个师进攻叶利尼亚，罗科索夫斯基的第 16 集团军从北面迂回斯摩棱斯克。罗科索夫斯基兵力单薄，未能突破德军防御和解放斯摩棱斯克，但是牵制了德军准备用于叶利尼亚战役的大部分预备队，从而协助第 24 集团军收复叶利尼亚并向西推进 25 公里。苏军无力取得更大胜利。从 9 月 10 日开始，在斯摩棱斯克作战的西方面军、预备队方面军和布良斯克方面军全部转入防御。

11 日，罗科索夫斯基被晋升中将军衔。

9月底，德军取得基辅会战的胜利并完成了对列宁格勒的包围之后，集结了“中央”集团军群和3个坦克集群共78个师，180万人，开始实施进攻莫斯科的“台风”作战计划，企图于入冬前攻下莫斯科。

德军首先对布良斯克方面军防御地带和维亚济马一线发动进攻。罗科索夫斯基的第16集团军和叶尔沙科夫的第20集团军防御正面相对平静。

10月5日，罗科索夫斯基接到西方面军司令部的命令：“兹命令第16集团军司令员罗科索夫斯基立即将其防御地带连同部队转交第20集团军司令员叶尔沙科夫，你本人带司令部及必要的通信工具以强行军速度最迟不得晚于早6时10分到达维亚济马。第16集团军新编成内将包括维亚济马地区的步兵第50、第73、第112、第38、第229师，坦克第147旅，以及1个火箭炮营、1个反坦克团和1个统帅部预备队炮兵团，集团军的任务是阻击从南面斯帕斯杰缅斯克地域向维亚济马进攻之敌，不让其越过普梯科沃、克鲁德耶、德罗日诺一线北进。”

罗科索夫斯基立即执行命令，当夜动身沿明斯克干线向维亚济马进发。一路见到的都是撤退景象。10月6日拂晓，罗科索夫斯基抵达维亚济马，城里没有任何部队，命令所列的部队一个也联系不上，同方面军司令部的联系也中断了。罗科索夫斯基派出侦察兵，了解到形势的严重性。他对司令部人员说：“必须赶快离开这里。没人守卫维亚济马。走吧。”

德军的合围圈已经在维亚济马附近闭合，罗科索夫斯基决定朝东北方向突围。10月8日，在距莫扎伊斯克40公里处，罗科索夫斯基终于用无线电与方面军司令部取得联系，并依指示抵达莫扎伊斯克，然后乘派来的飞机飞抵西方面军司令部。10月13日，新任西方面军司令员朱可夫大将命令罗科索夫斯基“率领步兵第18师前出沃洛科拉姆斯克地域，收编该地全部部队和新到达该地的部队，在北起莫斯科海以南到鲁扎河的地带组织防御，制止敌人从该地带突破”。

罗科索夫斯基在沃洛科拉姆斯克设立了指挥所，着手收编部队。到16日，第16集团军的编成内共有21个步兵营、6个骑兵团、73门反坦克炮和123门野战炮。要防守100余公里的地带，这些兵力远远不够。

10月16日，德军开始以绝对优势兵力向第16集团军防地发起猛烈进攻。苏军浴血奋战，顽强阻击德军10天，最后被迫将防线后移。10月17日，德军占领沃洛科拉姆斯克。几天后，罗科索夫斯基夺回沃洛科拉姆斯克地区的几个战略点，但无力扩大战果。他的首要任务是加强防御，准备对付德军必将发动的更大规模的进攻。

11月6日，德快速突击部队开始冲击罗科索夫斯基的防御阵地。战斗异常激烈。第16集团军各部挡住了德军的进攻，使德军陷入争夺据点的持久战之中，推进速度十分缓慢。

11 月 20 日，罗科索夫斯基遵照方面军司令部的命令，井然退至巴韦利措沃、莫佐罗沃、阿克谢诺沃、新彼得罗夫斯科耶、鲁缅采沃一线。

德军难以在沃洛科拉姆斯克方向取得突破，遂将主力集中到克林方向上，攻下了索尔涅奇诺戈尔斯克和克林。11 月 25 日，朱可夫命令罗科索夫斯基夺回索尔涅奇诺戈尔斯克。罗科索夫斯基按命令迅速组织了反击，取得一些战果，但未能夺回索尔涅奇诺戈尔斯克。第 16 集团军的防线，如同整个莫斯科防线，步步后移。

到 11 月底，极度疲惫和损失极大的第 16 集团军被迫退却到离莫斯科仅 25~35 公里处。但是苏军终究还是挡住了德军的进攻。遭受极大消耗的德军已成强弩之末，再无力推进。

12 月初，苏最高统帅部将秘密组建的三个新的预备队集团军投入战场。其中两个集团军在西方面军右翼参加了第 16 集团军北翼的战斗。

12 月 5 日，苏军开始反攻。西方面军右翼各部向克林—索尔涅奇诺戈尔斯克第 3、第 4 坦克集群发起突击。12 月 7 日，第 16 集团军从防御直接转入进攻。经过一天激战，罗科索夫斯基解放了克留克沃。之后，各部在伊斯特拉方向上全线进攻。到 10 日，德军丧失了全部主要抵抗枢纽部，向伊斯特拉河一线退去。

罗科索夫斯基不给敌人以喘息之机，命令部队不停息地全速追击。在 12 月 11 日至 12 日的两天之内，第 16 集团军推进了 10~16 公里，在许多地段前出到伊斯特拉河一线。

12 月 15 日，第 16 集团军强渡伊斯特拉河，突破德军防线，德军退却。12 月 20 日，第 16 集团军同友邻部队前出到拉马河和鲁扎河一线。至此，罗科索夫斯基的部队在十几天的战斗中推进了 100 公里左右。

（三）顿河畔的血战

1942 年 1 月中旬，为发展莫斯科近郊所取得的胜利，苏军发动了新的攻势。第 16 集团军于 1 月 16 日出击，当天攻克德军 14 个防御枢纽部。在罗科索夫斯基继续挥师挺进时，1 月 21 日，他接到方面军司令部的命令："将部队转隶友邻第 5 集团军，率集团军整个指挥机构到司令部接受新任务。"

在西方面军指挥所，方面军参谋长索科洛夫斯基中将对罗科索夫斯基解释说，德军对左翼戈利科夫中将的第 10 集团军发起反突击，控制了苏希尼奇这个大铁路枢纽及其周围地区，罗科索夫斯基及其司令部应在最短的时间里赶到苏希尼奇地区，接管部队，并恢复原来的态势。罗科索夫斯基受命后立即率司令部赶往前线。这是他半年里第三次接手掌管新部队。

1 月 29 日，方面军司令部接到罗科索夫斯基的报告："已攻克苏希尼奇，并在那里设立了集团军司令部。”

紧接着，罗科索夫斯基利用所能集中的少得可怜的部队，对德军防御筑垒据点逐个进行攻击，动摇了德军防御，将德军逼到日兹德拉河。

3 月 8 日，罗科索夫斯基视察了准备攻打马克拉基的部队之后，回到苏希尼奇的司令部，开始了对苏希尼奇的例行炮击。一颗炮弹在司令部旁边爆炸，弹片击中罗科索夫斯基脊椎，在肋骨中间穿过，打穿肺部，幸而未触及心脏。

伤势严重的罗科索夫斯基被送去抢救，接受手术之后，被送往莫斯科继续治疗。他身强体壮，恢复较快。5 月底，不待治疗结束，他便跑出医院，回到第 16 集团军。这时莫斯科会战已于 4 月 20 日结束，德军对莫斯科的进攻遭到失败。但是苏德战场的整个形势仍对苏军不利。

7 月初，苏军最高统帅部任命罗科索夫斯基为布良斯克方面军司令员。这时布良斯克方面军正处于十分艰难的境地。德军在 6 月 28 日开始的进攻中，突破了布良斯克方面军和西南方面军的防御，向纵深推进 150~170 公里，强渡顿河，冲入沃罗涅日。7 月 7 日，苏最高统帅部将布良斯克方面军一分为二，一部分部队归入沃罗涅日方面军，一部分由罗科索夫斯基接管。罗科索夫斯基将司令部设在叶列茨以东几公里的下奥利沙涅茨村。布良斯克方面军编成 5 个集团军和 3 个军。罗科索夫斯基首先阻止住德军由顿河西岸向北推进，使战局稳定下来。

新任司令员给布良斯克方面军官兵留下深刻印象。方面军司令员助理后来回忆说：“罗科索夫斯基不喜欢孤独，总是同司令部人员在一起。在布良斯克方面军，经常看到他在作战参谋那里，或者在参谋长马利宁的办公室里。他有渊博的军事知识、组织才能和深远的预见能力。他沉着镇静，思想深邃，善于协调副手、各兵种首长、司令部、军事委员会和方面军政治部之间的工作，创造一种愉快而融洽的气氛。此外，罗科索夫斯基本身具有极大的魅力。他是一个刚毅、坚强，要求严格而严肃认真的人，他善于下达命令并使下级无条件执行命令。他沉稳，精神抖擞。脸上过早出现的皱纹表明他历尽艰辛。”

此时，布良斯克方面军防御地段相对沉寂。希特勒将进攻重点转向高加索和斯大林格勒。7 月中旬，德军集结 71 个师发起斯大林格勒会战。8 月中旬，德军攻占了顿河西岸的所有地区，苏军退至斯大林格勒外围组织防御。到 9 月中旬，斯大林格勒外围防御地带丧失殆尽，德军突人市内。守城苏军被分割成三块，但仍坚守城市，死不弃城。

苏军最高统帅部从 9 月开始准备反攻，为此在斯大林格勒地区新组编顿河方面军和西南方面军。10 月初，罗科索夫斯基转任顿河方面军司令员，辖第 65、第 24 和第 66 集团军，战线宽达 400 公里。10 月中旬，顿河方面军转入进攻，欲图歼灭斯大林格勒以北的德军，与坚守在城内的崔可夫各师会合。这次进攻未能突破德军防线。

11月13日，苏军最高统帅部批准了代号为“天王星”的大反攻计划，以3个方面军攻击斯大林格勒德军集团两翼并围而歼之。11月19日和20日，瓦图京中将的西南方面军和罗科索夫斯基的顿河方面军从谢拉菲莫维奇和克列茨卡亚一线，叶廖缅科上将的斯大林格勒方面军从萨尔平斯耶湖一带，先后发起反攻。经过几天激战，3个方面军于23日在卡拉奇以东的苏维埃村会师，合围德保卢斯上将第6集团军全部和坦克第4集团军一部，共22个师、33万余人。

苏军围歼保卢斯第6集团军的“指环”作战计划由罗科索夫斯基统一指挥实施，斯大林格勒方面军编制撤销，所辖第57、第64和第62集团军转隶罗科索夫斯基的顿河方面军。

包括7个集团军的顿河方面军于1943年1月10日实施“指环”战役。此前两天，罗科索夫斯基向被围的保卢斯发出最后通牒：“在你们毫无出路的情况下，为避免无谓的流血，我们建议你们接受以下投降条件：以您和您的司令部为首的全部被围德军部队停止抵抗……如果拒绝投降，将予以消灭。”署名是：红军最高统帅部大本营代表沃罗诺夫炮兵上将，顿河方面军司令员罗科索夫斯基中将。保卢斯拒绝了最后通牒。

1月10日早8时05分，第65集团军率先发起进攻。炮火准备持续了55分钟。几千门大炮齐声怒号，惊天动地。随后，苏军突击部队全速前进，迅速冲垮德军防线。进攻的第一天，第65集团军楔入德军防御纵深1.5~4.5公里。又经过3昼夜的血战，苏军消灭了德军防御西面突出部的守军。1月12日，第65集团军和第21集团军前出至罗索夫什卡河西岸。1月15日，苏军突破德军中层防御围廓。这一天，顿河方面军司令员罗科索夫斯基晋升为上将。

1月22日，顿河方面军全线出击。1月26日，第21集团军的部队冲入斯大林格勒城内，与坚守数周的苏军守卫部队会师。1月31日，走投无路的保卢斯及其司令部向罗科索夫斯基投降。但是被围德军部队拒绝停止抵抗，罗科索夫斯基发起最后的攻击。

2月2日，罗科索夫斯基向最高统帅报告：“顿河方面军各部已于1943年2月2日16时完成了您的命令，全部粉碎并歼灭了敌斯大林格勒集团……斯大林格勒市及斯大林格勒地域的战斗行动已经停止。”

历时160天的斯大林格勒大血战以苏军的最后胜利而告终。这次战役德军损失150万人。斯大林格勒战役的胜利是苏德战场的一个转折点。苏军从此开始由战略防御转入战略进攻。

（四）白俄罗斯战场的烽烟

罗科索夫斯基上将未来得及去一趟浸透着英雄守卫者鲜血的斯大林格勒市，2月2日当晚，斯大林便召他立刻飞往莫斯科，接受新的任务。

2月15日，斯大林命令罗科索夫斯基以顿河方面军的指挥机构，组编中央方面军，罗科索夫斯基任方面军司令员，紧急开到叶列茨地域，在布良斯克方面军和沃罗涅日方面军之间展开，对德军奥廖尔集团的翼侧和后方进行攻击。中央方面军编成第21、第65和第70集团军，坦克第2集团军，以及空军第16集团军。

组织进攻的时间太短，但是罗科索夫斯基按期于2月25日发起进攻。苏军开始阶段的进攻十分顺利。第65集团军和坦克第2集团军突破德第2集团军防线，到3月6日推进了30~60公里。德军为避免使奥廖尔集团遭到纵深包围，急忙从勒热夫和维亚济马增调数个步兵师和坦克师，来迎战罗科索夫斯基的中央方面军。

罗科索夫斯基进攻受阻。他向大本营指出，以中央方面军目前的状况，无法继续向布良斯克——斯摩棱斯克方向进攻。大本营于3月7日变动了中央方面军的任务，第65、第70和第21集团军改在北面和东北方向上进攻，帮助布良斯克方面军歼灭德军奥廖尔集团，战役进展仍不顺利。第70集团军无组织地从行进中分批投入战斗，未能向前推进。罗科索夫斯基亲自到第70集团军司令部了解失利原因，认为是集团军司令员指挥不力，当即撤换了他。

大本营决定停止对德军奥廖尔集团的进攻。自3月21日起，中央方面军在戈罗季谢、小阿尔汉格尔斯克、特罗斯纳、利季日、科列涅沃地区转入防御，和布良斯克方面军一起，形成库尔斯克突出部正北面。3月底，沃罗涅日方面军在击退德军进攻之后态势也稳定下来。于是，苏军在库尔斯克突出部形成一个弧形战线，弧部向着德军。

希特勒为了从苏军手中夺回战略主动权，于1943年4月15日下达了6号作战令："以别尔哥罗德地域的一个突击集团和奥廖尔以南的一个突击集团，坚决而迅速地进行集中突击，以向心进攻的方法合围并歼灭库尔斯克地域之敌。"

中央方面军及其南翼友邻沃罗涅日方面军将面临德军的集中突击。

苏军对德军的主突目标做出了正确判断。罗科索夫斯基于1943年4月10日在给总参谋部的报告中也明确指出："1943年春夏时期，敌人的进攻将只能在库尔斯克—沃罗涅日方向。"4月12日，沃罗涅日方面军也向大本营提交了内容相似的报告。

4月12日晚，最高统帅部大本营下定决心，要求各方面军在所有的特别重要方向上，特别是在库尔斯克突出部，建立巩固的纵深梯次配置防御，先以强大的防御迎敌，然后转入反攻并彻底歼敌。

4 月 28 日，罗科索夫斯基晋升为大将军衔。

此时中央方面军的编成做了调整，现有第 13、第 48、第 60、第 65 和第 70 集团军，并有预备队坦克第 2 集团军、1 个步兵军和 2 个坦克军。空军第 16 集团军负责对方面军的空中掩护。

罗科索夫斯基建立了纵深梯次配置，设立了 6 道基本防御地带、大量的中间地区和斜切阵地，挖掘堑壕和交通壕 5000 公里。罗科索夫斯基断定德军将以主要兵力突击方面军右翼上方的奥廖尔突出部的根部，他毅然决然地在这一方向上布置了高密度的兵力和兵器。在这 95 公里的地段，他集中了方面军全部步兵兵力的 58%，炮兵的 70%，坦克和自行火炮的 87%，并配置了第 2 梯队和预备队。为加强奥廖尔—库尔斯克铁路沿线的第 13 集团军，罗科索夫斯基调去拥有 700 多门火炮和迫击炮的炮兵军，使每公里正面上有 92 门 76 毫米以上的大炮，这是前所未有的密度，是敌人进攻所能建立的密度的 1.5 倍。

在德军进攻的整个方向上，苏军部署了罗科索夫斯基的中央方面军和瓦杜丁大将的沃罗涅日方面军共 130 万人，2 万门火炮和迫击炮，3600 辆坦克和自行火炮，3130 架飞机。其后还有科涅夫的草原方面军 58 万人，9000 门火炮和 1640 辆坦克及自行火炮。

7 月 4 日晚，罗科索夫斯基从德军俘虏中得知德军已于当天早晨 3 时开始进入出发地。罗科索夫斯基估计德军将于次日凌晨发起进攻，决定先采取行动，但已来不及报告和请示大本营，他与最高统帅部代表朱可夫大将商量后，发出进行反击令。

7 月 5 日凌晨 2 时 20 分，罗科索夫斯基的部队开始对正面德军进行疾风射击，反击持续了 30 分钟。5 时 30 分，德军发起进攻，主突地段是奥利霍瓦特卡地域。普霍夫第 13 集团军的第 15 师和第 81 师与敌激战一天，击退德军 4 次进攻，之后被迫后撤。这一天德军以巨大代价向苏军防御纵深推进 6~8 公里。

罗科索夫斯基以坦克第 2 集团军和坦克第 19 军对突入之敌进行反击，以恢复原来的态势。坦克部队遭敌机轰炸，并受到德“虎”式坦克的阻击，损失很大，反击未果。

第二天，德军又在奥利霍瓦特卡方向上推进了 2 公里，并开始将进攻锋头稍向右转，指向波内里火车站地域。

罗科索夫斯基将现有兵力做了大胆而坚决的机动，他毫不犹豫地将受到威胁较小地段的部队调到奥利霍瓦特卡和波内里地域。

德军在各进攻地段均未取得重大突破，于是投入全部预备队，经 4 天激战，德军仅前进了10公里。

7月12日，德坦克第4集团军和苏近卫坦克第5集团军在库尔斯克突出部南正面的普霍罗夫卡附近展开了一场对攻战。这是世界战争史上最大的一次坦克战，双方共投入了1200辆坦克。双方各损失了300辆坦克，都退回了出发地，而德军此后已再无力进攻，苏军转入反攻。

十分疲惫的中央方面军未经休息，立即参加了对德军奥廖尔集团的总攻。从7月15日开始，经3天战斗，战线恢复至7月5日以前态势。此后罗科索夫斯基不断扩大战果。德军的抵抗相当顽强。苏军未及完成合围，仅将德军逐出奥廖尔。同天，沃罗涅日方面军解放了别尔哥罗德。

当晚，斯大林命令在莫斯科鸣礼炮向杰出的部队和他们的指挥员致敬。124门礼炮鸣响了12下。

罗科索夫斯基的部队继续向西推进，8月30日进入北乌克兰境内，随后相继解放了雷利斯克、克罗列韦茨、普季夫利、沃罗涅日等地。

9月7日，中央方面军各集团军前出至杰斯纳河。10天后，罗科索夫斯基强渡杰斯纳河，突破德军西岸防御，直指基辅。9月18日，大本营命令罗科索夫斯基将主攻方向转向切尔尼戈夫。战事进展顺利。10月2日，中央方面军改称白俄罗斯方面军。到11月底，罗科索夫斯基大将的白俄罗斯方面军已肃清了白俄罗斯大片领土上的德军，并解放了战略要地戈梅利。11月26日，莫斯科再次鸣礼炮向罗科索夫斯基和他的部队致敬。

进入1944年后，罗科索夫斯基的部队继续推进。2月中旬，白俄罗斯方面军改称白俄罗斯第1方面军。进入4月份后，白俄罗斯低地道路泥泞，部队不能进行任何调动，战斗暂停。白俄罗斯第1方面军转入防御。

1944年5月30日，苏军最高统帅部大本营批准了代号为“巴格拉季昂”的白俄罗斯战役计划。战役目的是：以巴格拉米扬大将的波罗的海沿岸第1方面军、切尔尼亚霍夫斯基上将的白俄罗斯第3方面军、扎哈罗夫上将的白俄罗斯第2方面军和苏联元帅罗科索夫斯基的白俄罗斯第1方面军，在维捷布斯克、博古舍夫斯克、奥尔沙、莫吉廖夫和博布鲁伊斯克等方向同时发起进攻，分割德军战略防御正面，于维捷布斯克和博布鲁伊斯克地域歼敌，而后向纵深挺进，在明斯克以东围歼敌第4集团军，为各方面军发展战役创造最有利条件。

此役苏军投入兵力240万人，德军兵力为120万人。战役于6月23日打响。拥有最大兵力的罗科索夫斯基的白俄罗斯第1方面军于24日开始进攻，激战5天，在200公里正面上突破德军防御，围歼德军博布鲁伊斯克集团，向纵深推进110公里。这一辉煌战绩受到最高统帅部的高度赞扬，29日，罗科索夫斯基不仅被晋升苏联元帅军衔，成为战争期间第6个获此殊荣的高级将领，还荣膺“苏联英雄”这

一崇高荣誉，可谓双喜临门。

苏军4个方面军的进攻取得全面胜利。7月5日到11日，苏军在明斯克以东围歼了德第4集团军。

到7月16日，白俄罗斯第1方面军各集团军以前出至斯维洛奇河、普鲁扎内一线，12天前进150~170公里。7月20日，罗科索夫斯基前出到苏联边界西布格河，并强渡过河，进入波兰国境，迅速向维斯瓦河推进，24日解放了卢布林，28日解放了布列斯特，而后在华沙方向上不断发动进攻。8月初，罗科索夫斯基暂缓对华沙的进攻。

白俄罗斯战役于8月底结束，苏军歼敌54万人，给德“中央”集团军群以毁灭性打击，向西推进了500~600公里，解放了白俄罗斯全部领土，以及立陶宛部分领土和波兰东部。

白俄罗斯战役结束之后，罗科索夫斯基积极准备解放华沙的战役，并准备向德国境内挺进。

苏军最高统帅部大本营为参加决定性战役的白俄罗斯第2方面军配备了大量的兵力和兵器。罗科索夫斯基辖7个合成集团军、1个坦克集团军、1个空军集团军、1个机械化军、1个骑兵军和数个炮兵师，总计88万余人，有1500架飞机，2195辆坦克和自行火炮，11000多门火炮和迫击炮。

1945年1月13日，苏军大本营以罗科索夫斯基的白俄罗斯第2方面军、切尔尼亚霍夫斯基大将的白俄罗斯第3方面军、巴格拉米扬大将的波罗的海沿岸第1方面军和特里布茨海军上将的红旗波罗的海舰队，共167万人，发动了西进德国的东普鲁士战役。

白俄罗斯第1方面军在战役开始后的第二天发起进攻，6天后攻入东普鲁士境内，占领许多防御支撑点，1月底与白俄罗斯第2方面军合力消灭了乌祖里地区的德军。苏军将东普鲁士德军分割成三个孤立集团，德军防线崩溃。

此时，位于进至奥得河的白俄罗斯第1方面军和在东普鲁士作战的白俄罗斯第2方面军之间的东波美拉尼亚地区，形成百余里的空隙。德军统帅部急调“维斯瓦”集团军群，企图歼灭白俄罗斯第1方面军，固守奥得河防线，扭转柏林方向上的不利形势。为了顺利进攻柏林，苏军最高统帅部决定将最后消灭东普鲁士德军的任务交由白俄罗斯第3方面军完成，抽出白俄罗斯第2方面军主力歼灭“维斯瓦”集团军群，占领东波美拉尼亚。

2月10日，罗科索夫斯基的中央和左翼部队从布罗姆贝格以北的维斯瓦河各登陆场向斯德丁方向发起进攻，在友邻白俄罗斯第1方面军部队的配合下，罗科索夫斯基于3月底占领了格丁尼亚和但泽。

4月4日，罗科索夫斯基彻底击溃德军余部，解放了东波美拉尼亚，消除了进攻柏林的苏军侧翼威胁，为攻占柏林创造了有利条件。

4月16日，苏军发动攻占柏林的战役。苏联元帅朱可夫的白俄罗斯第1方面军和苏联元帅科涅夫的乌克兰第1方面军同时向柏林发起进攻。罗科索夫斯基受命向西方面军前进，包围德军坦克第3集团军主力，分割柏林地区德军集团。4月26日，白俄罗斯第2方面军部队占领了德国大城市斯德丁。此后罗科索夫斯基各部以平均每天25~30公里的速度推进，5月2日前出至波罗的海沿岸。5月3日，潘菲洛夫的近卫坦克兵与英国第2集团军的战士会师。

柏林战役于5月2日结束。8日，德军向苏军和盟军远征军投降，苏德战争和欧洲战争结束。

6月1日，苏联最高苏维埃主席团发布命令："为表彰苏联元帅康斯坦丁·康斯坦丁诺维奇·罗科索夫斯基在东波美拉尼亚和梅克伦堡地域模范地完成最高统帅部赋予他的战斗任务，卓越地指挥了与德国侵略者进行的各次战役，以及在战役中获得的胜利，特授予他第二枚苏联英雄'金星'奖章，建立半身铜像，安在座台上，立于受奖者的故乡。"

6月24日，罗科索夫斯基元帅获得了他军人生涯中的最高荣誉。斯大林命令他指挥了莫斯科红场上的反法西斯德国胜利的阅兵式。1968年8月3日，罗科索夫斯基在莫斯科去世，终年69岁，死后葬于红场克里姆林宫红墙下。

（五）东波美拉尼亚战役

1945年2月10日—4月4日，在第二次世界大战的苏德战争中，苏军白俄罗斯第1、第2方面军在红旗波罗的海舰队部分兵力的配合下实施了进攻战役。战役初始，由于胜利地进行了一月进攻，苏军已进抵奥得河，并在西岸夺取了一些登陆场。德军以"维斯瓦"集团军群一部兵力固守东波美拉尼亚。

在1945年2月初前，白俄罗斯在第1、第2方面军之间形成了100余公里的缺口。德军统帅部准备以"维斯瓦"集团军群从北面向白俄罗斯第1方面军右翼实施突击，在瓦尔塔河以北将其击溃，在波美拉尼亚设防固守，稳定它在柏林方向的态势。最高统帅部大本营考虑到当时的情况，决定白俄罗斯第2方面军（司令为苏联元帅罗科索夫斯基）不再参加东普鲁士战役，而令其粉碎德军东波美拉尼亚集团攻占但泽至斯德丁之间的东波美拉尼亚，前出波罗的海沿岸。

白俄罗斯第2方面军的中央和左翼军队在红旗波罗的海舰队的配合下，于2月10日从比得哥什以北维斯瓦河各登陆场向斯德丁方向发起进攻。他们在泥泞地面和森林湖泊等困难条件下粉碎了依托坚固的纵深梯次防御的德军的激烈抵抗，于2月19日晚前在一些方向推进约70公里，但随即被阻于格涅夫、切尔斯克，霍伊尼采、拉采布尔一线。

2月16日，德军在施塔尔加德以南实施了反突击，将第47集团军逼退8~12公里。显而易见，要粉碎拥有29个步兵师、3个坦克师、3个摩托化师和大量独立部队的德军东波美拉尼亚集团，只靠白俄罗斯第2方面军的兵力是不够的。因此，白俄罗斯第1方面军和波兰第1集团军也奉命参加这一战役。

苏军最高统帅部大本营的目标是：以白俄罗斯第2方面军左翼由森普尔诺以北地域向克斯林方向、以白俄罗斯第1方面军由阿恩斯瓦尔德地域向科尔贝格实施两个突击，前出波罗的海沿岸，分割东波美拉尼亚集团，然后将其各个歼灭。红旗波罗的海舰队以航空兵、潜艇、鱼雷快艇的积极行动，破坏了德军在波罗的海南部的海上交通，同时配合陆军攻占维斯瓦河口至奥得河口之间的波罗的海沿岸地区。尽管情况复杂，但两个方面军仍在预定期限内完成了进攻准备。苏军统帅部在总体优势不大的情况下，在各主要突击方向上构成了必要的优势。

苏军在突破防御和粉碎德军顽抗后，于3月5日前进逼波罗的海沿岸克斯林和科尔贝格两个地域。德军东波美拉尼亚集团遂被割裂。进抵沿海之后，白俄罗斯第2方面军向东北方向、白俄罗斯第1方面军向西北方向，分别展开进攻。在战役过程中，红旗波罗的海舰队以航空兵、潜艇和鱼雷快艇对被合围于但泽地域的德军集团进行了海上封锁，并在波罗的海南部海上交通线上行动。空军第16、第4集团军，红旗波罗的海舰队航空兵，波军混成航空兵第4师对德军及其军事目标实施了密集突击。

到3月10日前，白俄罗斯第1方面军各部队已基本上解放了直至奥得河口的波罗的海沿岸，仅科尔贝格地域由德军庞大守军死守。消灭该处德军的战役交由波兰第1集团军负责实施，该集团军顺利完成了任务，于3月18日攻占科尔贝格要塞。白俄罗斯第2方面军附转调给它的近卫坦克第1集团军顺利向但泽湾推进。

3月28日，方面军经激烈交战后占领了格丁尼亚，3月30日占领了但泽，从而结束了东波美拉尼亚战役。被封锁于格丁尼亚地域的德军第2集团军残部于4月4日被第19集团军彻底击溃并俘获。被逼至但泽以东地域的德军集团于1945年5月9日投降。

歼灭东波美拉尼亚德军重兵集团具有重大战略意义。这一任务的完成，使在柏林方向进逼奥得河的苏军免除了遭到翼侧突击的威胁。

东波美拉尼亚获得解放，整个波属波莫瑞地区连同一些大城市和重要港口重回波兰人民手中。德军有生力量和技术装备遭重大损失。21个师另8个旅被击溃，其中6个师另3个旅遭全歼。白俄罗斯第2方面军生俘德军官兵63500余名，缴获坦克和强击火炮约680辆，火炮和迫击炮3470门，飞机431架及许多其他武器。苏军前出波罗的海沿岸但泽湾至斯德丁湾地段，可靠地保障了正在柏林方向行动的主要

战略集团的翼侧。红旗波罗的海舰队的驻泊地配系扩大了，已有可能对被合围于库尔兰半岛和但泽以东的德军集团进行更有效的海上封锁。德军“维斯瓦”集团军群的溃败，使德军更难实现在柏林接近地组织防御的计划。东波美拉尼亚战役结束后，腾出了10个集团军，开始向柏林方向变更部署。苏军统帅部高度评价了波军在这次战役中的功绩，授予波坦克第1旅1枚红旗勋章。

罗科索夫斯基在苏德战争中显示出了杰出的军事才能，先后参加了斯摩棱斯克会战、莫斯科会战、斯大林格勒会战和库尔斯克会战，白俄罗斯、东普鲁士、东波美拉尼亚和柏林诸战役。

在库尔斯克会战中，罗科索夫斯基指挥中央方面军在抗击德军进攻和在后来反攻粉碎敌奥廖尔集团作战中，充分发挥了自己的军事才能，显示了其军事艺术。他在库尔斯克会战中组织实施的1943年7月5日的炮火反准备，以及同年8月底方面军实施兵力兵器由谢夫斯克向格卢霍夫方向的机动。1944年在巴格拉季昂战役中，罗科索夫斯基又定下了具有独创性的决心，白俄罗斯第1方面军部队实施两次强大的向心突击，并以辉煌的胜利证明了这一决策的正确性。

1945在东普鲁士、东波美拉尼亚和柏林诸战役中，罗科索夫斯基为切断和粉碎敌强大的战役战略集团而不断增强白俄罗斯第2方面军的突击力量。这些作战已成为他在卫国战争时期的光辉范例。

三十、太平洋上的战争魔王——山本五十六

山本五十六（1884—1943年），日本联合舰队司令，一手策划了日本联合舰队对美国珍珠港海军基地的偷袭行动，是挑起太平洋战争的罪魁祸首。指挥日本联合舰队在太平洋战争爆发初期横行霸道，给盟军带来了极大的灾难和损失，成为太平洋上的战争魔王。1943年，美军击落了山本五十六乘坐的飞机，战争魔王灰飞烟灭，日本海军联合舰队也随着山本五十六的殒命而江河日下，在盟军的凌厉攻势下节节败退，日本军国主义的海上霸权梦想就此破灭。

（一）留学海外的东洋武士

1884年4月4日，山本五十六出生于日本新潟县长冈市，父亲是一名日本武士，名叫高野贞吉，在五十六岁的时候晚年得子，遂取名高野五十六，后因过继到了山本家，改名为山本五十六，即后来掀起太平洋腥风血雨的日本联合舰队司令。

山本五十六自幼受到了武士道和军事熏陶，具有坚强的意志和争强好胜的进取精神。

1901 年，17 岁的山本五十六以第二名的成绩考入了日本江田岛海军学校 32 期，1904 年以第 7 名毕业后任日进号装甲巡洋舰上的少尉见习枪炮官，参加了 1904 年到 1905 年的日俄战争，在日、俄海军对马海战中，他负了重伤，左手的食指、中指被炸飞，留下了终身残疾。1908 年，进入海军炮术学校学习，1914 年，以上尉军衔进入海军大学深造，1915 年晋升为少佐。1916 年，山本五十六从日本海军大学毕业。

1919 年 4 月，山本五十六奉命到美国哈佛大学学习，同年 12 月在美国波士顿被晋升为海军中佐。首次赴美对山本五十六的文化冲击实在太大，美国的女孩子都能受到大学教育而且能够工作自立，使得山本五十六目瞪口呆，底特律的汽车工厂和得克萨斯的油田更是让山本五十六震惊，美国强大的综合国力让山本五十六感到了日本同世界强国的差距。1921 年 5 月，山本五十六从美国归来，任海军大学教官。1923 年赴欧洲考察，同年 12 月晋升大佐。

1924 年 12 月，山本五十六就任日本海军霞浦航空队教官兼副队长，重视不在《华盛顿海军条约》裁减范围之内的海军航空兵建设，并将自己的专业从炮术转为航空兵。山本五十六刚调到霞浦航空队任副队长时，这里的飞行员军容不整，军纪松散。他决心加以整顿。年已 40 的山本，除严格要求部属履行自己的职责外，每天主动接受几小时的飞行训练。没过多久，他的飞行技术超过了不少青年学员，达到了单飞教练机的水平。他以自己的意志和才干，在飞行员中建立了威信。在山本的组织指挥下，霞浦航空队的训练和军纪焕然一新。山本五十六调往美国任武官时，队员们十分惋惜。当山本乘坐的“天洋丸”号起航时，一个中队的飞机出现在该船上空，飞行员们驾机俯冲掠过，向他们尊敬的教官道别。

1928 年，山本五十六从美国归国，先后在“五十铃”号巡洋舰、“赤城”号航空母舰上担任舰长。1930 年山本五十六晋升为少将，并出任海军航空部技术处长、第一航空队司令官等职。1929 年、1934 年两次赴伦敦参加限制海军军备会议。他当时也是个不折不扣的舰队派，反对对美妥协。第二次伦敦会议时大藏省派出来的代表就是后来的大藏大臣，甲级战犯贺屋兴宣，贺屋从财政负担的角度出发主张应该接受英美方案，山本五十六则表示强烈反对。他在给部下的信中说：“和英美开战的日子不会太远，在开战之前如何做到航空上的跃进是最紧要的要务。”为此他积极推行和德国的技术合作，还面会了里宾特洛甫和德国海军司令雷德尔。

在山本五十六的参与下，亨克尔公司向日本转让了 He-70 俯冲轰炸机技术，在后来的偷袭珍珠港作战时发挥了重大作用的“九九”式舰上爆击机就是根据这项技术开发的。“零”式战斗机也是从山本五十六开始主持的和德国在军用航空事业上合作最成功的一个范例。首先没有德国提供的铝合金技术，就不可能有零式战斗机的成功，作为交换，山本五十六也将他的旗舰赤城号航空母舰的技术向德国公开，德国以此技术建造了齐柏林伯爵号航空母舰。

1934 年山本晋升为中将，1935 年 12 月，就任航空部部长。1936 年 12 月就任永野修身海军大臣的次官，并在米内光政继任海相时留任。

1939 年 9 月 1 日，在德国入侵波兰的当天，山本五十六被米内光政任命为海军联合舰队司令兼第一舰队司令官。从这时起，他基本上可以放手按照他的观点，把训练重点放在以航空母舰为基地的航空兵方面。

在 1940 年 3 月的一次春季演习中，由小泽治三郎少将率领的大小两艘航母舰队以集中使用飞机密集突击的方式一举摧毁了山本指挥的两艘战列舰和一艘重型航母组成的舰队。山本五十六看到结果后对身边的参谋长说："能不能用飞机去炸夏威夷?"从这时候起，山本五十六就着手设想珍珠港之战了。1940 年 7 月，日本与德、意签订了轴心国条约。11 月 5 日，山本五十六被授予海军大将军衔。

1941 年 1 月，山本五十六彻底改进了日本海军的战略思路。在此前 20 年间日本海军一直是马汉海权理论的信徒，据此制订了一个渐减邀击作战计划：以轻型水面舰艇、潜艇以及岸基航空兵在美国海军舰队横跨太平洋过程中不断将其削弱，最后由日本海军主力在北菲律宾海（约在马里亚纳群岛与琉球群岛之间）的一次"决战"中，以战列舰对战列舰的传统战列炮击战法将美国海军全数消灭。山本敏锐地指出这种计划即使是在日本自己的演习中也从未成功过，并指出美国真正的战略优势在于国内生产能力的强大。山本五十六建议与其寄希望于先削弱再决战的防御性计划，倒不如主动进攻。山本五十六期待，如果能在战争的初期便重创美军，也许就能促使后者坐到谈判桌边早早求和。日军期待这次打击能给他们赢得至少六个月的战略优势，在没有美国海军阻挠的情况下进攻荷属东印度的资源产地。

作战战略确定以后，山本五十六大力加强日本联合舰队的航空兵实力，日海军航母舰队日益强大，在经过周密的准备和精心的筹划后，终于在 1941 年 12 月 7 日，日本联合舰队偷袭美国珍珠港海军基地，太平洋战争爆发。

（二）太平洋上的腥风血雨

1941 年 12 月 7 日凌晨，在南云忠一指挥下，从 6 艘航空母舰上起飞的第一攻击波 183 架飞机，穿云破雾，扑向珍珠港。7 时 53 分，发回"虎、虎、虎"的信号，表示偷袭成功。此后，第二攻击波的 168 架飞机再次发动攻击。仓促应战的美军损失惨重，8 艘战列舰中，4 艘被击沉，1 艘搁浅，其余都受重创；6 艘巡洋舰和 3 艘驱逐舰被击伤，188 架飞机被击毁，数千名官兵伤亡。日本只损失了 29 架飞机和55名飞行员。山本五十六为日本联合舰队制定的太平洋作战策略取得了初步的成功，日本掌握了太平洋战场上的暂时性优势。

在珍珠港歼灭了大量美军舰艇后，山本的联合舰队配合日军陆军发起南下战略计划夺取太平洋上的重要战略基地，充实日本帝国主义的侵略力量。日本联合舰队在太平洋上攻击了美国、英国、荷兰、澳大利亚等国的大量目标，包括威克岛、澳大利亚近海、印度洋的锡兰，猖狂至极。

在山本属下的海军将领小泽治三郎、近藤信竹、高桥伊望等人的指挥下，日军通过以“爪哇海海战”为代表的一系列两栖登陆或水面舰艇交战，将滞留在荷属东印度的美国、英国、荷兰及澳大利亚残余部队一扫而空。日军占领荷属东印度并将菲律宾的美军部队压缩到困守巴丹半岛和科雷希多岛一隅，至此确保了东南亚的重要资源产地。以超乎想象的效率和极小的损失达成了所有初步战略目标后，日军停止行动以考虑进一步的计划。既然英国和美国都没有谈判的意图，日军开始着重守卫已经到手的占领区，并着眼于进一步进攻以便胁迫一个或更多敌国单独停战。山本五十六在此时也达到了自己军事生涯的巅峰，日本联合舰队横行太平洋无敌手。

山本五十六从开战以前就是一个坚决的早期决战主义者，虽然日本联合舰队在太平洋上取得了暂时性的胜利，但这些胜利并没有让山本五十六冲昏头脑，他清楚地知道，日本与美国的综合国力相差太悬殊，速战速决是日军取得战争最终胜利的最好方法，一旦让美军在太平洋上缓过劲儿来，战局将一发不可收拾，日军必败无疑。所以在战争的这一阶段如何诱美国太平洋舰队与日本联合舰队进行决战成为山本五十六首先要考虑的问题。山本五十六的想法是日军进攻夏威夷存在着相当大的困难，既然无法直接攻击，就要设法使夏威夷的美国舰队出动与日本舰队决战。

正在山本五十六筹划与美军的战略决战的时候，东京和周边城市遭到了美国太平洋舰队发动的“杜立特空袭”，美军航母对日本的严重威胁突然出现在了山本五十六的面前，这更加坚定了山本五十六尽快与美军太平洋舰队进行决战的决心。而此时太平洋上的中途岛对于山本五十六来说，其战略地位显得异常重要。

根据太平洋战场上的局势，山本五十六制订了“中途岛”作战计划。在山本五十六制订“中途岛”作战计划的同时，应日本陆军的要求，山本五十六派遣海军少将高木武雄率领一支舰队支援对图拉吉岛、瓜达尔卡纳尔岛，以及巴布亚新几内亚正对澳大利亚的莫尔兹比港的攻击。这支部队包括新组建的第5航空战队，拥有新建的大型航母“翔鹤”与“瑞鹤”。

莫尔兹比战役进行得并不顺利。虽然图拉吉岛和瓜达尔卡纳尔岛都被顺利占领，但支援对莫尔兹比的进攻的舰队不得不在5月初回头面对一支美国航母特混编队，即珊瑚海海战。虽然日本以一艘轻型航母为代价击沉了美国列克星敦号，但美军也重创了日军航母翔鹤，迫使其回国修理。同样严重的是，日军的指挥失误和美军的对空炮火使翔鹤与瑞鹤号航母所属的俯冲轰炸机及鱼雷轰炸机损失惨重，这些损失使无伤的瑞鹤也只能一味等待后备的飞行队准备就绪而无法参加中途岛战役。

山本策划中途岛作战的意图，在于进一步摧毁美军舰队以便日本海军可以在太平洋岛链上专心巩固防御。山本认为必须尽早进行这类决定性战役。该战役计划包括一次佯攻作战：派遣第5舰队（包括轻型航母2艘，巡洋舰5艘，驱逐舰13艘，运输船4艘）进攻阿留申群岛，空袭荷兰港并进一步入侵基斯卡岛和阿图岛，山本相信这次攻击足以将美国舰队——可能包括航母——从珍珠港吸引到北方。最近的研究在日语文件资料中发现，这次作战其实是山本为换取军令本部的支持而发动的与中途岛作战平行的作战行动。

当第5舰队攻击阿留申群岛时，第1突击编队（包括舰队航母4艘，战列舰2艘，巡洋舰3艘，驱逐舰12艘）将对中途岛发动空袭并摧毁后者的空中力量。上述行动完成后，第二舰队（轻型航母1艘，战列舰2艘，巡洋舰10艘，驱逐舰21艘，运兵船11艘）将派出5000步兵从美国海军陆战队手中夺取中途岛环礁。

在山本五十六的作战计划中，对中途岛的占领行动会将美国航母编队重新吸引向西方，而第一突击编队将设下埋伏将它们歼灭。此后，第1舰队（轻型航母1艘，战列舰7艘，巡洋舰3艘，驱逐舰13艘）将与第2舰队的部分兵力会合，共同将剩余的美国海军太平洋舰队兵力聚歼。

为应对突发情况，山本五十六设置了两项预警措施。第一项是派出海军重型水上飞机川崎二式大艇对珍珠港进行远程空中侦察，确保美军航母正在港内待命，称为“K作战”，第二项是设置潜艇防线，以便在美军航母前往中途岛时尽早向第1突击编队、第1舰队和第2舰队通报敌方的行动。但实际上，空中侦察行动因故取消，潜艇也推迟到美军航母已经出击后方才就位。

中途岛战役的作战计划本身颇为周详，组织严密，时机掌握得也很好。相对于日军计划投入决战的4艘舰队航母，2艘轻型航母，11艘战列舰，16艘巡洋舰和46艘驱逐舰，美国海军只拿得出3艘航母、8艘巡洋舰和15艘驱逐舰，可见兵力悬殊。交战双方只在大型航母数量，可供调动的飞机数量以及潜艇数量上才较为接近。看上去，如果不出意外的话，山本五十六将拥有一面倒的巨大优势。

对山本五十六来说非常不幸，确实出了很大的意外。对于指挥官来说最可怕的事莫过于敌人对自己的作战计划了如指掌，而美国海军密码破译部门恰好做到了这一点。后者早已破译了日本海军D号密码（美军称为JN-25）。结果，美国太平洋舰队司令尼米兹海军上将成功地破解了山本五十六设下的两项预警措施并将美方仅有的部队配置在最适合对日军航母实施伏击的位置上。据尼米兹上将计算，他的3艘大型航母再加上中途岛机场，勉强足够与南云忠一指挥的第一突击编队抗衡。

在5月接报有日军水上飞机进行骚扰性空袭之后，尼米兹立刻派遣一艘扫雷艇前去守卫日军计划给参加“K 作战”的水上飞机加油的地点，导致侦察行动取消，山本五十六无法确定美军航母是否一直在珍珠港里待命。尼米兹也提早派遣美军航母离港，赶在山本五十六的潜艇警戒线成型以前进入伏击地点，使山本的所有预警措施归于无效。日军按时对阿留申群岛展开了象征性的攻击，但美军航母专心设伏，没有被引诱北上。山本五十六本以为美军航母要在数日之后才能赶来救援中途岛，没想到战役开始当天——1942 年 6 月 4 日——美军便抓住日军航母最脆弱的时机发动攻击，一举击沉了第一突击编队的全部 4 艘舰队航母。

鉴于航空兵力已经全军覆没，而水面舰艇又尚未为一场舰队决战完毕，山本五十六试图重新配置他那在数量上仍旧强大的舰队来设伏攻击美军舰艇。但是他原来的计划将水面舰艇配置得过于远离中途岛，而且美军指挥官斯普鲁恩斯海军中将基于一份来自美国潜艇的错误报告，以为日军仍要进攻中途岛，谨慎地早早向东撤退而并未中伏。斯普鲁恩斯并不知道日军阵列中拥有包括“大和”号在内的数艘战列舰，如果在中途岛进行夜战，他的航母和巡洋舰将处于不利的位置。向东确实防止了这类夜战的发生。此时山本五十六准确地判断他已没有胜算，遂宣布放弃占领中途岛的任务并全军撤退。这次失败使山本五十六持续六个月的成功历程告一段落，日军的扩张也到此为止。

中途岛战役的失败阻碍了日军的推进，但日本海军仍拥有相当实力，还有重新获得主动权的机会。他们制定了“FS 作战”试图占领萨摩亚群岛和斐济以便切断澳大利亚与美国的联系，如此一来便可削弱麦克阿瑟和他的美澳联合部队所带来的威胁。于是，山本五十六和他的对手欧内斯特·金海军上将都将注意力转向瓜岛上的机场。

金上将向美国参谋长联席会议建议立刻对日军发动反击，避免日军重新掌握主动权。于是，1942 年 8 月美国海军陆战队突袭瓜岛并将该处的日军击溃，由此引发了一场持续到 1943 年 2 月的长期消耗战，将日本拖得苦不堪言。

山本五十六指挥联合舰队实施了几次迟滞美军行动的作战，但造成的损失却是他难以承担的。在 9、10 月间，为支援在瓜岛作战的陆军部队，爆发了两场由山本五十六亲自指挥的航母交战：东所罗门海战和圣克鲁斯海战，并在 11 月为炮击瓜岛机场爆发了一连两次被称为瓜达尔卡纳尔海战的惨烈夜战，联合舰队损失了两艘金刚级战列舰。由于海军无法为陆军提供足够的后勤保障，无法顺利达成目标，每次作战计划都遭到扰乱。山本五十六的舰队对美军造成了严重的损失，最严重的时候美军只剩下企业号 1 艘航母，但他所期待的决定性胜利则一直没有发生。反而，日本海军的精锐部队被逐渐消耗殆尽。

在上述航母交战中日军航母俯冲轰炸机及鱼雷轰炸机损失惨重，使日军更严重地缺乏舰载机机组。在受到良好训练的补充飞行员这方面日军无法与美军抗衡，而且无论是陆基还是舰载飞行员的素质都在下降。但是尤为有害的，则是在愚蠢的东京快车行动中丧失了大量的驱逐舰。日军本已感觉到这类轻型作战舰艇数量不足，瓜岛战役中的损失则令日军商船队的护航力量进一步削弱。1943 年 2 月瓜岛被美军完全占领，日本海军再无多余力量在所罗门群岛发动大规模行动。

中途岛一战，日本海军失去了在航空母舰上的优势；瓜岛的半年，日本陆海军被美国人强迫出血，除了陆军的炮灰以外，海军失去了两艘战列舰，和大量的驱逐舰、舰载机、陆基机和优秀的飞行员，而这些是日本的工业能力和教育能力所无法弥补的。但作为联合舰队司令长官的山本五十六不能公开承认失败，只能死中求活。在山本五十六看来，唯一可行的方法是如果在美军大举进攻之前能够争取到巩固日军的防守阵势的时间的话，那么延缓美军进攻的速度还是有可能的，随着时间的流逝，日本联合舰队还是有机会扭转战局的。

在瓜岛战役失败后，山本五十六决定前往南太平洋前线视察以便鼓舞士气。1943 年 4 月 14 日，美国海军情报部门截获并破译了包含山本行程详细信息的电文，包括到达时间、离埠时间和相关地点，以及山本即将搭乘的飞机型号和护航阵容。上述电文显示山本将从拉包尔起飞前往所罗门群岛布干维尔岛附近的野战机场，时间是 1943 年 4 月 18 日早上。

美国总统罗斯福命令干掉山本五十六，尼米兹海军上将执行罗斯福的命令。尼米兹与南太平洋战区指挥官威廉·哈尔西商讨后，在 4 月 17 日批准了拦截并击落山本座机的刺杀任务。一个中队的 P-38 闪电式战斗机受命执行拦截任务，因为只有这种飞机才有足够的航程。18 位从三支不同部队精选出来的飞行员被告知他们即将拦截一名"重要的高级军官"，但并未得知具体姓名。

4 月 18 日早晨，山本不顾当地陆军指挥官今村均大将关于遭伏击风险的劝告，搭乘两架三菱式陆攻快速运输机从拉包尔按时起飞，计划飞行 315 分钟。不久，18 架加挂副油箱的 P-38 式战斗机从瓜岛机场起飞。经过 430 英里无线电静默的超低空飞行，有 16 架到达目标空域。东京时间 9 时 43 分，双方编队遭遇，6 架护航的零式战斗机立刻开始与美机缠斗。

列克斯·巴伯中尉攻击了 2 架"三菱"式飞机中的第一架，事后证明是舷号 T1-323 的山本五十六的座机。他不断射击该敌机直到后者左引擎开始冒出黑烟。在巴伯转而进攻另一架运输机时，山本五十六的座机坠落到丛林中。太平洋上的一代枭雄就此结束了他罪恶的一生，日本海军联合舰队也走向了没落。

（三）偷袭珍珠港

从 1940 年 9 月开始，日本政府已经决定要对美国发动战争。忧虑的山本对战争的前景并不看好，他多次与一些政府官员展开激烈的争论，并以忧国忧民的态度说道："如果对美国发动战争，日本帝国将为自己树立新的更强大的敌人，如此一来，我国必须耗费更多的人力财力去抗衡美国，必然大伤元气，这样的战争有多大的意义呢?"虽然他心里相当清楚日本在综合国力上与美国存在着巨大差距，但当他尽了最大的努力仍然未能让日本当局收回对美国的作战命令后，深受日本武士道精神影响的山本五十六开始全力着手对美国的战争，他将对美战争的第一战瞄准了太平洋上的美军珍珠港海军基地。

珍珠港位于太平洋中北部夏威夷群岛中的瓦胡岛，东距美国西海岸约 3800 公里，距日本约 6000 公里，距菲律宾约 7000 公里，战略地位十分重要，被称为"太平洋心脏"。它不仅是美国海军的基地和造船基地，还是北太平洋岛屿中最大最好的安全停泊港口之一。

在提交了正式的作战计划书后，为了做到知己知彼，山本五十六忙于收集美军情报。据说，从 1941 年 5 月开始，他就派出多达 200 人的日本间谍潜入珍珠港，负责收集珍珠港的天气、水文、地形和美军基地、飞机、舰艇部署等相关信息，对每个情报都仔细研究。

太平洋海面上波涛翻滚，一片不祥的乌云正向珍珠港移动。

1941 年 11 月 20 日，南云忠一率领着由 31 艘军舰组成的庞大攻击编队，秘密地向千岛群岛的单冠湾聚集。

这是自日俄战争以来，日本联合舰队最大规模的一次军事行动，派出的战舰和航空兵都是精挑细选出来的。

为了保密，保证此次突袭珍珠港的计划不外泄，山本五十六严令各队舰长不许谈论战略部署，连副舰长都不知道这次出海是要执行什么任务，更不用说一般的官兵了。在整个航行过程中，这支以航母为可信的舰队实行了严格的无线电静默，尤其当舰队进入单冠湾后，海防部队 24 小时监视珍珠港同外界的一切联系，生怕走漏了消息。

另外，在这支舰队出发后，日本联合舰队的其余军舰则频繁在其他海域活动，实施无线电佯动，做出一副日本的主力航母停泊在他处的假象。与此同时，山本五十六命令先遣队的 27 艘潜艇分别从佐伯湾和横须贺出发，伪装成日常巡逻，沿着中、南航线慢慢开往夏威夷。

从 11 月 17 日开始，碧波荡漾的单冠湾渐渐热闹起来，因为这里聚集了日本海军有史以来最庞大的一支舰队。甲板上的士兵们抬头仰望就能看到岛正中央南侧矗立着的白雪覆盖的单冠山，心里生出了更多的疑虑。但是他们已经觉察到，这有可能是一次了不得的军事行动。

11 月 26 日，天还未亮，各艘战舰上的士兵们被叫醒，他们站在各自的岗位上，

远眺着远处海面上低垂的乌云，听着耳畔的海风在怒吼。早晨6时，各舰上的信号兵看到“赤城”号旗舰升起了信号旗，马上向本舰舰长报告：“旗舰发出信号，起锚，准备出港！”他们的目标是夏威夷的珍珠港。

突袭珍珠港的日本舰队一路上都比较顺利，到了12月7日，浩浩荡荡的舰队抵达中途岛以东600海里的位置，已经进入美军飞机的巡逻范围。为防止被美军提前发现，南云忠一命令各战舰将航速增至24节，慢慢行驶。

听闻舰队顺利到达指定区域的山本五十六有些兴奋了，他在得到吉田善吾提点之后就在思考如何更好地扔出手中的这颗惊雷。早了或晚了都不行，他要保证舰载机在美军毫无防备的情况下顺利飞入珍珠港，将冲天的炮火在美国人的眼皮子底下点燃。

1941年12月7日这天清晨，珍珠港附近的海面平静如镜，反射着柔美的霞光，迎接着从远处驶来的飞机。南云忠一下达了出击的命令，一艘艘舰载机轰隆隆地从航母上起飞，向珍珠港驶去。

清晨7时02分，瓦胡岛最北面的雷达管制员看到了北面飞来了一大群飞机，他将这个消息报告给了值班的泰勒中尉，想当然的泰勒中尉没有提高一点儿警惕地回答说：“啊，那一定是从西海岸飞来的B-17机群。”

珍珠港内的战舰没有受到任何警告。

7时35分，日本航空编队的第一架飞机抵达珍珠港的上空。这里云卷云舒，海面平静，舰队群整齐地停泊在港内，在和煦的阳光照射下显得光彩熠熠；机场上的军用飞机整齐地排放着，像一只只振翅待飞的雄鹰。

不过，这些雄鹰马上就要被折断翅膀了！第一架飞机发出了信号弹，随后它身后的机群迅速按照奇袭队形开始展开，向地面俯冲下去。7时55分，巨大的爆炸声在瓦胡岛的三个机场响起，引起了附近美国守军的注意。率先冲到门外的士兵看到了熊熊燃起的火焰，几架日本俯冲式轰炸机像大雕一般盘旋在空中，轻巧地滑过，扔下炸弹。不久，鱼雷机也开始展开攻击，第一架鱼雷机将机炮对准了排列在舰队最后的内华达号，一阵猛烈的扫射之后，它降低高度低空飞行，动作快速地投下了鱼雷。

轰！轰！咚！接连不断的爆炸声在港内响起，停在舰队最外侧的西弗吉尼亚号和俄克拉何马号各中了两颗鱼雷，引发了爆炸和大火。转眼，俄克拉何马号又中了5枚炸弹，携带着船上来不及奔逃的约400名官兵倾斜了船身，瞬间沉下海面。西弗吉尼亚号及时打开注水阀，给官兵们赢得了一点儿逃命的时间，也慢慢地沉入水下。

美丽的珍珠港在此刻被刺眼的炮火污染了，海岛上颜色各异的屋顶微微颤抖着，有的已经被炮火波及，被炸成了碎片，或者燃起了大火。日本第一轮轰炸机投下的炸弹爆炸后形成无数个烟柱，直冲云霄。

突然，福特岛东侧的海面震动起来，战列舰队中发生了震耳欲聋的大爆炸。浓烟滚滚伴随着高达1000多米的火柱蹿入天空，这是亚利桑纳号被鱼雷击中时引发了弹药库的爆炸。在红黑烟雾以及零星的高射炮火中，日本轰炸机上下穿梭，随时一个俯冲，就又扔下炸弹，溅起的巨浪逼迫着弃舰的官兵拼命地游向岸边。

这时珍珠港已经完全被浓烟笼罩，遮蔽了俯冲轰炸机飞行员的视线。这些飞行员只好往高炮最猛烈的地方俯冲，不断地进行轰炸。有多架飞机发现了内华达号战列舰居然开始移动，于是集中火力，对准这艘唯一能够移动的战舰扔下了更多的炸弹。日军的第二拨袭击即将接近尾声，此时轰炸机队已经摧毁了靶船犹他号和其他几艘辅助舰只。不少士兵和飞行员奔跑在岸边，拿起机枪就架在栏杆上、椅子上，或其他任何可以支撑的地方，对着日本轰炸机疯狂开火。

许多营地的士兵没有来得及组织反攻。第一轮袭击来临时，在黑卡姆营地吃早饭的士兵们甚至没有时间跑出去看看，一架日本俯冲式轰炸机就撞上了他们的食堂，因为爆炸死亡和被碎片击中的士兵有35人，很多人受伤，其中一人竟被一瓶一加仑重的蛋黄酱打中。

由于黑卡姆营地和12英里外的惠勒营地没有任何防御措施，因此在这两个营地中成排地密集排列的轰炸机和战斗机成了日军首先轰炸的目标。因为飞机整齐的行列之间只有很小的空隙，在冲天的火焰中，它们被日军成批地炸掉，焦黑的残骸四处飞溅，根本无法挽救。

珍珠港上空腾起黑色烟幕，简直就像日本人带来的死亡预告。

死亡和毁坏一直持续着，在日本飞机一轮轮的轰炸中，美军官兵忙着扑火，有一些目标较小的小艇绕着火海在半水半油的水面上搜寻幸存者。瓦胡岛军医医院被数百名烧伤和肢体残缺的水兵塞满，护士和医生忙得焦头烂额。

虽然遭受到了巨大的损失，值得庆幸的是太平洋舰队的两艘航空母舰“企业号”和“列克星敦号”分别于11月28日和12月5日出海执行任务去了，另一艘航母“萨拉托加”号在西海岸修理。另有9艘重型巡洋舰和附属舰只在港外演习，幸运地逃脱了这一劫。

原定的空袭任务顺利完成，未免被美国附近的航母发现赶来追击，南云忠一命令舰队起锚返航，回国向天皇陛下请功。

1941年12月8日，美国总统以极为悲愤的神情在国会发表了演说，“不论在不在港内，我们每个人都将永远记住这一时刻。”而后美国正式对日宣战。

从长期的角度来看珍珠港对日本来说是一个彻底的灾难。事实上，计划偷袭珍珠港的山本五十六本人预言即使对美国海军的袭击成功，它不会也不能赢得一场对美国的战争，因为美国的生产力实在太高了。美国海军主力舰4艘被击沉，3艘受伤。日本的主目标之一是美国的 3 艘航空母舰，但当时没有 1 艘在港内，企业号正在返回珍珠港的路上，列克星敦号数日前刚刚开出，萨拉托加号正在圣地亚哥维修。世界各地的海军和其他观察家都认为，将美国大多数战列舰创伤、击沉是这个战役的最大的成果。没有了这些战列舰，美国海军只有依靠它的航空母舰和潜艇，实际上，当时美国海军只有这些舰船了，而这些舰船也是后来抵抗和反击日本的主要力量。后来证明将战列舰摧毁的作用远比预想的要小得多。

最重要的可能是珍珠港事件立刻将一个本来意见不齐的国家动员起来了。它将美国团结起来，要一起战胜日本，它可能也是后来盟军要求无条件投降的原因。有些历史学家认为，不论当时日本只是击中了修理篷还是击中了航空母舰，对珍珠港的袭击本身就已经决定了日本战败的命运。

山本五十六的军事生涯可以说是一个悲剧，他的悲剧性首先体现在他的明知不可为而为之上，在太平洋战争爆发之前，他对这场战争的胜算就不大，这样的判断得益于他长期对西方的了解和对日本国力的认识，但他同时从小又受武士道影响太过严重，在无法改变日本当局对美宣战的政策后，强烈的武士道精神促使他去打这场无胜算之仗，最终在战争中搭上了自己的性命。

在山本五十六担任日本联合舰队司令期间，是日寇在太平洋上最为鼎盛的时期，山本五十六在日本人心中也有着极高的地位，他在后期已经是日本海军精神的支柱了，他的丧命对日本联合舰队的打击是致命的，从此以后的日本联合舰队一蹶不振，再也无法与盟军抗衡了。